Barbara und Hans Otzen

Südtirol

» Es sind nicht die höchsten Berge der Welt, auch nicht die gefährlichsten, aber bestimmt sind es die schönsten. «

(Reinhold Messner, berühmter Südtiroler Bergsteiger, * 1944)

Impressum

Barbara und Hans Otzen
Reise Know-How Südtirol

erschienen im Reise Know-How Verlag Peter Rump GmbH
Osnabrücker Str. 79, 33649 Bielefeld

4., neu bearbeitete und aktualisierte Auflage 2023

ISBN 978-3-8317-3713-0

Gestaltung und Bearbeitung
Umschlag: P. Rump, der Verlag
Inhalt: G. Pawlak, W. Rump, der Verlag
Fotonachweis: Barbara und Hans Otzen (ot), Adobe Stock (Fotograf jeweils am Bild), Wikipedia/Wikimedia commons (Fotograf jeweils am Bild)
Karten: Catherine Raisin
Lektorat: Caroline Tiemann
Lektorat (Aktualisierung): André Pentzien

Druck und Bindung
Druck- & Verlagshaus Zarbock GmbH & Co. KG

Bibliografische Information der Deutschen Nationalbibliothek
Die Deutsche Nationalbibliothek verzeichnet diese Publikation in der Deutschen Nationalbibliografie; detaillierte bibliografische Daten sind im Internet über http://dnb.dnb.de abrufbar.

Anzeigenvertrieb
KV Kommunalverlag GmbH & Co. KG,
Alte Landstraße 23, 85521 Ottobrunn,
Tel. 089 928096-0, info@kommunal-verlag.de

Reise Know-How Bücher finden Sie in allen gut sortierten Buchhandlungen. Falls nicht, kann Ihre Buchhandlung unsere Bücher hier bestellen:
D: Prolit, prolit.de und alle Barsortimente
A: Freytag-Berndt und Artaria KG, freytagberndt.com
CH: AVA Verlagsauslieferung AG, ava.ch
B, LUX, NL: Willems Adventure, willemsadventure.nl
oder direkt über den Verlag: **www.reise-know-how.de**

Bildlegende Umschlag und Vorspann
Titelbild: Kirche bei Seis am Schlern mit den Dolomiten im Hintergrund (adobe.stock ©JFL Photography)
Vordere Umschlagklappe: Passerpromenade in Meran (ot)
S. 1: Selten anzutreffen, ein Steinbock (ot)
S. 2/3: Am Tschögglberg (ot)

Wir freuen uns über Kritik, Kommentare und Verbesserungsvorschläge, gern per E-Mail an info@reise-know-how.de.

Barbara und Hans Otzen

SÜDTIROL

Vorwort

Natur und Kultur, Entspannung und Genuss – all das bietet Südtirol reichlich. Südlich des Brenners erstreckt sich diese mediterran geprägte Alpenregion, die wegen ihrer klimatischen Vorzüge, ihrer landschaftlichen Schönheit, ihres Erholungswertes und ihrer Kulturschätze seit langer Zeit ein Top-Reiseziel ist.

Der Fund der 5300 Jahre alten Gletschermumie Ötzi beweist, dass der Alpenhauptkamm die Menschen nie getrennt, sondern immer miteinander verbunden hat. An der Etsch, dem Eisack und der Rienz ließen sich schon Kelten und Römer nieder, hierher kamen im frühen Mittelalter Bajuwaren, die als freie Bauern weiter in die Hochtäler vordrangen, um sich neuen Lebensraum zu schaffen. Für das Heilige Römische Reich Deutscher Nation war Südtirol das strategisch wichtige Bindeglied zwischen seinem nördlichen und südlichen Teil. So verbanden sich hier italienische mit deutschen Kultureinflüssen, was bis heute das Südtiroler Erscheinungsbild prägt.

Die nördlichste Provinz Italiens kann mit über 300 Sonnentagen im Jahr aufwarten, mit einer parkartigen Landschaft aus Weinbergen, Wäldern, Wiesen und Almen, aus Hochgebirgstälern und Bergseen, in der man wandern und diversen sportlichen Aktivitäten nachgehen kann. Das Land zwischen Vinsch-

gau und Pustertal beherbergt faszinierende Burgen und Schlösser, alte Ansitze, Kirchen und Klöster. Städte wie Meran und Bozen mit ihren historischen Ortskernen, dazu eine ausgezeichnete Gastronomie mit hervorragender Küche und ein breites Angebot an Pensionen, Hotels und Luxusherbergen machen Südtirol so attraktiv.

Es ist dieser reizvolle Kontrast zwischen Nord und Süd, deutsch bzw. österreichisch und italienisch, zwischen Tälern und Bergen, den Südtirol in einzigartiger Weise verkörpert und der die Besucher immer wieder magisch anzieht. Diese vielfältige Kulturregion wieder und wieder aufs Neue zu entdecken reizt vor allem die Wanderer, die nach wie vor den Hauptteil der Gäste ausmachen. Was gibt es Schöneres, als auf Schusters Rappen diese Vielfalt hautnah zu erkunden, in den Gasthöfen, Jausenstationen, Almwirtschaften oder Berghütten unter sonnigem Himmel zu rasten, um eine Knödelsuppe, eine Brettljause oder einen Schmarrn mit einem Glas Roten zu genießen – das ist die Vorstellung von paradiesischem Urlaub!

st 233ot

So traditionell Südtirol im Kern auch noch ist, zeigt sich dieses Land doch allem Neuen gegenüber aufgeschlossen. Hier pulsiert modernes Leben mit innovativer Architektur und Kunst, Design und Mode. Trendsportarten haben sommers wie winters längst Einzug gehalten. Familienfreundlich war Südtirol schon immer, doch zunehmend geht man speziell auf Kinder mit ansprechenden Angeboten zu – und das gilt weit über die Museen hinaus. Die Hotellerie besticht mit immer vielfältigeren Wellness-Angeboten, die den Urlaubsgästen einen entspannten Aufenthalt ermöglichen. Insgesamt steht das gastronomische Angebot kulinarisch mit seinen Weinen auf höchstem Niveau. Dieser Reiseführer gibt dazu umfangreiche Tipps und Infos, wie man seinen Aufenthalt in Südtirol erholsam und anregend gestalten kann.

Wir wünschen Ihnen eine gute Reise!

Barbara Otzen

Hans Otzen

Das beeindruckende Rosengartenmassiv

Inhalt

9 Praktische Reisetipps von A bis Z 480

10 Land und Leute 514

11 Anhang 556

Wanderungen

Für einen schnellen Überblick über die für Sie interessanten Wandertouren finden Sie im Anhang auf S. 563 eine **Auflistung der Wanderungen** mit Ausgangspunkt der Wanderung, Schwierigkeitsgrad und der Gehzeit.

Steckbrief Südtirol

- **Fläche:** 7400 km² (2,5 % Anteil an der Fläche Italiens); 50 % Landwirtschaftsfläche, 44 % Waldanteil, 60 % über 1600 m Höhe
- **Einwohner:** 532.000 (69,6 % deutsch, 25,8 % italienisch, 4,5 % ladinisch), davon 108.000 Einwohner in Bozen, 41.000 in Meran und 22.000 in Brixen
- **Werktätige:** 253.000
- **Bruttoinlandsprodukt:** 24,4 Mrd. Euro, pro Kopf 45,900 Euro
- **Wirtschaftsstruktur:** Industrie 25 %, Landwirtschaft 12 %, Dienstleistungen 63 %
- **Landwirtschaftliche Produktion:** 9,5 Mio t Äpfel, 40.000 t Trauben (= 250.000 hl Wein), 106.000 t Kartoffeln, 30.000 t Blumenkohl
- **Tourismus** (2019): 10.100 Gastbetriebe, 222.700 Gästebetten, 32,4 Mio. Übernachtungen
- **Autonomiestatut:**
  – Primäre Zuständigkeit Südtirols: Kultur, Berufsbildung, Kindergärten, Soziales, Straßen, Wohnungsbau, ÖPNV, Tourismus, Handwerk, Handel, Industrie, Landwirtschaft, Zivilschutz, Naturschutz;
  – Sekundäre Zuständigkeit Südtirols: Schulen, Gesundheit, Sport;
  – staatliche Zuständigkeit (Italien): Verteidigung, Justiz, Polizei, Einwanderung, Finanzen.

Karten

Hinweise zur Benutzung

Nicht verpassen!
Die Highlights der Region erkennt man an der **gelben Markierung.**

UNSER TIPP ...
... steht für spezielle Empfehlungen der Autoren: abseits der Hauptpfade, persönlicher Geschmack.

Kinder-Tipps ...
... das Symbol kennzeichnet Sehenswürdigkeiten, Unterkünfte und Aktivitäten, an denen auch kleine Südtirol-Urlauber ihre Freude haben werden.

Der Schmetterling ...
... zeigt an, wo man besonders gut Natur erleben kann oder Angebote im Bereich des nachhaltigen Tourismus findet.

Verweise auf die Stadtpläne
1 Die farbigen Nummern in den „Praktischen Tipps" der Ortsbeschreibungen verweisen auf den jeweiligen **Karteneintrag.**

Updates nach Redaktionsschluss
Auf der Produktseite dieses Reiseführers in unserem Internetshop finden Sie zusätzliche Informationen und **wichtige Änderungen.**

Ortsnamen

Unter den Ortsnamen stehen in Klammern die italienischen Namen der Orte.

Preiskategorien Unterkunft

(Übernachtung für 2 Personen im DZ mit Frühstück in der Hauptsaison)

①	=	unter 50 Euro
②	=	50–75 Euro
③	=	75–100 Euro
④	=	100–125 Euro
⑤	=	Luxuskategorie

Preiskategorien Gastronomie

①	=	Einzelgericht bis 10 Euro
②	=	Einzelgericht bis 15 Euro
③	=	Einzelgericht bis 20 Euro, Menü bis 25 Euro
④	=	Einzelgericht bis 25 Euro, Menü bis 40 Euro
⑤	=	weit darüber

GPS-Tracks

GPS Für zahlreiche der im Buch vorgestellten Wanderungen stehen auf www.reise-know-how.de **GPS-Tracks** im Format gpx zum kostenlosen Download bereit. Sie finden die Daten auf der Produktseite dieses Titels.

Die Regionen im Überblick

1 Bozen und Umgebung | 28

Schon in vorrömischer Zeit stellten die Alpen für die Menschen keine Barriere dar, sondern es herrschte über die Pässe reger Austausch zwischen Norden und Süden. Ötzi gibt ein beredtes Beispiel dieser grenzüberschreitenden Spezies ab. Er hat seine allerletzte Ruhestätte in **Bozen (S. 32)** gefunden, in jener Stadt, die schon immer von dem kulturellen und materiellen Austausch zwischen Nord und Süd profitiert hat und sich heute als weltoffene, multikulturelle Stadt präsentiert.

2 Meran und das Burggrafenamt | 100

Im Burggrafenamt liegt die Wiege Südtirols. Hier ließen sich die Grafen von Tirol nieder und errichteten ihren Stammsitz **Schloss Tirol (S. 133)** bei Meran. **Meran (S. 106)** musste im 15. Jh. seine Funktion als Tiroler Hauptstadt abgeben, blieb aber eine rege Händlerstadt, die sich aufgrund ihres milden Klimas zu Tirols Hauptfremdenverkehrsort entwickelte. Hier ging die k.u.k.-Prominenz ein und aus, allen voran Kaiserin *Sissi*. Bis heute hat es sich sein Flair erhalten.

3 Unterland | 172

Südlich von Bozen weitet sich das Etschtal zu einer Talmulde aus, die für intensiven Obstbau genutzt wird. In **Salurn (S. 191)** verläuft die historische Kulturgrenze, die auch den geografischen Übergang zur italienischen Sprache bildet. An den Hängen der angrenzenden Gebirge wird seit alters her Weinbau betrieben. Wer kennt nicht den Weinort **Tramin (S. 176)** südlich des Kalterer Sees, der sogar einer eigenen Rebsorte den Namen gab.

4 Vinschgau | 194

Der Vinschgau bildet neben dem Gadertal die wohl eigenständigste Region Südtirols. Die Etsch entwässert mit ihren Nebenflüssen die Talregion, die durch den Alpenhauptkamm klimatisch geschützt ist und am Talboden wie an den zur Sonne ausgerichteten Hängen nur geringe Niederschläge erlebt. Mit 300 Sonnentagen jährlich zählt der Vinschgau zu den sonnenreichsten Alpentälern.

5 Wipptal | 270

Das wichtigste Durchgangstal der Alpen ist das sich über den Brenner erstreckende Wipptal. Der Durchgangsverkehr ist enorm, doch jenseits davon erstrecken sich reizvolle Bergbauernregionen. Im Tal haben Handel und Bergbau den Wohlstand der Menschen wachsen lassen. Bestes Beispiel hierfür bietet die Stadt **Sterzing (S. 277)** mit ihrem hervorragend instand gehaltenen mittelalterlichen Ortskern.

6 Eisacktal | 294

Die natürliche Fortsetzung des Wipptals stellt das sich südwärts erstreckende Eisacktal dar. Im Tal liegen die kulturgeschichtlich so bedeutsamen Orte **Brixen (S. 298)** und **Klausen (S. 318),** auch die ehrwürdigen **Klöster Neustift (S. 307)** und **Säben (S. 320).** Auf der Mittelterrasse auf halber Höhe zu den Gipfeln der angrenzenden Alpengebirgsstöcke breiten sich kleine Ortschaften aus, die wirtschaftlich wie kunstgeschichtlich in außerordentlicher Weise von den Errungenschaften des Tals profitiert haben.

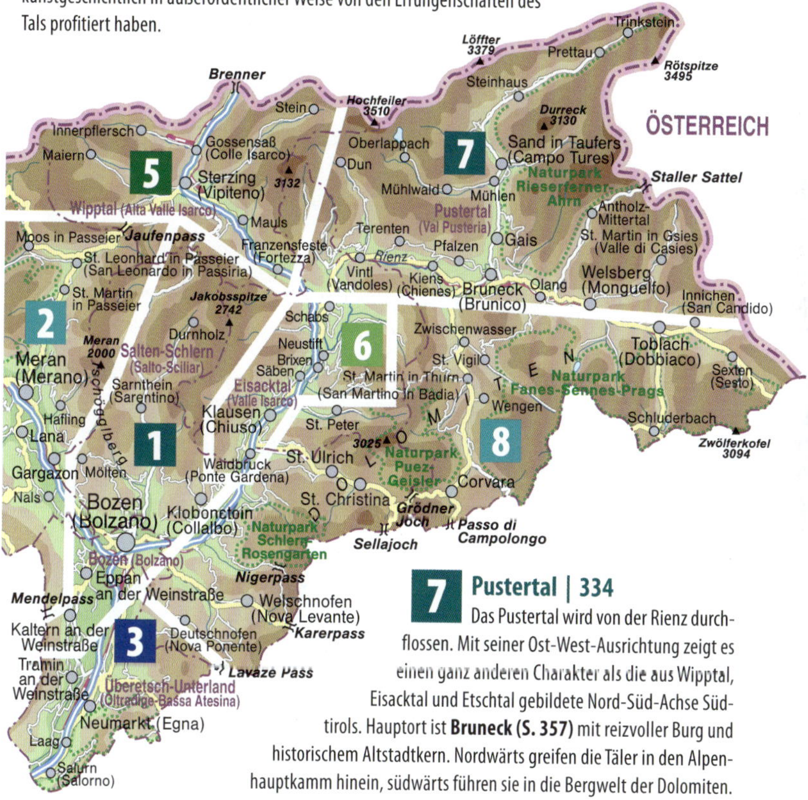

7 Pustertal | 334

Das Pustertal wird von der Rienz durchflossen. Mit seiner Ost-West-Ausrichtung zeigt es einen ganz anderen Charakter als die aus Wipptal, Eisacktal und Etschtal gebildete Nord-Süd-Achse Südtirols. Hauptort ist **Bruneck (S. 357)** mit reizvoller Burg und historischem Altstadtkern. Nordwärts greifen die Täler in den Alpenhauptkamm hinein, südwärts führen sie in die Bergwelt der Dolomiten.

8 Dolomiten | 400

Das Kalkgestein der Dolomiten hat so bizarre Felsformationen geschaffen wie den **Rosengarten (S. 466)**, das **Latemargebirge (S. 466),** den Langkofel oder den **Schlern (S. 450).** Das **Gadertal (S. 417)** erschließt die Dolomiten von Norden aus dem Pustertal. Zugänge von Westen bilden das **Villnößtal (S. 432),** das **Grödnertal (S. 439)** und das **Tierser Tal (S. 467).** Die sich auf Höhen um 2000 Meter zwischen Langkofel und Schlern erstreckende **Seiser Alm (S. 459)** ist das größte Almgebiet der gesamten Alpen. Der früher schwer zugängliche Bereich hat in den Dolomiten eine eigene Sprache lebendig erhalten – das Ladinische ist neben dem Deutschen und Italienischen die dritte Amtssprache in Südtirol.

Reiserouten

Schon mit einem Tag Zeit, aber besser noch mit einer guten Woche, kann man die Landschaft Südtirols gut erwandern oder per Rad oder Auto erfahren. Im Folgenden werden vier Routen vorgestellt.

Routenvorschläge

1. Autotour: Zu den schönsten Klöstern Südtirols

Klöster haben einen entscheidenden kulturgeschichtlichen Anteil an der Entwicklung Südtirols und prägen mit ihren sehenswerten Bauten bis heute das Erscheinungsbild der Region. Die tiefe Religiosität der Menschen in den Alpen hat die Entstehung von Klöstern, deren Ursprünge bis in die vorkarolingische Zeit zurückreichen, gefördert. Ihre Existenz hat Jahrhunderte überdauert, viele werden bis heute von Mönchen bewohnt. Viele der romanischen Ursprungsbauten erfuhren im 17. und 18. Jahrhundert eine barocke Erneuerung, die vor allem die Klosterkirchen zu wahren Schmuckstücken des Landes machten.

Die Fahrten zu den Klöstern Südtirols führen durch die schönsten Landschaften der Region. Links und rechts des Weges gibt es zusätzlich viel zu entdecken, sodass die jeweiligen Ziele als Ganztagestour ausgelegt sind. Um die Anfahrtswege zu verkürzen, wurden die Städte **Meran, Bozen, Brixen und Bruneck** als jeweilige **Ausgangspunkte** gewählt. Insgesamt sind dreizehn Tage für die Touren vorgesehen – und so bekommt man einen tiefen Einblick in die (Kunst-)Geschichte Südtirols! Alle Bauten können besichtigt werden, vielerorts werden auch Führungen angeboten.

Ausgangspunkt Meran

Tour 1. Zum **Kloster Marienberg** (Burgeis, 62 km.)

Die Anreise von Meran folgt dem malerischen **Vinschgau** aufwärts. Das Kloster entstand im 12. Jh. Sehenswert sind die Fresken in der Krypta, die Madonnenstatue im Tympanon und das Madonnenbild im Hochaltar, das Museum zum Klosterleben und die Bibliothek.

Tour 2. Zum Kloster St. Johann (Müstair, 67 km.)

Der Abstecher in die Schweiz führt ebenfalls zunächst durch den Vinschgau, wobei man in Schluderns westlich ins **Münstertal** abzweigt. In Müstair befindet sich das karolingische Kloster St. Johann, das einst von Karl dem Großen gestiftet wurde. Weltberühmt sind die **Fresken,** mit denen die Klosterkirche ausgestattet ist. Auch deshalb steht die Anlage auf der Liste des UNESCO Weltkulturerbes.

Tour 3. Zum **Kartäuserkloster Allerengelberg** im Schnalstal (Kartaus, 28 km.)

Nach kurzem Weg in den Vinschgau hinein biegt man oberhalb von Naturns in das enge **Schnalstal** ein. In Kartaus sind vom Kloster noch Teile des Kreuzgangs erhalten. Die Klosterkirche ist barock ausgeschmückt.

Tour 4. Zum **Klarissenkloster** in Meran

Im Meraner Zentrum steht **am Kornplatz** das ehemalige Klarissenkloster, das heute eine Bank beherbergt. Zu sehen sind noch Teile des Kreuzgangs und Fresken. In den oberen Geschossen ist das Meraner Frauenmuseum untergebracht.

Tour 5. Zu **Unsere Liebe Frau im Walde** (30 km).

Jenseits des Mendelkamms ist ein Kloster zur Betreuung der Reisenden über den Gampenpass bezeugt. Die sehenswerte Klosterkirche stammt aus dem 15. Jahrhundert. Am Platz gegenüber befindet sich eines der sortimentsreichsten Spezialitätengeschäfte Südtirols – „Kofler Spezialitäten".

Ausgangspunkt Bozen

Tour 6. Zum **Dominikanerkloster** in Bozen.

Klosterkirche und Klostergebäude mit dem Kreuzgang stammen aus dem 15. Jahrhundert. Wertvoll sind die Fresken von *Friedrich Pacher* und Zeitgenossen in den Kapellen des Klosters. Im Kapitelsaal steht ein Stadtmodell, das Bozen im 14. Jahrhundert darstellt.

Tour 7. Zur **Abtei Muri Gries**

Der barocke Neubau der Abtei im Bozner **Vorort Gries** ist nicht nur wegen seiner prächtigen Ausmalung sehenswert. Im Abteiturm befindet sich eine Krippenausstellung. Zu den Spitzenerzeugnissen zählen die Lagrein-Weine der Klosterkellerei.

Tour 8. Zum **Kloster Maria Weißenstein** (38 km.)

Kloster Maria Weißenstein ist mit Blick auf den Schlern, den Rosengarten, den Latemar und die Ortlergruppe Ziel von Naturliebhabern und Pilgern. Berühmt sind die Deckengemälde von *Adam Ritter von Mölk.*

Ausgangspunkt Brixen

Tour 9. Zum **Dom Mariä Himmelfahrt** in Brixen.

Über Jahrhunderte entstanden zeigt er sich heute imposant mit seiner Doppelturmfassade. Berühmt ist das riesige Deckenfresko von *Paul Troger.* Nicht minder berühmt ist der Kreuzgang mit seinen bemalten Fassaden, darunter das Elefanten-Motiv in der 3. Arkade. (1551 zog ein Elefant als Geschenk des portugiesischen Königs an Kaiser Maximilian durch Brixen.)

Tour 10. Zum **Kloster Neustift** (5 km.)

Im 12. Jahrhundert gegründetes, großartiges Klosterareal mit zwei Innenhöfen. Am Eingang steht die Marienkapelle, im zweiten Innenhof der Renaissancebrunnen. Die Stiftskirche aus der Erbauungszeit erhielt ihren Chor im 15. Jahrhundert und wurde im 18. Jahrhundert großartig barock umgestaltet. Beachtenswert sind zudem der Kreuzgang, die Bibliothek und die Pinakothek. Im Areal gibt es einen Klosterladen und den Klosterkeller, in dem die Klosterweine verköstigt werden können.

Tour 11. Zum **Kloster Säben** (oberhalb Brixen, 14 km).

Der ursprünglich rätische Bischofssitz wurde zur bischöflichen Wehrburg ausgebaut. Vier Kirchen befinden sich auf dem Klostergelände, die in der Barockzeit ihr Erscheinungsbild erhielten, darunter die Heiligkreuzkirche, die auf den Fundamenten des rätischen Baus aus dem 6. Jahrhundert steht.

Ausgangspunkt Bruneck

Tour 12. Zur **Sonnenburg** (St. Lorenzen, 4 km).

Oberhalb der Talweitung der Rienz bei Bruneck erhebt sich die Sonnenburg als ehemaliges Benediktinerinnenstift. Verblieben sind der Wohntrakt mit Ringmauer, der Äbtissinnentrakt, die Ruine der Klosterkirche und der Kreuzgang. Heute ist ein Hotel im Gebäude untergebracht.

Tour 13. Zum **Kloster Innichen** (33 km.)

Der Gründer des Benediktinerklosters Innichen aus dem 8. Jahrhundert war der bayerische Herzog *Tassilo III.* Die Klosterkirche aus dem 13. Jahrhundert gilt als schönster romanischer Sakralbau Südtirols. Im Kapitelhaus neben der Kirche ist das Stiftsmuseum untergebracht. Hier wird der Kirchenschatz ausgestellt.

2. Fahrradtour: Tagestour Sella Ronda

- **Dauer:** 4½ Std.
- **Länge:** 52 Kilometer
- **Höhendifferenz:** knapp 2000 Meter
- **Starthöhe:** 1555 Meter
- **Schwierigkeitsgrad:** mittel
- **Wegstrecke:** 100 % Asphalt
- **Saison:** Juni bis Oktober

Jeweils an einem Samstag in der zweiten Junihälfte ist die Strecke autofrei. **Alle vier Dolomitenpässe** (Sella- und Grödnerjoch sowie Pordoi- und Campolongopass) rund um den Sella sind dann von 8.30 Uhr bis 15.30 Uhr für Liebhaber des Fahrrads reserviert. Tausende Radfahrer sind an diesem Tag unterwegs, um die grandiose Bergwelt Südtirols rund um das Sellamassiv mit Langkofelgruppe, Schlern, Sassongher, Pelmo, Civetta und Marmolada – im doppelten Sinn des Wortes – zu erfahren.

adobe.stock Foto: ©Hans und Christa Ede

Der **Sella Ronda Bike Day** ist ein Volksradtag und kein Rennen. Das macht ihn auch für Familien empfehlenswert. Der Veranstalter empfiehlt, die Strecke gegen den Uhrzeigersinn zu fahren. Ausgangspunkt ist der Parkplatz am Fußballplatz in Corvara.

Auch an anderen Tagen ist die Sella Ronda eine lohnende Radtour, allerdings muss man die Strecke dann mit Autos und Motorrädern teilen.

3. Wander-Autotour: Vielseitig durch das Martelltal

Die **Südtiroler Seitentäler**, die von dem Eisack oder der Etsch abzweigen, haben jeweils ihren eigenen Reiz. Um diese Täler in all ihren landschaftlichen und kulturhistorischen Facetten zu erfassen, bieten sich Autotouren an, auf denen man die einzelnen Orte anfährt und in den Gasthöfen oder Jausenstationen einkehrt. Auf einer Wanderung kann man die Atmosphäre dieser Täler in vollen Zügen genießen.

Eines der urtümlichsten Seitentäler ist das von der Plima entwässerte **Martelltal,** das im Unteren Vinschgau bei Goldrain seinen Ursprung hat und sich südwestwärts bis in den Hochalpenraum des Nationalparks Stilfser Joch fortsetzt. Die 22 Kilometer lange Talstraße setzt auf 600 Meter Höhe im Talgrund an, tritt auf 723 Meter in Morter in die Bergwelt,

Die Sella Ronda

führt an der Ortschaft Bad Salt vorbei über Gand, am Zufritt-Stausee und dem Gasthof Schönblick vorbei und hat ihr Ende an der zum Gasthof ausgebauten Enzianhütte auf 2050 Meter Höhe.

Variante a)
Tages-Autotour durch das Martelltal

Die **64 km lange Rundfahrt** beginnt in **Morter** (Km 02) am Talausgang (sehenswert die romanische Kirche St. Vigil und St. Blasius, die Ruine Untermontan und die Burgkapelle St. Stephan). **Station 2** führt nach Bad Salt (Km 08) zum Nationalpark-Info Culturmartell. Die nächste **Station 3** (Km 10) endet in Gand (sehenswert die Kapelle Maria Schmelz). Mit der nächsten **Station 4** zweigt man nach Martell (Km 12) ab (hier sehenswert die Ortspfarrkirche mit Christophorus-Außenfresko). Nun geht es zur **Station 5** hoch zum Gasthof Stallwies (km 22), dem höchstgelegenen Gasthaus im Tal. Die nächste **Station 6** führt zurück abwärts nach Gand (Km 34). Nun geht es das Martelltal weiter aufwärts zum Zufrittsee (Einkehr lohnt im Gasthof Waldheim, **Station 7,** Km 40) und weiter zum Talschluss (**Station 8,** Km 44) mit dem Gasthaus Enzianhütte und

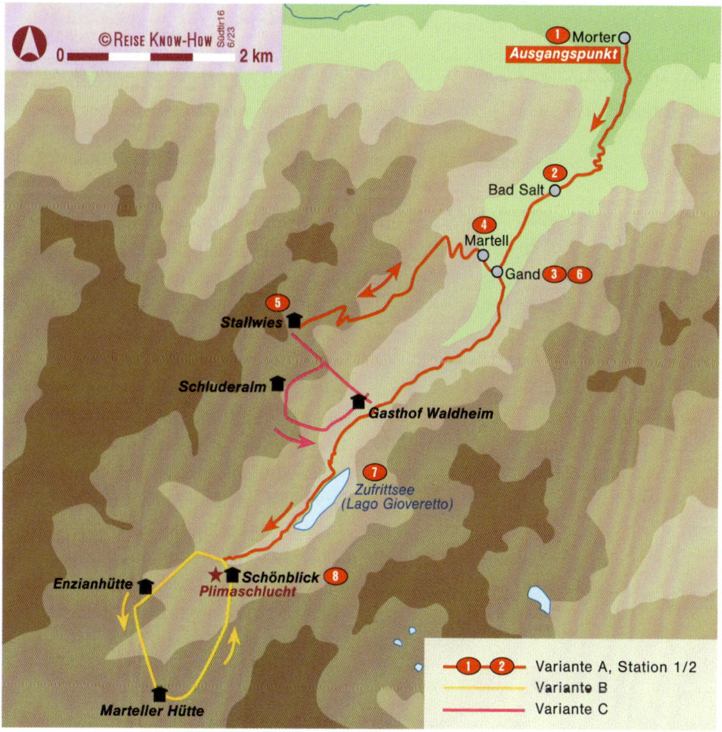

dem Gasthaus Schönblick. Die **Rückfahrt** führt das Martelltal wieder abwärts bis zum Ausgangspunkt in Morter (Km 64).

Variante b)
Wandertour durch das Martelltal

- **Dauer:** 4½ Std.
- **Länge:** 8,7 Kilometer
- **Höhendifferenz:** 560 Meter
- **Starthöhe:** 2050 Meter
- **Marteller Hütte:** 2610 Meter
- **Schwierigkeitsgrad:** mittel, der letzte Anstieg zur Marteller Hütte ist steil
- **Saison:** Juni bis Oktober

Mit dem Pkw bis zum Gasthaus Enzianhütte, von dort Wanderung über die Zufallhütte zur Marteller Hütte (siehe Kap. „Mittelvinschgau, Martelltal"). Nach einer Einkehr geht es auf dem Hinweg wieder zurück.

240st ot

Unser Tipp: Ergänzung: Rundwanderweg „Erlebnis Plimaschlucht"

- **Dauer:** 3 Std.
- **Länge:** 5,6 Kilometer
- **Höhendifferenz:** 460 Meter
- **Ausgangspunkt:** Wanderparkplatz Hintermartell, 2050 Meter
- **Höchster Punkt:** 2252 Meter
- **Schwierigkeitsgrad:** leicht, familienfreundlich, nicht für Kinderwagen
- **Saison:** Juni bis Oktober, für Geübte auch bei Schnee

Dieser Rundwanderweg wurde 2017 neu eingerichtet und dabei mit vier spektakulären Wander- und Aussichtspunkten versehen.

Vom Wanderparkplatz Hintermartell bei den Gasthöfen Enzian und Schönblick geht es an einem Teich vorbei aufwärts zum ersten Erlebnispunkt, der „Kelle in der Klamm". Diese Kelle greift als Stahlkonstruktion in die enge Klimaschlucht ein. Vom Kellenrand kann man tief in die tosende Schlucht blicken. Der nächste Erlebnispunkt ist die „Panoramasichel" auf einem Geländevorsprung, von dem man einen weiten Überblick auf die umgebende Bergwelt und die Zufallhütte hat. Auf die Kanzel folgt die „Aussichtskanzel", die als Stahlkonstruktion über die Felskante hinausgreift und senkrechte Blicke in die Schlucht ermöglicht. Der letzte der vier Erlebnispunkte ist die Hängebrücke über die Plimaschlucht. Diese Stahlseilbrücke ist so konstruiert, dass sie von Schnee- und Skiwanderern auch im Winter benutzt werden kann.

Brücke über der Plimaschlucht im Martelltal

stock.adobe Foto: ©Horst

Zum Rundwanderweg geht es ein Stück zurück. Nunmehr folgt man rechts dem Panoramaweg Nr. 40 taleinwärts zur „Bau“ genannten Alten Staumauer und danach auf die andere Talseite zur Zufallhütte. Nach einer Rast in der Hütte geht es auf Weg 150 zum Wanderparkplatz Hintermartell zurück.

Variante c)
Wandertour durch das Martelltal

- **Dauer:** gut 4 Std.
- **Länge:** 7,2 Kilometer
- **Höhendifferenz:** 660 Meter
- **Ausgangspunkt:** Gasthof Waldheim, 1530 Meter
- **Höchster Punkt:** 2030 Meter
- **Schwierigkeitsgrad:** mittel, der letzte Abstieg zum Gasthof Waldheim ist steil
- **Saison:** Juni bis Oktober

Eine zusätzliche Rundwanderung zur Stallwies ab dem Gasthof Waldheim.

Mit dem Pkw bis zum Gasthof Waldheim – von dort überquert man zunächst die Plima und folgt dann Weg 5 bergan bis zum Gasthof Stallwies. Dann geht es parallel zum Hang auf dem Marteller Höhenweg zur Schluderalm auf 2073 Meter Höhe. Kurz vorher zweigt Weg 34 meist steil talwärts ab, dem man in das Plimatal folgt und zum Tal parallel zum Gasthof Waldheim zurückkehrt.

Der Zufrittsee im Martelltal

Anfang bis Mitte Januar: Treffen der Heißluftballone
Großartiges Treffen von Heißluftballonen im Schnee an der Toblacher Kreuzung

Mitte Februar: Pfitscher Volks-Skilauf
Volks-Skilauf für Jedermann im Pfitscher Tal

17. März: Landsprachmarkt
Großer Krämer- und Viehmarkt mit historischen Wurzeln in Goldrain

Anfang April bis Anfang Mai: Volksmusik-Festival
Im Dorf Tirol wird echte alte und schräge neue Volksmusik an verschiedenen Veranstaltungsorten gespielt.

Mai: OrgelMai in den Meraner Kirchen
In Meran finden Orgelkonzerte im gesamten Burggrafenamt statt.

Juni: Beginn der Klettersaison in den Hochalpen.

2. Sonntag nach Fronleichnam: Herz-Jesu-Feuer
Am Herz-Jesu-Sonntag leuchten Figuren aus brennenden Kerzen oder Feuern an den Berghängen Andrians.

JAN | FEB | MÄR | APR | MAI | JUN

Faschingsdienstag (in ungeraden Jahren): Egetmannumzug
Der bedeutendste Karnevalsumzug in Südtirol findet in Tramin statt.

Februar/März: Volks-Skilauf
International ausgetragener Volks-Skilauf in Ridnaun

Sonntag Mitte März: Josefimarkt
Jahrmarkt in Salurn zum Bummeln, Stöbern und Verkosten

Ostern
Ende der Skisaison.

1. Maiwoche: Lana meets Jazz
Jazzfestival in Lana ganz im Zeichen der musizierenden Jugend Südtirols

Pfingsten: Eppaner Burgenritt
Großes Reitturnier zwischen den Eppaner Burgen mit Spezialaufgaben wie Hürden, Wassergräben, wackligen Fallbrücken und Fischestechen

LEGENDE

Winter
Frühjahr/Herbst
Sommer

Mitte August: Südtiroler Ritterspiele
Mittelalter-Spektakel vor der Kulisse der Churburg

Letztes Wochenende im August: Milchfest
Demonstrationen und Verköstigungen rund um das Thema Milch und Käse in Fane Alm/Vals

Zweitletzter Samstag im September: Matthäusmarkt in Prad
Traditioneller Herbstmarkt mit regionalen Produkten der Erntezeit

1./2. September: Weintage in Kaltern
Weinverkostung auf dem historischen Marktplatz von Kaltern

2. November: Sealamorkt
Würste, Speck, Käse, Wein, Süßigkeiten, Bekleidung, Lederwaren und allerlei Handwerk gibt es auf dem Allerseelenmarkt in Glurns.

Adventszeit bis 6. Januar: Krippenausstellung
Rund 100 Krippen zeigen die große Tradition der Tiroler Weihnacht in den Dorfgassen von St. Pauls (Eppan).

JUL | AUG | SEP | OKT | NOV | DEZ

24. August: Bartholomäusmarkt
Kultur und Genuss in den historischen Laubengängen von Glurns

Ende Juli/Anfang August: Seespiele auf der Seebühne Kaltern
Spektakuläre Veranstaltungen auf der einzigen Seebühne Südtirols

Dritter Samstag im September/Anfang Oktober: Gassltörggelen
Beginn der Törggelesaison mit großem Umzug in Klausen

September
Beginn der Weinlese, Beginn der Apfelernte

Anfang Oktober
Zeit zum Törggelen

Ende Oktober: Stegener Markt
Größter Markt Südtirols in Stegen bei Bruneck

Adventszeit: Christkindlmärkte
Die schönsten Weihnachtsmärkte der Alpen in Bozen, Meran, Brixen, Bruneck, Sterzing etc.

Beginn der Skisaison

Unsere fünf Highlights

Wikipedia © Fitti

Historische Orte – Bozen | 41

Die Lauben der Südtiroler Städte versinnbildlichen den regen Kultur- und Warenaustausch zwischen den Ländern nördlich und südlich der Alpen. Reich wurde Südtirol am Übergang des Mittelalters zur Neuzeit, als der Bergbau in der Region vorindustrielle Züge annahm. Die historischen Stadtkerne vieler Orte im Land zeugen mit ihrer kunstvollen Architektur noch von diesem Wohlstand. Ein der prächtigsten Laubengassen findet man in Bozen.

241st ot

Berge – St. Kathrein | 128

Südtirols Bergwelt mit ihren schneebedeckten Gipfeln, den Almen und Bergbauernhöfen bietet ein einmaliges Panorama, das viele Urlauber anzieht. Die Dolomiten sind sogar in die UNESCO-Liste des Weltnaturerbes eingetragen. Der höchste Berg Südtirols ist der Ortler, der 3905 Meter in den Himmel ragt. Von oben auf den Bergen bieten sich sensationelle Blicke in die Täler, wie von St. Kathrein oberhalb von Meran in den Vinschgau.

202st ot

Burgen – Schloss Tirol | 133

In Südtirol gibt es über 800 Burgen, viele in privater Hand, manche heute als Hotels betrieben, andere wiederum können besichtigt werden. Oft auf schwindelerregenden Felsvorsprüngen gelegen, bieten sie als malerische Anblicke reizvolle Akzente der Südtiroler Bergwelt. Schloss Tirol ist sogar die Wiege des gesamten Landes.

205st ot

Kirchen – St. Mariä, Niederlana | 152

Die traditionelle Gläubigkeit der Tiroler spiegelt sich nicht nur in den vielen großartigen Sakralbauten, sondern auch in den kleinen Dorfkirchen wider. Prächtig ausgestattet sind der Brixener Dom oder die Klosterkirche von Neustift. Viele der Kirchen bergen Kunstschätze von unglaublichem Wert – wie etwa der geschnitzte Schnatterpeck-Altar in St. Mariä, Niederlana.

Wikipedia © Leitzsche

Gastronomie – Stafler's Gut, Mauls | 293

Die Hotellerie hat schon immer ein hohes Niveau gehabt, die Südtiroler Küche brilliert durch ihre Verbindung alpenländischer und italienischer Elemente. Dies bildet eine der Grundlagen für die Fremdenverkehrswirtschaft, die längst eine der wichtigsten Säulen des heutigen Südtiroler Wohlstands geworden ist. Zu den Pionieren der modernen Südtiroler Küche zählt Stafler's Gut in Mauls.

Fünf besondere Ausblicke

Matteo Thun'scher Gucker | 118

Die vom Südtiroler Stararchitekten und Designer Matteo Thun konzipierte Aussichtsplattform über den Gärten von Schloss Trauttmansdorff lässt die Besucher in den Himmel „schweben". Wie durch ein überdimensionales Fernrohr genießen sie nicht nur die Aussicht auf die sich am Hang erstreckenden Gärten, sondern auch über das Etschtal, den Meraner Talkessel und die umliegende Bergwelt.

Wikipedia © Friedrich Bohringer

Knottnkino | 128

Das Knottnkino ist ein Freilufttheater, das ein Südtiroler Künstler hoch über Vöran auf einem Felsvorsprung (*Knottn* = Dialekt für Felsvorsprung) mit 30 Kinosesseln errichtet hat und Wanderer einlädt, Platz zu nehmen, zu reflektieren und die einmalige Aussicht über das Etschtal wie in einem Naturkino zu genießen.

adobe.stock Foto: ©Uwe Rieder

Aussichtsplattform Unterstell | 259

Mit der Seilbahn gelangt man von Naturns zur Bergstation Unterstell. Knapp 10 Minuten entfernt ist eine 16 Meter lange und knapp 50 Meter über den Abhang hinausragende Stahlkonstruktion als Aussichtsplattform errichtet worden. Sie bietet bis zu 50 schwindelfreien Personen einen Panoramablick vom Meraner Talkessel bis zu den Bergen der Ortlergruppe.

Wikipedia © RudolfSimon

Latzfonser Kreuz | 317

Auf 2305 Meter Höhe wurde im Jahr 1747 oberhalb von Latzfons eine Kirche für ein Herrgottsbild, das Schwarze Kreuz, errichtet, das bis heute zur Abwendung von Unwettern von Gläubigen angebetet wird. Mehrere Stunden dauert der Aufstieg zur 1869 erneuerten Kirche, dem höchsten Wallfahrtsort Südtirols mit weitem Blick über das Eisacktal.

adobe.stock Foto: ©Zippl W.

Auronzo-Hütte | 412

Wer den fantastischen Ausblick auf die von der Sonne beschienenen Drei Zinnen genießen möchte, macht sich am besten auf den Weg über die Mautstraße zur Auronzo-Hütte auf 2333 Meter Höhe. Aus der Gaststube fällt der Blick auf diese wohl schönsten der Gipfel. Die Hütte ist Ausgangspunkt für Bergwanderungen, Kletterpartien und den Drei-Zinnen-Rundweg.

adobe.stock Foto: ©mariso

Fünf besondere Jausenstationen

213st ot

Fisolgut | 236

Die kleine, urige Jausenstation liegt auf 1060 Meter Höhe am sonnigen Schlandersberg nahe dem Schloss Schlandersberg. Von diesem Schloss wurde im Tausch die alte Mühle erworben. In dieser grundsanierten Mühle wird seither auch köstliches Brot gebacken.

211st ot

Stallwies | 244

Der Stallwieshof steht oberhalb von Dorf Martell auf der höchstgelegenen Alm Südtirols mit Getreidebau. Der Hof mit fantastischem Blick auf den Zufrittsee ist Ausgangspunkt für Wanderungen in die Alpenwelt des Ortlers. Hier gibt es traditionelle Südtiroler Gerichte mit Produkten aus dem eigenen Stall und dem eigenen Bauerngarten – entweder auf der Terrasse oder in einer der drei Bauernstuben.

adobe.stock Foto: ©bergjournalisten

Similaunhütte | 257

Die Similaunhütte steht auf über 3000 Meter Höhe nahe dem Kamm zwischen dem Schnalstal und dem österreichischen Ötztal. Ganz in der Nähe am Hauslabjoch wurde der Gletschermann „Ötzi" gefunden. Die Hütte ist auch für ihre gute kreative Küche bekannt.

215st ot

Marchegg | 257

Urige, in traditioneller Holzbauweise errichtete Jausenstation im Schnalstal auf 1800 Meter Höhe mit einer 200 Jahre alten, getäfelten Bauernstube. Das Bauensemble des Marchegghofs mit Wirtschaftsgebäuden und einem Pfostenspeicher aus dem 16. Jahrhundert steht unter Denkmalschutz. Verpflegt wird mit hofeigenen Produkten aus dem Stall und dem Bauerngarten.

st 214ot

Almgasthof Würzjoch | 437

Am Übergang vom Aferer Tal zum Gadertal steht auf 2006 Meter Höhe auf dem Würzjoch der Almgasthof Würzjoch (Ütia de Börz) direkt unterhalb des Peiterkofel. Von hier aus lassen sich weite Bergwandertouren und Kletterpartien in die umliegenden Dolomiten unternehmen.

Fünf südtiroler Dörfer

St. Michael (Eppan) | 54

Das Zentrum St. Michaels bildet der Platz am Rathaus, von dem die Gassen mit ihrem oft noch spätgotischen Baubestand abzweigen. Hier zeigen die ehemaligen Ansitze und Wohnhäuser zinnenbewehrte Mauern, Erker, Doppelbogenfenster oder Freitreppen. Überragt wird der Ort von der barocken Gleifkirche auf der Kuppe des Kalvarienberges, von dem man einen weiten Ausblick hat.

219st ot

Kaltern | 66

Der Wohlstand, den Kaltern dem Weinbau verdankt, zeigt sich an den historischen Bauten rund um den Marktplatz. Die meisten dieser Bürgerhäuser entstammen dem späten 16. Jahrhundert und wurden im sogenannten Überetscher Stil errichtet, der sich insbesondere durch reich verzierte Portale, Erker und doppelbogige Fenster sowie Arkaden und Veranden auszeichnet.

218st ot

Glurns | 214

Glurns, das „große" Dorf, ist mit weniger als 1000 Einwohnern die kleinste Stadt Südtirols. Der einst bedeutende Handelsplatz verlor im Spätmittelalter durch Veränderung der Handelswege an Bedeutung. Im 19. Jh. waren nur noch bäuerliche Strukturen vorhanden. So konnte die Stadt ihren historischen Charme mit ihrer komplett erhaltenen Ummauerung und Gassen samt Marktplatz bewahren.

220st ot

Feldthurns | 315

Das „Kastaniendorf" Feldthurns erstreckt sich auf der Mittelterrasse des Eisacktals in einer Höhe von knapp 1000 Metern. Kein Wunder, dass sich die Bischöfe von Brixen den Ort als ihre Sommerresidenz ausgesucht hatten und ein mächtiges Renaissance-Residenzschloss errichteten, das vor allem für seine kunstvollen Vertäfelungen und Intarsienarbeiten berühmt ist.

217st ot

Kastelruth | 452

Neben den großartigen Städten Südtirols, der Hauptstadt Bozen, der Kurstadt Meran und der Bischofsstadt Brixen, bieten viele Dörfer historische Ortskerne, die ihnen mit ihren großartigen Bauten fast städtischen Charakter verleihen. In Kastelruth ist dies der Ansitz Krausberg, der den malerischen Marktplatz des Ortes beherrscht.

216st ot

1

Bozen und Umgebung

» Bozen – seit Jahrhunderten Schmelztigel der Kulturen, wo sich Nordeuropa und Südeuropa treffen. Kunst und Küche geben sich hier die Hand und vermengen sich zu einem reizvollen Ensemble, das man einfach gesehen und erspürt haben muss! Die Umgebung von Bozen weist dazu die schönsten Weinbaugebiete ganz Südtirols auf.

[<] Blick auf die Dolomiten von der Hochebene des Salten

0 — 5 km

Wipptal (Alta Valle Isarco)
Pfelderer Tal
146
Moos in Passeier
145
Walten
Platt
142
Pfelderer Bach
Pfelders
Ulfas
St. Leonhard in Passeier (San Leonardo in Passiria)
142
Sandhof
Penserjoch
Asten
269
Naturpark Texelgruppe
141
Windegg
St. Martin in Passeier
Pens
Penser tal
Hochwarth 2748
Weißenbach
Magfeld
Burggrafenamt (Burgraviato)
SS44
Quellenhof
90
Durnholzer See
SS508
Hirzer 2781
Rabenstein
Jakobsspitze 2742
Durnholz
141
Saltaus
125
Tall
Vorderpasseier
Spronser Seen
Vernuer
125
Videgg
Aberstückl
141
Riffian
125
Verdins
Kassianspitze 2581
Ifinger 2781
121
Meran 2000
Vellau
141
Kuens
123
Schenna
St. Valentin
Reinswald
317
Latzfonser Kreuz
Oberplars
Schloss Tirol
132
Dorf Tirol
Pivigna
SS38
131
106
Algund (Lagundo)
Meran (Merano)
Falzeben
Astfeld
Säbener
130
Marling
Moar Wiese
90
Stoanerne Mandln
Nordheim
Lebenberg
128
St. Kathrein
127
Hafling
88
Sarnthein (Sarentino)
86
Sarntal
150
Tscherms
Sinich
80
Tschögglberg
Rittner Horn 2260
Pavicolo
151
Lana
148
Burgstall
128
Knottnkino
87
SS508
159
Ultental
Aschl
127
Vöran
160
St. Pankraz
157
Völlan
149
Gargazon
83
Mölten
Flaas
Salten-Schlern (Salto-Sciliar)
Bad Lad
SS238
164
Tisens (Tesimo)
84
Schlaneid
Versein
Ritten
Platzers
Gfrill
164
Prissian
77
Vilpian
Verschneid
Afing
Bach
88
Wangen
Oberinn
Mittelberg
Lengstein
Lengmoos
97
Johanniskofel
2434
Grissian
169
Nals
Etsch (Adige)
82
Salten
81
Jenesien
Wangen
94
92
Klobenstein (Collalbo)
167
Gampenpass
75
Terlan
Oberbozen
Wolfsgruben
Deutschnonsberg
Siebeneich
Runkelstein
78
Andrian
Glaning
Maria Himmelfahrt
Erdpyramiden
Unsere Liebe Frau im Walde
167
168
St. Felix
59
Hocheppan
SS38
32
Unterinn
Signat
Prösels
Bozen (Bolzano)
Kardaun
Eisacktal
Oberaicha
Perdonig
Bozen (Bolzano)
472
Karneid
Nonstal
Missian
Frangart
467
Breien
Tierser Tal
St. Pauls
53
63
Sigmundskron
San Vito
Steinegg
Berg
Eppan an der Weinstraße
467
SS238
San Giacomo
Castelfondo
Costa
Steinegger
Girlan
Eggental
Dovena
SS12
St. Michael
SS42
Oberplanitzing
Malosco
Unterplanitzing
Pineta
Wölfl
Gummer
Nonstal
Sarnonico
St. Nikolaus
Birchabruck
Mendelpass
66
64
182
477
Brez
Ronzone
Kaltern an der Weinstraße
Montiggl
Leifers (Laives)
476
Cloz
Deutschnofen (Nova Ponente)
Cavareno
Pfatten (Vadena)
182
Eggen
Dambel
Ruffre (Rufrè-Mendola)
St. Anton
Branzoll
Petersberg
186
Maria Weißenstein
Romeno
Überetsch-Unterland (Oltradige-Bassa Atesina)
Amblar
Schwarzenbach
Don
St. Josef am See
Kalterer See
Weißenstein
Rauth
72
Altenburg
Trento, Verona
186
Aldein
Mitterstrich
Lavazè Pass

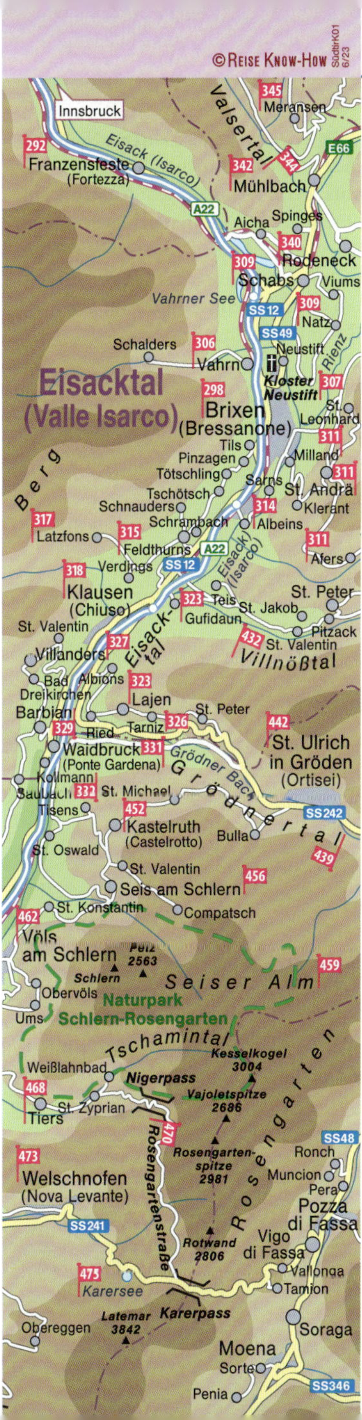

URBANES FLAIR UND WEITES HÜGELLAND

400st ot

Am Tschögglberg

BOZEN (BOLZANO)

LANDESHAUPTSTADT SÜDTIROLS

Das Verwaltungszentrum Südtirols ist eine moderne Stadt mit hervorragend restauriertem Altstadtkern, einem großen kulinarischen Angebot, Theatern, Museen und der 1997 gegründeten Universität, deren Studenten das Erscheinungsbild auf den Straßen mit prägen.

Schloss Maretsch

Info: Postleitzahl Bozen: **39100.** Tourismusbüro Bozen, Südtiroler Straße 60, Tel. 0471 307000, www.bolzano-bozen.it.

Sightseeing Bus, Abfahrt Waltherplatz, April bis Okt., 9, 10.20, 11.30, 14, 15.20, 17 Uhr, Ticket 1,50 Euro, Info-Tel. 0471 305604, www.burgenwelt.org/italien/sigmundskron/bobus-bozen-2013.pdf.

Das urbane Flair von Bozen hat seinen Ursprung in den internationalen Handelsbeziehungen zwischen dem nordalpinen und südalpinen Wirtschaftsraum. Die Geschäftshäuser entlang der Lauben, die Kirchenbauten, allen voran die Dompfarrkirche, die vielen kleinen Kirchen, dazu Klöster und vor allem an die 40 Burgen im Umfeld zeigen die zentrale Bedeutung dieser Stadt im ausgehenden Mittelalter.

046st ot

Der **Talkessel** von Bozen liegt eingebettet zwischen den Sarntaler Alpen im Norden, den Dolomiten im Osten und dem Mendel-Massiv im Westen. Aus Nordosten strömen der **Eisack** in einem schmalen Durchbruch, aus Nordwesten die **Etsch** durch ein schon weites Tal und unmittelbar von Norden aus den Sarntaler Alpen die **Talfer** in den Talkessel hinein. Dort vereinigen sich die drei Flüsse. Die Etsch als Hauptstrom wendet nunmehr ihren Verlauf nach Süden und öffnet den Talkessel zur Poebene hin.

NICHT VERPASSEN!

- **Dozner Dom,** ein reich ausgestattetes spätgotisches Gotteshaus | 38
- **Museion,** moderne Architektur in Bozen | 39
- **Südtiroler Archäologiemuseum,** berühmtestes Exponat: die Mumie von „Ötzi", dem Mann aus dem Eis | 40
- **Die Lauben,** bummeln und shoppen in der schönen Bozner Altstadt | 41
- **Die Promenaden entlang der Talfer** im Bozner Talkessel | 46

Diese Tipps erkennt man an der gelben Markierung.

Bozen

Meran
Terlan
Moritzinger Weg
St. Mauriziuskirche
Vittorio Veneto-Str.
Lorenz Böhler-Str.
MORITZING
Etsch
Eppan, Kaltern
Meranerstr.
Penegal-Str.
Alte Mendelstr.
Positano-Str.
Capri-Str.
Drususallee
Drususallee
Frangart
Sorrento-Str.
Europaallee
V. Palermo-Str.
Mailandstr.
Mariaheimweg
Reschenstr.
Parma-Str.
Sassari-Str.
Cagliari-Str.
Schloss Sigmundskron
Messner Mountain Museum
Bari-Str.
Genuastr.
Eisackuferstr.
Siemens-Str.
Etsch
MeBo
Torricelli-Str.
Volta-Str.
Pacinotti-Str.
Lancia-Str.
Kepler-Str.
Giotto-Str.
S. Altmann-Str.
Bahnhof Bozen Süd
Buozzi-Str.
Polo-Str.
Eisack
A22
Einstein-Str.
Galvani-Str.
Pfarrhofstr.
Flughafen, Leifers, Auer
Trient, Verona

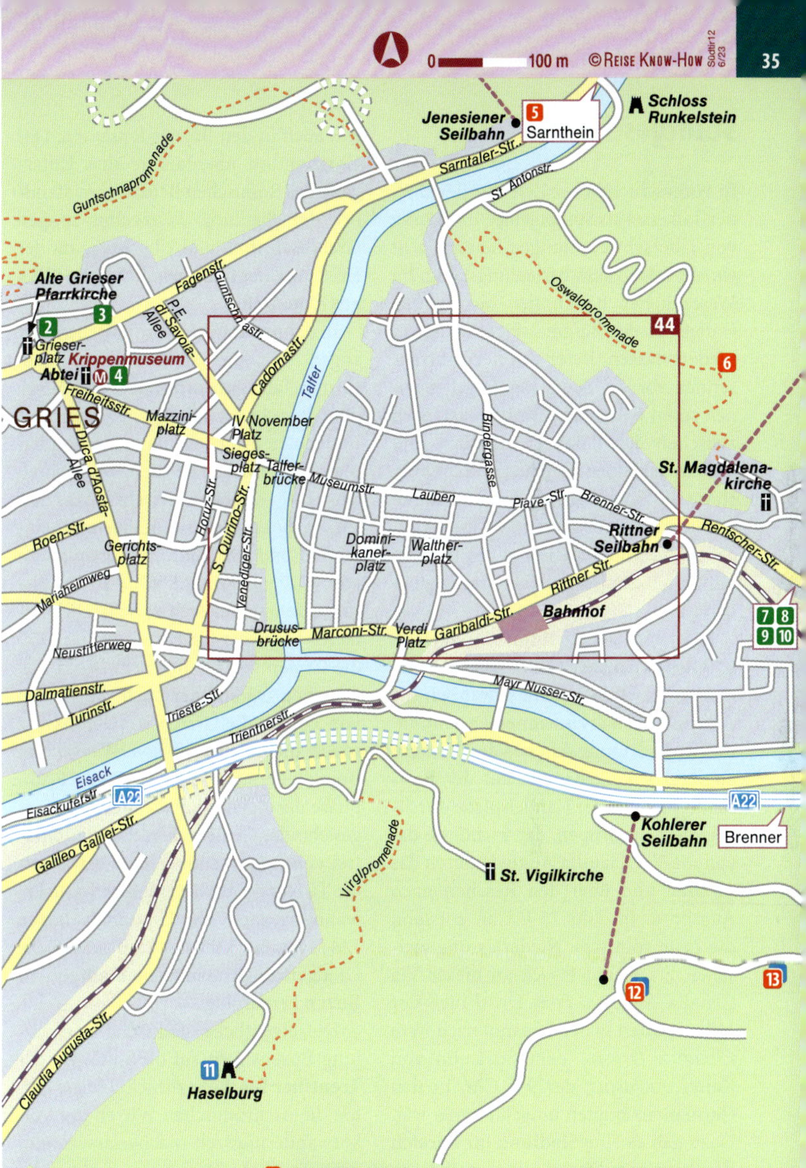

Unterkunft
- 1 Camping Moosbauer
- 5 Tollhof
- 6 Hotel Eberle
- 12 Kohlern
- 13 Gasthof Bad St. Isidor

Essen und Trinken
- 11 Restaurant Haselburg
- 12 Restaurant Kohlern
- 13 Gasthof Bad St. Isidor

Wein
- 2 Kellerei Bozen
- 3 Kellerei Schmid Oberrautner
- 4 Muri-Gries Klosterkellerei
- 7 Glögglhof
- 8 Erbhof Unterganzner
- 9 Ansitz Waldgries
- 10 Weingut Loacker

Stadtgeschichte

In vorgeschichtlicher Zeit war der Bozner Talkessel als Sumpfgebiet, das häufig von Überschwemmungen heimgesucht wurde, noch kaum besiedlungsfähig. Im Wesentlichen hatten sich nur an den Hängen zu den Bergmassiven Menschen niedergelassen. Bereits in den Jahrtausenden vor der Zeitenwende gab es einen regen **Güter- und Kulturaustausch** zwischen den Gebieten nördlich und südlich der Alpen. Reschen und Brenner sowie die Saumpfade dazwischen waren schon damals bedeutende Alpenübergänge, die von Süden über das Etschtal und durch den Bozner Talkessel zugänglich waren.

Spätestens seit die **Römer** ihren Herrschaftsbereich nach Gallien und Germanien ausgedehnt hatten, gewannen die Alpenübergänge zunehmend an militärischer Bedeutung. Ein von den Römern angelegtes Verkehrsnetz auf der Basis schon bestehender Handelspfade durchzog die Zentralalpen, der wichtigste davon die **Via Claudia Augusta** durch das Etschtal und über den Reschen nach Augsburg. Im Jahr 15 v. Chr. entstand die erste römische Niederlassung zwischen Etsch und Eisack an dieser Via Claudia Augusta. *Pons Drusi* hieß der Militärposten später, benannt nach *Nero Claudius Drusus,* dem Stiefsohn von Kaiser *Augustus,* der 9 v. Chr. in den Germanenkämpfen umgekommen war. Dazu gab es eine **Siedlung im Bereich des heutigen Doms,** die den Namen *Bauzanum* trug.

Nach mehrhundertjähriger Herrschaft der Römer im Alpenraum brach das Reich zusammen. Goten, dann Franken, Langobarden und Bajuwaren drangen auch in den Bozner Raum ein. Das Christentum überdauerte den Untergang des Römischen Reichs – am Standort der Siedlung *Bauzanum* zeugen Grabinschriften und Überreste von der Existenz einer **frühchristlichen Basilika aus dem 6. Jh.**

In der unruhigen nachrömischen Zeit zogen sich die Menschen aus dem Bozner Talkessel zurück. Auf dem Virgl, dem Bozner Hausberg am jenseitigen Eisackufer, gab es vermutlich schon damals eine **Burg.** Für diese Burg ist ab dem 7. Jh. ein **bajuwarischer Graf von Bozen** bekannt. Urkundlich erscheint dieses *Comitatus Bauzanum* erstmals im Jahr 1027, als König *Konrad II.* das Bistum Trient mit dieser Grafschaft belehnte. Als Vögte der Bischöfe traten bis 1170 die Grafen von Greifenstein-Morit auf. Daneben waren aber auch die Grafen von Eppan, die Grafen von Tirol-Görz sowie die Edelfreien *von Wangen* im Bozner Bereich begütert. Diese Frühphase der Bozner Entwicklung ging angesichts der Gemengelage nicht konfliktfrei vonstatten. Zum Schluss gewannen die Tiroler die Überhand. Eine letzte Erwähnung fand die Grafschaft Bozen 1242, aus der 1272 das landesfürstliche Landgericht Gries mit dem **Stadtgericht Bozen** hervorging.

Die eigentliche städtische Entwicklung Bozens geht auf die Initiative der **Trentiner Bischöfe** zurück. Längst hatten die nachrömischen Wirren der Völkerwanderungszeit nachgelassen und neue politische Strukturen machten die Lage für die Menschen wieder sicherer. So konnten die Bischöfe 1170 im Bereich der Mündung der Telfer in den Eisack eine **Handelssiedlung** begründen, die zunächst nur aus einer Gasse, der heutigen **Laubengasse,** und einem Platz, dem nördlichen Teil des heutigen **Kornplatzes,** bestand. Da die Bischöfe an dem inzwischen wieder aufgeblühten alpinen Handel stärker teilhaben wollten, legten sie ab 1200 weitere Gassen an, so die **Silbergasse** und die **Streitergasse** mit dem Obstplatz, aus denen die bischöfliche Neustadt erwuchs.

Nur wenig später begründeten die Herren *von Wangen* im Osten und Norden des bischöflichen Marktes um 1210 ihre eigene Vorstadt, bestehend aus der heutigen Weintraubengasse, der Bindergasse und der Vintlerstraße. Einen weiteren Aufschwung brachte die Abhaltung von alljährlich zwei **Märkten.** 1265 bekam Bozen Stadtrechte, was auch bedeutete, dass die Stadt nunmehr mit einer **Mauer** umgeben war. Als Tirol 1363 endgültig zu Habsburg kam, setzte der eigentliche wirtschaftliche Aufschwung ein.

Die Zeit ab dem Beginn der zweiten Hälfte des 15. Jh. unter Erzherzog *Sigmund* und um die Wende zum 16. Jh. unter König *Maximilian I.* kann als eigentliche **Blütezeit** Bozens bezeichnet werden. Zwei weitere Jahresmärkte belebten die Geschäfte zusätzlich. 1633/35 richtete Erzherzogin *Claudia de' Medici* den Merkantilmagistrat, das Handelsgericht von überregionaler Bedeutung, in Bozen ein.

Die **Industrialisierung** zeigte schon Mitte des 19. Jh. erste Ansätze. Doch mit der Abtretung Südtirols an Italien nach dem Ersten Weltkrieg änderte sich die wirtschaftliche und soziale Situation der Stadt grundsätzlich. Die **faschistische Italienisierungspolitik** beabsichtigte die Marginalisierung der Südtiroler Bevölkerung durch Zuzug aus Süditalien. Dazu wurde die Ansiedlung von Industriebetrieben gefördert, die italienische Arbeiter mit ihren Familien aus dem Süden anlockte. So entstand in Bozen im bis dahin noch immer eher ländlich geprägten Südtirol ein großes Industriezentrum. **Neue Wohnviertel** wurden für die Zugezogenen gebaut. Jenseits der Talfer wurde im Westen der Altstadt gar ein völlig neuer Stadtteil ganz im faschistischen Architekturstil durch den Mussolini-Architekten *Marcello Piacentini* geschaffen.

Die Auswirkungen dieser Italienisierungspolitik sind bis heute zu spüren – 70 % der knapp über 100.000 Einwohner von Bozen sind inzwischen italienischen Ursprungs. Doch an keiner anderen Stelle im Land spürt man so deutlich, dass das **Identitätsproblem** für die Südtiroler längst gelöst ist: Die alten Ressentiments sind einem lebhaften Miteinander italienischer und deutscher Sprache und Kultur gewichen.

Rundgang durch die Altstadt

Waltherplatz

Zentraler Platz von Bozen ist der Waltherplatz. 1808 wurde er in der Franzosenzeit, die Südtirol unter bayerische Herrschaft brachte, angelegt und nach König *Max von Bayern* Maximilianplatz benannt. Knapp hundert Jahre später, als der Nationalismus grassierte, stellte man 1889 auf dem Platz ein **Denkmal** des Minnesängers **Walther von der Vogelweide** auf, dessen Geburtsort man auf den Vogelweiderhöfen bei Lajen unterstellte. So wollte man in Südtirol Deutschtum gegen die italienischen Ansprüche auf Trient demonstrieren, das zu dieser Zeit noch Teil der k.u.k. Monarchie war. Der Waltherplatz ist mit seiner Schatten spendenden Baumrandbepflanzung und seinen Cafés Treffpunkt von Touristen und Einheimischen – kein Mensch denkt mehr daran, wofür der Minnesänger herhalten musste.

Dom

Die **Pfarrkirche Maria Himmelfahrt,** der Bozner Dom, steht leicht schräg gestellt an der Südseite des Waltherplatzes. Das ursprünglich romanische Bauwerk wurde am Standort der frühchristlichen Kirche aus dem 6. Jh. errichtet und 1180 geweiht. Die Pfarrkirche ist seit 1964 auch **Bischofskirche** der neu geschaffenen Diözese Bozen-Brixen.

Ende des 13. Jh. wurde mit dem Neubau der Kirche als **dreischiffige Halle im spätgotischen Stil** durch lombardische Baumeister begonnen und ab 1340 unter der Leitung von *Martin* und *Peter Schiche* aus Augsburg fortgesetzt. 1517 war auch der 62 m hohe, filigrane **Turm** fertiggestellt, nach Plänen des Augsburger Dombaumeisters *Burkhard Engelberg,* ausgeführt von *Hans Lutz von Schussenried.* Die **Gnadenkappelle** an der Verlängerungsachse des Presbyteriums wurde im 18. Jh. angebaut.

Man betritt den Dom durch das **romanische Portal,** das vom Vorgängerbau stammt. Neben dem bronzenen Hauptportal befindet sich ein eingemauerter Opferstock, die sogenannte Plappermutter. Der Überlieferung nach baten hier verzweifelte Mütter um Hilfe für ihre Kinder, die Sprechfehler hatten. Zur Ausstattung des Doms zählt die spätgotische **Sandstein-Kanzel,** auch von Hans Lutz von Schussenried geschaffen. Beschädigungen an der Kanzel durch alliierte Bombenangriffe im Zweiten Weltkrieg wurden bis 1949 ausgebessert. Beachtenswert sind die alten **Grabplatten** an den Wänden des Chorumgangs. Von den **Fresken** der Kirche aus dem frühen und späteren 14. Jh., teilweise der giottesken Schule, die späteren der Bozner Schule zuzuordnen, sind große Teile während Renovierungsarbeiten im 19. Jh. verloren gegangen. Die gusssteinerne Pietà von *Hans von Judenburg* stammt aus dem Jahr 1424. Der barocke **Hauptaltar** von *Giovanni B. Ranghieri* und *Domenico Aglio* aus dem Jahr 1719 wurde nach Bombenschäden 1959 wieder hergestellt.

Bedeutend vor allem für die Geschichte Südtirols ist das **Herz-Jesu-Bild** von *Carl Henrici,* das die Tiroler Landstände 1796 zum Herz-Jesu-Gelöbnis animierte, mit dem der Landsturm zu Beginn der Franzosenkriege aktiviert wurde. Alljährlich werden bis heute in Erinnerung an dieses Ereignis Herz-Jesu-Feuer entfacht, in einer Prozession wird die Kopie des Herz-Jesu-Bildes durch die Stadt getragen. Die zahlreichen Stücke des **Domschatzes** sind in einem eigenen Ausstellungsraum (Dommuseum) in der Propstei zu besichtigen.

■ **Bozner Dom,** Pfarrplatz 27, Tel. 0471 978676, www.dompfarre.bz.it, geöffnet Mo bis Fr 7.30–18 Uhr, So 8–0 Uhr. **Domschatz,** Pfarrplatz 27, Tel. 0471 323814, Di–Sa 10–12.30 Uhr, Eintritt 3 Euro, Senioren 2 Euro, Kinder (6–18 Jahre) 1 Euro, https://dompfarre.bz.it/domschatzkammer.

Kapuzinerkirche

Auf dem Weg vom Dom zum Dominikanerplatz führt ein Abstecher über die Eisack- und Wolkensteinstraße zur Kapuzinerkirche. Die dem heiligen *Antonius von Padua* geweihte Kirche wurde um 1600 auf den Fundamenten des ehemaligen gräflichen Schlosses Wendelstein errichtet. Sehenswert ist ihr **barocker Hochaltar** von *Felice Brusasorci.* Angeschlossen ist ein kleiner Garten.

■ **Kapuzinerkirche,** Wolkensteinstaße. 1, Tel. 0471 971143, täglich 9–18.30 Uhr, Heilige Messe Mo bis Fr 7 und 18 Uhr, Sa 7 Uhr, So 8 Uhr, www.kapuziner.at/kloester/bozen.

Dominikanerkirche

Über die Kapuzinergasse geht es weiter zum **Dominikanerplatz** mit der gleichnamigen Kirche. Mit ihrem Bau wurde Anfang des 14. Jh. begonnen, Ende dieses Jahrhunderts erhielt der zunächst einschiffige Bau Grabkapellen. Dazu begann man mit der Errichtung des **Klosterkomplexes** mit Kreuzgang. Mitte des 15. Jh. wurde das Kirchenschiff in drei Schiffe mit gotischen Spitzbögen unterteilt. Der Chor wurde in der Barockzeit mit Stuck und Fresken versehen. *Joseph II.* veranlasste 1785 die Schließung des Klosters.

Wertvoll sind die **Fresken** in der Johannes- und der Katharinakapelle und im Kapitelsaal, die von Schülern des Meisters *Giotto* aus der Zeit um 1330 stammen und den spätmittelalterlichen Übergang zur figürlichen Malerei dokumentieren. Motive sind Szenen aus dem Marienleben, aus dem Leben von *Johannes dem Täufer,* dem Evangelisten *Johannes* sowie aus der Nikolauslegende.

Genauso wertvoll und noch besser erhalten sind die ab 1490 aufgetragenen Fresken von *Friedrich Pacher* im Übergang von der gotischen zur Renaissancemalerei im Kreuzgang, besonders hervorstechend der „Hortus conclusus“, die Darstellung eines eingefriedeten Gartens mit Mariensymbolen, sowie die Darstellung des bezwungenen Einhorns.

Der **Kapitelsaal** zeigt ein **Modell der Stadt Bozen** im 14. Jh. mit dem Dominikanerkloster an der Südgrenze der Stadt, dazu Modelle von Kirche und Klosteranlage im 14. und 18. Jh.

■ **Dominikanerkirche,** Dominikanerplatz, Tel. 0471 973133, Mo–Sa 9.30–17, So 12–18 Uhr, Kreuzgang April bis Ende Okt. und Adventszeit Sa 10–12 Uhr, www.bolzano.net/de/dominikanerkirche.html.

Museion

Über die Kolpingstraße geht es zur Dantestraße, an der das Museion steht, das **Museum für Moderne und zeitgenössische Kunst** – ein gläserner Kubus, Glanzstück moderner Architektur. Das Museumskonzept versteht sich nicht nur als Exponatensammlung, sondern als internationale Kunstwerkstatt mit interdisziplinärer Ausrichtung. Gezeigt werden Kunstwerke von den 1950er Jahren bis in die Jetztzeit, gepaart mit thematisch angegliederten Wechselausstellungen.

■ **Museion,** Dantestr. 6, Tel. 0471 223411, www.museion.it, Di–So 10–18, Do bis 22 Uhr, Eintritt 10 Euro, Senioren/Studierende 5 Euro, Kinder/Jugendliche bis 18 Jahre frei, Do 18–22 Uhr Eintritt frei.

Stadtmuseum

Wendet man sich in der Dantestraße nordwärts in die Sparkassenstraße, findet man an der Kreuzung mit der Museumstraße gleich zwei Museen vor. Das Stadtmuseum, zu Beginn des 20. Jh. auf den Grundmauern des mittelalterlichen Ansitzes Hurlach errichtet, enthält umfangreiche Sammlungen zu Archäologie, mittelalterlicher und neuerer Kunst sowie volkskundliche Exponate, die im Zusammenhang mit der Stadt Bozen stehen. Wegen Sanierungsarbeiten sind derzeit nur Teile des Museumsbestandes zu besichtigen.

■ **Stadtmuseum,** Sparkassenstr. 14, Tel. 0471 99 7960, www.gemeinde.bozen.it, Di–So 10–16 Uhr, geschl. 24., 25., 31. 12., 1.1., Eintritt frei.

Südtiroler Archäologiemuseum

Gegenüber steht das Südtiroler Archäologiemuseum. Das 1998 eröffnete Museum zeigt anschauliche und unterhaltsame Exponate zur Ur- und Frühgeschichte Südtirols vom Ende der letzten Eiszeit um 15 000 v. Chr. bis zur Zeit *Karls des Großen* um 800 n. Chr. Bedeutendstes Ausstellungsstück ist **Ötzi,** der Mann aus dem Eis, den man als 5300 Jahre alte Gletschermumie am Hauslabjoch oberhalb des Schnalstals fand. Mit den Beifunden gibt er einen tiefen Einblick in die Lebensumstände jungsteinzeitlicher Menschen.

■ **Südtiroler Archäologiemuseum,** Museumstraße 43, Tel. 0471 320100, www.iceman.it, Di–So 10–18 Uhr (letzter Einlass 17.30 Uhr), Juli, Aug., Dez. auch Mo, 24., 31. 10–15 Uhr (letzter Einlass 14.30 Uhr), geschl. 1.1., 1.5., 25.12., Eintritt 9 Euro; 7 Euro Schüler, Studenten (unter 27 J.), Senioren (ab 65 J.), Behinderte; Kinder (unter 6 J.) frei.

Torgglhaus

Folgt man der Museumstraße ostwärts, kommt man zum Obstplatz. An der Ecke steht das eigenwillige Torgglhaus, einer der historischen Bauten von Bozen. 1896 fand hier in den **Tiroler Weinstuben** im ersten Stock der „1. Bozner Frühjahrsweinmarkt" statt. Das Fresko an der Außenfassade erinnert an das Ereignis.

Unser Tipp: Obstplatz

Farbenprächtig und lebhaft geht es auf dem Obstplatz zu, auf dem seit mehr als 500 Jahren nicht nur Obst, sondern auch Gemüse und Spezereien angeboten werden. Die Anlage dieses Platzes geht auf das Jahr 1277 zurück, als *Meinhard II.* in einer erneuten Auseinandersetzung mit den Trentiner Bischöfen Tore und Mauern der Stadt niederreißen und ihre Gräben zuschütten ließ, um die Oberhand über die Stadt zu erkämpfen. Er machte den Obstplatz zum neuen wirtschaftlichen Schwerpunkt des gräflichen Teils von Bozen. Nur noch der Kornplatz blieb unter bischöflicher Aufsicht.

An der Ecke zur Laubengasse steht der **Neptunbrunnen,** eine Bronzestatue, die im Volksmund *Gabelwirt* genannt wird. Der Brunnen wurde 1777 zur Versorgung der Bozner Bevölkerung mit hygienisch einwandfreiem Trinkwasser errichtet. Auf einem Marmorsockel steht der in Bronze gegossene Neptun mit drei Delphinen, die Wasser in drei darunter liegende Muschelwannen speien. Zuvor stand hier der als *Narrenhäusl* bezeichnete Pranger, an dem Delinquenten der öffentlichen Ächtung durch die Bürgerschaft ausgesetzt wurden. An der Ecke zur Museumstraße erinnert eine Marmorinschrift an den einstigen „Sonnenwirt", in dem *Goethe, Herder* und Kaiser *Joseph II.* übernachtet haben.

Franziskanerkloster

Vom Obstplatz führt die Franziskanergasse nordwärts zum Franziskanerkloster. Bereits zu Beginn des 13. Jh. waren Mönche des von *Franz von Assisi* gegründeten Ordens auf dem Weg von Italien nach Deutschland in Bozen ansässig geworden. Ihr Kloster wurde nach einem Brand im Jahr 1291 bis 1322 neu errichtet, 1348 konnte die dazu gehörende, in reinem gotischen Stil ausgeführte Franziskanerkirche geweiht werden. Berühmt ist der von *Hans Klocker* um 1500 geschnitzte **Hochaltar.** Der Kreuzgang ist mit 1330–40 aufgetragenen gotischen **Fresken** aus der Schule *Giottos* und Gemälden des 18. Jh. ausgeschmückt. In der Erhardkapelle des Klosters kann man noch Reste frühgotischer Wandmalereien aus dem 14. Jh. sehen.

■ **Franziskanerkloster,** Franziskanergasse 1, geöffnet Mo bis Fr 8.30–12 und 16–18 Uhr, Sa 8.30–12 Uhr, www.bolzano.net/de/franziskanerkloster.html.

Naturmuseum

Von der Franziskanergasse geht es entlang der Dr. Streitergasse weiter durch den Torbogen des Zallingerturms und an der Nordseite des Alten Rathauses zum Naturmuseum an der Bindergasse. Die Dr. Streitergasse entspricht dem Verlauf des nördlichen Grabens der alten Bischofsstadt. Die Fischbänke verweisen noch auf die Zeit, als hier der Fischmarkt abgehalten wurde. Das Museum zeigt Exponate zur landschafts- und Naturgeschichte Südtirols im ehemaligen Amtshaus Kaiser *Maximilians I.*

■ **Naturmuseum Südtirol,** Bindergasse 1, Tel. 0471 412964, www.naturmuseum.it, Di–So und feiertags 10–18 Uhr, 1.1., 1.5. und 25.12. geschlossen, Eintritt 7 Euro, Schüler, Studenten und Senioren 5 Euro, Kinder bis 6 Jahre frei.

Rathausplatz

Die Bindergasse führt südwärts zum Rathausplatz, der von alten Gebäuden mit dekorierten Fassaden im **Rokokostil** gesäumt ist, allen voran das so genannte Amonnhaus. Am Platz steht auch das 1907 errichtete neobarocke Rathaus.

Lauben

Vom Rathausplatz führt der Weg durch die **Laubengasse** zurück zum Obstplatz. Es ist die bekannteste, attraktivste und historisch interessanteste Bozner Straße. Bis heute repräsentiert sie den Handelsgeist der Stadtbewohner mit ihren vielen eleganten, traditionsreichen und modern ausgestatteten **Geschäften,** ihren einladenden Schaufenstern und den vielen **Gastronomiebetrieben.**

Ihre Entstehung verdanken die Lauben den Trentiner Fürstbischöfen, die hier Ende des 12. Jh. einen von ihnen kontrollierten Handelsstützpunkt als zeittypische Straßenmarktanlage initiierten. Für die Bebauung der Gassen gab es genaue Vorschriften. Zur Gassenfront hin waren die Häuser nur vier Schritte breit, dafür mit mehreren Innenhöfen umso tiefer angelegt. In den Lauben wurden die Waren feilgeboten, in den Gewölben gelagert. Zunächst hatten die Häuser nur ein Obergeschoss und verfügten über die bis heute typischen, vorgelagerten **Steingewölbe.** Das Obergeschoss wurde zunächst in Fachwerkbauweise, später wegen Brandgefahr auch aus Stein errichtet. Auf der südlichen Gassenseite verlief eine vom Talfer gespeiste Wasserrinne. Zur Straße hin haben die Laubenhäuser bis zu drei Kellerstockwerke, nach hinten hinaus nur eines. Man sollte unbedingt einen Blick auf die aufwendig gestalteten **Fassaden** der im Ursprung romanischen und gotischen Häuser werfen, die in der Barockzeit mit **Blumenstuckmustern** und den charakteristischen **Erkern** versehen wurden.

044st ot

Silbergasse

Mittels Durchgängen verbunden, ist die südlich parallel zur Laubengasse verlaufende Silbergasse nicht minder attraktiv. Sie verbindet den Obstplatz mit dem Kornplatz und folgt dem hier um das Jahr 1100 verlaufenden Stadtgraben der mittelalterlichen Zitadelle, die heute nicht mehr existiert. Hier stehen die **ältesten Häuser der Stadt.** Viele wirken mit ihren sich überschneidenden Dächern und Treppen besonders malerisch. Typisch ist das um 1600 gebaute Troilhaus mit einem kleinen, polygonalen Erker, der von einem Turm gekrönt wird. Der Ursprung des Namens Silbergasse ist übrigens nicht bekannt.

Merkantilmuseum

Nicht weit davon steht zwischen Silbergasse und Laubengasse das Merkantilhaus, das alte **Handelsgericht,** das mit seinen monumentalen Außentreppen an die glanzvollen Markt- und Handelszeiten erinnert. In dem Gebäude ist das Merkantilmuseum untergebracht, das mit seinen Exponaten diese Tradition

[<] Am Alten Rathaus

wach hält. Es beherbergt einen prunkvollen Gerichtssaal mit einer Einrichtung von Tischlermeister *Anton Katzler* (1700–30) und einen **Prunksaal** mit Gemälden von Tiroler Barockmalern.

■ **Merkantilmuseum,** Laubengasse 39, Tel. 0471 945702, www.handelskammer.bz.it, Mo–So 10–12.30 Uhr, außer Do 10–13 Uhr und 14–16 Uhr, So und feiertags geschlossen. Eintritt 4 Euro, ermäßigt 2 Euro.

Kornplatz

Auf dem Kornplatz, dem ältesten Teil der bischöflichen Stadt, wurde der Getreidemarkt abgehalten. Hier befand sich die von *Meinhard II.* im Jahre 1277 zerstörte bischöfliche Burg. Noch heute steht hier das **Waaghaus,** ein im Ursprung romanischer Bau, in dem bis 1780 die öffentliche Waage untergebracht war. Im 17. und 18. Jh. wurde das Waaghaus umgebaut, von der romanischen Bausubtanz ist an der östlichen Außenmauer regelmäßig abgeglichenes Mauerwerk erhalten geblieben. Das Waaghaus ist seit 2009 im Besitz der Sparkasse und für kulturelle Zwecke offen.

Sehenswertes außerhalb des Zentrums

St. Georgskirche

Die 1392 im nordöstlichen Ortsteil **Weggenstein** erbaute hochgotische St. Georgskirche ist gemeinsam mit der Kommende in Lana bis heute im Besitz des Deutschen Ordens. Der Altar und die Kanzel aus Marmor stammen von *A. Filippini,* geschaffen Ende des 18. Jh., das St.-Georgs-Hochaltarbild von *Martin Knoller* aus dem Jahr 1799.

Kirche St. Johann im Dorfe

Von der St. Georgskirche in der Cavourstraße biegt man in die St. Johann-Gasse ein, an der zwischen Häusern eingeklemmt die 1180 geweihte kleine Kirche St. Johann im Dorfe steht. Die **Fresken** stammen von lokalen Malern der Giotto-Schule. Dabei handelt es sich um einen bemerkenswerten Zyklus zum Leben des Evangelisten *Johannes* und um Darstellungen von Christus in der Mandorla, die zwischen 1330 und 1360 entstanden sind.

St. Magdalenakirche

Die St. Magdalenakirche in **Prazöll** oberhalb des Stadtkerns von Bozen stammt aus dem 13. Jh. Das heute St. Magdalena genannte Weindorf, das früher den Namen Prazöll trug, ist vor allem durch den Magdalener-Wein, der aus der Vernatschrebe gekeltert wird, bekannt. Auf Prazöll, einem Moränen- und Lösshügel, wurden schon römische Siedlungsfunde gemacht. Die der heiligen *Magdalena,* der Schutzpatronin der Winzer, geweihte Kirche wurde 1285 erstmals erwähnt. Berühmt sind die künstlerisch wertvollen frühgotischen Fresken.

■ **St. Magdalena,** Bozen-Prazöll, Tel. 0471 975278, Besichtigung auf Anfrage.

St. Vigilkirche

Die St. Vigilkirche auf einer sich jenseits des Eisack erhebenden Anhöhe ist ein einschiffiger Sakralbau mit flacher Holzdecke, 1275 erstmals erwähnt. Sie ist mit interessanten Freskenzyklen aus dem 14. Jh. ausgeschmückt. Die Einzelbilder stellen Szenen aus dem Marienleben dar.

Schloss Maretsch

Zu den großartigen Sehenswürdigkeiten Bozens zählt Schloss Maretsch, malerisch inmitten von Rebgärten an der **Talferpromenade** gelegen. Graf *Berthold von Bozen* ist der Erbauer der Burg, der Bergfried stammt aus der Zeit um 1194. Nachfolgende Besitzer, unter anderem

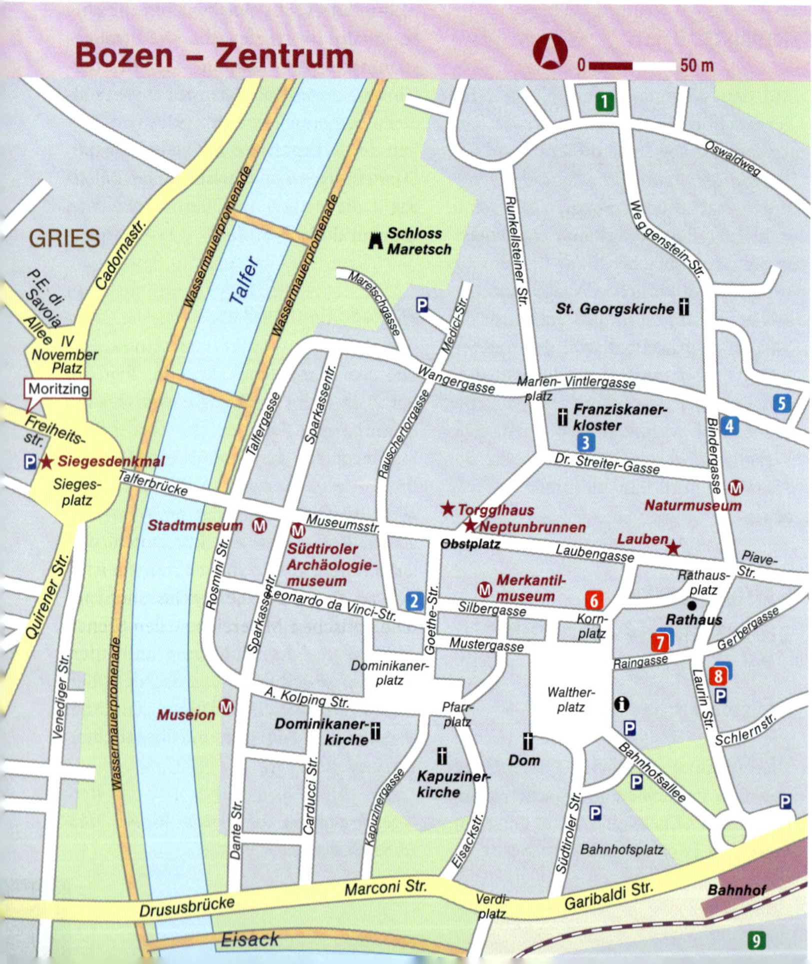

die Herren von Maretsch, erweiterten die Anlage im 13. und 14. Jh. um die Ringmauer und den Wehrgang. Letzte Veränderungen gaben der Burg im 16. Jh. ihr heutiges schlossartiges Aussehen mit vier runden Außentürmen. Aus dieser Zeit stammen die Renaissancefresken im Inneren. In den 80er Jahren des vorigen Jahrhunderts wurde Schloss Maretsch zu einem exklusiven **Kongress- und Ausstellungszentrum** ausgebaut, in dem auch Konzerte stattfinden.

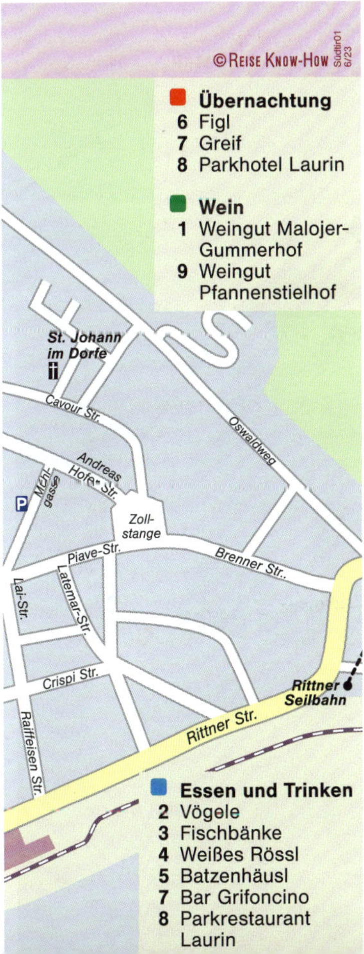

■ **Schloss Maretsch,** Claudia de' Medici-Str. 12, Tel. 0471 976615, www.maretsch.info, Besichtigung auf Anfrage.

Schloss Runkelstein

Folgt man der Talferpromenade weiter flussaufwärts, erblickt man am Eingang zum Sarntal auf einem fast allseits geschützten, steil aufragenden **Felsvorsprung** Schloss Runkelstein. Anders als viele Burganlagen Südtirols, die in der Neuzeit oft nach romantischen Vorstellungen erneuert wurden, hat Runkelstein als Anlage aus der eigentlichen Burg und einer weitläufigen Vorburg die mittelalterliche Bausubstanz bewahrt.

Der Kern der Burg stammt aus dem Jahr 1237. Im Jahr 1274 wurde sie bei einer Belagerung durch den Tiroler Grafen *Meinhard II.* stark beschädigt, im 14. Jh. aber wieder instandgesetzt. 1385 erwarben die Gebrüder *Vintler* die Burg und begannen ab 1388 mit dem Umbau und der Ausmalung. 1390 wurde die Burgkapelle geweiht. Bei der Ausmalung handelt es sich um den bedeutendsten erhaltenen, ältesten und umfangreichsten **profanen Freskenzyklus** Südtirols. Die gotischen Malereien stellen Szenen aus dem Leben der Damen und Ritter am Hof und bei der Jagd dar, es finden sich auch Motive aus dem legendären Leben des König Artus und seiner Tafelrunde. Die im Burghof 2013 errichtete Bühne wird für Konzerte und Theaterstücke genutzt. Auch eine Burgschänke ist vorhanden.

■ **Schloss Runkelstein,** Kaiser-Franz-Josef-Weg, Tel. 0471 329808, www.runkelstein.info, mit Burgschenke (Tel. 0471 324073), Mitte März bis 1. Nov. Di–So 10–18 Uhr, Mo geschl. außer Ostern und Pfingsten, kostenloser Shuttledienst vom Waltherplatz tägl. 10–17.30 Uhr (Anf. April bis Anf. Nov.). Im Winter Di–So 10–17 Uhr, geschl. 24.–25.12., 31.12., 1.1., kostenloser Shuttledienst vom Waltherplatz 10–17.30 (Ende Nov. bis Anf Jan.). Eintritt 8 Euro, 5,50 Euro Studenten/Senioren über 65 J., 2,70 Euro Schüler.

Promenaden und Seilbahnen

Der Bozner Talkessel mit seiner urbanen Bebauung bietet über seine kulturhistorischen Sehenswürdigkeiten hinaus auch viel Landschaft. Durch die mit **Obst- und Rebgärten** bewachsenen Hänge der angrenzenden Berge ziehen sich reizvolle Promenaden, die zu Spaziergängen einladen. Die **Wassermauerpromenade** führt entlang der Talfer durch Grünflä-

043st ot

chen, Sportanlagen und an Spielplätzen vorbei. Auf der **Guntschnapromenade** und der **Oswaldpromenade** geht es in Serpentinen hangaufwärts – hier gedeihen mediterrane Pflanzen wie Palmen, Magnolien und Agaven und es bieten sich immer wieder großartige Ausblicke auf die Stadt und die kleinen Orte rundum. Die Guntschnapromenade ist Erzherzog *Heinrich von Habsburg* gewidmet und führt von Gries Richtung Jenesien, die Oswaldpromenade verbindet den Stadtteil St. Anton und das Weinbaugebiet St. Magdalena. Nicht zuletzt gibt es noch die relativ neue **Virglpromenade,** auf der man von Haslach zur Haselburg gelangt.

Wer höher hinaus will, kann sich dazu einer der Seilbahnen bedienen, die von Bozen aus in die Berge führen. Es handelt sich um die **Rittner Seilbahn,** die von der Talstation St. Magdalena nach Oberbozen führt, die **Jenesiener Seilbahn** und die **Kohlerer Seilbahn.** Alle Bahnen sind ganzjährig in Betrieb (→ Praktische Tipps).

Gries

Der Bozner Ortsteil Gries, **westlich der Talfer** gelegen, kann auf eine lange Geschichte zurückblicken. Am Standort der heutigen Ortspfarrkirche hat man Überreste einer römischen Siedlung mit Namen *Chellare* gefunden. Sie erhielt später den Namen Gries (= Sand, Kies). Die mittelalterliche Siedlung ist etwas jünger als Bozen. In Gries hatten sich die Bozner Grafen niedergelassen und eine Burg errichtet. Graf *Meinhard II.* stattete Gries mit Marktrecht aus, auch in Konkurrenz zu dem noch weitgehend bischöflich geprägten Bozen. Entscheidenden Auftrieb erhielt Gries zu Beginn des 15. Jh., als die Augustiner, deren Chorherrenstift in der Au am Eisack bei Bozen überschwemmt worden war, Burg Gries als neuen Sitz erhielten. Im 19. Jh. gewann Gries als Kurort an Bedeutung. 1925 wurde es nach Bozen eingemeindet, damit der neue, faschistisch strukturierte Stadtteil zwischen Talfer und Gries entstehen konnte.

Schloss Runkelstein

Siegesplatz

Vom Stadtkern von Bozen aus erreicht man Gries auf der Museumstraße über die **Talferbrücke** und kommt unmittelbar zum Siegesplatz. Dieser Platz mit dem weithin sichtbaren **Siegesdenkmal** ist der Ausgangspunkt der städtebaulichen Italienisierung Südtirols durch den Architekten *Marcello Piacentini* im **Auftrag Mussolinis.** Das Siegesdenkmal entstand 1926–30 mit einem überdimensionalen Triumphbogen und weist bis heute faschistische Symbole auf. Im Jahr 2005 ließ die Gemeinde Bozen am Platz Tafeln anbringen, die an die faschistischen Verbrechen der Zeit zwischen den Weltkriegen erinnern. Der Siegesplatz war Ausgangspunkt des neuen Straßensystems beiderseits des Corso della Libertà von der Talferbrücke bis zur Abtei in Gries. Hier entstanden **Monumentalbauten** wie etwa der Parteisitz, der heute das Steueramt beherbergt, oder das neue Gerichtsgebäude. Ganz mit Marmor verkleidet, bildet es einen offensichtlichen Gegensatz zur Altstadtbausubstanz von Bozen.

Abtei Muri Gries

Die Abtei Muri Gries geht auf eine Stiftung von Graf *Arnold III. von Morit-Greifenstein* und seiner Frau, der Gräfin *Mathilde von Valley*, zurück. Auf der Basis dieser Stiftung wurde 1163 ein Augustinerchorherrenstift in der Au, dem heutigen Bozner Stadtviertel Don Bosco, gegründet. Nach vielen Überschwemmungen wurde das Stift 1407 aufgegeben, von seiner Stiftskirche bestehen heute nur noch die Grundmauern. Die Augustiner erhielten daraufhin Burg Gries vom Habsburger Herzog *Leopold* als neuen Abteisitz. Sie errichteten 1416 neben der Burg ihre Stiftskirche.

1768 beschloss das Stift, seine Kirche zu erneuern. Der **Barockneubau** entstand bis 1769 nach Plänen von *Antonio Giuseppe Sartori*. Bis 1773 malte *Martin Knoller* das Kirchenschiff und die Kuppel mit Fresken aus und 1776 erschuf er das Hochaltarbild. 1807 wurde auch das Chorherrenstift säkularisiert. Die Gebäude standen bis 1845 leer, danach wurde das Kloster von Benediktinermönchen aus Muri in der Schweiz neu belebt. In den Klostergebäuden ist heute ein Studentenwohnheim untergebracht. Im romanischen Turm der Abtei ist eine sehenswerte **Krippenausstellung** eingerichtet worden, deren Exponate teilweise über 200 Jahre alt sind.

Seit 1845 produzieren die Weinberge des Klosters nicht nur für die Mönche, sondern auch für den Markt. Die **Kellerei Muri-Gries** hat sich seither zu den Spitzen-Weinanbietern in Südtirol emporgearbeitet, vor allem ihre hochwertigen Weine aus der Lagrein-Rebe finden zunehmend Liebhaber (→ Praktische Tipps: Wein).

- **Stiftskirche Muri Gries,** Grieser Platz 21, Tel. 0471 283089, www.muri-gries.com, Kirche tagsüber geöffnet.
- **Krippenmuseum,** Tel. 0471 921016, www.bolzano-bozen.it, Feb. bis Nov. 1. Sa im Monat 15–17 Uhr, Juli/Aug. nach Vereinbarung, 1. Sa in der Adventszeit bis 2. Feb. Sa/So 15–17 Uhr, Heiligabend 15–18 Uhr, Eintritt frei.

Pfarrkirche

Etwas oberhalb des alten Ortskerns von Gries erhebt sich die Pfarrkirche, an Weingärten angrenzend. Der spätgotische Bau vom Anfang des 15. Jh. weist neben einem romanischen Kruzifix als besondere Kostbarkeit einen **Flügelaltar** von *Michael Pacher* aus dem Jahr 1475 auf, der in der Erasmuskapelle steht.

- **Alte Grieser Pfarrkirche,** M. Knoller-Straße, Tel. 0471 283089, April bis Okt. Mo–Fr 10.30–12 und 14.30–16 Uhr, Info: www.bolzano.net/de/kirche-gries.html.

Moritzing (San Maurizio)

Der mit Gries zu Bozen eingemeindete Ortsteil Moritzing verfügt mit der kleinen **St. Mauriziuskirche,** von der sich der Ortsname ableitet, zusammen mit einigen **Weinhöfen** und den alten Umfassungsmauern der Weingärten über ein reizvolles Bauensemble. Vor allem der Anreiterhof ist zu beachten. Die Kirche geht auf einen erstmals 1424 erwähnten Bau zurück, von dem noch die mit Fresken versehene Apsis erhalten ist. Der heutige Achteckbau wurde 1736 von *Joseph Delai* auf ihren Fundamenten errichtet, die Kuppel von *Giacomo Antonio Delai* mit Abbildungen der heiligen *Mauritius* und *Markus* ausgemalt.

Praktische Tipps

Unterkunft

Karte Bozen-Zentrum Seite 44

7 **Greif**⑤, Raingasse 28, Tel. 0471 318000, www.greif.it, 500-jährige Tradition im Herzen der Stadt, seit 1816 in Familienbesitz, längst modernisiert, schöner Park mit altem Baumbestand, 33 Zimmer von 33 Künstlern ausgestaltet. Mit 7 **Bar Grifoncino.**

6 **Figl**③, Kornplatz 9, Tel. 0471 978412, www.figl.net, Stadthotel in historischem Haus, moderne Zimmer.

Karte Bozen Seite 34

6 **Eberle**③, Obermagdalena, Tel. 0471 976125. 2021 durch Felssturz teilzerstört, soll wieder aufgebaut werden.

12 **Kohlern**③, Kohlern 11, Tel. 0471 329978, www.kohlern.com, 1130 m hoch gelegen nahe der Bergstation der Kohlern-Seilbahn (vom Kohlern-Wirt 1908 erbaut), Jugendstil-Sommerfrische mit Blick auf Bozen, Wellness-Bereich mit Pool und Sauna, kleinere und größere Zimmer teilweise mit Balkon, 12 **Restaurant** mit Gartenterrasse, geöffnet Ostern bis Weihnachten, Mo Ruhetag.

13 **Gasthof Bad St. Isidor**①, Kampenn 31, Tel. 0471 365263, www.badstisidor.it, auf 900 m Höhe am Kohlerer Berg gelegen, einfach eingerichtete Zimmer, überwiegend mit Balkon, 13 **Restaurant** mit guter Stube und Wintergarten, Südtiroler und italienische Küche, unterhaltsame Törggele-Abende im Herbst, So abends und Mo geschlossen.

5 **Tollhof,** Jenesiener Weg 5, Tel. 0471 272300, www.tollhof.it, Urlaub auf dem Bauernhof auf 560 m, vermietet drei Appartements mit Balkon und herrlichem Ausblick.

Camping

1 **Camping Moosbauer,** Moritzing 83, Tel. 0471 918492, www.moosbauer.com, kleiner Platz in Moritzing mit Kulturangeboten, Schwimmbad, Restaurant, Minimarkt.

Essen und Trinken

Karte Bozen-Zentrum Seite 44

8 **Parkrestaurant Laurin**④, Laurinstr. 4, Tel. 0471 311000, www.laurin.it, sehr gute Küche aus regionalen Produkten auf höchstem Niveau, exotische Zutaten nach dem Prinzip *fair trade*, erlesene Weinkarte, So mittags geschlossen. Mit angeschlossenem Hotelbetrieb der Luxusklasse: 8 **Parkhotel Laurin**⑤.

2 **Vögele**②, Goethestr. 3, Tel. 0471 973938, www.voegele.it, gepflegtes, traditionsreiches Restaurant im Zentrum von Bozen, verschiedene Gaststuben, So Ruhetag.

4 **Weißes Rössl**①, Bindergasse 6, Tel. 0471 97 3267, www.weissesroessl.org, neben dem Naturmuseum, bezeichnet sich selbst als ältestes noch bestehendes Gasthaus in Bozen, Tiroler Küche, mit Innenhof und mehreren Gaststuben.

5 **Batzenhäusl**①, Andreas-Hofer-Str. 30, Tel. 0471 050950, www.batzen.it, einstige Weinschenke des Deutschen Ritterordens, uriges Wirtshaus, Schenke mit Biergarten, hauseigene Biere, mit deftiger Südtiroler Küche, ganzjährig 11–1 Uhr geöffnet.

3 **Fischbänke,** Doctor Streiter's Winegarden, Dr. Streiter-Gasse 28, Tel. 0471 971714, https://der mutanderer.de/fischbaenke-bozen, origineller geht's nicht: *Rino Zullo,* Lebenskünstler, Maler und Gastronom, funktionierte die alten Marmortische des ehemaligen Fischmarkts in eine Bar unter freiem Himmel um. Serviert werden köstliche Weine, das Kultgetränk *Venezino* (Aperol, Wasser, Prosecco oder Weißwein), dazu Bruschette und Arien, geöffnet Mitte April bis Mitte Okt., Sa abends und So Ruhetag.

Karte Bozen Seite 34

11 **Haselburg**④, Kuepachweg 48, Tel. 0471 4021 30, www.haselburg.it, auf einem Felsvorsprung oberhalb von Haslach mit Aussicht auf den Bozner Talkessel und das Etschtal, im 12. Jh. erbaute Burganlage, heutiges Aussehen vom 15. Jh., marktfrische Küche serviert im Felsensaal, im Rittersaal, in der Jägerstube oder in der ehemaligen Zisterne. So abends und Mo Ruhetag.

Wein

Karte Bozen-Zentrum Seite 44

9 **Pfannenstielhof,** Pfannenstielweg 9, Tel. 0471 970884, www.pfannenstielhof.it, vier Hektar Rebfläche im klassischen St. Magdalener-Gebiet, nur Eigenbauweine klassischer Rebsorten, Verkauf auf tel. Anfrage.

1 **Malojer-Gummerhof,** Weggensteinstr. 36, Tel. 0471 972885, www.malojer.it, Weingut, Sektkellerei, Weinhandel, Lagen in Bozen, Gries und St. Magdalena, Eigenbauwein und Traubenzukauf, drei Qualitätslinien, Vinothek geöffnet Mo–Mi 8–13 und 14.30–22 Uhr, Do und Fr 8–13 und 14.30–23 Uhr, Sa 8–13 Uhr, dazu Barbetrieb und kleine Gerichte.

Karte Bozen Seite 34

4 **Muri-Gries Klosterkellerei,** Grieser Platz 21, Bozen-Gries, Tel. 0471 282287, www.muri-gries.com, 30 ha beste Lagen bei Gries und Eppan, bietet neben Lagrein auch Lagrein Kretzer (Rosé), St. Magdalener und Malvasier sowie Ruländer an. Verkostung und Verkauf Mo–Fr 8–12 und 14–18 Uhr.

2 **Kellerei Bozen,** Grieser Platz 2, Bozen-Gries, Tel. 0471 270909, www.kellereibozen.com, hervorgegangen aus dem Zusammenschluss der Kellereien von Gries und St. Magdalena, bietet vielfach ausgezeichnete Weine. Lagrein, St. Magdalener und Weißweine von Premium-Lagen rund um Bozen, Vinothek Mo–Sa 9.30–18.30 Uhr.

3 **Kellerei Schmid Oberrautner,** Bozen-Gries, M. Pacherstr. 3, Tel. 0471 281440, www.schmid oberrautner.it, in einem 1411 im gotischen Stil errichteten Weingut, keltert vor allem traditionelle Rebsorten, mit Vinothek und Verkostung in einem mediterranen Garten. Weinverkauf geöffnet Mo bis Fr 10–12 und 14–18 Uhr, Sa 9–12 Uhr, vermietet auch Ferienwohnungen.

10 **Weingut Loacker,** St. Justina, Tel. 0471 3651 25, www.loacker.bio, Weingut auf dem jahrhundertealten Schwarhof, sieben Hektar Rebfläche, biologischer Anbau, Weine einheimischer Rebsorten, auch als Cuvée internationaler Sorten, Verkostungen und Verkauf im Weinpavillon oberhalb von Bozen Mo bis Fr 9–13 und 14–17 Uhr.

7 **Glögglhof,** Rivelaunweg 1, Tel. 0471 978775, www.gojer.it, sechs Hektar Rebfläche, seit Generationen im Weinbau tätig, klassisches Sortiment, Verkauf nach Vereinbarung.

8 **Erbhof Unterganzner,** Kampillerweg 15, Kardaun bei Bozen, Tel. 0471 365582, www.tirol ensisarsvini.it, neun Hektar Rebfläche, seit zehn Generationen in Familienhand, Weine verschiedener Rebsorten, dazu Feigen, Kastanien und Oliven, im Zusammenschluss von 6 Winzern unter der Marke „Tirolensis Ars Vini". Verkauf auf Anfrage.

9 **Ansitz Waldgries,** St. Justina 2, Tel. 0471 3236 03, www.waldgries.it, ehemaliger Ansitz aus dem 12. Jh., ursprünglich in Klosterbesitz, seit drei Generationen in Familienbesitz, sechs Hektar Rebfläche, St. Magdalener, Lagrein, Blauburgunder, Cabernet Sauvignon, Rosenmuskateller, mit kleinem Museum, Verkauf Mo bis Fr 8–12.30 und 14–18 Uhr, Sa 8–12 Uhr.

Markt

Obstmarkt: Mo–Fr 7–19 Uhr, Sa 7–13 Uhr auf dem Obstplatz.

Wochenmärkte: für Obst, Gemüse, Lebensmittel, Kleidung, Haushaltsgeräte etc.: montags Don-Bosco-Platz, dienstags Piacenzastraße, Haslacher Straße und Rathausplatz, donnerstags Rovigostraße/Matteottiplatz, samstags Siegesplatz und angrenzende Straßen.

Trödelmarkt: auf der Wassermauerpromenade (linkes Ufer der Talfer), 1. Sa im Monat, 1. und 3. Sa im Dez., im Juli/Aug. kein Markt.

Jahres-Bauernmarkt: vorletzter Sa im Okt., Waltherplatz.

Kunsthandwerksmarkt: erstes Wochenende im Monat am Kornplatz.

Feste und Veranstaltungen

UNSER TIPP: **Weihnachtsmarkt:** vom Fr vor dem 1. Advent bis 6.1. auf dem Waltherplatz. Größter Weihnachtsmarkt Italiens, zieht Besucher aus dem In- und Ausland an, besonderes Flair angesichts des Bozner Doms. Die Buden offerieren die typischen Südtiroler Produkte wie Gewürze, Kekse, Strudel und andere Köstlichkeiten, dazu auch weihnachtliches Kunsthandwerk, kulinarische Spezialitäten, Wein und Spirituosen.

Seilbahnen

Rittner Seilbahn (270–1221 m): nach Oberbozen auf dem Ritten, Talstation Rittnerstr. 12, www.ritten.com, 2009 erneuert, verkehrt im 4-Minuten-Takt werktags 6.30–21 Uhr, danach alle 12 Minuten bis 21.48 Uhr, ab 1.5. im 4-Minuten-Takt bis 21.48 Uhr, letzte Fahrt 22.45 Uhr, So und feiertags erste Gondel 7.10 Uhr, Fahrzeit 12 Min., einfache Fahrt 6 Euro, Hin- und Rückfahrt 10 Euro, Kinder unter 6 Jahre frei, Fahrrad 7 Euro.

Kohlerer Seilbahn (265–1108 m): Kampillerweg 7, Tel. 0471 978545, www.kohlererbahn.it, die älteste frei schwebende Seilbahn der Welt existiert seit über 110 Jahren. Sie verkehrt halbstündlich 7–19 Uhr, So ab 8 Uhr, Hochsommer bis 19.30 Uhr, Okt. bis Feb. Mo–Fr 7–11 und 12–19 Uhr, Sa bis 17 Uhr, So und feiertags 8–12 und 13.30–17 Uhr, Fahrpreis für Personen, Fahrräder und Hunde (Schoßhunde frei) 4 Euro, Hin- und Rückfahrt 8 Euro, Kinder unter 6 Jahren frei.

Verkehr

Bahnhof Bozen: Bahnhofsplatz 1, Haltepunkt der Brenner-Bahn und der Südtirol-Bahn (nach Meran). Fahrplan und Tarife unter www.sii.bz.it, www.trenitalia.com.

Flughafen Bozen: Francesco Baracca Str. 1, Tel. 0471 255255, www.abd-airport.it, Regionalflughafen, von der Südtiroler Landesregierung inzwischen privatisiert. Die neuen Betreiber gründeten eine eigene Fluggesellschaft, die seit Juni 2021 Linienflüge nach Rom, Düsseldorf und Berlin durchführt. Ansonsten wird der Flughafen für Charterflüge genutzt.

ÜBERETSCH (OLTRADIGE)

DAS HÜGELLAND SÜDWESTLICH VON BOZEN

Zu Füßen des Mendelpasses breitet sich das Überetsch als größtes Weinbaugebiet Südtirols aus. Gespickt mit Burgen und Schlössern entstammen den Rebgärten berühmte Lagrein-Weine als vollmundige Begleitung zu den gastronomischen Angeboten der Region.

NICHT VERPASSEN!

- **Schloss Moos,** Museum im historischen Schlossambiente bei St. Michael | 55
- **Burg Hocheppan,** Burganlage in exponierter Lage mit romanischen Fresken | 59
- **Pfarrkirche Pauli Bekehrung** in St. Pauls, der „Dom auf dem Lande" | 60
- **Montiggler Seen,** idyllische Badeseen, eingebettet in die bewaldeten Montiggler Berge | 64

Diese Tipps erkennt man an der gelben Markierung.

Der Talkessel von Bozen setzt sich unmittelbar südwärts mit dem Etschtal fort, nach Südwesten mit dem als Überetsch bezeichneten **Hügelland** in 200 bis 500 m Höhe. Das Überetsch umfasst die Gemeindegebiete von Eppan und Kaltern. Im Westen wird das Gebiet durch den steil aufragenden Mendelkamm und östlich zur Etsch hin durch die Montiggler Berge begrenzt. Im Süden geht es ins Südtiroler Unterland über. Beide zusammen bilden die Bezirksgemeinschaft **Überetsch-Unterland.**

Eine 15 km lange Bahnlinie verband von 1889 bis 1974 Bozen mit Kaltern. Unter anderem erinnern noch die **alten Bahnhofsgebäude** an den Gleisen an die „gute alte Zeit". Längst wurde der Betrieb eingestellt, die Strecke hat man in einen beliebten **Radweg** umgewandelt. Doch gibt es Überlegungen, den Betrieb wieder aufzunehmen, um Bozen von den täglichen Staus des Berufsverkehrs zu befreien.

Das sonnenverwöhnte Überetsch hat schon in vorgeschichtlicher Zeit die Menschen veranlasst, hier zu siedeln. Günstige landwirtschaftliche Bedingungen machten das Gebiet zur größten **Weinbauregion** Südtirols. Die herrlichen **Ansitze** zeugen vom frühen Wohlstand der Region. So konnte sich im Überetsch eine eigenständige Architektur entwickeln, die als **Überetscher Baustil** bezeichnet wird. Typisch dafür sind die zwischen 1550 und 1650 errichteten, großzügigen Landhäuser mit ihrem großen, mit Rundbogenfenstern versehenen Mittelsaal, um den sich kleinere Räume gruppieren. Erker und Loggien sowie schmiedeeiserne Gitter und aufwendige Holztäfelungen sind weitere Charakteristika dieser Ansitze.

Eppan an der Weinstraße und seine Fraktionen (Appiano sulla Strada del Vino)

Weinreben und Obstgärten kennzeichnen die Kulturlandschaft des Überetsch. Tradition, Gastlichkeit, kulinarische Köstlichkeiten sowie nicht zuletzt die neuen Weinqualitäten ziehen viele Reisende an. Dazu bieten die beiden Montiggler Seen und der Kalterer See Anregung und Erholung.

■ **Info:** Postleitzahl Eppan: **39057.** Tourismusverein Eppan, St. Michael, Bahnhofstraße 7, Tel. 0471 662206, www.eppan.com.

201st ot

Der Mendelkamm begrenzt das Überetsch eindrücklich

Das Gemeindegebiet von Eppan an der Weintraße mit dem **Hauptort St. Michael,** in dem sich die Gemeindeverwaltung und das Tourismusbüro befinden, umfasst die Fraktionen St. Pauls, Girlan, Frangart, Missian, Unterrain, Perdonig, Gaid und Montiggl. Über **180 Ansitze, Burgen und Schlösser** finden sich auf dem Gemeindegebiet – das burgenreichste der gesamten Alpenregion. Manche dieser Ansitze sind heute Nobelhotels, Sitz von Weingütern oder als Museum bzw. für Veranstaltungen dem Publikum geöffnet.

Man kann davon ausgehen, dass der heutige Gemeindebereich von Eppan schon in vorrömischer Zeit dicht mit rätischer Bevölkerung besiedelt war. 16 v. Chr. eroberten römische Truppen das Gebiet. Sie errichteten hier ein Kastell namens *Apium*, das in der Völkerwanderungszeit durch vorrückende Franken zerstört wurde. In karolingischer Zeit unterstand das Überetsch dem Hochstift Trient.

Unmittelbar nach 1100 belehnten die Bischöfe von Trient die späteren **Grafen von Eppan** als Vögte mit den Etschlanden um Bozen. Sie nahmen ihren Sitz westlich der Etsch, wo sie Mitte des 12. Jh. Burg Hocheppan errichteten. Schon um das Jahr 1130 kam es aus heute nicht mehr bekanntem Grund zwischen den Grafen von Eppan und den Grafen von Tirol, ebenfalls Vögte des Hochstiftes Trient, zu einer Fehde, aus der die Tiroler nach drei Jahrzehnten erbitterter Kämpfe als Sieger hervorgingen und damit die Vorherrschaft in Südtirol einnahmen. Die Grafen von Eppan starben mit *Gottschalk von Eppan* als letztem Vertreter des Geschlechts im Jahre 1300 aus.

St. Michael (San Michele)

Reizvoll sind der **Rathausplatz** und seine engen Gassen mit ihrem historischen Baubestand. Das **St.-Anna-Kloster** am Ortseingang von St. Michael ist ein heute noch aktives Kloster der Tertiarschwestern, ihre gotische Klosterkapelle ist schlicht.

Die **Pfarrkirche Zum Heiligen Erzengel Michael** steht westlich des Ortskerns. Auf dem Kalvarienberg, einer Anhöhe oberhalb von Eppan, findet sich die doppeltürmige **Gleifkirche.** Das zu Beginn des 18. Jh. errichtete kleine Gotteshaus bildet das Ende eines Passionsweges. Abwärts in Richtung Bozen wurde die **Maria-Rast-Kirche** an der gleichnamigen Straße als kleine Wallfahrtskirche im neoromanischen Stil erbaut.

Um St. Michael finden sich einige der besonders interessanten Ansitze von Eppan. An der Bergstraße stehen **Schloss Aichberg** und **Schloss Paschbach.** Ebenfalls im Ortsteil Berg erhebt sich weithin sichtbar der **Ansitz St. Valentin,** der auf einen mittelalterlichen Wehrturm des frühen 13. Jahrhunderts zurückgeht. Um- und Ausbauten des 15. und 16. Jahrhunderts gaben ihm die heutige Form. Der schlanke Bau weist eine offene Vorhalle mit Rundbögen auf Säulen und mehrere Räume mit Gewölbe auf. Ein Raum hat sogar einen in Profanbauten selten anzutreffendes Rippengewölbe. An der Maderneidstraße steht **Ansitz Thalegg,** ein besonders typischer Renaissancebau im Überetscher Stil.

[>] Rathaus in St. Michael

Oberhalb von St. Michael hat der kleine, noch zum Ortsteil gehörende Weiler **Pigeno** ebenfalls einen historischen Kern. In den Weingärten findet man weitere bedeutende Ansitze: **Schloss Gandegg,** den **Stroblhof, Schloss Englar** und **Schloss Moos.**

Schloss Moos

Schloss Moos beherbergt das **Volkskundliche Museum** von Eppan und bildet zusammen mit dem Ansitz Schulthaus einen Komplex von Wohn- und Wirtschaftsgebäuden, zu dem unterhalb noch die kleine Katharinenkirche gehört. Eine am Standort 1270 errichtete Burg wurde in den späteren Bau von Schloss Moos integriert, der im 14. und 15. Jh. seine heutige Gestalt erhielt. Die Räume sind mit **historischer Einrichtung** und Fresken aus dieser Zeit ausgestattet. Das Museum beruht auf der Stiftung des Bozner Kaufherrn *Walter Amonn,* dem letzten Schlossbesitzer, der seine Gemäldesammlung von Tiroler Künstlern aus der ersten Hälfte des 20. Jh. und das Schloss 1983 für die Öffentlichkeit zugänglich machte.

■ **Museum Schloss Moos,** Schulthauserweg 4, Tel. 0471 053906 oder 0335 7068118, www.eppan.com, Führungen Mai bis Okt. Di–Sa 10, 11, 15 und 16 Uhr, Eintritt 7 Euro, Studenten und Senioren 5 Euro.

Unterkunft, Essen und Trinken

2 **Schloss Paschbach**④, St. Michael, Bergstr. 33, Tel. 0471 662588, www.schlosspaschbach.it, von zinnengekrönten Ringmauern umgeben, Herzstück ist der „Turm auf Pasquay" mit einer gotischen Stube aus der ersten Hälfte des 13. Jh., vermietet acht Zimmer und Suiten.

202st ot

Eppan – St. Michael

6 **Stroblhof**④, St. Michael, Pigenoerstr. 25, Tel. 0471 662250, www.stroblhof.it, Hotel, Restaurant und Weingut, herrschaftliches Anwesen bereits im 16. Jh. erwähnt, großzügige Zimmer mit Balkon, weitläufiger Garten, Hallenbad, Wellness-Angebote, 6 **Spitzenrestaurant,** geöffnet März bis Nov.

3 **Ansitz Tschindlhof**③, St. Michael, Bergweg 36, Tel. 0471 662225, www.tschindlhof.com, oberhalb des Ortes inmitten von Wein- und Obstgärten, einzelne Gebäudeteile sind über 500 Jahre alt, bietet individuell eingerichtete Zimmer und Suiten.

7 **Schloss Englar**⑤, St. Michael, Pigeno 42, Tel. 0471 662628, www.schloss-englar.it, imposanter Ansitz in freier Lage oberhalb des Ortes, 1470 errichtet, 1528 um den westlichen Trakt erweitert. Die dazugehörige St.-Sebastian-Kirche auf dem hinteren Grundstücksteil wurde gegen 1450 errichtet. Großer Innenhof, Garten mit Pool, 2015 erneuerter Hotelbetrieb mit elf Schlosszimmern, Eigenbauweine, Verkauf und Verkostung auf telef. Anfrage.

5 **Ansitz St. Valentin**③, 39057 Eppan Berg, Matschatscherstr. 20/A, 39057, Tel. 0471 665075,

office@schloss-hof.com. Herrlicher Blick über Eppan, vermietet 1 Appartement und vier Zimmer, eigener Wein- und Obstbau.

1 **Schlosshotel Freudenstein**⑤, 39057 Eppan-Berg, Matschatscherweg 6, Tel. 0471 661308, www.schlossfreudenstein.com, Burganlage mit weitläufigem Park, Golf-Übungsanlage, fünf Appartements im historischen Ambiente.

4 **Steinegger**③, Matschatscherweg 9, Tel. 0471 662248, www.steinegger.it, auf 600 m Höhe am Waldrand zum steil aufragenden Mendelkamm, herrliche Aussicht, Hotelzimmer mit Balkon, Liegeweise, Pool, Hallenbad, großer Garten, 4 **ausgezeichnete Küche** mit Produkten aus der eigenen Landwirtschaft, Eigenbauweine.

8 **Pension Steingarten**②, Untere Gand, Rittenstein-Str. 67, Tel. 0471 664666, www.steingarten.it, freundliche Zimmer mit Balkon, kleiner Garten mit Pool.

10 **Restaurant zur Rose**④, Josef Innerhoferstr. 2, Tel. 0471 662249, www.zur-rose.com, Gebäude im 12./13. Jh. erbaut, seit 1585 Gastbetrieb, Spitzenküche aus Südtirol, 24.–26.12. geschlossen, Di bis Sa mittags und abends geöffnet, So ganztägig und Mo mittags geschlossen.

Wein

12 **Kellerei St. Michael,** Umfahrungsstraße 17/19, Tel. 0471 664654, www.stmichael.it, 1907 gegründet, bevorzugte Lagen sind St. Valentin, Schulthaus, Gleif und Montiggl, bietet hauptsächlich Vernatsch, Blau- und Weißburgunder in drei Ausbaulinien an, Weinverkauf Mo–Fr 9–18, Sa 9–17 Uhr, im Winter sind die Öffnungszeiten verkürzt.

11 **Weinkellerei Brigl,** Maria-Rast-Weg 3, Tel. 0471 662419, www.brigl.com, vermarktet Weine von sechs Weingütern mit unterschiedlichsten Lagen zwischen Bozen und Kaltern, klassische und neue Rebsorten in drei Linien, online Weinverkauf.

6 **Stroblhof** (s.o.), keltert hervorragende Weine verschiedener Rebsorten, einmal wöchentlich Verkostungen auf tel. Anfrage.

9 **Weingut Kreithof,** Kreuzweg 15, Tel. 0471 66 4119, www.kreithof.com, Ansitz aus dem 17. Jh. in exponierter Lage südlich der Umfahrungsstraße, Verkauf auf Anfrage, vermietet auch 9 **Ferienwohnungen.**

Markt

- **Markt:** Mo auf dem Parkplatz an der Pfarrkirche.

Feste und Veranstaltungen

- **Eppaner Burgenritt:** jährlich zu Pfingsten stattfindender Ritt für Freizeitreiter, acht Turniere und vier Pflichtdurchgänge auf einer Strecke von 85 km mit Spezialaufgaben wie Hürden, Wassergräben, Fallbrücken sowie Geschicklichkeitsprüfungen zu Pferd. Mit Bauernmarkt, Reiten für Kinder.

Berg (Monte)

Der Weiler Berg besteht aus einer losen Ansammlung von Häusern und einigen Schlössern und Ansitzen. Das völlig ummauerte **Schloss Freudenstein** liegt auf einem flachen Hügel oberhalb von Eppan. Seit dem 13. Jh. wohnten zwei Adelsgeschlechter auf dem Hügel. Der Ritter *Jakob Fuchs von Fuchsberg zu Hocheppan* übernahm das Schloss zu Beginn des 17. Jh. und ließ die beiden Gebäudeteile zu einer wohnlich ausgestatteten, ansehnlichen Burg mit Zimmerkapelle ausbauen. Die heutigen Burgherren nutzen die Anlage für Veranstaltungen, Hochzeiten etc. und vermieten Luxusappartements.

Oberhalb des Dorfkerns steht der **Ansitz Montan,** der im Kern auf das 13. Jh. zurückgeht. Später wurden zwei einzelne

Wohntürme durch einen Zwischenbau vereint, sodass der heutige Ansitz entstand, der dann als Ganzes mit einem Walmdach versehen wurde.

An der Zufahrt zum Ortskern steht die **St. Justinakirche** inmitten von Weinbergen, um 1300 von der Familie *von Boymont* errichtet. Die Apsis ist noch mit romanischen Wandmalereien erhalten. Spätgotisch sind der Turm und das Kirchenschiff. Das Kircheninnere birgt einen bemerkenswerten Schnitzaltar sowie Bilder und Reliefs aus dem 16. bzw. 17. Jh.

↘ Ansitz St. Valentin in Eppan St. Michael

Unterkunft, Essen und Trinken

UNSER TIPP: **Gasthof Turmbach**②, Turmbachweg 4, Tel. 0471 662339, www.turmbach.com, Landgasthaus, rustikale Gaststube, das **Restaurant**④ bietet anspruchsvolle Tiroler Küche, Di Ruhetag, großer Garten unter Obstbäumen, Pool, Liegewiese, Zimmer mit Balkon.

Einkaufen

■ **Spirituosen:** Laden der **Gutsbrennerei Walcher,** Turmbachstraße 17, Mo–Sa 9–12 und 14–18.30 Uhr, www.walcher.eu. Die Brennerei wurde im Turmhof in Eppan-Berg aus dem 12. Jh. gegründet, der dazugehörige Obst- und Weinhof ist seit neun Generationen Stammsitz der Familie *Walcher,* seit jeher Hofbrennerei. Der Hauptfirmensitz wurde nach Eppan-Frangart (Pillhofstr. 99, Tel. 0471 631 145) verlegt. Dort Brennerei-Laden, Mo–Fr 9–12 und 14–18.30 Uhr, Sa 9–12 und 14–17 Uhr. Im Winter beide Geschäfte Sa nachmittags geschl., auch Führungen.

204st ot

Dreiburgenwanderung rund um Hocheppan, Boymont und Korb

- **Gehzeit:** mindestens 2–3 Std.
- **Höhenunterschied:** 258–635 m
- **Schwierigkeitsgrad:** mittelschwer, mit Höhen und Tiefen
- **Einkehrmöglichkeiten:** in allen drei Burgen

GPS Ausgangspunkt ist **Schloss Korb,** von wo es auf Wanderweg Nr. 9 zum Unterhauser Weinstadel geht, dann zum Kreidenturm und zur Burg Hocheppan. Weiter geht es auf Weg Nr. 9A zur Burgruine Boymont, dann über einen 60 m langen, gesicherten Holzstieg über das Hocheppanertal. Von hier erreicht man wieder Schloss Korb.

205st ot

☐ Drei-Burgen-Blick Hocheppan

Missian (Missiano)

Missian liegt mit seiner St. Apolloniakirche in einer Talsenke des Überetsch zur Bozner Talmulde hin. Drei bemerkenswerte Burgen stehen oberhalb des Ortes. Von **Schloss Korb** hat man einen fantastischen Ausblick auf das Überetsch. Die Burg wurde um 1236 als Wohnturm der Herren *von Korb,* Ministeriale der Grafen von Eppan, errichtet und 1834 erweitert, auch durch Errichtung der Burgkapelle.

Burg Boymont, um 1235 von den Grafen von Eppan erbaut, wurde schon zwölf Jahre später in einem Erbstreit zur Ruine abgebrannt und erst 1977 durch den heutigen Besitzer soweit wie möglich restauriert. Die Anlage lässt sich im Gegensatz zu anderen Südtiroler Burgen ohne Probleme zu Fuß erreichen.

Burg Hocheppan

Die **bedeutendste Burg des Überetsch** ist durch ihre exponierte Lage auch die eindrucksvollste. Nach aufwendigen Restaurierungsarbeiten steht diese mittelalterliche Höhenburg nun wieder kulturgeschichtlich interessierten Besuchern offen. Ihr wertvollster Besitz sind die großartigen **romanischen Fresken** in der Burgkapelle. Neben religiösen

Motiven stellt die Jagdszene an der Außenwand eine der seltenen profanen Darstellungen aus jener Kulturepoche in Tirol dar. Berühmte Motive sind die „törichten Jungfrauen“ und die „Knödelesserin“. Dicht unterhalb der Burg Hocheppan steht der **Kreidenturm** als spezieller Wehrturm zur Entfachung von Signalfeuern.

Im **mittelalterlichen Bogenparcours** kann man mit kompletter Ausrüstung auf 21 Stationen im Burgwald seine Bogenschießfähigkeit testen.

Wenig unterhalb von Burg Hocheppan steht der **Kreideturm**, ein viereckiger Wehr- und Aussichtsturm, der wohl zur selben Zeit wie Hocheppan entstand. Der jetzt von einer eingebrochenen Ringmauer umgebene Turm diente einst zum **Entfachen von Signalfeuern.** Das Ensemble aus den drei Burgen Korb, Hocheppan und dem Kreideturm ist ein beliebtes Fotomotiv von St. Pauls aus.

■ **Burg Hocheppan,** Hocheppanerweg 16, Tel. 0471 662206, www.hocheppan.it, Ostern bis Okt., täglich geöffnet 10–18 Uhr, Mi Ruhetag (außer Okt.), geführte Besichtigungen von Burg und Kapelle Do bis So 11–16 Uhr, Okt. kein Ruhetag, Eintritt 7 Euro, Kinder bis 16 Jahre 5 Euro, unter 6 Jahre frei, Burgschenke täglich 10–18 Uhr, Spezialität Knödel, Bogenparcours 10 Euro, mit Leihausrüstung 20 Euro, Kinder bis 16 Jahre 15 Euro.

Unterkunft, Essen und Trinken

■ **Schloss Korb**④, Missian, Hocheppanerweg 5, Tel. 0471 636000, www.schloss-hotel-korb.com, seit 1918 Landwirtschaftsbetrieb und Schlosshotel mit Restaurant, großzügige Anlage, geöffnet Ostern bis Mitte Jan.

■ **Burgschenke Hocheppan,** Adresse/Tel. und Öffnungszeiten siehe oben.

St. Pauls (S. Paolo)

St. Pauls ist das kirchliche Zentrum von Eppan. Auch hier besticht der Ortskern durch seine Bebauung mit historischen Ansitzen und Bürgerhäusern. Die **Pfarrkirche Pauli Bekehrung,** die wegen ihrer majestätischen Größe auch „Dom auf dem Lande“ genannt wird, zeigt deutlich, dass St. Pauls die reichste Gemeinde in Eppan war. 1484 wurde mit

206st ot

ihrem Bau begonnen, 1533 war sie fertiggestellt, der Turm erst Mitte des 17. Jh. Deshalb vereinigt er zwei Baustile: Der Unter- und Mittelteil ist im gotischen Stil gehalten, die weithin sichtbare Zwiebelkuppel ist barocken Ursprungs. Die schwerste Glocke wiegt fünf Tonnen. Wie die anderen Ortsteile von Eppan ist auch St. Pauls von Ansitzen geprägt. Doch liegt das eigentliche Augenmerk auf der oberhalb des Ortes in den Weinbergen durch die Herren von Boymont um 1300 errichtete **St. Justinakirche.** Das anschließende Pfarrhaus ist seit dem 18. Jahrhundert der Wohnsitz der Kaplane von Perdoning.

Unterkunft, Essen und Trinken

■ **Zum Guten Tropfen**①, Paulser Str. 4, Tel. 0471 662223, www.gutentropfen.com, zentral gelegene Pension, Garten mit Pool, praktisch eingerichtete Zimmer mit Balkon, mit **Restaurant und Pizzeria**, in der Saison täglich geöffnet.

■ **Weinberg**①, Luziafeldweg 3, Tel. 0471 6623 26, www.hotelweinberg.eu, etwas außerhalb gelegenes Hotel-Restaurant, kinderfreundlich, praktisch eingerichtete Zimmer teilweise mit Sitzgruppe und Balkon, Garten mit Pool, rustikale Küche, Terrasse und Wintergarten.

■ **Paulser Hof**②, Unterrainer Str. 21, Tel. 0471 66 2422, www.paulserhof.com, Traditionsgasthof mit Tiroler Küche, rustikale Gaststube, Gewölbekeller, Gartenterrasse, Di Ruhetag.

☒ Pfarrkirche Sankt Pauls

■ **Hotel Justinahof**②, 439050 Eppan St Pauls, Missianer Weg, 439050, Tel. 0471 663137, www.justinahof.com. Unterhalb der Justinakirche in den Weinbergen gelegen, engagierte Gastgeber, Garten mit beheiztem Pool, vielseitige Küche.

Wein

■ **Kellerei St. Pauls,** Schloß-Warth-Weg 21, Tel. 0471 662183, www.kellereistpauls.com, 1907 gegründet, bietet drei Weinlinien und diverse Sekte der Kellerei Praeclarus, Kellerführungen und Weinseminare, Vinothek geöffnet Mo–Fr 9–19 Uhr, Sa 9–18 Uhr, im Winter Mo–Fr 9–12.30 und 15–19 Uhr, Sa 9–12.30 Uhr.

Feste und Veranstaltungen

■ **Krippen in den Gassen:** Ende Nov. bis 6.1. Krippenausstellung in den weihnachtlich beleuchteten Gassen hinter Fenstern, Erkern, in Nischen.

Girlan (Cornaiano)

Das Weindorf Girlan erstreckt sich östlich der Umfahrungsstraße und geht praktisch über in den Nachbarort Schreckbichl. Hier gibt es zahlreiche Kellereien, die hochwertige Weine anbieten. Im kleinen Ortszentrum mit Bar in einem alten Bürgerhaus steht die **Ortspfarrkirche St. Martin,** deren heutiger Bau aus dem Jahr 1838 stammt und von *Ch. Brandstätter* ausgemalt wurde. Die beiden Altarseitenfiguren wurden um 1660 gefertigt.

Das **Girlaner Kellerfest,** welches alle zwei Jahre stattfindet, gehört zu den bekanntesten Veranstaltungen der Gemeinde. Auch der traditionelle Martinimarkt am 11. November ist viel besucht.

Die Girlaner Streusiedlung **Schreckbichl** besteht aus einer Reihe von Weinhöfen und ist vor allem für ihre Kellereigenossenschaft bekannt. In der Ortsmitte steht die **Heilig Kreuz Kapelle** aus dem 19. Jahrhundert.

Natur- und Weinlehrpfad

Der interessante Weinlehrpfad „Hoher Weg – Gschleier" erläutert auf **Schautafeln** die Arbeit der Winzer. Zwischen St. Sebastianstraße und Mühlweg werden die unterschiedlichen Anbaumethoden, die einheimischen Rebsorten und die jahrtausendealte Weintradition erklärt. An die 100 verschiedene Pflanzenarten, erneuerte Trockenmauern und zahlreiche Sitzgelegenheiten säumen den Wanderweg.

Unterkunft, Essen und Trinken

■ **Girlaner Hof③**, Girlan, Marklhofweg 7, Tel. 0471 662442, www.girlanerhof.it, inmitten der Weinberge, Haus in neuem architektonischem Stil, moderne Zimmer, Hallenbad, Sauna, Garten, Restaurant, geöffnet Anf. April bis Anf. Nov.

050st ot

■ **Gasthof Wastl①**, Girlan, Girlaner Straße 42, Tel. 0471 662412, www.wastl.it, familiäres Gästehaus mit dem Restaurant „Speckstube", Di Ruhetag, im Winter Di/Mi Ruhetag, praktisch eingerichtete Zimmer, teilweise mit Balkon.

Wein

■ **Kellereigenossenschaft Girlan,** St. Martinstr. 24, Tel. 0471 662403, www.girlan.it, 1928 gegründet, begann die Kellerei als eine der ersten mit der qualitätsorientierten Bezahlung der Winzer, bietet heute Weiß-, Rot- und Roséweine in drei Qualitätsstufen, Kellereibesichtigungen und Verkostungen Mo–Fr 9–12.30 und 14–18.30 Uhr, Sa 9–12.30 Uhr, Sept./Okt. auch nachmittags bis 17 Uhr.

■ **Kellereigenossenschaft Schreckbichl,** Weinstr. 8, Tel. 0471 664246, www.colterenzio.it, beste Klima- und Bodenvoraussetzungen für hervorragende Weine sogar in fünf unterschiedlichen Ausbaulinien, sehr gute Lagrein-Weine, Wine Shop Tel. 66 44 67, Kernöffnungszeit in der Saison Mo–Fr 9–18.30 Uhr, Sa 9–12.30 Uhr, im Winter verkürzte Öffnungszeiten.

■ **Kellerei Martini & Sohn,** Lamm Weg 28, Tel. 0471 663156, www.martini-sohn.it, moderner Betrieb, der ganz der Ausbautradition verhaftet ist, dazu voluminöse Cuvée-Weine rot und weiß. Verkauf auf Anfrage und online.

■ **Sektkellerei Lorenz Martini,** Pranzollweg 2/D, Tel. 0471 664136, www.lorenzmartini.com, Rückbesinnung eines Girlaner Winzers und Kellermeisters auf die traditionelle Sektherstellung, bietet unter der Marke Comitissa feinperlige, edle Tropfen an, Weinverkauf geöffnet Mo bis Sa 10–12.30, Kellereiführung Mo bis Fr 10–12 und 16–18 Uhr, Sa 10–12 Uhr, So Ruhetag.

◁ Am Kirchplatz von Girlan

Brennerei

■ **Fischerhof,** Schreckbichl 12, Tel. 0471 660627, www.fischerhof-mauracher.it, Landwirtschaftsbetrieb in herrlicher Lage mit Eigenbauwein und eigener Brennerei nahe dem Montiggler Wald, vermietet auch Ferienwohnungen mit Balkon und Zimmer, Pool, inmitten von Weinbergen, Hofladen geöffnet Mo–Sa 8–12 und 13–18 Uhr.

Veranstaltung

■ **Martinimarkt:** Aus einem Viehmarkt hervorgegangener Spezialitätenmarkt im Zentrum von Girlan, 11. Sept.

Frangart (Frangarto)

Frangart ist die am dichtesten an Bozen gelegene Fraktion von Eppan, gleich unterhalb liegt die Etschniederung. Doch trotz der Nähe zu Bozen geht es in Frangart immer noch beschaulich zu. Hier beginnt der **Radweg** auf der Trasse der ehemaligen Überetsch-Eisenbahnlinie, der bis Kaltern führt.

Schloss Sigmundskron

Ein beliebtes Ausflugsziel ist Schloss Sigmundskron als **größte Burganlage Südtirols,** etwas oberhalb des Dorfes. Der Bergvorsprung, auf dem sich Sigmundskron erhebt, war schon in der Jungsteinzeit ein Kultplatz, fand man doch hier ein an die 7000 Jahre altes Grab mit den Skelettresten einer Frau. Die Burganlage ist für die neuere Geschichte Südtirols von Bedeutung, weil hier 1957 die erste große Protestkundgebung gegen die Nichteinhaltung des Pariser Abkom-

207st ot

mens zur Autonomie des Landes stattfand. Die Burg wurde erstmals 945 erwähnt und 1027 durch Kaiser *Konrad II.* an den Bischof von Trient und im 12. Jh. an deren Ministerialgeschlecht *Firmian* übergeben. 1473 wurde sie vom Tiroler Herzog *Sigmund dem Münzreichen* ausgebaut, dann wegen Finanzproblemen verpfändet, woraufhin sie teilweise verfiel. Danach gab es mehrmals Besitzerwechsel. 2003 hat **Reinhold Messner** Schloss Sigmundskron als Sitz eines seiner **Bergmuseen** ausgebaut.

■ **Schloss Sigmundskron, Messner Mountain Museum Firmian,** Sigmundskronerstr. 53, Tel. 0471 631264, www.messner-mountain-museum.it, geöffnet 3. So im März bis 2. So im Nov. 10–18 Uhr, Do Ruhetag, Eintritt 12 Euro, Kinder 6–14 Jahre 4 Euro, Senioren 10 Euro.

Schloss Sigmundskron oberhalb von Frangard

Montiggl (Monticolo)

Die Anziehungskraft der Eppaner Fraktion Montiggl besteht in den beiden Badeseen, die in die bewaldeten Montiggler Berge eingebettet sind. Der **Große** und der **Kleine Montiggler See** liegen in zwei vom eiszeitlichen Gletscher ausgeschliffenen Mulden zwischen den beiden Montiggler Bergketten auf etwa 500 m Höhe. Der kleine See hat eine Fläche von 5 ha und ist an die 10 m tief, der große misst 18 ha bei einer Tiefe von 12 m.

Im Südwesten des großen Sees hat sich an seinem Ausfluss ein Verlandungsmoor gebildet, in dem die typischen Pflanzen des Schilfröhrichts anzutreffen sind. Dieser Ausfluss ergießt sich als Angelbach durch das sogenannte **Frühlingstal** in den Kalterer See. Den Namen hat dieses Tal verdient, weil hier im März ganze Teppiche an Frühlingsknotenblumen, Leberblümchen, Veilchen, Scharbockskraut und Buschwindröschen blühen.

Der **botanische Lehrpfad** rund um den Kleinen Montiggler See wurde von den Schülern eines Bozner Gymnasiums angelegt. Am großen See wurde ein **Freibad** eingerichtet, mit Bademöglichkeit im See und im beheizten Schwimmbad, dazu gibt es die längste Wasserrutsche Südtirols, eine großflächige Liegewiese sowie Poolbar und Restaurant.

Lido (Freibad) am Großen Montigglersee, Montigglerstr. 55, Tel. 0471 661707, www.eppan.com/erlebnisse-aktivitäten/sehenswertes/9-0.html, Mitte Mai bis Mitte Sept. täglich 10–18 Uhr, im Hochsommer bis 19 Uhr, Eintritt 5,50 Euro, Senioren und Kinder 2,50 Euro.

Unterkunft, Essen und Trinken

■ **Seehotel Sparer**③-④, Montiggl 53, Tel. 0471 664061, www.seehotel-sparer.it, Wellness-Hotel direkt am See neben der Badeanstalt, komfortable Suiten und großzügige Zimmer mit Balkon verschiedener Kategorien, angeschlossen ist das **Seerestaurant Lacus** mit See-Lounge und Max-Sparer-Stube, Café-Terrasse direkt zum See, Di Ruhetag.

Mosers Alpaka Hotel③, 39057 Eppan an der Weinstraße, Montiggler See 104, Tel. 0471 662995, www.gartenhotelmoser.com. Kinderhotel am See, bietet Suiten mit extra Kinderzimmer, Babybetreuuung, Innenpool, beheizter Außenpool, Alpaka-Wanderungen.

Wanderung durch das Frühlingstal bei Montiggl

- **Gehzeit:** 3½ Std. Gehstrecke zwischen 216 m und 525 m Höhe
- **Höhenunterschied:** Aufstieg 60 m, Abstieg 348 m
- **Schwierigkeitsgrad:** leicht
- **Markierung:** 20, 20B, Seerundweg
- **Einkehrmöglichkeiten:** am Montiggler und am Kalterer See

GPS Vom Parkplatz am **Großen Montiggler See** folgt man der schmalen Asphaltstraße in Richtung Montiggl. Vor der Kirche im Ort biegt man rechts und dann nach ca. 20 Min. links bei der ersten Querstraße ab und gelangt ins Frühlingstal. Nun folgt man der Beschilderung durch das Tal und geht im letzten Teil auf einem Wanderweg durch die Obst- und Rebgärten zum Ostufer des Kalterer Sees. Der Rückweg folgt dem Hinweg.

208st ot

Montiggler See

Kaltern an der Weinstraße und seine Fraktionen (Caldaro sulla Strada del Vino)

Info: Postleitzahl Kaltern: **39052.** Tourismusverein Kaltern am See, Marktplatz 8, Tel. 0471 963169, www.kaltern.com bzw. www.wein.kaltern.com.

Die Gemeinde Kaltern, 15 km südlich von Bozen beim **Kalterer See** gelegen, besteht aus dem Dorf Kaltern als Zentrum sowie sieben weiteren Ortsteilen. Von Norden aus Eppan kommend, sind dies Ober- und Unterplanitzing, westlich liegen Anton-Pfuss, von wo die Standseilbahn auf den Mendelpass führt, St. Nikolaus und Lavardi, oberhalb Mitterdorf, am Westufer des Kalterer Sees der Weiler St. Josef am See und auf der Mittelgebirgsterrasse Altenburg.

Seit jeher ist der **Weinbau** der bestimmende Wirtschaftsfaktor des Ortes. Vergessen sind die Zeiten, als Weine unter der Bezeichnung „Kalterer See", meist abgefüllt in Zwei-Liter-Flaschen, als Massenware die Märkte überschwemmten, denn längst vertreten die ortsansässigen Winzer und die Genossenschaft führende Positionen im Südtiroler Weinbau.

Dass Wein den Wohlstand der Stadt begründete, sieht man an der historischen Bausubstanz im Ortskern. Die meisten der großartigen **Bürgerhäuser** entstanden in der zweiten Hälfte des 16. Jh. Hier wurde mit dem **Überetscher Stil** ein eigenständiger, stark von der toskanischen Bauweise geprägter Architekturstil mit verzierten Portalen und Erkern, Doppelbogenfenstern, Sandstein-Arkaden, Loggien, Veranden und Freitreppen sowie geschlossenen Innenhöfen entwickelt.

Doch über den Wein und die gepflegte historische Bausubstanz hinaus sind es die kulturgeschichtlich so wertvollen **Kirchen,** die vielen **Burgen und Herrensitze** und nicht zuletzt der Kalterer See als **Erholungsgebiet,** die den Ort und seine umgebende Weinlandschaft für Besucher so anziehend machen.

Geschichte

Erste Siedlungsspuren im Bereich der heutigen Marktgemeinde Kaltern lassen sich in die Zeit um 5000 v. Chr. datieren. Der Ortsname geht zurück auf das Lateinische *caldarum* (= Kupferkessel), worauf sich auch das Ortswappen bezieht, und verweist darauf, dass sich hier schon zur Römerzeit eine Siedlung befand. Im frühen Mittelalter stand Kaltern unter der Oberhoheit der Trentiner Bischöfe. Im sogenannten Vigilibrief vom Ende des 9. Jh. ist die Pfarre Kaltern beschrieben und sind die zinspflichtigen Ortschaften der Umgebung aufgezählt. Kalterer Wein wird 1220 erstmals in einer Urkunde erwähnt, seit 1250 hat Kaltern mit der *urna die Caldaro* sogar ein eigenes Weinmaß.

[>] Kaltern an der Südtiroler Weinstraße

Im Zuge der Erstarkung der Tiroler Grafen erhielt Graf *Meinhard II.* im Jahr 1273 die Vogtei über die Region und setzte *Heinrich von Rottenburg* als Hauptmann in Kaltern ein. Der Ort konnte sich Dank des Weinbaus gut entwickeln und wurde 1446 als *oppidum* bezeichnet, ein städtischer Handelsplatz. Das eigentliche Marktrecht erhielt Kaltern im 17. Jh.

Sehenswertes

Rund um den Marktplatz

Mittelpunkt von Kaltern ist der Marktplatz mit seinen umliegenden kleinen Gassen und Straßen. Hier stehen altehrwürdige Häuser, ein schöner **Barockbrunnen** mit einer Mariensäule und die Pfarrkirche. **Restaurants und Cafés** laden allesamt zum Verweilen ein. Platzkonzerte und andere Veranstaltungen wie beispielsweise der alljährliche Weihnachtsmarkt und die Kalterer Weintage machen aus dem Platz einen lebendigen Dorfmittelpunkt. Das fröhliche Treiben um die Mariensäule mit den steilen Felsen der Mendel im Hintergrund bildet eines der beliebtesten **Fotomotive** Südtirols.

Die **Pfarrkirche Maria Himmelfahrt** von Kaltern wurde erstmals 1191 erwähnt. Ihre Langhausmauern stammen noch vom spätromanischen Bau, der im 14. Jh. ein gotisches Presbyterium erhielt, das um 1400 durch einen polygonalen Chor ersetzt wurde. Der **frühklassizistische Umbau** erfolgte 1791–93 un-

250st ot

ter Baumeister *Matthäus Wachter.* Dabei blieb nur der 72,50 m hohe Turm stehen, dessen unterer Teil aus dem 13. Jh. stammt und um 1500 erhöht wurde. Doch sind im Inneren der Kirche noch Anklänge an die barocke Zeit zu sehen, etwa die **Deckengemälde** des Tirolers *Josef Schöpf* und das **barocke Orgelgehäuse** des Bildschnitzers *Kaspar Schonger* aus dem Jahre 1792. Der Hochaltar stammt aus der Kirche des Dominikanerstiftes in Bozen, die Seitenaltäre sind aus Venedig.

Unmittelbar neben der Pfarrkirche steht die **Spitalskirche St. Joseph** – ein ungewöhnlicher Standort, denn Spitäler wurden in jener Zeit eigentlich außerhalb der Siedlungen angelegt. Das Spital selbst wurde 1404 von *Heinrich von Rottenburg* gegründet. Die heutige St. Josefskapelle geht im Kern ebenfalls auf das frühe 15. Jh. zurück. Sie wurde im 17. Jh. barockisiert. Im Inneren findet man die Grabplatte des Spitalstifters, die 1628 neu gefasst wurde.

Südtiroler Weinmuseum

1955 als erstes Weinmuseum südlich der Alpen gegründet, vermittelt das Museum einen Einblick in die alte Weinbautradition Südtirols. Es ist untergebracht im Zehntkeller des landesfürstlichen Gutshofs und Teil des Südtiroler Landesmuseums mit seinen über das ganze Land verteilten Abteilungen. Ein Lehrpfad vor dem Museum erläutert die Geschichte des Weines und die Arbeit der Weinbauern.

UNSER TIPP: **Südtiroler Weinmuseum,** Goldgasse 1, Tel. 0471 963168, www.weinmuseum.it, großenteils barrierefrei (bis auf den Keller), geöffnet Di–Sa 10–17 Uhr, So und feiertags 10–12 Uhr, 1.11. geschl., Eintritt 6 Euro, Jugendliche ab 16 Jahren, Studenten und Senioren 4,50 Euro, Familienkarte 12 Euro.

Franziskanerkloster

Für den Gebäudekomplex des Franziskanerklosters am Rottenburgerplatz stellte *Claudia de'Medici* als Landesfürstin von Tirol 1639 den Franziskanern die Ruine der Rottenburg, die zu Beginn des 15. Jh. zerstört worden war, und Teile des Gartenareals für die Errichtung von Kirche und Kloster zur Verfügung. Zu Beginn des 18. Jh. erhielt die Franziskanerkirche ihr heutiges Aussehen. Weithin berühmt ist das Gnadenbild des heiligen *Antonius von Padua* auf dem rechten Seitenaltar. Der Antoniuszyklus im Kreuzgang wurde 1721 von *Matthias Pußjäger* gemalt.

Im stark verfallenen Schloss Rottenburg wurde im 17. Jh. ein Gefängnis eingerichtet. Der größte Teil des ehemaligen Gefängnisbereichs wurde saniert und beherbergt seit 2006 regelmäßig Ausstellungen zeitgenössischer Kunst. Diese Gefängnisgalerie hat längst überregionale Bedeutung erlangt.

■ **Galerie GEFÄNGNIS le CARCERI,** Pater Bühel, Rottenburgerplatz, Tel. 342 3727854, www.gefaengnislecarcerigalerie.it, bei Ausstellungen geöffnet Di–So 10.30–12 und 17–19 Uhr.

Heiligkreuzkirche

Die Heiligkreuzkirche am **Kalvarienberg** wurde um 1720 gestiftet, wahrscheinlich entworfen vom Bozner Baumeister *Josef Delai.* Sie ist bis heute in Privatbesitz. Die schon Ende des 17. Jh. errichtete Kalvarienberganlage besteht aus acht Kapellen mit interessanten, eigenwilligen Zentralbauformen und Skulpturen, die das Leiden Christi darstellen.

Unterplanitzing

Wenn man von Eppan auf der Durchgangsstraße nach Süden fährt, passiert man zunächst die nördlichste Kalterer Fraktion Unterplanitzing. Hier steht direkt an der Straße die um 1420 gebaute **St. Leonhardkirche** eines mittelalterlichen Pilgerhospizes. Im Inneren zeigen Fresken den heiligen *Leonhard.* Dazu ist das Wappen der Stifter der Herren *von Fuchs* zu erkennen. Die Ausstattung der Kirche stammt aus der Bozner Grabeskirche.

St. Anton

Südwestlich von Kaltern unterhalb der Steilwand der Mendel steht in St. Anton die **Kirche zum heiligen Anton.** Der Turm stammt noch aus der Vorgängerkirche aus dem 13. Jh. Im Jahr 1430 erhielt der alte Kirchenbau einen polygonalen Chor, der durch Bozner Maler freskiert wurde. Um 1450 wurde das Langhaus, dessen Ausgestaltung in heutiger Form aus dem 16. Jh. stammt, auf den Mauern der alten Kirche neu errichtet.

Von St. Anton fährt eine **Standseilbahn auf den Mendelpass**. Nicht weit entfernt in Pfuss ließ *Johann Anton von Morenberg* 1588 den im Ort als **Turm** bezeichneten Ansitz errichten, eines der frühesten und schönsten Beispiele für den Überetscher Stil mit Freitreppe, regelmäßiger Fenstersetzung und gewölbten Hausgängen.

St. Nikolaus

Nördlich von St. Anton, ebenfalls unter dem Steilhang des Mendelkamms, liegt die Kalterer Fraktion St. Nikolaus. Der Kernbau der dem heiligen *Nikolaus* geweihten **Ortskirche** stammt aus dem 13. Jh., noch erkennbar am spätromanischen Quadermauerwerk am Turmuntergeschoss sowie an der Westmauer. Um 1520 wurde die Kirche im spätgotischen Stil erneuert und eingewölbt, die Gewölbefresken stammen von *Bartlmä Dill Riemenschneider,* dem Sohn von *Tilman Riemenschneider.* Eine der ältesten Darstellungen des Kalterer Wappens findet man am Triumphbogen. Der zweite Turm der Kirche wurde erst 1880 erbaut.

St. Josef am See

Exponiert über dem Kalterer See liegt die kleine **Kirche St. Josef** direkt an der Durchgangsstraße. Sie wurde um 1700 errichtet. Der Entwurf geht wohl auf den Baumeister *Delai* zurück. Die Kirche ist mit einem wertvollen Hochaltar ausgestattet, einem Marmoraufbau mit Gipsstein und Holzskulpturen.

Besonders auffallend an der Kalterer Durchgangsstraße steht der **Ansitz Manincor,** 1608 erbaut von *Hieronymus Manincor.* 1756 kam eine kleine Kapelle mit achteckigem Aufsatz hinzu. Das Wappen der Manincor ziert die Südfassade des im Überetscher Stil erbauten Ansitzes.

Heute ist er im Besitz der Grafen *Enzenberg*, die hier eine bedeutende **Kellerei** betreiben. Bemerkenswert ist der Weinkeller in futuristischer Architektur, der von dem Kalterer Architekten *Walter Angonese* und dem Innsbrucker Architekten *Rainer Köberl* angrenzend an den historischen Ansitz und gänzlich in Tieflage unterhalb des Weinberges erbaut wurde.

Leuchtenburg

Genauso auffällig zeigt sich in der Ferne auf dem Kamm des Mitterberges zwischen Kalterer See und Etschtal die **Ruine** der Leuchtenburg. Eigentlich steht sie schon auf Leiferer Boden, doch ist sie so prägnant nur vom See aus zu sehen. Die um 1200 entstandene Anlage der Herren *von Rottenburg* ist durch eine hohe Schildmauer geprägt. Seit dem 17. Jh. ist die Burg nicht mehr bewohnt, ihr militärischer Zweck war nicht mehr gegeben und sie verfiel. Inzwischen sind die Mauerreste gesichert.

Altenburg

Schließlich lohnt noch ein Besuch der Kalterer Fraktion Altenburg oberhalb des Sees. Der Weg dorthin führt durch die **wildromantische Rastenbachklamm.** Hier hat man die Mauerreste der alten **Feste Altenburg,** der Stammburg der 1190 erstmals genannten Ritter *Schenk von Altenburg*, gefunden. Das Rittergeschlecht starb mit *Hildebrand Schenk* um 1539 aus.

Im Ort steht die **St. Vigiliuskirche.** Sie wurde 1491–97 anstelle von Vorgängerbauten errichtet und 1510 geweiht. Ihr Turm stammt noch aus dem 14. Jh. An der nördlichen Außenseite sind Reste eines großen Christophorusfresko von 1360/80 erhalten. In Gold gefasst ist der geschnitzte neugotische Hochaltar. Neugotisch sind auch die Glasmalereien der Fenster. Vom vormaligen barocken Hochaltar ist das Altarbild erhalten.

Auf einer dem Ort vorgelagerten Kuppe findet man die Reste der **Höhenkirche von St. Peter,** einem frühchristlichen Sakralbau, wohl der älteste von ganz Südtirol, ehemals erreichbar über eine mittelalterliche Steinbrücke. Die dreischiffige Basilika aus dem 6. Jh. hatte eine gewölbte Apsis mit Rundbogen im Osten und einen Nebenraum im Nordosten. An der Kirche findet man eine eingemeißelte Vertiefung im Felsen, über deren Zweck man bis heute rätselt. Einerseits glaubt man an eine prähistorische Opferstätte, andererseits gibt es die Legende vom heiligen *Vigilius*, der hier seine Nachtruhe verbrachte.

Praktische Tipps

Unterkunft

- **Schlosshotel Aehrental**④, Goldgasse 19, Tel. 0471 962222, www.schlosshotel.it, in einem um 1635 erbauten Ansitz, einem typischen Herrenhaus des frühen 17. Jh. in Kaltern, großer Park mit Swimmingpool, komfortabel eingerichtete, große Zimmer verschiedener Kategorien teilweise mit Balkon, Restaurant und Schlosscafé, geöffnet Ende März bis Anf. Nov.
- **Goldener Stern**③, Andreas-Hofer-Str. 28, Tel. 0471 962696, www.goldener-stern.org, alter Über-

etscher Ansitz im Zentrum von Kaltern, bereits seit Mitte des 18. Jh. als Gasthof verbrieft, großer Wellness-Bereich mit Freibad, Whirlpool und Sauna, modern eingerichtete Zimmer in historischer Bausubstanz, das Restaurant bietet gutbürgerliche und internationale Küche, schattiger Garten, Tische in der Fußgängerzone, mit StarLounge für Nachtschwärmer, Montag Ruhetag.

■ **Klosterhof**②, Klavenz 40, Tel. 0471 961046, www. klosterhof.it, Weingut, Hotel garni, großzügige Zimme/Suiten mit geräumigen Bädern und sonnigen Balkonen/Loggien, dazu Ferienwohnungen.

■ **Paniglhof,** Barleiterweg 3, Tel. 0471 962465, www.paniglhof.it, Bauernhof inmitten der Kalterer Weinberge, 15 Min. zu Fuß ins Zentrum, vermietet vier moderne Appartements mit Balkon.

Essen und Trinken

■ **Castel Ringberg**④, St. Josef am See 1, Tel. 0471 960010, www.elenawalch.com, Spitzenküche im romantischen Schlossambiente, großartige Weinkarte, Erlesenes der Spitzenweingüter *Elena* und *Wilhelm Walch,* breites Angebot Südtiroler und toskanischer Rotweine sowie deutscher Spitzenweißweine, März bis Okt. Sonnenterrasse mit Blick auf den Kalterer See, 11.30–18 Uhr, Di Ruhetag.

■ **Panholzer**③, St. Josef am See 8, Tel. 0471 6626 49, www.panholzer.it, Weinbar und Restaurant, etwas versteckt in den Weinbergen des Kalterer Sees, im Ambiente eines alten Weinguts, moderne Küche, Restaurant geöffnet Do–Mo, Vinothek täglich 10–18.30 Uhr.

■ **Gasthof Zum Turm**②, Andreas-Hofer-Str. 32, Tel. 0471 963281, www.zumturm-kaltern.com, alter Ansitz im Überetscher Stil im Zentrum, hervorragende Küche, im Sommer im Gartenrestaurant serviert, große Weinkarte, im Herbst schöner Weinkeller zum Törggelen offen, einige Hotelzimmer, geöffnet Ostern bis Anf. Nov., So Ruhetag.

■ **Speckkeller**②, Oberplanitzing 13, Tel. 0471 66 9191, www.speckkeller.it, in einem alten Anwesen oberhalb von Kaltern, traditionelle Küche, Ostern bis Ende Juni und Aug. bis Mitte Nov. tägl. 18–24 Uhr.

Wein

■ **Kellerei Kaltern,** Kellereistr. 12, Tel. 0471 9631 49, www.kellereikaltern.com, 1906 gegründete Kellereigenossenschaft mit 450 Mitgliedern und 300 ha Fläche, bietet in den drei Linien Klassische Weine, Weingutsselektionen und Weinhöfelinie an, größtenteils mit Auszeichnungen versehen. **Winecenter:** Bahnhofstr. 7, Tel. 0471 966067, Veranstaltungsort, Spezialitätenverkauf, Weinverkostung, geöffnet werktags 9–19 Uhr, Sa 9–18 Uhr, So und feiertags 10–18 Uhr, Jan. bis März werktags und feiertags 10–18 Uhr; **Vinothek:** Kellereistraße 12, Tel. 0471 966067, Weinverkostung und Verkauf, geöffnet werktags 9–19 Uhr, Sa 9–18 Uhr, So geschlossen.

■ **Peter Sölva & Söhne,** Goldgasse 33, Tel. 0471 964650, www.soelva.com, 12-ha-Betrieb in 10. Generation, Weine traditioneller und anderer Rebsorten in drei Ausbaulinien, dazu Brennerei (Grappa und Brandy). Das Restaurant „Spuntloch" im alten Gewölbekeller bietet Südtiroler Spezialitäten, geöffnet Mo–Fr 10–13 und 15–20, Sa 10–20, So Sept./Okt. 11–17 Uhr.

■ **Castel Sallegg,** Unterwinkel 15, Tel. 0471 9631 32, www.castelsallegg.it, 1851 vom Erzherzog *Rainer von Österreich* erworben, vererbt an die Grafen *von Kuenburg,* Weinberge in unterschiedlichen Lagen am Kalterer See, optimal für Weißweine auf 500–550 m auf Kalk- und Schotterböden, für Rotweine auf Lehm- und Sandböden auf 230–280 m Höhe. Weinlinien Classic, Selection und Premium, mit Vinothek im ehemaligen Gästehaus, geöffnet Mo–Mi 10–13 Uhr und 15–18 Uhr, Do 10–13 Uhr und 15–21 Uhr, Fr 10–13 Uhr und 15–18 Uhr, Sa 9–14 Uhr.

■ **Kellerei Ritterhof,** Weinstraße 1, Tel. 0471 96 3298, www.ritterhof.it, 7,5 ha Eigenbau, 35 ha Zukauf, Ritterhof-Linie für gebietstypische Weiß- und Rotweine, Weine der Crescendo-Linie reifen in Barrique- und den traditionellen Holzfässern, mit Restaurant und Vinothek, Mo–Fr 8–18 Uhr, Sa 9.30–13 Uhr, Sept. und Okt. bis 17 Uhr.

■ **Weingut Manincor,** St. Josef am See 4, Tel. 0471 960230, www.manincor.com, 400 Jahre Familiengeschichte im Überetscher Ansitz, jetzt im Besitz der Grafen *Enzenberg,* mit 50 ha Rebfläche größter Eigenbau-Winzer Südtirols, Weine in drei Linien ausgebaut bis hin zum Spitzenwein, mit moderner Vinothek, geöffnet Mo–Fr 9.30–18 Uhr, Sa 10–17 Uhr.

■ **Kalterer Weinweg:** 19 km langer Rundweg in einer Achterschleife mit dem Kreuzungspunkt im Ortszentrum durch die Weinberge zum Kalterer See einerseits und nach Oberplanitzing andererseits; in den Boden sind die Namen der Weinlagen eingelassen; dazu Hintergrundinformationen zu Klima, Temperatur, Bodenbeschaffenheit und den jeweils angebauten Rebsorten.

Feste und Veranstaltungen

■ **Kalterer Weintage:** 1. und 2. Sept., Präsentation der Kalterer Weine auf dem Marktplatz, dazu regionale Spezialitäten.

■ **Kalterer Seespiele:** Top-Bands auf der Kalterer Seebühne – einzigartig in Südtirol, Ende Juli/Anf. August.

Seilbahnen

■ **Mendelbahn** (510–1364 m): Standseilbahn von der Kalterer Fraktion St. Anton auf den Mendelpass, 2009 modernisiert, neue Wagen, Einbau einer Mittelstation für Wanderer, Betrieb im Sommer 8–18 Uhr, im Winter bis 17 Uhr, www.kaltern.com/de/die-mendelbahn-in-kaltern.html, Fahrpreis 10 Euro, Einzelfahrt 6 Euro, Kinder unter 6 Jahre frei.

⊡ Blick auf den Kalterer See

Kalterer See (Lago di Caldaro)

Der Kalterer See ist der **größte natürliche See Südtirols,** entstanden aus dem ehemaligen Flussverlauf der Etsch. Er erstreckt sich auf 216 m Meereshöhe, umfasst eine Fläche von 150 ha und misst an der tiefsten Stelle 5,60 m, im Durchschnitt ist er knapp über 3 m tief. Der See verfügt über einen kräftigen Zufluss und wird zusätzlich von mehreren Quellen gespeist, sodass er durch einen hohen Wasseraustausch gekennzeichnet ist. Aufgrund der Ende der 1970er Jahre geschaffenen Ringkanalisation und späterer Entschlammungsmaßnahmen ist seine Wasserqualität relativ gut.

Badeplätze

Als **wärmster Badesee der Alpen** wird der Kalterer See vom Frühsommer bis in den Herbst stark frequentiert. Erholungszwecken dienen hauptsächlich das Ost- und Westufer mit **Badeanstalten, Campingplätzen und Gastbetrieben,** das Südufer ist verschilft.

Seebad Lido, Kaltern – St. Josef am See 16, Tel. 0471 960032, www.wein.kaltern.com, große Liegewiese, Tretbootverleih, 2006 vom Wiener Architekturbüro „the next ENTERprise" (Marie-Therese Harnoncourt und Ernst Fuchs) erbaut, auch architektonisch und technisch interessante Badeanstalt mit Seezugang, geöffnet Mai bis Okt. 10–18 Uhr, Juni bis Aug. bis 19 Uhr, Eintritt 8 Euro, Jugendliche ab 15 Jahre, 4,50 Euro Abendticket ab 17 Uhr, Kinder von 3 bis 14 Jahre 3 Euro, Verleih Tretboot

12 Euro/1 Stunde, 7 Euro/½ Stunde, Verleih SUP 12 Euro/1 Stunde, 7 Euro/½ Stunde.

- **Surfbrettverleih:** Restaurant Gretl am See, St. Josef am See 18, Tel. 0471 960272, www.gretlamsee.com, mit Freibad, Tretbootverleih, Surfschule.

Naturschutzgebiet

Der breite Verlandungsgürtel am Südufer mit seinen dichten Schilfbeständen steht unter Naturschutz. Er ist **Nistplatz** für viele Vögel und Sumpftiere und als größtes **Sumpfgebiet** zwischen Reschenpass und Verona von großer Bedeutung als Rastplatz für den **Vogelflug** – hier erfolgt die Gabelung wichtiger Vogelfluglinien. Neben den Brutvogelarten wie Wasserpieper, Rohrammer, Rohrdommel, Teichrohrsänger, Wendehals, Ortolan, Hänfling, Schafstelze, Laubsänger, Wasserralle, Rohrweihe, Wiedehopf oder auch Baumfalke tauchen hier immer wieder Fisch- und Purpurreiher, Kampfläufer, Bekassinen, Kiebitze, Trauerschwalben, Fischadler, Kraniche, Kormorane und Weißstörche auf.

Ein **Rundweg** führt, z.T. mit etwas Abstand, um den See. Von einem speziellen Naturerlebnisweg kann man Flora und Fauna der Seelandschaft einsehen. Vögel lassen sich besonders gut von einem **Aussichtsturm** beobachten – hier sind auch die interessantesten am See anzutreffenden Vogelarten beschrieben.

wikimedia commons ©Ewald Gabardi

Unterkunft, Essen und Trinken

■ **Thalhof am See**②, Kaltern – St. Josef am See 10, Tel. 0471 960163, www.thalhof.it, nahe am See inmitten von Obstgärten gelegenes, modernes Hotel mit großem Garten und Poolanlage, stilvoll eingerichtete Zimmer mit Balkon, Restaurant, Weinkeller und Terrasse.

■ **Klughammer am See**②, Pfatten – Kalterer See, Klughammer 5, Tel. 0471 960159, www.pensionklughammer.com, Seegrundstück, Zimmer mit Balkon und Seeblick, Restaurant mit großer Seeterrasse, leichte Südtiroler und mediterrane Küche, ganzjährig geöffnet, Mo Ruhetag.

■ **Gass-Hof**①, Pfatten – Kalterer See, Klughammer 12, Tel. 0471 960002, www.gass-hof.com, Seegrundstück mit Badeanstalt und Bootsverleih, Obstbau, Zimmer mit Balkon.

Camping

■ **Camping St. Josef am See,** Kaltern – St. Josef 75, Tel. 0471 960170, www.camping-kalterersee.com/de, eigener Badesteg, Café, Restaurant, Kinderspielplatz, geöffnet Mitte März bis Anf. Nov.

Wein

■ **Erste+Neue Kellerei Kaltern,** Kellereistraße 10, Tel. 0471 964606, www.erste-neue.it, erster genossenschaftlicher Zusammenschluss in Kaltern, heute beliefert von 500 Winzern mit Lagen rund um den Kalterer See, bietet Weiß-, Rot- und Süßweine, **Vinothek** geöffnet Mo–Fr 10–12.30 und 15–18, Sa 10–12.30 Uhr.

ZWISCHEN BOZEN UND MERAN

IM ETSCHTAL (VAL D'ADIGE)

Im Süden der Etschtalsenke zwischen Bozen und Meran erhebt sich schroff die Mendelwand; in dem vom Klima begünstigten Tal selbst breiten sich Europas größte Apfelgärten aus. Die Ortschaften am Talrand weisen historische Ortskerne, alte Kirchen und sehenswürdige Burgen auf.

NICHT VERPASSEN!

- **Pfarrkirche Mariä Himmelfahrt** in Terlan mit beeindruckenden Fresken | 75
- **Salten,** Wanderungen durch ausgedehnte Lärchenwiesen | 82
- **St. Ulrichkapelle** in reizvoller Lage mit toller Aussicht oberhalb von Schlaneid | 84

Diese Tipps erkennt man an der gelben Markierung.

Verlässt man Bozen in westlicher Richtung, so öffnet sich gleich hinter der Bebauung und den Gewerbeflächen das breite Etschtal mit seinen **Obstplantagen.** Diese Obstgärten ziehen sich in voller Breite des Tals bis Meran hin. Die umliegenden Berge betrachtend, zeigt sich besonders imposant die im Süden steil aufragende Mendelwand. Gegenüber ziehen sich die Berge des Prissianer Hochwalds hin. Rückseitig erstreckt sich der Tschögglberg, der von der Talsohle aus aber nicht einzusehen ist.

Terlan (Terlano)

■ **Info:** Postleitzahl Terlan: **39018.** Tourismusverein Terlan, Dr.-Weiser-Platz 2, Tel. 0471 257165, www.terlan.info.

Nordwestlich von Bozen liegt Terlan inmitten des Talbodens der Etsch auf 260 m Höhe, erstmals im Jahre 923 als *Torilan* erwähnt. Neben Obst gedeihen auch Spargel und Wein, mit Schwerpunkt auf weißen Rebsorten, vor allem dem Weißburgunder, der als „Terlaner" vermarktet wird.

Zunächst war es der Bergbau, der Terlan im 15. Jh. Wohlstand brachte. In der besten Zeit bauten an die 1000 Knappen in 30 Gruben Bleiglanz ab. Das Erz wurde ins Tal gebracht, verhüttet und über die Etsch südwärts verschifft. Längst ist der Bergbau eingestellt, aber Flurnamen wie Silberleiten – eine der besten Weinlagen Terlans – zeugen noch von der Bergbauvergangenheit, so auch die Knappenkapelle St. Cosmas und Damian.

Markantestes Bauwerk von Terlan ist die **Pfarrkirche Mariä Himmelfahrt.** Ihr ältester Bau ist 1204 urkundlich belegt, von ihm stammt noch der kleine Seitenturm. Um 1385 wurde mit einem gotischen Neubau der Kirche begonnen, ein Buntsandsteinbau, der mit farbig lasierten Ziegeln eingedeckt ist. Weil sich der hohe Turm mit der Zeit zu sehr neigte, wurde er im 19. Jh. neu aufgemauert. Überschwemmungen der Etsch machten zu Beginn des 18. Jh. eine Terrainerhöhung erforderlich, was das Erscheinungsbild der Kirche ein wenig beeinträchtigt. Umso beeindruckter ist man von der Innenausmalung. Die **Fresken** stammen vom Bozner Meister *Hans Stockinger,* der sie zwischen 1399 und 1407 auftrug. Um 1880 wurden die Fresken übermalt und in den Jahren 1950 bis 1971 wieder gereinigt und teilweise restauriert. Des Weiteren verfügt die Kirche im Außenbereich oberhalb des Haupteingangs über die bedeutende **Skulptur „Krönung Mariens durch Christus"**, die um 1370/ 1380 im oberitalienischen Stil geschaffen wurde.

Burg Maultasch

Auf einem Felssporn erhebt sich Burg Neuhaus, auch Burg Maultasch genannt. Die letzte Tiroler Regentin soll hier des Öfteren Hof gehalten haben. Die Burg wurde kurz nach 1200 von den Grafen von Tirol als Grenzfestung gegen die Grafschaft Bozen errichtet. Hoch über dem Ort erhebt sich ihr innen vier- und außen fünfeckiger **Bergfried,** der früher bis zum obersten Geschoss als Wohnturm diente. Vorburg und Mauerring sind nur teilweise erhalten. Die an die Mauer angebaute Kapelle stammt aus dem 15./16. Jh. Die Burg ist jederzeit von Terlan aus zugänglich.

Siebeneich

Südlich vor Terlan liegt an der Talkante der Ort Siebeneich. Hier hat man keltische Siedlungsfunde gemacht, auch die Römer hatten sich hier niedergelassen. Der Ort hat mehrere Sehenswürdigkeiten zu bieten. Auf einem 750 m hohen, vorspringenden Felsplateau thront **Burg Greifenstein,** im Volksmund auch *Sauschloss* genannt. Wohl Mitte des 12. Jh. errichtet, ging die Burg nach dem Tod von *Friedrich von Greifenstein,* dem letzten Mitglied der Familie, in den Besitz der Herren *Starkenberg* über. Als im Jahre 1423 Herzog *Friedrich mit der leeren Tasche* die Burg belagerte, war auch der Minnesänger *Oswald von Wolkenstein* unter den Belagerten. Er verfasste Spottverse über die Belagerer und veranlasste, dass die Burgbesatzung in ihrer Not den Belagerern ein Schwein vor die Füße warf, um den Überfluss, in dem sie lebten, zu demonstrieren. Die Rechnung ging auf, die Belagerer zogen ab. Seit diesem Ereignis trägt die Burg ihren Spitz-

300st ot

namen. Heute ist die Burg nur noch eine Ruine.

An Sakralbauten hat Siebeneich neben der Pfarrkirche zum Heiligen Herzen Jesu vor allem die **St. Antoniuskirche** des ehemaligen Deutschordenskonvents zu bieten. Die hochbarocke Kirche wurde 1693 als kleiner Zentralbau mit einer Mittelkuppel über kreuzförmigem Grundriss fertiggestellt. Über eine Vorhalle ist die Kirche mit dem Deutschordenshaus verbunden. Der Entwurf stammt von *Chr. Benedetti, für* die Ausführung zeichnet der Bozner Baumeister *Delai* verantwortlich.

Vilpian

Zu Terlan gehört die Fraktion Vilpian, im Etschtal aufwärts am Fuße des Tschögglbergs gelegen.

Hinter dem Dorf stürzt der Vilpianer **Wasserfall** 82 m in die Tiefe. Eine **Seilbahn** bringt Wanderer von der Talsohle nach Schlaneid bei Mölten auf den Tschögglberg. Im Ort stehen zwei Kirchen nebeneinander, die ältere stammt aus dem Jahr 1639, die neue Pfarrkirche wurde 1965 fertiggestellt. Ihr großes Kruzifix im Inneren stammt aus dem 17. Jh., eine Leihgabe des Meraner Stadtmuseums.

Unterkunft, Essen und Trinken

■ **Greifenstein**②, Siebeneich, Boznerstraße 2, Tel. 0471 918451, www.greifenstein.it, inmitten von Obstwiesen, Zimmer unterschiedlicher Größe mit Terrasse/Balkon, großer Garten mit Pool, dazu Terrassencafé, Di Ruhetag.

■ **Neuhausmühle**②, Vilpian, Brauereistr. 8, Tel. 0471 678882, www.neuhausmuehle.com, schön gelegen, geräumige Zimmer mit Balkon, auch Familien- und Einzelzimmer, großer Garten mit Pool, Wellness-Einrichtungen, verglaste Terrasse, ausgezeichnete Küche.

■ **Oberspeiser**①, Klaus 15, Tel. 0471 257150, www.oberspeiser.com, ruhig gelegen in der Terlaner Fraktion Klaus, gemütliche Stube, Terrasse mit schöner Aussicht, Südtiroler und italienische Gerichte, im Sommer zweimal wöchentlich Grillabende, in der Saison Spargelgerichte, Sa nachmittags und So Ruhetag (außer in der Spargelzeit).

Wein

■ **Kellerei Terlan,** Silberleitenweg 7, Tel. 0471 25 7135, www.kellerei-terlan.com, 1893 gegründet, 100 Mitglieder, bekannt für Cuvée-Weine, Weinverkauf, geöffnet Di bis Fr 8–18 Uhr, Sa 8–12 Uhr, So geschlossen, Kellereiführungen auf Anfrage.

■ **Sekt- und Weinkellerei von Braunbach,** Siebeneich, Pater-Romedius-Weg 5, Tel. 0471 910184, www.braunbach.it, bis 1200 im Besitz der Bischöfe von Brixen, danach dem Deutschen Orden geschenkt, heute privates Spitzenweingut, Weinverkauf Mo–Fr 9–12.30 und 15–22 Uhr, Sa 9.30–13 Uhr, bietet Kellereiführungen mit Wein- und Sektverkostung an.

■ **Weingut Kornell,** Siebeneich, Bozner Str. 23, Tel. 0471 917507, www.kornell.it, unterhalb der Ruine Greifenstein, wo schon die Römer Wein kultivierten, alter Ansitz, Weine verschiedener Ausbaustufen, auch Sekt.

◁ Vom Tschögglberg bietet sich ein weiter Blick in die Alpenlandschaft

Camping

Camping Ganthaler, Vilpian, Meraner Str. 50, Tel. 0471 678716, www.campingganthaler.com, kleiner Platz auf dem Etschtalboden inmitten von Obstgärten, Schwimmbad, Pizzeria, Anf. März bis Anf. Nov. geöffnet.

Aktivitäten

Schwimmbad Terlan: Silberleitenweg, Tel. 0471 257222, geöffnet Ende Mai bis Anf. Sept. täglich 9.30–19 Uhr, Eintritt 6,50 Euro, Kinder von 6 bis 18 Jahren und Senioren 4,50 Euro, Kinder unter 5 Jahren frei.

Trimm-Dich-Pfad: Erholungszone Buchau in Vilpian am Möltner Bach, 3,7-km-Parcours mit 21 Stationen am romantischen Bach, dazu Sportplatz, Weiher mit Enten, Kinderspielplatz, Volleyballplatz, Tischtennis.

Feste und Veranstaltungen

Spargelwochen Terlan: alljährliche Gaumenfreuden mit dem König aller Gemüse, geboten von Gastwirten aus Terlan, Vilpian und Siebeneich jeweils im April/Mai. Terlaner Winzer bieten dazu spezielle Spargelweine an, die Spargel-Direktvermarktung erfolgt durch die Kellerei Terlan unter der Schutzmarke „Margarete-Spargel". Informationen: www.spargelwirte.it.

Seilbahnen

Seilbahn Vilpian: nach Schlaneid bei Mölten auf den Tschögglberg, Tel. 0471 668053, täglich 7–19 Uhr, im Winter 9–19 Uhr, Einzelfahrt 4 Euro, Hin- und Rückfahrt 6 Euro, Kinder bis 6 Jahre frei, Fahrrad 4 Euro, Info-Adresse: 39018 Vilpian, Scholerweg 1, Tel. 0471 66 80 53, www.terlan.info.

Verkehr

Südtirol-Bahn: Haltepunkte Siebeneich, Terlan und Vilpian.

Andrian (Andriano)

Info: Postleitzahl Andrian: **39010.** Tourismusverein Andrian: Wehrburgstr. 1a, Tel. 0471 510100, www.andrian.info.

Terlan gegenüber auf der westlichen Talseite der Etsch breitet sich Andrian als eine der kleinsten Gemeinden Südtirols auf einem Schuttkegel aus, der von dem aus der Gantkofelgruppe herabfließenden Gaidnerbach im Laufe der Zeit gebildet wurde. Etwa ab Andrian war die Etsch in antiker Zeit schiffbar, so hatten sich die Römer auch hier niedergelassen. Eine erste Nennung des mittelalterlichen Ortes erfolgte 1186 in einer Unterlage des Stiftsarchivs Gries. Der Ort ist bis heute landwirtschaftlich durch **Obst- und Weinbau** geprägt, der Tourismus folgt erst an zweiter Stelle. In Andrian wurde 1893 die erste Winzergenossenschaft Südtirols gegründet, immerhin verfügt der Ort noch über 50 ha Weinberge.

Die **St. Valentinskirche** ist erst seit dem 17. Jh. die Ortspfarrkirche, vorher war Andrian Teil der Mutterpfarre Terlan. Die Kirche selbst stammt ursprünglich aus dem 13. Jh., wurde spätgotisch erneuert und erhielt unter Nutzung von Teilen des gotischen Baus 1852–54 ein neues Langhaus. Im Zuge dessen wurde der Turm auf die heutige Höhe gebracht und der ursprüngliche Chor zur Sakristei umfunktioniert. Dabei legte man um 1520 aufgetragene Fresken frei.

Oberhalb der Kirche steht der ehrwürdige **Sternbauernhof.** Das Fresko an der Südfassade ist von 1519, die Fresken an der Nordseite stellen Szenen aus dem Leben Jesu dar.

Burg Wolfsthurn

Zwei Burgen erheben sich oberhalb von Andrian. Die ältere der beiden errichteten die Grafen von Eppan in der ersten Hälfte des 13. Jahrhunderts. Sie mussten diese Anlage 1276 nach einer verlorenen Auseinandersetzung mit den Tiroler Grafen an diese übereignen. Die Tiroler ließen diese Burg verfallen, von der heute nur noch wenige Reste vorhanden sind. **Um 1280** erbauten die Herren von Andrian als nunmehrige Vasallen der Tiroler Burg Wolfsthurn auf einer Anhöhe über dem Ort. Ihre strategische Bedeutung lag in der Überwachung des Talabschnitts der Etsch, denn auch im Mittelalter wurde ab hier geflößt. Bergfried und Ringmauer stammen noch aus der ersten Bauphase, später wurden die Mauern erhöht. Die Anlage erhielt einen Torturm und Zinnen in Schwalbenschwanzform sowie Wohn- und Wirtschaftsgebäude. Der letzte Ausbau erfolgte im 16. Jh. Die Burg wurde 1997 renoviert und ist heute Sitz eines **Bio-Bauernhofs.** Übernachten kann man hier in zwei **Ferienwohnungen.**

Burg Festenstein

Die Burg Festenstein erhebt sich auf einem Porphyrfelsen oberhalb der **Gaiderschlucht.** Anfang des 13. Jh. von den Herren *von Vestenstein* errichtet, war der fünfeckige Bergfried nur über eine Zugbrücke zu erreichen. Die eigentlichen Burggebäude waren um die Felsnadel herum so gebaut worden, dass man zwischen den Wehrmauern noch zwei Tore passieren musste, um in den engen Innenhof zu gelangen. Nach einem Brand im Jahr 1503 wurde die Burg wieder aufgebaut. 1910 sicherte ein neuer Besitzer die inzwischen weitgehend verfallene Burg. Im Zuge der letzten Renovierung erhielt der Bergfried der inzwischen gesperrten Burg das gut sichtbare Pyramidendach.

Unterkunft, Essen und Trinken

■ **Schwarzer Adler**②, St.-Urban-Platz 4, Tel. 0471 510288, www.schwarzeradler-andrian.net, traditionsreicher Gasthof im Oberdorf, Zimmer mit

☑ Pfarrkirche St. Valentin in Andrian

210st ot

traditionellem Flair und modernem Komfort, getäfeltes Restaurant bietet Tiroler Gerichte, Mo ganztägig und Di bis 17 Uhr geschlossen.

■ **Andrianer Hof**①, Gisshübelweg 2, Tel. 0471 51 0087, www.andrianerhof.com, Garni-Hotel umgeben von Obstgärten, mit behaglichem Wintergarten, schön angelegter Garten, Terrasse, Hallenschwimmbad, Fitnessraum, bietet auch Brettl-Marenden (Südtiroler Zwischenmahlzeit) und Kuchen für die Gäste, helle moderne Zimmer mit Balkon, im Winter geschlossen.

■ **Karcherhof**①, Gisshübelweg 11, Tel. 0471 51 0171, www.karcherhof.com, Urlaub auf dem Winzerhof, vermietet Zimmer mit Balkon und zwei Ferienwohnungen, Garten mit Trampolin für Kinder, Eigenbauwein.

■ **Burg Wolfsthurn,** Bindergasse 19, Tel. 0471 51 0007, www.burgwolfsthurn.it, oberhalb von Andrian, zwei Ferienwohnungen in historischem Gemäuer, kinderfreundlich, mit Streicheltieren, geöffnet März bis Okt.

Wein

■ **Kellerei Andrian,** 39018 Terlan, Silberleitenweg 7, www.kellerei-andrian.com, Tel. 0471 2571 56, kooperiert mit der Kellerei Terlan und hat den Firmensitz dort, produziert klassische Weine, Selektionsweine von unter 50 hl/ha, Detailverkauf in Andrian: Kirchweg 2, geöffnet Mo/Di, Do/Fr 9–12.30 und 14–18 Uhr, Mi 9–12,30 und 14.30–18 Uhr, Sa 9–12 Uhr, Jan./Feb. geschlossen.

Feste und Veranstaltungen

■ **Herz-Jesu-Feuer:** am 3. Freitag nach Pfingsten, Entzündung eines Feuers auf der Spitze des Gantkofels, dem Hausberg Andrians und nördlichstem Eckpfeiler des Mendelkamms, in Form des Tiroler Landesadlers.

[>] Den Tschögglberg prägen einzeln stehende Lärchen

Tschögglberg und Salten (Monzoccolo, Salto)

Der **Bergrücken** des Tschögglbergs bildet den Abschluss der Sarntaler Alpen zum Etschtal hin. Diese Kulturlandschaft erstreckt sich in den Höhenlagen um 1200 m oberhalb von Bozen und Meran zwischen Jenesien und Hafling. Höchster Punkt ist das **Vöraner Joch** (1932 m).

Im südöstlichen Teil des Tschögglbergs befindet sich das ausgedehnte **Hochplateau des Salten.** Wie der östlich benachbarte Ritten, den nur das tief eingegrabene Sarntal trennt, besteht der Untergrund aus Bozner Quarzporphyr, der sich vor 290 Millionen Jahren aus vulkanischer Magma in mächtigen Schichten bildete und durch eiszeitliche Gletscherbewegungen seine heutige Oberflächengestalt erhielt.

Hier befindet man sich auf der Sonnenseite der Alpen. Entsprechend früh war die Region, die bis heute landwirtschaftlich geprägt ist, von Menschen besiedelt. Nur Mölten und Jenesien bilden eigentliche Ortskerne aus, ansonsten bestimmen **Höfe oder Hofgruppen** mit ihren Weiden das von herrlichen Wäldern und **Bachschluchten** durchzogene Gebiet.

Auf der etwas niedriger liegenden Hochfläche des Salten erheben sich auf den **Bergwiesen** verstreut stehende Lärchen, die im Herbst mit ihrer Nadelfärbung vor dem Hintergrund der schneebedeckten Dolomiten ein besonders prächtiges Naturschauspiel abgeben.

Jenesien (San Genesio Atesino)

■ **Info:** Postleitzahl Jenesien: **39050.** Tourismusverein Jenesien, Schrann 7, Tel. 0471 354196, www.jenesien.net.

Jenesien auf 1070 m Höhe erreicht man auf einer gut ausgebauten, aber sehr kurvigen Straße oder mit einer Seilbahn, die aber derzeit wegen Erneuerung nicht verkehrt. Bis zum Bau der neuen Straße im Jahr 1980 war Jenesien als Bergdorf noch weitgehend landwirtschaftlich geprägt. Seither hat es sich zu einem bevorzugten Wohnort der Bozner entwickelt, in dem auch der Tourismus eine zunehmende Rolle spielt. Zum Ort gehören die Fraktionen Afing, Flaas, Glaning und Nobls.

Der Ortsname leitet sich vom heiligen *Genesius* ab, der auch Patron der 1186 erstmals erwähnten **Ortspfarrkirche** ist. 1465 wurde der Neubau geweiht, der wenig später den markant im Wechsel aus roten und weißen Steinquadern errichteten Turm erhielt. Diesem wiederum wurde 1608 ein gemauerter Spitzhelm aufgesetzt. Das heutige Langhaus wurde Mitte des 19. Jh. gebaut, die Decken sind im Stil der Nazarener ausgemalt. Aus der alten Kirche stammen noch eine Pietà und die Orgel von *Josef Aigner* aus dem 18. Jh.

305st ot

Das ehemalige spätgotische Pfarrhaus, dessen Turm eigenwillige Zinnen, Schießscharten und steinerne Fratzen zieren, beherbergt inzwischen das **Rathaus,** nachdem es auch lange als Schulhaus diente.

Auf dem Salten

Oberhalb von Jenesien erstreckt sich der Salten mit seinen ausgedehnten **Lärchenwiesen.** Heute kann man auf diesem weitgehend ebenen Gelände herrliche Spaziergänge und **Wanderungen** unternehmen.

In mittelalterlicher Zeit haben sich auf diesem alten Kulturland eine Reihe von Edelleuten etablieren können. Von ihren Ansitzen sind noch manch interessante Reste zu sehen. Dazu zählt der **Weifnerhof** in der Fraktion Vorderafing, der 1231 als Welfenburg beurkundet ist und von den Herren *von Goldeck* bewohnt wurde. Sie waren zuständig für die Instandhaltung des Fahrwegs nach Sarntheim. Im 15. Jh. starb ihr Geschlecht aus. Reste der Ringmauer sind noch vorhanden, heute beherbergt das Anwesen einen Bauernhof.

Das **Unterkoflerschlößl** ist die ehemalige Burg der Herren *von Afing,* Ministeriale der Herren *von Wangen,* um 1200 auf einem schwer zugänglichen Felssporn über der Talfer errichtet. Von der Anlage sind nur kaum erkennbare Spuren erhalten.

Auf dem Weg von Jenesien nach Flaas steht beim Gasthof Tomanegger ein möglicherweise 400 Jahre alter, imposanter **Bergahorn** mit einem Stammumfang von drei Metern.

Die **Kampidell-Hofgruppe** oberhalb von Flaas auf dem Salten fand erstmals 1180 urkundliche Erwähnung und wurde später zur Sommerfrische der Augustinermönche des Klosters Muri Gries. Heute sind es die Benediktiner, die das Kloster Muri Gries unterhalten und in Kampidell noch ihre Sommerresidenz haben. Zur Höfegruppe mit Herrenhaus und Prälatenhaus zählen der Stegerhof mit seiner alten Scheune und die St. Magdalenakapelle, die 1628 von Propst *Balthasar von Gries* gestiftet wurde.

In **Flaas** selbst steht die Ortspfarrkirche **St. Sebastianus.** Sie wurde 1237 erstmals urkundlich erwähnt, der heutige Bau stammt aus der Zeit um 1500, der Turm von 1644. Zu der für eine Dorfkirche sehr reichhaltigen Ausstattung zählen eine Madonnenstatue mit Kind aus dem 17. Jh. im neugotischen Altar sowie ein Marienbild des Naturnser Malers *Simon Ybetracher* von 1744.

In **Glaning** ist am **Steiflerhof** noch der romanische Turm mit schönen Eckquadern einer alten Wehranlage erhalten. In **Nobls,** der kleinsten Fraktion von Jenesien, sind nahe dem Gasthof Wieser **Erdpyramiden** zu sehen.

Erwähnt sei schließlich noch die **Burgruine Rafenstein,** die unterhalb von Jenesien auf 700 m Höhe am Talhang des Sarntals über der Talferschlucht errichtet wurde. Ihre Ursprünge mit Palas und Ringmauer gehen auf das 13. Jh. zurück. Im folgenden Jahrhundert kamen Zwinger, Torturm und Südtrakt, im 16. Jh. Eckrondelle dazu. Im 17. Jh. wurde der Palas wohnlich erweitert. Seit dem 19. Jh. verfällt die Burg und darf trotz ihres weiterhin imponierenden Anblicks wegen Einsturzgefahr nicht betreten werden.

Unterkunft

■ **Schönblick**④, Pichl 15, Tel. 0471 354127, www.schoenblick-belvedere.com, mit traumhaftem Blick auf Bozen gelegenes Hotel, schöner Garten, Terrasse mit einmaligem Ausblick, Wellness-Angebot mit diversen Bädern, elegante Doppelzimmer verschiedener Größe, Suiten, Einzelzimmer jeweils mit Balkon.

■ **Locher**①, Berggasthof in Nobls, Tel. 0471 3541 60, www.gasthof-locher.com, in idyllischer Lage am Rand des Salten, gemütliche Zimmer mit Balkon, rustikale Gaststube, Terrasse, die Küche bietet Südtiroler Hausmannskost, Do Ruhetag (nicht in der Hauptsaison).

Essen und Trinken

■ **Zum Hirschen**②, Tel. 0471 354195, www.hirschenwirt.it, Landgasthof im Ortszentrum, den Einheimischen als „Unterwirt" bekannt, mit Tiroler Stube, Speiseraum und Wintergarten, Mi Ruhetag, **Hotelbetrieb**② mit Doppelzimmern, Familien- und Einzelzimmern, dazu Reitstall mit Haflingerzucht.

■ **Tomanegger**①, Flaaser Straße 24, Tel. 0471 34 00 08, www.bergrestaurant-tomanegger.com, in herrlicher Lage oberhalb des Flaaser Baches mit weitem Blick bis zum Schlern, vor dem Grundstück ein herrlicher, 400 Jahre alter Bergahorn, Ausgangspunkt für ausgedehnte Spaziergänge über den Salten, rustikale Küche bietet Südtiroler Spezialitäten, Mi Ruhetag.

■ **Wieser**②, Nobls 7, Tel. 0471 354294, www.gasthof-wieser.com, Gasthof oberhalb der Erdpyramiden, **Urlaub auf dem Bauernhof,** rustikale Stube, schöner Gastgarten, die Küche bietet bodenständige Bauernkost mit Produkten vom eigenen Hof, Fr Ruhetag, Dez. bis Ostern nur Sa/So geöffnet, vermietet dazu vier **Zimmer**① mit Balkon, zwei Ferienwohnungen.

Lanzenschuster①, Flaas 48, Tel. 0471 340012, www.lanzenschuster.com, typische Jausenstation auf dem Tschögglberg auf 1520 m Höhe, Außenterrasse, zwei getäfelte Stuben, Kinderspielplatz, Streichelzoo, geöffnet 14.4. bis 1.12., Mo Ruhetag, im Winter nur an Wochenenden und feiertags geöffnet.

Feste und Veranstaltungen

■ **Schupfenfest:** jeden 3. So im Sept. bieten die örtlichen Vereine auf dem Salten kulinarische Köstlichkeiten nach Großmutters Rezepten an, dazu gibt es musikalische Unterhaltung.

Seilbahnen

■ **Jenesiener Seilbahn** (300–1080 m): Verbindung mit Bozen, 2020 vorläufig eingestellt, wird durch eine leistungsfähigere Seilbahn ersetzt.

Mölten (Meltina)

■ **Info:** Postleitzahl Mölten: **39010**. Tourismusverein Mölten, Möltnerstr. 1, Tel. 0471 668282, www.moelten.net.

Mölten ist neben Jenesien die zweite Ansiedlung am Tschögglberg mit einem geschlossenen Ortskern. Zu dem auf gut 1100 m Höhe gelegenen Mölten zählen noch die Fraktionen Verschneid, Versein und Schlaneid. Ausgedehnte **Fichten- und Lärchenwälder** durchziehen das Gebiet, in tieferen Lagen auch Laubwälder. Alles zusammen ist der Tschögglberg ein idealer Aufenthaltsort für Erholung suchende Wanderer.

Die rückwärtigen Sarntaler Alpen bieten Wetterschutz, sodass hier – wie auf dem gesamten Tschögglberg – schon vorgeschichtliche Besiedlung festzustellen ist. Die Ortsbezeichnung kann auf hier ansässige Langobarden zurückgeführt werden, die im Jahr 590 von Franken vertrieben wurden. Seit dem Beginn des 11. Jh. war das bayerische Benediktinerkloster Weihenstephan hier begütert.

Zwei Wege führen nach Mölten. Einerseits gibt es die gut ausgebaute Straße von Terlan, andererseits kann man von Jenesien über Flaas auf kurvenreicher Strecke durch die herrliche Landschaft des Salten über die Breitwies (1453 m) nach Mölten gelangen.

Die **Ortspfarrkirche Maria Himmelfahrt** von Mölten, einst zur Terlaner Pfarrei gehörend, geht auf das 12. Jh. zurück. Seit dem 13. Jh. ist die Pfarre selbstständig und hat sechs Filialkirchen. Die ursprünglich romanische Kirche wurde im 15. Jh. gotisch erneuert, nur die vorderen drei Joche des Langhauses und der untere Teil des Glockenturms stammen noch aus dieser Zeit. 1651 erfolgte die Verlängerung des Langhauses im Renaissancestil und der Turm erhielt seinen gemauerten Spitzhelm. Eine erneute Renovierung fand im 19. Jh. im neugotischen Stil statt. Beeindruckend sind die spätgotische Skulptur der Marienkrönung im neugotischen Hochaltar und die gotische Predella am Seitenaltar, die den Tod Mariens darstellt und wohl aus der Schule *Michael Pachers* stammt.

Zur Pfarrkirche in Mölten gibt es noch die romanische **St. Annakapelle,** die Friedhofskirche, die wohl noch älter als die Pfarrkirche ist. Beachtenswert ist die 1440 geschaffene Pietà aus Steinguss auf ihrem barocken Holzaltar.

Das **Fossilienmuseum** im Ortszentrum zeigt Pflanzenfossilien aus einem aufgelassenen Steinbruch, darunter auch 260 Mio. Jahre alte Versteinerungen.

Am Tschögglberg

Die **St. Blasiuskirche** in **Verschneid** hat einen romanischen Turm, Ende des 15. Jh. erhielt sie einen gotischen Chor. In der Kirche sind noch Reste gotischer Fresken zu sehen. Ein weiteres, im Jahr 1621 aufgetragenes Barockfresko zeigt den heiligen *Lazarus* mit einem reichen Prasser.

Besonders reizvoll präsentiert sich die **St. Ulrichkapelle** auf einer aussichtsreichen Kuppe oberhalb von **Schlaneid.** Der ursprünglich romanische Bau wurde 1859 neu hergerichtet. Die Kapelle verfügt über ein Altarbild, den heiligen *Ulrich* darstellend, das von dem Maler *Psenner* aus Ums stammt. Im Gasthof St. Ulrich nebenan kann man den weiten Ausblick in aller Ruhe genießen.

Ebenso reizvoll ist der Standort der **St. Georgenkirche** auf einer geschichtsträchtigen Anhöhe oberhalb von **Versein.** Ihr gotischer Schnitzaltar trägt die Statuen des heiligen *Georg,* des heiligen *Oswald* und des heiligen *Leonhard.* Diese Kuppe war schon in vorgeschichtlicher Zeit Versammlungsort der hier lebenden Menschen.

UNSER TIPP: Geradezu spektakulär ist der Standort der romanischen **St. Jakobskirche** auf der 1527 m hohen Kuppe der Langfenn. Auch hier gab es schon eine prähistorische Kultstätte. Auf dem Altar wird der heilige *Jakob,* der Beschützer der Wanderer, von den beiden Pestpatronen *Rochus* und *Sebastian* flankiert. Ein leicht zu begehender Forstweg

▷ Pfarrkirche Maria Himmelfahrt in Mölten

führt vom Langfenn-Parkplatz an der Breitwies zur Kirche hinauf, wo auch eine Jausenstation (→ Unterkunft, Essen und Trinken) zur Rast einlädt.

Unterkunft, Essen und Trinken

■ **Schlaneider Hof**①, Schlaneid, Schlaneiderstr. 26, Tel. 0471 668147, www.schlaneiderhof.com, Pension in herrlicher Lage, Suiten und Doppelzimmer mit Balkon, frische einheimische Küche vorwiegend aus Bioprodukten, mit Bistro.

■ **Kreuzweg**①, Verschneid, Kreuzweg 6, Tel. 0471 668005, www.kreuzweg.it, drei nette Zimmer (zwei mit Balkon). Die Küche bietet abwechslungsreiche Tiroler Kost, ganzjährig geöffnet, Do Ruhetag.

Gasthof St. Ulrich①, Tel. 0471 668056, www.sanktulrich.com, Panoramablick an der St. Ulrichkapelle, schöne Zimmer mit Balkon, behindertengerecht (Lift), dazu Kinderbauernhof, die Küche bietet traditionelle Südtiroler Bauernkost mit Produkten vom eigenen Hof, Mo Ruhetag.

■ **Wargerhof**①, Schlaneiderstr. 12, Tel. 0471 66 8442, www.wargerhof.com, Hofschank in einem alten Bauernhaus aus dem 16. Jh., die Küche bietet

303st ot

bodenständige Südtiroler Kost mit Produkten vom eigenen Hof, vermietet zwei Zimmer und Appartements.

■ **Langfenn**①, Langfennweg 1, Tel. 0471 6682 18, www.langfenn.it, Jausenstation, auf über 1500 m Höhe herrlich auf der Kuppe des Langfenn an der St. Jakobskirche gelegen, traditionelle Südtiroler Hausmannskost, vermietet auch kleine, praktische Zimmer, dazu Bettenlager für 16 Personen, bis 15. Nov. geöffnet.

Wein

■ **Arunda Sektkellerei,** Prof.-Josef-Schwarz-Str. 18, Tel. 0471 668033, www.arundavivaldi.it, höchstgelegene Sektkellerei Europas, die Trauben der drei verwendeten Sorten Chardonnay, Weißburgunder und (weiß gekelterter) Blauburgunder entstammen den Anbaugebieten Terlan, Überetsch und Salurn. Besichtigung Mi nach telefonischer Anmeldung.

Museum

■ **Fossilienmuseum Mölten:** Möltnerstraße, 1, täglich geöffnet 8–19 Uhr, Tel. 0471 668282 (Tourismusverein). Info: www.suedtirols-sueden.info/de/moelten/kulturtipps/moelten/fossilienmuseum.html.

SARNTAL (VAL SARENTINO)

IM TAL DER TALFER (TALVERA)

Im Sarntal zeigt sich Südtirol von seiner rauen Seite. Hierher zieht es vor allem jene Südtirol-Urlauber, die fernab der Touristenzentren Erholung suchen und die einsame Natur genießen möchten.

■ **Info:** Postleitzahl Sarntal: **39058.** Tourismusverein Sarntal, Sarnthein, Kirchplatz 9, Tel. 0471 6230 91, www.sarntal.com.

NICHT VERPASSEN!

- **Durnholzer See** als Ausgangspunkt für Wanderungen in das umliegende Gebirge | 90
- **Kultstätte Stoanerne Mandln,** ein sagenumwobener Hexenplatz oberhalb von Sarnthein | 90

Diese Tipps erkennt man an der gelben Markierung.

☐ Übersichtskarte S. 30

Das Sarntal wird von der Talfer gebildet und erstreckt sich **von Bozen nach Norden.** Die Hauptzugänge sind von Norden über Sterzing und das 2211 m hohe Penserjoch und von Süden über die Staatsstraße 508 von Bozen. Ein wichtiger Nebenzugang erfolgt über den Ritten, der früher große Bedeutung hatte, vor allem wenn die Staatsstraße wegen Steinschlags gesperrt war – heute ist sie durch Tunnelbauten und Felsschutz immer offen.

Die Talfer entspringt auf 2780 m Höhe oberhalb des **Penserjochs** und durchquert die Sarntaler Alpen auf einer Länge von 45 km, bis sie auf 259 m Höhe in Bozen in den Eisack mündet. Auf ihrem Weg fließt ihr auf annähernd halber Strecke der Durnholzer Bach zu, der in seinem Oberlauf den landschaftlich reizvollen Durnholzer See bildet. Unterhalb dieser Einmündung erstreckt sich **Sarnthein** als Hauptort des Tals. Im Unterlauf durchfließt die Talfer die von ihr gebildete Sarner Schlucht. Unterhalb von Schloss Runkelstein tritt sie in den Bozner Talkessel ein.

Das Sarntal ist im Gegensatz zu den umgebenden Höhen des Tschögglberges und des Ritten wenig touristisch erschlossen. Hier spielt die **Viehwirtschaft** die Hauptrolle. Die großen Almflächen auf den Höhen der Sarntaler Alpen bieten die Grundlage hierfür. Viele gut erhaltene alte Bauernhöfe mit wundervoll getäfelten Stuben zeugen von dieser Wirtschaftstradition.

058st ot

☒ Burg Reinegg in Sarnthein

Von Bozen nach Norden auf der SS 508

Burg Ried

Mächtig erhebt sich Schloss Runkelstein (→ Bozen) über dem Zugang zum Sarntal. Hinter dem Schloss verbreitert sich das Tal zu einem Kessel, in dem die kleine Burg Ried steht. Mit dem Bau der einstigen **Wasserburg** begann man im 12. Jh., Mitte des 13. Jh. kamen Zwinger, Wohnbauten und eine Kapelle hinzu. Ihre einst strategisch wichtige Lage im Vorfeld von Runkelstein war schon im Mittelalter unerheblich geworden. So wurde die Burg nie erobert. Heute ist sie in Privatbesitz und nicht zu besichtigen.

Schloss Wangen

Eng bleibt die Talschlucht der Talfer auf dem weiteren Weg aufwärts. Rechter Hand kommt Schloss Wangen in Sicht. Es wurde in der ersten Hälfte des 13. Jh. durch die Herren *von Wangen*, Ministeriale des Bischofs von Trient, errichtet. 1277 zerstörten Truppen des Tiroler Grafen *Meinhard II.* die Anlage, als es um die Vorherrschaft in Tirol ging. Wieder aufgebaut und abermals zerstört, verfiel sie im 18. Jh. zur Ruine. Im 20. Jh. ist sie durch die heutige private Besitzerfamilie zum Wohnschloss erneuert worden.

Johanniskofel

Geologisch interessant ist der weiter talaufwärts am Schluchtrand 200 m hoch aufragende Johanniskofel, ein Monolith aus Porphyrgestein. Hier findet man Reste einer Burganlage, zu der auch eine Kapelle gehörte. Wahrscheinlich handelt es sich um den ersten Sitz der Herren von Wangen. Die heutige gotische **Johanniskapelle** steht an der Stelle dieser alten Burgkapelle. Zu den Mauerresten der Burg führt eine in den Stein gehauene Treppe empor.

Nahebei lädt der Steinmannhof zum Törggelen ein – bis in diese Höhe wird im Sarntal noch Wein angebaut.

Wangen

Weiter führt der Weg talaufwärts, vorbei am Gasthaus Halbweg, zunächst bis zur Mündung des östlich zufließenden Tanzbachs. Am Nordhang der tiefen Tanzbachschlucht windet sich die Nebenverbindungsstraße vom Ritten über den Ort Wangen (→ Der Ritten) nach Sarnthein entlang. Erst jetzt öffnet sich das Sarntal zur Talweitung von Sarnthein.

Essen und Trinken

■ **Steinmannhof,** Wangen 9, 39050 Wangen, Tel. 0471 602042, www.salto.bz/de/article/24112017/zum-steinmann-unterwangen-im-sarntal. Buschenschank mit alter Stube, frische bodenständige Küche, zu erreichen von Wangen aus.

Sarnthein (Sarentino)

Sarnthein ist der größte Ort im Sarntal. Hier wird noch Tradition gelebt, und so kann man manchen Talbewohner nicht nur am Sonntag zum Kirchgang in der alten **Sarner Tracht** sehen.

Der Ortskern hat seinen historischen Charme bewahrt. Dort steht die **Pfarrkirche Maria Himmelfahrt,** erstmals 1211 erwähnt, die aber einen romanischen Vorgängerbau hatte. Bei Ausgrabungen hat man die Fundamente einer romanischen Rundbogenapsis entdeckt. Das Kirchenschiff wurde 1373 gotisch erneuert und 1792 durch den heutigen Bau ersetzt. Die Chorfresken gelten als eines der Hauptwerke des Barockmalers *Johann Adam Schöpf,* der imposante hochbarocke Hochaltar von 1740 birgt ein Altarbild von *M. Unterberger.*

Die kleine Kirche **St. Cyprian** an der Talferbrücke beherbergt ebenfalls besonders wertvolle Freskenzyklen.

Früher am Rand des Ortskerns, heute inmitten der Wohnbebauung gelegen, hat man den 1288 erstmals erwähnten **Rohrerhof** in ein **Museum** umgewandelt. Er galt als einer der größten Höfe des Tales. Seine großzügigen Räume zeugen von der Wichtigkeit des Hofes, der in seiner besten Zeit über 20 Mägde und Knechte beschäftigte. Das Museum zeigt zwei Stuben, Küche und Stubenkammer sind traditionell eingerichtet.

■ **Rohrerhaus,** Runggenerstr. 10, Tel. 622786, www.rohrerhaus.it, geöffnet Di, Do und Sa 15–18 Uhr, im Winter nur Sa und So, auch Ort für Veranstaltungen.

Burg Reinegg

Auf einem Hügel oberhalb von Sarnthein ragt die gut erhaltene Burg Reinegg empor, die schon 1263 als *Castrum Sarentine* urkundlich erwähnt wurde. Aus der Erbauungszeit stammen auch die Fresken in der Burgkapelle. 1273 wurde *Meinhard II.* mit der Burg belehnt, 1635 kam sie an die Grafen von Sarnthein. Sie ist in Privatbesitz und kann nicht besichtigt werden.

Ansitz Kränzlstein

Ebenso auf der dem Ortskern gegenüberliegenden Talferseite steht auf dem Talboden Ansitz Kränzlstein, vermutlich 1295 als landesfürstlicher Gerichtssitz erbaut. An der Südseite des heutigen dritten Geschosses befand sich der ursprüngliche Rundbogeneingang. Im Inneren ist eine Stube mit zierlicher Balkendecke erhalten. Der Ansitz ist ebenfalls in Privatbesitz und kann nicht besichtigt werden.

Nordheim

Im Oberdorf Nordheim steht die kleine **Kirche St. Nikolaus** aus dem späten 13. Jh. Das umgebaute Langhaus erhielt 1520 ein dreijochiges Netzgewölbe. Die Fresken wurden 1529 von *Bartlmä Dill Riemenschneider* aufgetragen.

Unterkunft, Essen und Trinken

■ **Bad Schörgau**⑤, Sarntal-Bad Schörgau, Tel. 0471 623048, www.bad-schoergau.com, am unteren Ende des Sarntheiner Talbodens idyllisch am Waldrand gelegen, preisgekröntes Gourmetrestaurant (2 Michelin-Sterne) und Weinbistro, Mo und Di mittags Ruhetag, Badehaus mit eigener Wasserquelle, vermietet außerdem komfortable **Zimmer** ③ und Suiten.

■ **Terra**④, Auerner Hof, Sarntal-Auen, Prati 21, Tel. 0471 623055, www.terra.place, preisgekröntes Gourmetrestaurant, auf über 1600 m Höhe wenig oberhalb von Sarnthein gelegen, atemberaubender Panoramablick, komfortable **Zimmer**③.

■ **Braunwirt**③, Sarnthein, Kirchplatz, Tel. 0471 620165, www.braunwirt.it, vom Dorfgasthaus zum Spitzenrestaurant, Südtiroler Küche international verfeinert, z. B. mit asiatischem Einschlag, erste Juniwoche geschlossen, Sa abends und Mo Ruhetag.

■ **Zum Hirschen**②, Sarnthein, Reineggweg 8, Tel. 0471 623116, www.suedtirol.de/unterkunft/sarntal-sarnthein/174_gasthof-zum-hirschen. Gasthof aus dem 15. Jh. mit gotisch getäfelter Stube, großer Garten, traditionsbewusste Küche.

■ **Sonne**②, Sarntal-Astfeld, Astfeld 34, Tel. 0471 623151, www.gasthof-sonne.com, traditioneller Gasthof, das Restaurant bietet gekonnte Tiroler und internationale Küche, Di Ruhetag, bequeme **Zimmer**①, teilweise mit Balkon in modernem Anbau.

■ **Stern**②, Sarntal-Astfeld, Astfeld 12, Tel. 0471 62 31 40, www.sternhotel.it, rustikale Zimmer, Saunalandschaft, Restaurant mit Südtiroler Küche.

Einkaufen

- **Federkielstickerei Thaler:** Rohrerstraße 41, Tel. 0471 62 32 58, www.federkielstickerei.com, Stickereien mit dem Kiel der Pfauenfeder, Trachtengurte, Hosenträger und -gürtel, Ranzen etc, geöffnet Mo–Fr 8–12 und 14–18 Uhr.
- **Unterweger Wollmanufaktur:** Europastraße 27/D, Tel. 620040, www.unterweger.bz, Wollerzeugnisse wie Kissen, Betten, Kleidung, speziell Sarner Jangger und Sarner Toppar, aus naturbelassener Schurwolle, geöffnet Mo bis Sa 8.30–12 Uhr.

Von Sarnthein zum Penserjoch (Passo di Pennes)

Durnholzer Bach

Weiter talaufwärts, wo bei Astfeld der Durnholzer Bach in die Talfer mündet, steht am Gentersberg in St. Valentin das gleichnamige **Kirchlein,** der wohl älteste Sakralbau im Sarntal. Er entstand Mitte des 12. Jh. und birgt wertvolle Freskenzyklen.

Reinswald

UNSER TIPP: Folgt man dem Durnholzer Bach aufwärts, gelangt man zum **Durnholzer See.** Dabei passiert man das Dorf Reinswald, von dem aus die Skigebiete Pichlberg und Pfnatschalm zu erreichen sind. Der Durnholzer See oberhalb bildete sich durch einen vorgeschichtlichen Erdrutsch und staut den Durnholzer Bach in 1545 m Höhe auf. Die Ortskirche St. Nikolaus in **Durnholz** zeigt umfangreiche hochgotische Freskenzyklen, Szenen aus der Nikolaus- und Vituslegende sowie die Passion Christi darstellend.

Pensertal

Ab Astfeld aufwärts bildet die Talfer das Pensertal, das zum **Penserjoch** hinaufführt. **Schroffe Felsen** säumen die Passstraße, die weiter oben durch grüne Almen führt. Noch vor der Streusiedlung **Pens** haben Archäologen Reste einer vorgeschichtlichen Siedlung gefunden. Auch vermutet man an dieser Stelle ein Sonnenheiligtum als heidnische Kultstätte. Die kleine Kirche St. Johann, die sich hier heute erhebt, wurde um 1530 errichtet.

Kultstätte Stoanerne Mandln

Eine besondere Attraktion des Sarntals besteht in den Stoanernen Mandln. Man erreicht diesen sagenumwobenen Hexenplatz in anderthalb Stunden Wegstrecke vom **Auener Hof** (→ Sarnthein) oberhalb von Sarnthein (Weg Nr. 2 zur Auener Alm, über das Auenjoch und weiter auf Pfad Nr. 5).

Hier stehen dutzende **mannshohe Steinmänner.** Solche Figuren sind im Gebirge an sich nichts Ungewöhnliches, sie dienen der Orientierung im weglosen Gelände. Sicher ist, dass die Stoanernen Mandln schon in frühgeschichtlicher Zeit einen besonderen Anziehungspunkt bildeten, sodass man davon ausgeht,

[>] Der Durnholzer See im Sarntal

dass es sich um eine keltische Kultstätte handelt.

Unterkunft, Essen und Trinken

■ **Maurerhof,** Sarntal-Pens 25, Tel. 0471 627239, www.maurer-hof.it, Urlaub auf dem Bauernhof auf 1550 m Höhe, mit eigener Almhütte, eine Ferienwohnung im alten Bauernhaus des Maurerhofs mit Holztäfelung und Holzofen, die zweite im neuen Haus mit modernerer Einrichtung und Zentralheizung.

■ **Pichlbergalm,** Sarntal-Reinswald, Tel. 0471 62 5280, www.pichlberg.it, seit 2017 zum Restaurant ausgebaute Jausenstation und Skihütte an der Bergstation der Gondelbahn auf 2100 m Höhe, mit Sonnenterrasse, dazu Winterbar im Iglu.

Aktivitäten

■ **Skigebiet Pfnatschalm, Reinswald:** Kabinenbahn, Sessellift, 2 Schlepplifte und insgesamt 14 km Pisten.

adobe.stock Foto: ©Buesi

RITTEN (RENON)

DAS PLATEAU AM RITTNER HORN

Überragt vom weit über 2000 m hohen Rittner Horn breitet sich die Mittelgebirgsterrasse des Ritten oberhalb von Bozen aus. Schon seit dem 17. Jahrhundert entflohen die Bozner der Hitze im Talkessel und suchten zur Sommerfrische die Höhe auf. Bis heute ist der Ritten ein beliebtes Urlaubsziel geblieben.

Das **Rittner Horn** ist der **Hausberg der Bozner.** Von seiner 2260 m hohen Kuppe hat man einen Rundblick über große Teile der Bergwelt Südtirols. Kein anderer Berg in der Nähe versperrt den Ausblick, und so kann man bis zum Großglockner in Österreich, zu den Dolomiten und zum Ortler blicken. Auf dem Berg steht das 1894 erbaute **Rittner Horn Haus** als Schutzhütte des italienischen Alpenvereins (→ Klobenstein).

Unterhalb des Rittner Horns erstreckt sich der Ritten als 1000 bis 1200 m hohe **Mittelgebirgsterrasse** über dem Bozner Talkessel, zu dem das Gelände relativ steil abfällt. Im Osten wird der Ritten vom Eisacktal und im Westen vom Sarntal begrenzt. Geologisch besteht der Untergrund wie auch beim westlich benachbarten Tschögglberg aus dem typischen rötlichen Bozner Quarzporphyr.

Das Gelände ist im oberen Teil weitgehend bewaldet und von Wiesen durchsetzt. Im unteren Teil herrscht Weinbau vor. Eine besondere Attraktion des Ritten stellen seine **Erdpyramiden** nördlich von Bozen dar. Es handelt sich um kegelförmige Erosionsformen aus eiszeitlichem Sandstein, die wegen aufliegender Gesteinsblöcke nicht abgetragen wurden. Diese Säulen mit den aufliegenden Steinen gibt es zwar an mehreren Stellen in Südtirol, aber nirgends so grandios wie bei Lengmoos und Oberbozen am Ritten.

Solange der Karrenweg durch das Eisacktal nördlich von Bozen nicht ausgebaut war, führte der auch als **Kaiserweg** bezeichnete alpine Verbindungsweg von Norditalien nach Süddeutschland über den Ritten. Über 60 Mal sind deutsche Könige und Kaiser mit dem Ziel Rom über den Ritten gezogen. Bei Kollmann, südlich von Barbian, verlief der Kaiserweg dann wieder am Eisack entlang. Erst als *Heinrich Kunter,* Bozner Bürger und

NICHT VERPASSEN!

- **Rittner Horn,** ein fantastischer Ausblick! | 92
- Wanderung zu den **Erdpyramiden auf dem Ritten,** kegelförmige Erosionsformen aus eiszeitlichem Sandstein | 94
- **Kommende Lengmoos,** kulturelles Zentrum des Ritten | 97

Diese Tipps erkennt man an der gelben Markierung.

Wegebauer, ab 1314 im Auftrag des Tiroler Grafen *Heinrich* den Talweg ausbaute, verbesserte sich die Situation. Dennoch blieb dieser später **Kunterweg** genannte neue Verbindungsweg immer unsicher, war er doch zunächst nur für kleine Fuhrwerke geeignet und immer den Hochwassern des Flusses ausgesetzt.

Bis heute führt der Aufstieg von Bozen auf den Ritten an vielen prächtigen **Weingütern und Bauernhäusern** vorbei. Viele der kleinen Weiler am Hang verfügen über Kirchen und Kapellen, die meist gotische Ursprünge aufweisen. Im 17. Jh. entdeckten die wohlhabenden Bozner Bürger die Sommerfrische auf dem Ritten. Wer es sich leisten konnte, in den heißen Monaten dem stickigen Talkessel zu entfliehen, richtete sich auf dem Ritten ein. Zahlreiche **Patrizierhäuser** in den Orten, vor allem in Oberbozen, zeugen noch von den Anfängen des Fremdenverkehrs auf dem Ritten. Als in der k.u.k.-Zeit immer mehr Bozner im Sommer kamen, wurde von dort eine Zahnradbahn gebaut. Seit 2009 verbindet eine **Seilbahn** Bozen mit Oberbozen. Schon lange fährt eine Kleinbahn von Klobenstein über Oberbozen nach Maria Himmelfahrt. Das Straßennnetz wurde seit dem Zweiten Weltkrieg ausgebaut, sodass viele Orte der Gemeinde Ritten inzwischen Wohnvororte von Bozen geworden sind.

☑ Erdpyramiden am Ritten

adobe.stock Foto: ©gizmocat

Oberbozen (Soprabolzano)

■ **Info:** Postleitzahl Oberbozen: **39054.** Tourismusverein Ritten, Verkehrsbüro Oberbozen, Ing.-Josef- Rieh-Platz 1, Tel. 345245, www.ritten.com.

Die Region von Oberbozen am **Südrand des Rittner Plateaus** auf 1200 m Höhe war aufgrund ihrer klimatischen Begünstigung bereits in vorgeschichtlicher Zeit besiedelt. Reste vieler Wallburgen aus dieser Zeit wurden entdeckt. Der Ort selbst wurde im 13. Jh. erstmals urkundlich erwähnt.

Eine Zahnradbahn verband ab 1907 Bozen mit Oberbozen, 1964 bis 2007 ersetzte eine Seilbahn den Bahnbetrieb, der seit 2009 als **Dreiseil-Gondelbahn** betrieben wird. Außerdem fährt die **Rittnerbahn,** eine historische Schmalspurbahn, als Teil der alten Bahnverbindung wie eine Straßenbahn von Oberbozen nach Klobenstein.

1688 errichteten sich die Bozner Sommerfrischler in Oberbozen die ehemalige **Pfarrkirche Mariä Himmelfahrt** als ihre Kapelle auf dem Ritten. Ende des 18. Jh. wurde sie zum heutigen Erscheinungsbild ausgebaut. Die Ausstattung stammt aus dieser Zeit und trägt schon klassizistische Züge. Die heutige Pfarrkirche von Oberbozen ist ein moderner Bau aus den Jahren 1989–91.

Die **St. Magdalenakapelle** wurde 1640 als Kapelle des Sommerhauses des Bozner Kaufmanns *F. Hörtmair* errichtet. Zur wertvollen Innenausstattung zählt der Hochaltar mit einem Altarblatt, die heilige *Magdalena* darstellend.

Die etwas abseits auf einem Felshügel oberhalb des Katzenbachtals gelegene **St. Georgs- und Jakobs-Kirche** stammt aus dem späten 13. Jh. und zeigt in der Apsis mittelalterliche Fresken, den Weltenrichter in der Mandorla darstellend. Der Turm kam um 1400 hinzu. Im Katzenbachtal findet man die auch für den Ritten so typischen **Erdpyramiden.**

Wanderung zu den Erdpyramiden

■ **Gehzeit:** ca. 1½ Std.,
■ **Höhenunterschied:** 980–1220 m, festes Schuhwerk empfohlen.
■ **Einkehr:** Moarhof, Erdpyramidenweg 7, Tel. 0471 34 53 17, Buschenschank, Do Ruhetag.
■ **Schwierigkeitsgrad:** leicht
■ **Ausgangspunkt:** Oberbozen, Seilbahnstation

GPS Auf dem **Rittner Rundwander-Themenweg Nr. 23** gelangt man zu den Erdpyramiden. Schautafeln am Wegrand informieren über die geologischen Besonderheiten am Ritten. Der Rückweg erfolgt über Maria Himmelfahrt und auf Weg Nr. 14 zurück zum Ausgangspunkt.

Ortsteil Maria Himmelfahrt

Die **Patrizierhäuser** der Bozner Sommerfrischler aus dem 16. und 17. Jh. sind vornehmlich im Oberbozner Ortsteil Maria Himmelfahrt zu finden. Sie errichteten sich auch 1777 einen eigenwilligen **Schießstand.** Der Achteckpavillon enthält 120 Festscheiben, die seit 1668 gestiftet wurden. Dem Schießstand gegenüber bauten sie eine sogenannte Gloriette, einen kleinen, offenen Pavillon.

Wolfsgrubener See

Der kleine Wolfsgrubener See östlich von Oberbozen ist auf natürliche Weise entstanden, wurde jedoch aufgestaut, um Sägewerke und Mühlen betreiben zu können. Gespeist wird er durch Niederschläge, weshalb sein Wasserspiegel in niederschlagsarmen Zeiten sinkt. Um dies nicht zu einem Problem werden zu lassen, gibt es seit einigen Jahren einen Kanal, der dem See Wasser aus dem Emmerbach zuführt. Im Sommer ist der Wolfsgrubener See ein beliebter **Badesee,** im Winter friert er meist zu und bietet dann ideale Bedingungen zum Eislaufen. Die Badeanstalt ist von Mai bis Oktober geöffnet, die Wasserqualität hervorragend.

Bienenmuseum

Im Bienenmuseum des Plattnerhofs nahe dem Wolfsgrubener See bei Oberbozen besteht die Möglichkeit, sich einen Überblick über die Imkerei in Südtirol zu verschaffen.

■ **Plattner Bienenmuseum,** Plattnerhof, Wolfsgruben 15, Tel. 0471 345350, www.museo-plattner.it, Anfang Juni bis Okt. 10–18 Uhr, Eintritt 7 Euro, Kinder 6–12 Jahre 4 Euro, Familien 14 Euro, Führungen nach Vereinbarung.

Unterkunft, Essen und Trinken

■ **Parkhotel Holzner**④, Dorf 18, Tel. 0471 3452 31, www.parkhotel-holzner.com, 1908 eröffnetes Jugendstil-Hotel, Originalausstattung aus der Gründerzeit, komplett modernisiert, großer Park mit altem Baumbestand, Sonnenterrasse, Hallenbad, Pool, luxuriöse Zimmer und Suiten verschiedener Größe, Restaurant bietet leichte mediterrane und traditionelle Kost.

■ **Patscheiderhof**④, Signat 178, Tel. 0471 3652 67, www.patscheiderhof.com, Gasthof auf dem Weg nach Oberbozen an der Rittner Straße, seit über 100 Jahren in Besitz der Familie *Rottensteiner,* ausgezeichnete regionale Küche, verwendet werden Produkte vom eigenen Hof. 300 Jahre alte Gaststube mit prächtigem Kachelofen, große Sonnen- und Aussichtsterrasse, Di Ruhetag.

■ **Hotel Lichtenstern**③-④, Lichtenstern 8, Tel. 0471 345147, www.lichtenstern.it, neuer Hotelbau in moderner, holzbetonter Bauweise in aussichtsreicher Lage, mit großer Pool-Landschaft, hervorragender Küche, Zimmer verschiedener Kategorien und Suiten.

■ **Hotel Am Wolfsgrubenersee**③, Wolfsgruben 14, Tel. 0471 345119, www.hotel-wolfsgrubenersee.com, auf einer Landzunge im See gelegen, Privat-Badestrand mit Liegewiese und Ruhezone, Hallenbad, rustikale Restaurant-Stube, Seeterrasse, Zimmer und Appartements.

■ **Haus Rottensteiner**①, Miglerweg 5, Tel. 0471 345264, www.hausrottensteiner.com, Frühstückspension in ruhiger Lage mit Blick auf Schlern und Dolomitenwelt, Sonnenterrasse, praktisch eingerichtete Zimmer mit Balkon.

■ **Lobishof,** Stauseeweg 8, Tel. 0471 34 50 97, www.lobishof.com, über 550 Jahre alter Bauernhof, Gasthof und Restaurant auf 1250 m Höhe, mit hofeigenen Produkten, vermietet auch zwei Ferienwohnungen.

Aktivitäten

■ **Freibad Oberbozen,** Schwimmbadweg 3, Tel. 349 263 74 59, www.ritten.eu, Becken mit Schwimmer- und Nichtschwimmerbereich, dazu Kinderschwimmbecken, Imbiss, geöffnet Ende Mai bis Anf. Sept. 9–19.30 Uhr, Eintritt 6,50 Euro, Kinder 4–13 Jahre und Senioren 4,50 Euro.

059st ot

Einkaufen

- **Bergapfelsäfte:** Obstbauer *Kohl* baut auf über 1000 Meter Höhe Äpfel an und vermostet sie zu aromatischen Säften, Klobenstein-Unterinn, Hauptstraße 35, Tel. 0471 35 94 42, www.kohl.bz.it, Hauptsorten Jonagold, Rubinette und Elstar, dazu Marmeladen, Chutneys, Kräutertees, Schokoladen, Honig und Nudeln, Verkauf Mo–Fr 8–17 Uhr.

⌃ Auf der Aussichtsterrasse des Patscheiderhofs bei Oberbozen

› Blick von Oberbozen auf den Schlern

Feste und Veranstaltungen

- **Kirchtagsumzug:** Mariä Himmelfahrt (15. Aug.) ab 14 Uhr mit vielen Trachtengruppen, Musikkapellen und Darstellern traditioneller Berufe und Bräuche, anschließend findet eines der schönsten Kirchtagsfeste Südtirols statt.

Seilbahnen

- **Rittner Seilbahn** (270–1221 m): Nach Oberbozen auf dem Ritten, Talstation Bozen, Rittnerstr. 12, Bergstation Oberbozen, Dorf 20, www.ritten.com, 2009 erneuert, verkehrt im 4-Minuten-Takt werktags 6.30–21 Uhr, danach alle 12 Minuten bis 21.48 Uhr, ab 1.5. 4-Minuten-Takt bis 21.48 Uhr, letzte Fahrt 22.45 Uhr, So und feiertags erste Gondel 7.10 Uhr, Fahrzeit 12 Min., einfache Fahrt 6 Euro, Hin- und Rückfahrt 10 Euro, Kinder unter 6 Jahre frei, Fahrrad 7 Euro, Gruppenermäßigung.

Verkehr

- **Rittnerbahn:** Letztes Teilstück der einstigen Bahnverbindung von der Bozner Innenstadt auf den Ritten nach Klobenstein; verblieben ist das Teilstück

Maria Himmelfahrt – Oberbozen – Klobenstein. Fahrtzeit nach **Klobenstein** 16 Minuten in historischen Wagen mit Aussichten auf den Schlern und den Rosengarten, einfache Fahrt 3,50 Euro, Hin- und Rückfahrt 6 Euro, Kinder unter 6 Jahren frei, www.ritten.com.

Klobenstein (Collalbo)

Info: Postleitzahl Klobenstein: **39054.** Tourismusverein Ritten, Oberbozen, Ing.-Josef-Rieh-Platz 1, Tel. 345245, www.ritten.com.

Klobenstein liegt am Ostrand des Rittner Plateaus mit herrlichen Ausblicken über das Eisacktal zu den Dolomiten. Auch hier zogen die Sommerfrischler aus Bozen ein – und wollten denen aus Oberbozen nicht nachstehen. So ließen sie 1763 die **St. Antoniuskirche** im Ort errichten. Sie wurde mit Fresken der Maler *Unterberger* und *Henrici* ausgestattet.

Neben seinen Sehenswürdigkeiten ist Klobenstein vor allem für seine Sportzone mit dem Eisring der **Arena Ritten** bekannt, in der Eisschnelllaufwettbewerbe und Eishockeyspiele der höchsten Spielklasse ausgetragen werden.

Kommende

Der alte **Kaiserweg** führte an Klobenstein vorbei und erreichte in der nördlich gelegenen Fraktion Lengmoos am St. Ulrichpass seinen höchsten Punkt – von hier aus ging es wieder abwärts ins Eisacktal. An dieser Stelle wurde um 1210 ein **Hospiz** erbaut, in dem sich Reisende von den Strapazen damaliger Überlandfahrten erholen konnten. 1234 erwarb der Deutsche Orden das Spital zu Lengmoos mitsamt der ganzen Pfarrei. Als sich im Zuge des 14. Jh. die Hauptverbindung des Kaiserwegs ins Tal verlegte, ging die Bedeutung des Hospizes zurück und so entwickelte sich aus dem Hospiz eine Kommende, eine **Ordensniederlassung** des Deutschen Ordens.

In den Bauernunruhen des Jahres 1525 wurde die Kommende weitgehend zerstört, erhalten sind nur noch die spätgotischen Gewölbe des **Kapitelsaals** im Erdgeschoss. Der heutige Viereckbau der Kommende entstand Mitte des 17. Jh. als Barockanlage mit Pyramidendach und prachtvoll ausgestatteten Prunkräumen, die hohen Würdenträgern als Aufenthalt dienten. Diese **Komturzimmer** erhielten um 1740 üppige Stuckdecken und bemalte Tapeten, biblische Szenen und Episoden aus der Ge-

211st ot

schichte des Deutschen Ordens darstellend – sie können besichtigt werden.

Heute veranstaltet das **Kuratorium Kommende Lengmoos** hier Kammermusikabende, Lesungen, Vorträge und Kunstausstellungen, wodurch sich die Kommende zum kulturellen Zentrum des Rittens entwickelt hat. Der Innenhof wurde von der Laientheaterinitiative der „Rittner Sommerspiele" saniert, er wird im Sommer als **Freilichttheater** genutzt.

Lengmoos

Die **Pfarrkirche Mariä Himmelfahrt** von Lengmoos war zunächst als Hospizkirche errichtet worden und wurde um 1300 neu gebaut. Der Turm und die Langhausmauern stammen noch aus dieser Zeit. Der Chor wurde Ende des 14. Jh. angebaut, die Spitzbogenfenster und die Einwölbung stammen aus dem 16. Jh. Im 19. Jh. bekam die Kirche ihre heutige neugotische Inneneinrichtung.

Mittelberg

Weiter auf dem Kaiserweg befindet sich in der Fraktion Mittelberg die **St. Nikolauskirche** aus dem späten 13. Jh. mit bedeutenden Fresken mit Szenen aus der Leidensgeschichte des Herrn. Sie gelten als Frühwerk des Meisters *Leonhard von Brixen*, entstanden um 1450, die zwölf Apostel und etliche Propheten aus dem alten Bund darstellend. Die Kirche wurde um 1400 gotisch erweitert. Der Turm aus dem 14. Jh. erhielt 1744 seine barocke Zwiebelhaube. Die Außenwand schmückt ein großes Christopherus-Fresko (Führungen finden einmal pro Woche statt, Information beim Tourismusbüro).

Noch vor der Nikolauskirche in Mittelberg ist als Kuriosum in der kleinen **Wallfahrtskirche Maria Saal** aus dem 16. Jh. oberhalb der Erdpyramiden das Gemälde der Gottesmutter unter dem Regenschirm zu sehen. Sie stammt aus der Zeit, als der Kaiserweg über den Ritten längst bedeutungslos geworden war. Die Kirche wurde im 17. Jh. und nochmals 1719 vergrößert. Im Inneren hängen Votivtafeln gläubiger Bauern zur Anrufung der Muttergottes von Maria Saal bei Trockenheit und Dürre.

Lengstein

Eine Fraktion weiter findet sich in Lengstein die **St. Verenakirche,** erstmals 1256 erwähnt. Wahrscheinlich steht sie anstelle einer vorgeschichtlichen keltischen Opferstelle. Ihr Turm stammt aus dem 14. Jh. Bekannt ist die kleine Kirche vor allem durch ihre Lage auf einer vorragenden Felskuppe über dem Eisacktal. Die der heiligen *Ottilia* im Ortszentrum geweihte **Pfarrkirche** besteht sogar schon seit dem 11. Jahrhundert. Ihr Turm, zwei Langhausjoche und der nördliche Querarm wurden im 15. Jahrhundert erneuert. Sehenswert ist auch die Friedhofskapelle an der Kirche.

Oberinn

Von Klobenstein lohnt der Abstecher nach Wangen, schon mit Einblick ins **Sarntal** gelegen. Auf dem Weg dorthin passiert man zunächst die Fraktion Oberinn, deren Häuser sich in Höhenlagen von 1000 bis 1600 m verteilen. Der Turm der dem heiligen *Leonhard* geweihten Dorfkirche stammt aus dem 12. Jh. **Wangen** liegt auf etwas über 1000 m Höhe angesichts des Sarntals (→ Wangen).

Unterkunft, Essen und Trinken

■ **Bemelmans Post**④, Dorfstr. 8, Tel. 0471 3561 27, www.bemelmans.com. Nobelhotel und Restaurant an der alten Kaiserstraße, wo schon Jahrhunderte zuvor Pferde gewechselt wurden, elegant eingerichtet im Stil der Wende zum 20. Jh., großzügiger Park, Bade- und Wellnesseinrichtungen, große Zimmer mit Balkon, dazu Appartements.

■ **Waldhotel Tann**③, Tannstraße 22, Tel. 0471 35 6264, www.tann.it, in südlicher Panoramalage auf 1500 m oberhalb von Klobenstein inmitten von Wiesen und Wäldern, bequeme Zimmer und Suiten, Restaurant bietet regionale Spezialitäten.

■ **Hotel Ansitz Kematen**④, Kematerstr. 29, Tel. 0471 356356, www.kematen.it, 750 Jahre alter Ansitz mit Stadel und Kirchlein oberhalb von Klobenstein, dazu Landhaus mit Restaurant, Zimmer im Ansitz ohne, im Landhaus auch Suiten mit Balkon.

■ **Rittner Horn Schutzhaus,** auf dem Rittner Horn (2260 m), Tel. 0471 356207, www.schutzhaus-rittner-horn.com. Mai bis Nov., rustikale Küche, 48 Schlafplätze und Matratzenlager, mit Klettergarten.

■ **Café am Bahnhof,** Am Bahnhof 1, Tel. 0471 35 7021, kleines Café mit Außentischen am historischen Klobensteiner Bahnhof.

Aktivitäten

■ **Arena Ritten,** Zaberbach 13, Tel. 349 26374 59, www.ritten.com/de/ritten-erleben/ritten-arena, breites Sportangebot, Eislaufen mit Musik auf dem Eisring, Sept. bis Febr. Sa 14–16 Uhr, So 14–16.30 Uhr, Eintritt 4 Euro, Kinder 3 Euro, Schlittschuhverleih.

■ **Schwimmbad:** Arena Ritten, Zaberbach 13, Tel. 0471 356 74, www.ritten.eu, beheiztes Schwimmbad mit 3-m-Sprungbrett, Kinderbecken mit Wasserrutsche, große Liegewiese, Bar, Sonnenterrasse, Volleyplatz, geöffnet Juni bis Anf. Sept. 9–19 Uhr, Eintritt 6 Euro, Kinder 4–13 Jahre/Senioren 4 Euro.

■ **Skigebiet Rittner Horn** (1530–2270 m): 1 Kabinenumlaufbahn, 3 Schlepplifte, 15 km Pisten überwiegend leicht.

Feste und Veranstaltungen

■ **Rittner Sommerspiele:** www.rittnersommerspiele.com, von Mai bis Okt. Freilichttheater, Musik, Vorträge etc. im Hof der Kommende, veranstaltet vom Kuratorium Kommende Lengmoos.

Seilbahnen

UNSER TIPP: **Rittner Horn Bergbahn** (1530–2071 m): von Pemmern (8 km oberhalb von Klobenstein) auf die Schwarzseespitze unterhalb des Rittner Horns, Sommerbetrieb täglich Mitte Mai bis Anf. Nov. 8.30–17 Uhr, ab Anf. Okt bis 16.30 Uhr, Winterbetrieb täglich Mitte Dez. bis Ende März, Berg- und Talfahrt 15,50 Euro, Bergfahrt 11 Euro, Talfahrt 8 Euro, Senioren 13,50/9,50/7 Euro, Kinder 9/6/5 Euro, Familienticket 40/28/21 Euro. Kontakt: Rittnerhorn Seilbahnen AG, Klobenstein, Tannstraße 21, Tel. 0471 352993, www.ritten.it.

307st ot

2

Meran und das Burggrafenamt

» Das Burggrafenamt mit Schloss Tirol als Kernburg und Meran als heutigem Mittelpunkt ist die Keimzelle Tirols – hier ist auch der Ausgangspunkt für den Fremdenverkehr in Südtirol zu suchen. Das milde und sonnenreiche Klima hat Kaiserinnen und Könige und in ihrem Gefolge Adelige und wohlhabende Bürger veranlasst, hier Ruhe und Erholung zu finden.

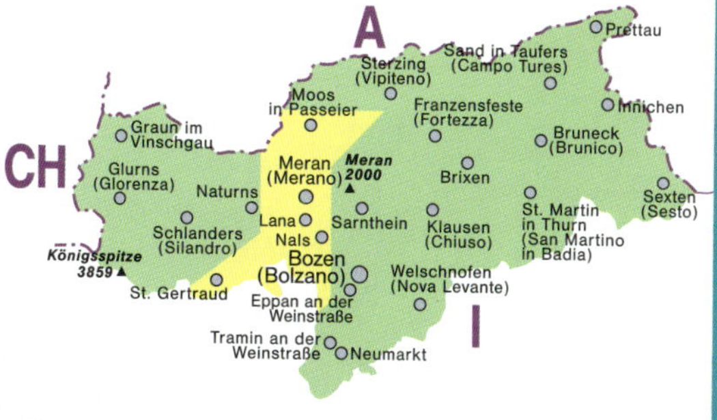

[<] St. Kathreinkirche in Hafling

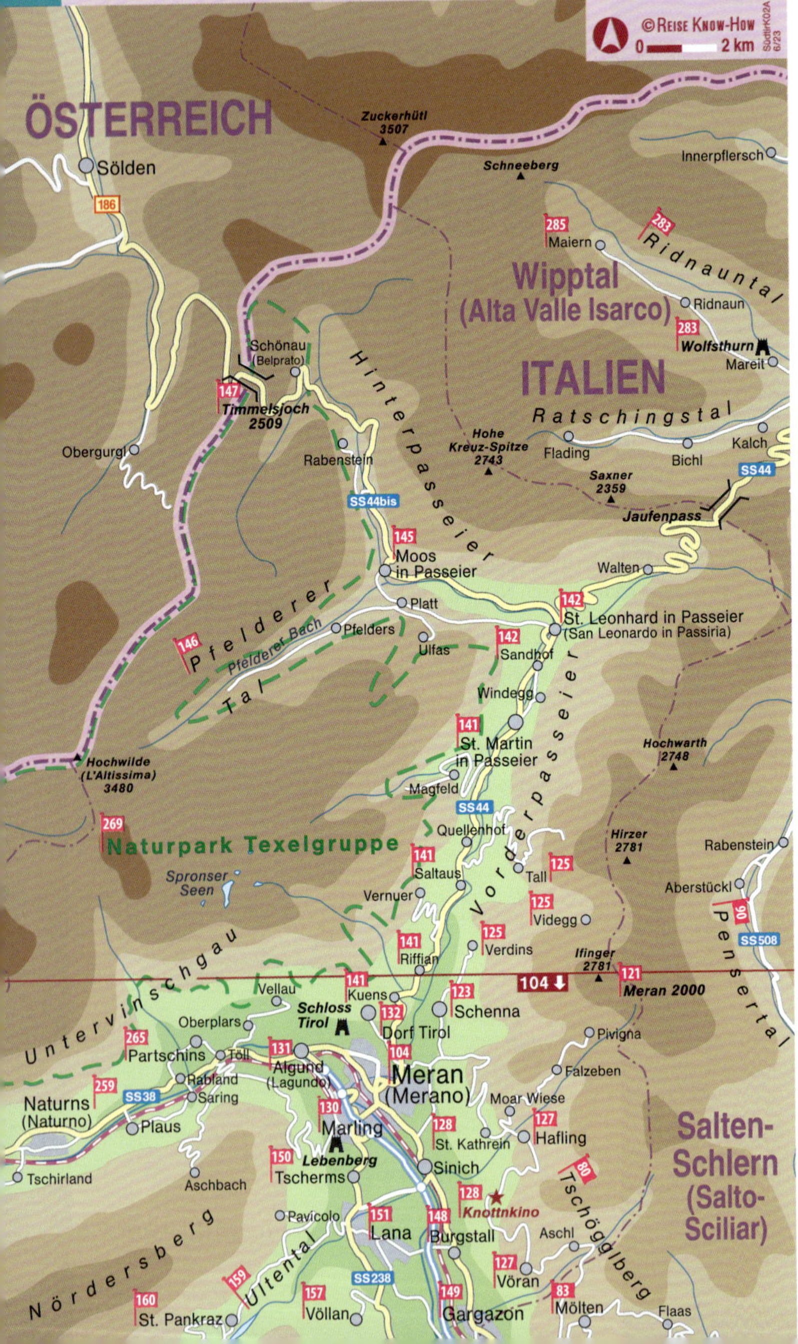
©Reise Know-How
0 2 km
SüdtirK02A 6/23
ÖSTERREICH
Sölden
186
Zuckerhütl 3507
Schneeberg
Innerpflersch
285
Maiern
283
Ridnauntal
Wipptal
(Alta Valle Isarco)
Ridnaun
283
Wolfsthurn
Mareit
ITALIEN
Schönau
(Belprato)
147
Timmelsjoch
2509
Hinterpasseier
Obergurgl
Rabenstein
Hohe Kreuz-Spitze 2743
Ratschingstal
Flading
Bichl
Kalch
SS44
Saxner 2359
Jaufenpass
SS44bis
145
Moos in Passeier
Walten
142
St. Leonhard in Passeier
(San Leonardo in Passiria)
Platt
Pfelderer Tal
Pfelderer Bach
Pfelders
Ulfas
146
142
Sandhof
Windegg
141
St. Martin in Passeier
Hochwarth 2748
Hochwilde
(L'Altissima)
3480
Magfeld
SS44
269
Naturpark Texelgruppe
Quellenhof
Vorderpasseier
Hirzer 2781
Rabenstein
141
Saltaus
Tall
125
Spronser Seen
Aberstückl
Vernuer
125
Videgg
Penser Tal
90
SS508
125
Verdins
141
Riffian
Ifinger 2781
121
Meran 2000
104
141
Kuens
123
Schenna
Vellau
Untervinschgau
Schloss Tirol
132
Dorf Tirol
Oberplars
Pivigna
265
Partschins
Töll
131
Algund
(Lagundo)
104
Meran
(Merano)
Falzeben
259
Rabland
SS38
Saring
Naturns
(Naturno)
Plaus
130
Marling
Moar Wiese
128
St. Kathrein
127
Hafling
Salten-Schlern
(Salto-Sciliar)
Tschirland
Aschbach
150
Lebenberg
Tscherms
Sinich
80
128
Knottnkino
Tschögglberg
Pavicolo
151
Lana
148
Burgstall
Aschl
Nördersberg
Ultental
159
SS238
127
Vöran
160
St. Pankraz
157
Völlan
149
Gargazon
83
Mölten
Flaas

Meran und das Burggrafenamt

Die Keimzelle Tirols

Die Keimzelle Tirols liegt im Burggrafenamt (ital. Burgraviato), benannt nach den Burggrafen auf Schloss Tirol. Die heutige Südtiroler Bezirksgemeinschaft Burggrafenamt umfasst das Gebiet von 26 Gemeinden im Etschtal zwischen Naturns und Nals einschließlich der Seitentäler Passeier und Ulten. Dazu gehören auch die jenseits des Gampenpasses im Prissianer Hochwald gelegenen Ortschaften Unsere Liebe Frau im Walde/St. Felix, Proveis und Laurein. Weil Naturns und Partschins geografisch schon zum Vinschgau gehören, werden sie dort beschrieben.

Das Meraner Tal als Zentrum des Burggrafenamts ist klimatisch begünstigt – nach Norden schirmen die hohen Alpengipfel gegen atlantische Wetterstörungen ab, wohingegen sich das Etschtal südwärts den mediterranen Witterungseinflüssen öffnet. Insgesamt weist der Talkessel von Meran an die 300 Sonnentage im Jahr auf!

Das milde Klima des Meraner Landes ließ hier schon in vorgeschichtlicher Zeit Menschen siedeln. Über mehrere Jahrhunderte gehörte das Gebiet zum Römischen Reich, für das die Alpentäler von großer strategischer Bedeutung waren, führten doch die Verkehrswege zu den nördlich der Alpen gelegenen Reichsteilen hier entlang. Im Frühmittelalter war das Gebiet bayerisch-langobardische Grenzregion. Ab dem 12. Jh. konnte das bayerische Adelsgeschlecht der Grafen von Tirol von ihrem gleichnamigen Stammsitz aus ein eigenständiges Territorium – zunächst als Vögte der Bischöfe von Trient und Brixen – aufbauen, das im 13. Jh. im Deutschen Kaiserreich anerkannt wurde. 1363 vermachte Margarete als Tochter des letzten Tiroler Grafen ihr Land im Einvernehmen mit den Landständen ihrem nächsten Verwandten, dem Habsburger Rudolf IV. Im Jahr 1420 wurde die Tiroler Residenz von Meran in das verkehrstechnisch günstigere Innsbruck verlegt, was die Bedeutung des Burggrafenamtes rapide sinken ließ.

Schloss Tirol

070st ot

MERAN (MERANO)

STADT ZWISCHEN DEN BERGEN

Am unteren Ausgang des Vinschgau, wo die Passer in die Etsch mündet, liegt unterhalb des Küchelberges Meran, die einstige Hauptstadt Tirols und nach Bozen zweitgrößte Stadt Südtirols.

NICHT VERPASSEN!

- **Die Lauben,** shoppen in historischem Ambiente | 111
- **Stadtpfarrkirche,** ein gotisches Juwel | 111
- **Das Kurhaus,** Jugendstil vom Feinsten | 112
- **Passerpromenade,** flanieren am Fluss | 115
- **Schloss Trauttmansdorff** mit wunderschönen Gärten | 117

Diese Tipps erkennt man an der gelben Markierung.

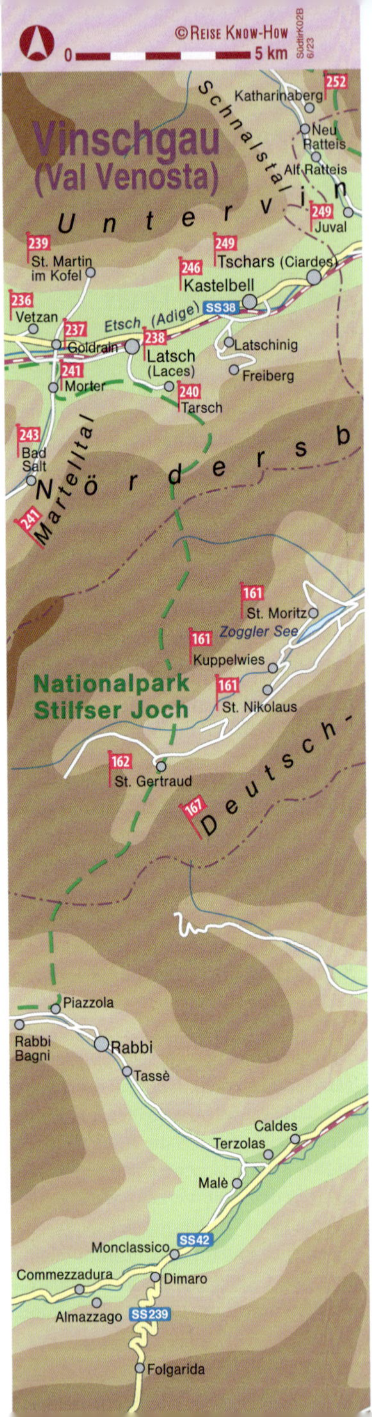

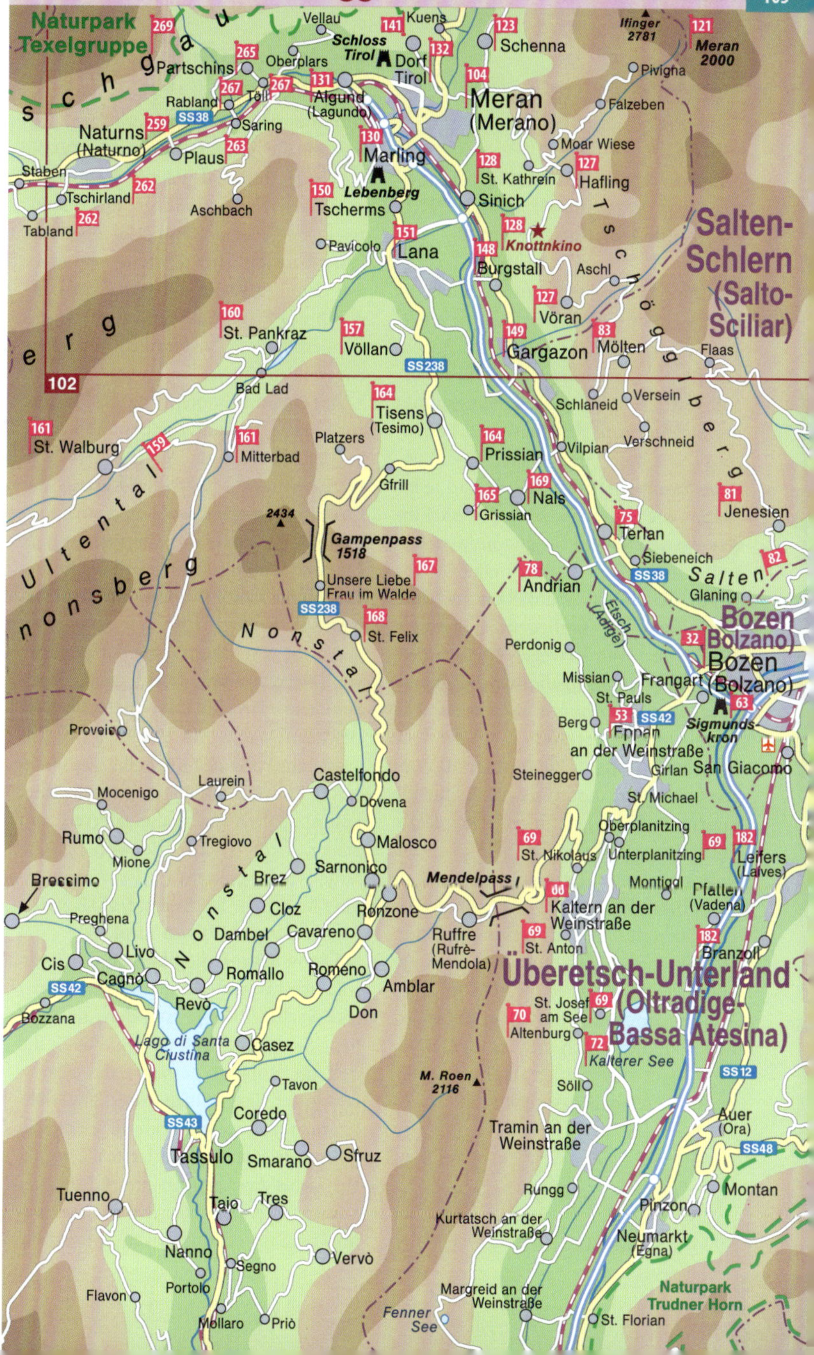
Naturpark
Texelgruppe
Meran
(Merano)
Lana
Salten-
Schlern
(Salto-
Sciliar)
Bozen
(Bolzano)
Überetsch-Unterland
(Oltradige-
Bassa Atesina)
Nonstal
Ultental
Gampenpass
1518
Mendelpass
Kalterer See
Lago di Santa
Giustina
Naturpark
Trudner Horn

Meran

Info: Postleitzahl Meran: **39012.** Kurverwaltung Meran, Freiheitsstr. 45, Tel. 0473 272000, www.merano-suedtirol.it/de/meran.html.

Heute ist Meran besser zu erreichen als jemals zuvor. Die „MeBo“, die Schnellstraße zwischen Meran und Bozen, schafft den Anschluss an die Brennerautobahn. Der Ort ist Kreuzungspunkt der Straßen zum Reschen- und Jaufenpass sowie zum Timmelsjoch. Die staatliche Eisenbahn führt wie eh und je bis Meran, die Vinschgerbahn, die 2005 ihren Betrieb wieder aufgenommen hat, weiter in den Vinschgau hinein.

Für Touristen erschließen mehrere Seilbahnen die umliegenden Höhen, Waalwege, Wanderwege, Klettersteige und Skipisten bieten alle Schwierigkeitsgrade für Bergtouren. Moderne und komfortable Unterkünfte und das neue Skizentrum Meran 2000 unterhalb des Hirzers liefern die Infrastruktur für die enormen Besucherzahlen. Das letzte große Bauprojekt ist die 2005 in einem Park errichtete Therme, ein Kubus als konstruktive Meisterleistung aus Glas und Stahl des großen Architekten *Matteo Thun.* So bietet Meran einen ganzjährigen Saisonbetrieb für Erholung und Wellness suchende Besucher, für sportlich und kulinarisch orientierte Gäste – es ist nicht zuletzt auch zu einer gastronomischen Hochburg geworden.

Das Meraner Becken

Stadtgeschichte

Durch das Meraner Tal verlief zur Römerzeit die **Via Claudia Augusta,** die durch das Etschtal über den Reschenpass nach Norden führte. Ein Seitenzweig folgte dem Passeiertal über den Jaufenpass bis zum Brenner – damals war die kürzeste Alpenüberquerung durch das Eisacktal nicht möglich, weil es oberhalb von Bozen noch unpassierbar war.

Auf einem Felsvorsprung am Eingang zum Passeiertal unterhielten die Römer an der Via Claudia Augusta oberhalb vom heutigen Meran ein Kastell, das **Castrum maiensis,** wohl an dem Standort, wo sich später die Zenoburg erhob. Eine erstmalige urkundliche Erwähnung von Meran erfolgte 857 unter dem Namen *Mairania.*

Als die erstarkten Vögte der Bischöfe von Brixen und Trient sich ihren Stammsitz Tirol auf dem Küchelberg errichteten, nahm die Siedlung im Talkessel am Fuße des Küchelberges einen ersten wirtschaftlichen Aufschwung. Längst hatten sich die Herren auf Schloss Tirol zu den Grafen von Tirol erhoben und gaben im 13. Jh. ihrer Siedlung Meran die Stadtrechte. 1317 wurde Meran **Hauptstadt von Tirol.**

Damit begann die Blütezeit der Stadt, was sich bis heute in ihrer Bausubstanz niederschlägt. Es entstanden die Laubengasse und der Rennweg, das Spital und die Spitalkirche sowie das Klarissenkloster. Eine Münze wurde eingerichtet, man hielt viele Märkte ab. Doch seit *Margarete Maultasch* als letzte Herrscherin Tirols das Land an die Habsburger abgetreten hatte, verlagerte sich der politische Schwerpunkt nach Innsbruck.

1420 verlor Meran auch formal seine Hauptstadtfunktion. Es blieb ein zentraler Ort für den Vinschgau, das Passeier- und das Ultental. Meran war nun für einige Jahrhunderte eine Ackerbürgerstadt – auch mit der Folge, dass der alte Ortskern in dieser Weise erhalten blieb.

Um 1830 begann für Meran ein neuer Abschnitt in der Stadtgeschichte. Der reizvolle Ort wurde als **Kurstadt** neu entdeckt, an der der europäische Adel großen Gefallen fand, Ärzte zeigten Interesse am milden Klima. Ausschlaggebend für die weitere Entwicklung Merans als Fremdenverkehrsort war die Tatsache, dass Kaiserin *Elisabeth,* besser bekannt als *Sissi,* auf Schloss Trauttmansdorff am Rande der Stadt überwinterte. Nun fanden immer mehr preußische, englische, französische und russische Adelige den Weg nach Meran und zogen die Vertreter des Großbürgertums nach. So wurde aus Meran eine erste Adresse für die **Schönen und Reichen** in der k.u.k. Monarchie und blieb bis zum Ersten Weltkrieg ein luxuriöser Kurort der Extraklasse. Der **Bahnanschluss** brachte ab 1881 immer mehr Besucher, es entstanden neue Bauten, ganz dem Jugendstil verpflichtet, elegante **Hotelanlagen,** das herrschaftliche Meraner Kurhaus, prächtige Straßen sowie jene Parkanlagen, Spazierwege und beliebten Grünzonen, die bis heute das Flair der Stadt ausmachen.

Die Zeit nach dem Zweiten Weltkrieg war zunächst eine schwere Zeit für Meran, blieben doch die reichen Kurgäste nun aus. Doch in dem Maße, wie sich in ganz Südtirol der Fremdenverkehr zum wichtigsten Wirtschaftsfaktor entwickelte, wurde Meran mit seinen umliegenden Ortschaften Schenna, Dorf Tirol oder Algund zu einem neuen, eleganten Tourismuszentrum.

Mit der nachhaltig angestiegenen Wirtschaftskraft ist auch das **Verkehrsaufkommen** in Meran gestiegen. Vor allem die Zufahrt in das Passeiertal belastet die Meraner Innenstadt. Mit dem Projekt der **Nordwestumfahrung** unter der Stadt und durch den Küchelberg sol-

228st ot

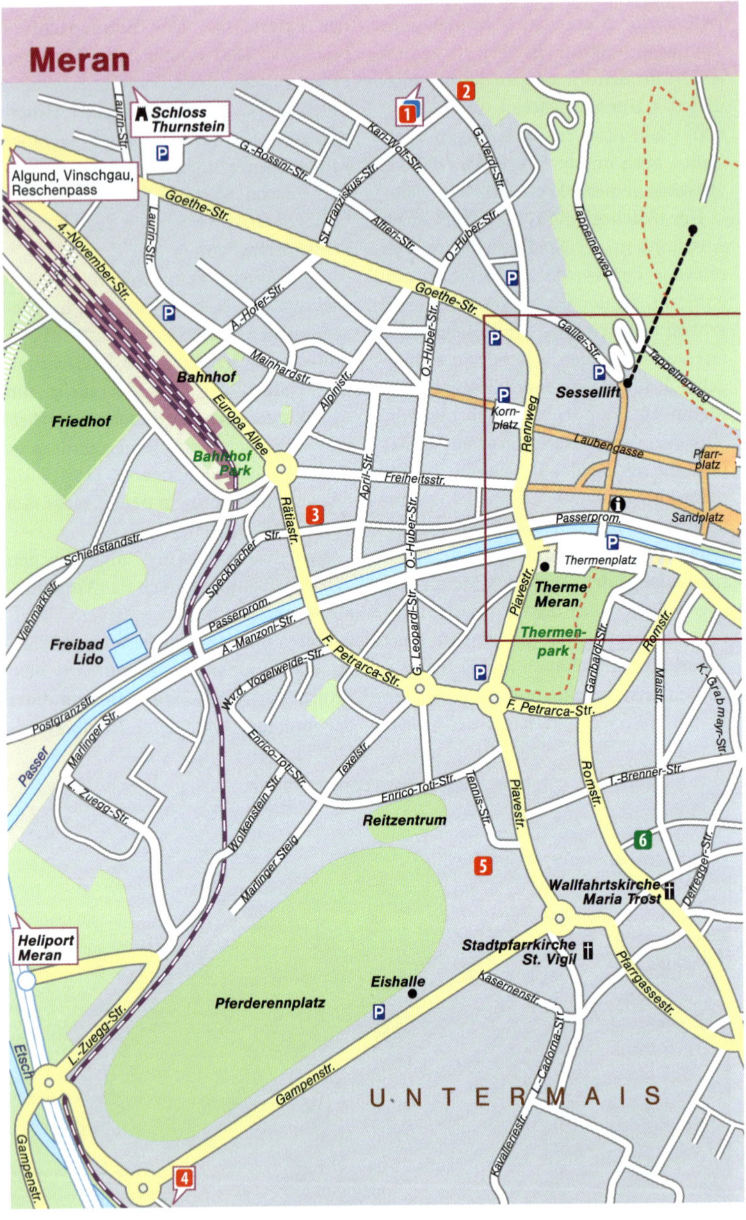
Meran
Schloss Thurnstein
Algund, Vinschgau, Reschenpass
Laurin-Str.
G.-Rossini-Str.
Karl-Wolf-Str.
G.-Verdi-Str.
Goethe-Str.
4.-November-Str.
St. Franziskus-Str.
Alfieri-Str.
O.-Huber-Str.
Tappeinerweg
A.-Hofer-Str.
Mainhardstr.
Galilei-Str.
Bahnhof
Europa Allee
Alpinistr.
Sessellift
Friedhof
Kornplatz
Rennweg
Laubengasse
Pfarrplatz
Bahnhof Park
Freiheitsstr.
April-Str.
Rätiastr.
Passerprom.
Sandplatz
Schießstandstr.
Speckbacher Str.
Thermenplatz
Therme Meran
Piavestr.
Viehmarktstr.
Thermenpark
Garibaldi-Str.
Romstr.
Freibad Lido
A.-Manzoni-Str.
W.v.d. Vogelweide-Str.
F. Petrarca-Str.
G. Leopardi-Str.
Maisstr.
K.-Grabmayr-Str.
Postgranzstr.
Marlinger Str.
Passer
Enrico-Toti-Str.
Texelstr.
L.-Zuegg-Str.
Wolkenstein Str.
Tennis-Str.
T.-Brenner-Str.
Reitzentrum
Marlinger Steig
Defregger-Str.
Wallfahrtskirche Maria Trost
Heliport Meran
Stadtpfarrkirche St. Vigil
Kasernenstr.
Pfarrgassestr.
Eishalle
Pferderennplatz
Etsch
L.-Cadorna-Str.
Gampenstr.
UNTERMAIS
Kavalleriestr.

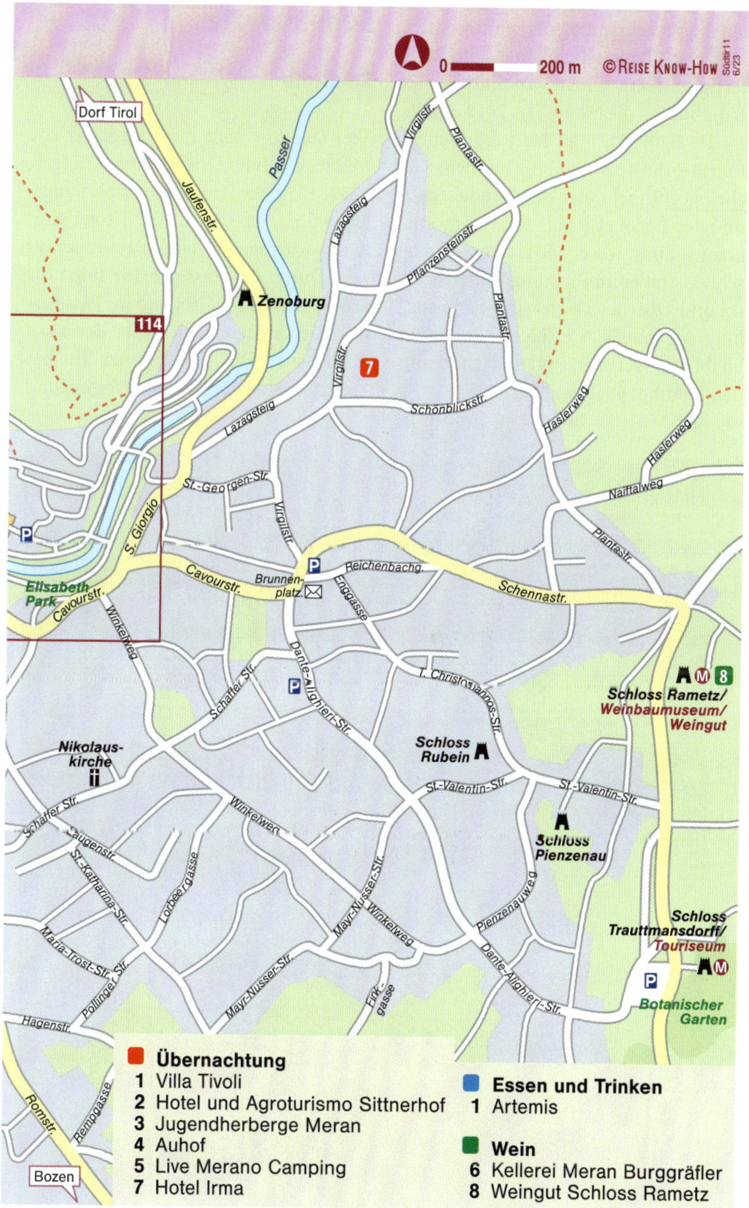

Übernachtung
1 Villa Tivoli
2 Hotel und Agroturismo Sittnerhof
3 Jugendherberge Meran
4 Auhof
5 Live Merano Camping
7 Hotel Irma

Essen und Trinken
1 Artemis

Wein
6 Kellerei Meran Burggräfler
8 Weingut Schloss Rametz

len die Verkehrsprobleme gelöst werden. Das erste Baulos beinhaltete die 2013 fertig gestellte direkte Anbindung des Bahnhofs an die MeBo. Das 2019 erteilte zweite Baulos bringt dann die Weiterführung dieser Anbindung mit dem Küchelbergtunnel unter der Goethestraße und des Zenoberges bis zur Handwerkerzone Tirol, wo ein Kreisverkehr Anschlussstraßen in Richtung Passeier, Tirol und Obermais bietet. Die Fertigstellung soll bis 2026 erfolgen. Bis dahin bleibt die Verkehrssituation rund um den Bahnhof problematisch.

Sehenswertes

Stadttore

Vier Stadttore hatte die Stadtmauer von Meran, die unter Graf *Meinhard II.* (geb. 1239, 1258–95 Tiroler Herrscher) angelegt wurde, um den für die Tiroler Grafen so wichtigen Handelsplatz zu schützen. Durch das **Passeier Tor** führt die Straße nach Dorf Tirol und ins Passeiertal. Hier stehen noch Reste der alten Stadtmauer. Das **Vinschgauer Tor** begrenzt die Altstadt nach Westen und

adobe.stock Foto:©tina7si

wurde mehrmals baulich verändert. Durch das **Bozner Tor** mit steilem Dach und den Reliefwappen von Österreich, Tirol und Meran gelangt man in den Kurbezirk des Ortes. Das Ultner Tor als viertes Stadttor ist nicht mehr erhalten. Es fiel dem Bau der Kurpromenaden im 19. Jh. zum Opfer.

Lauben

Das Herz der Stadt bilden die Lauben, die in der **Laubengasse** zwischen Pfarrplatz und Kornplatz sowie am **Rennweg** zu finden sind. Sie entstanden wie die Stadtmauer unter Graf *Meinhard II.* Mitte des 13. Jh. und spiegeln die wirtschaftliche Bedeutung wider, die Meran damals hatte. Es sind überwiegend zwei- bis dreigeschossige **Kaufmannshäuser,** in deren durchgehenden **Arkaden** die Waren angepriesen wurden. Mehrere hintereinander liegende Trakte mit Innenhöfen, Kellern und Lagerräumen dienten der Bevorratung. Die Fassaden der Häuser, zur Bergseite als Berglauben, zur Passerseite als Wasserlauben bezeichnet, wurden im Barock mit zusätzlichen Erkern und Fensterlaibungen sowie Malereien versehen, sodass sie ein vielfältiges, heiteres Bild abgeben. Heute stellen die Lauben, in denen vor allem Fachgeschäfte und gastronomische Betriebe angesiedelt sind, die größte Attraktion Merans dar.

◁ Das Herz der Stadt: die Lauben

Stadtpfarrkirche St. Nikolaus

Die Stadtpfarrkirche St. Nikolaus steht anstelle eines Vorgängerbaus aus dem 13. Jh. am Pfarrplatz, dem ältesten Stadtteil von Meran. Die spätgotische, dreischiffige Hallenkirche wurde 1465 fertiggestellt. Der obere Teil ihres **80 m hohen Turms** mit seinem achteckigen Oberbau und seiner charakteristischen Haube stammt allerdings aus der Renaissancezeit. In der Turmhalle findet man noch Fresken aus dem 15. Jh. Beachtenswert ist der **gotische Flügelaltar.** An der äußeren südlichen Langhauswand ist eine Steinskulptur des heiligen *Nikolaus* angebracht. An der nördlichen Langhauswand steht ein spätgotischer Altarschrein, der aus der Medarduskirche in Tarsch bei Latsch hierher verbracht wurde. Er entstammt der Werkstatt von *Hans Schnatterpeck.* Großartig ist auch die Ausstattung der Kirche mit großflächigen **Tafelbildern.** Besonders hervorzuheben ist das ehemalige Hochaltarblatt von *Hans Knoller,* die Himmelfahrt Mariens darstellend.

Neben dem Chor steht die bis 1440 als achteckiger Zentralbau errichtete, zweistöckige **Barbarakapelle,** die früher als Friedhofskapelle diente. Sie erhielt im Jahr 1629 eine neue Innenraumfassung. Der Hauptaltar der Kapelle ist zugleich der Bruderschaftsaltar der (Fass-)Binder.

Heilig Geist Kirche

Die außerhalb der alten Stadtmauern nahe der Postbrücke gelegene gotische Heilig Geist Kirche wurde von *Meinhard II.* 1271 als Spitalskirche erbaut. Eine Passerüberflutung zerstörte sie

1419 vollständig. *Sigmund von Österreich* ließ sie neu aufbauen. Ihr Portal ist mit filigranen Darstellungen der Dreifaltigkeit und des Heiligen Geistes skulptiert. Im Inneren dieser dreischiffigen Kirche befinden sich wertvolle Holzstatuen und Fresken aus dem 14. und 15. Jh. sowie ein gotischer Altarflügel des Bildhauers *Jörg Lederer* mit Darstellungen aus dem Leben Christi.

Klarissenkloster und Frauenmuseum

Am Kornplatz findet man das ehemalige **Klarissenkloster.** Die 1290 aus Brixen und Dürnstein nach Meran gerufenen Klarissen konnten 1310 das von Herzogin *Euphemia von Kärnten* errichtete Kloster beziehen. In den 1782 säkularisierten Klostergebäuden befindet sich heute eine Bank. Durch einen Seiteneingang kann man durch einen zugänglichen Teil des Kreuzgangs die **Marienkirche** des Klosters betreten, deren spätgotische Fresken sehenswert sind.

Das **Frauenmuseum,** früher in den Lauben untergebracht, hat inzwischen seinen Sitz am Kornplatz im Haus des ehemaligen Klarissenklosters, heute dem Sitz der Volksbank. Es präsentiert Exponate zu **zweihundert Jahren Frauengeschichte** – Kleider, Accessoires, persönliche Utensilien und Alltagsgegenstände, dazu gibt es Sonderausstellungen und zudem eine Fachbibliothek zu frauenspezifischen Themen.

☒ Im Jahr 1914 im Secessionsstil errichtet: das Kurhaus

■ **Frauenmuseum,** Kornplatz 3, Tel. 0473 231216, www.museia.it, Mo–Fr 10–17 Uhr, Sa 10–12.30 Uhr, So geschlossen, Dez. Di bis So 10–17 Uhr, Eintritt 5 Euro, Kinder von 7 bis 14 Jahre 3 Euro, mit Führung 8 Euro.

Kapuzinerkirche

Rechts neben dem Vinschgauer Tor findet sich die Kapuzinerkirche **St. Maximilia.** Es ist ein schlichter Bau aus dem 16. Jh. mit dem sich anschließenden traditionsreichen Kapuzinerkloster. Den Innenraum beherrschen der Hauptaltar und seine beiden Nebenaltäre. In der Seitenkapelle steht ein monumentaler Marienaltar.

Jugendstilbauten

Der Jugendstil prägt das mondäne Meran der Glanzzeit bis zum Ersten Weltkrieg. So ist die **Postbrücke,** die Verlängerung der Romstraße über die Passer, mit Ornamentik, Mosaiken und schmiedeeisernen Verzierungen ganz diesem Stil verpflichtet. In Richtung Bozner Tor am Sandplatz mit einer barocken Mariensäule steht das glanzvolle einstige **Hotel Esplanade.** Aus der gleichen Epoche stammt das **Stadttheater,** das anstelle des abgerissenen Ultner Tors entstand.

Kurhaus

Als schönster Jugendstilbau des Alpenraums gilt das kuppelgekrönte Kurhaus an der Passer, 1914 vom Architekten *Friedrich Ohmann* im **Secessionsstil,** der österreichischen Variante des Jugendstils, errichtet. Ein erstes Kurhaus war hier schon 1874 nach den Plänen von *Josef Czerny* noch mit gründerzeitlichem Charakter entstanden. 1897 ersetzte man die Gasbeleuchtung durch elektrisches Licht, um die Jahrhundertwende kamen die östlich gelegene Terrasse und die früheren Lesesäle hinzu. Dieser erste Bau wurde als Westflügel in den Neubau des Kurhauses integriert.

■ **Kurhaus Meran,** Freiheitsstr. 37, Tel. 0473 4960 00, www.kurhaus.it, der ausgemalte Kursaal, der Pavillon des Fleurs und die verschiedenen Tagungs- und Ausstellungsräume bieten einen eleganten Rahmen für Empfänge, Kongresse, Konzerte und Hochzeiten.

Therme

Die 2005 errichtete Therme ist ein architektonisches Glanzstück aus Stahl und Glas des Architekten *Matteo Thun*. Die beliebte Wohlfühl-Oase steht in einem 50.000 m² großen Park mit altem Baumbestand am südlichen Passerufer. Besucher finden hier Innen- und Außenschwimmbäder, Saunen, Spa-, Fitness- und Wellnessbereiche, ein Bistro und ein Café.

UNSER TIPP: **Therme Meran,** Thermenplatz 9, Tel. 0473 252000, www.thermemeran.it, Hallenbad täglich geöffnet 9–22 Uhr, Freibad im Sommer 9–20 Uhr, Sauna Mo–Fr 13–22 Uhr, Sa, So, feiertags und Winterferien 9–22 Uhr, Do Damensauna

064st ot

Meran Zentrum

11–18 Uhr, Eintritt Therme 3 Std. 16 Euro, 2 Std. 14 Euro, Kinder 4–13 Jahre 11/10 Euro, Tageskarte 22/14 Euro, Therme und Sauna Erwachsene 20/22/28 Euro.

Pulverturm

Von der **Burg Ortenstein,** die ursprünglich das Steinachviertel überragte, ist lediglich der zinnenbewehrte Pulverturm übrig geblieben. Es handelt sich um den Bergfried der Burg. Der Turm wurde bis ins 18. Jh. hinein als Lager für Schießpulver genutzt. Heute ist er ein gern frequentierter **Aussichtsturm,** der den Touristen einen Rundblick über die Meraner Altstadt mit dem mächtigen Pfarrturm als Wahrzeichen im Vordergrund bietet.

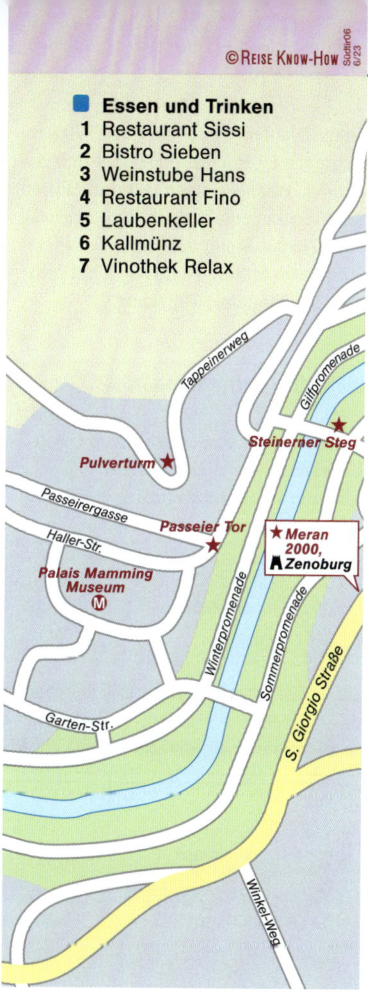

Zenoburg

Am Eingang des Passeiertals erhebt sich die Zenoburg an der Stelle, wo wahrscheinlich die Römer ihr Kastell gebaut hatten. In der Spätantike wurde hier dem heiligen *Zeno* eine Kapelle errichtet, die Ziel von Wallfahrten war. Der Tiroler Graf *Meinhard II.* baute zwischen 1285 und 1290 die Befestigungsanlage und das Heiligtum als Herrschaftssitz aus. Als Schloss Tirol 1301 durch einen Brand teilweise zerstört worden war, verlegten die Tiroler Grafen ihre Residenz in die Zenoburg, bis *Karl von Böhmen* sie im Krieg gegen *Margarethe Maultasch* 1347 zerstörte. Danach verfiel die Burganlage. 1799 erwarb *Leopold von Braitenberg,* dessen Familie den benachbarten Stemmerhof auf Zenoberg besaß, die Ruine. Seine Familie renovierte die Anlage in den 1970er und 1980er Jahren. Als Privatbesitz kann die Zenoburg nicht besichtigt werden.

Promenaden

Meran ist berühmt für seine **botanische Vielfalt.** Üppiger Pflanzenwuchs und gepflegte subtropische Blütenpracht sind das Wahrzeichen der Stadt, die von mehr als **60 km Wanderwegen** durchzogen ist. Ohne größere Steigungen kann man entlang der Passer oder an den Hängen des Küchelberges wandern und flanieren.

Die **Passerpromenade** als Teil der Kurpromenaden verläuft zwischen Theaterbrücke und Postbrücke am rechten Passerufer, immer mit Blick auf das Kurhaus. Ausgehend von der Postbrücke führen die **Winterpromenade** mit der Jugendstil-Wandelhalle und die schattige **Sommerpromenade** flussaufwärts entlang der Passer. Am Beginn der Winterpromenade befindet sich das Denkmal der Kaiserin *Sissi* in Erinnerung an ihre Kuraufenthalte in der Stadt. Die blumengeschmückte Sommer- und Winterpromenade treffen am **Steinernen Steg,** einer Rundbogenbrücke über die Passer aus dem frühen 17. Jh., am Ausgang der

Gilfschlucht aufeinander. Von hier aus führt die sonnige **Gilfpromenade** zur Zenoburg und zum Pulverturm hinauf.

Dem Kurarzt Dr. Franz Tappeiner verdankt Meran den **Tappeinerweg** als schönste Promenade – er hat seine Anlage 1893 aus eigenen Mitteln finanziert. Der Tappeinerweg bietet in jedem Abschnitt weite Ausblicke auf die Altstadt und die vielen Obst- und Weingärten des Umlands. Er führt 100 m über der Stadt entlang der sonnigen Südflanke des Küchelberges. Vom Pulverturm aus kann man auf dem Tappeinerweg nach Gratsch laufen, weiter über den Falknerweg nach Dorf Tirol oder über den Algunder Waalweg nach Algund. Einen weiteren Zugang hat der Tappeinerweg vom **Tiroler Steig,** der hinter der Pfarrkirche von Meran nach Dorf Tirol führt und den Tappeinerweg quert.

Wallfahrtskirche Maria Trost

Im südlich der Passer gelegenen Ortsteil **Untermais** steht die Wallfahrtskirche Maria Trost an der Kreuzung Rom- und

Tappeinerweg

- **Dauer:** 1 Std.
- **Länge:** 4 Kilometer
- **Höhendifferenz:** 50 Meter
- **Schwierigkeitsgrad:** leicht, für Kinderwagen geeignet
- **Wegstrecke:** Barrierefrei
- **Saison:** Ganzjährig

GPS Zu Unrecht als „Rentnerpfad" belächelt, ist der Tappeinerweg eine wunderschöne Promenade, die sich wie eine Empore am Hang des Küchelbergs fast eben auf 380 Meter über Meereshöhe oberhalb von Meran hinzieht. Er bietet inmitten alpiner und mediterraner Vegetation aus Zedern, Korkeichen, Ölbäumen, Eukalyptus, Feigenkakteen und Agaven einen Panoramablick über die Stadt an der Passer.

Der Weg beginnt an der **Gilfpromenade,** wo sie auf die alte Passeirerstraße stößt, und führt über eine Länge von wenigen Kilometern bis zur Pfarrkirche von Gratsch. Angelegt hat diesen Flanier- und Spazierweg der Botaniker, Arzt und Anthropologe Dr. Franz Tappeiner (1816–1902) aus Laas im Vinschgau, der damit die Entwicklung Merans zur Kurstadt nachhaltig unterstützte. Dank seiner Spenden konnte diese Promenade in drei Bauabschnitten (1893, 1911 und 1928) angelegt werden. Entlang der Route sind Restaurants, Cafés und Trinkbrunnen zu finden.

Zugang mit Kinderwagen: von der Galilei-Straße oder von der Gilfpromenade aus, über den Schlehdorfsteig in der Verdi-Straße, oder von Gratsch, Busverbindung von Meran (Bahnhof oder Rennweg) bis Gratsch: Linie 236.

Schafferstraße. Ihre Ursprünge gehen wohl auf das Jahr 1200 zurück, erstmals urkundlich erwähnt wurde sie 1273. An ihrer nördlichen Langhauswand befindet sich neben dem Triumphbogen das romanische Wandbild „Tod Mariens", das interessante byzantinische Kunsteinflüsse zeigt.

Stadtpfarrkirche St. Vigil

Die Stadtpfarrkirche St. Vigil von Untermais am Ende der Piavestraße wurde im 13. Jh. erbaut, musste allerdings 1878 nach einem Brand fast vollständig neu errichtet werden. Der heutige Bau stammt aus den Jahren 1934–36. Die Kirche beherbergt einen wertvollen gotischen Altar, sehenswert sind auch die Fresken aus dem 15. Jh.

Schloss Trauttmansdorff

Schloss Trauttmansdorff am südöstlichen Stadtrand, in dem schon Kaiserin *Sissi* überwinterte, geht auf die Zeit um 1300 zurück, in den Ursprüngen war es eine kleine Burg mit dem Namen Neuberg. Als die Adelsfamilie *Trauttmansdorff* die Burg 1543 erwarb, wurde sie im großen Stil erweitert. 1846 kamen nach Jahren des Verfalls im Zuge einer grundlegenden Renovierung neogotische Elemente hinzu. 1977 übernahm die Südtiroler Landesverwaltung die Anlage und richtete dort das **Landesmuseum für Tourismus** ein.

Rund um das Schloss wurde 1994 der **Botanische Garten** angelegt, der auf einem gut zwölf Hektar großen Gelände

069st ot

☑ Schloss Trauttmansdorff mit Botanischem Garten

061st ot

Kulturpflanzen des Mittelmeerraums wie Oliven, Zitronen, Wein, Zypressen und Lavendel zeigt. Von den Wasser- und Terrassengärten führen Treppenwege in den Italienischen Garten, den Sinnesgarten und weiter hinab an den Seerosenteich. So kann man hier sowohl die vielfältige einheimische Pflanzenwelt der Landschaften Südtirols als auch Laub- und Nadelbäume amerikanischer und asiatischer Herkunft kennenlernen, die sich in den Waldgärten abwechseln. Zudem gibt es ein Gewächshaus.

Ein Hingucker wie auch ein Ausgucker ist die keck aus dem Hang auskragende **Aussichtskanzel** nach einem Entwurf von *Matteo Thun* – mehr ein Accessoire für den Park als ein prägendes Bauwerk. Diese Kanzel spiegelt die Philosophie moderner Architektur in Südtirol wider, die sich als Dialog zwischen Menschenwerk und der umgebenden Natur versteht.

Nachdem die Gärten von Schloss Trauttmansdorff im Jahr 2005 zum „schönsten Park Italiens" gekürt worden waren, folgte 2013 die Krönung zum „Internationalen Garten des Jahres" und damit die Aufnahme in die Reihe der schönsten Gärten und Parks weltweit. Von der Tulpenblüte im Frühling bis zu den Herbstfarben sind die Gärten zweifellos eine Hauptattraktion von Meran.

■ **Botanischer Garten von Schloss Trauttmansdorff,** St. Valentin-Str. 51, Tel. 0473 270172, www.trauttmansdorf.it, geöffnet April bis Mitte Okt. 9–19 Uhr, 2. Hälfte Okt. 9–18 Uhr, 1. Hälfte Nov. 9–17 Uhr, Fr Juli–Aug. 9–23 Uhr, Eintritt 15 Euro, Senioren 13 Euro, Kinder 6–18 Jahre 12 Euro, div. Familienkarten, Hunde nicht zugelassen.

Museen

Touriseum

Das Touriseum genannte **Landesmuseum für Tourismus** in Schloss Trauttmansdorff inmitten des Botanischen

An der Passerpromenade in Meran

Gartens ist das erste Museum des Alpenraums, das sich schwerpunktmäßig der Geschichte des Tourismus in Tirol widmet. Hier werden 200 Jahre Fremdenverkehr präsentiert.

■ **Landesmuseum für Tourismus,** Schloss Trauttmansdorff, St. Valentin-Str. 51, Tel. 0473 21 0172, www.touriseum.it, April bis Mitte Okt. 9–19 Uhr, 2. Hälfte Okt. 9–18 Uhr, 1. Hälfte Nov. 9–17 Uhr, Fr Juli–Aug. 9–23 Uhr, Eintritt 15 Euro, Senioren 13 Euro, Kinder 6–18 Jahre 12 Euro, diverse Familienkarten, Hunde nicht zugelassen. Der Eintritt gilt auch für die Gärten des Schlosses.

Landesfürstliche Burg

Die Landesfürstliche Burg wurde um 1470 von Erzherzog *Sigmund von Österreich* am Fuße des Küchelberges als **Stadtresidenz** errichtet. Trotz ihres wehrhaften Äußeren hatte sie zur Bauzeit keine militärische Funktion mehr und ist vom Typus her eher ein Ansitz. Sie wurde später auch von Kaiser *Maximilian* und der Familie von Kaiser *Ferdinand I.* bewohnt.

Die Burg bietet sich mit ihrem Inventar als Anschauungsobjekt **spätmittelalterlicher Lebensgewohnheiten** an – hier kann man Möbel, Küchengeräte, Kachelöfen, Musikinstrumente und Waffen, aber auch Fresken und Porträts aus jener Zeit betrachten.

■ **Landesfürstliche Burg,** Galilei-Str., Tel. 0329 0186390, www.gemeinde.meran.bz.it/de/Landesfuerstliche_Burg_1, geöffnet von der Osterwoche bis 6. Jan. Di–Sa 10.30–17 Uhr, So und feiertags 10.30–13 Uhr, Eintritt 5 Euro, ermäßigt 4 Euro, Jugendliche unter 18 Jahren frei. Kombiticket mit Palais Mamming Museum 8 Euro.

Palais Mamming Museum

Das **Stadtmuseum** liegt im 2015 neu restaurierten Barockpalais Mamming am Ende der Lauben hinter der Pfarrkirche St. Nikolaus. Den Grundstock des Museums bildet die Sammlung gotischer Skulpturen und barocker Gemälde **Tiroler Meister,** dazu gibt es Exponate zur Urgeschichte, Mineralogie, Volkskunst aus Meran und Umgebung sowie Gemälde des 19. und 20. Jh.

■ **Palais Mamming Museum,** Steinachplatz, Tel. 0473 270038, www.palaismamming.it, geöffnet Ostern bis 6. Jan. Di–Sa 10.30–17 Uhr, So und feiertags 10.30–13 Uhr, langer Di im Sommer 10.30–13 Uhr und 18–22 Uhr, Eintritt 6 Euro, ermäßigt für Senioren und Studenten 5 Euro, Kombiticket mit der Landesfürstlichen Burg 8 Euro.

Jüdisches Museum

Das Jüdische Museum im Keller der **Synagoge** zeigt Dokumente und Kultobjekte der jüdischen Kultusgemeinde, die sich um die Jahrhundertwende in Meran konstituiert hat. Dazu gibt es Exponate zur Nazi-Verfolgung und Deportation.

■ **Jüdisches Museum,** Schillerstr. 14, Tel. 0473 23 6127, www.gemeinde.meran.bz.it/de/Juedisches_Museum, geöffnet Di/Mi 15–18 Uhr, Do/Fr 9–12 Uhr, Sa und an jüdischen Feiertagen geschlossen, Eintritt frei.

Weinbaumuseum

Im privaten Weinbaumuseum in **Schloss Rametz** kann man im Erdgeschoss und in den Kellern des Wirtschaftsgebäudes alte Arbeitsgeräte betrachten. Die Besichtigung führt durch die alten Keller mit Porphyrsteinquadern und durch die moderne Kellerei und endet mit einer Weinverkostung.

UNSER TIPP: **Weinbaumuseum,** Labersstr. 4, Tel. 0473 211011, www.rametz.com, geöffnet Mo bis Fr 10–17 Uhr, Sa 10–12 Uhr, Weinverkostung Mo bis Fr 16 Uhr, 18 Euro, im Winter auf Anfrage.

Praktische Tipps

Unterkunft

Karte Meran Seite 108

2 **Hotel Sittnerhof**④, Verdistr. 58, Tel. 0473 44 6331, www.sittnerhof.it, ansprechende Hotelanlage mit großem Garten, geräumige, gut ausgestattete Zimmer mit Balkon, besondere Attraktion ist die Turmsuite, Lift, Swimmingpool, Hallenbad mit Kinderbecken, Wellnessbereich mit Sauna.

2 **Agroturismo Sittnerhof**②, Verdistr. 60, Tel. 0473 221631, www.bauernhofurlaub.it, Bauernhof mit Wurzeln bis ins 14. Jh., Kanonenkugel in der Hauswand aus der Zeit der Befreiungskriege, großes Freibad, Liegewiese, urige Terrassen unter alten Pergeln (Weinlauben), rustikale Zimmer mit Balkon, eigene Landwirtschaft und Weinbau, Bauernstube aus dem 18. Jh.

1 **Villa Tivoli**④, Verdistr. 72, Tel. 0473 446282, www.villativoli.it, luxuriöses Anwesen, ruhig gelegen in einem großen, mediterranen Park am Hang des Küchelberges, Freibad, großzügige Zimmer und Appartements, Spitzenrestaurant 1 **Artemis**④ im Pavillon, 10. Nov. bis 2. April geschlossen.

7 **Hotel Irma**⑤, Schönblickstraße 7, Tel. 0473 21 2000, www.hotel-irma.com, seit 1924 eine Institution, die Ausstattung von nobler Eleganz, 18.000 m² Park, beheiztes Meerwasserbecken, Freischwimmbad, das Torten-Buffet ist weithin bekannt. Neu im Angebot die Suite im Baumhaus: ca. 35 m² mit 65 m² Terrasse. Nähere Informationen siehe Website.

4 **Auhof**①, Rennstallweg 16, Tel. 0473 237262, www.auhof.it, Urlaub auf dem Bauernhof, Obstbaubetrieb, mit Liegewiese und Schwimmbad, rustikale Zimmer mit Balkon und Sitzecke, neue moderne Zimmer② im Garten.

3 **Jugendherberge Meran,** Carduccistr. 77, Tel. 0473 201475, www.meran.jugendherberge.it, 59 Betten in Ein-, Zwei-, Drei- und Vierbettzimmern, drei behindertengerechte Zimmer, Billard, Kicker, Tischtennis, Internet-Point, Wasch-, Trocken-, Bügelraum, Fahrrad- und Skiraum, Übernachtung ab 26 Euro mit Frühstück, ganzjährig geöffnet.

Karte Meran Zentrum Seite 114

4 **Hotel Aurora**④, Kurpromenade 38, Tel. 0473 211800, www.hotelaurora.bz, in herrlicher Lage direkt an der Passer, Zimmer im Design-Look mit Balkon, angeschlossenes Spezialitätenrestaurant 4 **Fino**③ mit Café und Bistro, Ende Dezember bis Ende Februar (außer Weihnachten) geschlossen.

8 **Meran Palace**⑤, Cavourstraße 2, Tel. 0473 271000, www.palace.it. 1905 erbauter, mehrfach modernisierter Neorenaissance-Palast, ganz der alternativmedizinischen Entschlackung verschriebenes Luxushotel, durchschnittliche Suiten-Preise 1100 Euro, opulenter Medizin- und Wellnessbereich.

Camping

Karte Meran Seite 108

5 **Live Merano Camping,** Piavestr. 44, Tel. 0473 231249, www.livemeranocamping.com, ab Sommer 2020 unter neuer Leitung, Platz in ruhiger Lage, renoviert, Flächen vergrößert, zehn Gehminuten vom Zentrum, geheiztes Schwimmbecken, geöffnet von Ende März bis Anf. Nov., nahebei Lebensmittelgeschäft, Restaurant, Tennisplatz und Reitmanege.

Essen und Trinken

Karte Meran Zentrum Seite 114

6 Kallmünz④, Sandplatz 12, Tel. 0473 212917, www.kallmuenz.it, am Schloss Kallmünz, einem spätmittelalterlichen Ansitz, der im 17. Jh. sein heutiges Aussehen bekam, dort Atelier und Galerie, Kunsthandwerkermarkt in der Vorweihnachtszeit und Ostermarkt, das Restaurant in der alten Remise bietet mediterrane Küche, Mo Ruhetag.

1 Restaurant Sissi③, Galileistr. 44, Tel. 0473 23 1062, www.sissi.andreafenoglio.com, mit Blick auf die Landesfürstliche Burg und Aussichtsterrasse, ausgezeichnete Küche, große Weinkarte.

5 Laubenkeller②, Laubengasse 118, Tel. 0473 237706, www.laubenkeller.it, typisches Laubenrestaurant, hausgemachte Küche Südtirols und typische lokale Weine, freundliche Atmosphäre in den vom Meraner Maler *Gigi Picelli* ausgemalten Räumen, überdachter Garten, Do Ruhetag, sonst mittags und abends geöffnet.

7 Vinothek Relax②, Cavourstr. 31, Tel. 0473 23 67 35, www.weine-relax.it, Weinhandlung und kleines Restaurant, italienische und Südtiroler Küche, mit Terrasse, So Ruhetag.

2 Bistro Sieben③, Laubengasse 232, Tel. 0473 210636, www.bistrosieben.it, Restaurant, Café, Bar, Weinstube, modernes Ambiente, ab 8.30 Uhr.

3 Weinstube Hans, Laubengasse 205, Tel. 0473 237183, traditionelle Weinstube, So Ruhetag.

Wein (Karte S. 108)

8 Weingut Schloss Rametz, Labersstr. 4, Tel. 0473 211011, www.rametz.com, 10 ha Rebfläche, Rot-, Rose- und Weißweine, Sekt, Likör, Destillate, mit Museum (→ Museen) und Shop, täglich geöffnet 9–18 Uhr.

6 Kellerei Meran Burggräfler, Algund, Kellereistraße 9, Tel. 0473 235544, www.meranerkellerei.com, Wein von 500 Mitgliedern auf 175 ha, mehrere Qualitätslinien, über 30 Rebsorten, geöffnet Mo bis Fr 8–19 Uhr, Sa 8–18 Uhr, Führung Ende März bis Ende Okt. Mi–Fr 15 Uhr, mit Voranmeldung.

Aktivitäten

■ **Pferderennplatz:** Rennstallweg 37, Tel. 0473 446222, www.ippodromomerano.it, die großzügig ausgebaute Pferderennbahn bietet wöchentliche Rennen. Highlight ist das Haflinger-Bauerngaloppрennen am Ostermontag sowie der „Große Preis von Meran" als internationales Hürdenrennen im Sept.

Freibad Lido: Piavestr. 46, Tel. 0473 236975, www.meranarena.it, mit olympischem Becken, Funbecken und Kleinkinderbereich, zwei Riesenrutschen, Sprungbretter, Liegewiesen, Terrassen-Restaurant, viele Events, tägl. früh bis mittags und abends für Publikum geöffnet, Eintritt 9,10 Euro, Kinder von 5 bis 14 J. 6,80 Euro, Studierende 7,50 Euro, Senioren 7,10 Euro, Familienkarte 18,30 Euro.

■ **Eishalle:** Gampenstr. 74, Tel. 0473 236975, www.meranarena.it, für 3000 Besucher mit einer 60 x 30 m großen Kunsteisfläche, dazu Eislaufplatz Meranarena 58 x 28 m mit angrenzender Tribüne für 170 Zuschauer, geöffnet Nov. bis März, Eintritt 5,60 Euro, Kinder von 5 bis 14 Jahren 3,70 Euro, Studierende 4,50 Euro, Senioren 4,50 Euro, Familienkarte 11,20 Euro, Schlittschuh-Verleih 4 Euro.

■ **Hubschrauberrundflüge:** Heliport Meran, Romstraße 300, Tel. 0473 233091, mit Heli-Austria (Meran), Rundflug Dolomiten 25 Min. ab 200 Euro, Info: www.heliaustria.my-air-seat.com.

■ **Skigebiet Meran 2000:** www.meran2000.com, am 2581 m hohen Ifinger, Zufahrt von der Talstation der Ifinger Seilbahn im Naiftal und mit der Umlaufbahn Falzeben, von der Bergstation Anschluss mit vier Sesselliften und einem Skilift an das Ski- und Wandergebiet Meran 2000 auf Höhen zwischen 1500 und 3200 m. Seil- und Umlaufbahn 9–17 Uhr, Nov. und April geschlossen. 40 km Pisten, 18 km Langlaufloipen und eine Rodelbahn.

Einkaufen

■ **Lauben:** Vielseitiges, hochwertiges Angebot an Spezialgeschäften, z. B. Käse, Speck und Fleischwaren, Loden und Trachten, Textilien, Wanderschuhe.

■ **J.P. RÖSCH:** Laubengasse 203, Tel. 237635, www.roesch.it, Tier- & Zoohandlung, Spezialist für Hundebedarf, einmalig in Südtirol.

■ **Bauernmarkt:** Sa an der Landesfürstlichen Burg.

Feste und Veranstaltungen

■ **OrgelMai Meran:** Orgelkonzerte auf den verschiedenen Orgeln der Kirchen Merans und des Burggrafenamtes mit überregional bekannten Künstlern, Eintritt jeweils 10 Euro.

UNSER TIPP: **Weihnachtsmarkt:** vom Fr vor dem 1. Advent bis 6.1. entlang der Kurpromenade mit über 80 Ausstellern – ein winterliches Highlight der Kurstadt Meran!

Seilbahnen

■ **Sessellift Meran – Dorf Tirol** (320–500 m), hauseigener Lift des **Hotels Panorama**③ (siehe „Dorf Tirol"), Anf. April bis Anf. Nov. täglich 9–18 Uhr, Anf. Juli bis Mitte Sept. bis 19 Uhr, einfache Fahrt 5 Euro, Kinder 2,50 Euro, Hin- und Rückfahrt 6,50/3,50 Euro.

Info: Hotel Panorama, Segenbühelweg 22, Dorf Tirol, Tel. 0473 923125, www.panorama-tirol.com.

Verkehr

■ **Bahnhof Meran,** Bahnhofplatz 1, Tel. 848 88 80 88, Ausgangs- und Endpunkt der Bahnstrecke Brenner – Meran und Meran – Mals (Vinschgerbahn).

Info: www.sta.bz.it/de/eisenbahnen-seilbahnen/vinschger-bahn.

DAS MERANER UMLAND

HÄNGE RUND UM DIE STADT

Das Etschtal um Meran weist besonders viele Burgen auf, deren Herren sich im Umfeld von Schloss Tirol ansiedeln wollten. Die beliebte Ferienregion bietet eine vielfältige Hotellerie, kulinarische Köstlichkeiten sowie vielfältige Wander-, Sommer- und Wintersportmöglichkeiten.

NICHT VERPASSEN!

- **St. Georgen,** malerisch über Meran gelegen | 125
- **St. Kathrein,** auf der Höhe nahe Meran mit schönem Blick auf die Texelgruppe | 128
- **Knottnkino,** eine besondere Art, Landschaft zu erleben | 128
- **Schloss Tirol,** die Stammburg der Grafen von Tirol mit dem Landesmuseum für Kultur- und Landesgeschichte | 133

Diese Tipps erkennt man an der gelben Markierung.

072st ot

Schenna (Scena)

■ **Info:** Postleitzahl Schenna: **39017.** Tourismusbüro Schenna, Erzherzog Johann Platz 1/D, Tel. 0473 945669, www.gemeinde.schenna.bz.it/de/Freizeit_und_Tourismus.
■ **Dorfführung Schenna:** Ca. 40 Termine im Jahr, jeweils Di bzw. Do 9.30–12.30 Uhr, Anmeldung beim Tourismusbüro.

Vom Bergkamm zwischen der 2781 m hohen Hirzer Spitze und dem 2581 m hohen Ifinger fällt das Gelände zum Passeiertal an die 2000 m ab. In den unteren Hanglagen erstreckt sich das einstige Bauerndorf Schenna, das sich zu einem der **modernen Ferienzentren** Südtirols mit vielen Unterkunftsmöglichkeiten vor allem der gehobenen Kategorie entwickelt hat und manchem schon zu umtriebig geworden ist.

Dennoch zählt Schenna mit seinen sechs Fraktionen zu den **schönsten Wandergebieten** der Region. Die nach Südwest zur Sonne ausgerichteten Hänge sind klimatisch begünstigt. Hier findet man Weinberge, Obstgärten und Kastanienhaine. Das Gelände ist von Waalwegen durchzogen, oberhalb an den Berghängen dehnen sich Wälder bis unter die Bergspitzen aus und viele Jausenstationen säumen die Wege. **Seilbahnen und**

⌃ Schloss Tirol, die mittelalterliche Residenz der Grafen von Tirol, gehört zu den großartigsten Sehenswürdigkeiten des Landes

Sessellifte erleichtern den Aufstieg in die Höhenlagen, wo sich eine herrliche Aussicht über Meran und die umliegenden Täler und Bergketten bietet.

Erstmals wird Schenna im 12. Jh. urkundlich erwähnt. Hier, wo schon die Römer Spuren hinterlassen haben, ließen sich die Herren von Schenna als Ministerialen der Grafen von Tirol nieder. Der Graf gab *Petermann von Schenna* die Erlaubnis, auf dem Hügel ein Schloss zu bauen. Die Geschichte des Ortes ist seither eng mit der des Schlosses und dessen Besitzern verbunden. 1844 erwarb Erzherzog *Johann* das Schloss, dessen Nachfahren es als Grafen von Meran immer noch bewohnen. Der Erzherzog hatte nämlich eine Bürgerliche geheiratet, die Postmeisterstochter *Anna Plochl*, weshalb seine Söhne nicht erbberechtigt waren – deshalb erhielten sie den Grafentitel.

Schloss Schenna

Schloss Schenna wurde um 1350 erbaut. Die Lichtensteiner gaben ihm das heutige imposante Aussehen mit dem teilweise noch erhaltenen Burggraben. Eine Brücke führt zum Eingangstor, von wo man in den Innenhof gelangt. Ein offenes Treppenhaus erschließt die Burgräume, die – bis auf den privaten Flügel – besichtigt werden können. Gezeigt werden die weitgehend ursprüngliche **Möblierung,** eine Gemälde- und Porträtgalerie, eine **Waffensammlung** und zahlreiche **kunsthistorische Objekte** zur Tiroler Geschichte.

⊡ Schenna mit seiner alten Pfarrkirche

UNSER TIPP: **Schloss Schenna,** Schlossweg 14, Tel. 0473 945630, www.schloss-schenna.com, Führungen Mitte April bis Okt. Di–Fr 10.30, 11.30, 14 und 15 Uhr, Mo nur Abendführung 21 Uhr, Sa/So geschl., Eintritt 9 Euro, Schüler bis 14 Jahre 3 Euro.

Mausoleum

Das Mausoleum im Ortskern wurde 1860–69 neben der neuen Pfarrkirche als Grabstätte für Erzherzog Johann und seine Familie als neugotischer Bau aus rotem Sandstein und Granit mit unterirdischer Gruft mit schwerem Kreuzrippengewölbe erbaut.

■ **Mausoleum,** Führungen Mitte April bis Okt. Do 9.30 und Di im Rahmen der Dorfführung, Eintritt 5 Euro, Kinder unter 10 Jahre frei, Info: Schloss Schenna, Tel. 0473 94 56 30.

Alte Pfarrkirche

Die alte Pfarrkirche **Maria Himmelfahrt** wurde auf einem exponierten Felsvorsprung errichtet. Es ist ein einschiffiger, ursprünglich romanischer Bau, was noch am Turm, der um 1500 gotisch umgestaltet wurde, und am Langhaus erkennbar ist. Kostbare Fresken aus der Zeit um 1400 konnten freigelegt werden.

St. Martinskirche

Die St. Martinskirche, die heute als Totenkapelle dient, stammt als ältestes Baudenkmal Schennas aus der Zeit um 1200. Sie wurde im karolingischen Maß zweischiffig mit je einer Rundapsis und zwei zentralen Pfeilern erbaut.

■ **St. Martinskirche,** zu besichtigen im Rahmen von kunsthistorischen Führungen Di 9.30 Uhr, Anmeldung im Tourismusbüro.

St. Georgen

Im Oberdorf St. Georgen steht die romanische **St. Georgskirche,** die erstmals im Jahr 1149 erwähnt wurde. Sehenswert sind die gotischen Wandmalereien im Inneren. Möglicherweise handelt es sich um die Burgkapelle der bis ins späte 13. Jh. hier bestehenden Burg Alt-Schenna.

Am Verdinser Waalweg südlich von St. Georgen erhebt sich **Schloss Goyen** als eine der ältesten Burganlagen im Meraner Raum. Sie entstand um 1200 und erhielt ihr heutiges Aussehen zu Beginn des 17. Jh. Imposant ist der Bergfried, durch den eine Ringmauer mitten hindurchführt. Er wird heute noch (privat) bewohnt.

Verdins, Tall und Videgg

Von der Fraktion Verdins oberhalb von Schenna führt eine Seilbahn hoch zum Gasthaus Taser. Noch weiter nördlich gehören jenseits der Masulschlucht die Weiler Prenn, Ober- und Untertall sowie Videgg zu Schenna – der höchstgelege Weiler ist Videgg mit vier Berghöfen und einer Kirche auf 1500 m Höhe.

Oberhalb von Verdins fährt eine Seilbahn über die Schlucht in das Wandergebiet von Tall.

Unterkunft

■ **Schlosswirt**④, Schlossweg 2, Tel. 0473 945620, www.schlosswirt.it, Traditionsbetrieb seit 1838, zentral im Ort mit Blick über Schenna und Meran, großartige Terrasse, Pool, Suiten und Zimmer verschiedener Kategorien, angeschlossenes Restaurant mit gotischer Stube bietet traditionelle Küche modern dargeboten, Mo Ruhetag.

066st ot

■ **Hotel Gutenberg**④, Ifingerstraße 14, Tel. 0473 945950, www.gutenberg.schenna.com, familienfreundlicher Betrieb oberhalb vom Ortskern mit grandiosem Blick auf die Texelgruppe, komfortable, gemütlich eingerichtete Zimmer und Suiten, dazu geräumige Ferienwohnungen in der Residence, großer Wellness-Bereich, Hallenbad, Liegewiese, Kinderprogramme, gehobene Küche.

■ **Grafenstein**③, Verdinserstraße 32 B, Tel. 0473 945765, www.grafenstein.info, Wellness-Hotel mit Saunalandschaft, Hallen- und Freibad, Liegewiese, Beauty-Bereich, kinderfreundlich, Zimmer mit Balkon. Betriebsferien Nov. bis März.

■ **Alpenhof**②, Verdins 43, Tel. 0473 949403, www.alpenhof-schenna.com, auf 850 m Höhe in der Fraktion Verdins gelegen, Ausgangspunkt für Wanderungen, rustikale Zimmer mit Balkon, Liegewiese, Freibad.

■ **Moser**②, St. Georgen 40, Tel. 0473 945688, www.moserhof.it, in herrlich ruhiger Lage an der St. Georgskirche, Zimmer verschiedener Kategorien teilweise mit Balkon, Suiten, Hallenbad, Liegewiese, Saunalandschaft, Wintergarten, Restaurant mit reichhaltiger Speisekarte bietet internationale Gerichte und Tiroler Spezialitäten.

■ **Hotel Hasenegg**②, Schennaberg 2, Tel. 0473 949419, www.hasenegg.it, oberhalb von Verdins in herrlicher Aussichtslage, renovierte rustikale Zimmer, angeschlossenes Restaurant, schöne Terrasse, neu dazu wurden **Luxus-Chalets**④ mit eigenem Whirlpool errichtet.

Essen und Trinken

■ **Wirtshaus Thurnerhof**②, Verdinserstr. 26, Tel. 0473 945702, www.thurnerhof.it, Bauernhaus mit Wurzeln bis ins 15. Jh., einer der schönsten und ältesten Höfe von Schenna, seit 1996 Wirtshaus mit schattigem Gastgarten, bietet traditionelle Südtiroler Küche.

■ **Taser**②, Schennaberg 25, Tel. 0473 945615, www.taseralm.com, Gasthof der Familienalm am Schennaberg, zu erreichen mit der Taser-Seilbahn, geöffnet Ende März bis Anf. Nov. täglich ab 11.30 Uhr, im Winter auf Anfrage. Auf der Alm Chalets, **kleines Hotel**③, Hochseilgarten, kleiner Zoo, Spielpark und Indianerdorf für Kinder.

■ **Hiaslbauer,** Schenna-Videgg, Tel. 0473 9494 52, www.hiaslbauer.com, Jausenstation am Ende des Fahrweges nach Videgg auf 1536 Meter, traditionelle Südtiroler Küche, Wildgerichte, schöne Bauernstube, große Außengastronomie, geöffnet Anf. März bis Anf. Nov., dazu 26.12. bis 6.1.

■ **Hirzer Hütte,** Unterpirchhof 33/A, Tel. 0473 64 5600, www.hirzerhuette.com, Berggasthof und Jausenstation auf 1980 m Höhe, Übernachtungsmöglichkeiten, Spielplatz, durchgehend warme Küche mit Produkten aus eigener Käserei, hausgemachter Speck und Kaminwurzen. Geöffnet Ende Mai bis 1. Nov., samstags Ruhetag. Neu ist die Alpaka-Zucht und der Verkauf von Alpaka-Produkten.

Feste und Veranstaltungen

■ **Tallner Sunntig:** Mai bis Okt. jeden 1. So im Monat, die Gastbetriebe am Hirzer bieten besondere Schmankerln an, die Seilbahnen Sondertarife und Sonderfahrten, www.tallnersunntig.it.

■ **Südtirol Classic:** Oldtimer-Ralley eine Woche Anfang Juli durch die schönsten Reviere Südtirols, über Passstraßen und Serpentinen, durch das Sonnenplateau Ritten oberhalb von Bozen, den Oberen Vinschgau und die Dolomiten, dazu musikalisches Begleitprogramm. Veranstalter: Südtirol Classic Club, Erzherzog-Johann-Platz 1, Tel. 0473 945669, www.suedtirolclassic.com. Neu: Herbst-Oldtimer Ralley Anfang Oktober für Fahrzeuge bis Baujahr 1980.

Seilbahnen

■ **Seilbahn Verdins – Tall** (850–1450 m): Verdins 39, Tel. Talstation 0473 94 94 50, Tel. Bergstation und Gasthaus 0473 949435, www.verdins.it, von Ende März bis Anf. Nov. halbstündlich mit Zwischenfahrten bei Bedarf, zusätzliche Fahrten in den Weihnachtsferien, Ticket einfach/hin und zurück 8,50/12,50 Euro, Jugendliche von 1,40 m bis 16 Jahre 5,20/6,50 Euro, darunter frei, Fahrräder und Hunde 3 Euro.

■ **Taser Seilbahn:** von Verdins oberhalb von Schenna zum Gasthaus Taser, Betrieb März bis 3.11. 8.30–12 und 13–18 Uhr, So und feiertags bis 19 Uhr, 25.12.–6.1. 9–12 und 13–17 Uhr, Ticket einfach/hin und zurück 8,10/10,70 Euro, Kinder 6–15 Jahre 5,20/6,90 Euro, darunter frei, Info: www.taseralm.com.

■ **Sessellift Oberkirn – Grube** (1440–1808 m): Tel. 0473 949535, zum Gasthof Grube (Tel. 0473 94 9404, April bis Anf. Nov., Spezialität hausgemachter Strudel), Sommerbetrieb.

Freizeit

■ **Nature.Fitness.Park Schenna-Hirzer-Meran 2000:** Bietet sieben Nordic-Walking-Routen mit drei Schwierigkeitsgraden im Wandergebiet Meran/Schenna und Hirzer. An weiteren Strecken wird gearbeitet. Ausgangspunkte sind das Zentrum Schenna, Klammeben, Prenn, Gasthaus Piffinger Köpl und die Bergstation Verdins.

Hafling und Vöran (Avelengo, Verano)

■ **Info:** Postleitzahl Hafling: **39010.** Tourismusverein Hafling-Vöran-Meran 2000, St. Kathrein Straße 2/b, Tel. 0473 279457, www.hafling.com.

Der kleine Ort Hafling am **Tschögglberg** oberhalb von Meran ist mit weniger als 1000 Einwohnern wegen seiner **Pferde** weltweit bekannt. Eine Panora-

Wanderungen im Tall-Hirzer Wandergebiet

GPS Die Hanglagen unterhalb der Bergkette der Sarntaler Alpen zwischen Hirzerspitze (2781 m), Hönigspitze (2700 m) und Videgger Plattenspitze (2673 m) bieten eines der schönsten Wandergebiete im Burggrafenamt. Von der Bergstation der Verdinser Seilbahn (1450 m) führen Wanderwege unterschiedlicher Schwierigkeitsgrade – mit herrlichen Ausblicken – durch das Gelände.

Zum Weiler Videgg (1530 m):

40-Min.-Spazierweg (Nr. 20) zu den Jausenstationen Hiaslhof und Haashof.

■ **Gasthof Hiaslhof,** Tel. 0473 949452, Ende März bis Mitte Nov. 8–16 Uhr, Jausenküche mit Schöpsernem, Kaiserschmarren, hausgemachten Topfen.

■ **Gasthof Haashof,** Tel. 0473 949509, www.haashof.it, Anf. Mai bis Anf. Nov. 10–22 Uhr, Jausenküche mit verschiedenen Knödelsorten, Speck, Säften, Buttermilch, Fr Ruhetag.

Zur Hochwies (1530 m):

40-Min.-Weg in Richtung Prenn, hinter dem Ort ansteigend Weg Nr. 4 zum Gasthof Hochwies.

■ **Gasthof Hochwies,** Tel. 0473 949462, www.hochwies.com, Ende März bis Anf. Nov., Spezialität hausgemachte Knödel, Hexenschlucker und Schlutzkrapfen. Startplatz für Paraglider.

Zur Staffel Alm (1940 m):

90-Minuten-Weg in Richtung Videgg bis zur Abzweigung links, den Forstweg bergan, bis zu den Staffeler Mahder (Almwiesen) den Wegen 40A, 2 und 40 folgen.

■ **Staffel Hütte,** Tel. 0473 949430, Gasthof mit einf. Fremdenzimmern, Mai bis Anf. Nov.

mastraße führt von Meran auf das von der Sonne verwöhnte Plateau. Hier breiten sich weite Almwiesen aus, immer wieder von Lärchen- und Fichtenwäldern durchsetzt – ideale Voraussetzungen, um die im Ursprung so genügsamen Haflinger zu züchten.

Nördlich von Hafling breitet sich das Skigebiet **Meran 2000** aus (→ Meran: Aktivitäten).

St. Kathrein

Von Meran aus gelangt man zunächst in den Haflinger Ortsteil St. Kathrein. Hier steht auf einer Kuppe eine beachtenswerte kleine Kirche, die man sogar von Meran aus sehen kann. Es ist die **St. Kathreinkirche** in romanischem Baustil, deren gotische Apsis aus dem 13. Jh. stammt. Ihre Fresken aus dem 14. Jh. sind gut erhalten. Die Kirche verfügt über einen spätgotischen Tiroler Flügelaltar.

Ihr gegenüber befindet sich der **Reiterhof Sulfner,** inzwischen um einen großen Hotelbau ergänzt, als Deckstation der Haflinger für Hafling und Umgebung (→ Unterkunft).

■ **St. Kathreinkirche,** Einsicht durch kleine Öffnungen im Portal, für Gruppen Besichtigung mit Führung auf Anfrage, Tel. 0473 279457.

Hafling Oberdorf

Hafling Oberdorf ist der einzige geschlossene Ortsteil der Gemeinde Hafling. Die **Pfarrkirche zum Hl. Johann** weist ein prähistorisches Steinrelief an der Außenmauer auf.

Vöran

Der Nachbarort Vöran, der sich auf dem Tschögglberg südlich anschließt, ist durch eine **Seilbahn ins Etschtal** mit Burgstall verbunden.

Sehenswert sind in Vöran die **Pfarrkirche** aus dem 13. Jh. mit einem neugotischen Flügelaltar, manche **Scheunen,** die in bajuwarischer Tradition strohgedeckt sind, die **St. Anna-Kirche** im Ortsteil Aschl sowie die größte **Voltaikanlage** auf der Vöraner Alm.

Knottnkino

Auf halbem Weg zwischen Hafling und Vöran hat der Künstler *Franz Messner* im Jahr 2000 am Rotstein-Kogel auf einer Höhe von 1465 m auf einem kleinen Felsvorsprung, von den Südtirolern *Knottn* genannt, ein **Landschaftskino** errichtet. 30 Sitzplätze aus Stahl und Kastanienholz bieten den Eindruck eines alten Kinos, den „Film" liefert das atemberaubende Landschaftspanorama, das vom Etschtal, dem Penegal, den Dolomiten, dem Weißhorn, dem Ultental, der Texelgruppe und dem Meraner Becken bis ins Passeiertal gebildet wird (→ Wanderung zum Knottnkino).

Unterkunft, Essen und Trinken

■ **Hotel Chalet Mirabell**④, Falzebenstr. 112, Tel. 0473 279300, www.residence-mirabell.com, großzügiger, moderner Hotelbau, geräumige Zimmer verschiedener Kategorien und Größe mit Balkon, weite Aussicht.

■ **Hirzer**④, Falzebenerstr. 66, Hafling, Tel. 0473 27 9306, www.hotel-hirzer.com, komfortables Haus

310st ot

im Oberdorf mit parkartigem Garten, Pool und großzügigem Speiseraum, Zimmer und Suiten mit allem Komfort.

■ **Falzeben**③, Falzebenerstr. 214, Hafling, Tel. 0473 279423, www.falzeben.com, auf 1680 m Höhe unmittelbar an der Seilbahn hinaus auf Meran 2000, Zimmer mit Balkon, mehrere Kategorien, großzügiger Wellness-Bereich mit In- und Outdoor-Bad, man kann vom neuen Hallenbad direkt ins Freie schwimmen.

■ **Mesnerwirt**②, Kirchweg 2, Hafling, Tel. 0473 279493, www.mesnerwirt.it, familiär geführtes Haus mit allem Komfort, Zimmer und Suiten, neue Wellnesslandschaft, gepflegte Gartenanlage.

■ **Sulfnerhof**②, St. Kathreinstr. 4, Hafling, Tel. 0473 279424, www.sulfner.com, direkt an der St. Kathreinkirche, 20 Suiten, komfortable Zimmer mit Balkon, Tiefgarage mit Lift zu den Zimmern, mit Restaurant, bietet traditionelle Küche, der Hof hat auch eine Deckstation für Haflinger, die Besichtigung ist frei.

■ **Nusserhof,** Falzebenerstr. 7, Hafling, Tel. 0473 279401, www.nusserhof.it, Urlaub auf dem Bauernhof, der im Ursprung auf das 14. Jh. zurückgeht, Ferienwohnungen unterschiedlicher Größe, hauseigene Produkte.

■ **Gasthof Waldbichl**③, Aschler Weg 11, Vöran, Tel. 0473 278113, www.waldbichl.com, anspruchsvolle Küche, Teilnahahme am Gastro-Event „Sterne Schlösser Almen/Foodie Factory", bietet auch Bauernhof-Eis, Do Ruhetag.

■ **Berggasthof Piffinger Köpfl**②, Piffinger Weg 16, Hafling, Tel. 0473 279610, www.piffinger-koepfl.com, am Nordic-Walking-Park gelegen, die Küche bietet bodenständige Tiroler Gerichte.

Aktivitäten

Kutschenfahrten: Kutschendienst Hafling, Tel. 388 9866478, www.kutschendienst.it, mit dem Haflinger-Gespann zur Moschwaldalm (3 Std.) und Rundfahrten (30–90 Min.), zum *Sulfnerhof* zugehörig (siehe oben).

Hafling Oberdorf

Wanderung zum Knottnkino

GPS Vom Parkplatz hinter dem Gasthof Zum Grünen Baum (1317 m) in Vöran folgt man dem Schützenbründlweg Nr. 14 und biegt dann links ansteigend zum Knottnkino (1465 m) auf dem Rotsteinkogel ab. Die Rückkehr erfolgt auf demselben Weg. Die Wanderung dauert ca. 2 Std. Man kann das Knottnkino vom Gasthof Alpenrose zu Fuß in 30 Min. erreichen.

■ **Gasthof Zum Grünen Baum**①, Leadneralm Weg 1, Tel. 0473 278158, https://gasthof-grunen-baum-voran.business.site, Traditionsbetrieb mit gemütlicher Bauernstube und Terrasse, die Küche bietet Tiroler Spezialitäten, einfache Zimmer.

■ **Gasthof Alpenrose**①, Vöran, Vöraner Str. 1, Tel. 0473 278191, www.gasthofalpenrose.com, ruhig gelegen, gemütliche Zimmer mit Balkon.

Seilbahnen

■ **Seilbahn Burgstall – Vöran:** zur Talstation in Burgstall im Etschtal, Tel. 0473 278187, www.gemeinde.voeran.bz.it, ganzjähriger Betrieb 7–20 Uhr, einfache Fahrt 4 Euro, Hin- und Rückfahrt 7 Euro, Hund 4/5 Euro, Fahrrad 4/5 Euro, Gleitschirm einfache Fahrt 2 Euro.

■ **Umlaufbahn Falzeben:** Seilbahn zum Skigebiet Meran 2000 (→ Meran).

Marling (Marlengo)

■ **Info:** Postleitzahl Marling: **39020.** Tourismusverein Marling, Kirchplatz 5, Tel. 0473 44 71 47, www.gemeinde.marling.bz.it.

Marling erstreckt sich jenseits der Etsch im Südwesten von Meran und ist zum Wohnvorort der Stadt geworden. Die erste Erwähnung einer Pfarrei in Marling datiert auf das Jahr 1166.

Bekannt ist der Ort durch den **Marlinger Waalweg,** den längsten in Südtirol. Er beginnt oberhalb von Töll, führt durch ein Waldstück am Gasthaus Schönblick vorbei, wieder durch ein Waldstück, dann unterhalb der zauberhaft gelegenen, kleinen St. Felixkirche entlang und am Gasthaus Enzian vorbei weiter durch Obstanlagen. Unterhalb von Schloss Lebenberg geht er in den Tschermser Waalweg über.

Die Geschichte dieser aufwendigen Bewässerungsanlage begann, als das Kloster Allerengelberg im Schnalstal (→ Vinschgau) den Gaienhof mit seinen Weinbergen in Marling erwarb – die Weinversorgung der Klöster war nicht nur aus liturgischen Gründen wichtig. Doch litten die Weinberge unter Trockenheit, sodass man zur Bewässerung in den Jahren ab 1737 einen Waal von Töll nach Marling anlegte, dessen Kosten sich das Kloster und die Gemeinde teilten. In der Verlängerung führt der Waalweg weiter nach Tscherms und Oberlana.

Die **Ortspfarrkirche Maria Himmelfahrt,** ein neugotischer Bau aus dem Jahr 1889, steht erhaben am Dorfplatz. Vom romanischen Vorgängerbau ist der Turm erhalten. Die oberhalb des Waalweges gelegene **Kapelle St. Felix** stammt aus dem Jahr 1500. Im Langhausboden befindet sich ein offener Brunnen, dem einst Heilkräfte zugeschrieben wurden.

Unterkunft, Essen und Trinken

■ **Oberwirt④**, St. Felixweg 2, Tel. 0473 222020, www.oberwirt.com, vom Landgasthof des 15. Jh. zum Romantik-Hotel, komfortable Zimmer und Suiten unterschiedlicher Kategorien, Garten, Pool, Wellnessbreich, dazu Spezialitätenrestaurant mit reizvollem Garten.

■ **Aqualis④**, St. Felixweg 30, Tel. 0473 447170, www.residence-aqualis.com, neuer Hotelbau in moderner Holzbauweise, direkt oberhalb des Marlinger Waalweges gelegen, großzügige Zimmer und Appartements mit Balkon/Terrasse, luxuriöse Badezimmer, Restaurant/Café mit Panoramaterrasse.

■ **Gasthaus Waalheim②**, Bergerstraße 8, Tel. 0473 447252, www.waalheim.it, unmittelbar am Marlinger Waalweg gelegen, Restaurant und Café mit weitem Blick über das Etschtal, geöffnet März bis Nov., Mo Ruhetag.

■ **Tagesrestaurant Schönblick,** St. Felixweg 32, Tel. 0328 2122953, http://marling.contact.bz/schoenblick, Jausenstation am Marlinger Waalweg mit Blick ins Meraner Tal und über die angrenzenden Berge, Gastraum und Terrasse, Küche bis 16.30 Uhr.

Wein

■ **Weingut Popphof,** Mitterterzerstr. 5, Tel. 0473 447180, www.popphof.com, seit 1592, Kellerführung mit Verkostung gegen Unkostenbeitrag von April bis Sept., dazu Frühstückspension, Weinverkauf Mo bis Fr 16–18 Uhr, Sa 10–11 Uhr, So und feiertags geschlossen.

Brennerei

■ **Brennerei Unterthurner,** Anselm-Pattis-Str. 14, Tel. 0473 447186, www.unterthurner.it, Liköre, Schnäpse und Spezialitäten seit drei Generationen, Verkauf geöffnet Mo bis Fr 9–13 und 14–18 Uhr, Sa 9–13 Uhr, Führungen mit Verkostung Mi 16 Uhr und Fr 10 Uhr, Teilnahme 15 Euro.

Einkaufen

■ **Südtiroler Dirndl,** Gampenstr. 8, Tel. 0473 44 9111, www.hallali.it, modische Dirndl, Damen- und Herren-Jagdkleidung, Landhausstil, geöffnet Mo bis Fr 10–18 Uhr, Sa 10–13 Uhr, im Sommer bis 18 Uhr, im Winter Mittagspause.

Algund (Lagundo)

■ **Info:** Postleitzahl Algund: **39022.** Tourismusverein Algund, Hans-Gamper Platz 3, Tel. 0473 4486 00, www.algund.com.

Westlich von Meran erstreckt sich die Gemeinde Algund in Richtung Vinschgau, gleichermaßen Wohnvorort der Stadt wie auch beliebtes Urlaubsdomizil. Ein Sessellift führt von Algund hinauf nach Vellau und ein Korblift weiter auf die Leiteralm.

Von der ligurisch-illyrischen Besiedlung vor 3000 Jahren zeugen noch Menhire, die im städtischen Museum von Bozen zu sehen sind, Nachbildungen stehen vor dem Tourismusbüro. Auch wurden Schalensteine als Kultsteine aus vorchristlicher Zeit gefunden. In der Römerzeit führte die Via Claudia Augusta durch das Gebiet.

Die moderne **Pfarrkirche zum Heiligen Josef** mit dem spitzen Turm ist das Wahrzeichen der Gemeinde. Nahe der Kirche steht das 1241 entstandene **Kloster Maria Steinach** mit der frühgotischen Marienkirche, gegründet von Gräfin *Adelheid*, Tochter des Grafen *Albert von Tirol*. Das weiterhin aktive Kloster wird von Dominikanerinnen geführt.

Die alte **Pfarrkirche zu St. Hippolyt und Erhard** ist im Kern romanischen Ursprungs. Aus dieser Zeit stammen die

Wanderung: Spronser Seenrunde

- **Gehzeit:** 5–6 Std., 13 km
- **Höhenunterschied:** 1180 m
- **Schwierigkeitsgrad:** schwierige Bergwege
- **Einkehrmöglichkeiten:** Leiteralm, Hochganghaus, Oberkaser

GPS Ausgangspunkt der attraktiven, aber anspruchsvollen Wanderung ist die Leiteralm (1550 m). Weg Nr. 24 führt zur Hochganghütte (1840 m), von dort geht der Weg Nr. 7 über die Hochgangscharte (2455 m) zum Weg Nr. 22, dem man rechts zum Langsee (2377 m) folgt. Weiter geht es oberhalb des Grünsees zur Oberkaser Alm (2131 m), dann rechts abbiegend auf Weg Nr. 25 in Sichtweite der Kaser Lacke und Pfitscher Lacke zum Karjoch (2230 m). Von hier erfolgt der Abstieg zurück zur Leiteralm.

zwei Fabelwesen an der südlichen Außenwand der Kirche. Anfang des 17. Jh. erhielt sie ein neues Langhaus in frühbarockem Stil, im 19. Jh. wurde sie mit drei Altären des Bildhauers *Josef Wassler* ausgestattet. Im oberhalb gelegenen Ortsteil Vellau steht die kleine **Kirche zur Heiligsten Dreifaltigkeit,** 1742 errichtet und 1895 renoviert.

Unterkunft, Essen und Trinken

- **Hotel Pergola Residence**④, Kassianweg 40, Tel. 0473 201435, www.pergola-residence.it, oberhalb des Ortes in moderner Architektur des Südtiroler Stararchitekten *Matteo Thun,* Luxus-Suiten und zwei Villen mit Frühstücksverpflegung und Delikatessenecke.
- **Garden Retreat Hotel Fayn**④, Breitofenweg 9a, Tel. 0473 220355, www.fayn.it, heller, moderner Bau auf weitläufigem Gartengrundstück, große Terrasse, liebevoll eingerichtete Zimmer mit großen Bädern, Suiten, vielfältige Wellness-Angebote, Hallenbad. Das geschmackvoll gestaltete Restaurant für Hausgäste bietet hervorragende Küche.
- **Ultenerhof**③, Rosengartenstr. 12, Tel. 0473 44 3383, www.ultenerhof.com, ruhig im Ortskern, renoviert, Zimmer und Appartements mit Balkon, Liegewiese, Pool, finnische Sauna, Dampfbad.
- **Gasteiger**①, Vellau 13, Tel. 0473 448532, www.gasteiger.it, an der Bergstation des Vellauer Sessellifts, gutbürgerliche Küche, Kaffee und Kuchen, Fremdenzimmer.
- **Leiteralm**①**,** am Meraner Höhenweg an der Bergstation des Korbliftes von Vellau auf 1520 m, Tel. Hüttenwirt 0333 6255903, www.leiteralm.com, urige Jausenstation, preiswerte, einfache Gästezimmer, geöffnet März bis Okt.

Seilbahnen, Verkehr

- **Sessellift Algund – Vellau** (398–906 m), **Korblift Vellau – Leiteralm** (906–1550 m): Tel. 0473 448660, Betrieb von Ende März bis Ende Okt., bis Vellau einfache Fahrt 5,50 Euro, Kinder 3 Euro, Hin- und Rückfahrt 8/4 Euro, Korblift zur Leiteralm einfache Fahrt 7,50 Euro, Kinder 3,50 Euro, Hin- und Rückfahrt 10,50/4,50 Euro.
- **Vinschgerbahn:** Haltepunkt Algund.

Dorf Tirol (Tirolo)

- **Info:** Postleitzahl Dorf Tirol: **39019.** Tourismusverein Dorf Tirol, Hauptstr. 31, Tel. 0473 923314, www.dorf-tirol.it.

Dorf Tirol ist der bei deutschen Urlaubern wohl **beliebteste Ferienort** Südtirols. Der Kern der Gemeinde erstreckt sich inmitten von Obstplantagen auf dem Mittelgebirgsrücken des Küchelbergs auf 600 m Höhe, das Gemeindegebiet reicht aber hinauf bis zur Spronser Seenplatte inmitten des Naturparks Texelgruppe auf 2500 m. Die **Wandermöglichkeiten** sind fast unbegrenzt, vor allem Hochgebirgstouren in die Texelgruppe und darüber hinaus in die Ötztaler Alpen bieten sich an. Bei Dorf Tirol erhebt sich Schloss Tirol, das Stammschloss der Grafen von Tirol.

Begrüßt wird der Besucher am Ortseingang von dem stählernen **Pferd Jokob,** geschaffen von *Franz Messner* als Kunstwerk und gleichermaßen Kinderspielgerät auf dem Spielplatz des 2002 eingerichteten, weitgehend naturbelassenen Burglehenparks.

Schloss Tirol

Auf dem Burghügel bei Dorf Tirol erhebt sich das gleichnamige Schloss, die **Stammburg der Grafen von Tirol.** Der Burghügel war schon in vorgeschichtlicher Zeit besiedelt. Auch fand man dort frühmittelalterliche Siedlungsspuren und die Fundamente einer frühchristlichen Kapelle mit Apsiden.

Erbauer der Burg waren die Grafen des Vinschgau, die sich später nach ihrer Burg Grafen von Tirol nannten. Die erste Bauphase fällt in die Zeit vor 1100. Die **Ringmauer** stammt aus dieser Zeit und gehört zu den ältesten noch erhaltenen Burgmauern überhaupt. In der zweiten Bauphase um 1140 entstand der **Bergfried.** Der endgültige Ausbau erfolgte in der dritten Bauphase unter Graf *Meinhard II.* in der zweiten Hälfte des 13. Jh.

Ihre Blütezeit erlebte die Burg unter *Margarete,* der letzten – auch „Maultasch" genannten – Gräfin von Tirol, die sie im März 1347 erfolgreich gegen *Karl von Luxemburg,* den späteren Kaiser *Karl IV.* verteidigte. Schloss Tirol blieb bis 1420 Residenz der Tiroler Landesfürsten, bis Herzog *Friedrich IV.* („mit der leeren Tasche") die Residenz nach Innsbruck verlegte. Danach wurde es still um die Burg, sie verfiel zunehmend. Teile stürzten in den Köstengraben, in dem bis heute imposante Esskastanienbäume stehen.

Erst im 19. Jh. begann man mit Restaurierungsarbeiten an Burg Tirol, die zuvor schon auf Abbruch verkauft worden war. Ein privater Besitzer stellte sie im neugotischen Stil wieder her und stockte 1904 den Bergfried auf. Seit 1972 ist die Südtiroler Landesregierung im Besitz von Schloss Tirol und hat darin das **Landesmuseum für Kultur- und Landesgeschichte** eingerichtet.

Die kunstvollen Portale am Vorhof des Palas und an der Burgkapelle sind bemerkenswerte Beispiele **romanischer Steinmetzkunst** des 12. Jh., skulptiert mit Fabelwesen, Ornamenten und religiösen Motiven. Der große Saal besitzt noch drei ursprüngliche gekuppelte Rundbogenfenster mit Mittelsäule. Die **Doppelkapelle** mit Rundapsis wird von einer großartigen holzgeschnitzten Kreuzigungsgruppe aus dem 14. Jh. beherrscht. Sie ist mit kunsthistorisch wertvollen **frühgotischen Fresken** ausgemalt und birgt die ältesten Tiroler **Glasmalereien.**

Das **Landesmuseum** zeigt schwerpunktmäßig Exponate zur Geschichte des Landes Tirol. Der Museumsrundgang führt in den Palas und in die Burg-

071st ot

073st ot

kapelle mit den romanischen Portalen, vorbei an den Fresken in der Doppelkapelle, durch das Hochzeitszimmer der Margarethe Maultasch und abschließend in den Bergfried, in dem die Südtiroler Geschichte des 20. Jh. dargestellt wird.

Speziell an Kinder richtet sich das **Kinderschloss Tirol.** Hier wird ihnen die Möglichkeit geboten, sich in ferne Zeiten zu begeben, sich in eine Prinzessin oder in einen edlen Ritter zu verwandeln, eine Krone aufzusetzen und in verschiedene Rollen zu schlüpfen.

■ **Südtiroler Landesmuseum für Kultur- und Landesgeschichte – Schloss Tirol,** Schlossweg 24, Tel. 0473 220221, www.schlosstirol.it, Führungen auf Anfrage, geöffnet Anf. Mai bis Ende Nov. Di bis So 10–17 Uhr, Eintritt 8 Euro, Familienticket 16 Euro, Schüler, Lehrlinge, Studierende bis 27 Jahre 3,50 Euro, Kinder unter 6 Jahren frei.

In der Burgkapelle von Schloss Tirol

Pfarrkirche

Die **Pfarrkirche zum heiligen Johannes dem Täufer** von Dorf Tirol wurde 1164 urkundlich erstmals erwähnt, ist aber als Taufkirche der Region wesentlich älter. Vom ursprünglich romanischen Bau ist der Turm erhalten. Er wurde um einen hochgotischen Chor aus weißem Laaser Marmor erweitert. Das Langhaus wurde Mitte des 19. Jh. im neugotischen Stil erneuert. Der gotische Taufstein, zwei *Paul Troger* zugeschriebene Gemälde, die Kirchenorgel und die Kreuzigungsgruppe sind sehenswerte Kunstwerke in der Kirche. Vom ursprünglich gotischen Flügelaltar sind die Flügelreliefs an der südlichen Chorwand erhalten. Der um 1500 geschaffene Altar wird der Werkstatt von *Hans Schnatterpeck* zugeschrieben.

Johanneum

Weithin sichtbar erhebt sich im oberen Teil von Dorf Tirol das im Stil der Neorenaissance 1910 errichtete Priesterseminar, ein Zentralbau mit drei Apsiden. Es finden sich auch neobarocke Elemente wie die Zwiebelhaube des Kirchturms. Benannt wurde der Bau nach *Johann Nepomuk von Tschiderer,* der als Bischof von Trient 1840 ein bischöfliches Studentenkonvikt zur Förderung geistlicher Berufe gründete, das seinen Sitz später in Dorf Tirol fand. 2001 musste das Konvikt mangels Auszubildenden aufgelöst werden. Lange blieb das Anwesen ungenutzt, bis ein Investor es erwarb. Doch seine Pläne für ein Altenheim und Pflegezentrum konnten nicht realisiert werden. So bleibt die Zukunft dieses markanten Gebäudekomplexes ungewiss.

Pflegezentrum für Vogelfauna

Unterhalb des Burghügels von Schloss Tirol befindet sich eine für Südtirol einzigartige Einrichtung: das Pflegezentrum für Vogelfauna zur Betreuung kranker und verletzter Vögel. Das Zentrum veranstaltet **Flugvorführungen** mit Falken, Adlern, Geiern, Eulen und Bussarden über dem Burghügel, dazu gibt es hier einen **Botanik- und Vogellehrpfad.**

Pflegezentrum für Vogelfauna Schloss Tirol, Schlossweg 25, Tel. 0473 221500, www.gufyland.com, geöffnet Ostern bis Anf. Nov. Di–So 10.30–17 Uhr, Flugvorführungen Di–So 11.15 und 15.15 Uhr, Eintritt 12 Euro, Kinder 6–13 J. 9 Euro.

Brunnenburg

In Dorf Tirol gibt es mit der Brunnenburg noch eine zweite Burganlage. Sie wurde im 13. Jh. auf einem Glazialschuttkegel errichtet und zu Beginn des 20. Jh. historisierend erneuert. Über einen Zeitraum von ca. 15 Jahren hielt sich der amerikanische Dichter *Ezra Pound* immer wieder auf der Burg auf. Die Anlage ist heute im Besitz der Familie seiner Tochter, die hier das **Ezra Pound Centre for Literature** für Studierende unterhält. Außerdem beherbergt die Burg ein **landwirtschaftliches Museum,** das sich mit Ethnologie und Volkskunst befasst, sowie einen Tiergarten. In der Brunnenburg finden auch Schlosskonzerte und Dichterlesungen statt.

Landwirtschaftsmuseum Brunnenburg, Schlossweg 17, Tel. 0473 923533, www.brunnen

burg.net, April bis Okt. So–Do 10–17 Uhr, Eintritt 6 Euro, Schüler 2,50 Euro, Kinder frei.

Schloss Auer

An der dem Passeiertal zugewandten Seite von Dorf Tirol steht am Hang des Spronser Tals Schloss Auer, ein Lehen der Grafen von Tirol. Längst ist die Familie der Burgherren ausgestorben, die Anlage verfiel. Neue Besitzer haben den mittelalterlichen Bau mit zinnenbekrönter Ringmauer restauriert. In der Burgkapelle gibt es einen kleinen Flügelaltar. Fresken und die spätgotische Stube sind auch noch erhalten (→ Unterkunft).

St. Peter

Weiter westlich am Hang erstrecken sich die Häuser des Weilers St. Peter, Ortsteil von Dorf Tirol. Die dem heiligen *Peter* geweihte **Ortskirche** wurde im romanischen Stil als Kreuzkuppelkirche mit Langhaus und Seitenschiffen auf einem karolingischen Vorgängerbau errichtet. Ihre kostbaren romanischen und gotischen Fresken sind gut erhalten, insbesondere das Brustbild des heiligen *Paulus* aus dem 11. Jh. im südlichen Seitenschiff.

Schloss Thurnstein

Unterhalb von St. Peter erhebt sich Schloss Thurnstein, erstmals 1276 als Thurm Platzleid erwähnt. Der Tiroler Graf *Meinhard II.* belehnte seinen Ministerialen *Konrad* mit der Burg. Im 16. Jh. wurde der Turm um den Südtrakt erweitert, im 18. Jh. kam der Nordtrakt dazu. Schon vorher gelangte die Meraner Familie von *Egen,* deren Nachkommen die Burg seit dem Ersten Weltkrieg als Gaststätte führen, in ihren Besitz.

UNSER TIPP: Muthöfe

Oberhalb von Dorf Tirol ragt die **Mutspitze** als südwestlicher Ausläufer der Texelgruppe 2295 m empor. Eine **Seilbahn** fährt zur Hochmuth am Hang des Berges auf 1360 m Höhe hinauf und erreicht dort den Meraner Höhenweg. Wenig unterhalb liegen auf 1200 m die Muthöfe. Die um 1235 erstmals erwähnten Höfe zählen zu den ältesten Bergbauernhöfen des Burggrafenamtes.

Unterkunft

■ **Hotel Castel**⑤, Keschtngasse 18, Tel. 0473 92 3693, www.hotel-castel.com, luxuriöses, modernes Anwesen in großer Gartenanlage mit allen erdenklichen Wellnessangeboten, Zimmer und Suiten mit Balkon, mit Restaurant **Castel FineDining**⑤, ausgezeichnet mit zwei Michelin-Sternen, geöffnet Di bis Sa abends.

■ **Hotel Krone**③, Aichweg 40, Tel. 0473 236799, www.hotelkrone.com, modernes Haus inmitten von Obstgärten, südländischer Garten mit Pool, Zimmer und Suiten mit Balkon.

⊡ In Dorf Tirol – so lässt es sich aushalten

■ **Hotel am Sonnenhang**④, Hauptstr. 9a, Tel. 0473 932736, www.sonnenhang.it, 2020 komplett neu errichtet, modern eingerichtete Zimmer überwiegend mit Balkon, Tiefgarage, Restaurant „The Taste" für Hausgäste, großer Wellness-Bereich mit Indoor-Outdoor-Pool, mit großer Terrasse unterhalb der Pfarrkirche mit Blick auf Meran und ins Untervinschgau.

■ **Pension Schweigkofler**②, Jaufenstr. 23, Tel. 0473 237315, www.schweigkofler.com, modernes Haus mit Pool und Aussichtsliegewiese, praktisch eingerichtete Zimmer mit Balkon.

■ **Örtlerhof**③, Lingweg 26, Tel. 0473 923490, www.oertlerhof.com, familiengeführte, hotelartig ausgebaute Pension mit Lift am Ortsrand mit Blick über das Etschtal, hoch motivierte Gastgeber, Garten mit Pool, komfortable Zimmer mit Balkon, teilweise mit Sitzecke, Sesseln oder Sofa, einfallsreiche Küche, jeder Gang wird frisch zubereitet, Obst- und Weinbau, eigene Schnäpse.

■ **Tiroler Kreuz**③, Haslacherstraße 117, Tel. 0473 923304, www.tirolerkreuz.com, anspruchsvolles traditionelles Haus, Appartements und Zimmer mit und ohne Balkon, Hallenbad und Liegewiese mit

308st ot

freiem Ausblick, das Restaurant hat eine Panoramaterrasse.

■ **Hotel Panorama**③, Segenbühelweg 22, Dorf Tirol, Tel. 0473 923125, www.panorama-tirol.com, Zimmer verschiedener Kategorien mit teilweise großzügigen Balkonen und weitem Ausblick, mit Restaurant, Bergstation des Sessellifts Dorf Tirol – Meran (siehe „Seilbahnen").

■ **Schloss Auer,** Seminarstraße 38, Tel. 0473 9230 57, www.schlossauer.it, zwei Ferienwohnungen, Schlossbesichtigung für Hausgäste, im angrenzenden Neubau sind weitere Ferienwohnungen eingerichtet.

Essen und Trinken

■ **Schloss Thurnstein**③, St. Peter 8, Tel. 0473 22 0255, www.thurnstein.it, urgemütliche Gasträume, die Küche bietet mediterrane und regionale Gerichte, hausgemachte Desserts, Kuchen und Strudel, Do Ruhetag. Der angeschlossene Hotelbetrieb befindet sich im Anbau, dem ehemaligen Wirtschaftsgebäude.

■ **Restaurant Culinaria im Farmerkreuz**②, Haslachstr. 105, Tel. 0473 923508, www.culinaria-im-farmerkreuz.it, mittags Bistro-Karte, abends internationale Küche, So Abend und Mo geschlossen, vermietet auch Appartements.

■ **Furggerhof**②, Schlossweg 5, Tel. 0473 9234 01, www.furggerhof.it, traditionelles Haus in der Fußgängerzone, getäfelte Gasträume, Tiroler und italienische Küche, Steak-Spezialitäten, vermietet auch Zimmer und Appartements.

■ **Schneeweisshof**①, St. Peter 23, Tel. 0473 22 0162, www.schneeweisshof.com, im Weiler gelegener, familiengeführter Gasthof inmitten von Obst- und Weingärten, Kinderspielplatz, Restaurant mit einheimischer Küche, Sa Ruhetag.

■ **Talbauer**①, Muthöfe 3, Tel. 0473 229941, www.talbauer.it, Berggasthof auf 1200 m, eigene Viehwirtschaft, Kräuter- und Gemüsegarten, große Aussichtsterrasse, herzhafte Küche, das Gästehaus bietet Übernachtungsmöglichkeiten im Mehrbettzimmer, Sa Ruhetag.

Einkaufen

■ **Inser Ladele,** Hauptstr. 32, Tel. 0473 925232, www.inserladele.it, Südtiroler Spezialitäten: Wurst, Speck, Käse, Feinkost, Teigwaren.

Feste und Veranstaltungen

■ **Tiroler Kulturfrühling:** Anf. April bis Anf. Mai wird alljährlich „Echte alte und neue ‚schräge' Volksmusik" geboten. Veranstaltungsorte sind Schloss Auer, Gasthof Mair am Turm, Café Patriarch, Schloss Tirol, Restaurant Tiroler Adler und das Vereinshaus, Information: www.dorf-tirol.it.

Seilbahnen

■ **Sessellift Meran – Dorf Tirol** (320–500 m), hauseigener Lift des Hotels Panorama③ (siehe „Unterkunft"), von Talstation Galileo Galile Straße Meran beim Restaurant Sissi zum Hotel Panorama, Anf. April bis Anf. Nov. täglich 9–18 Uhr, Anf. Juli bis Mitte Sept. bis 19 Uhr, einfache Fahrt 5 Euro, Kinder 2,50 Euro, Hin- und Rückfahrt 6,50/3,50 Euro, vergünstigtes Kombi-Ticket mit Hochmuth-Bahn.

Info: Hotel Panorama, Segenbühelweg 22, Dorf Tirol, Tel. 0473 923125, www.panorama-tirol.com.

■ **Seilbahn Dorf Tirol – Hochmuth** (650–1323 m): Haslachstr. 64, Tel. 0473 923480, www.seilbahn-hochmuth.it, Sommerbetrieb 7.30–19 Uhr, Winterbetrieb bis 17 Uhr, Einzelticket 8 Euro, Hin- und Rückfahrt 12,50 Euro, Kinder 3/4 Euro, Preisnachlass für Früh- und Spätfahrten.

PASSEIERTAL (VAL PASSIRIA)

IM TAL DER PASSER (PASSIRIO)

Das Passeiertal erstreckt sich über eine Länge von über vierzig Kilometern nordwärts von Meran, die ganze Vielfalt alpiner Klimazonen durchquerend. Eingerahmt wird es von den hohen Bergen der Texelgruppe im Westen und den Sarntaler Alpen im Osten. Das 2509 Meter hohe Timmelsjoch in den Ötztaler Alpen bildet den Übergang nach Österreich.

NICHT VERPASSEN!

- **Sandhof,** das Geburtshaus von Andreas Hofer mit dem Gasthaus Sandwirt und dem Museum Passeier | 142, 143
- **Timmelsjoch,** atemberaubende Einblicke in die Alpenwelt | 147

Diese Tipps erkennt man an der gelben Markierung.

Das Passeiertal, das man vor Ort einfach als *Passeier* bezeichnet, wird von der Passer gebildet, die unterhalb des **Timmelsjochs** entspringt, das die Ötztaler von den Stubaier Alpen trennt und genau auf der Grenze zu Österreich liegt. Historisch gesehen trennte die Passer die Diözesangebiete von Chur und Trient. Der Fluss ist mit 43 km Länge einer der größeren Nebenflüsse der Etsch, in die er in Meran mündet. Die wichtigsten Zuflüsse sind der **Pfelderer Bach** im Oberlauf („Hinterpasseier") und der **Kalmbach** im Unterlauf („Vorderpasseier") von Westen sowie der **Waltenbach** von Osten, der in St. Leonhard an der Stelle mündet, die den Oberlauf vom Unterlauf trennt.

In ihrem relativ kurzen Verlauf weist die Passer ein Gefälle von annähernd 2000 m auf. Das macht sie nicht nur für Wassersportler interessant, die hier rasante **Rafting- und Kanufahrten** durchführen können, sondern auch für den aufmerksamen Beobachter, der auf kleinem Raum sehr unterschiedliche Klima- und Landschaftsstrukturen erkennt. Das Mündungsgebiet liegt inmitten des klimabegünstigten Meraner Kessels mit seinen ausgedehnten Weingärten. Das Trogtal der Passer führt von Meran nordwärts, zunächst von Obstgärten und mit zunehmender Talhöhe von Weiden gesäumt, die sich die Hänge bis zur Waldgrenze hochziehen. Westlich sind die Berggipfel der **Texelgruppe,** im Osten die der **Sarntaler Alpen** zu erkennen.

Bei St. Leonhard endet das Trogtal. Hier mündet der Waltenbach von Osten. Das nun in das Hochgebirge der **Ötztaler Alpen** übergehende Hochpasseiertal führt zunächst westwärts, wendet sich

adobe.stock Foto: ©Marc Schüler

dann aber bei Moos, wo der Pfelderer Bach mündet, nordwestwärts zum Timmelsjoch.

Typisch für das Passeiertal sind die sogenannten **Schildhöfe,** deren Ursprung im Mittelalter liegt. Niederen Adeligen wurden hier vom Landesfürsten Land und Privilegien als Gegenleistung für Waffen-(„Schild"-)dienste zugestanden. Zu den Privilegien zählten Steuerfreiheit sowie Weide-, Jagd- und Fischereirechte. Im Laufe der Zeit bauten sich die Schildherren imposante Schildhöfe, von denen es noch elf im Tal gibt.

Die Passer bei St. Martin

Vorderpasseier

■ **Info:** Postleitzahl Kuens, Riffian, Saltaus, St. Martin: **39010.** Postleitzahl St. Leonhard: **39015.** Tourismusverein Passeiertal, St. Leonhard in Passeier, Passeirerstr. 40, Tel. 0473 656188, www.sankt-leonhard.eu/de/Tourismusverein_Passeier.

Das Tal am **Unterlauf der Passer** bis St. Leonhard wird als Vorderpasseier bezeichnet. Bevor man ins eigentliche Passeiertal eintritt, mündet wenige Kilometer nördlich von Meran vor Kuens der **Spronser Bach,** der aufwärts zur reizvollen Hochgebirgsseenplatte der Spronser Seen führt (→ Algund: Wanderung Spronser Seenrunde).

Kuens

Kuens ist der erste Ort im Passeiertal auf 600 m Höhe am sanft abfallenden Hang des 2120 m hohen Hahnenkamms. Schon 718 gab es hier eine Eigenkirche des Bistums Freising. Das Patronatsrecht der heutigen, etwas oberhalb des Ortes gelegenen, dem heiligen *Mauritius* und dem heiligen *Korbinian* geweihten Kirche ging später an das Bistum Chur über. Die im Ursprung romanische Kirche erhielt im 15. Jh. Turm und Chor und Anfang des 17. Jh. ein neues Langhaus, das im 19. Jh. erweitert wurde. Reste der Außenfresken sind noch erhalten.

Interessant im Ort ist die **Traktorsammlung** des Gasthauses Ungerichthof mit über 30 Porsche-Traktoren (→ Essen und Trinken).

Riffian

Der nächste Ort im Passeiertal ist Riffian, auf einer Sonnenterrasse oberhalb der Flussniederung gelegen. Hier hat es bereits in der späten Eisenzeit ab 400 v. Chr. eine Siedlung gegeben, die im 1. Jh. v. Chr. abbrannte. Das gut erhaltene Herrenhaus wurde ausgegraben. Führungen dorthin bietet das Bozner Archäologiemuseum an.

Bekannt ist Riffian für seine **Wallfahrtskirche zu den sieben Schmerzen Mariens.** Der üppig ausgestattete Barockbau wurde 1671 von *Franz Delai* anstelle eines gotischen Vorgängerbaus errichtet und birgt im Altar ein Gnadenbild, das wohl aus der Zeit um 1400 stammt. Sehenswert ist auch die **Gnadenkapelle Unsere Liebe Frau** am Friedhof mit spätgotischen Fresken.

Saltaus

Von Saltaus im Zentrum des unteren Passeiertals führt die Hirzer-Seilbahn zur Bergstation Klammeben. Im Ort steht einer der imposanten, hier zinnengeschmückten Schildhöfe direkt an der Durchgangsstraße. Dieser **Schildhof Saltaus** ist der älteste im Tal und war bereits 1254 Zollstation der Grafen von Tirol.

Der nördlich von Saltaus auf 510 Meter Höhe gelegene Ortsteil **Quellenhof** besteht aus einigen Bauernhöfen, zwei Hotelkomplexen mit Sportangeboten, darunter ein 4-Loch-Übungsgolfplatz, Rafting und Gleitschirmfliegen. Taleinwärts liegt ein 18-Loch-Golfplatz mit sieben Teichen, Übungsanlagen, Clubhaus und Restaurationsbetrieben.

■ **Sport- und Wellnessresort Quellenhof,** St. Martin, Pseirerstr. 47, Tel. 0473 645474, www.quellenhof.it, Freizeitkomplex mit mehreren **Luxus-Hotels**⑤, Reitstall und -halle, Übungsgolfplatz, Kinderspielplatz, Tennisplätzen, Kegelbahn etc. Dazu neu seit 2022: **Sea-Lodges**⑤, um einen künstlichen See herum gebaute Luxus-Appartements und -Bungalows.

■ **Golfclub Passeier-Meran,** St. Martin, Kellerlahne 3, Tel. 0473 641488, www.golfclubpasseier.com, 18-Loch-Platz im Alpenpanorama, die kleinste Schienenbahn Südtirols „Psairer-Bahnl" fährt vom Parkplatz direkt zum Clubhaus, mit **Clubhaus-Restaurant Loch 19**③ und Golfshop.

St. Martin in Passeier

Der nächste Ort ist St. Martin in Passeier mit der dem heiligen *Martin* geweihten spätgotischen Pfarrkirche. Der Ortskern weist eine Reihe gepflegter alter Häuser auf. Im Gemeindegebiet stehen auch einige Schildhöfe. Das Turmhaus im Ortszentrum fällt durch seine Barockmalereien am Erker auf. Besonders wehrhaft stellt sich das sogenannte Steinhaus oberhalb der Pfarrkirche dar. Oberhalb steht auch das Malerhaus mit Außenfresken, den heiligen *Martin* und den heiligen *Georg* sowie die Muttergottes mit dem Rosenkranz darstellend. In diesem Haus befand sich von 1719 bis 1845 die Malschule des Passeiertals, deren Mitglieder viele Fresken in der Umgebung hinterlassen haben.

Sandhof

Auf dem Weg nach St. Leonhard passiert man den Sandhof, das Geburtshaus des Tiroler **Freiheitskämpfers Andreas Hofer** (→ Exkurs: Andreas Hofer). In der angrenzenden Scheune ist das **Museum Passeier – Andreas Hofer** untergebracht. Der Themenschwerpunkt zum Tiroler Freiheitskampf von 1809 und zur Person Andreas Hofer wurde anlässlich des Gedenkjahres 2009 mit einer Dauerausstellung unter dem Titel „Helden & Hofer" erweitert. Im darüber liegenden Stadel ist eine umfangreiche Sammlung zur **Volkskunde** des Passeiertals zu sehen. Dazu gibt es ein **Freilichtmuseum** mit Hofgebäuden, Scheunen und Kapellen aus dem 16. bis 19. Jh. Das Museum betreut auch den Franzosenfriedhof aus der Befreiungszeit und das Alm-Museum in Pfistrad auf 1350 m Höhe.

Von St. Martin führt der Weg den Osthang aufwärts zur **Pfandleralm,** wo Hofer, nachdem er verraten worden war, gefangengenommen wurde, um ihn später in Mantua hinzurichten.

■ **Museum Passeier – Andreas Hofer,** Sandhof, Passeirerstr. 72, Tel. 0473 659086, www.museum.passeier.it, Mitte März bis Ende Okt. Di–So 10–18 Uhr, Aug. und Sept. täglich 10–18 Uhr, Eintritt 8 Euro, Senioren 7 Euro, Kinder 6–14 Jahre, Schüler und Studenten 4 Euro.

St. Leonhard in Passeier (San Leonardo in Passiria)

Der alte Handelsweg durch das Passeiertal teilt sich in St. Leonhard. Eine Strecke führt, der Passer folgend, über das Timmelsjoch bis ins österreichische Inntal, die andere Strecke folgt dem Waltenbach zum Jaufenpass, der die Verbindung zum Brenner herstellt. Dieser Weg hatte bis ins späte Mittelalter hinein eine viel größere Bedeutung als heute, da das Eisacktal oberhalb von Bozen doch erst relativ spät für den Verkehr erschlossen wurde.

Hoch ragt der Turm der **Ortspfarrkirche St. Leonhard** empor, der zumindest an der Basis noch romanischen Ursprungs ist. Die Deutschordensritter bauten an der Kirche ein Pilgerhospiz; der Ort entwickelte sich schließlich um diese Keimzelle herum. Heute haben sich im historischen Ortskern zahlreiche Gastronomiebetriebe angesiedelt, denn St. Leonhard hat sich zum Ferienzentrum des Passeiertals entwickelt. Hier wurde übrigens *Josef Pichler* (1765–1854) geboren, ein früher Pionier des Alpinismus und Erstbesteiger des Ortlers (3899 m), damals der höchste Berg Österreichs.

Jaufenburg

Den Aufstieg zum Jaufen bewachte die Jaufenburg. Sie wurde im 13. bzw. 14. Jh. von den Herren von Passeier als großartige Burganlage erbaut. Erhalten ist noch der Bergfried, in dem eine Außenstelle des **Museums Passeier** die Burg- und Talgeschichte aufzeigt. Besonders sehenswert sind die Renaissancemalereien.

Jaufenburg, Schlossweg 45, Tel. 0473 659086, www.museumpasseier.it, geöffnet Juni bis Sept. Mo 10–13 Uhr mit Überraschungsprogramm für Kinder mit Burggeist und Burgfräulein um 11 Uhr, Eintritt 2 Euro, Kinder ab 6 Jahren 1 Euro.

Pfistradalm

Südöstlich steigt das Pfistradtal empor. Auf der Pfistradalm auf 1350 m Höhe steht eine alte **Almhütte,** wahrscheinlich das älteste in Tirol erhaltene Holzgebäude. Die Alm erreicht man in in anderthalb Stunden zu Fuß von St. Leonhard.

■ **Pfistradalm,** 39015 St. Leonhard im Passeier, Tel. 0340 8595526, neben der Almkapelle St. Anna, geöffnet Mai bis Okt. 8–20 Uhr, Eintritt frei, www.meranerland.org/de/highlights/museen-ausstellungen/almmuseum-pfistradalm, mit Spielplatz.

Kapelle St. Hippolyt

Zu erwähnen ist noch die spätromanische, erstmals 1380 erwähnte Kapelle St. Hippolyt in der Fraktion **Glaiten** oberhalb von St. Leonhard. Sehenswert sind die Fresken in der Kapelle, genauso wie die Aussicht von der Kapelle über das Passeiertal bis Meran.

Praktische Tipps

Unterkunft, Essen und Trinken

■ **Stroblhof**④, St. Leonhard, Passeirerstr. 28/29, Tel. 0473 010100, www.stroblhof.com, große Hotelanlage, Freibad, Hallenbad, Wellnessbereich, Animation, großzügige Zimmer und Suiten.

■ **Jägerhof**②, St. Leonhard, Walten 80, Tel. 0473 656250, www.jagerhof.net, Wanderer-Gasthaus in Richtung Jaufenpass, schöne Zimmer mit Balkon, exquisite Küche für die Hotelgäste.

■ **Hotel Tirolerhof**①, St. Leonhard, Kohlstatt 7/11, Tel. 0473 656117, www.hoteltirolerhof.it, in der Ortsmitte, Gasthof und Hotel mit geräumigen Zimmern und Ferienwohnungen.

■ **Sandwirt**①, St. Leonhard, Passeirerstr. 72, Tel. 0473 656143, www.sandwirt.bz, Gasthaus, Restaurant, Bar in *Andreas Hofers* Geburtshaus, sehenswert ist die alte Bauernstube im Gasthaus.

■ **Gasthaus Ungericht Hof**②, Kuens, Kuenserstr. 55, Tel. 0473 241112, www.ungerichthof.it, getäfelte Gaststuben, Gerichte aus eigenen Produkten, dazu in der Scheune Ausstellung von 30 Traktoren der Marke „Porsche Diesel".

■ **Pension Weinberg**②, Riffian, Kirchweg 20, Tel. 0473 241133, www.pension-weinberg.it, Zimmer mit Balkon, prächtiger Blumenschmuck kennzeichnet die Familienpension, Freibad, Liegewiese, dazu Restaurant② und Bar.

■ **Hotel Saltauserhof**④, Saltaus, Passeirerstr. 6, Tel. 0473 645403, www.saltauserhof.com, den Kern der Anlage bildet das alte Schildhaus, moderne Zubauten mit allem Komfort, Hallenbad, Freibad, Liegewiese, Wellnessbereiche, Suiten und Zimmer unterschiedlicher Größe mit Balkon, diverse Restauranträume, Weinkeller.

Aktivitäten

■ **Tandemflüge:** Tandemclub Ifinger, Saltaus, Passeirerstr. 2, Tel. 0339 7631715, www.flyhirzer.com, diverse Startplätze, führt Tandemflüge in der

Berglandschaft des Passeiertals durch, März bis Nov., von 7 bis 70 Jahren.

Seilbahnen

- **Hirzer-Seilbahn:** Talstation 490 m, Mittelstation Prenn 1404 m, Bergstation Klammeben 1980 m, Tel. 0473 645498, www.hirzer.info, Betrieb Ende März bis Anf. Nov., einfache Fahrt 13 Euro, Hin- und Rückfahrt 13 Euro, Kinder von 6 bis 16 Jahre 7/9,50 Euro.

Hinterpasseier

Von St. Leonhard führt eine Schlucht aufwärts ins Hinterpasseier, das Tal am **Oberlauf der Passer.** In Moos, dem Hauptort des Tals, öffnet es sich wieder. Nordwärts geht es in das zunächst enge Rabensteintal, das sich dann wieder et-

Mehrtagetour Meraner Höhenweg

- **Dauer:** insgesamt 37 Std.
- **Strecke**: 90,4 Kilometer
- **Höhendifferenz:** knapp über 5000 m
- **Maximale Höhe:** 2895 Meter
- **Schwierigkeitsgrad:** schwer
- **Saison:** Mai/Juni bis September

GPS Ein wirklich grandioser Höhen-Rundwanderweg in Südtirol ist der Meraner Höhenweg. Er umrundet die 33.400 Hektar große Texel-Gruppe, die 1976 zum Naturpark erklärt wurde. Sie erstreckt sich zwischen dem Schnalstal im Westen, dem unteren Vinschgau im Süden, dem Passeiertal im Osten und den Ötztaler Alpen im Norden. Mit einer Länge von ca. 90 Kilometern umrundet der im Jahre 1985 seiner Bestimmung übergebene Meraner Höhenweg diese einmalige Naturlandschaft von Hof zu Hof und von Tal zu Tal.

Zum Einstieg in den Meraner Höhenweg steigt man als **1. Etappe** in die Hochmut-Seilbahn in Dorf Tirol ein, die den Wanderer auf die Bergstation bringt. Von dort führt der Weg bis zum Hochganghaus (2½ Std.). Die **2. Etappe** führt entlang des Vinschgauer Sonnenbergs vom Hochganghaus bis Giggelberg (4 Std.). Weiter geht es die **3. Etappe** ins Schnalstal bis Katharinaberg (6 Std.). Jetzt geht es mit der **4. Etappe** ins Hochgebirge zur Eishof Alm (4¾ Std.). Auf der **5. Etappe** durchquert man das Pfelderer Tal von der Eishof Alm zum Gasthof Zeppichl (5¾ Std.). Weiter geht es auf der **6. Etappe** durch das Pfelderer Tal vom Gasthof Zeppichl nach Matatz (5¾ Std.). Auf der **7. Etappe** geht es von Hof zu Hof durch das Passeiertal von Matatz nach Hochmuth (7 Std.), von wo die Seilbahn den Wanderer nach Dorf Tirol zurück bringt.

Der Meraner Höhenweg

was weitet. In vielen Windungen führt die Straße weiter auf das 2474 m hohe **Timmelsjoch.**

Die Landschaft des Hinterpasseiers ist sehr natürlich und bäuerlich geprägt, das Tal hat hier Hochgebirgscharakter. Der Tourismus ist noch sehr verhalten. Je höher man zum Timmelsjoch hinaufsteigt, desto hochalpiner zeigt sich das Landschaftsbild.

Moos in Passeier

Die Pfarrkirche Mariä Himmelfahrt von Moos auf über 1000 m Höhe hat einen sehr hohen Turm. Die ganz zu Beginn des 15. Jh. geweihte Kirche wurde später barockisiert und weist Gemälde der Passeirer Malschule auf.

An der Straße zum Timmelsjoch liegt das 2009 eröffnete **Bunker-Mooseum** in

Am Meraner Höhenweg bieten sich insgesamt 45 Unterkünfte, Hütten, Almen, und Gasthäuser zur nächtlichen Rast an. Eine Übersicht bietet www.meraner-hoehenweg.com/unterkunfte/am-hohenweg.

Der Bergsteiger *Hans Kammerlander* bietet für sehr geübte Bergwanderer den Meraner Höhenweg als 48-Std.-Tour an. Info: Büro Hans Kammerlander, Tel. 0474 690012, www.kammerlander.com (→ Wanderung „Meraner Höhenweg").

adobe.stock Foto: ©Buesi

einem ehemaligen Bunker des von *Mussolini* errichteten Alpenwalls. Das Dokumentationszentrum mit Filmsaal dokumentiert historische und geografische Themen des Passeiertals, dazu gibt es ein **Steinbock-Gehege** und eine **Kletterwand.**

■ **Bunker Mooseum,** Moos, Dorf 29, Tel. 0473 64 8529, www.museum.hinterpasseier.it, Mitte April bis Okt. Di–So 10–18 Uhr, Eintritt 6 Euro, Kinder 6–14 Jahre 3,50 Euro, darunter frei, Familienermäßigung, Steinbock-Fütterung 2 Euro.

Pfelderer Tal

Von Moos zweigt nach Westen das über 20 km lange Pfelderer Tal ab. Es war einst eines der abgeschiedensten Täler Südtirols. Erst mit dem Bau der Timmelsjochstraße 1967 und dem Zugang von Norden zog auch der Tourismus hier ein. Zunächst kamen vornehmlich Wanderer, inzwischen kann man hier auch Wintersport betreiben. Hauptort ist **Pfelders** auf über 1600 m am Fuße der Hohen Wilde (3482 m). Bis hierhin kann man die Talstraße mit dem PKW befahren. Der Meraner Höhenweg führt weiter durch das Tal und schafft über das Eisjöchl oberhalb des Talschlusses die Verbindung ins Pfossen- und Schnalstal. Mit einigen Liften hat sich Pfelders inzwischen auch einen Namen als Skiort machen können. Kleinbusse bringen die Hotelgäste aus dem Ort zu den Liftstationen, privater Pkw-Verkehr ist hier nicht mehr zugelassen.

☒ Durch die Skulptur „Fernblick" kann man die Bergwelt betrachten

Praktische Tipps

Unterkunft, Essen und Trinken

■ **Hotel-Restaurant Pöhl**①, 39010 Moos-Pfelders 26, Tel. 0473 64 67 49, www.poehl-passeiertal.it, familiär geführtes Haus, Zimmer mit Balkon.

■ **Zeppichl Hof**①, 39010 Moos-Pfelders, Zeppichl 15, Tel. 0473 64 67 20, www.zeppichl.com, Urlaub auf dem Bauernhof in 1700 m Höhe, Gasthof, Pension, Ferienwohnungen, einfache Zimmer, teilweise mit Balkon. Die Küche bietet traditionelle Gerichte aus eigenen Produkten vom Hof wie Speck, Kaminwurz, Hauswurst, Eier, dazu Wildspezialitäten.

■ **Gasthaus Lazinser Hof,** 39013 Moos-Pfelders 16, Tel. 0473 42 44 82, www.lazinshof.com, Jausenstation kurz vor Talschluss, kleine, sehr gemütliche Gaststube mit Kachelofen, etliche Bänke draußen. Serviert werden Südtiroler Brotzeiten, selbstgemachter Käse und leckerer Kuchen, ganzjährig geöffnet, in der Nebensaison Mo geschlossen, vermietet neben der Jausenstation ein modern eingerichtetes Ferienhaus.

Aktivitäten

■ **Skigebiet Pfelders** (1600–2500m): Kabinenbahn, Sessellift, 2 Skilifte (Grünbodenexpress und Karjochbahn), 10 km Pisten, überwiegend leicht bis mittelschwer, Kontaktadresse: Pfelders 45, Tel. 0473 646721, www.pfelders.info, Schneetel. 0473 6467 92.

Übrigens: Die **Kombibahn Grünbodenexpress,** bestehend aus 6er-Sesseln und 8er-Kabinen, war die erste Bahn mit Sitzheizung in Italien.

■ **Skigebiet am Jaufenpass:** → Ridnauntal.

Timmelsjoch (Passo del Rombo)

075st ot

Von Rabenstein auf dem Weg von Moos zum Timmelsjoch gelangt man in einem zweistündigen Aufstieg zum **Erlebnisbergwerk Schneeberg Passeier** (nur zu Fuß erreichbar, Infos unter www.bergbaumuseum.it).

Das Timmelsjoch stellt die Verbindung zwischen dem **Ötztal auf österreichischer Seite** und dem Passeiertal her. Früher verband ein Saumpfad die Menschen beiderseits des Hauptalpenkamms. Das verbindende Element des Jochs wird durch markante Architekturelemente aufgegriffen, die beiderseits der **Passhöhe** atemberaubende Einblicke in die Alpenwelt bieten. Besonders attraktiv sind die Konstruktionen **„Fernblick"** auf der Passhöhe und **„Fernrohr"** unterhalb. Letzteres fokussiert den Blick auf die Texelgruppe.

■ **Timmelsjoch-Hochalpenstraße:** Pass auf 2509 Meter Höhe, Grenze Österreich/Italien (Südtirol), Pass geöffnet je nach Wetterlage ab Juni bis Okt., Befahrung auf österreichischer Seite uneingeschränkt, maximale Fahrzeughöhe 4 Meter; wegen steiler und enger Straßenverhältnisse auf Südtiroler Seite nur für Wohnmobile und Lkw bis max. 8 Tonnen Gesamtgewicht, max. 2,55 Meter Breite und max. 4 Meter Höhe, Anhänger nur bis 4,50 Meter Länge, Gesamtlänge von Zugfahrzeug und Anhänger nur bis 10 Meter. Befahrung für Radfahrer auf eigene Gefahr, eine funktionierende Fahrradbeleuchtung ist zwingend erforderlich; Maut einfache Fahrt Pkw 17 Euro, Hin- und Rückfahrt 24 Euro, Motorrad 15/21 Euro, Wohnmobile über 3,5 t einfache Fahrt 28 Euro.

■ **Bergbaumuseum Schneeberg:** auf 2355 Meter Höhe, nur zu Fuß erreichbar, Gästebus 4 x täglich aus dem Passeier- und Ötztal bis zur Haltestelle Schneebergbrücke, von hier zu Fuß auf Weg Nr. 31 bis nach Seemoos und weiter über Weg Nr. 29 bis zur ehemaligen Knappensiedlung St. Martin (690 Höhenmeter, Gehzeit: ca. 2 Std.). Museumsbetrieb von Mitte Juni bis Mitte Okt., Mo keine Führungen, Schauraum nahe der Schutzhütte (immer geöffnet, Eintritt frei). Es werden verschiedene Führungen teils mit Wanderbegleitung angeboten, Teilnahme Erlebnistour Erzrevier 22 Euro, Studierende, Senioren etc. 18 Euro, Schüler 12 Euro, Familien 45 Euro, Teilnahme Abenteuertour Schneeberg 30 Euro, Studenten, Senioren etc. 22 Euro, Kinder von 7 bis 16 Jahren in Begleitung 15 Euro. Info: www.bergbaumuseum.it/de/schneeberg. Das Erlebnisbergwerk Schneeberg ist auch vom Talschluss des Ridnauntals in Maiern vom Museum BergbauWelt Ridnaun zu Fuß erreichbar (4 Std., siehe Abschnitt „Ridnauntal").

VON MERAN NACH SÜDEN

IM WEITEN TALBODEN DER ETSCH

Von Meran aus weitet sich das Etschtal zu einem breiten Talboden. Hier beginnt das bedeutende Südtiroler Obstbaugebiet. An den Hängen ziehen sich die Weinbergterrassen entlang. Viele historische Ort mit sehenswerten Burgen, Ansitzen und Kirchen machen einen Urlaub in dieser Region auch kulturhistorisch interessant.

NICHT VERPASSEN!

- **Schloss Lebenberg,** in wunderbarer Lage inmitten von Weinbergen über dem Etschtal | 151
- Der **Flügelaltar** von Hans Schnatterpeck in der Pfarrkirche Niederlana, eines der größten Kunstwerke Südtirols | 153
- **Pfarrkirche Tisens** mit Kirchenfenstern von herausragender Leuchtkraft | 164

Diese Tipps erkennt man an der gelben Markierung.

Links der Etsch (Adige)

Das Etschtal erreicht südlich von Meran mehr als einen Kilometer Breite. Jedoch rücken die Ausläufer des Tschögglbergs von Osten relativ dicht an den Fluss heran. Die Staatsstraße SS38 verläuft dicht an der Hangkante, wo sich auch die Orte aneinanderreihen.

Burgstall (Postal)

Der erste größere Ort am östlichen Etschufer südlich von Meran ist Burgstall. Das Dorf wurde im 13. Jh. gegründet und kam 1330 in die Hand von *Volkmar von Dorf Tirol,* der zu dieser Zeit Burghauptmann auf Schloss Tirol war. Die Tiroler Grafen belehnten Volkmar mit Burgstall, woraufhin er sich *von Burgstall* nannte.

Unterhalb der Burg entwickelte sich das Dorf am Hang, einerseits zum Schutz, andererseits, weil der Talboden Sumpfland war. Die Burg existiert nur noch als **Ruine,** der Talboden ist trockengelegt und wird für Obstbau genutzt. Die neoromanische Pfarrkirche besitzt ein bedeutendes Gemälde aus dem Jahr 1541, die Anbetung der Könige darstellend. Im Ort befindet sich das private **Museum für heimisches Wild,** das

Wandern am Waalweg

adobe.stock Foto: ©Jürgen Nickel

einzige Tiermuseum Südtirols. Es zeigt über 300 in Südtirol vorkommende Vogelarten und Säugetiere in ihren Lebensräumen.

Von Burgstall kann man mit der **Seilbahn nach Vöran** hinauffahren, wo sich schließlich vielfältige Wandermöglichkeiten eröffnen.

- **Museum für heimisches Wild,** Feldweg 1, Tel. 0473 291126, geöffnet Ostern bis Okt. auf Anfrage, www.meinsuedtirol.com/de/museum-für-heimisches-wild-des-herrn-simon-ratschiller/59-6446.html.

Seilbahnen

- **Seilbahn Burgstall – Vöran:** Tel. 0473 278187, www.gemeinde.voeran.bz.it, ganzjähriger Betrieb 7–20 Uhr, einfache Fahrt 4 Euro, Hin- und Rückfahrt 7 Euro, Hund 4/5 Euro, Fahrrad 4/5 Euro, Gleitschirm einfache Fahrt 2 Euro.

Verkehr

- **Südtirol-Bahn:** Haltepunkt Lana-Burgstall.

Gargazon (Gargazzone)

Der sich südlich anschließende Ort ist Gargazon, auf einem eiszeitlichen Schutthügel des Aschlerbachs errichtet. Die heutige **Totenkapelle zum heiligen Johannes dem Täufer** mit einem Fresko an der Außenfassade und den Reliquien des heiligen *Octonius* ist die Zierde des Ortes. Der gotische Bau mit vielseitigem Chorschluss hat einen Turm mit Pyramidendach.

Die heutige Pfarrkirche wurde kurz nach 1900 im neoromanischen Stil fertiggestellt. Der **Kröllturm** am Osthang des Ortes ist ein ehemaliger Wachturm und nicht der Rest einer Burganlage, wie man früher annahm. Sehenswert sind auch die **Wasserfälle** von Gargazon mit ihren sieben Stufen und das Eisloch am Panoramaweg.

Naturbad Gargazon

Attraktiv ist das Naturbad von Gargazon. Hier kommt man ganz ohne Chlor aus. Die große **Wasserlandschaft** im Talboden an der Etsch hat Becken verschiedener Tiefe. Eine Pflanzenregenerationszone, angrenzend an den Badebereich, sorgt für die natürliche Reinigung des Badewassers. Die Frischwasserzufuhr erfolgt aus einem Tiefwasserbrunnen. Die Becken sind mit Teichbaufolie abgedichtet.

- **Naturbad Gargazon,** Bahnhofstraße 37, Tel. 0473 291129, www.naturbad-gargazon.it, geöffnet Anf. Mai bis Mitte Juni 11–19 Uhr, Sa/So ab 10 Uhr, bis Anf. Sept. täglich 10–19 Uhr, erste Sept.-Woche 11–18 Uhr, Eintritt 7 Euro, Kinder von 14–17 Jahren 5,30 Euro, Kinder von 4 bis 13 Jahren 3,50 Euro, Familienkarte 17 Euro, div. Ermäßigungen.

Verkehr

- **Südtirol-Bahn:** Haltepunkt Gargazon.

Rechts der Etsch (Adige)

Die Ortschaften, die sich südlich von Meran auf der westlichen Talseite der Etsch befinden, gehen teilweise ineinander über. Einen tiefen **Taleinschnitt zwischen Tscherms und Lana** verursacht der Falschauer Bach, der das **Ultental** bildet. Die Ortsteile Oberlana, Niederlana und Mitterlana erstrecken sich an der Talkante der Etsch, einzelne Ortsteile ziehen sich auf die Mittelterrasse hinauf. Bis Nals erstreckt sich die Bebauung auf der Mittelterrasse, in Nals führt die Straße auf den Talboden zurück und tritt ins Bozner Becken ein.

Tscherms (Cermes)

- **Info:** Postleitzahl Tscherms: **39010.** Tourismus Infopoint Tscherms, Gampenstraße 22, Tel. 0473 561015, www.lanaregion.it.

Einst fuhr eine Lokalbahn von Meran über Tscherms nach Lana – ihr Betrieb wurde 1950 eingestellt. Eingebettet in Wein- und Obstgärten wird hier bereits seit der Steinzeit gesiedelt. Der Kirchturm der Ortspfarrkirche ist 600 Jahre alt und hat schon verschiedenen Kirchenbauten gedient, die immer wieder von Muren hinweggerissen wurden. Der letzte Umbau erfolgte 1928/29.

Beim Ortsteil Basling steht noch die kleine **St. Annakapelle,** im 17. Jh. von *Bartlmä von Schöpfer zu Klarenbrunn,* Zollamtsmann des Erzherzogs *Ferdinand am Gampen* und Gerichtsanwalt von Marling, erbaut. Der Altar stammt noch aus der Erbauungszeit. Die heutigen Besitzer des Schöpferhofs haben das Kirchlein renoviert.

Schloss Lebenberg

In Richtung Tscherms im Süden erhebt sich auf einem Muränenhügel inmitten von Weinbergen am Hang des Marlinger Berges das 1240 erbaute Schloss Lebenberg, eine der großartigsten Burganlagen des Burggrafenamtes. Ihre Erbauer waren die Herren von Marling. Erweiterungen erfolgten im 16., 17. und 18. Jh. Zu der ausgedehnten Anlage gehören eine Kapelle aus dem 14. Jh., reizvolle Innenhöfe, ein Rokoko-Spiegelsaal, gotische Stuben mit Bauernmöbeln, ein Waffensaal – alle mit sehenswerten Holz- und Stuckdecken – sowie nicht zuletzt ein toskanisch anmutender Ziergarten. Heute ist die mediterran wirkende Burganlage in Privatbesitz. Im nicht bewohnten Teil der Burg ist ein Museum eingerichtet.

- **Museum Schloss Lebenberg,** Lebenbergstraße 15, Tscherms, Tel. 0473 561425 , geöffnet April bis Okt. Mo–Sa 10.30–12.30 und 14–16.30 Uhr, Eintritt 8 Euro, Kinder bis 14 Jahre 3 Euro, Info: avanrossem@gmx.net.

Unterkunft, Essen und Trinken

- **Hotel Restaurant Löwenwirt**①, Raffeinweg 2, Tel. 0473 561420, www.loewenwirt.com, Traditionsbetrieb mit Wurzeln bis 1596, Zimmer mit Balkon oder Terrasse, auch behindertengerecht. Wirtshauscharakter erhalten, gehobene internationale Küche, Bar, Terrasse, Weinkeller.
- **Wirtshaus Sapperlot**②, Gampenstraße 43/A, Tel. 0473 560778, www.restaurantelisabeth.it, renoviert, teilweise modernisiert, stilvolle Zirmstube, Bar, Gastgarten, Weinkeller, umfangreiche Speisekarte, geöffnet Di bis Sa ab 16 Uhr.

Wein

- **Biedermannhof,** Lebenbergerstraße 1, Tel. 0473 563097, www.biedermannhof.it, Familienbetrieb mit Weinbau, Obstbau und Urlaub auf dem Bauernhof, der Hof kann auf Anfrage besichtigt werden.
- **Kränzelhof,** Gampenstrasse 1, Tel. 0473 5645 49, www.kraenzelhof.it, gräflicher Familienbesitz seit Generationen, alter, gepflegter Ansitz mit Kunstgalerie im Garten, produziert hochwertige Weine auf 6 ha, rot und weiß verschiedener Sorten mit viel Handarbeit, führt Skulpturenausstellungen durch. **Weinhaus Kränzelhof** bietet Verkostung und kleine regionale Gerichte, geöffnet 9.30–18 Uhr, Nov. bis März Di bis Sa 10–15 Uhr.
- **Haidenhof,** Lebenbergstr. 17, Tel. 0473 5623 92, www.haidenhof.it, 3,5 ha Rebfläche, Gasthaus bietet Südtiroler Küche, mit Wintergarten und Terrasse.

Lana (Lana)

- **Info:** Postleitzahl Lana: **39011.** Tourismusverein Lana und Umgebung, Andreas-Hofer Str. 9/1, Tel. 0473 561770, www.lanaregion.it.

Am südlichen Rand des Meraner Beckens gelegen, zieht sich die Gemeinde Lana mit ihren Ortsteilen von der Etschtalniederung bis auf die Mittelgebirgsterrasse hoch. Die einzelnen Fraktionen sind längst zusammengewachsen und haben den Ort zu einem der großen **Feriendomizile** Südtirols gemacht. Dazu tragen nicht nur die kulturhistorischen Schätze, sondern auch die vielfältigen Tourismusangebote bei – Wanderungen und Klettertouren, Wintersport, Golf, Einkaufen in der quirligen Fußgängerzone und die vielen Veranstaltungen wie die Kürbistage, die Kastanientage, LanaLive, die Blütenfesttage, die Freilichtspiele in der Gaulschlucht oder der Christkindlmarkt. Eine besondere Attraktion bildet der Skulpturenwanderweg, der sich über den Brandiswaalweg entlang der Promenade bis in die Gaulschlucht erstreckt.

Geschichte

In dieser vom Klima verwöhnten Lage hat es bereits vorgeschichtliche Siedlungen gegeben. Steinzeitliche Spuren wurden auf den Hügeln oberhalb des Dorfes, so auf dem Kobaltbühel, dem Hügel von St. Hippolyt, auf dem Silackerbühel und auf dem Burghügel Braunsberg gefunden. Die **römische Siedlung Villa Leinon** kann als Ursprung des heutigen Ortes gelten.

Die ersten beiden Kirchen des Dorfes, St. Georg und St. Margarethen, entstanden zu Beginn des 10. Jh. Erste Erwähnung fand Lana im Jahr 990 als *Lenon*. Zu Beginn des 13. Jh. errichteten die verschiedenen Zweige der **Herren von Brandis-Lana** die Burgen Brandis, Leonburg (Lanaburg), Braunsberg, Mayenburg und Werrenberg auf dem Gemeindegebiet.

Ab 1396 wurde die Pfarre Lana vom **Deutschen Orden** betreut, dessen Wappen noch heute im Gemeindewappen von Lana enthalten ist. Ursprünglich wohnten die Ordensgeistlichen im alten Widum neben der Pfarrkirche, im 16. Jh. übersiedelte man in den ordenseigenen Ansitz St. Anna. Seit dem 19. Jh. befindet sich das Mutterhaus der Deutsch-Ordens-Schwestern im Kloster Lanegg, einem vormaligen Ansitz oberhalb von Lana. Bis heute ist Lana das Zentrum der Ordensprovinz Südtirol. Die heutige Marktgemeinde Lana wurde 1850 aus den vorher selbstständigen Orten Vill, Oberlana und Niederlana zusammengesetzt, der sich 1929 Völlan angliederte.

Der **Weinbau** hat eine lange Tradition in Lana. Bereits in einer Urkunde aus dem Kloster Tegernsee um 1034 wird von einem Weingut zu *Loina* berichtet. Erst in den letzten 100 Jahren nahm der **Obstbau** gegenüber dem Weinbau zu. Insofern war die Eröffnung der **Trambahn** Lana – Meran im Jahr 1906 für den Obsttransport von großer Bedeutung. Der Personenverkehr wurde 1950 eingestellt, der Gütertransport erst 1974. Am Tribusplatz in Oberlana wurde eine Güterzuglok, die ehemalige kkStB 1084.002, als Attraktion aufgestellt.

Kirchen

Pfarrkirche Mariä Himmelfahrt

Das bedeutendste Bauwerk Lanas ist die Pfarrkirche Mariä Himmelfahrt in Niederlana. Die 1296 belegte, aber in ihren Ursprüngen sehr viel ältere Kirche wurde 1470 in spätgotischer Form erneuert und 1492 geweiht. Von der ursprünglichen Kirche sind noch die **Rundapsiden** mit ihrem Freskenzyklus aus dem Jahr 1215 zu sehen, an den Sockeln sind Bestiarien dargestellt. Der **frei stehende Turm** der Kirche hat drei Spitzbogenportale und ist mit zwei Fresken aus der Zeit des beginnenden 16. Jh. geschmückt.

Das bedeutendste Kunstwerk der Innenausstattung ist der über **14 m hohe Flügelaltar,** der der Werkstatt des schwäbischen Meisters *Hans Schnatterpeck* entstammt, der sich im Jahr 1478 in Meran niedergelassen hatte. Sein Schnitzwerk aus Kastanienholz mit einer außergewöhnlichen Reichhaltigkeit an Figuren zählt zu den größten Altarwerken der Gotik. Es handelt sich um eine biblische Darstellung für die damals noch leseunkundige Bevölkerung. In der Mitte sieht man den Gnadenstuhl, die Dreifaltigkeit Gottes – Gott Vater, Sohn und Heiliger Geist in Form einer Taube. Links und rechts stellen die Figuren die Apostelfürsten Petrus und Paulus in Lebensgröße dar, in der Mitte die Krönung Mariens, links davon die Mutter Anna Selbdritt, auf der rechten Seite die Märtyrerin Katharina mit Schwert als wichtigste der zahlreichen anderen Figuren.

Die Friedhofskapelle **St. Michael** der Pfarrkirche stammt aus dem Jahr 1585. Sie ist mit Gewölbefresken musizierender Engel von 1770 und einem Barockaltar von 1764 versehen. In den Friedhofsarkaden befinden sich die Heilig-Kreuz-Kapelle aus dem 16. Jh. und die Grablegen der Grafen *Brandis*.

■ **Pfarrkirche Mariä Himmelfahrt,** Niederlana, Schnatterpeckstraße, Tel. 0333 4342596, www.pfarrei-lana.org, Führungen Mitte Mai bis Okt. Di bis Sa 11 Uhr, Eintritt 3 Euro, ansonsten bleibt die Kirche wegen Diebstahlgefahr geschlossen. In der Fastenzeit ist der Altar geschlossen.

St. Margareth

Die Dreiapsidenkirche St. Margareth oberhalb von **Mitterlana** inmitten von Obstgärten, eine **karolingische Saalkirche,** geht auf eine Stiftung der byzantinischen Gemahlin Kaiser *Ottos II.*, Kaiserin *Theophanu*, zurück und datiert auf das ausgehende 10. Jh. Die Kirche wurde 1215 von Kaiser *Friedrich II. Barbarossa* dem Deutschen Orden übergeben. Aus dieser Zeit stammt der **Freskenzyklus** in den Apsiden, der zu den bedeutenden Zeugnissen romanischer Wandmalerei in Südtirol zählt. Besonders hervorzuheben sind die an den Sockeln dargestellten Bestiarien.

312st ot

Detail des Schnatterpeck-Altars in der Pfarrkirche Mariä Himmelfahrt in Lana

077st ot

St. Peterkirche

Die St. Peterkirche in Mitterlana wurde 1305 erstmals erwähnt, Chor und Turm stammen aus dem 15. Jh. Die endgültige Form des Langhauses ist aus dem Jahr 1680, als man es unter Verwendung unterer Mauerteile neu errichtete und mit einem Tonnengewölbe versah. Die reichhaltige Ausstattung stammt aus der Renaissance und dem Barock, der Hochaltar wurde im 19. Jh. ergänzt. Der Kirchplatz diente im Mittelalter als Gerichtsplatz, das benachbarte Mesnerhaus wurde ab dem 17. Jh. als Schulhaus verwendet.

⌃ St. Margareth oberhalb von Mitterlana

St. Agatha auf der Wiese

St. Agatha auf der Wiese steht ebenfalls in Mitterlana. Die Kirche wurde 1306 erstmals erwähnt, ist aber wesentlich älter, denn bei Ausgrabungen wurde eine romanische Apsis (um 1100) mit Bemalung freigelegt. Der heutige Bau entstand in einer langen Bauphase bis 1620 und trägt noch Stilelemente der Spätgotik sowie der Renaissance und des Frühbarock. Diese Ausbauten wurden nur möglich, weil sich nach einem verheerenden Stadtbrand von Meran im Jahr 1348 eine Wallfahrt zur der Kirche entwickelte, die der heiligen *Agatha,* der Schutzpatronin gegen Feuersbrünste, geweiht ist. Die Bittprozession fand 1954 ein letztes Mal statt.

St. Johan Nepomuk

St. Johan Nepomuk in **Oberlana** wurde 1644 geweiht und nach einem Erdrutsch 1652 wieder hergestellt. Der monumentale Altar stammt aus dem gleichen Jahr, das Altarbild des heiligen *Nepomuk* von 1731.

St. Georg

Die kleine Kirche St. Georg auf dem Weg nach Völlan ist neben St. Margareth die zweite **vorromanische Kirche** des Ortes. An ihrem Platz stand wohl schon im 9. Jh. eine Holzkirche. Das heutige Gotteshaus stammt aus dem 13./14. Jh. Nach langer Zeit der Vernachlässigung konnte es in den 1980er Jahren durch eine Bürgerinitiative renoviert werden.

Heiligkreuzkirche

Beachtenswert als Pfarrkirche neueren Datums ist die 1938 nach Plänen des Stuttgarter Architekten *Otto Lindner* begonnene und erst nach dem Zweiten

Weltkrieg endgültig fertiggestellte Heiligkreuzkirche in **Niederlana.** Sie ist eindeutig der **Bauhausarchitektur** verpflichtet.

St. Severinkirche

Die St. Severinkirche in der hoch gelegenen Fraktion **Völlan** wurde 1295 erstmals erwähnt, der heutige Bau 1433 geweiht. Die Kapelle im seitlich angesetzten Turm und der Chor sind eingewölbt. Das Rippengewölbe ist mit wertvollen Fresken aus dieser Zeit versehen, auf denen man unter anderem die ursprüngliche Form der Mayenburg erkennt. Das Langhaus wurde 1760 im Stil des Barock erneuert. Die Altäre sind aus der Mitte des 19. Jh.

Kapuzinerkirche

Die Kapuzinerkirche zur heiligen Anna und zum heiligen Joachim in Oberlana wurde im Stil vieler anderer Tiroler Kapuzinerkirchen des 17. Jh. errichtet. Am 4. Mai 1664 legte man den Grundstein zum Bau der Kirche und des angeschlossenen Klosters. Das Schiff ist rechteckig und hat ein Tonnengewölbe. Der Hauptaltar und die beiden Seitenaltäre sind Barockaltäre und stammen noch aus dem 17. Jh. Der Laubengang im Norden wurde 1916 errichtet, 1967 hat man den westlichen Teil mit der Empore dazugebaut.

St. Vigiliuskirche

Eine besondere Attraktion stellt die kleine St. Vigiliuskirche auf 1780 m Höhe oberhalb von Lana dar. Hier oben weitet sich ein **Hochplateau** aus, das seinen höchsten Punkt am Siebenbrunnenwald auf 1906 m Höhe erreicht. Früher war der Aufstieg beschwerlich, heute kann man mit einer Kabinen- und weiter mit einer **Seilbahn** mühelos auf das Plateau fahren. Funde aus der mittleren Steinzeit unweit der Kirche zeigen, dass das Vigiljoch bereits vor fast 10.000 Jahren als Übergang genutzt wurde.

Erste Erwähnung fand die Vigiliuskirche in einer Urkunde des Klosters Weingarten aus dem 13. Jh. – Vigilius ist der Kirchenpatron des Bistums Trient, hier befand sich einst dessen nördlichster Punkt. Die Kirche selbst wurde aber schon im Frühmittelalter errichtet, die Mauern des Langhauses stammen noch aus **frühromanischer Zeit.** Der Chor mit seinem schönen Rippengewölbe sowie der Glockenturm kamen später hinzu. In der zweiten Hälfte des 14. Jh. wurde die Kirche mit bedeutenden, heute noch gut erhaltenen **frühgotischen Fresken,** die zwölf Apostel sowie eine Kreuzigungsgruppe darstellend, ausgemalt.

UNSER TIPP: **St. Vigiliuskirche,** tagsüber offen, Gottesdienste an Feiertagen, Info beim Tourismusbüro.

Kloster Lanegg

Das Kloster Lanegg am **Brandiswaalweg** in Mitterlana ist im einstigen **Röderhof** beherbergt, der auf das 15. Jh. zurückgeht und dessen Besitzer ihn Ansitz Lanegg nannten. Als Erzherzog *Maximilian von Österreich-Este* 1835 zum Hoch- und Deutschmeister des Deutschen Ordens gewählt wurde, ging er daran, den Orden zu reformieren. Er führte die alten Schwesterninstitute und Priesterkonvente wieder ein. 1841 erwarb der Erzherzog Ansitz Lanegg für ein Schwesterninstitut des Ordens, das seither als Mutterhaus der Schwestern des Deutschen Ordens fungiert. Die Kirche wurde 1911/12 in neobarocken Formen errichtet.

Burgen

Burg Brandis

Burg Brandis in Niederlana jenseits des Brandisbaches, bis heute im Besitz der Grafen *von Brandis,* wurde im 12. Jh. von *Heinrich Brandiser* erbaut. Die Burg bestand aus dem frei stehenden Bergfried und dem Wohnhaus mit Burgeingang und Wirtschaftsgebäuden, umschlossen von einer weitläufigen Ringmauer. Die Burgkapelle entstand um 1500, andere Zubauten sind aus dem 17. Jh. 1807 stürzte der Bergfried ein. Das neue Herrenhaus befindet sich unterhalb der Burg.

Schloss Leonberg

Ebenfalls im Privatbesitz der Grafen von Brandis ist Schloss Leonberg, entstanden an der Wende zum 12. Jh. am strategisch wichtigen Zugang zum Gampenpass. **Zwei Bergfriede** kennzeichnen die Anlage, die nach einem Brand 1450 erneuert wurde und seither ihre mittelalterliche Bausubstanz bewahrt hat.

Burg Braunsberg

Die erstmals 1231 erwähnten Herren *von Braunsberg* errichteten ihre Burganlage jenseits des Falschauer Bachs oberhalb der **Gaulschlucht.** Im Jahr 1492 ging Burg Braunsberg an die Grafen *Trapp* über, die noch heute die Besitzer sind. 1510 stürzte ein Burgteil in die Gaulschlucht. Die Ringmauer ist mit Zinnen versehen, dahinter befindet sich ein kleiner Innenhof, ein Palas und neben der im Ursprung noch romanischen Kapelle ein Zubau in der Form von Türmen. Die Kapelle ist mit Außenfresken geschmückt. Ihr Altar wurde 1660 gefertigt.

Mayenburg

Die **Ruine** der Mayenburg steht auf einem lang gestreckten Felsvorsprung bei Völlan. An dem strategisch günstigen Standort fand man schon vorgeschichtliche Spuren. Die mittelalterliche Burg geht auf Ursprünge im 11. Jh. zurück. 1241 wird sie als im Besitz der Grafen *Eppan-Ulten* erwähnt, 1650 wurde sie von *Veit Benno Graf Brandis* ausgebaut. Seither umschließt ihre zinnengekrönte Ringmauer zwei geräumige Burghöfe mit dem Palas und weiteren Burgbauten. Die weitgehend erhaltene Burgkapelle und der darüber liegende Wohnraum zeigen Spuren von Wandmalereien aus dem 15. und 16. Jh. Die Burg ist in Privatbesitz und kann nicht besichtigt werden.

Museum

Südtiroler Obstbaumuseum

Im Bereich der Marktgemeinde Lana breiten sich im Etschtalboden und an seinen Hängen große **Apfelplantagen** aus. Das in Niederlana im **Ansitz Larchgut** angesiedelte Obstbaumuseum zeigt auf 2000 m² Fläche eine umfassende Dokumentation zur geschichtlichen Entwicklung und heutigen Situation des Obstbaus in Lana.

UNSER TIPP: **Südtiroler Obstbaummuseum,** Brandis-Waalweg 4, Tel. 0473 564387, www.obstbaumuseum.it, geöffnet So bis Fr 10–17 Uhr, Nov.

Mo bis Fr 10–15 Uhr, Eintritt 5 Euro, Kinder 6 bis 18 Jahre 2 Euro, Familienkarte 10 Euro.

Völlan

Oberhalb von Lana liegt der kleine Ort Völlan, überragt von der auf das 13. Jh. zurückgehenden Mayenburg. Der Ort ist Ausgangspunkt für Touren entlang der Apfel-, Wein- und Kastanienhänge. Ein Bauernmuseum zeigt die frühere Lebensweise der Menschen auf dem Land.

Skulpturenwanderweg

GPS Anstelle eines Museums für Moderne Kunst verfügt Lana über einen einzigartigen Skulpturenwanderweg, der sich über Kilometer erstreckt: über den malerischen Brandiswaalweg, an der Ländpromenade entlang bis zum Falschauer-Biotop und durch die Gaulschlucht. Hier können Künstler jeweils auf ihre Weise die Landschaft entlang des Weges mit Kunstwerken bestücken. Diese dienen zugleich als Rastplätze, als Stationen der Besinnung und Erkenntnis, Gehzeit ca. 2½ Std.

Brandiswaalweg

GPS Der 1835 von Graf Heinrich von Brandis eingerichtete Weg führt unter dem Pschailgraben hindurch, am Kloster Lanegg vorbei und oberhalb der St.-Margareth-Kirche an der Schwarzwand bis zum Wasserfall oberhalb des Golfplatzes entlang. Man geht durch Obstanlagen, Weinberge und Kastanienhaine mit wunderbaren Ausblicken auf den Tschögglberg, auf Lana und das Meraner Talbecken (Gehzeit: 45 Min., Länge: 2,5 km).

Bauernmuseum Völlan, Lana-Völlan, Badlweg 2, Tel. 0473 568050, Osterdienstag bis Ende Okt. Di und Fr 14–17 Uhr, Eintritt frei.

Unterkunft

Hotel Vigilius Mountain Resort⑤, Vigiljoch 43, Tel. 0473 556600, www.vigilius.it, Luxushotel, bezeichnet sich selbst als „Design-Hotel". Die ökoorientierte Anlage wurde nach den Plänen des Südtiroler Stararchitekten *Matteo Thun* auf 1500 m Höhe auf dem Vigiljoch errichtet, modern eingerichtete Zimmer unterschiedlicher Kategorien mit Balkon, Sauna, Pool und Wellnessanwendungen stehen zur Verfügung, moderne naturbelassene Küche.

Schötzerhof③, Lana, Aichweg 14, Tel. 0340 9373788, www.schoetzer-hof.it, neu erbauter Obstbauernhof inmitten von Apfelplantagen, vermietet praktisch eingerichtete Ferienwohnungen.

Falger①, Lana-Völlan, Mayenburgstr. 7, Tel. 0473 568010, www.falger.net, herrlich gelegen, modern und praktisch eingerichtete Zimmer mit Balkon, Restaurant bietet traditionelle Küche und Pizza, Sonnenterrasse, Mi Ruhetag.

Camping

Alpin Fitness Waldcamping Völlan, Völlan, Feldweg 12, Tel. 0473 568138, www.alpinfitness-waldcamping.it. Hanglage mit schöner Aussicht, großes Schwimmbad, Anfang April bis Mitte November.

Essen und Trinken

Gasthof Kirchsteiger③, Lana-Völlan, Propst-Wieser-Weg 5, Tel. 0473 968198, www.kirchsteiger.com, Hotel, Restaurant, Café, gepflegte Gastronomie, elegante Zimmer und Suiten, gehobene Küche, regional und international.

■ **Gasthof Traube②**, Tribusplatz, Tel. 0473 5611 50, www.restaurant-traube.com, italienische Küche, Fischgerichte, im Hochsommer So Ruhetag.

■ **Buschenschank Ausserhof①**, Lana-Pankraz, Gegend Nr. 16, Tel. 0473 561666, www.ausserhof.com, 4 km von Lana in Richtung Ultental, direkt am Naturlehrpfad Aichberg gelegen, mit Törggelekeller, Südtiroler Bauernspeck und Kaminwurzen, vermietet drei Ferienwohnungen, Ostern bis Juli und Ende Aug. bis Ende Nov. ab 15 Uhr geöffnet, Di Ruhetag.

■ **Oberwirt③,** Gries Platz 2, www.owlana.com, traditionelle Südtiroler und mediterrane Küche auf hohem Niveau, geöffnet Mo bis Sa mittags und abends.

Wein etc.

■ **Zollweghof,** Braunsbergerweg 15, Tel. 0335 59 22200, www.zollweghof.it/de, kleiner Betrieb mit Detailverkauf.

■ **Klosterkellerei O. Pircher,** Boznerstr. 17, Tel. 0473 558000, www.pircher.it, 1884 Übernahme der Klosterkellerei des Deutschen Ordens durch die Familie *Pircher,* heute eine der großen Schnapsbrennereien Südtirols, mit Önothek.

Aktivitäten

Freibad Lido, Bozner Str. 67, Tel. 0473 491700, https://lido-lana.com, vier Becken (Olympiabecken, Nichtschwimmer, Kinderbecken, Tauchbecken mit Sprungturm), geöffnet Mitte Mai bis Mitte Juni sowie Mitte Aug. bis Mitte Sept. 10–19 Uhr, feiertags ab 9 Uhr, Mitte Juni bis Ende Juni 9–19 Uhr, Juli bis Mitte Aug. 9–20 Uhr, Ende Juni bis Ende Aug. Mi bis 21.30 Uhr, Eintritt 10 Euro, Kinder von 3 bis 13 Jahren 5 Euro, div. Ermäßigungen, mit Restaurant.

■ **Golfclub Lana,** Brandisweg 13, Tel. 0473 5646 96, www.golfclublana.it, 9-Loch-Parcours, ebener, lang gestreckter Verlauf.

■ **Skigebiet Vigiljoch** (1500–1800 m): 4 Aufstiegsanlagen, 5 km Pisten, Rodelbahn bis zur Talstation des Sessellifts, www.vigiljoch.com.

Einkaufen

■ **Kunstdrechslerei Windegger,** Lahnstr. 9, Tel. 0473 564661, www.kunstdrechslerei.it, bietet Deko und Schmuck, Vasen etc. aus heimischen Hölzern wie Apfel-, Walnuss-, Kirsch-, Eschen-, Erlen-, Zedern- und Zirbenholz.

■ **Südtiroler Speck,** Metzgerei Huber, Lana-Völlan, Falgerweg 1, Tel. 0473 568076, www.huberspeck.com, man kann hier verschiedene Speck-Variationen aus eigener Herstellung bekommen.

Feste und Veranstaltungen

■ **Blütenfesttage:** Veranstaltungen Mitte April aus Anlass der Obstblüte mit dem jeweiligen Abschluss der „Bäuerlichen Genussmeile" in der Fußgängerzone, mit regionalen Qualitätsprodukten.

■ **LanaLive:** Musik- und Theaterfestival, Mai.

■ **Freilichtspiele:** im Juli neuerdings im Garten des Kapuzinerklosters in Oberlana.

■ **Lana meets Jazz:** neues Jazz-Festival das Furore macht, eine Woche Anfang Mai, Eintritt frei, Tel. 335 620 84 50, www.sweetalps.com.

■ **Keschtnriggl:** Jedes Jahr im Okt. werden in Lana und Umgebung bis Prissian und Tisens die Kastanien aus dem Feuer geholt, Kulinarisches und Kulturelles rund um die Kastanie.

Seilbahnen

■ **Seilbahn Vigiljoch** (328–1486 m): Tel. Talstation 0473 56 13 33, Tel. Bergstation 0473 561182, www.vigilio.com, Talstation Oberlana, Ultener Straße. Die Seilbahn verkehrt Juni bis Sept. täglich 8–19 Uhr, Mai und Okt. werktags 8.30–13 und 14–18 Uhr, Sa/So und feiertags 8.30–18 Uhr, Nov. bis April werktags 9–12.30 und 13.30–17 Uhr, Sa/So und feiertags 8.30–18 Uhr. Der Sessellift verkehrt werktags 9–17 Uhr, Sa/So und feiertags 9–18 Uhr, Mai und Okt. werktags 8.30–13 und 14–18 Uhr, Sa/So und feiertags 8.30–18 Uhr, Nov. bis April werktags 9.30–12.45 und 13.45–16.30 Uhr, Sa/So und feiertags 9–17 Uhr, Abendfahrten nach Voranmeldung. Weiter mit dem **Sessellift zum Larenbühel** (1824 m) bei der Vigiliuskirche. Seilbahn Einzelfahrt 10,50 Euro, Hin- und Rückfahrt 14,50 Euro, Jugendliche 4,50/6 Euro, Kinder frei, Hunde 3,50 Euro, Fahrrad 5,50 Euro, Sessellift 5/6 Euro, Jugendliche 4,50/5,50 Euro, Kinder frei, Kombiticket Seilbahn/Sessellift 12,50/17 Euro, Kinder 6/8 Euro, div. Vergünstigungen.

Ultental (Val d'Ultimo)

Info: Postleitzahl Ultental: **39016.** Tourismusvereinigung Ultental-Proveis, St. Walburg, Hauptstr. 104, Tel. 0473 795387, www.gemeinde.ulten.bz.it/de/Tourismusverein_Ultental-Proveis.

Das 40 km lange Ultental wird vom **Falschauer Bach** gebildet, der in Lana in die Etsch mündet. Im Tal liegen mehrere Ortschaften mit Streusiedlungen, die bis auf 1800 m Höhe reichen. Die Hauptorte des Tals sind St. Gertraud, Kuppelwies, St. Nikolaus, St. Walburg und St. Pankraz. Das Tal hat mit der Hinteren Eggenspitze (3442 m) in den östlichen Ausläufern der **Ortlergruppe** seinen höchsten Punkt.

Die Besiedlung des Ultentals erfolgte, wie man aufgrund von Tonscherben- und Leichenbrandstättenfunden weiß, bereits rund 1000 Jahre vor Christi Geburt. Die eigentliche Besiedlung setzte im frühen Mittelalter ein. Im Zuge der Völkerwanderung flüchteten Ostgoten in dieses abgelegene Seitental. Als das Kloster Weingarten 1082 das Ultental übernahm, war es voll besiedelt und hatte bereits eine ausgeprägte Rechts- und Wirtschaftsform mit auffallender Freiheit der Bauern und Zuteilung der Waldungen an die Höfe. Ab 1140 waren die Grafen von Ulten, eine Nebenlinie der Eppaner Grafen, hier die Herren, ihre Burg Eschenlohe wird 1164 urkundlich erwähnt. Nach 1252 übernahmen die Tiroler Grafen die Herrschaft, später übertrugen die Habsburger die Verwaltung an die Grafen Trapp.

Typisch für die bäuerliche Bauweise im Ultental sind die **Paarhöfe,** von denen noch viele vorhanden sind. Sie bestehen aus dem Wohnhaus mit der Feuerstelle und dem Futterhaus. Das Wohnhaus war ein Blockbau auf Mauern und das Futterhaus aus Rundholz, beide mit Schindeln gedeckt, die mit Steinen beschwert waren. Bis zur Zeit unmittelbar nach dem Zweiten Weltkrieg wurde noch Getreide angebaut, wovon die vielen **Mühlen** Zeugnis ablegen. Auch Hanf und Flachs wurden kultiviert, mit denen man Fasern zum Tuchweben erzeugte, den Loden für die Kleidung hingegen gewann man aus Schafwolle.

Mit dem Bau der **Stauseen** im Ultental verbesserte sich die verkehrsmäßige Anbindung der Talorte. Heute dominiert in der Landwirtschaft die **Viehhaltung.** Größte Einnahmequelle ist aber der Fremdenverkehr.

Schloss Eschenlohe

Fährt man von Lana aus in das Ultental ein, so ist der erste Ort St. Pankraz. Dabei passiert man zunächst Schloss Eschenlohe. Die imposante **Burgruine** ragt auf einer Waldkuppe hoch über dem Zusammenfluss von Hagenbach und Falschauer Bach empor. Reste der Ringmauer, die Ecke eines wehrhaften

Nebengebäudes sowie der massive Bergfried mit Wehrplatte und Zinnen sind erhalten.

St. Pankraz

St. Pankraz (735 m) ist der größte Ort im Tal, zehn Kilometer von Lana entfernt. In der Ortsmitte erhebt sich der 56 m hohe gotische Turm der Ortspfarrkirche mit achteckigem Spitzhelm. Auf dem Kirchhof steht noch die Friedhofskapelle aus dem 14. Jh., die 1636 als **Pestkapelle** neu hergerichtet wurde, nachdem 460 Menschen im Tal an der Krankheit gestorben waren.

Im Dorfkern findet sich das **Beckenchristlhaus** als eines der ältesten Gebäude des Tals. Der ehemalige Niederadelssitz, der später einer bäuerlichen Nutzung zugeführt wurde, reicht im Kern bis ins 13. Jh. zurück. Erweiterungen erfolgten im 14. und 16. Jh.

In Windungen geht es hinauf zur 1338 erstmals urkundlich erwähnten kleinen **Kirche St. Helena,** errichtet weithin sichtbar auf einem Waldhügel. Die mehrfach umgebaute Kirche verfügt über einen barocken Seitenaltar und eine bemerkenswerte Marienfigur aus der Zeit um 1700.

Oberhalb des Ortes steht auf der anderen Talseite das **Häusl am Stein.** Das ursprünglich auf Wiesengrund stehende Haus überstand 1882 ein Hochwasser nur, weil es über einem riesigen Steinblock errichtet worden war. Der Wiesengrund wurde dabei fortgerissen.

081st ot

Mitterbad

Dort, wo der Weg zum Häusl am Stein abzweigt, geht es weiter nach Mitterbad, das wegen seiner eisen- und magnesiumhaltigen **Heilquellen** aufgesucht wurde. Hierher kamen *Otto von Bismarck*, Kaiserin *Elisabeth von Österreich* und die Schriftsteller-Brüder *Thomas* und *Heinrich Mann*. Sie badeten in Marmorwannen, die einfachen Leute in Holzwannen. 1919 war es mit der Herrlichkeit zu Ende. Seit 1971 ist der Betrieb eingestellt.

Pankrazer Stausee

Die Talstraße führt weiter aufwärts am Pankrazer Stausee (804 m) vorbei nach St. Walburg. Kurz hinter dem See führt der Weg linker Hand ins **Marauntal,** durch das 1999 die Verbindungsstraße (Hofmahdstraße) nach Proveis in Deutschnonsberg gebaut wurde.

St. Walburg

St. Walburg ist der **Hauptort** der Gemeinde Ultental. Hier steht die 1278 erstmals urkundlich erwähnte Ortspfarrkirche etwas versteckt auf einer Anhöhe am Dorfeingang. Der heutige Bau stammt aus dem 14. Jh. und wurde später erweitert.

⊲ Der Pankrazer Stausee im Ultental

Kuppelwies

Der Weg durch das Tal aufwärts führt am **Zoggler See** (1140 m) vorbei, dem größten im Tal mit gewaltiger Staumauer, nach Kuppelwies mit einer Kapelle und dem Haus Kuppelwies (1155 m), einem der ältesten Gasthöfe des Tals. Von Kuppelwies aus kann man mit der Seilbahn das **Skigebiet Schwemmalm** erreichen.

St. Moritz

Auf einer schmalen Straße kommt man zur 500 m höher am Hang gelegenen Siedlung St. Moritz. Hier steht eine gotische Kapelle, vielleicht die älteste des Tals. Das **St. Moritzkirchlein,** erstmals 1278 urkundlich erwähnt, steht am einstigen Pilgerweg vom Vinschgau nach Rom. Sie birgt beeindruckende Fresken aus dem 15. Jh. Hochaltar, Seitenaltar und Kanzel sind barocke Ausstattungsstücke. Die Häusergruppe der Ansiedlung zeigt die typische Ultener Bauweise.

St. Nikolaus

Der nächste Ort in Richtung Talschluss ist St. Nikolaus (1256 m), etwas oberhalb der Talstraße gelegen. Auch hier findet man einige historische Bauerngehöfte. Die 1338 erstmals erwähnte gotische **Kirche zum heiligen Nikolaus** liegt mitten im Ort. Ihr neugotischer Flügelaltar ist mit eigenwilligen Figuren geschmückt. Oberhalb der Kirche steht der **Thurnerhof** aus dem Jahr 1423 mit geheimnisvollen Steinbildern an der Mauer. Das **Ultener Talmuseum** zeigt bäuerliches Kulturgut, Volkskunsthandwerk und Exponate zur heimischen Tierwelt.

■ **Ultener Talmuseum,** St. Nikolaus 107, Tel. 0473 790374, www.ultental-valdultimo.com/de/ultner-talmuseum.html, März, April So 10–12 und 15–17 Uhr, Mai–Okt. Di und Fr 11–12 und 15–17 Uhr, So 10–12 und 15–17 Uhr, Eintritt freiwillige Spende.

St. Gertraud

St. Gertraud (1510 m), das letzte Dorf im Ultental, liegt auf einem Hügel am Talende mit der Ortskirche aus dem 14. Jh. Vor dem Ort führt ein Abzweig linker Hand zu dem beeindruckenden Naturdenkmal der **2000-jährigen Ultner Lärchen.** Mit einem Umfang von 8,20 m und einer Höhe von 28 m zählen sie zu den ältesten Nadelbäumen Europas. Tatsächlich sind sie aber „nur" 850 Jahre alt – und damit Zeugen der mittelalterlichen Besiedlung des Tals, denn die Bäume wurden als Schutz gegen Lawinen gesetzt.

Das letzte Stück der nunmehr schmalen Straße durch das Ultental führt hoch zum **Weißbrunner See** (1872 m), dem dritten der vier Stauseen im Tal. In der Gegend hat der Falschauer Bach seinen Ursprung. Hier befindet man sich inmitten des **Nationalparks Stilfser Joch,** in dem sich grandiose Bergwanderungen unternehmen lassen. Eine restaurierte alte Säge, bis 1970 in Betrieb, beherbergt eines der Besucherzentren des Nationalparks mit Exponaten zur Bedeutung des Waldes und Holzes im Ultental.

082st ot

■ **Besucherzentrum Stilfser Joch Nationalpark,** Lahner Säge, St. Gertraud 62, Tel. 0473 7981 23, www.stelviopark.bz.it/lahnersaege, geöffnet Di bis Sa 9.30–12.30 und 14.30–17.30, im Sommer bis 18 Uhr.

Unterkunft, Essen und Trinken

■ **Arosea**⑤, Kuppelwies, Tel. 0473 785051, www.arosea.it, ein moderner Hotelbau in Holzbauweise unmittelbar oberhalb des Sees, getäfelte Zimmer mit Balkon, begehbarem Schrank, großem, offenem Badezimmer und getrenntem WC, außerdem attraktives Hallenbad und vielseitiges Wellnessangebot, naturbelassene Küche.

■ **Eggwirt**②, St. Walburg 112, Tel. 0473 795319, www.eggwirt.it, traditionsreichster Gasthof im Tal, holzgetäfelte Gaststube, bodenständige Küche, Di Ruhetag, gemütliche Zimmer① in voller Ruhe (ohne TV und Internet).

■ **Kuppelwieser Alm**①, St. Walburg, Tel. 0340 3385543, www.ultental-valdultimo.com/almen/kuppelwieser-alm.html, auf 1700 m Höhe gelegene Jausenstation, bietet von Juni bis Okt. rustikale Südtiroler Wanderergerichte, zu erreichen mit dem Pkw von Kuppelwies im Tal auf dem Fahrweg zur Jausenstation Steinrast, von dort etwa 50 Min. leichter Fußweg zur Alm.

■ **Moritzhöhe,** St. Nikolaus 255, Tel. 0473 7901 51, www.moritzhoehe.com, auf 1600 m gelegene Jausenstation mit Blick auf den Zoggler See und das ganze Tal, Gaststube und Sonnenterrasse, die Küche bietet Tiroler Kost, dazu Vermietung von zwei Ferienwohnungen.

■ **Höchsterhütte,** Tel. 0473 798120, www.rifugiocanziani.it, die Höchsterhütte liegt direkt am Grünsee unterhalb der Weißbrunnerspitze auf 2560 m und ist ein guter Ausgangspunkt für Wanderungen im Nationalpark. Die Küche bietet kalte und warme Hüttenspezialitäten. Renovierte Zimmer mit Massivholzbetten, Wasch- und Duschmöglichkeiten, Drei-, Vier-, Fünf-, Sechs- und Zehn-Bettzimmer.

Aktivitäten

Freibad: St. Walburg.

■ **Skigebiet Schwemmalm** (1150–2625 m): Kabinenbahn, 4 Sessellifte, Schlepplift, 25 km Pisten überwiegend mittelschwer, Schnee-Tel. 0473 7953 90, www.schwemmalm.com.

Bagjump: Der Fansport auf der Schwemmalm erlaubt Sprünge von relativ großer Höhe auf ein Luftkissen (Airbag mit Luftkammersystem) von enormer Größe, entwickelt für Ski-Training und Stuntfilmaufnahmen, Info: Tel. 0473 795387.

Feste und Veranstaltungen

■ **Ultner Lammwochen:** 3. Sa im Sept., gastronomisches Ereignis rund um das Schaf, dazu Kuppelwieser Markt mit einheimischen Schafprodukten (Wolle, Filzprodukte etc.), auch von den Kaufleuten des Ultentals, Info: Tel. 0473 795387, www.ultental.it.

Seilbahnen

■ **Schwemmalmbahn** (1150–2162 m): Seilbahn von Kuppelwies ins Skigebiet Schwemmalm, Tel. 0473 795390, www.schwemmalm.com, 9–17 Uhr, So und feiertags bis 18 Uhr, im Sommer bei Regenwetter geschlossen, Einzelfahrt 12 Euro, Hin- und Rückfahrt 20 Euro, Kinder 6,50/11 Euro, Saisonkarte mit Gleitschirm oder Mountainbike 120 Euro, Kombiticket Sommer/Winter, sonstige Ermäßigungen.

[<] Der Talschluss mit St. Gertraud

Tisens und Prissian (Tesimo, Prissiano)

■ **Info:** Postleitzahl Tisens und Prissian: **39010.** Tourismusverein Tisens-Prissian, Prissian, Bäcknhaus 54, Tel. 0473 920822, www.tisensprissian.com.

Der Etschtalboden zwischen Meran und Bozen wird auf seiner Südseite von einer Mittelgebirgsterrasse gesäumt, deren Hauptorte Tisens und Prissian sind. Hier oben erstrecken sich auf geschichtsträchtigem Boden Obst- und Kastanienhaine. So zählt der Hügel von St. Hyppolit oberhalb des nördlich von Tisens gelegenen Ortsteils Naraun zu den bekanntesten prähistorischen Siedlungsstätten Südtirols. Hier leben Menschen schon seit der Jungsteinzeit. Die **Kapelle St. Hippolyt** auf dem Hügel wurde 1288 erstmals erwähnt. Der heutige Bau geht weitgehend auf das 18. Jh. zurück.

212st ot

Kirchen

Die gotische **Pfarrkirche Maria Himmelfahrt** von Tisens ist einen Besuch wert. Sie wurde von *Hans Lutz von Schussenried,* dem Baumeister des Brixner Doms, errichtet. Die Spitzbogenfenster hat man im Zuge der spätgotischen Erweiterung des Langhauses um 1520 eingebaut. Die Kirchenfenster, um diese Zeit in einer Augsburger Werksatt gefertigt, zählen in ihrer leuchtenden Farbigkeit zu den schönsten Südtirols. Reich ausgestattet ist die Kirche mit großformatigen Bildern, so vor allem das ehemalige Altarbild des barocken Hochaltars von *Simon Ybertrachter,* Mariä Himmelfahrt darstellend.

Auf dem Gelände des Pfarrhofs der Maria Himmelfahrtskirche steht die beachtenswerte **Friedhofskapelle** von Tisens. Sie stammt vom Ende des 15. Jh. Die Fresken im Sterngewölbe aus der Erbauungszeit sind dem Kirchenpatron, dem heiligen *Michael,* gewidmet. Ein auffallendes Gebäude ist das **Pfarrwidum der Maria Himmelfahrtskirche.** Es handelt sich um einen ansitzartigen Bau in Renaissanceformen mit steingerahmten Rundbogentüren und an der Fassade mit zwei Erkertürmen, der um 1900 teilweise umgestaltet wurde.

086st ot

Auf dem Vorbichl, einem Höhenzug zwischen Mittelgebirgsterrasse und Talboden, steht die **St. Christoph-Kapelle** aus dem 13. Jh. Nur der Turm blieb mit seinen Doppelbogenfenstern erhalten, der Rest wurde 1603 umgebaut.

Eine weitere Ortsteilkirche ist die aus dem 13. Jh. stammende **St. Nikolauskirche** in Gfrill auf dem Weg zum Gampenpass, die im 16. Jh. umgebaut wurde. Sie weist an den Außenwänden gut erhaltene Fresken auf.

⌃ Burg Katzenzungen

‹ Das Pfarrwidum der Maria Himmelfahrtskirche

UNSER TIPP: Die **St. Jakobkirche** im Höhenort **Grisslan** wurde im Jahr 1142 geweiht. Die äußerlich unscheinbare Kirche beherbergt in der Rundapsis und am Jochbogen wertvolle romanische und gotische Fresken aus dem 12. und 14. Jh., unter anderem mit Bergdarstellungen – vielleicht den ersten Dolomitenbildern.

Burg Katzenzungen

Unter den Burgen und Schlössern der Region ist in erster Linie Burg Katzenzungen in Prissian zu nennen. Als Erbauer gelten die Herren *von Cazenzunge*, später waren die Herren *von Fink*, *von Schlandersberg*, *von Thun* und *von Fuchs* Besitzer der Anlage, die lange Zeit als einer der vornehmsten Herrensitze des Landes galt. Als die Herren *von Breisach* Besitzer wurden, bauten sie die Anlage im 16. Jh. zu einem prächtigen **Renaissanceschloss** in regelmäßiger Würfelform um, mit einem auffallenden Kranz von Pechnasen. Die heutigen Besitzer nutzen das Schloss für kulturelle und gastronomische Veranstaltungen und stellen es für Hochzeitsfeiern zur Verfügung, wobei die kirchliche Trauung in der schlosseigenen Kapelle stattfinden kann. Eine besondere Attraktion ist die **größte Weinrebe Europas,** die auf dem Schlossgelände rankt. Ihr Alter wird auf über 300 Jahre geschätzt, sie bedeckt eine Fläche von 350 m².

Fahlburg

Die Fahlburg in Prissian wurde im 13. Jh. erbaut. 1597 kam sie in den Besitz der Familie *von Brandis,* ein Seitenzweig der Familie ist immer noch in ihrem Besitz. Im Gebäude befinden sich noch alte Kachelöfen, Holzdecken und Gemälde des Barockmalers *Stefan Kessler.* Auch diese Burg dient kulturellen Veranstaltungen, die Hauskapelle steht für Hochzeiten zur Verfügung.

■ **Fahlburg,** Prissian, Tel. 920930, www.fahlburg.com, Besichtigungen nur beschränkt nach telefonischer Vereinbarung möglich.

Internationaler Filzkunstwanderweg

GPS Den Filzkunstwanderweg säumen Filzarbeiten von Künstlerinnen und Künstlern aus sieben Ländern Europas. Die Kunstwerke trotzen der Witterung. Von der Pfarrkirche Tisens folgt man der Hauptstraße nach rechts dem Wegweiser nach Frankenberg bis zum Schild „Hotel Burggräfler", wo der Weg beginnt. Die Rundwanderung führt an der St. Christoph-Kapelle vorbei zurück zum Hotel Burggräfler (Gehzeit: 1 Std.).

Pfeffersburg

Von der **Ruine Kasatsch,** auch Pfeffersburg genannt, sind nur Mauerreste übrig. Hier auf dem Hügel *Casac* oberhalb von Nals erteilte *Konrad II. von Beseno,* Bischof von Trient, 1194 die Genehmigung zum Burgenbau. Nach vielen Besitzerwechseln wurde die Anlage schon im 16. Jh. hinfällig. Erst 2002 waren die Renovierungsarbeiten des heutigen Besitzers, dem auch der benachbarte Gasthof gehört, abgeschlossen. Die Ruine (Prissian 118) ist jederzeit frei zu besichtigen.

Zwingenburg

Die Burg oberhalb von Prissian wird bereits 1237 erwähnt. 1274 erwarb sie der Tiroler Graf *Meinhard II.* Nach 1800 wurde die verfallene Burg neu aufgebaut und ist heute in bäuerlichem Besitz.

Unterkunft

■ **Hotel Tirolensis**④, Tisens 75 A, Tel. 0473 920901, www.tirolensis.com, großzügige Hotelanlage mit beheiztem Außenpool, Hallenbad, Sonnenterrasse, Wellnessbereich, Sport- und Freizeitangebote, dazu Restaurant und Bar, die Küche bietet bodenständige Kost und mediterrane Gerichte.

■ **Hotel Schloss Wehrburg**④, Prissian 7, Tel. 0473 920934, www.wehrburg.com, erbaut von den

Herren *von Wehrburg-Andrian* zu Beginn des 13. Jh., um 1520 erfolgte der Umbau des Schlosses. Es beherbergt noch alte Öfen aus dem 16. bis 19. Jh., die Schlosskapelle entstand im 15. Jh. und birgt ein bemerkenswertes Fresko sowie eine Pietà aus der Zeit um 1420. Ab 1957 Umbau zum Hotel, Zimmer mit zeitgemäßem Komfort im historischen Ambiente.

■ **Grissianer Hof**②, Grissian 6 A, Tel. 0473 9208 23, www.grissianerhof.com, auf dem Weg zur St. Jakobkirche gelegenes Gasthaus, Hotelbetrieb mit Sauna, Whirlpool und Kneippbecken, geräumige Zimmer mit Balkon, großer Gastgarten, Restaurant bietet erlesene Küche, Speisesaal, Bauernstube, Panoramaterrasse, geöffnet Anf. April bis Anf. November.

Essen und Trinken

■ **Restaurant Zum Löwen**④, Tisens, Hauptstr. 72, Tel. 0473 920927, www.zumloewen.it, Spitzenrestaurant, Köchin *Anna Matscher* ist die einzige Frau in Südtirol mit einem Michelin-Stern, große Weinkarte, Mo und Di Ruhetag.

■ **Gasthof zum Mohren**③, Prissian 90, Tel. 0473 920923, www.mohren.it, ehemaliger Unterwirt von Prissian aus dem 16. Jh., getäfelter Gastraum, traditionelle Küche modern zubereitet, Mi Ruhetag, Hotelbetrieb mit zwölf komfortabel eingerichteten Zimmern, Gastgarten mit Pool.

■ **Saxiller Keller**, Prissian, Saxill 32, Tel. 0473 92 0729, www.saxillhof.com, Jausenstation auf halbem Weg nach Grissian, zwei rustikale Gasträume, herrlich beschatteter Garten, April bis Nov. 12–24 Uhr, Mo Ruhetag.

■ **Obertalmühle**, Naraunstr. 35, Tel. 0473 5681 33, www.obertalmuehle.com, Jausenstation auf der Höhe zwischen Tisens und Völlan nahe der Gampenpassstraße, seit über zwei Jahrhunderten in Familienbesitz. Es wird Südtiroler Wandererkost geboten, Übernachtungsmöglichkeit in einfachen Zimmern mit Balkon.

Feste und Veranstaltungen

■ **Keschtnriggl:** berühmtes Kastanienfest alljährlich im Okt. (→ Lana).

Deutschnonsberg

Jenseits des Mendel- und des Gampenpasses liegen am oberen Ende des **Nonstals** vier mehrheitlich deutschsprachige Gemeinden, die einst sehr abgeschieden waren, heute aber durch bessere Straßenverbindungen auch für den Individualtourismus erschlossen sind. Es sind die Gemeinden Proveis (1420 m) und Laurein (1150 m), die früher nur über Trentiner Gebiet, aber heute auch durch einen Tunnel unter dem Hofmahdjoch vom Ultental aus zu erreichen sind, außerdem die Gemeinden Unsere Liebe Frau im Walde (1350 m) und St. Felix (1225 m), die sowohl vom Gampenpass als auch vom Mendelpass zugängig sind.

Proveis wurde im 13. Jh. als *Provesso* und seit Beginn des 16. Jh. unter dem heutigen Namen erwähnt. Die neugotische Ortspfarrkirche zum heiligen *Nikolaus* weist schöne Fresken auf. **Laurein** erstreckt sich in Südhanglage in Sichtweite der Magdalena- und Brentagruppe. Kupferfunde beweisen, dass hier schon um 1000 v. Chr. Bergbau betrieben wurde. Schmelzhütten existierten bis zum 13. Jh. Die spätgotische Dorfkirche bildet den Ortsmittelpunkt, an den Hängen finden sich jahrhundertealte Bauernhäuser.

Vom **Gampenpass** abwärts führt die Straße zunächst zum alten Wallfahrtsort **Unsere Liebe Frau im Walde.** Für das Jahr 1184 wird hier ein kleines Kloster erwähnt, dessen Stifter unbekannt ist. Es betreute als Hospiz die Reisenden über den Gampenpass. Die Klosterkirche wurde 1210 geweiht, der Turm stammt im Kern noch aus dieser Zeit. Ende des 15. Jh. entstand das dreischiffige Langhaus mit dem polygonal abschließenden Chor. Der 1748 gefertigte Hochaltar enthält einen verglasten Rokokoschrein mit dem Gnadenbild der Maria mit dem Kind, das bis heute Ziel von Wallfahrten ist.

Talabwärts befindet sich **St. Felix.** Der Ort nannte sich ursprünglich *Caseid*, aber im 19. Jh. wurde der Name des Patrons der Pfarrkirche für den Ort übernommen. Deren heutiger Bau wurde 1742 errichtet, der Turm wenig später. Ein beliebtes Wanderziel stellt der nordöstlich gelegene **Felixweiher** im Prissianer Hochwald dar.

Unterkunft, Essen und Trinken

■ **Gasthof Neue Post**②, Proveis, Kirchbichl 36, Tel. 0463 530271, www.neuepost.it, Pension mit Restaurant, bietet Wandererkost und italienisch beeinflusste Tiroler Küche, daneben das *Bergládle* mit einem Sortiment Tiroler Spezialitäten.

[>] St. Felix

[v] Wallfahrtskirche Unsere Liebe Frau im Walde

213st ot

213st ot

214st ot

■ **Kofler Spezialitäten:** Unsere Liebe Frau im Walde, Malgasottstraße 2, Tel. 0463 886213, www.kofler-delikatessen.it, geöffnet Mo bis Fr 9–18.30 Uhr, Sa 9–16 Uhr. Im Angebot sind Speck, Räucherwaren, Schinken, Würstel, Käse & Senf, Brot, Nudeln & Polenta, Gewürze & Öle, Honig & Marmeladen.

Feste und Veranstaltungen

■ **Löwenzahn-Wochen:** Eine der großen Attraktionen am Deutschnonsberg stellen die alljährlichen Löwenzahn-Wochen dar, in denen die Gastronomen von Mitte April bis Anf. Juni kulinarische Köstlichkeiten rund um dieses Gemüse anbieten. Teilnehmende Betriebe in Unsere Liebe Frau im Walde: Zum Hirschen, Zur Sonne, Pfitscher und Gasthof Gampenpass, in Proveis: Waldrast und Neue Post, in St. Felix: Greti.

Nals (Nalles)

■ **Info:** Postleitzahl Nals: **39010.** Tourismusverein Nals, Rathausplatz 1 A, Tel. 0471 678619, www.nals.info.

Die Gemeinde Nals erstreckt sich als südlichster Ort des Burggrafenamtes am **westlichen Etschufer** zwischen Meran und Bozen, errichtet auf einem Schutthügel, der von den drei aus dem Prissaianer Hochwald herabfließenden Bächen, dem Höhlental-, Prissianer- und Grissianerbach, aufgeschüttet wurde. Römische Spuren weisen auf antike Besiedlung hin. Im Mittelalter wurde Bergbau betrieben.

Der Weinbau hat eine lange Tradition – hier befindet man sich schon an der **Südtiroler Weinstraße.** Die orts-

Saurierlehrpfad Triassic Park

GPS 1997 wurden in der Nähe des Gampenpasses zahlreiche **Fußabdrücke** 235 Millionen Jahre alter Reptilien entdeckt. Der Saurierlehrpfad führt mit Schautafeln in die Welt der Dinosaurier ein. Der Weg beginnt gegenüber der Wallfahrtskirche Unsere Liebe Frau im Walde, führt bis zum Gasteig-Hof und weiter als Waldweg Richtung Gampenpass. Er mündet kurz vor der Passhöhe in die Hauptstraße, wo nach ungefähr 100 m die letzte Informationstafel erreicht ist. Der Rückweg ist identisch (Gehzeit: 1½ Std. einfache Wegstrecke).

eigene Rebsorte Heiligenpergl hat hier ihren Ursprung. In der Ebene herrscht der Apfelanbau vor, dazu gibt es Erdbeer- und Spargelfelder.

Die **St. Ulrichkirche** in Nals geht auf eine Gründung des Augsburger Stifts St. Afra im 12. Jh. zurück. Vom ursprünglichen Kirchengebäude steht nur noch der Turm mit seinen gemauerten, durch Säulen geteilten Schallfenstern. Das heutige Kirchenschiff wurde 1810 bis 1814 errichtet.

Oberhalb des Ortskerns steht auf 900 m bei Sirmian die kleine **St. Apolloniakirche,** im 12./13. Jh. auf altem Siedlungsgrund errichtet. Ihr gerahmtes Portal stammt aus dem Jahr 1500, das Gewölbe im Chor aus dem 17. Jh.

Burg Payrsberg

Die Burg Payrsberg, über dem Ortskern von Nals auf einem dreiseitig steil abfallenden Felsvorsprung am Rand der Sirmianerbachschlucht errichtet, geht auf das 13. Jh. zurück. Charakteristisch er-

stock.adobe Foto: ©travelpeter

hebt sich der Bergfried aus dieser Zeit als Wohnturm. Die vierte Seite wurde im 16. Jh. durch Vorwerke mit Eckrondell verstärkt. Die Burg ist heute im Privatbesitz eines Landwirts.

Schwanburg

Unterhalb der Burg Payrsberg steht am oberen Ortsrand im Tal des Sirmianerbachs die gut erhaltene, bewohnte und bewirtschaftete Schwanburg. Schon im 13. Jh. erwähnt, kam sie im 14. Jh. in den Besitz der Herren von Boymundt-Payrsberg, die dieser prächtigen **Renaissance-Anlage** in den Jahren 1560–75 die heutige Gestalt gaben. Nach dem Schwan in ihrem Wappen wurde sie Schwanburg genannt. Um einen Innenhof des Ansitzes gruppieren sich Bauteile mit pittoresken Freitreppen. In den Loggiengängen sind zwei römische Steine eingemauert. Der Ansitz beherbergt mit **Castel Schwanburg** die älteste Privatkellerei Südtirols.

Ansitz Stachelburg

Der Ansitz Stachelburg ist ein Renaissancebau aus dem späten 16. Jh. Die Anlage ist durch Erkertürme und eine Freitreppe mit Loggia geprägt. Einfache Holzdecken und dekorative Malereien findet man im Inneren. Die Besitzer betreiben in der Stachelburg eine **Jausenstation**.

Unterkunft, Essen und Trinken

- **Hotel Mehrhauser**③, Goldgasse 16, Tel. 0471 678728, www.mehrhauser.com, familiengeführter Gastbetrieb, angrenzend an Obstplantagen, neu angelegter Garten- und Poolbereich, mit Kinderspielplatz, liebenswürgige Gastgeber.
- **Rosenbaum**③, Goldgasse 3, Tel. 0471 678636, www.rosenbaum.it, Traditionsbetrieb im Ort, seit Generationen in Familienbesitz, elegante Zimmer und Suiten mit Balkon, das Restaurant bietet einfallsreiche Küche.
- **Pension Stamserhof**①, A.-Hofer-Str. 17, Tel. 0471 678851, www.pension-stamserhof.com, Frühstückspension in schöner Lage, mit Terrasse und Garten.
- **Stachelburg**①, Prissianer Str. 2, Tel. 0471 6786 22, www.stachelburgkeller.it, Jausenstation im alten Ansitz, die Küche bietet Brettljausen, März bis Nov. 17–24 Uhr, Mi Ruhetag, es werden zwei Appartements vermietet.
- **Jäger**①, Apolloniaweg 5, Tel. 0471 678605, www.gasthof-jaeger.com, oberhalb von Nals kurz hinter der St. Apolloniakirche in herrlicher Lage inmitten einer großen Streuobstwiese zu finden, Hotelbetrieb mit praktisch eingerichteten Zimmern, teilweise mit Balkon. Hier genießt man ländliche Küche in der Zirbelstube oder im Freien, Dienstag Ruhetag.

Wein

- **Kellerei Nals Margreid,** Heiligenbergerweg 2, Tel. 0471 678626, www.kellerei.it, Kellereizusammenschluss mit eindeutiger Qualitätssteigerung, 150 ha Rebfläche, bietet Spitzenweine, Lagenweine und klassische Weine, Vinothek geöffnet Ostern bis 1.11., Mo bis Fr 9–12 und 14–18 Uhr, Kellereiführung März bis Nov. Mi 15 Uhr, Anmeldung spätestens am Vortag.

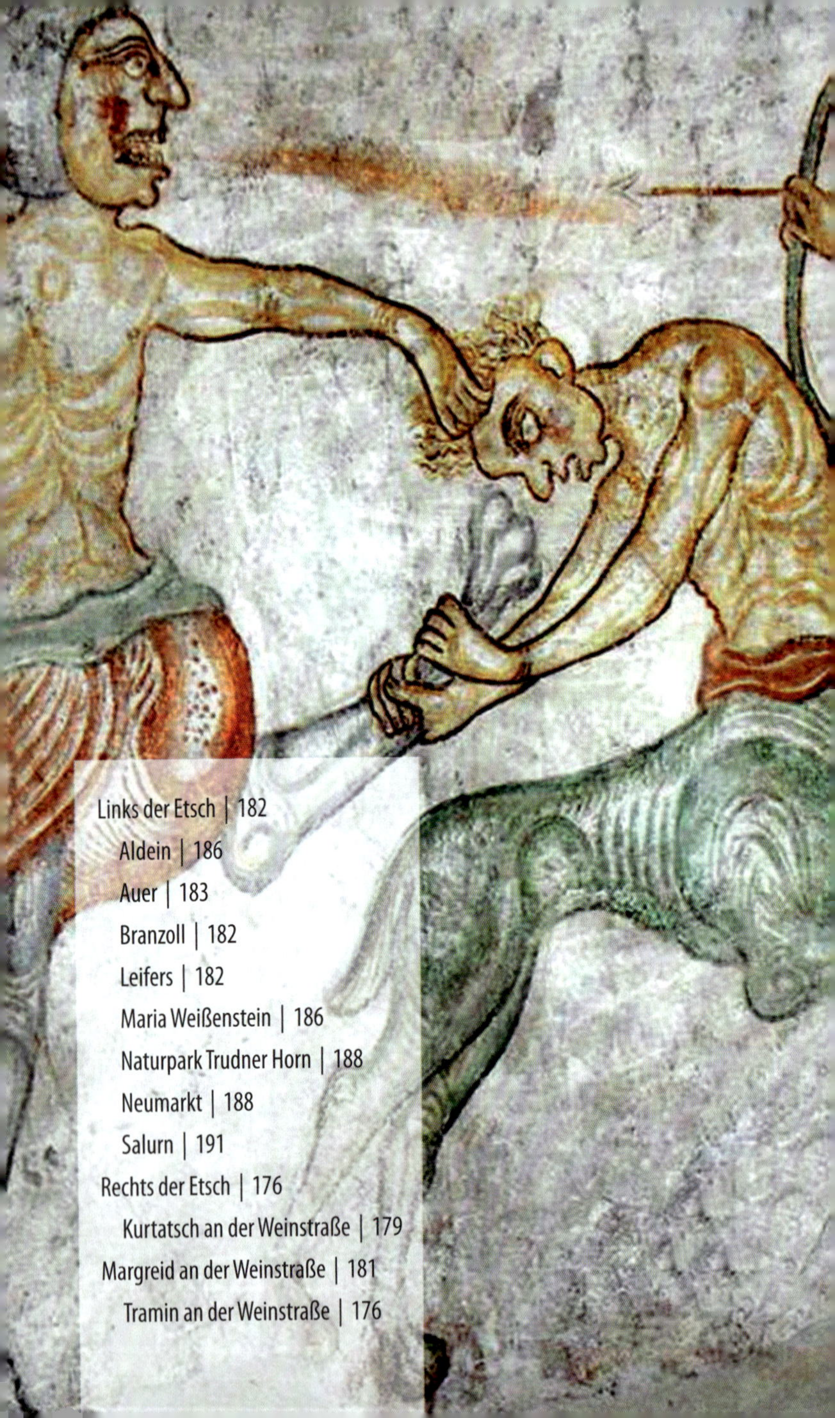

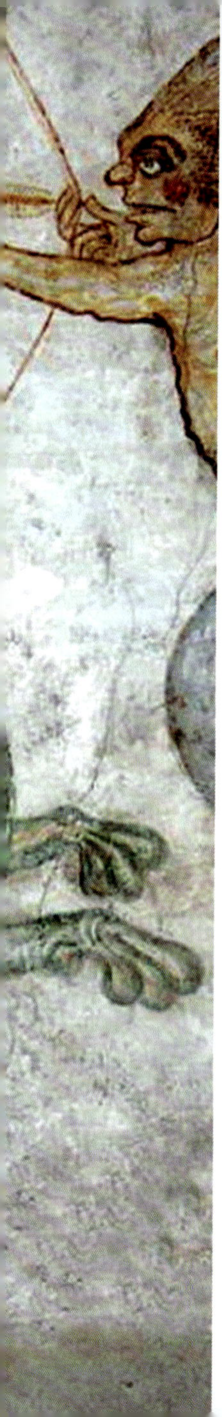

st 223ot

3 Unterland

» Das Unterland bildet Südtirols Übergang in den italienischen Kulturraum. In den Dörfern sind mediterrane Wohn- und Lebensweisen schon deutlich sichtbar – und überall wächst der Wein!

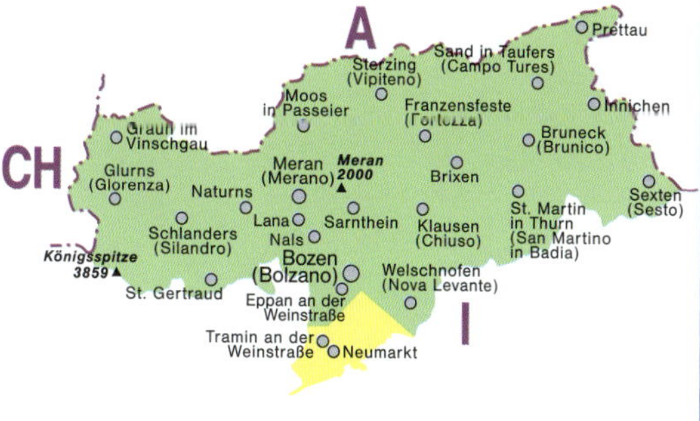

[<] Fresken in der romanischen Apsis von St. Jakob in Kastelaz

Unterland
0
5 km
Algund (Lagundo)
Glaning
Signat
Kardaun
Bozen (Bolzano)
Bozen (Bolzano)
Karneid
San Vito
Eggental
Perdonig
Missian
Frangart
St. Pauls
Berg
Eppan an der Weinstraße
Sigmunds-kron
San Giacomo
Girlan
Steinegger
Costa
St. Michael
Pineta
Wölfl
Oberplanitzing
Unterplanitzing
Regglberg
St. Nikolaus
Mendelpass
Montiggl
Leifers (Laives)
Deutschnofen (Nova Ponente)
Kaltern an der Weinstraße
Pfatten (Vadena)
Branzoll
St. Anton
Petersberg
Maria Weißenstein
Weißenstein
Überetsch-Unterland (Oltradige-Bassa Atesina)
St. Josef am See
Altenburg
Kalterer See
Mitterstrich
Aldein
Radein
Söll
Auer (Ora)
Olmi
Tramin an der Weinstraße
Kaltenbrunn
Rungg
Montan
Pinzon
Truden
San Lugano
Kurtatsch an der Weinstraße
Neumarkt (Egna)
Naturpark Trudner Horn
Carano
Margreid an der Weinstraße
Castello Molina di Fiemme
Molina
Fenner See
St. Florian
Altrei (Anterivo)
Unterfennberg
Laag
Gfrill
Carbonare
Kurtinig an der Weinstraße
Capriana
Roverè della Luna
Buchholz
Valfloriana
Barcatta
Salurn (Salorno)
Salurner Klause
Haderburg
Valle
Sicina
Grauno
Grumes
Sover
Piazzoli
Mezzocorona
Valda
Ponciach
Valcava
Mezzolombardo
Barco
Fassatal (Avisio)
Trento, Verona
San Michele all'Adige
Segonzano
Brusago
Masen
St. Felix
Deutschnonsberg
Castelfondo
Laurein
Dovena
Malosco
Nonstal
Sarnonico
Brez
Cloz
Ronzone
Dambel
Ruffre (Rufrè-Mendola)
Cavareno
Romeno
Amblar
Don
Lago di Santa Giustina
Casez
M. Roen 2116
Tavon
Coredo
Smarano
Sfruz
Taio
Tres
Vervò
Segno
Mollaro
Priò
Ton
Masi di Vigo
SS238
SS38
SS42
SS12
SS48
SS421
SP71
SS612
Etsch (Adige)

UNTERLAND

DER SÜDEN VON SÜDTIROL

Das Südtiroler Unterland, auch Bozner Unterland genannt, umfasst als südlichster Teil Südtirols das Etschtal und seine angrenzenden Hänge zwischen Bozen und Salurn. Es ist ein großartiges Weinbaugebiet, hier ist der Gewürztraminer zuhause.

Mit der Übernahme Südtirols durch die Italiener nach dem Ersten Weltkrieg beschloss die faschistische Regierung, das Unterland der Provinz Trient zuzuschlagen, wo es von 1921 bis 1948 verblieb. Erst durch Protestkundgebungen nach dem Zweiten Weltkrieg kam das Unterland wieder zu Südtirol. Zusammen mit dem Überetsch bildet es die Bezirksgemeinschaft Überetsch-Unterland.

NICHT VERPASSEN!

- **Burggelände Castelfeder,** Hinterlassenschaften vorgeschichtlicher Besiedlung | 183
- **Maria Weißenstein,** eine alte Wallfahrtskirche | 186
- **Neumarkt** mit herrlichen Lauben in der Altstadt | 188

Diese Tipps erkennt man an der gelben Markierung.

Rechts der Etsch

Der westliche Teil des Unterlandes ist von Bozen auf zwei Wegen zu erreichen: Entweder man nimmt die durch den Talboden verlaufende Autobahn bzw. die Staatsstraße 12 oder die Landstraße, die weiter westlich über Eppan und Kaltern südwärts verläuft (→ Bozen und Umgebung: Überetsch).

Tramin an der Weinstraße (Termeno sulla Strada del Vino)

■ **Info:** Postleitzahl Tramin: **39052.** Tourismusverein Tramin, Raiffeisenhaus an der Südtiroler Weinstraße, Mindelheimer Str. 10A, Tel. 0471 860131, www.tramin.com.

Der Heimatort des **Gewürztraminers** ist für seinen Wein- und Obstbau, den historischen Stadtkern, seine Weinfeste und den traditionellen Egetmann-Umzug bekannt, der am Faschingsdienstag in ungeraden Jahren durchgeführt wird. Vor allem der Wein hat hier Wohlstand gebracht, was heute noch die repräsentativen Bürgerhäuser im Zentrum und die malerischen Gassen zeigen.

Die **Ortspfarrkirche** Sta. Julitta und St. Quiricius im Ortskern stammt aus dem 14. Jh. und erhielt 1900 ein neugotisches Langhaus. Die Fresken im Chor aus dem beginnenden 15. Jh. stammen von Meistern der Bozner Malschule. Den spätbarocken Altar ziert ein Bild von *Martin Knoller.* Der 1466 errichtete Turm ist mit 87 m der höchste gemauerte Kirchturm Südtirols.

Am Rathausplatz befindet sich das **Dorfmuseum,** das über die weit in vorrömische Zeit zurückreichende Geschichte des Orts informiert.

■ **Dorfmuseum Tramin,** Rathausplatz 9, Tel. 328 5603645, www.hoamet-tramin-museum.com, Ostern bis Okt. Di und Fr 10–12 Uhr, Mi 10–12 und 16–18 Uhr, Eintritt 2,50 Euro, mit Führung 5 Euro, Kinder frei.

Ansitz Langenmantel

Im ältesten Viertel von Tramin, „Bethlehem“ genannt in unmittelbarer Nähe des Rathausplatzes steht der Ansitz Langenmantel, das Herrenhaus der **Augsburger Patrizierfamilie.** Am Torbogen ist noch das marmornem Wappenschild der Familie Langenmantel zu erkennen. Berühmt ist der Ansitz für seinen Erker im Innenhof mit einem Trinkstübchen, das Fresken von *Bartlmä Dill Riemenschneider* mit Motiven aus der griechischen Mythologie zeigt. Die Inhaber des angrenzenden Hotels Gartenheim haben den Ansitz aus dem 15. Jahrhundert erworben und wollen ihn ihren Gästen, später auch der Allgemeinheit, zugänglich machen.

■ **Hotel Gartenheim**③, Rathausplatz 4, Tel. 0471 861101, www.gartenheim.com, Garnihotel mitten im Zentrum, mit Garten und Swimmingpool, helle Zimmer und Suiten mit klassischen Holzmöbeln.

Kastelaz

Oberhalb von Tramin steht im Ortsteil Kastelaz die kleine Kirche **St. Jakob** an exponiertem Standort auf einer Felsnase. Sie wurde im 12. Jh. errichtet und erhielt 1440 ein Seitenschiff mit Kreuzrippengewölbe. In diesem Teil findet man Wandfresken des Meisters *Ambrosius,* ein Gehilfe des Meisters *Johannes von Bruneck,* aus dem Jahr 1441. An der Langhauswand des romanischen Schiffs stellen Fresken den besiegten Goliath dar. Doch am berühmtesten sind die Fresken in der romanischen Apsis mit dem Zyklus der sogenannten **Bestiarien** (Mensch-Tier-Wesen), die die Sünden wie Eitelkeit, Zwietracht oder Neid darstellen, darüber die zwölf Apostel und in der Wölbung der thronende Christus mit den vier Evangelisten, alles um 1250 aufgetragen.

■ **St. Jakob,** Kastelaz, Tel. 0471 860190, www.provinz.bz.it/kunst-kultur/denkmalpflege, geöffnet Ostern bis Anfang Nov. täglich 10–18 Uhr, im Winter Sa/So 10–16 Uhr, Führungen auf Anfrage unter Tel. 0472 860131 oder 860190, Eintritt 2 Euro, Fotografieren verboten. Es stehen keine Parkplätze zur Verfügung.

Söll

Von Kastelaz nordwärts nach Söll kommt man am **Ansitz Rechtenthal** vorbei, einem zinnengekrönten Bau aus dem 19. Jh. In Söll steht die weithin sichtbare, im Ursprung romanische **Mauritiuskirche,** deren Chor Ende des 14. Jh. im gotischen Stil erneuert wurde. 1470 erhielt das Langhaus sein asymmetrisches Netzgewölbe, der Hochaltar entstand um 1520. Er enthält Bildtafeln von Adam und Eva, vermutlich von *Bartlmä Dill Riemenschneider,* Sohn des Bildhauers *Tilmann Riemenschneider.*

Rungg

Südlich von Tramin steht an der Straße nach Kurtatsch in Rungg, einst allein in den Weinbergen gelegen, die Kirche **St. Valentin am Friedhof.** Sie wurde um 1275 gebaut, der umgebende Friedhof erst 1778 angelegt. Ihr komplettes Inneres wurde 1380 bis 1420 mit Fresken ausgemalt. Der Altar aus dem Jahr 1521 stammt von *Hans Klocker.*

Unterkunft

■ **Bed & Breakfast Tirolerin**②, Parkstr. 1, Tel. 0471 860163, www.tirolerin.it, Frühstückspension, Familienbetrieb inmitten der Weinberge am Hang, großzügig eingerichtete Zimmer auch mit Balkon, Appartements, großer Garten mit Pool, geöffnet März bis Nov.

■ **Residence Garni Hotel Vineus**②, Schneckenthalerstr. 25, Tel. 0471 860104, www.vineus-tramin.it, oberhalb des Ortes inmitten großer Rebgärten, freundliche Zimmer mit Balkon, Sonnenterrasse, beheiztes Freibad.

■ **Fritzenhof**①, Söll 61, Tel. 0471 860425, www.fritzenhof.com, Urlaub auf dem Wein- und Obsthof in der Traminer Fraktion Söll, Frühstückspension, gemütliche Zimmer, teils mit Balkon, Sonnenterrasse und Wintergarten, März bis Nov. geöffnet.

Essen und Trinken

■ **Pernhof**②, J. v. Payer Str. 21, Tel. 0471 860624, www.pernhof.com, modernes Ambiente, das Gartenrestaurant bietet herzhafte Südtiroler Bauernkost, „Pizza e pasta" im Wintergarten oder im idyllischen Garten mit Panoramablick, geöffnet ab 17 Uhr, Do Ruhetag (nicht an Feiertagen), **Hotelbetrieb**③ im Haus mit großzügigen Zimmern und Ferienwohnungen verschiedener Kategorien.

■ **Gummerer Hof①**, Söll 68, Tel. 0471 860430, www.gummererhof.com, Berggasthof und Jausenstation, höchstgelegener Weinhof von Tramin (750 m), Südtiroler Spezialitäten, Weißweine aus eigenem Anbau, geöffnet April bis Mitte Nov., Mo Ruhetag.

■ **G'würzerkeller①**, J. v. Zallinger Str. 22, Tel. 0471 860236, www.gwuerzerkeller.com, herzhafte Gerichte, großer Gastgarten mit Panoramablick an der Weinstraße, eigene Weine, vermietet Appartements, bietet Kutschfahrten an.

■ **Gamper①**, Alexander-von-Keller-Weg 11, Tel. 0471 861222, www.buschenschank.it, Buschenschank des Weinguts Ansitz Villa Raßlhof, rustikale Speisen, Südtiroler Speck aus eigener Produktion, eigene Weine (Gewürztraminer, Vernatsch, Lagrein etc.), geöffnet April bis Anf. Juni, Mitte Juli bis Anf. Nov. 17–24 Uhr, Mo Ruhetag.

Wein

■ **Kellerei Tramin**, Weinstr. 144, Tel. 0471 0966 33, www.kellereitramin.it, Verkauf geöffnet April bis Okt. Mo–Fr 9–19 Uhr, Sa 9–17 Uhr, im Winter Mo–Fr 9–18 Uhr, Sa 9–17 Uhr, bietet Verkostungen an, ab 20 Euro.

■ **J. Hofstätter**, Rathausplatz 7, Tel. 0471 8601 61, www.hofstatter.com, Weinverkauf mit Verkostung im Zentrum von Tramin, außerdem Sortimente rund um den Wein, Delikatessen etc.

UNSER TIPP: **Weingut Elena Walch**, A.-Hofer-Str. 1, Tel. 0471 860172, www.walch.it, 1869 gegründet, zählt zu den Wegbereitern der neuen Weinqualitäten Südtirols, bietet Weine in verschiedenen Qualitäts- und Ausbaustufen an, auch Weine der Weingüter Castel Ringberg und Kastelaz, Weinverkauf am Stammsitz Tramin, Tel. 0471 860103, Mo–So 10–19 Uhr, Weinbergführungen mit Verkostung, Mo und Mi 10.30 Uhr bei guter Witterung, Info-Tel. 0471 860172, neue Verkaufsstelle Castel Ringberg, St. Josef am See 1, Tel. 0471 960010, Ostern bis Ende Okt. 10–18 Uhr, Di Ruhetag. Dazu Weinverkostung im Gartenpavillon mit kleinen, erlesenen Speisen der kalten Küche, Tramin, A. Hofer 1, geöffnet täglich 10–18 Uhr.

■ **Weingut A. von Elzenbaum**, Hans-Feur-Str. 4, Tel. 0471 860124, www.vonelzenbaum.it, älteste

◘ Weinort Tramin – die Orte im Unterland wirken mediterran

091st ot

Eigenbaukellerei in Tramin, bietet Kellerführungen an, Probierstube und Verkauf im Zentrum gegenüber der Kirche, geöffnet bis Ende Juni Mo bis Fr 10–12 und 15–18 Uhr, Sa 10–12 und 14–17 Uhr, ab Juli 10–12 und 15.30–18.30 Uhr, Sa 10–12 und 14–17 Uhr (nur Sept./Okt.).

Aktivitäten

■ **Freibad:** in der Traminer Sportzone, Tel. 0471 86 0823, www.tramin.com/sport-und-erlebnisbad-tramin, Wasserfläche 1300 m², 50-m-Becken, Mai und Sept. täglich 10–18 Uhr, Juni bis Aug. 9–19 Uhr, Eintritt 7 Euro, Senioren 6 Euro, Kinder 3,50 Euro, unter 6 Jahren frei, Abendeintritt 4/2 Euro.

■ **Klettern:** Traminer Kletterhalle, Mindelheimerstraße, in der Raiffeisen Sporthalle oberhalb des Bürgerhauses, Eingang 1 auf dem Dach der Turnhalle, Tel. 0333 6316483, www.kletterhalle-tramin.com, Verleih von Kletterausrüstung, Eintritt 4,50 Euro, bis 18 Jahre 1,50 Euro, 18–22 Uhr, Do geschlossen.

Feste und Veranstaltungen

■ **Egetmann-Umzug:** Tramin feiert Fasching mit einem großen Umzug (in ungeraden Jahren, jeweils am Faschingsdienstag). Erstmals 1591, die Hauptfigur, der Egetmannhansl, eine mit schwarzem Rock, Zylinderhut und weißen Handschuhen bekleidete Puppe, feiert seine Hochzeit. Zu seiner Hochzeitsgesellschaft gehören Schwarzfischer und Waschweiber, die Altweibermühle, weitere Figuren und liebevoll gestaltete Wagen – aber vor allem die Schnappviecher, jene sagenhaften, drei Meter hohen Faschingsgestalten, deren historischen Ursprünge im Dunkeln liegen. Der ganze Ort ist verkleidet auf den Beinen.

■ **Törggeletage:** 1. Wochenende im Okt. auf dem Festplatz, Verkostung des neuen Weins, umfangreiches Programm rund um den Wein.

■ **Traminer Weingassl:** Im verkehrsfreien historischen Ortskern von Tramin, Degustation der Traminer Spitzenweine, dazu typische Südtiroler Leckerbissen sowie Musik- und Folkloredarbietungen, jeweils an einem Samstag Mitte Okt.

■ **Kalterer See Triathlon:** Seit 1989 veranstaltet der Kalterer Sportverein alljährlich am ersten Sonntag im Mai den Kalterer See Triathlon. Dabei sind die olympischen Distanzen von 1½ Kilometer Schwimmstrecke, 40 Kilometer Radfahren und 10 Kilometer Laufen rund um den See zu meistern. Der Wettbewerb hat längst internationales Renommee gewonnen, ist aber für jedermann offen.

Kurtatsch an der Weinstraße (Cortaccia sulla Strada del Vino)

■ **Info: 39040** Kurtatsch. Tourismusverein Südtiroler Unterland, Hauptmann Schweiggl Platz 8, Tel. 0471 880100, www.suedtiroler-unterland.it.

Von Tramin ziehen sich die Obstgärten auf dem Etschtalboden und der Wein an den Hängen über Kurtatsch und Margreid bis über die Landesgrenze hinaus südwärts fort. Kurtatsch wirbt mit seiner Lage „auf dem Sonnenbalkon" – in der Tat ist es eine herrliche Landschaft über dem Etschtal. Die Häuser des Ortes, kleine Ansitze und Winzerhöfe, gruppieren sich malerisch um den Dorfplatz. Es gibt Zeugnisse vorgeschichtlicher und römischer Besiedlung. Die Ortspfarrkirche St. Vigilius erinnert an den heiligen *Vigilius* (340–400), der die Bewohner der Region zum christlichen Glauben bekehrte. Sie wurde kurz vor der Wende zum 13. Jh. errichtet und ist bis heute Ziel von Wallfahrten.

Weinlehrpfad Saltner Pratze

Gehzeit: mit Weinprobe 3–4 Std., Wegstrecke 1,5 km, Mi geführte Wanderung, Rücktransport im Shuttlebus, Info beim Tourismusverein oder www.suedtiroler-unterland.it/de/genuss/der-weinlehrpfad.

GPS Vom Ortszentrum von Kurtatsch folgt man der Wegmarkierung der „Saltner Pratze", einer hölzernen Hand, zum Einstieg des Weinlehrpfades, einer mannshohen Traube aus vom Gletscher geschliffenen Bachsteinen. Unterwegs gibt es Kostproben in der Kellerei Kurtatsch und im Castel Turmhof.

Museum Zeitreise Mensch

Im **Ansitz Orth** informiert ein Museum über die 10.000-jährige Besiedlung der Region auf der Kurtatscher Hangterrasse.

Museum Zeitreise Mensch, Ansitz am Orth, Botengasse 2, Tel. 0471 880267, www.museumzeitreisemensch.it, Führungen Ostern bis Allerheiligen Fr 10 Uhr, ansonsten auf Anfrage, Eintritt 8 Euro, Kinder 7–14 Jahre 4 Euro.

Castel Turmhof

In Entiklar, südlich von Kurtatsch, zieht Schloss Turmhof die Besucher an. Der Ansitz liegt inmitten eines herrlichen **Märchenparks.** Sein mittlerer Turm stammt aus dem Mittelalter, der gesamte Komplex entstand in späterer Zeit.

Castel Turmhof, Entiklar, Schlossweg, Tel. 0471 880122, www.tiefenbrunner.com, qualitätsorientiertes Weingut mit Rebflächen bis auf 1000 m Höhe (Fennberg), Führungen nach Anmeldung durch den Märchenschlosspark Anf. Juni bis Okt. (nur bei gutem Wetter) Fr 10.30, Teilnahme 6 Euro, Weinkellerführung mit Verkostung Anf. Juni bis Mitte Aug. Di 16 Uhr, Teilnahme 10 Euro.

Fenner See

Von Kurtatsch aus führt eine vielfach gewundene Straße zum Fenner See auf 1034 m Höhe. Bei **Fennhals** quert der Fahrweg die ehemalige Römerstraße Via Claudia Augusta. In Fennhals hat man bronzezeitliche Kupferschmelzöfen gefunden. Auf einer kleinen Hochfläche beim Ansitz Fennhals stehen ein Dutzend mächtige, bis zu 40 m hohe **Mammutbäume,** die 1908 zum 50. Krönungsjubiläum des österreichischen Kaisers *Franz-Josef* gepflanzt wurden.

Auf dem weiteren Weg zum inzwischen stark verlandeten Fenner See passiert man das **Jagdschlosses Ulmburg,** im 19. Jh. anstelle einer Burg aus dem 13. Jh. im Renaissancestil errichtet. Nahebei steht die kleine Mariahilfkirche aus dem Jahr 1690 als frühere Burgkapelle. Die St. Leonhardkirche oberhalb des Sees geht auf das 13. Jh. zurück. Der kleine **Ansitz Hofstatt** in Unterfennberg ist das Geburtshaus des Feldmarschalleutnants *Franz Philipp von Fenner zu Fennberg.* Der 1759 geborene Freiherr ist der Gründer der Kaiserjäger.

Gasthaus Plattenhof, Fennberg 16, Tel. 0471 880356, https://plattenhof-gasthof.business.site. Jausenstation in herrlicher Umgebung oberhalb des Fenner Sees, bietet Wandererkost, große Freiterrasse, Di Ruhetag. Hier sind Tageskarten für das **Angeln im Fenner See** erhältlich.

Unterkunft, Essen und Trinken

■ **Gasthof Terzer**②, Obergasse 5a, Tel. 0471 88 0219, www.gasthof-terzer.it, komfortable Zimmer mit Balkon, Restaurant und Pizzeria, Tiefgarage und Lift.

■ **Goldener Adler**②, Graun, Indermauerstr. 10/A, Tel. 0471 880113, www.goldeneradler.net, gotische Stube mit Balkendecke, gewölbte Küche, die heutige Hausform stammt aus dem 17. Jh., Restaurant bietet vor allem Grill- und Wildspezialitäten, rustikal eingerichtete Zimmer① mit Balkon, Ferienwohnung, zwei Klettergärten in der Nähe.

Wein

■ **Kellerei Kurtatsch,** Weinstr. 23, Tel. 0471 8801 15, www.kellerei-kurtatsch.it, breites Sortiment verschiedenster Rebsorten in drei Qualitätsstufen, dazu Sekt etc. **Vinothek,** Tel. 0471 881496, geöffnet Mo bis Fr 9–18 Uhr, Sa 9–14 Uhr, Führung mit Verkostung im Sommer Do 16 Uhr und Sa 10.30 Uhr (Unkostenbeitrag).

■ **Weingut Baron Widmann,** Endergasse 3, Tel. 0471 880092, www.baron-widmann.it, Eigenbaukellerei seit 1824 im Ortszentrum, Rebgärten in Höhenlagen von 220 bis 600 m, Detailverkauf ab Hof mit Verkostung.

■ **Castel Turmhof:** s.o.

Margreid an der Weinstraße (Magrè sulla Strada del Vino)

Margreid ist das südlichste Dorf auf der rechten, westlichen Talseite des Südtiroler Unterlandes. Das schöne Weindorf schmiegt sich an den gewaltigen Felsstock des **Fennbergs** an und wird vom Fenner Bach durchzogen. In seinem historischen Ortskern stehen alte Ansitze und Winzerhöfe mit schönen Innenhöfen. Die Architektur ist durch strenge Gotik, südländische Renaissance und heiteren Barock gekennzeichnet. Rundbogenportale, Bogenfenster, Freitreppen, Loggien und kunstvolle Fenstergitter verleihen dem Ort seinen speziellen Charme. In der Grafengasse bedeckt eine 1601 gepflanzte Hausrebe als **ältester Rebstock Südtirols** die gesamte Fassade des Feichterischen Anwesens.

Die Margreider **Pfarrkirche St. Gertrud** geht auf das Jahr 1215 zurück. Aus dieser Zeit stammt noch das Untergeschoss des separat stehenden Turms. Das Kirchenschiff wurde 1691–94 von den Bozner Baumeistern Gebrüder *Delai* neu errichtet. Allerdings stand die Mutterpfarre von Margreid und der Fraktion Kurtinig zuvor in Laag auf der gegenüberliegenden Etschseite. Hier steht die **Kirche St. Florian** aus dem 9./10. Jh. Die Apsis aus dem 13. Jh. gilt mit ihren Fresken als eine der schönsten von Südtirol.

Ansitz Hirschprunn

Ebenfalls von großer Bedeutung ist der mächtige, mit einem turmartigen Aufbau versehene Ansitz Hirschprunn am St.-Gertraud-Platz, ein dreistöckiger Bau aus der zweiten Hälfte des 17. Jh. mit Rundbogenportal. Der Ansitz wurde 1991 von *Alois Lageder*, dem Pionier der neuen Weinqualitäten Südtirols und Vorreiter des Bio-Weins mitsamt seiner zusätzlichen Rebflächen erworben.

UNSER TIPP: **Weingut Alois Lageder,** Grafengasse 9, Tel. 0471 809500, www.aloislageder.eu, Spitzenwinzer Südtirols, verbindet Tradition und In-

215st ot

novation, breites Sortiment verschiedener Qualitätsstufen, hochwertige Bio-Weine. Dazu gehört die **Weinschenke Vineria Paradeis,** St. Gertraudplatz 5, Tel. 0471 809580, mit idyllischem Innenhof, geöffnet Jan./Feb. Mo bis Sa 10–15 Uhr, März bis Okt. 10–18 Uhr, Nov./Dez. 10–17 Uhr, So und feiertags geschlossen. Die Vinothek in der Schenke bietet das gesamte Lageder-Sortiment und Qualitätsweine befreundeter Güter. Verkostungen auf Voranmeldung in der Schenke Di und Do 14.30 Uhr (deutsch), 15.30 Uhr (italienisch).

^ Magreid Ansitz Hirschprunn

Links der Etsch

Die größeren Orte des Unterlandes reihen sich am östlichen Ufer der Etsch aneinander. Rebgärten ziehen sich an den Hängen hinauf, aber beherrschend ist der Obstanbau auf dem Talboden. Der Hauptort ist Neumarkt mit seinen reizvollen Laubengassen.

Leifers und Branzoll (Laives, Branzolo)

■ **Info:** Postleitzahl Leifers: **39055.** Touristinformation Leifers Branzoll Pfatten, J.-F.-Kennedy-Straße 75/D, Tel. 0471 950420, www.leifers-info.it.

Leifers, unmittelbar südlich des Bozner Flughafens gelegen, wächst heute, auch durch die Industriezonen, zunehmend mit Bozen zusammen. Davon unabhängig ist die Pfarrkirche **St. Antonius und St. Nikolaus** sehenswert. Sie ist romanischen Ursprungs, erhielt ein neoromanisches Schiff und wurde 2004 durch einen quer gestellten Zubau vergrößert. Als das nahe gelegene Kloster Weißenstein aufgelöst wurde, kam 1787 die **Weißensteiner Madonna,** eine 16 cm hohe Pietà aus Alabaster, in die Kirche. Die kleine Statue, um 1550 entstanden, steht im Hochaltar. Hingewiesen sei auch auf das **Peterköfele** oberhalb von Leifers, eine hochromanische Kapelle, einst die Burgkapelle der um 1150 errichteten Burg der Herren *von Liechtenstein.*

Branzoll schließt sich südlich an Leifers an. Im Zentrum stehen einige Häuser aus dem 16. und 17. Jh. Die alte **Pfarrkirche St. Jakob** aus dem Jahr 1379 erhielt im 15. Jh. ihre heutige Form mit Spitzbogenportal und -fenstern sowie einem Sterngewölbe. Die heutige Pfarrkirche ist ein klassizistischer Bau aus der Mitte des 19. Jh.

Bis Branzoll war die Etsch früher mit Booten zu befahren, sodass sich der Ort mit seiner kleinen Fraktion **Pfatten** auf der anderen Etschseite als Warenumschlagsplatz etablieren konnte. Heute ist Pfatten durch sein modernes **Fahrsicherheitszentrum** bekannt.

■ **Fahrsicherheitszentrum Pfatten,** Tel. 0471 220800, www.safety-park.com, bietet maßgeschneiderte Trainingsprogramme für den Alltags- und Berufsverkehr für Pkw, Lkw und Motorräder, außerdem Gokart-Verleih. Auch eine Bar und ein Restaurant freuen sich über Gäste.

Auer (Ora)

■ **Info:** Postleitzahl Auer: **39040.** Tourismusbüro Castelfeder Auer, Hauptplatz 5, Tel. 0471 810231, www.castelfeder.info.

Der kleine Ort Auer mit seinen verwinkelten Gassen und den von hohen Natursteinmauern umgebenen Grundstücken schmiegt sich an die **Steilwände** der Felsformationen des Naturparks Trudner Horn. Einzelne der früher frei stehenden Ansitze haben romanische oder gotische Baukerne.

Der Ort kann – wie viele andere der Region – auf eine vorgeschichtliche Besiedlung zurückblicken. Oberhalb auf dem Weg nach Montan erhebt sich der **Castelfeder,** eine Felsnase, die durch Gletscherbewegungen freigestellt wurde und einen weiten Blick zur Salurner Klause bietet. Am Hang fand man Reste einer großen Siedlung aus dem 2. Jahrtausend v. Chr. mit Urnengräbern und Grabbeigaben. Die **Oberburg** auf dem Plateau zeigt römische und frühmittelalterliche Hinterlassenschaften, so Reste einer Burganlage und einer frühmittelalterlichen Kapelle, deren Altar von *Hans Klocker* in Schloss Tirol ausgestellt ist.

Unterhalb des Ortes steht die alte **Pfarrkirche St. Peter** am Schwarzenbach, ein Bau im Ursprung aus romanischer Zeit, der sich heute mit seinem zweischiffigen Langhaus spätgotisch präsentiert, wobei der romanische Turm erhalten blieb. Dominierend im Inneren sind der mächtige Hochaltar und die beiden Seitenaltäre.

Im Ortszentrum in der Fußgängerzone steht die **Marienkirche,** errichtet als Ersatz für die häufig vom Schwarzenbach überschwemmte Peterkirche. Der Bau wurde 1671–74 erneuert und noch einmal 100 Jahre später bekam er das Oktogon mit der Zwiebelhaube aufgesetzt. Auf dem Weg nach Montan steht die **St. Danielskirche** am Kiechlberg, um 1270 entstanden. Ein Schmuckstück ist der Flügelaltar aus dem Jahr 1525, leider teilweise durch Diebstahl beeinträchtigt. Die heutige Ortspfarrkirche St. Peter steht im Zentrum am Kirchplatz.

Am Ortsrand steht der **Ansitz Baumgarten,** errichtet im späten 13. Jh. Die heutige Anlage geht mit ihren Nebengebäuden auf das frühe 17. Jh. zurück und fungierte als herrschaftlicher Gutshof. Nachdem er zuletzt als Weinschenke genutzt wurde, ist heute die deutschsprachige Oberschule darin untergebracht. Am Kirchplatz findet sich **Schloss Auer,** ein herrschaftlicher Ansitz aus dem 13. Jh., der 1660 ausgebaut wurde. Es ist der ehemalige Sitz der Herren *von Auer,* der heute privat bewohnt wird.

Montan und Pinzon

Oberhalb von Auer liegen die beiden Fraktionen Montan und Pinzon auf einer Hangterrasse inmitten von Obst- und Rebgärten. Das Dorfbild von Montan mit stattlichen Häusern, dem alles überragenden Schloss und der sich gut einfügenden Kirche gehört zu den schönsten der Region. Romanisch ist ihr Turm, gotisch ihr Chor und das Schiff entstammt dem 19. Jh. Beachtenswert ist die Kanzel, deren Maßwerk aus durchbrochenem Sandstein die Jahreszahl 1489 formt. **Schloss Enn** ist die Stammburg der Herren *von Enn.* Die in Privatbesitz befindliche Anlage wurde neugotisch restauriert. Die Burgkapelle weist noch Fresken aus dem Jahr 1510 auf.

Auf dem **Friedhof** von Auer befindet sich das Grab des italienischen Nationalisten *Ettore Tolomei,* der in Südtirol auch als „Totengräber des Landes" bezeichnet wird, übersetzte er doch alle deutschen Ortsnamen ins Italienische, was später als königliches Dekret verfügt und Teil der Italianisierungspoltik nach dem Ersten Weltkrieg wurde. Das Grab nutzen Neofaschisten gern zu Kranzniederlegungen, Südtirolaktivisten genauso gern, um es zu beschädigen. Daher wird es zu kritischen Zeiten von Carabinieri bewacht.

Die **Stephanuskirche** im benachbarten Pinzon wurde um 1200 in romanischem Baustil erbaut und nach 1400 im gotischen Stil umgebaut. Sie birgt mit *Hans Klockers* Flügelaltar von 1490 eines der bedeutendsten Kunstwerke des Unterlandes.

Fleimstalbahn-Radweg

Bereits 1910 war die Trasse für eine Schmalspurbahn von Auer nach Predazzo im Fleimstal genehmigt worden. Fertiggestellt wurde sie 1918 zum Militärnachschub an die Dolomitenfront. Bis 1963 verkehrten noch Züge auf der Strecke, dann wurde sie eingestellt. Gut erhalten ist der schönste, 17 km lange Streckenabschnitt durch die Berglandschaft des Trudner Horns **von Montan nach San Lugano.** Der Abschnitt mit einer kurzen Umleitung am Anfang überwindet mit bahntrassentypischer, konstanter Steigung rund 620 Höhenmeter.

San Lugano

Der kleine Ort auf dem 1097 m hohen Sattel der Fleimstaler Alpen besteht als Fraktion der Gemeinde Truden, ist aber mehrheitlich **italienischsprachig.** Weithin sichtbar erhebt sich die **spätgotische Pfarrkirche** des Orts auf dem Sattel. Von der Passhöhe aus sieht man auf das sich im Nordosten frei erhebende 2439 m hohe **Schwarzhorn,** das nördlich durch das Jochgrimm mit dem sich ebenfalls frei erhebenden 2317m hoch erhebenden **Weißhorn** verbunden ist. In der Senke zwischen beiden markanten Bergen liegt der kleine Ort **Radein,** von dem man aber das Jochgrimm nicht erreichen kann. Das **Jochgrimmgebiet** auf 2000 m Höhe ist ein beliebtes Wander- und Skigebiet abseits de großen Touristenrummels. Die Zufahrt erfolgt nur von der Trentiner Seite über das Lavazèjoch.

Unterkunft, Essen und Trinken

■ **Hotel Amadeus**②, Fleimstalstraße 1, Tel. 0471 810053, www.hotel-amadeus.it, ehrwürdiges Haus im Zentrum, Zimmer mit Stilmöbeln eingerichtet, teilweise mit Balkon, Pool, Liegewiese inmitten von Obstgärten, Restaurant mittags geschlossen.

■ **Hotel Christin**①, Bahnhofstr. 110, Tel. 0471 81 0116, www.hotelchristin.com, praktisch eingerichtete Zimmer, teilweise mit Balkon, mit Bistro und Bar, in der Dependance nahebei Zimmer mit Balkon, ganzjährig.

■ **Turmwirt**①, Kirchplatz 1, Tel. 0471 810147, www.hotelturmwirt.it, traditioneller Gasthof, familiär geführt, praktisch eingerichtete Zimmer, großteils mit Balkon, großer Gastgarten, Pool und Liegewiese.

■ **Waldthaler**③, Hauptplatz 34, Tel. 0471 8105 33, www.gasthaus-waldthaler.com, Gasthof im Ortszentrum, einfallsreiche Küche, der Chef kocht selbst, umfangreiche Wein- und Spirituosenkarte, Di Ruhetag.

■ **Hotel Tenz**②, Montan, Tel. 0471 819782, www.hotel-tenz.com, in der Nähe von Schloss Enn, Tradition bis ins 17. Jh., frühere Pferdewechselstation, heute großartiger Hotel- und Restaurantbetrieb, Zimmer unterschiedlicher Kategorien mit Balkon oder Terrasse, Gartenlandschaft mit weitem Blick, Liegewiese, Teich, Freibad, Wellness-Einrichtungen, Restaurant bietet gekonnte Tiroler Küche, von Anf. Nov. bis Anf. Dez. geschlossen.

■ **Goldener Löwe**①, Montan, Kirchplatz 11, Tel. 0471 819844, www.goldenerloewe.it, traditionelles Gasthaus in vierter Generation, Zimmer teilweise mit Balkon, Restaurant mit Innenhof, Bar, Café, gekonnte traditionelle Küche.

Wein

■ **Weingut Clemens Waldthaler,** Bachgasse 4, Tel. 0471 810182, weingut.c.waldthaler@gmx.com, 7 ha Eigenbau in bester Lage, überwiegend gehaltvolle Rotweine, Weinverkauf geöffnet Mo–Fr 9–13 und 15–19 Uhr, Sa 9–14 Uhr.

■ **Franz Haas,** Montan, Hans Klockergassl 7, Tel. 0471 812280, www.franz-haas.it, verarbeitet Trauben von 50 ha Rebfläche, davon 35 ha in Eigenbesitz zwischen 250 und 800 m Höhe, sehr breites Sortiment, mehrfach ausgezeichnet, die Spezialität ist Blauburgunder, Weinverkauf geöffnet Mo–Sa 9–12 und 14.30–18.30 Uhr, 1. So im Monat 9–12 und 14.30–18 Uhr.

■ **Weingut Ansitz Pfitscher,** Montan, Dolomitenstr. 17, Tel. 0471 1681317, www.pfitscher.it, traditioneller Betrieb, Rebanlagen auf 500 m Höhe bestens für Blauburgunder geeignet, dazu Merlot und Vernatsch in weiteren Lagen, teilweise bis in 900 m Höhe. Auch Weißwein. In der neuen Kellerei, die architektonisch modern in die Weinberge eingefügt ist, empfängt den Besucher eine imposante Fensterfassade mit weiter Sicht auf den Talkessel des Unterlandes, Weinverkauf Mo–Fr 8–12 und 14–18, Sa 9–12 Uhr.

094st ot

Veranstaltung

- **Markusmarkt:** Aus einem Viehmarkt hervorgegangener Straßenmarkt mit Verkaufs- und Gastronomieständen im Ortszentrum, 25. April.

Aldein und Maria Weißenstein (Aldino, Pietralba)

- **Info:** Postleitzahl Aldein: **39040.** Tourismusbüro Aldein, Dorf 34, Tel. 0471 886800, www.aldein-radein.it.

Kloster Maria Weißenstein

Folgt man in Montan der Straße nach Cavalese, zweigt nach wenigen Kilometern die Straße über Aldein nach Maria Weißenstein ab. Hier fand der Bergbauer *Leonhard Weißensteiner* im Jahre 1553 auf 1550 m Höhe ein Marienbild. Voller Dank errichtete er eine Kapelle, die schon bald Ziel von Pilgern wurde. Nun übernahm der Servitenorden den **Wallfahrtsort** und errichtete 1719–22 ein Kloster, in dessen Gebäudefront die Kirchenfassade integriert wurde. 1753 erhielt die Kirche ihre barocke Ausstattung, die Kuppel und die beiden Fronttürme.

Das Säkularisationsdekret von Kaiser *Joseph* bedeutete 1787 auch das Ende des Wallfahrtsortes Weißenstein. Die Serviten mussten abziehen, die Kirchenschätze wurden verkauft. Die Kirche wurde profanisiert und diente anschließend über lange Zeit als Lagerraum. Erst 1836 konnten die Serviten den Wallfahrtskomplex wiedererwerben. Seither ist Weißenstein der meistbesuchte Wallfahrtsort Südtirols. Glücklicherweise sind die Fresken des Wiener Hofmalers *Joseph Adam Mölk* erhalten geblieben.

■ **Maria Weißenstein,** 39050 Deutschnofen-Petersberg, Weißenstein 10, Tel. 0471 615124, www.weissenstein.it, Klosterkirche ganzjährig 7.30–19 Uhr geöffnet, Messordnung Feiertage 10, 14 und 16 Uhr, werktags 10 Uhr.

■ Der zum Kloster gehörige **Gasthof**① bietet einfache Doppel- und Mehrbettzimmer mit Dusche/WC, dazu **Restaurant,** Bar, und Self Service, Pilgerhaus und **Jugendherberge,** Info: www.weissenstein-pietralba.com/de/gastronomie.

Dorfmuseum

Das Dorfmuseum von Aldein besteht aus drei Museen, dem **Heimatmuseum** mit Gemälden, Holzschnitten und Münzen, dem **Mühlenmuseum** entlang des Thalbaches und dem Besucherzentrum der Blätterbachschlucht mit dem Geomuseum.

■ **Dorfmuseum Aldein,** Dorfplatz 41, im 1. Stock des „Alten Schulhauses", Tel. 0471 886832, www.museum-aldein.com, Ausstellung sakraler Kunstgegenstände der Barockzeit, geöffnet Mai bis Okt. Fr 16–18 Uhr, Juli/Aug. zusätzlich Sa 16–18 Uhr, Eintritt freiwillige Spende.

Oberhalb von Aldein führt ein Fahrweg „Lerch" in Richtung Schmiederalm. Auf halbem Weg zweigt ein Stichweg zum **Besucherzentrum Geopark Blätterbach** ab, der hier in seinem Oberlauf eine atemberaubende Schlucht in das Berggelände gegraben hat. Diese Schlucht, die Einblick in Jahrmillionen der Erdgeschichte gewährt, ist Teil des „UNESCO-Weltkuturerbes Dolomiten".

Geopark Bletterbachschlucht

GPS Der Bletterbach entspringt am Weißhorn und hat in seinem obersten Verlauf eine tiefe Schlucht in den Fels gegraben. Dieser **Grand Canyon Südtirols** entstand vor 15.000 Jahren durch die Schmelzwasser der ausgehenden Eiszeit. Die atemberaubende, 8 km lange und 400 m tiefe Schlucht bietet Einblicke in die geologische Schichtung des Geländes. Zahlreiche Fossilienfunde machen die Schlucht noch interessanter, 16 Informationstafeln entlang des Schluchtweges informieren darüber.

■ **Besucherzentrum Geoparc Bletterbach,** 39040 Aldein, Lerch 40, Tel. 0471 886946, www.bletterbach.info, unterhalb der Lahnalm, Mai bis 1.11. (abhängig von der Schneeschmelze) täglich 9.30–18 Uhr, Eintritt 6 Euro, ermäßigt 3 Euro, Kinder bis 6 Jahre frei, Führungen durch die Schlucht Mai bis Okt. täglich 10.30 Uhr, Dauer 3½ Std., Teilnahmegebühr 14 Euro, ermäßigt 12 Euro, Familienticket 32 Euro, Anmeldung bis zum Vorabend im Besucherzentrum, Parken 3 Euro.

■ **Museum Mühlenlandschaft Thalbach:** Mühlenensemble entlang des Thalbaches mit der Stampfer-Säge, der Thal-Mühle, der Matzneller-Mühle und ihren Einrichtungen, zu erreichen über einen ca. 30 Min.-Weg von der Feuerwehrhalle in Aldein, 1½-Std.-Führungen finden Mai bis Okt. nach vorheriger Anmeldung (Tel. 0471 886832) statt, Juli/Aug. jeden Sa 14 Uhr, Info: www.museum-aldein.com.

Jenseits der Schlucht zeigt das GEO-Museum im kleinen Ort **Radein** die wichtigsten Gesteinsfunde aus der Blätterbachschlucht.

■ **Geo Museum Radein:** Peter Rosegger Haus, Radein, Tel. 0471 886946, www.bletterbach.info, geöffnet Mai Okt. täglich 9.30–18 Uhr, Eintritt 6 Euro, Kinder unter 14 Jahre frei.

Aktivitäten

■ **Golf Club Petersberg,** 39050 Petersberg, Unterwinkel 5, Tel. 0471 615122, www.golfclubpetersberg.it, 18-Loch-Platz, offen für Gäste, Übungsplätze.

Naturpark Trudner Horn (Parco Naturale Monte Corno)

Der Naturpark Trudner Horn erstreckt sich seit der Erweiterung im Jahr 2000 auf einer Fläche von fast 7000 ha auf den östlichen Höhen des Südtiroler Unterlandes. Im Norden ist der Park von den Ausläufern des Fleimstales, im Südosten vom Cembratal und im Westen vom Etschtal zwischen Neumarkt und der Salurner Klause begrenzt. Wie sehr sich die submediterrane Klimazone hier bis in den Norden ausbreitet, sieht man an der artenreichen Flora und Fauna, die hier beheimatet ist. Ein Naturparkhaus in einer wieder hergestellten alten elektrischen **Mühle** gibt Informationen über den Park und seine Umwelt.

■ **Naturparkhaus Trudner Horn,** 39040 Truden, Am Kofl 2, Tel. 0471 869247, https://naturparks.provinz.bz.it/trudner-horn/naturparkhaus.asp, mit Mahl-, Back- und Kindertagen, Ostern bis Okt. Di–Sa 9.30–12.30 und 14.30–18 Uhr, Juli bis Sept. auch So geöffnet, Eintritt frei.

Neumarkt (Egna)

■ **Info:** Postleitzahl Neumarkt: **39044.** Tourismusverein Neumarkt, Laubengasse 28, Tel. 0471 810231, www.castelfeder.info.

Neumarkt ist der **Hauptort des Unterlands.** Hier bestand bereits die Römersiedlung *Endidae Mansio*, wahrscheinlich eine Rast- und Pferdewechselstation an der Via Claudia Augusta. Der heutige Ort wurde gemäß einer Urkunde des Trentiner Fürstbischofs *Konrad von Beseno im Jahr* 1189 gegründet. Er kam durch den Holzhandel über die Etsch schnell zu Wohlstand. Außerdem wurden hier durch Privileg Märkte abgehalten. Nach einem Brand im Mittelalter entstand der Ort neu – daher der Name Neumarkt.

Die wohlhabenden Handelsherren errichten sich herrschaftliche Bürgerhäuser, die durch ihre **Lauben und schmuckvollen Erker** charakterisiert sind und den Reiz der **Laubengasse** ausmachen. Die den Laubenhäusern vorgebauten Gewölbe dienten sowohl der Präsentation von Handelswaren als auch den Handwerkern als verlängerte Werkstätten, um ihre Erzeugnisse anzubieten. Durch tonnengewölbte Durchfahrten gelangte man zu den rückwärtigen Stallungen und Scheunen, die heute meist zu Wohnungen umgebaut sind.

Am **Hauptplatz** beschreibt die Laubengasse einen Bogen. Dieser Markt wurde im 13. Jh. von einem Etschhochwasser zerstört, sodass man die Bebauung hangaufwärts fortsetzte. Das älteste Laubenhaus des heutigen Baubestands steht am Hauptplatz und trägt die Jahreszahl 1560.

Museum für Alltagskultur

In einem der letzten ursprünglichen **Saalhäuser** Neumarkts werden in verschiedenen Zimmern Einrichtungs- und Gebrauchsgegenstände der letzten zwei Jahrhunderte gezeigt, als das Haus noch bewohnt war.

■ **Museum für Alltagskultur,** Andreas-Hofer-Str. 50, Tel. 0335 81 87 598 oder 0333 2394540, www.museum-alltagskultur.it, geöffnet Di nach Ostern bis Allerheiligen Di, Fr und So 10–12 Uhr, Führungen auf Anfrage, Eintritt freiwillige Spende.

Laag

Auf dem Weg von Neumarkt nach Salurn passiert man die kleine Neumarkter Fraktion Laag mit der alten St. Florianskirche und dem **Klösterle.** Letzeres ist ein 1220 am Standort einer alten

römischen Pferdewechselstation erbautes Pilgerhospiz, das Ende des 13. Jh. erweitert wurde. Der Gebäudekomplex wurde mit drei Flügeln um einen Hof mit Arkadengang errichtet und bot Pferdeställe sowie Übernachtungsmöglichkeiten. Einige Fresken sind erhalten, so auch das Wappen von *Ulrich von Lichtenstein,* Bischof von Trient. Bis zum 16. Jh. wurde die Unterkunft von Rompilgern genutzt. *Albrecht Dürer* soll hier genächtigt haben. Durch die Eröffnung des nahen Marktes in Neumarkt verlor das Klösterle seine Funktion als Pilgerhospiz, da viele Reisende die Gasthöfe im Dorfkern von Neumarkt vorzogen. Derzeit finden in den Sommermonaten Konzerte und Theateraufführungen in den alten Gemäuern statt. Das Hospiz soll zu einem Museum ausgebaut werden.

Nahebei auf der anderen Seite der Staatsstraße steht das romanische Kirchlein **St. Florian,** eines der ältesten christlichen Sakralgebäude Tirols. Zur Zeit der Etsch-Überschwemmungen an der südlich gelegenen Salurner Klause mussten die Reisenden hier das Tal verlassen und über die Berge den Weg ins Fleimstal und wieder zurück ins Etschtal suchen. Auch **Albrecht Dürer** war gezwungen, diesen Weg zu wählen, als er 1494 seine erste Reise nach Italien antrat (→ Wanderung auf dem Dürerweg).

Wanderung auf dem Dürerweg

- **Gehstrecke:** 40 km
- **Gehzeit:** 8–9 Std., mehrere Etappen unterschiedlicher Schwierigkeitsgrade

Der Wanderweg folgt der Passage von Albrecht Dürer, die er 1494 auf seiner Reise nach Italien nahm. Von diesem Abschnitt hat er mehrere Aquarelle hinterlassen, die Auskunft über seine Reiseroute geben.

Ausgangspunkt ist das **Klösterle** in St. Florian (Laag). Zwei Kilometer südlich von Laag geht es auf einen gut gepflasterten Weg zum Laukasbach, der auf der „Römerbrücke" überschritten wird. Dieser Weg mit der Brücke war schon zur Zeit Karls des Großen ein wichtiger Verbindungsweg in den Süden, weshalb er auch Semita Karoli genannt wird. Von hier aus geht es weiter nach Buchholz oberhalb von Salurn und hinauf zum Sauch-Pass (915 m). Der Weg führt dann zum Heiligen See (Lago Santo) auf 1200 m Höhe und von hier aus hinab nach Cembra und Faver, vorbei am Castello di Segonzano und bis zu den Erdpyramiden von Segonzano. Hier befindet man sich in der Provinz Trient.

Burgruine Kaldiff

Oberhalb von Neumarkt liegen die beiden Weindörfer Pinzon und Mazzon. Dazwischen hat sich der **Gschnoner Bach** eine Schlucht gegraben. Auf einer Felsnase oberhalb des Tals erhebt sich die Burgruine Kaldiff. Sie wurde hier gegen Ende des 12. Jh. an einem alten Verbindungsweg nach Truden und weiter ins Fleimstal errichtet. Um 1500 ließen die Burgherren die Befestigungen verbessern und die Wohntrakte verschönern. Doch der Bergfried stürzte im 19. Jh. ein. In den Wohnbauten sind noch Freskenreste aus dem 14. und 16. Jh. erhalten.

Weiter oben am Hang mit weitem Blick ins Unterland steht in **Gschnon** ein kleines **Kapuzinerkloster.** Die Klosterkirche wurde um 1632 von einer wohlhabenden Neumarkter Familie ganz in Holz errichtet, 1662 kam das Hospiz hinzu. Der Komplex wurde restauriert.

■ **Kapuzinerkloster Gschnon:** Neumarkt, auf 950 Meter Höhe, Pforte geöffnet 8–12 und 15–18 Uhr, Laudes 7 Uhr, Vesper 18.15 Uhr, bietet religiöse Veranstaltungen und Kurse in einfach gehaltenen Räumlichkeiten ohne Internet und Telefon, Info: www.kapuziner-neumarkt.webnode.com/gschnon, Kontakt zu den Brüdern: Tel. 0471 812214.

Unterkunft, Essen und Trinken

2 **Andreas Hofer**③, Straße der alten Gründungen 21–23, Tel. 0471 812653, www.hotelandreashofer.com, elegante Zimmer, schöner Garten, 2 **Restaurant** mit historischem Ambiente, im Sommer wird unter den Lauben serviert, Sonntag Ruhetag.

1 **Villner Hof**①, Villner Str. 30, Tel. 0471 812039, www.villnerhof.com, Hotel, Pension, 1 **Restaurant** in der Neumarkter Fraktion Vill mit großem Garten und Pool, nahe gelegenes Gästehaus, dazu Obst- und Weinbau.

Wein

3 **Weingut Brunnenhof,** Mazzon, Gebirgsjäger Str. 5, Tel. 0471 820687, www.brunnenhof-mazzon.it, besitzt eine der besten Blauburgunder-Lagen auf 500 m Höhe (die Rebsorte wurde hier vor 100 Jahren eingeführt), auch Gewürztraminer.

Aktivitäten

■ **Freibad Lido Neumarkt,** Brennerstr. 7, Tel. 0471 813614, www.sportarena-unterland.com, große Rutsche, Volleyballfeld, Beach-Partys, im Sommer bis Anf. Sept. 10–19 Uhr, in der Hochsaison ab 9 Uhr, Eintritt 6 Euro, Kinder 3 Euro, mit Eislaufhalle Würth-Arena.

Feste und Veranstaltungen

■ **Freilichtspiele Südtiroler Unterland – Theater an der Etsch:** Jeweils eine Inszenierung pro Jahr, aufgeführt in den Lauben, auf dem Kirchplatz, im Marchhof, in der Burgruine Laimburg (Pfatten), im Gutsverwaltungshaus etc., Tel. 0471 812128, www.fsu-neumarkt.com.

■ **Laubenfest:** 1. Aug.-Wochenende, gilt als ältestes Dorffest Südtirols, mit Wein- und Spezialitätenständen in den Lauben, Volkstanzgruppen, Schuhplattler, Kinderfest und Festumzug, Info: www.neumarkt-egna.it/neumarkt_events/wein-und-lauben.

Salurn (Salorno)

■ **Info:** Postleitzahl Salurn: **39040.** Tourismusverband Salurn (→ „Auer“), www.castelfeder.info.

Salurn ist der **südlichste Ort** des geschlossenen deutschsprachigen Kulturraums. Hier verengt sich das Etschtal auf eine Breite von weniger als zwei Kilometern. So staute sich der ungebändigte Fluss immer wieder vor der **Salurner Klause,** wie die Engstelle genannt wird, und machte sie über lange Zeiten im Jahresverlauf unpassierbar. Trotzdem war diese Engstelle seit der Römerzeit immer wieder heiß umkämpft, bot sie doch den Zugang in die Zentralalpen von Süden und war im Mittelalter Station auf dem Weg von Oberitalien nach Süddeutschland. **Stattliche Bürgerhäuser** kennzeichnen den Ortskern von Salurn als Zeichen reger Handelstätigkeit über Jahrhunderte. Am oberen Ende des Zentrums steht die **Pfarrkirche St. Andreas.** Der Turm mit seinem neugotischen Dach entstand Mitte des 19. Jh., das Schiff wurde in den Jahren 1628–40 auf der Basis eines Vorgängerbaus errichtet. Unverkennbar sind die Einflüsse des italienischen Barock. Den gewaltigen Hochaltar schuf *G. Zugno* aus Trient, im Bild Maria mit dem heiligen Andrea darstellend.

Sehenswert ist auch die Friedhofskirche St. Joseph, ein Zentralbau aus der zweiten Hälfte des 17. Jh.

Von Salurn geht es über Buchholz in die Höhenlagen des Naturparks Trudner Horn zum Bergdorf **Gfrill.** Von hier aus kann man herrliche Wanderungen zur **Trudner Alm** mit einer Jausenstation und zum **Trudner Horn** unternehmen.

Haderburg

Hoch über der Salurner Klause erhebt sich die Haderburg, um 1150 von den Grafen *von Eppan* als Lehen der Fürstbischöfe von Trient errichtet. Sie entwickelte sich zu einem Raubritternest und wurde daraufhin von den Tiroler Landesherren in Besitz genommen. Diese bauten die Anlage mit Vorburg und Geschützscharten weiter aus, doch im Laufe der Jahrhunderte verlor sie an militärischer Bedeutung. Seit Mitte des 17. Jh. ist die Haderburg im Besitz einer venezianischen Adelsfamilie, die sie 2001–03 restaurierte und mit einer Burgschenke zugänglich machte.

UNSER TIPP: **Haderburg,** Tel. 0334 7775843, www.zum18tenfass.it, geöffnet März bis Okt. Mi und Sa 10–16.30 Uhr, Do, Fr und So 10.30–19 Uhr, Mo und Di Ruhetag (außer an Feiertagen), Info Burgschenke Tel. 0334 7775843, info@zum18tenfass.it, die Burgschenke bietet typische Burgspeisen und -getränke. Die Burg ist über einen stark ansteigenden Fußweg („Weg der Visionen") zu erreichen, für Behinderte gibt es einen Taxidienst (Tel. 334 162 56 94). Der Gastronom bietet im Lauf der Saison vielfältige (Mittelalter-)Veranstaltungen an.

095st ot

stock.adobe Foto: ©Frank Krautschick

Unterkunft, Essen und Trinken

■ **Buchholz**①, Buchholz 7, Tel. 0471 889020, www.hotel-buchholz.it, gutbürgerliches Familienhotel oberhalb von Salurn, Zimmer mit Balkon, Lift, Freibad, Liegewiese, deutsch-italienische Küche.

■ **Fichtenhof**①, Gfrill 23, Tel. 0471 889028, www.fichtenhof.it, Berggasthof in der Salurner Fraktion Gfrill, rustikal eingerichtete Zimmer, ländliche Küche mit Produkten des eigenen Bio-Bauernhofs, Vollwertkost, Mo Ruhetag.

■ **Klammhof**①, Buchholz 114, Tel. 0471 889096, www.klammhof.com, am Hang oberhalb von Salurn inmitten von Wein- und Obstgärten gelegen, schöne Zimmer mit Balkon, herrlicher Panorama-Swimmingpool.

■ **Noldinhaus**①, Dr. Josef Noldin Str. 20, Tel. 0471 884356, www.noldinhaus.org, genossenschaftlich geführtes Jugendhaus, Jugendherberge und Jugendveranstaltungshaus, Ein-, Zwei- und Mehrbettzimmer, untergebracht im ehemaligen Wohnhaus des Salurner Bürgers *Dr. Josef Noldin,* der zur Zeit der faschistischen Repressalien die sogenannten Katakombenschulen für den Geheimunterricht in deutscher Sprache organisierte, wofür er 1927 verhaftet und auf die Insel Lipari verbannt wurde.

Wein

■ **Weingut Haderburg,** Alois Ochsenreiter, Buchholz 30, Tel. 0471 889097, www.haderburg.it, 11 ha Rebfläche im südlichsten Teil Südtirols, baut Rot- und Weißweine in- und ausländischer Rebsorten aus, auch Sekt im Angebot.

Veranstaltung

■ **Josefimarkt:** Traditioneller Jahrmarkt mit vielen Verkaufs- und Gastronomieständen im Ortszentrum, So Mitte März.

⌃ Im Zentrum von Salurn

‹ Bei Salurn verengt sich das Etschtal

4 Vinschgau

» Der Oberlauf der Etsch bildet den Vinschgau. Lang gestreckt von Norden aus dem Alpenhauptkamm kommend, wendet sich die Etsch ostwärts. Durch hohe Berge gegen atlantische Witterungseinflüsse geschützt lockt hier das sonnenreichste Tal ganz Südtirols – ein Paradies voller Apfel- und Weingärten!

‹ Apfelplantagen und Weinberge sind im Vinschgau zahlreich

VINSCHGAU

DIE ZENTRALALPEN RUND UM DIE OBERE ETSCH

Der westliche Teil Südtirols wird vom Vinschgau eingenommen. Er umfasst das Tal der oberen Etsch mit seinen Nebentälern und Randgebirgen. Am oberen Talausgang stellt der 1504 m hohe Reschenpass den Übergang über den zentralen Alpenkamm nach Österreich dar. Hier auf dem Sattel des Reschenscheideck, der die Wasserscheide zum Inn bildet, entspringt die Etsch. In ihrem obersten Abschnitt durchfließt sie den Reschensee und den Haidersee im Vinschgauer Oberland. Von hier bahnt sie sich südwärts mit großem Gefälle den Weg auf die Malser Haide.

Unterhalb der Malser Haide wendet sich der Fluss im Etschknie in einem lang gezogenen Bogen ostwärts. Hier erstreckt sich bis vor Laas der Obervinschgau und südlich davon das große Ortlermassiv. Im Mittelvinschgau zwischen Laas und Latsch liegt Schlanders als zentraler Ort des Vinschgau. Der Untervinschgau reicht bis zum Töllgraben kurz vor Meran. Auf ihrer gut 70 km langen Strecke durch den Vinschgau hat die Etsch einen Höhenabfall von über 1000 m vollzogen.

[>] Der Alpengipfel Monte Zebrù

Geschichte

Der Vinschgau ist altes Kulturgebiet. Hier siedelten die **rätischen Venosten,** die im Jahr 15 n. Chr. unter römische Herrschaft kamen und dem heutigen Vinschgau (ital.: Val Venosta) seinen Namen gaben. Nach langem Widerstand wurden die Räter romanisiert. Der Vinschgau war für **Rom** ein wichtiger Militär- und Handelsweg, hier führte die **Via Claudia Augusta** über den Reschenpass nach Germanien – dieser antike Alpenübergang war damals wichtiger als der Brenner.

Nach dem Niedergang des Römischen Reiches rückten Goten, Franken und Bajuwaren nach. Die **Christianisierung** der Bevölkerung ging von Chur aus. Die Matscher Grafen als Lehensträger der Bischöfe von Chur gerieten mit diesen in Streit, der auch nicht vollständig unterdrückt werden konnte, als 1363 mit dem Übergang Tirols an **Habsburg** auch der Vinschgau habsburgisch wurde. 1431 kam es zu blutigen Fehden mit Chur. Im Engadiner Krieg überrumpelten 1499 die Eidgenossen die Tiroler in der Schlacht an der Calven und plünderten den Vinschgau. Pest und weitere Kriege bis in die napoleonische Zeit brachten immer wieder neue Unruhe.

Das 19. Jh. war dann eine Zeit der Ruhe und bescheidener wirtschaftlicher Entwicklung. In die Mitte des 19. Jh. fällt der Beginn des **Obstanbaus.** Um die Wende zum 20. Jh. kamen zunehmend **Touristen** als Wanderer in den Vinschgau. Im Ersten Weltkrieg war das Stilfser Joch eine der Hauptkampflinien. Der Beginn der italienischen Zeit nach dem

Krieg war wenig förderlich für den Vinschgau. Erst nach dem Zweiten Weltkrieg kam der Wohlstand auch durch Gewerbeförderung und Tourismus und brachte neue wirtschaftliche Betätigung.

Noch lange Zeit wurde im Oberen Vinschgau **Ladinisch,** eine mit dem Rätoromanischen verwandte Sprache, gesprochen. Im 14. und 15. Jh. war die Gerichtssprache in Glurns Ladinisch. Erst im 19. Jh. wurde **Deutsch** zur vorherrschenden Sprache, im Münstertal jenseits der Schweizer Grenze blieb Ladinisch erhalten.

Bergketten

Das alpentypische Trogtal der Etsch wird von hohen Gebirgsketten gesäumt, deren außerordentlich **steile Hänge** entscheidend zum landschaftlichen Reiz des Vinschgau beitragen. Im Oberland ragen auf der Ostseite die gewaltigen **Ötztaler Alpen** mit dem 3526 m hohen Gipfel der Weißseespitze und der 3738 m hohen Weißkugel auf, westlich ist es die Sesvennagruppe mit der 3205 m hohen Sesvennaspitze.

Südlich des Etschknies ragt das beeindruckende Gebirgsmassiv der Ortlergruppe empor, gebildet vom **Ortler** selbst, der mit 3905 m der **höchste Berg Südtirols** ist, dem Monte Zebrù (3740 m), der Königsspitze (3859 m), der Zufallspitze (3757 m) und dem Monte Cevedale (3778 m). Im weiteren Flussverlauf abwärts wird die Nordflanke des Etschtals vom **Salurnkamm** und der **Texelgruppe** als weiteren Ausläufern der Ötztaler Alpen begleitet. Die Südflanke wird von den Ausläufern der Ortlergruppe gebildet, die bis Meran heranreichen.

adobe.stock Foto: ©Klaus von Kassel

Nauders
Martina
Strada
ÖSTERREICH
SCHWEIZ
Reschenpass
Reschen
Langtauferer Tal
Melag
Gschwell
Kapron
Weißseespitze 3526
Graun im Vinschgau (Curon Venosta)
Schöneben
Rojen
Reschensee
Weißkugel (Palla Bianca) 3738
Hochjoch 2875
Vinschgauer Oberland
Kaschon
St. Valentin an der Haide
ITALIEN
Kurzras
Haidersee
Plawenn
Alsack
Planeiltal
Planeil
Watles 2554
Kloster Marienberg
Burgeis
Obervinschgau
Schlinig
Glieshöfe
Vinschgau (Val Venosta)
Schlandrauner Tal
Mals (Malles Venosta)
Schleis
Matsch
Malser Heide
Laatsch
Tartsch
Glurns (Glorenza)
Schluderns (Sluderno)
Sonnenberg
Taufers im Münstertal
Münstertal
Churburg
Etsch (Adige)
Tannas
Allitz
Kortsch
Schlanders (Silandro)
Müstair
Puntweil
Lichtenberg
Eyrs
Tschengls
Laas (Lasa)
Göflan
Chavalatsch 2764
Stilfs (Stelvio)
Prad am Stilfser Joch (Prato allo Stelvio)
Mittelvinschgau
Nördersee
Gomagoi
Suldental
ITALIEN
Tschenglser Hochwand 3376
Orgelspitze 3304
Martell
Trafoi
Außer Sulden
Vertainspitze 3544
Nationalpark Stilfser Joch
Gand
Stilfser Joch (Passo dello Stelvio) 2758
Sulden
St. Gertraud
Hintere Schöntaufspitze 3325
Martelltal
Ortler 3905
Monte Zebrù 3740
Zufrittsee
Zufrittspitze 3439
Königsspitze 3859
Enzianhütte
SS40
SS41
SS38
180
27
28

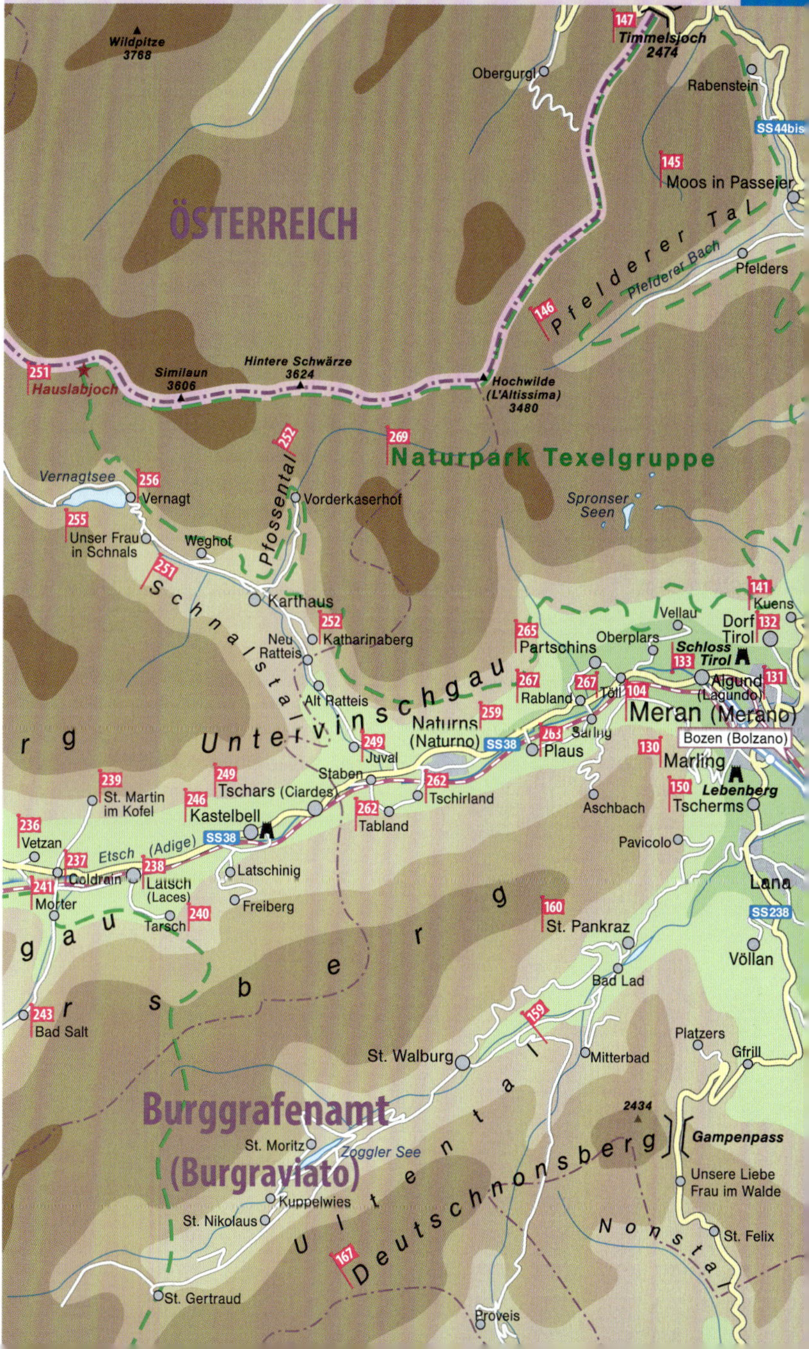

0
5 km
Wildpitze
3768
147
Timmelsjoch
2474
Obergurgl
Rabenstein
SS44bis
145
Moos in Passeier
ÖSTERREICH
Pfelderer Tal
Pfelderer Bach
Pfelders
146
251
Hauslabjoch
Similaun
3606
Hintere Schwärze
3624
Hochwilde
(L'Altissima)
3480
269
Naturpark Texelgruppe
252
Pfossental
Vernagtsee
256
Vernagt
Vorderkaserhof
Spronser
Seen
255
Unser Frau
in Schnals
Weghof
251
Schnalstal
Karthaus
141
Kuens
Vellau
Dorf
132
Tirol
252
Katharinaberg
265
Partschins
Oberplars
Schloss
133
Tirol
Neu
Ratteis
267
Rabland
267
Töll
Algund
(Lagundo)
131
104
Alt Ratteis
Unter vinschgau
Naturns
(Naturno)
259
Meran (Merano)
Bozen (Bolzano)
263
Plaus
SS38
249
Juval
130
Marling
Staben
239
St. Martin
im Kofel
249
Tschars (Ciardes)
262
Tschirland
150
Lebenberg
Tscherms
Aschbach
246
Kastelbell
262
Tabland
236
Vetzan
SS38
Etsch
(Adige)
Pavicolo
237
Goldrain
238
Latsch
(Laces)
Latschinig
241
Morter
Freiberg
Lana
SS238
240
Tarsch
160
St. Pankraz
Völlan
Bad Lad
243
Bad Salt
159
Platzers
St. Walburg
Mitterbad
Gfrill
2434
Burggrafenamt
(Burgraviato)
Gampenpass
St. Moritz
Zoggler See
Ultental
Unsere Liebe
Frau im Walde
Deutschnonsberg
Kuppelwies
St. Nikolaus
St. Felix
Nonstal
167
St. Gertraud
Proveis

Seitentäler

Das Bergland des Vinschgau mit seinem von der Etsch gebildeten Zentraltal wird durch landschaftlich besonders reizvolle Seitentäler strukturiert, deren Flüsse großteils in alpinen Hochlagen entspringen. Zu den beeindruckendsten dieser Täler zählt das **Langtauferer Tal** im Oberland, das den Blick ostwärts auf die imposante Weißkugel freigibt. Im Obervinschgau sind es linksseitig das Planeiltal und das Matscher Tal, rechts das kleine Schlinigtal, das **Münstertal,** das über Taufers den Weg nach Müstair und Santa Maria im schweizerischen Münstertal freigibt, sowie das **Suldental,** das mitten in die Bergwelt am Ortler führt und dessen Trafoier Seitental zum Stilfser Joch geht.

Das wichtigste Seitental des Mittelvinschgau ist das südwärts ausgerichtete **Martelltal.** Im Untervinschgau zweigt unterhalb von Burg Juval in einer tiefen Schlucht das **Schnalstal** ab, das an die Bergkette der Ötztaler Alpen heranreicht – diesen Weg hatte auch „Ötzi", den man als 5300 Jahre alte Gletschermumie oberhalb des Schnalstals fand, zur Überwindung des Alpenhauptkamms genommen.

Schwemmkegel

Eine weitere Besonderheit des Vinschgau stellen die von den Flüssen gebildeten Aufschüttungen dar, sogenannte Murkegel. Die Schuttmassen prägen das gesamte Erscheinungsbild des Etschtals und bedecken zwei Drittel der Talsohle. Da die Etsch nicht wasserreich genug ist,

< Waalwege führen entlang der alten Bewässerungskanäle

konnte sie diese Murkegel nicht wegspülen, insofern bilden sie heute als Talstufenbildung die Markierung für die landschaftliche Gliederung des Etschtals. Der größte Murkegel nimmt die **Malser Haide** ein. Zusammen mit der Gadriamure bei Laas-Allitz bilden sie die größten des gesamten Alpenraums. Den drittgrößten Murkegel bildet der von Tarsch-Laatsch, weitere sind die von Tabland und Partschins.

Klima

Der Vinschgau liegt genau an der Stelle der Alpen, wo sie mit 250 km Durchmesser ihre größte Breitenausdehnung erreichen. Umgeben von weit über 3000 m hohen Bergketten bildet der Vinschgau hier eine klimatische Insellage. Sowohl die Witterungseinflüsse von Norden als auch von Süden werden durch diese Bergketten abgemildert, der Föneffekt der ins Tal abfallenden Winde beschert dem Vinschgau **Sonne, Wärme und wenig Regen** – das ist gut für den Tourismus, aber weniger gut für die Landwirtschaft, die trotz aller Strukturverschiebungen hier noch die entscheidende wirtschaftliche Rolle spielt und ohne die der Tourismus nicht denkbar wäre.

Aufgrund der besonderen Lage des Vinschgau findet sich hier eines der sonnenreichsten Gebiete Italiens. Mildes Klima mit geringer Luftfeuchtigkeit beschert durchschnittliche Sommertagestemperaturen von fast 20° C beispielsweise in Schlanders, der Niederschlag beträgt hier weniger als 500 mm im Jahr. Berüchtigt sind allerdings die als Vinschger Winde bezeichneten **Fallwinde,** die gelegentlich durch das Tal fegen.

Vegetation

Durch die Ost-West-Ausrichtung des größten Teils des Vinschgauer Etschtals sind die Abhänge ganz unterschiedlichen Bedingungen ausgesetzt. Die nach Süden exponierten Hänge der Ötztaler Alpen werden durchgehend als **Sonnenberg** bezeichnet – hier haben die Sonneneinstrahlung und der menschliche Einfluss durch Rodung, Beweidung und der daraus resultierenden Erosion zu einer spezifischen **steppenartigen Vegetation** geführt. Die Hänge der südlich der Etsch aufsteigenden Alpenketten sind als **Nördersberg** schattiger und weisen den üblichen **alpinen Bewuchs** auf.

Landwirtschaft

Um die fruchtbaren Talböden landwirtschaftlich bearbeiten zu können, war angesichts der **Trockenheit** bei großer Sonneneinstrahlung die Anlage von Bewässerungssystemen erforderlich. Dazu wurden **Waale** als Wasserkanäle angelegt, die noch heute von Wanderern gern als Wege genutzt werden (→ Praktische Reisetipps von A bis Z: "Waalwege im Vinschgau").

Von der Gesamtfläche des Vinschgau mit 1440 km² besteht ein Drittel aus Fels, Ödland und Gletschern, ein weiteres

216st ot

Drittel aus Wald und ein Sechstel aus natürlichem Grünland. Die eigentlichen landwirtschaftlichen Flächen, die den Rest (ohne die Bebauung) ausmachen, werden überwiegend als Grünland bewirtschaftet, die Sonderkulturen **Obst und Wein** machen nur 2,2 % der Landesfläche aus, Äcker gar nur 0,5 %. Bevor der Obstanbau zum wichtigsten Betriebszweig wurde, bauten die Vinschgauer Bauern überwiegend zur Selbstversorgung **Roggen** und als Nachfrucht **Buchweizen** an – daraus resultieren die vielfältigen Buchweizenrezepte der Region. **Buchweizenkuchen** ist bis heute eine Selbstverständlichkeit in den Jausenstationen der Berge und Cafés der Ortschaften im Tal.

Der Vinschgau – ein Paradies voller Äpfel

VINSCHGAUER OBERLAND UND OBERVINSCHGAU

VOM RESCHENPASS NACH SCHLUDERNS

Das Vinschgauer Oberland mit dem Hauptort Graun am Reschensee beginnt im Norden am Reschenpass und umfasst im Süden noch den Haidersee. Von hier führt die Straße in weit ausladenden Serpentinen die Malser Haide als größtem Murenkegel des Vinschgau hinab in den Obervinschgau. Dieser Murenkegel hat den Lauf der Etsch ganz an den Westrand des Tals, an die Hänge des Watles, gedrängt. Hier öffnet sich der große Obervinschgauer Talkessel, der schon in vorgeschichtlicher Zeit einen wichtigen Kreuzungspunkt in den Zentralalpen darstellte. Durch die Verbindungen aus den Südalpen nach Österreich, ins Schweizer Engadin und in die Lombardei hat er seine verkehrspolitische Bedeutung bis heute behalten.

NICHT VERPASSEN!

- **St. Benediktskirche** in Mals mit karolingischen Fresken in den Apsiden | 210
- **Glurns** mit seinem mittelalterlichen Stadtkern | 214
- **Churburg,** eine der bedeutendsten Burgen Südtirols | 216

Diese Tipps erkennt man an der gelben Markierung.

☑ Hochalpen im Obervinschgau

100st ot

Über den Reschenpass (Passo di Resia)

Wenn man, von Norden kommend, den 1504 m hohen Reschenpass überwunden hat, befindet man sich im Vinschgauer Oberland. Der Pass selbst mutet eher flach an. Von Nauders in Österreich geht es mit nur mäßiger Steigung durch ein breites Wiesenareal, das im Winter ein beliebtes Langlaufskigebiet ist, weiter zur kaum erkennbaren eigentlichen Passhöhe, die sich schon auf italienischem Gebiet befindet.

Reschensee (Lago di Resia)

An der Stelle des Reschenstausees erstreckten sich früher der Reschensee und der Mittersee. Mit der **Aufstauung** im Jahr 1950 verschwanden die alten Orte Reschen und Graun in den Fluten. Die Menschen mussten damals Haus, Hof, Felder und Wiesen entschädigungslos verlassen. Ein Großteil der Bevölkerung wanderte daraufhin ab. Den Kirchturm der alten Grauner Pfarrkirche ließ man aus Denkmalsgründen stehen. Heute stellt der **aus dem Wasser ragende romanische Turm** ein beliebtes Fotomotiv dar.

Die Staumauer ließ den 6 km langen und an der breitesten Stelle 1,5 km messenden Stausee entstehen, der ein Fassungsvermögen von 120 Mio. m^3 hat. Ein 12 km langer Druckstollen führt zum 595 m tiefer gelegenen Kraftwerk bei Schluderns.

Heute bietet der See großartige Freizeitmöglichkeiten. **Angler** gehen hier auf Renken, Forellen, Barsche und Hechte. Die Passwinde fordern **Kitesurfer** heraus. Auf dem zugefrorenen Reschensee finden die Internationalen **Deutschen Snowkitemeisterschaften** und seit 2010 die Weltmeisterschaften für diesen Sport statt – der See eignet sich durch seine hohe Eis-, Schnee- und Windsicherheit hierfür besonders gut. Ein Lift führt zum familien- und kinderfreundlichen **Skigebiet Schöneben** hinauf.

Haidersee

Unterhalb des Reschensees erstreckt sich der Haidersee, der sehr beliebt ist bei Anglern. Das Schilfgebiet am Nordufer im Bereich der Einmündung der Etsch aus dem Reschensee steht unter Schutz. Motorboote sind auf dem See verboten. Sowohl um den Reschensee als auch um den Haidersee führen Fußwege.

Aktivitäten

- **Reschenseelauf:** immer beliebterer Rundlauf um den See, alljährlich 3. Sa im Juli, Beginn 17.30 Uhr, 15,3-km-Strecke, Teilnehmerlimit 3000, Teilnahmegebühr ab 20 Euro, www.reschenseelauf.it.
- **Snowkite World Cup:** drei Tage Kämpfe um den Titel in den Kategorien Freestyle und Race, atemberaubende Luftakrobatik und Geschwindigkeiten an die 100 km/h, letztes Wochenende im Jan., www.snowkiteworldcup.com.
- **Bootsrundfahrt:** mit der „MS Hubertus" über den Reschensee, einstündige Fahrten Mai bis Okt. vom Anleger in Graun. Man sieht den Turm der Alt-Grauner Kirche aus der Nähe, Ticket 12 Euro, Kinder 5 Euro, Info: www.schifffahrt-reschensee.com.

[>] Der Haidersee

099st ot

■ **Angeln im Haidersee:** Saison April bis Okt., Angelscheine erhältlich in St. Valentin an der Haide bei Bootshaus Haidersee, Gasthof Alpenrose und Bäckerei Angerer, Tageskarte 29 Euro, www.haidersee.it.

■ **Skigebiet Schöneben:** Zusammenschluss mit den Skigebieten Nauders (Österreich) und Haideralm, 52 km Pisten, 11 Aufstiegsanlagen, Skipass 31,50 Euro, Kinder bis 14 Jahre 19 Euro, Jugendliche 23,50 Euro, Rentner 30 Euro.

Graun im Vinschgau (Curon Venosta)

■ **Info:** Postleitzahl Graun: **39027.** Info: **Ferienregion Reschenpass:** Besucherzentrum 39027 Reschen, Hauptstraße 22, Tel. 0473 633101, www.reschen.suedtirol.com.

Der heutige Ort Graun wurde 1948–50 am Reschenstausee unterhalb des Grauner Berges neu errichtet. Sehenswert ist neben dem romanischen Kirchturm im See (→ Reschensee) die 1521 geweihte spätgotische St. Annakapelle auf einem Hügel am neuen Ort mit einem schönen Außenfresko und einem Renaissance-Altar. Im Rathaus befindet sich das **Heimatmuseum** mit Exponaten zu Alt-Graun und zum Reschensee (Juli–Aug. Mi 14–18 Uhr).

Zum Gemeindegebiet gehören der Ort **Reschen** am Kopfende des Stausees, das sich ostwärts erstreckende Langtauferer Tal sowie das sich westlich des Sees in die Sesvennagruppe erstreckende **Rojental.** Hier steht die gotische St. Nikolauskirche. Ihr Chor aus dem Jahr 1400 ist komplett mit Fresken der Meraner Schule aus dem 15. Jh. ausgemalt.

Unterkunft, Essen und Trinken

■ **Hotel-Restaurant Traube-Post**②, Graun im Vinschgau, Nationalstr. 4, Tel. 0473 633131, www.

traube-post.it, entstanden aus der alten Poststation im untergegangenen Tal, historisches Ambiente, holzgetäfelte Zimmer, ganzjährig geöffnet.

■ **Romantic Hotel Schlössl am See**②, Altdorf 20, Tel. 0473 633533, www.schloesschen.net, exponierte Lage auf einer Halbinsel gegenüber Reschen, einfache Zimmer, zwei Suiten, Bootsanleger.

Langtauferer Tal (Valle Lunga)

Von Graun öffnet sich ostwärts das Langtauferer Tal, das vom Karlinbach gebildet wird, ein lang gestrecktes Hochtal mit vielen kleinen Weilern und Höfen, gesäumt von Wiesen am Talboden und Almen in der Höhe. Es gilt als eines der **ursprünglichsten Täler der Alpen** und ist durch eine weitgehend unversehrte bergbäuerliche Kulturlandschaft geprägt. Viele der alten Bauernhäuser im Tal geben noch Einblick in die traditionelle Wohnkultur. Am Talschluss bietet sich vom Weiler **Melag** (1915 m) ein grandioser Blick in die Welt der Ötztaler Alpen mit der majestätischen Weißseespitze (3526 m) und der Weißkugel (3738 m), dazwischen breitet sich der Langtauferer Ferner aus.

Die **Melager Alm,** zu Fuß einen halbstündigen Weg weiter in den Talschluss hinein, ist im Besitz der Alminteressenschaft Melag. Von der 495 ha großen Almfläche werden 432 ha im Sommer als Almweide für 50 Kühe und 80 Stück Jungvieh genutzt. Eine **Käserei** und eine **Jausenstation** sind der Alm angeschlossen. Die Melager Alm ist ein beliebter Ausgangspunkt für Wanderungen zur Weißkugelhütte, ins Planeiltal, ins Schnalstal oder auch ins benachbarte Kaunertal nach Österreich.

Kurios ist die eigenartige Felsformation am Talausgang zu Füßen des Endkopfes, das sogenannte **Krampusloch.** Die einem Menschen ähnelnde Form erhält durch Algen- und Flechtenwuchs eine interessante Farbgebung.

Das Langtauferer Tal ist ein ideales Langlaufskigebiet. Mit **Maseben** gibt es ein kleines Skiabfahrtsgebiet oberhalb von Grub.

Rundwanderung auf dem Gschwell – Melager Höhenweg

■ **Gehzeit:** Anstieg 800 Höhenmeter, ca. 2½ Std., Gesamtgehzeit 5½ Std.

GPS Von Gschwell (1816 m) geht es auf dem Weg (Mark. 8) nordwärts zuerst durch Lärchenwald, dann über baumlose Hänge hinauf zu den Schwemmseen, weiter auf dem Höhenweg (Mark. 4) in leichtem Auf und Ab bis ins Melagtal hinein, dann den Weg (Mark. 1) durchs Melagtal und rechts über den Weiler Melag talauswärts bis Kappl, abschließend der kurze Rückweg bis Gschwell entlang der Fahrstraße.

Unterkunft, Essen und Trinken

■ **Alpenjuwel**③, 39027 Langtaufers-Melag 102, Tel. 0473 633291, www.alpenjuwel.it, freundliche Atmosphäre, rustikale Zimmer, teilweise mit Balkon, behindertengerecht konzipiert, ideenreiche Küche.

■ **Weißkugelhütte,** auf 2544 m oberhalb der Melager Alm, Tel. 0473 633191, weisskugelhuette@

gmail.com, Aufstieg von der Alm auf Gletscherlehrpfad ca. 2½ Std., großartiges Alpenpanorama, im Sommer ab Mitte Juni geöffnet, im Winter geschlossen, Gletschertour zum Brandenburger Haus (3277 m) 3 Std., Gletschertour nach Kurzras (2014 m) 5–6 Std., zur Schöne-Aussicht-Hütte im Schnalstal (2842 m) 5–6 Std.

■ **Melager Alm,** Almwirtschaft (1975 m) im Sommer und in der Wintersaison geöffnet, Tel. 0328 53 83209, www.suedtirol.info/de/erleben/Melager-Alm_activity_3689243, 4,8 km von Melag zur Melager Alm, fast ebene Strecke.

Aktivitäten

■ **Skigebiet Maseben:** Ein Sessellift und ein Skilift, für die Abfahrt stehen zwei Pisten zur Verfügung, 15-km-Langlaufloipe und Rodelbahn, www.maseben.it.

■ **Erlebnisschule Langtaufers:** Hier haben Schulklassen ab der dritten Klasse die Möglichkeit, die Natur- und Kulturlandschaft von Langtaufers und Umgebung zu erleben, zwei Lehrkräfte organisieren die Aufenthalte und sind für die Inhalte verantwortlich, die Kinder schlafen auf einem Bauernhof bzw. in Ferienwohnungen, Information: Schulsprengel Graun, St. Valentin a. d. Haide, Kirchgasse 27, Tel. 0473 634610, www.ssp-graun.it/erlebnisschule.

Burgeis (Burgusio)

■ **Info:** Postleitzahl Burgeis: **39024.** Tourismusbüro Burgeis, Dorfplatz 46, Tel. 0473 831422, www.ferienregion-obervinschgau.it.

Burgeis zählt zu den reizvollsten Orten des Vinschgau. Unterhalb der Fürstenburg und des Klosters Marienberg gelegen, ist der Ort ganz von **alten Bauernhäusern** aus dem 16. und 17. Jh. mit Erkern und Freitreppen geprägt, die noch viele alte Außenfresken tragen, Maria mit dem Kinde darstellend. Im Zentrum steht ein schöner Michael-Brunnen. Eine erste urkundliche Erwähnung des Ortes stammt aus der zweiten Hälfte des 13. Jh.

Aus der Entstehungszeit von Burgeis stammt die **St. Nikolauskirche** am oberen Ortsausgang. Der aus dem Jahr 1291 stammende Bau, nur über einen Fußweg vom Ort aus zu erreichen, trägt gotische und barocke Außenfresken. In der Ortspfarrkirche **Mariä Empfängnis** findet man eine 1778 von *Carlo Prati* gebaute Barockorgel, die aus der Stiftskirche des Klosters stammt und nach der Säkularisation hierher gebracht wurde.

Die **Fürstenburg** wurde 1272 zum Schutz der Bischöfe von Chur erbaut, die lange in Fehde mit den Matscher Grafen als Vögte des Obervinschgau standen. Ihr Bergfried und der Wehrtrakt wurden im 17. Jh. erneuert. Heute beherbergt die Burganlage eine Landwirtschaftsschule.

Kloster Marienberg

Weithin sichtbar erhebt sich das weiß gestrichene Benediktinerkloster Marienberg auf 1340 m Höhe über dem Tal. Es wurde Ende des 11. Jh. von den Herren *von Tarasp* aus dem Engadin gestiftet und ab 1146 oberhalb von Burgeis errichtet. Die Weihe der romanischen Krypta erfolgte 1156. Die **barockisierte Klosterkirche** zählt mit ihren romanischen Fresken in der Krypta zu den wichtigsten Kunstdenkmälern Südtirols. Sehenswert sind auch die Madonnenstatue im Tympanon der Klosterkirche, die Kanzel, das Madonnenbild des Hochaltars und die Darstellungen *Josef Holzers,* des 1709 in Burgeis geborenen Barockmalers, am Josefsaltar. Das Museum **Ora et Labora** gibt im Wirtschaftstrakt mit Schauräumen und Klosterladen Einblick in das Klosterleben. Die 2018 neu im Untergeschoss eingerichtete, 100.000 Bände umfassende Bibliothek kann ebenfalls besichtigt werden.

Etwas unterhalb von Marienberg steht die kleine romanische **Kirche St. Stefan,** die in ihren Ursprüngen auf das 5. Jh. zurückgeht. Der heutige Bau mit beachtenswerten Rundbogenfriesen stammt aus dem 10. Jh.

UNSER TIPP: **Benediktinerabtei Marienberg,** Burgeis, Schlinig 1, Tel. Museum 0473 8439 89, www.marienberg.it, Museum und Museumsshop geöffnet Mitte März bis Okt. und 27.12.–6.1. Mo–Sa 10–17 Uhr, feiertags geschlossen, Eintritt 5,50 Euro, Kinder bis 14 Jahre 3 Euro, Schüler/Studenten 4,50 Euro. Führungen Museum 1. und 3. Mi im Monat 10 Uhr, Krypta Di und Sa 15.30 Uhr, Do 10.30 Uhr, mit Museumsbesichtigung 10,50 Euro, Bibliothek Di 14 Uhr, Mi 15.30 Uhr, Fr 10.30 Uhr, mit Museumsbesichtigung 10,50 Euro, Klosterkirche St. Stephan Do 13.30 Uhr, mit Museumsbesichtigung 7,50 Euro, Anmeldung Tel. 0473 84 39 80, info@marienberg.it.

Schlinig

Von Kloster Marienberg gelangt man in das vom zwölf Kilometer langen Metzbach entwässerte **Schlinigtal.** Hauptort ist das Haufendorf Schlinig mit einer alten Mühle. Vom Talgrund geht es zur **Sesvennahütte** auf 2256 Meter Höhe. Vom Seitendorf **Prämajur** gelangt man zur **Plantapatsch-Hütte** (2066 m) und weiter auf den **Watles.** Von der Plantapatsch-Hütte führt ein kurzer Weg zu den **Pfaffenseen** (2222 m), so benannt nach den Mönchen des Marienberges.

■ **Hotel Anigglhof,** 39024 Mals, Schlinig 20, Tel. 0473 831210, www.anigglhof.com, traditioneller Gastbetrieb modern errichtet, wohnlich eingerichtete Zimmer.

■ **Sesvennahütte,** Tel. 0473 830234 , www.sesvenna.it, bewirtschaftet Anf. Juni bis Ende Okt. und Anf. Febr. bis Ende April, 78 Matratzenlager, Winterraum mit 6 Lagern offen.

■ **Plantapatsch-Hütte,** 39024 Prämajur/Watles, Tel. 0338 3971543, Restaurant an der Bergstation des Sessellifts.

Plawenn

Am oberen Rand der Malser Haide am Ausgang des kleinen Plawenntals findet sich der höchste Adelsansitz (1730 m) Südtirols. Der Ansitz geht auf das 12. Jh. zurück, der heutige Bau mit reizvollem Zinnengiebel und Ecktürmchen stammt vom Ende des 18. Jh. und beherbergt ein Kulturinstitut zur Entwicklung des ländlichen Raumes im Dreiländereck Italien/ Schweiz/Österreich.

Planeiltal

Nordöstlich von Burgeis erstreckt sich das abgeschiedene Planeiltal in die Ötztaler Alpen mit dem ursprünglich gebliebenen **Haufendorf Planeil.**

▷ Der Turm von St. Johann in Mals

Unterkunft, Essen und Trinken

■ **Hotel-Restaurant Weißes Kreuz**③, Burgeis 82, Tel. 0473 831307, www.weisseskreuz.it, architektonisch modernisiert, geschmackvoll eingerichtete Zimmer, großzügige Hallenbad-Landschaft, preisgekrönte Küche.

■ **Der Mohrenwirt**②, Burgeis 81, Tel. 0473 8312 23, www.der-mohrenwirt.com, trad. Gasthof am Dorfplatz (Di, Mi Vormittag Ruhetag), Zimmer mehrerer Kategorien, schönes Erkerzimmer, angeschlossen Gästehaus Plavina mit gepflegtem Garten.

Aktivitäten

■ **Skigebiet Watles** (1740–2500 m): zwei Sesselbahnen, ein Skilift, Langlaufgebiet, z. B. eine Loipe von 15 km um den Watles, dazu Langlaufzentrum Schling mit Skischule Nordic Schling (Tel. während der Wintersaison 0473 835355), Berg- und Talfahrt Lift 12 Euro, Kinder 8 Euro, unter 7 Jahren frei. Information: www.watles.net.

Mals (Malles Venosta)

■ **Info:** Postleitzahl Mals: **39024.** Tourismusbüro Mals, St. Benediktstraße 1, Tel. 0473 831190, www.ferienregion-obervinschgau.it.

Der Hauptort im Obervinschgau ist die Marktgemeinde Mals, unmittelbar unterhalb der Malser Haide im Talkessel gelegen. Wie in den meisten anderen Orten des Vinschgau hatten die Römer auch hier an der Via Claudia Augusta einen Straßenposten. Die frühmittelalterliche Siedlung geht auf einen Siedlungsplatz oberhalb zurück. Im 12. Jh. war Mals Gerichtsort der churischen Bischöfe, ab 1642 durften hier jährlich zwei Märkte abgehalten werden.

Die alte Straße zum Reschenpass führte durch den lang gezogenen Ort und das noch erhaltene Obertor, heute lenkt die Umgehungsstraße den Verkehr um den Ort herum. Mals wurde früher wegen seiner vielen Türme auch *Siebenkerchen* genannt. In der Ortspfarrkirche Maria Himmelfahrt mit ihrem gotischen Turm aus dem Jahr 1530 stammen die Ausmalungen im Jugendstil aus der Zeit des Ersten Weltkriegs. Die St. Martinskirche geht auf das 12. Jh. zurück und erhielt im 16. Jh. einen gotischen Chor. Die spätgotische St. Michaelskirche aus dem 16. Jh. steht am Friedhof. Die Kapuzinerkirche des Ende des 17. Jh. gegründe-

102st ot

ten Kapuzinerhospizes wurde 1699 geweiht. Von der 1799 von den Franzosen zerstörten Kirche **St. Johann** steht nur noch der romanische Turm. Außerdem gibt es noch mehrere mittelalterliche Ansitze.

St. Benediktskirche

Die wichtigste Sehenswürdigkeit von Mals ist die karolingische St. Benediktskirche aus dem 8. Jh. mit einem Turm aus dem 12. Jh. In ihrem Langhaus sind drei Apsiden in das Mauerwerk gehauen, die im 9. Jh. mit Fresken eines lombardischen Malers versehen wurden. Dargestellt sind Gregor der Große, Christus mit zwei Engeln und der heilige Stephan, an den Seiten der zentralen Apsis sieht man einen Krieger und einen Benediktinermönch, der ein Modell der Kirche hält. Der Krieger mit Langschwert stellt das einzige Porträt eines fränkischen Grundherrn, in diesem Fall des Kirchenstifters, dar.

■ **St. Benedikt,** St. Benediktstraße 1, Tel. 0473 83 1190, www.ferienregion-obervinschgau.it, geöffnet Mitte April bis Okt. Di, Do und Sa 10–11.30 Uhr, Juli bis Sept. Mo, Mi und Fr 15–16 Uhr, Juli zusätzlich So 16–17 Uhr, Führungen im Sommer Mo, Mi und Fr 14 Uhr, Eintritt 1,80 Euro, mit Führung 3 Euro.

Fröhlichsburg

Die Fröhlichsburg wurde im 12. und 13. Jh. als Burg der Bischöfe von Chur errichtet und diente unter anderem als Gerichtssitz. Später kam sie in den Besitz der Vögte *von Matsch*, der Tiroler Grafen, dann in den der Herren *von Fröhlich*. Erhalten sind der 33 m hohe Bergfried und Mauerreste.

Schleis

In der Fraktion Schleis westlich von Mals steht die **Laurentiuskapelle** mit spätromanischem Turm, einem die ganze Ostwand ausfüllenden Barockaltar und einem Marmortaufstein aus dem 16. Jh.

Laatsch

Die **St. Leonhardskirche** in der Fraktion Laatsch am Eingang des Münstertals bietet einen Flügelaltar aus der Werkstatt des *Hans Schnatterpeck* (Ende 15. Jh.) und Fresken (Anf. 15. Jh.). Die **Spitalkirche** weist ein schönes Renaissance-Portal auf. Das **Heimatmuseum** in der Scheune der Pfarrei am Kirchplatz zeigt volkstümliche Kulturgegenstände aus dem Vinschgau.

■ **Heimatmuseum Laatsch,** Laatsch 139, Tel. 0340 2653234, www.museen-suedtirol.it, geöffnet Juni bis Sept. Mi 16–18 Uhr.

Tartsch

UNSER TIPP: Der **Tartscher Bühel** ist eine vorchristliche Kultstätte südöstlich von Mals auf einem eiszeitlich glatt geschliffenen, buckeligen Glimmerschiefer-Felsen, der bereits keltisch und rätisch besiedelt war. Im 11. Jh. wurde die **St. Veithskirche** innerhalb eines Mauerrings auf dem Hügel errichtet, mit bemerkenswerten romanischen Freskenresten etwa von 1200, unter anderem Christus in der Mandorla darstellend.

Unterkunft, Essen und Trinken

■ **Garnie zur Krone**①, Verdross-Straße 32, Tel. 0473 831173, www.gemeinde.mals.bz.it/de/Garni_Bar_zur_Krone, traditionelles Gasthaus, zentral im Ort gelegen, gediegen eingerichtete, große Zimmer, Restaurant, Bar und Café, Do Ruhetag.

■ **Ansitz Preschgenegg,** Winkelweg 23, Tel. 0473 831466, www.preschgenegg.com, 60-m²-Ferienwohnungen in herrschaftlichem Ambiente.

Camping

■ **Camping Mals,** Bahnhofstr. 51, Tel. 0473 835179, www.campingmals.it, Rasen-Stellplätze auf drei Terrassen, ca. 80 m² groß, durch Hecken und Bäume voneinander abgegrenzt, alle Versorgungsanschlüsse, Hallenbad in 5 Min. erreichbar und für Campinggäste kostenlos, ganzjährig geöffnet.

Aktivitäten

■ **sport+well Mals,** Glurnserstr. 7, Tel. 0473 831590, www.sportwell.it, Freizeit-, Fitness- und Sportcenter mit Hallenbad, Freibad, Sauna, Wellnessstudio, Tennisplätzen (in der Halle und draußen) und Kegelbahn, außerdem gibt es ein Restaurant, Eintritt Hallenbad 7,40 Euro, Schüler, Studenten, Senioren 6,30 Euro, Kinder 7–14 Jahre 3,40 Euro, (diverse Ermäßigungen). Mo Ruhetag.

Einkaufen

■ **Hofkäserei Englhorn,** Schleis 8, Tel. 0473 835393, www.englhorn.com, fünf verschiedene Rohmilchkäse im Angebot, Hofladen geöffnet Mo–Sa 8–12.30 Uhr, Hofführungen mit Verkostung nach Absprache, 15 Euro, Schüler und Studenten 10 Euro.

■ **Gollimarkt:** Traditioneller Markt im Dorfzentrum von Mals für Lebensmittel, Kunst- und Gebrauchshandwerk, Bekleidung, Süßigkeiten und Überraschungen, Di Mitte Okt.

Wanderung zum Malser Sonnensteig

■ **Gehzeit:** 3½ Std., alternativ kann man nach Schluderns weitergehen und mit der Vinschgerbahn nach Mals zurückfahren.

GPS Von der Ortsmitte in Mals geht es auf dem Weg 14/17 über den Sonnenberg Richtung Matsch. Nach 3,7 km gelangt man auf die Straße nach Matsch, der man 2 km bis zum Parkplatz mit Wegkreuz folgt. Hier hält man sich rechts auf dem Weg 18 und geht durch Bergwald bergab entlang dem Matschertal bis zum Schludernser Waalweg. Nun geht es auf dem mit Nr. 17 gekennzeichneten Sonnensteig nach Mals zurück.

Feste und Veranstaltungen

■ **Schleiser Kirchtag:** 2. Mo im Aug. in Schleis, mit Festgottesdienst, Frühschoppen, Buden und Dorftanz.

Verkehr

■ **Vinschgerbahn:** Endstation mit Verbindung nach Meran und Bozen.

■ **Busverbindung:** nach Zernez (Schweiz).

Taufers im Münstertal (Tubre)

■ **Info:** Postleitzahl Taufers: **39020.** Tourismusverein Taufers im Münstertal, St. Benediktstraße 1, Tel. 0473 831190, www.vinschgau.net/de/obervinschgau.

Das Münstertal stellt die Verbindung vom Obervinschgau zum **Schweizer Engadin** dar. Es wird vom Rambach durchflossen, der bei Glurns in die Etsch mündet. Taufers liegt auf 1200 m Höhe nur einen Kilometer von der Grenze entfernt. Das Tal weitet sich hier zu einem Kessel, nach Norden erstreckt sich das Avignatal in die Sesvennagruppe hinein. Taufers ist ein beschauliches Alpendorf, wo neben der kleinbäuerlichen Landwirtschaft der Fremdenverkehr eine größere Rolle spielt, denn der Ort hat viel Bemerkenswertes zu bieten.

Schon zur Römerzeit war das Münstertal der Verbindungsweg für den Salzhandel von der Schweiz nach Italien, weshalb es auch als Salzstraße bezeichnet wurde. Ab der Christianisierung zogen Pilger durch das Tal nach Chur, zu dessen Diözese der ganze Vinschgau gehörte. Dies war auch der Grund zur Errichtung eines **Hospizes,** das bis heute fast vollständig erhalten ist. Einer der Höhepunkte der Auseinandersetzungen zwischen den Bischöfen von Chur und den Tiroler Grafen beziehungsweise den Habsburgern als ihren Nachfolgern fand hier im Münstertal statt. In der **Schlacht an der Calven** besiegten die Churer Truppen im März 1499 die vereinigten habsburgischen Truppen, doch das änderte nichts daran, dass der Vinschgau österreichisch blieb.

Im Laufe des Mittelalters hat Taufers aufgrund seiner strategischen Lage zwischen Chur und Tirol immer wieder zu leiden gehabt. Die **Burgruinen** oberhalb des lang gestreckten Ortes zeugen davon. Die Herren *von Reichenbach* hatten die nach ihnen benannte Burg als Lehnsträger der Bischöfe von Chur errichtet, die dann Mitte des 12. Jh. in ihren Besitz überging. Bis ins 14. Jh. hatten sie hier das Sagen. **Burg Rotund** war schon um 900 von den Churern gebaut worden und ging dann 1310 an die Reichenbacher über. Zu Beginn des 15. Jh. starben die Reichenberger aus. Ab 1680 waren beide Burgen unbewohnt und dem Verfall preisgegeben.

St. Johannkirche

Am unteren Ortseingang steht die zum **Hospiz** gehörende romanische St. Johannkirche mit dem Grundriss in Form eines griechischen Kreuzes. Sie wurde um 1200 anstelle einer zerstörten Vorgängerkirche aus dem 9. Jh. erbaut. Kunsthistorisch besonders wertvoll ist neben den romanischen (1220/30) und gotischen (1383) Fresken das **Wandbild des heiligen Christophorus,** das als ältestes und größtes im Alpenraum gilt. Ab 1264 trat der Johanniterorden als Betreiber des Hospizes auf, der die heutigen Gebäude 1259 errichten ließ.

Pfarrkirche St. Blasius

Der kleine Ort Taufers weist entsprechend seiner geschichtlichen Bedeutung weitere interessante Kirchen auf. Die Pfarrkirche St. Blasius wurde 1201 erstmals erwähnt. Der heutige Bau mit Gruft und Wandmalereien stammt von 1665.

St. Michaelkapelle

In der St. Michaelkapelle neben der Pfarrkirche wurde im Jahr 2000 ein sakrales **Museum** eingerichtet. Über 20 Kunstwerke aus acht Tauferer Kirchen sind hier untergebracht. Den Höhepunkt der Sammlung bildet der um 1520 entstandene **spätgotische Flügelaltar** aus der St. Martinskirche. Diese stammt von 1394, der Chor aus dem 17. Jh.

- **Pfarrmuseum St. Michael,** Tel. 0473 832037 (während der Öffnungszeiten), www.vinschgau.net/de/obervinschgau/kultur-kunst, geöffnet Juli bis Mitte Okt. Mi 10–12 Uhr.

Weitere Kirchen

Die **St. Antoniuskirche** wurde 1725 geweiht, die **St. Nikolauskirche** mit einem wertvollen spätgotischen Altar stammt aus der Zeit um 1400. Die **St. Rochuskirche** in der Fraktion Puntweil an der Schweizer Grenze wurde bereits Ende des 13. Jh. erwähnt und ist dem Pestheiligen *Rochus* geweiht. Die heutige Kirche wurde im 17. Jh. gebaut, aus dieser Zeit stammen auch der Altar und die Bilder. Im Tauferer Ortsteil Rifair ersetzte die 1521 errichtete **Valentinskirche** einen gotischen Vorgängerbau. Dieser kleine Sakralbau ist durch eine breite Glockenfassade, einen polygonalen Chorschluss, Sternrippengewölbe und Rundbogenfenster gekennzeichnet.

Rundweg Münstertal

- **Gehzeit:** 3½ Std.
- **Höhenunterschied:** 265 m

GPS Von der **Blasiuskirche** in Taufers folgt man dem mit Nr. 8 gekennzeichneten, leicht abschüssigen Waalweg Richtung Glurns. Dabei bieten sich wunderbare Ausblicke auf die Talsohle der Etsch bis Schlanders. An der Calvenbrücke geht es über den Rambach und flussaufwärts zurück, dem Wegweiser Nr. 30 folgend, vorbei an einem Bildstock und einem doppelten Tabernakel bis nach Rifair. Nun folgt man dem alten, mit steinernen Stufen gepflasterten Weg bis Taufers.

Unterkunft, Essen und Trinken

- **Tuberis Nature & Spa Resort**④, St. Johannstr. 37, Tel. 0473 832168, www.tuberis.com, das traditionelle Hotel Lamm ausgebaut zu einem luxuriösen Wellness-Hotel mit Reitplatz, eleganten Zimmern und Suiten.
- **Egghof,** Tella 7, Tel. 0473 832291, www.egghof-suedtirol.com, Urlaub auf dem Bauernhof auf 1700 m oberhalb Taufers, Ein-Zimmer-Appartement für 2–4 Personen, eigene Käserei.

Abstecher in die Schweiz: St. Johann in Müstair

Der kurze Weg von Taufers über die Schweizer Grenze nach Müstair lohnt. Hier steht das **Kloster St. Johann** als ein Zeugnis christlicher Hochblüte der Karolingerzeit um 800. Die Anlage ist so bedeutend, dass sie in die Liste des

105st ot

105st ot

UNESCO-Weltkulturerbes aufgenommen wurde. Die Klostergebäude sind um zwei Innenhöfe angelegt. Von Weltrang sind der größte frühmittelalterliche Freskenzyklus aus dem frühen 9. Jh. in der Klosterkirche St. Johann mit Szenen aus dem Leben und der Passion Christi sowie die romanische Bilderwelt des 12./13. Jh. in der Doppelkapelle St. Ulrich und St. Nikolaus. Im Jahre 811 wurde das Kloster dem Bischof von Chur übertragen.

Glurns (Glorenza)

- **Info:** Postleitzahl Glurns: **39020.** Tourismusbüro Glurns, Florastraße 31, Tel. 0473 831097, www.ferienregion-obervinschgau.it.
- **Stadtführungen** zu diversen Glurnser Themen bieten Tourguides über das Tourismusbüro.

Glurns zählt zu den kleinsten Städten des Alpenraums. Der Ort war zu römischer Zeit ein wichtiger Verkehrsknotenpunkt, wo sich die Wege über den Alpenkamm, in die Schweiz und nach Italien an der Via Claudia Augusta trafen. Der Name der Ansiedlung ist allerdings schon rätischen Ursprungs und bedeutet Hasel- oder Erlenau. Die früheste mittelalterliche Nennung erfolgte 1163.

Nach der Calvenschlacht von 1499, in deren Zug Glurns gebrandschatzt wurde, begann der systematische Wiederaufbau einschließlich der mächtigen Stadtmauer. Nachdem im 16. Jh. Ruhe im Vinschgau eingekehrt war, verlor Glurns seine strategische Bedeutung und geriet ins wirtschaftliche Abseits – zum Glück, denn so hat sich der **mittelalterliche Stadtkern** mit der Ummauerung bis heute erhalten, ohne dass große Zubauten das Stadtbild beeinträchtigen.

St. Johann in Müstair – die weltberühmte Klosteranlage liegt gleich hinter der Grenze im schweizerischen Graubünden

Das Ortsbild von Glurns wird von der rechteckig angelegten **Stadtmauer** mit ihren Toren, Türmen und Wehrgängen beherrscht. Das Tauferer Tor, auch **Kirchtorturm** genannt, weil man durch es zur außerhalb gelegenen spätgotischen Pfarrkirche St. Pankratius gelangt, steht aus der Mauer hervor. Hier finden sich in vier Stockwerken Exponate zu Glurns.

Das Zentrum wird vom **Marktplatz** als Schauplatz für Feste und Märkte gebildet, auf den die malerischen Gässchen zuführen, gesäumt von Bürgerhäusern des 16. Jh. mit ihren Laubengängen.

Paul Flora, der weltberühmte Karikaturist, Grafiker und Illustrator, wurde am 29. Juni 1922 in Glurns geboren († 2009 in Innsbruck).

■ **Kirchtorturm,** Tel. 0473 831097, Dauerausstellung mit Werken von *Paul Flora,* geöffnet Ostern bis Sept. Di–So 11–16 Uhr, April bis 15 Uhr, Juli/Aug. täglich bis 17 Uhr, Eintritt 5 Euro, Kinder 11–15 Jahre 2,50 Euro, Senioren 4 Euro.

St. Jakobskapelle

In Söles, südlich von Glurns am Waldrand, steht die erstmals 1220 erwähnte St. Jakobskapelle, der heutige Bau wurde spätgotisch erneuert. 1993 hat man hier **romanische Wandmalereien** von hohem künstlerischen Wert gefunden (Ende April bis Ende Oktober Fr 16–17 Uhr).

Unterkunft, Essen und Trinken

■ **Gasthof Grüner Baum**②, Stadtplatz 7, Tel. 0473 631206, www.gasthofgruenerbaum.it, traditionelles, großes Haus am Hauptplatz mit Dachzinnen, moderne Zimmer, Dachterrasse, gemütliches Restaurant, Do Ruhetag.

■ **Bäckerei Riedl:** Malser Str. 11, Tel. 0473 831348, Bäckerei, Konditorei, Eisdiele im Herzen der mittelalterlichen Stadt Glurns, bekannt für seine Kastanienherzen, ein knuspriges Herz aus Bitterschokolade mit cremiger, zarter Kastanienfüllung, umrandet von einer süßen Note Schlagsahne, geöffnet Mo bis Sa 7–18 Uhr.

Camping

■ **Camping Gloria Vallis,** Wiesenweg 5, Tel. 0473 835160, www.gloriavallis.it, am Fuß des Tartscher Bühels, terrassiert mit 79 Stellplätzen, ca. 90 m² groß, durch kleine Hecken und blühende Sträucher voneinander getrennt, moderne Einrichtungen mit Mini-Markt, Café etc., ganzjährig geöffnet.

Feste und Veranstaltungen

■ **Bartholomäusmarkt:** Bauernmarkt, 24. Aug. auf dem Marktplatz.

■ **Sealamorkt (Seelenmarkt):** Großer Jahrmarkt zu Allerseelen (2. Nov.) in der ganzen Stadt.

Schluderns (Sluderno)

■ **Info:** Postleitzahl Schluderns: **39020.** Tourismusbüro Schluderns, Meranerstr. 1, Tel. 0473 6155 90, www.ferienregion-obervinschgau.it.

Um Schluderns, schon unter der 1000-Meter-Höhenmarke gelegen, setzt bereits der Obstbau ein. Der malerische Ort erstreckt sich am Etschknie unterhalb der Churburg, der besterhaltenen Wehrburg Südtirols. Im ohnehin schon regenarmen Vinschgau weist Schluderns die geringsten Niederschläge auf. Insofern hat man hier besonders viele **Waale** bauen müssen. Das Bewässerungsnetz war so dicht, dass sich der Obervinschgau zur Kornkammer Tirols entwickeln konnte. Die meisten Waale sind der Flurbereinigung zum Opfer gefallen, aber der Perkwaal sowie der längste Waal des Vinschgau, der zehn Kilometer lange Gschneirer Waal, von dem noch drei Kilometer in seiner ursprünglichen Form erhalten sind, erinnern an die ausgeklügelten Bewässerungssysteme.

Der Turm der **Ortspfarrkirche,** der heiligen *Katharina* geweiht, gilt als der schönste romanische Kirchturm des Vinschgau. Er stammt vom Vorgängerbau aus dem Jahre 1259, der 1490 einem spätgotischen Neubau weichen musste. Seit 1807 steht der von *Balthasar Horer* stammende Hochaltar der Stiftskirche von Marienberg in der Katharinenkirche. Beeindruckend sind der Tabernakelbau mit den Weihrauch schwingenden Engeln und die Reliquienskelette.

An der Außenmauer der **St. Michaelkapelle** am Friedhof, um 1520 von der Landecker Bauhütte erbaut, sind die Grabstätten der Churburger Grafen angebracht. In der Kapelle findet man Arbeiten der Bildschnitzer *Greiner.* Vater und Sohn übten ihre Tätigkeit in Schluderns aus. Sie starben 1720 bzw. 1778.

Churburg

Die Churburg geht in ihren Anfängen auf eine **Wehrburg** zurück, die *Heinrich von Montfort,* Bischof von Chur, 1253–59 als *Curberch* errichten ließ, um die aufsässigen Matscher Vögte besser unter Kontrolle zu halten. Doch schon am Ende jenes Jahrhunderts befand sich die Burg im Besitz der Matscher.

Die Churburg wurde nie erobert. Auch am Ende der für die Churer siegreichen Schlacht an der Calven vermochten sie es nicht, die inzwischen stark ausgebaute Churburg einzunehmen. Als 1504 der letzte Vertreter derer *von Matsch* starb, kam die Anlage an die späteren Grafen *von Trapp.* 1537 waren sie dann auch formell Besitzer der Burg, deren Nachfahren sie bis heute innehaben.

Die Churburg zählt zu den **bedeutendsten Kunstdenkmälern Südtirols.** Imposant erhebt sich der große, viereckige Bergfried. Zur Anlage gehören außerdem Palas und Ringmauer, Zwinger, Türme und Tore, eine romanische Kapelle und ein großer Garten. In der Burg befindet sich die größte private **Rüstkammer** Europas. Hieb-, Stich- und Feuerwaffen sind allerdings nicht mehr vorhanden, weil diese anlässlich der Tiroler Freiheitskriege an den Landsturm ausgegeben wurden. Doch findet sich unter den Ausstellungsstücken eine 2,10 m große **Rüstung** aus der Zeit um 1450. Die über 40 kg schwere Rüstung wurde von dem Mailänder Waffenschmied *Missaglia* gefertigt und gehörte seinerzeit *Ulrich von Matsch,* genannt „Matscher Riese“.

☐ Die Churburg ist eines der bedeutendsten Kulturdenkmäler Südtirols

Beeindruckend ist auch der **Arkadengang** mit Säulen aus Göflaner Marmor, jede künstlerisch eigenständig bearbeitet, versehen mit originellen archaisierenden Elementen, darunter Darstellungen von Tierfabeln aus dem klassischen Altertum. Der Gang selbst wurde in leuchtenden Farben ausgemalt, auch der Stammbaum der Grafen von Matsch und Trapp ist zu sehen.

Churburg, Churburg 1, Tel. 0473 615241, www.churburg.com, Führungen Ende März bis Okt. 10–12 und 14–16.30 Uhr alle 15 Min., Mo Ruhetag außer an Feiertagen, Eintritt 10 Euro, Studenten 9 Euro, Familienkarte 26 Euro, Souvenirshop. Ritterspiele in Erinnerung an die Calvenschlacht jedes Jahr am vorletzten Augustwochenende auf einer Wiese am Fuße der Burg, www.ritterspiele.it, s. unter Veranstaltungen.

Vintschger Museum Schluderns

Im Gegensatz zur herrschaftlichen Lebensweise auf der Churburg zeigt das Vintschger Museum im Ort das Leben im kleinbäuerlichen Vinschgauer Mi-

adobe.stock Foto: ©travelguide

lieu. Die **archäologische Abteilung** stellt Funde aus der prähistorischen Fundstätte Ganglegg aus. Das Ganglegg ist eine Höhensiedlung mit mehreren ausgezeichnet erhaltenen Befestigungsanlagen der Bronze- und Eisenzeit, zu erreichen in einem 45-minütigen Fußweg oberhalb Schluderns, wo seit 1997 archäologische Grabungen durchgeführt werden. Hier wurde auch eine Situla, ein etruskisches Gefäß ähnlich einem Eimer, gefunden, das eine Inschrift in einem etruskischen Dialekt (genannt Bozner Alphabet) enthält.

Als weiterem Schwerpunktthema befasst sich das Museum mit dem ausgeklügelten **Bewässerungssystem der Waale.** Der Lehrpfad am Quairwaal in der Nähe des Museums liefert praktische Informationen dazu.

Informiert wird auch über die sogenannten **Schwabekinder.** Über mehrere Jahrhunderte zogen Kinder aus dem Vinschgau den Sommer über ins Schwabenland, um dort zu arbeiten und so ihren Familien zu Hause das Überleben zu sichern.

■ **Vintschger Museum Schluderns,** Meranerstraße 1, Tel. 0473 615590, www.vuseum.it, geöffnet 20. März bis Anf. Nov. Di–So 10–12.30 und 14–18 Uhr, Juli/Aug. 10–18 Uhr, Eintritt 6 Euro, reduziert 5 Euro, Schüler 2 Euro, Führungen durch das Ganglegg auf Anfrage.

Biotop Schludernser Au

Das größte Auwaldgebiet Südtirols erstreckt sich über den Talboden von Schluderns, zu erreichen von der Landstraße nach **Lichtenberg** (mit Parkplatz). Ausgedehnte Erlenwälder, Tümpel, naturnahne Bachläufe und Heißflächen auf den groben Schotterböden bieten Lebensraum für gefährdete Tier- und Pflanzenarten. Ein **Rundwanderweg** mit Schautafeln erläutert die Lebensweise der charakteristischen Pflanzen und Tiere.

Unterkunft, Essen und Trinken

■ **Hotel Restaurant Alte Mühle**②, Matscher Winkel 24, Tel. 0473 615238, www.hotel-altemuehle.com, seit 1492 in Familienbesitz, alte Getreidemühle, 2001 neu entstanden mit 2- und 4-Bett-Zimmern mit Balkon, 2 behindertengerechte Zimmer, außerdem Restaurant, Pizzeria.

■ **Pension Ortlerblick**②, Grossfeldweg 18, Tel. 0473 615286, www.ortlerblick.com, am Sonnenhang gelegener Gasthof mit herrlicher Aussicht, Zimmer und Appartements mit und ohne Talblick, schöne Terrasse.

Veranstaltung

Südtiroler Ritterspiele: Wochenende Mitte Aug. auf einer Festwiese bei Schluderns, Darsteller aus zwölf Ländern bieten ein umfangreiches Programm aus Shows, Kamel- und Eselreiten, Bogenschießen, Kinderturnieren, Streichelzoo, Karussells, Kinderanimation, Eintritt 3-Tages-Karten 38 Euro, Jugendliche 7–15 Jahre 30 Euro, Kinder 3–6 Jahre 15 Euro, Familienkarte 87 Euro, 1-Tages-Karte 21/15/8/57 Euro, Abendkarte 15/8/0/38 Euro, Veranstalter: Verein Südtiroler Ritterspiele, Churburggasse 12, Schluderns, Tel. 0473 831190, www.ritterspiele.it.

Verkehr

■ **Vinschgerbahn:** Haltepunkt Schluderns

Matsch (Mazia)

Das **Matscher Tal** ist von Mals aus auf einer Bergstraße zu erreichen, von Schluderns, wo das Tal seinen Ausgang in einer Schlucht nimmt, nur zu Fuß. Der Saldurbach entwässert das Matscher Tal und mündet unterhalb von Schluderns zunächst in den Punibach und dann unmittelbar in die Etsch.

Wanderung am Obervinschgauer Sonnenberg

GPS Eine schöne Wanderung führt von der Pension Ortlerblick am Sonnenberg auf dem Gsalerweg (Nr. 23) ostwärts bis zur Ansiedlung Gsal und hinauf zur Ortskirche St. Peter auf einem Felsvorsprung auf 1390 m Höhe. Weiter führt der Weg um ein Schluchtende zum Bergdorf Tannas auf 1440 m Höhe. Oberhalb lädt der Gasthof Paflur (1550 m) zur Rast ein. Auf Weg Nr. 26 steigt man nun zu den Ober- und Unterfriniger Höfen (1750 m) an. Von hier führt der Rückweg durch den Schludernser Wald zurück zum Ortlerblick.

Das Sonnenberg-Klima hat am Hang eine ganz spezielle mediterrane Flora geschaffen. Neben wenigen Pappeln und Lärchen stehen nur einige kleine Sträucher und Wildrosen zwischen den gelbbraunen, vertrockneten Gräsern. Sanddorn und Hagebutten geben Farbpunkte, dazwischen leuchten die gelb aufragenden Blütenstände der Königskerzen.

■ **Gasthof Paflur**①, 39023 Laas-Tannas, Tannas 31, Tel. 0473 73 99 77, www.paflur.com, rustikaler Wanderer-Gasthof, traumhafter Ausblick auf das Bergpanorama des Ortler.

Hauptort des Tals ist Matsch, eine lockere Hangansiedlung mit beeindruckender Panoramasicht auf die umliegenden Berg- und Gletschermassive. Hier ließ sich im 11. Jh. *Egno de Mazis* aus dem Geschlecht der Herren *von Tarasp* nieder und gab der Ansiedlung seinen Namen. Durch Erbteilung sichern zwei Burgen den Talzugang. Im 15. Jh. verlegten die Vögte von Matsch ihren Hauptsitz auf die Churburg. Von den Stammburgen der Vögte von Matsch sind nur noch einige wenige Reste sowie die Burgkapelle von Obermatsch erhalten.

Bei Bergsteigern beliebt ist die Oberetteshütte als Ausgangspunkt für den Aufstieg zur Weißkugel. Sehenswert ist die Pfarrkirche St. Florinus in Matsch. Sie ist nach dem heiligen *Florinus* benannt, der in der zweiten Hälfte des 17. Jh. in Matsch geboren wurde und dessen Hilfsbereitschaft gegenüber den Armen legendär wurde.

Unterkunft, Essen und Trinken

■ **Glieshof**②, 39024 Mals-Matschertal, Tel. 0473 9842622, www.glieshof.it, auf 1807 m Höhe gelegene Almpension, familiäres Ambiente, gemütliche Zimmer mit Balkon, Sonnenterrasse.

■ **Oberetteshütte,** 39024 Mals-Matschertal, auf 2677 m Höhe, Besitzer Alpenverein Südtirol, Tel. 0473 830280, www.oberettes.it, 70 Schlafplätze, geöffnet Mitte Juni bis Mitte Okt. In 2½ Std. von den Glieshöfen, in 3½ Std. von Kurzras im Schnalstal zu erreichen; Touren zur Weißkugel (3738 m) in 3½ bis 4 Std., zur Schwemser Spitze (3459 m) in 3 Std. (Gletscher und Fels), zur Saldur Spitze (3435 m) in 4 Std.

DAS ORTLERGEBIET (GRUPPO DELL'ORTLES)

DIE HÖCHSTEN BERGE SÜDTIROLS

Die Ortlergruppe bildet das gewaltigste Bergmassiv Südtirols, das sich bis in die Nachbarregionen ausbreitet. Neben den dominierenden Felsspitzen des Ortlers selbst, der Königsspitze und dem Monte Cevedale, gibt es weitere 25 Gipfel von über 3500 Metern Höhe und mehr als 100 Dreitausender.

NICHT VERPASSEN!

- **Nationalpark Stilfser Joch** mit einzigartiger Natur und der höchsten Passstraße Südtirols | 220
- **Prader Sand** mit vielfältiger Flora und Fauna | 222

Diese Tipps erkennt man an der gelben Markierung.

Zum Massiv der Ortlergruppe gehören 14 Berggipfel, die über 3000 m emporragen, der höchste von ihnen ist der **Ortler** selbst mit **3905 m Höhe.** Die Nordgrenze des Bergmassivs wird von der Etsch gebildet, im Westen erstreckt es sich bis in die Schweiz, im Süden in die Lombardei und das Trentino und im Osten reichen die Ausläufer bis an Meran heran. Der Zugang zum inneren Ortlergebiet erfolgt durch das Tal des Suldenbachs, der unterhalb von Prad in die Etsch mündet. Dessen wichtigster Zufluss ist der Trafoier Bach, der unmittelbar unterhalb des Stilfser Jochs entspringt.

Durch die einzigartige Bergwelt der Ortlergruppe führen 250 km markierte **Wanderwege,** außerdem **Radwege** und **Nordic-Walking-Strecken.** Hier liegt eines der größten **Wintersportzentren** der Alpen mit insgesamt 50 km Pisten für Skifahrer, Langläufer, Snowboarder, Carver, Variantenfahrer und Schneeschuhwanderer sowie Rodler. Die Skigebiete – nicht nur am Ortler – sind wirtschaftlich in der „Ortler Skiarena" zusammengefasst (→ Stilfs).

Nationalpark Stilfser Joch (Parco Nazionale dello Stelvio)

Auf dem Gebiet der Ortlergruppe erstreckt sich der Nationalpark Stilfser Joch, der bereits 1935 eingerichtet wurde. Das Miteinander von unberührter Landschaft und traditionell genutzten Agrarflächen kennzeichnet den Nationalpark mit seiner Hochgebirgslandschaft, den Almen, Hangterrassen und Talböden. Von der 133.300 ha messenden Nationalparkfläche liegt gut ein

adobe.stock Foto: ©Tilmann Boegel

Drittel in Südtirol. Darüber hinaus erstreckt sich der Park auf Gebiete im Trentino und in der Lombardei.

Vielseitig ist die **Pflanzen- und Tierwelt** mit Hirschen, Rehen, Gämsen, Steinböcken, Füchsen, Murmeltieren, sogar Dachsen und Wieseln, Eulen, Sperbern und Steinadlern. Man ist besonders stolz auf die Wiedereinbürgerung des Bartgeiers.

Im Nadelwald findet man Fichten, Lärchen und Zirbelkiefern. Die höheren Lagen sind mit Zwergstrauchheide und darüber mit alpinen Rasengesellschaften bedeckt, wo man Kohlröschen, Arnika und Edelweiß begegnet. In der Felsenregion wachsen speziell angepasste Pflanzen wie beispielsweise die Alpen-Polsternelke mit Kugelwuchs, das Alpen-Leinkraut als Schuttkriecher und der Gletscher-Hahnenfuß mit sukkulenten Blättern. Moose dringen bis zu den Gletschern vor.

■ **Nationalpark Stilfser Joch,** Verwaltung: 39020 Glurns, Rathausplatz 1, Tel. 0473 830430, www.naturatrafoi.com.

Prad am Stilfser Joch (Prato allo Stelvio)

■ **Info:** Postleitzahl Prad: **39026.** Informationsbüro Prad, Kreuzweg 4, Tel. 0473 616034, www.vinschgau-suedtirol.info.

Prad bildet das Eingangstor zum Ortlergebiet. Der malerische Ort im unteren Tal des **Suldenbachs** hat eine Reihe alter Häuser vorzuweisen. Sehenswert ist

⌃ Die Stilfserjochstraße windet sich bis auf den Pass

die romanische Kirche St. Johann mit ihren spätromanischen Fresken aus dem 15. Jh.

Die gotische **Wallfahrtskirche St. Georg** in der westlich von Prad gelegenen Fraktion Agums birgt ein vier Meter hohes Kreuz aus dem 14. Jh., „Großer Herrgott von Gum" genannt, das den Brand der Kirche im Jahr 1971 unversehrt überstanden hat.

■ **Wallfahrtskirche Agums,** Juni bis Sept. Mo–Fr 16–18 Uhr, Okt. täglich 14–16 Uhr.

Aquaprad

Das Aquaprad als eines der drei Naturparkhäuser des Obervinschgau widmet sich mit seinen **35 Aquarien** ganz dem Thema der heimischen Gewässer und der Flussfische.

■ **Nationalparkhaus Aquaprad,** Kreuzweg 4/c, Tel. 0473 618212, www.stelviopark.bz.it, geöffnet Di–Fr 9.30–12.30 und 14.30–18 Uhr, Sa/So und feiertags 14.30–18 Uhr, Juli/Aug. Di bis Fr 9–18 Uhr, Sa, So und feiertags 14.30–18 Uhr, Eintritt 6 Euro, Schüler 4 Euro, Kinder 7–14 Jahre 2 Euro, Familienticket 13 Euro.

Prader Sand

Das **Delta des Suldenbachs,** das er bei der Mündung in die Etsch bildet, bietet einer speziellen Flora und Fauna Lebensraum, wie sie andernorts so in Südtirol nicht mehr anzutreffen ist. Hier gibt es Flussbett- und Ufervegetation, Auenwald, Teiche, Trockenzonen, Laubmischwald und einen Rotföhrenwald. Der Prader Sand ist auch als **Vogelschutzgebiet** ausgewiesen. Ein Leitsystem mit Symbolen erlaubt Besuchern auf vorgeschriebenen Wegen die Erkundung des Gebietes.

Lichtenberg

Ein Stück nördlich von Prad erhebt sich die **Ruine Lichtenberg** oberhalb der gleichnamigen Fraktion. Von der im 13. Jh. errichteten großen Burganlage, die bis ins 16. Jh. im Besitz der Grafen von Tirol war, hat man einen guten Blick sowohl in den Obervinschgau als auch ins Suldental. Die profanen Fresken in der Burg wurden zu Beginn des 20. Jh. aus Sicherheitsgründen ins Tiroler Landesmuseum Ferdinandeum in Innsbruck verbracht. Die vor allem durch ihre Größe imponierende Ruine ist frei zugänglich.

Ebenfalls oberhalb von Lichtenberg steht die **Kapelle St. Christina,** wohl auf einem alten heidnischen Kultplatz. Sie birgt interessante Fresken aus dem 16. Jh., die fälschlich als Schattenmalerei bezeichnet wurden.

Tschengls

Östlich von Prad schmiegen sich die Häuser von Tschengls, bereits zu Laas gehörig, unterhalb der Tschenglser Hochwand eng an den Berg. Der Ort wurde erstmals 1149 als *Sengilis* erwähnt. Bekannt ist er vor allem für seine Marillenkulturen auf den Tschenglser Almen. Sehenswert ist die Ortspfarrkirche Maria Geburt aus der Zeit um 1500 mit einer sehr schönen barocken Seitenkapelle.

Oberhalb des Ortes erheben sich zwei Burgen. Einsam ragt an einer die Tschenglser Höhe beherrschenden Stelle der 19 m hohe runde Bergfried der **Burg Tschenglsberg** aus dem 11. Jh. mit den Resten der Ringmauer auf. Die **Tschenglsburg** unmittelbar über dem Ort, auch Fuchsburg nach ihren späteren Besitzern genannt, ist eine geschlossene Anlage aus verschiedenen Epochen. Sie war alter Besitz der churisch-tirolerischen Ministerialen von Tschengls. Das große Rundbogentor, erbaut um 1000, ist mit Quadern aus weißem Marmor eingefasst und zeigt am Keilstein das schön gemeißelte Wappen der Herren *von Tschengls.* Heute ist ein Restaurant in der Burg untergebracht, die Räumlichkeiten werden für Ausstellungen genutzt.

Unterkunft, Essen und Trinken

■ **Garden Park Hotel**③, Prad, Kiefernhainweg 35/A, Tel. 0473 618228, www.gardenparkhotel.com, Hotel in mediterranem Ambiente, absolut ruhige Lage, mit weitläufiger Gartenanlage, großzügige Zimmer mit Balkon, verschiedene Kategorien, umfangreiche Wellnessangebote.

■ **Tschenglsburg**③, 39010 Laas/Tschengls, Tschenglsburg 35, Tel. 0473 739797, www.karlperfler.com, Restaurant im Gewölbekeller mit Bar und Café, auch im Innenhof, gehobene Südtiroler Küche, geöffnet 11–1 Uhr, Mo Ruhetag.

Aktivitäten

■ **Golfclub Vinschgau,** Marktweg 8, Tel. 0473 862 6550, www.golfclubvinschgau.com, überwältigendes Alpenpanorama angesichts der Ruine Lichtenberg, 3-Loch-Anlage.

■ **Eislaufplatz,** Sportzone Prad, mit Schlittschuhverleih, geöffnet ab Ende Okt. Sa, So, Ferien- und Feirtage 13.30–16 Uhr, Info-Tel. 0349 6900116.

Wanderung auf den Chavalatsch

■ **Gehzeit:** Gesamtstrecke 14 km, ca. 7 Std. Ab dem Wildgehege beträgt die Gehzeit 1½ Std., ab den Stilfser Almen weitere 2½ Std. Der Abstieg über die beschriebene Aufstiegsroute dauert ca. 3 Std.

GPS Mittelschwere Tour auf die am weitesten in den Vinschgau hineinragenden Spitze der Falschklamm zwischen dem Münstertal im Nordwesten und dem Trafoier Tal im Südosten – die Anfahrt erfolgt von Stilfs durch das Platztal bis zum Hof Fragges und zu einem Wildgehege mit Rothirschen (1742 m, ab dort Fahrverbot). Ein Stück geht es die Bergstraße hoch, dann rechts ab dem Weg 2 durch den Platzwald steil bis zu einem Waldrücken folgend und weiter die Hänge hinauf zur Unteren und Oberen Stilfser Alm (2077 m). Von der Alm folgt man Weg 5 in Serpentinen über die steilen Grashänge geradewegs empor zur Spitze des Chavalatsch (2764 m).

Als Abstiegsalternative bietet sich für geübte Wanderer der Weg vom Gipfel ostwärts über den Kamm mit dem Munwarter (2621 m) an, von wo es auf Weg 12a und dann scharf rechts auf Weg 11 meist am Waldrand entlang zurück zur Stilfser Alm geht.

■ **Obere Stilfser Alm** (2077 m), bewirtschaftet Juni bis Okt., Übernachtungsmöglichkeiten, Tel. 0473 42 15 75, www.obere-stilfser-alm.business.site.

Verkehr

- **Vinschgerbahn:** Haltepunkt Sponding/Prad.

Stilfs (Stelvio)

- **Info:** Postleitzahl Stilfs: **39029.** Informationen: www.vinschgau.net/de/ortlergebiet.html.

Folgt man dem Suldenbach aufwärts, gelangt man nach Stilfs, wo man sich bereits auf 1310 m Höhe befindet. Charakteristisch für diesen Ort am Sonnenhang des Ortlermassivs sind die vielfach aneinander und übereinander gebauten Häuser.

Oberhalb von Stilfs am Abzweig des Suldentals ins Trafoital wurde 1860 zu k.u.k.-Zeiten eine massive **Festung** als Straßensperre des Einfallraums über das Stilfser Joch gebaut. Hier am südlichen Ende des Straßendorfs **Gomagoi** in 1400 m Höhe müssen Autofahrer zum Stilfser Joch zwischen den beiden Festungsteilen hindurchfahren. 1915 sprengte man die umliegenden Häuser weg, um freie Sicht nach allen Seiten zu haben, und 1963/64 teilte man die Festungsanlage zur Straßenbegradigung in zwei Teile. Sie kann nur im Rahmen von Führungen besichtigt werden.

Unterkunft, Essen und Trinken

- **Hotel-Restaurant Traube**②, Dorf 1, Tel. 0473 611584, www.hoteltraube.it, abseits der Durchgangsstraße in der Dorfmitte gelegen, Caféterrasse, Wintergarten, Spielplatz, Wellnessbereich, Lift.
- **Pension Trushof**②, Stilfserjochstraße, Gomagoi 28, Tel. 0473 611794, www.trushof.com, einfache Zimmer, teils mit Balkon, Jausenstation.

Aktivitäten

- **Ortler Skiarena,** Verwaltung und Information für die Skigebiete, 39020 Gomagoi, Hauptstraße, Tel. 0473 611822, www.ortlerskiarena.com.

Veranstaltung

- **Matthäusmarkt:** Traditioneller Herbstmarkt mit regional/saisonalen Produkten wie Vinschger Sauerkraut, Kürbissen und Äpfeln, am zweitletzten Samstag im September.

Trafoi (Trafoi)

- **Info:** Postleitzahl Trafoi: **39029.** Förderverein Trafoi, Haupstr. 57, www.trafoi.com.

Trafoi ist die letzte Siedlung auf dem Weg zum Stilfser Joch. Hier befindet man sich inmitten der **alpinen Hochgebirgswelt** – das Panorama ist atemberaubend. Trafois bekanntester Einwohner ist *Gustav Thöni*, der in den 1980er Jahren zweimal Ski-Weltmeister wurde und zudem zweimal olympisches Gold errang.

Der Ortsname stammt vom rätoromanischen Ausdruck *Tra Ful* (= drei Quellen). Diese drei Quellen wurden mit der Kapelle zu den Heiligen Drei Brunnen überbaut und sind ein viel besuchter **Wallfahrtsort.** Im Sommer wird hier ein Gnadenbild der Muttergottes aufbe-

[>] Die Stilfserjochstraße steigt hinter Trafoi weiter an

wahrt, das im Winter in der Pfarrkirche steht. Schriftliche Belege aus dem Jahre 1221 besagen, dass an den Quellen ein christlicher Einsiedler lebte. 1520 stand nachweislich nur ein einziger Hof in Trafoi. 1681 erfolgte der erste Kirchenbau, 1790 baute man ein Pfarrhaus.

Naturatrafoi

Naturatrafoi, eines der drei Nationalparkhäuser des Stilfser Jochs, beherbergt eine Ausstellung zum Thema „Leben an der Grenze" mit faszinierenden Einblicken in die **Geologie des Ortlermassivs** und die **Flora und Fauna** unter den extremen klimatischen Bedingungen des Hochgebirges.

■ **Naturatrafoi,** Trafoi 57, Tel. 0473 612031, www.naturatrafoi.com, geöffnet im Winter 27.12. bis März und im Sommer 2. Mai bis Okt. 9.30–12 und 14.30–18 Uhr, Juli/Aug. auch So 14.30–18 Uhr, Eintritt 3 Euro, erm. 2 Euro, Familienticket 7 Euro.

Unterkunft, Essen und Trinken

■ **Hotel Post**③, Trafoi 7, Tel. 0473 612046, www.posthoteltrafoi.it, alteingesessenes Hotel am Platz, praktisch eingerichtete Zimmer mit Balkon, Lift, Restaurant, Bar, Café, Sonnenterrasse und Hallenbad, mit Restaurant.

Aktivitäten

■ **Skigebiet Trafoi:** auf der Praderalm, Sessellift, 2 Schlepplifte, 10 km Pisten, Information: www.trafoi.com.

■ **Skischule Gustav Thöni,** Trafoi, im Dorf, c/o Naturatrafoi, Tel. 329 8619130, mit Kinderskischule, auch Einzelstunden.

Das Stilfser Joch (Passo dello Stelvio)

Die **Passstraße** über das Stilfser Joch, den 2758 m hohen Übergang in die

107st ot

Lombardei, hat große touristische und sportliche Bedeutung. Vor allem für Radfahrer stellt die Straße eine Herausforderung dar, sie wird in vielfältiger Weise als Radrennstrecke benutzt. Das wichtigste Rennen ist der **Giro d'Italia,** der über die Passhöhe führt. Die Stilfserjochstraße zählt zu den eindrucksvollsten Bergstraßen des Alpengebietes. Auf Südtiroler Seite wird eine Höhendifferenz von 1870 m mit 48 Spitzkehren, auf Veltliner Seite von 1530 m mit 34 Kehren überwunden.

Das Stilfser Joch wurde zwar schon in vorgeschichtlicher Zeit begangen, hatte aber nie große Verkehrsbedeutung. Im Dreißigjährigen Krieg nutzten Mailänder Truppen es als Alpenübergang. Unmittelbar vor der napoleonischen Zeit gab es erste Planungen, die Passhöhe mit einer Straßenquerung zu versehen. Doch erst nach den Kriegswirren begannen die Bauarbeiten, um die Lombardei, die damals zum Österreichischen Kaiserreich gehörte, besser mit dem Kernland zu verbinden. Bis 1826 war die 50 km lange Passstraße fertiggestellt. Im Ersten Weltkrieg verlief 1915–17 die Front der Achsenmächte mit Italien über das Stilfser Joch. Noch heute zeugen viele Hinterlassenschaften aus dieser Zeit von dem damaligen schrecklichen Kriegsgeschehen.

Unterkunft, Essen und Trinken

- **Berghotel Franzenshöhe**①, 39020 Trafoi, Stilfser Jochstraße 38, Tel. 0473 611718, www.franzenshoehe.com, mit dem Charme einer Kaserne unterhalb des Stilfser Jochs, tatsächlich als Straßenarbeiter-Unterkunft gebaut, später als Kaserne genutzt, nach einer Lawinen-Zerstörung in den 1970er Jahren modern wieder hergerichtet. Zimmer mit allen Sanitäreinrichtungen, außerdem Hallenbad, Restaurant, Terrasse und Seminarräume.

Aktivitäten

- **Skigebiet Stilfser Joch:** 30 km Pisten bis 3250 m Höhe, 10 Gondellifte, 8 Schlepplifte, 2 Sessellifte, 12 km Langlaufloipen, Sommerbetrieb von Mai bis Nov.

Sulden (Solda)

- **Info:** Postleitzahl Sulden: **39029.** Ferienregion Ortlergebiet, Hauptstr. 23, Tel. 0473 613015, www.ortlergebiet.com.

Das kleine Dorf Sulden am Ortler, einst der höchste Berg der k.u.k. Monarchie, liegt auf 1900 m Höhe inmitten des gewaltigen **Bergpanoramas** des Ortlers selbst, der Königsspitze, der Hinteren Schöntaufspitze und des Monte Zebrù. Früher befanden sich nur wenige Bergbauernhöfe am Talschluss, die mit der Klimaverschlechterung im 19. Jh. aufgegeben werden mussten. Auch der Bergbau, der hier einst betrieben wurde, musste eingestellt werden. 2004 hat man an der Legerwand bei Sulden einen Kalkofen aus dem 13. Jh. gefunden. Erst mit dem Tourismus seit Ende des 19. Jh. kam neues Leben ins obere Suldental.

Heute hat das Dorf mit seinen knapp 400 Einwohnern mehr als 2300 Gästebetten. Dabei werden sowohl die Sommerfrische wie auch das winterliche Skivergnügen gepflegt. Drei große **Kabinenseilbahnen** transportieren Wanderer und Skifahrer in die Bergwelt am Ortler, dazu gibt es eine Vielzahl von

Liften in die weitläufigen Skigebiete. Unter den Seilbahnen hat die neue Kanzel-Bahn die größte Kapazität im ganzen Alpengebiet. Zusätzlich profitiert das Dorf vom Engagement des Südtiroler Extrembergsteigers **Reinhold Messner,** der hier das Museum Ortles und das Alpine Curiosa Museum eingerichtet hat und eine Yak-Herde bewirtschaftet.

Im **Haus Der Berge,** das 1963 als Zentrum des alpinen Bergführerwesens eingerichtet wurde, ist die **Alpinschule Ortler** untergebracht. Sie bietet mit erfahrenen Bergführern Kurse und Touren im Sommer und Winter an.

Alpinschule Ortler: 39029 Sulden, Haus Der Berge, Tel. 0473 613004, www.alpinschule-ortler.com.

Museen

In einer „Flohhäuschen" genannten ehemaligen Bergsteiger-Unterkunft hat Reinhold Messner im **Alpine Curiosa Museum** Kuriositäten der Alpinistik gesammelt, zudem werden Informationen zur Geschichte der Alpenbesteigungen präsentiert.

Das unterirdische **Messner Mountain Museum Ortles** widmet sich dem Thema Eis, außerdem findet sich hier die weltweit größte Sammlung von Ortler-Bildern. Der Zugang zum Museum ist beim Bauernhof mit Messners Yaks. Das alte Bauernhaus ist zum Restaurant umgewandelt, in dem auch Yakfleischgerichte angeboten werden.

Das **Museum für das Ortlergebiet** zeigt im Erdgeschoss der Grundschule nahe dem Hotel Post Exponate zur Geschichte von Sulden, zu Tourismus, Ortler-Erstbesteigung und Erstem Weltkrieg sowie zur Naturgeschichte mit einer Mineraliensammlung.

Die Pfarrkirche in Sulden wurde im 14. Jh. errichtet

adobe.stock Foto:©Rainer Wolf

109st ot

■ **Alpine Curiosa Museum,** beim Hotel Post, www.messner-mountain-museum.it, Sommer und Winter 9–19 Uhr frei zugänglich.

■ **Messner Mountain Museum Ortles,** Forststr. 55, Tel. 0473 613577, www.messner-mountain-museum.it, 4. So im Mai bis 2. So im Okt. und 2. So im Dez. bis 1. Mai, 14–18 Uhr, Juli/Aug. 13–18 Uhr, Di Ruhetag, behindertengerecht, Eintritt 8 Euro, Kinder 6–14 Jahre 4 Euro, Studenten/Senioren 6,50 Euro, Familienkarte 18 Euro, Kombiticket mit den anderen fünf Messner-Museen.

UNSER TIPP: **Museum für das Ortlergebiet,** Volkschule, Hauptstr. 24/A, Öffnungszeiten Mitte Juni bis Mitte Sept. und Dez. bis April täglich 10–19 Uhr, Eintritt frei, Info Tel. 0473 613032, info@hotel cornelia.com.

Der Klettersteig Tschenglser Hochwand nahe Sulden

Unterkunft, Essen und Trinken

■ **Alpin Spa Hotel Die Post**④, Hauptstr. 22, Tel. 0473 613024, www.hotelpost.it, um die Jahrhundertwende erbautes Hotel mit Jugendstilelementen, gemütliche Zimme/Suiten, großer Wellnessbereich, Hallenbad, Restaurant mit exzellenter Küche.

■ **Hotel Marlet**③, Hauptstr. 110, Tel. 0473 6130 75, www.marlet.com, etwas oberhalb des Ortes mit herrlichem Fernblick, große Zimmer in Südlage mit Balkon, Fitnessbereich mit Hallenbad.

■ **Restaurant Yak & Yeti**②, Forststraße, Tel. 0380 6574967, www.yak-yeti-restaurant.business.site, authentische Gerichte in tibetischem Ambiente, Spezialität ist das Fleisch von den Yaks, die auf dem Hof direkt neben dem Restaurant und dem Museum gezüchtet werden, geöffnet Pfingsten bis 2. So im Okt. und Dez. bis 1. Mai, Di Ruhetag.

■ **Düsseldorferhütte,** Tel. Hütte 0333 2859740, Tel. Tal (Winter) 0473 613005, www.duesseldorfer huette.com, Ende Juni bis Ende Sept. 9–22 Uhr, auf 2721 m Höhe an der Schöneck nahe der Tschenglser Hochwand errichtet, zu erreichen mit dem Kanzel-Lift von Sulden und dann über Weg Nr. 12 bei leichter Steigung in ca. 1½ Std., alternativ folgt man vom Ort dem Bachlauf des Zaybachs (Weg Nr. 5) und gelangt in ca. 2 Std. zur Hütte, geöffnet Mitte Juni bis Anf. Okt. und März bis Ostern (vorher telefonisch erkundigen).

■ **Julius Payer Hütte,** Tel. Hütte 0473 613010, Tel. Tal 0473 666372, www.payerhuette.com, 1875 auf 3020 m Höhe unterhalb des Ortlers errichtet, Ausgangspunkt für die die Besteigung über den Normalweg, die Hütte ist erreichbar über Weg Nr. 4 von Sulden in 3½ Std. oder über Weg Nr. 185 von Trafoi in 4½ Std. Hütte ab 30. Sept. geschlossen, Winterraum wegen Einsturzgefahr geschlossen.

Aktivitäten

■ **Skigebiet Sulden** (bis 3250 m): 10 Liftanlagen, 40 km alpine Pisten, 30 km Loipen.

Wanderungen

Zur Hinteren Schöntaufspitze

■ **Gehzeit:** von der Bergstation zur Hinteren Schöntaufspitze 2 Std., zur Vorderen Schöntaufspitze 30 Min., Abstieg zur Bergstation 1½ Std., Höhenunterschied 715 m.

GPS Die 3325 m hohe Hintere Schöntaufspitze zählt zu den leicht zu erklimmenden Dreitausendern der Alpen. Ausgangspunkt ist die Bergstation der Sulden-Seilbahn (2610 m) an der **Schaubachhütte.** Von hier nimmt man den Weg Nr. 151 nach links, weicht der Skipiste aus und gelangt hinauf zur Madritschhütte (2817 m) und dann zum Madritschjoch (3146 m). Dort hat man einen herrlichen Blick ins Martelltal. Vom Madritschjoch führt rechts ein Klettersteig zur Madritschspitze, links geht es in einigen Kehren etwas steiler, doch leicht hinauf über Platten zur Hinteren Schöntaufspitze.

Als Alternative bietet sich für geübte Wanderer der Rückweg über die Vordere Schöntaufspitze (3214 m) an. Vom Gipfel geht es nach Westen auf dem zuerst noch breiten Rücken, dann teilweise auf Schnee zur Vorderen Schöntaufspitze (Weg nicht markiert, aber klar ersichtlich). Von der Spitze ist der Abstieg auch nicht markiert, aber es geht immer in Sichtweite hinab zur Madritschhütte und dann wieder auf Weg Nr. 151 zum Ausgangspunkt an der Bergstation.

■ **Madritschhütte:** Restaurant, Bar, Kiosk und Yak-Bar, Tel. 0473 61 30 47, www.seilbahnensulden.it, geöffnet Anf. Nov. bis Mitte Mai sowie Mitte Juni bis Mitte Okt., keine Übernachtungsmöglichkeit.

Klettersteig Tschenglser Hochwand

■ **Kletterzeit:** Der Aufstieg ab der Düsseldorferhütte dauert ca. 3½ Std., der Abstieg erfolgt über den Normalweg. Die Höhe der Wand beträgt 400 m mit einigen ausgesetzten Stellen.

Der Klettersteig auf die Tschenglser Hochwand (3376 m) ist von der **Düsseldorferhütte** über Weg Nr. 5 zu erreichen. Der Einstieg in die Wand erfolgt am Normalweg der Tschenglser Hochwand mit der Schlüsselstelle direkt am Einstieg. Der nicht steinschlaggefährdete Weg führt über feste Felsplatten bis auf eine Höhe von 3200 m, von dort weiter über den Berggrat.

Ortler Höhenweg

■ **Strecke:** 119,5 Kilometer
■ **Höhenleistung:** 9126 Meter
■ **Schwierigkeitsgrad:** für geübte Bergwanderer
■ **Wanderzeit:** Juni bis September
■ **Info:** www.vinschgau.net/de/aktivurlaub/wandern-bergtouren/ortler-hoehenweg

GPS Seit Juni 2019 ist der Ortler Höhenweg durch den Nationalpark Stilfser Joch vollständig begehbar. Die **hochalpine Route um das Ortler-Massiv** vom Südtiroler Vinschgau bis ins lombardische Veltlin bietet beeindruckende Ausblicke in die Südtiroler Bergwelt. Die Tour verläuft teilweise auf über 3000 Meter Höhe und sogar durch **Gletschergebiet.** Ausgangspunkt der ersten Etappe ist der Stilfserjochpass. Jede der sieben Etappen der **Rundwanderung** lässt sich auch als Tageswanderungen von sechs bis acht Stunden bewältigen. Entlang der Strecke bieten Alm- und Schutzhütten Verpflegung und Unterkunft.

DER MITTEL-VINSCHGAU

VOM ETSCHKNIE NACH OSTEN

Vom Obervinschgauer Talkessel abwärts verläuft die Etsch in östliche Richtung, das breite, von Murkegeln durchzogene Tal wird klimatisch durch die Hauptalpenkette geschützt. Hier breiten sich Obstkulturen aus, so weit das Auge reicht. So viele Sonnenstunden wie kaum andernorts in den Alpen machen diesen Teil des Vinschgau zu einem Urlauberparadies.

NICHT VERPASSEN!

- **Laas,** das Marmordorf | 230
- **Pfarrkirche Schlanders** mit zum Patroziniumsfest schwebender Marienfigur | 233
- **Stallwies,** die höchstgelegene bewirtschaftete Jausenstation | 244

Diese Tipps erkennt man an der gelben Markierung.

Laas (Lasa)

■ **Info:** Postleitzahl Laas: **39023.** Tourismusverein Schlanders-Laas, in Schlanders (→ Schlanders).

Marmordorf wird der 900 m hoch gelegene Ort Laas im Mittelvinschgau genannt. Diese Bezeichnung verdankt er dem „weißen Gold", dem strahlend weißen Marmor, der oberhalb in den Steinbrüchen des Laaser Tals im Norderberg auf 1400 m abgebaut wird. Mittels einer Schrägbahn wird das wertvolle Gestein ins Tal befördert, wo es im Marmorwerk sowie in den kleineren **Werkstätten der Steinmetze** kunstvoll geformt und weiterverarbeitet wird. Der ganze Ort glänzt in Marmor – so sind Pflastersteine, Treppen, Grabsteine, Skulpturen, Brunnen und vieles mehr in Laas aus dem hellen Gestein gefertigt.

Laaser Marmor ist **besonders widerstandsfähig und wetterbeständig,** weshalb er sich gut für Fassaden, Fußbodenbeläge oder etwa Skulpturen im Außenbereich eignet. Für solche Verwendungen findet er längst weltweiten Absatz. Übrigens bestehen viele Grabkreuze auf amerikanischen Soldatenfriedhöfen aus Laaser Marmor.

■ **Steinmetz:** Josef Mayr, Vinschgauerstr. 89, Tel. 0473 626541, www.mayr-josef.com, gefertigt werden Grabsteine, sakrale Kunst, Dekoskulpturen und -gegenstände für Haus und Garten, Geschenkideen.

■ **Marmorführungen:** April bis Okt. Di 13.30 Uhr, Mi 9.30 Uhr und Do 13.30 Uhr, Treffpunkt Josefshaus am Parkplatz Feliusstraße, Information Tel. 0473 626342, www.marmorfuehrung.com, Teilnahmegebühr 9,50 Euro, für Kinder bis 10 Jahre ist der Eintritt frei.

Kirchen

Auch die romanische Apsis der Ortspfarrkirche **St. Johannes** ist aus Laaser Marmor. Ihr Turm ist ebenfalls romanisch, das Langhaus stammt aus der Mitte des 19. Jh. Sehenswert ist auch die **St. Nikolauskirche** mit Fassadenfresken aus dem 16. Jh.

Etwas außerhalb des Ortes steht, von einer Ringmauer umgeben, die vorromanische Kirche **St. Sisinius.** Wenn sie auch erst 1290 urkundlich belegt ist, stammt der Bau doch schon aus dem 10. Jh. und zählt damit zu den ältesten Sakralbauten des Vinschgau. Besonders der vorgesetzte Turm mit dem gemauerten Pyramidendach und den doppelten Rundbogenfenstern ist ein Prototyp vorromanischer Bauweise. Im Turm befindet sich der Altarraum mit Tonnengewölbe.

Kandlwaal

In Laas steht eines der bedeutendsten Bauwerke des Vinschgauer Waale-Systems: die als Kandlwaal bezeichnete, 600 m lange Holzrinne, die als **Aquädukt** auf 32 bis zu 15 m hohen Steinpfeilern die Etsch überquerte. 1907 wurde das Bauwerk von einem Brand zerstört, Teile davon sind jedoch erhalten.

Allitz

Am Eingang des Gadriatals am Sonnenberg stehen in Allitz die sehenswerte Ortskirche Maria Heimsuchung aus dem 16. Jh. sowie die Kapelle zur Heiligen Dreifaltigkeit beim Untertröghof, 1752 errichtet. Oberhalb von Allitz lohnt ein Abstecher zu den vielen **Mühlen** an den Waalwegen, die weitgehend restauriert wurden. Von Allitz führt ein leichter Wanderweg (Nr. 15a und 6a) oberhalb von Kortsch in einem Abstieg nach Schlanders.

Unterkunft, Essen und Trinken

- **Gasthof zur Sonne**②, Vinschgaustr. 24, Tel. 0473 626523, www.sonnelaas.com, im Ortskern, liebevoll eingerichtete Zimmer, traditionelle Küche mit mediterranem Einschlag mit vielen Kräutern.
- **Café Greta,** Vinschgaustraße 65, Tel. 0473 628080, www.laas.it/konditorei-greta, spezielle Torten und Eis u.a. den Original Laaser Marmorwüfel, dazu in Anlehnung an den Laaser Marmor der Marmorkuchen, geöffnet Di–So 7.30–19 Uhr.

Verkehr

- **Vinschgerbahn:** Haltepunkt Laas.

Schlanders (Silandro)

- **Info:** Postleitzahl Schlanders: **39028.** Tourismusverein Schlanders-Laas: Kapuzinerstr. 10, Tel. 0473 730155, www.schlanders-laas.it.

Eingebettet in Obstkulturen, erstreckt sich Schlanders am Ausgangspunkt des Schlandrauner Tals auf dem mächtigen Gadria-Murkegel, der sich zwischen Laas und Kortsch ausbreitet. Aufgrund seiner zentralen Lage in der Mitte des Vinschgau ist Schlanders als größter auch der bedeutendste Ort der Region, der viel Sehens- und Erlebenswertes zu bieten hat. Mit seiner reizvollen Fußgängerzone und den vielen Geschäften vermittelt Schlanders einen fast städtischen Charakter.

Schon in der Jungsteinzeit war dieser Ort immer wieder von Menschen aufgesucht worden, wie über 5000 Jahre alte Funde belegen. 700 n. Chr. gab es eine Siedlung auf dem Murkegel, 1077 wurde *Slanderes* erstmals urkundlich erwähnt. Zunächst hatten hier die Herren *von Montalban,* ein Vinschgauer Ministerialengeschlecht, das Sagen. Auf sie folgten die von ihnen abstammenden Herren *von Schlandersberg.* Auch der Deutsche Ritterorden hatte hier Besitz.

Oberhalb von Schlanders breitet sich am Nordhang der zur Sonne ausgerichtete **Vinschgauer Sonnenhang** aus, der von Meran bis Mals durch Steppenvegetation gekennzeichnet ist. Angesichts der Trockenheit durchziehen den Hang Waale zur Bewässerung der Obst- und Weinterrassen. Hier sind seltene Gräser, Hartblattgewächse und Sträucher sowie seltene Tiere wie die Smaragdeidechse und Sonnenanbeterin anzutreffen. Einige der Waale wurden vor dem Verfall gerettet, so der Ilzwaal, der vom Schlandraunbach in der Nähe von Schloss Schlandersberg gespeist wird und bis nach Kortsch führt. Weitere erhaltene Waale sind der unterhalb des Ilzwaales verlaufende Köschtenwaal und der Roppenwaal, der auch Vetzaner Waal genannt wird.

Schlandersburg

Die Schlandersburg im Zentrum diente im 13. Jh. zunächst als Wohnturm. Anfang des 16. Jh. wurde die Burg durch die Grafen *von Hendl* als damaligen Besitzer zum Renaissance-Edelsitz mit zweigeschossigen Loggiengängen im Innenhof, eng gestellten Rundsäulen und den mit Sgrafitti verzierten Kaminen ausgebaut. Heute ist die Burg, in der die Mittelpunkt-Bibliothek des Vinschgau untergebracht ist, in Landesbesitz.

Plawennhaus

Das Gebäude des heutigen **Rathauses** von Schlanders ist aus einem romanischen Wohnturm entstanden, der in den Jahren 1720–30 zu einem Ansitz ausgebaut wurde. Im 20. Jh. kam der Ansitz in den Besitz der Freiherren *von Plawenn,* nach denen es auch als Plawennhaus bezeichnet wird. Der große Saal des repräsentativen Barockbaus dient heute als Gemeindesaal. Die Kapelle in der Hausmitte hat einen kleinen Turm.

Ansitz Schlanderegg

Die gräfliche Familie Hendl hatte zuvor schon den Ansitz Schlanderegg 1697 zum Edelsitz ausgebaut. Im Jahr 1775 kam das Haus mit seinen 70 verzierten Fassadenfenstern in den Besitz der Familie *Steiner.* Die Außenfresken entstammen der Barock- und der Empirezeit, die Innenausstattung stammt noch aus dem 17. Jh.

Widum

Das Widum von Schlanders war als **Kommende des Deutschen Ordens** im 13. Jh. errichtet worden, worauf noch das Ordenskreuz und die Jahreszahl 1765 am Eingangstor hinweisen. Beachtenswert sind der Arkadenhof, die Marmorfreitreppe und der Säulengang, die auf den damaligen Wohncharakter hinweisen.

Pfarrkirche

Die Pfarrkirche **Maria Himmelfahrt,** einst ein dreischiffiger gotischer Bau, wurde Mitte des 18. Jh. durch den Baumeister und Maler *Josef Adam Mölk* in einen barocken Saal umgestaltet und mit großflächigen Deckenfresken versehen, die biblische Szenen zum Leben Marias zeigen. Viele Einrichtungsgegenstände entstammen der Zeit des **Jugendstils,** vor allem das Gestühl. Der 97 m hohe, **schlanke Turm** der Kirche mit der Nadelspitze gilt als höchster Südtirols und ist das Wahrzeichen von Schlanders.

Eng verbunden mit der Pfarrkirche ist die Maria-Namen Prozession, die auf ein Gelübde aus der Franzosenzeit zurückgeht, das Gnadenbild „Unserer lieben Frau am Rain" jedes Jahr in einer feierlichen Prozession durch den Ort zu tragen, falls man die Franzosen vertreiben könne. Dies gelang, und seither findet am zweiten Sonntag im September das **Patroziniumsfest** mit der Prozession statt. Seit 1932 verfügt der Hauptaltar über eine Mechanik, die es erlaubt, die Marienfigur auf einer schiefen Ebene hinunterschweben zu lassen.

Neben der Pfarrkirche auf dem Friedhof steht die bereits 1304 erwähnte **Michaelskapelle,** die nach ihrer Zerstörung im Eidgenössischen Krieg 1499 in heutiger Form neu aufgebaut wurde und nun als Leichenkapelle dient.

■ **Pfarrkirche Maria Himmelfahrt,** ganzjährig geöffnet, kunsthistorische Führungen auf Anfrage im Tourismusverein Schlanders-Laas Di 10 Uhr.

Weitere Kirchen

Spitz und schlank ist auch der Turm der **Spitalkirche** von Schlanders, aber „nur" 90 m hoch. Es ist ein gotischer Bau aus dem frühen 14. Jh., der ebenfalls 1499 zerstört und 1514 wieder errichtet wurde. Sehenswert sind die Fresken aus dem 13. und 16. Jh., darunter eine Darstellung des Martyriums des heiligen *Stephanus* aus dem Jahr 1516 und im barocken Deckenfresko die älteste Darstellung von Schlanders.

Schlicht gehalten ist die **Kapuzinerkirche,** die zu einem Hospiz gehörte, das 1644 zum Kloster ausgebaut wurde. Der gesamte Klosterkomplex wurde 1990 restauriert. 2018 musste die Ordensgemeinschaft der Kapuziner in Schlanders aufgegeben werden. Neu eingezogen sind die **Missionare des Heiligen Franz** von Sales, die das Kloster mit neuem Leben erfüllen.

Nationalparkhaus Avimundus

Eine umfassende **Vogelsammlung** des Jagdaufsehers *Hansjörg Götsch* veranschaulicht die Welt der Vögel im Nationalpark Stilfser Joch, dazu gibt es Stimmaufzeichnungen der Vögel.

■ **Nationalparkhaus Avimundus,** Kapuzinerstr. 2, Tel. 0473 730156, www.stelviopark.bz.it/avimundus, geöffnet Mitte Mai bis Mitte Okt. Di–Sa 9.30–12.30 und 14.30–18 Uhr, Eintritt 1 Euro, Kinder frei, So, Mo und feiertags geschlossen.

Kortsch

Im Gegensatz zu Schlanders als zentralem Ort des Vinschgau, in dem auch schon architektonische Sünden das Straßenbild beeinträchtigen, hat Kortsch, einen Kilometer westlich jenseits der Nationalstraße am Fuße des Sonnenberges, seinen ursprünglichen Charakter mit vielen alten Bauernhäusern bewahren

können. Besonders schön mit Fresken geschmückt ist der **Matatschhof** am unteren Dorfeingang. Neben der gotischen **St. Laurentiuskirche** zeugen noch viele weitere Kapellen von der Frömmigkeit der Dorfbewohner. Oberhalb des Ortes überragt der Turm der **St. Ägidiuskirche,** die über den Rosenkranzweg mit fünf Stationen zu erreichen ist, die Kastanienhaine. Ihre frühmittelalterlichen Fresken und der geschnitzte Flügelaltar aus dem Jahr 1500 sind besonders sehenswert.

Göflan

Göflan liegt auf der Schlanders gegenüberliegenden Etschtalseite am Fuße des Nördersberges. Wie in Laas wird auch oberhalb der Göflaner Alm auf 2250 m Höhe Marmor gebrochen – der höchste **Marmorbruch** Europas. Der kleine Ort am Hang wird von den Türmen seiner beiden Kirchen überragt. Die **Pfarrkirche St. Martin** verfügt über besonders schöne Flügelaltäre aus dem 15. Jh. und einen barocken Hochaltar. Die kleine **Walpurgiskirche,** eine spätgotische Totenkapelle, hat ein Netzgewölbe mit 33 runden und schildförmigen Schlusssteinen und Konsolen.

Schlandrauner Tal

Schlanders liegt am Ausgang des Schlandrauner Tals, das den Schlandrauner Bach geradewegs südwärts aus den Ötztaler Alpen entwässert. Der Zugang erfolgt auf einem gut angelegten Wirtschaftsweg über **Talatsch.** Weithin sichtbar erhebt sich am Talausgang Schloss Schlandersberg. Zwar führt ein Klettersteig durch die untere Klamm des Schlandrauner Baches, dieser ist aber seit einiger Zeit wegen Steinschlaggefahr gesperrt.

Von Talatsch (1454 m) geht es zunächst abwärts in den Talgrund zu den **Mühlhöfen** (1370 m) und nun leicht ansteigend am Bach entlang zum ehemaligen Schnupferhof (1805 m) und weiter zur **Schlanderser Alm** (1891 m), wo man sich bei Brettljause mit Speck und Käse stärken kann. Vorbei an der Mitteralm (1927 m) gelangt man zur **Kortscher Alm** (2000 m). Hier teilt sich der Weg. Geradeaus geht es über den Kortscher See und die Schwarze Lacke zum Tascheljöchl (2769 m), von wo aus man in das obere Schnalstal nach Kurzras gelangt. Nordwestlich folgt man dem Schlandrauner Bach weiter aufwärts zur Rappenscharte (3002 m) und dann hinab zum Gilleshof im Matscher Tal.

■ **Schlanderser Alm,** Schlandrauntal, 1891 m, Tel. 0473 730799, geöffnet Anf. Juni bis Anf. Okt., bietet einfache Wandererkost.

■ **Kortscher Alm,** Tel. 0320 5711682, geöffnet Mitte Juni bis Mitte Okt. 10–16 Uhr, auf 1978 m im Schlandrauntal werden auf fast 1600 ha Almfläche auf 626 ha Weideland 50 Kühe gehalten, deren Milch vor Ort zu Butter und Käse verarbeitet wird, ein kleiner Ausschank bietet dem Pächter ein Zubrot, Almprodukte können gekauft werden.

Schloss Schlandersberg

Burg Schlandersberg am Sonnenberg über Schlanders wurde in 1100 m Höhe im 13. Jh. von den Herren *von Montalban* auf einem kahlen Felsen erbaut und später nach ihren Nachfahren benannt. Im 16. Jh. hatte der Turm von Schlandersberg seine Rolle als Wehrbau verlor und wurde von allen Seiten zum Schloss umbaut. Von 1696 bis 1755 gehörte die Schlossanlage den Schlandersberger Grafen. Danach kam sie in den Besitz der Grafen *Hendl*, die sie schon bald wieder an einen Bauern verkauften. 1999 wurde das Schloss unter Mitwirkung der Denkmalpflege renoviert und zu Luxuswohnungen ausgebaut.

Unser Tipp: **6 Fisolgut,** kleine und reizvolle Jausenstation an der Burg Schlandersberg, Brettljause und Getränke, Vinschgauer Brot, Tel. 0473 621176, www.fisolgut.com, geöffnet Mai bis Okt.

Vetzan

Der Name dieses kleinen Dorfes unterhalb von Schlanders am Sonnenberg leitet sich von *praedia vetiana* (Güter des Vetius) ab und wurde im Mittelalter zu *Vetzana*, heute Vetzan. Hier hatte das Kloster Marienberg Weinbergsbesitz, wie 1170 beurkundet, und hier setzt auch heute noch der Weinbau im Vinschgau ein. Der Ort wurde 1840 durch Murenabgang vom Faller Bach fast vollständig verschüttet, so auch die 1432 erstmals erwähnte romanische St. Nikolauskirche. Sie konnte aber längst wiederaufgebaut werden.

Unterkunft, Essen und Trinken

3 Goldene Rose③, Fußgängerzone 73, Tel. 0473 730218, www.hotel-goldenerose.it, traditionelles Haus mit Ursprüngen aus dem 13. Jh., seit 1563 Gasthof, geräumige Zimmer und Appartements, die **3 Tiroler Gaststube** bietet Hausmannskost mit italienischem Einschlag, Straßencafé.

5 Sporthotel Vetzan④, Schlanders-Vetzan, Vetzan 63, Tel. 0473 742525, www.sporthotel-vetzan.com, familiäre Atmosphäre, großzügige Zimmer verschiedener Kategorien mit Balkon, Panoramaterrasse inmitten von Obstgärten, großer Gartenbereich, Jan./Feb. geschlossen.

2 Pension Schweitzer②, Dantestraße 1, Tel. 0473 730174, www.pension-schweitzer.com, ruhig gelegen am Plawennpark im Ortskern, Zimmer mit Balkon, Hausbar, Sonnenterrasse, Garten, Grillpartys.

1 Gasthof Sonne②, Kortsch 98, Tel. 730100, www.gasthof-sonne.info, Pension zentral in Kortsch gelegen, Zimmer mit Sitzecke, Couch und Balkon, dazu Hallenbad und Sauna.

4 Bio-Reiterhof Vill, Mühlgasse 13, Tel. 0473 62 1267, www.vill.it, vermietet vier gemütlich eingerichtete Appartements und Gastpferdeboxen, dazu Reitunterricht, Kutschfahrten, Ausritte.

Verkehr

- **Vinschgerbahn:** Haltepunkt Schlanders/Göflan.

Goldrain (Coldrano)

- **Info:** Postleitzahl Goldrain: **39020.**

Auf der Fahrt von Vetzan nach Goldrain kommt man an Schloss Goldrain vorbei, das namengebend für den Ort war. Hier hatten die Bischöfe von Chur ihren Gerichtssitz Schanzen, der bereits für 1156 beurkundet ist. Die Wiese neben dem Gebäude wird heute noch Galgenwiese genannt. An der Brücke über die Etsch fand schon immer ein Markt statt. Der eigentliche Ortskern von Goldrain befindet sich an dieser Brücke mit einem

Barocke Pracht in der Pfarrkirche von Schlanders

111st ot

alteingesessenen Gasthof. Im Ort selbst sind die Ansitze **Untermoosburg** und **Obermoosburg** sowie der **Schanzenturm** zu erwähnen – Letzterer ist als uriges Kellerrestaurant ausgebaut. Die spätgotische **St. Luziuskirche** aus dem Jahr 1491 steht in der anschließenden Fraktion Tiss.

Schloss Goldrain

Die Burg, deren Ursprünge auf das 12. Jh. zurückgehen, diente den Grafen *von Hendl* lange als Wohnsitz. Im 15. Jh. wurde sie zu einem repräsentativen Wohnschloss umgebaut und erweitert. Die Anlage erhielt eine Ringmauer mit Eckrondellen, östlich ist die Schlosskirche an das alte Hauptgebäude angesetzt und schließt mit der Mauer ab. Inzwischen wird das Schloss als Bildungsstätte genutzt.

■ **Genossenschaft Bildungshaus Schloss Goldrain,** Schlossstr. 33, Tel. 0473 742433, www.schloss-goldrain.com, Familien- und Berufsbildungsstätte des Vinschgau, moderne Einrichtung, Besichtigung und Führungen Do nach Voranmeldung im Tourismusbüro Latsch, Tel. 0473 737030.

Schloss Annaberg

Über dem Ort erhebt sich Schloss Annaberg, eine einst von den Annenberger Herren bewohnte, restaurierte Burganlage, die heute in Privatbesitz ist. Das gotische Chorgestühl der der heiligen *Anna* geweihten, spätgotischen Burgkapelle und der kleine Renaissance-Altar werden im Innsbrucker Museum aufbewahrt.

Unterkunft, Essen und Trinken

■ **Goldrainerhof**②, Vinschgauerstr. 4, Tel. 0473 742042, www.goldrainerhof.it, Zimmer mit Balkon, angeschlossenes Restaurant bietet saisonale Tiroler Küche, ganzjährig geöffnet.

■ **Obergrundhof**①, Auergasse 11, Tel. 0473 74 0074, www.obergrundgut.com, am Waldrand nahe Schloss Goldrain, praktisch eingerichtete Zimmer mit Balkon und Fernsicht, Garten mit Schwimmbad.

Einkaufen

UNSER TIPP: **Kräuterschlössl,** Schanzenstr. 50, Tel. 0473 742367, www.kraeuterschloessl.it, Kräuterprodukte, Geschenksets, Kosmetika etc., mit „Liebesgarten" auf dem Dach des auffällig gestalteten und gestrichenen Gebäudes, geöffnet Mo bis Fr 8–18 Uhr, Sa und So 9–17 Uhr, Nov., Jan. und Feb. So geschlossen, Führungen auf Anfrage.

Feste und Veranstaltungen

■ **Landsprochmarkt:** früher Gerichtstag der Churer Vögte („Londsproch"-Markt), heute alljährlich am 17. März Jahrmarkt mit Viehmarkt, in den Straßen Platzl, Schlossstraße und Weiherweg.

Latsch (Laces)

■ **Info:** Postleitzahl Latsch: **39021.** Tourismusverein Latsch-Martell, Hauptstr. 38/a, Tel. 0473 6231 09, www.latsch-martell.it.

■ **Geführter Dorfrundgang:** siehe Kirche Unsere Liebe Frau auf dem Bichl.

Weil der Ort von mittelalterlichen Brandschatzungen und Bränden weitgehend verschont blieb, weist Latsch eine erstaunliche Vielfalt an kulturgeschichtlichen Kostbarkeiten auf. Der Ortsname rührt möglicherweise von *lacu* her, einem früher durch den Tarscher Murkegel aufgestauten See auf dem Talgrund.

Überragendes Bauwerk des Ortes ist die **Pfarrkirche St. Peter und Paul** aus dem 13. Jh., die 1524 ihre heutige Gestalt bekam, wobei der Chor schon um 1500 entstand. Das Portal zeigt eine Reihe von Heiligenfiguren in einfachem Stil. Das Innere der Kirche wurde im 19. Jh. neugotisch renoviert.

Die **Spitalkirche zum heiligen Geist** ist die Kirche des einstigen, 1337 erstmals erwähnten Heiliggeistspitals, die im 14. Jh. als Stiftung des *Heinrich von Annenberg* auf der Basis eines Vorgängerbaus errichtet wurde. Ihr größter Kunstschatz ist der geschnitzte Lederer-Altar aus dem Jahr 1524. Dieser zeigt den Gnadenstuhl, eine Darstellung Gottes mit dem Leichnam Christi und dem Heiligen Geist sowie Szenen aus dem Marienleben. (Der Schlüssel ist im nebenan liegenden Seniorenheim Annaberg erhältlich, Informationen über Führungen im Tourismusbüro).

Als dritte Kirche ist **Unsere Liebe Frau auf dem Bichl** zu erwähnen, die 1414 geweiht wurde, aber viel älter ist. Sie ist insofern interessant, als 1992 bei Restaurierungsarbeiten unter ihr der sogenannte **Latscher Menhir** aus der Zeit zwischen 3300 und 2200 v. Chr. gefunden wurde. Die Marmor-Stele bildete die Auflagefläche der Altarmensa. Der ursprüngliche Aufstellungsort befand sich auf dem Bühel und war damit weithin sichtbar. Inzwischen ist der Menhir in der Kirche in einer Vitrine aufgestellt.

■ **Kirche Unsere Liebe Frau auf dem Bichl,** die Kirche ist Mo 10–12 Uhr geöffnet, Führungen im Rahmen des kulturellen Dorfrundgangs Mai bis Okt. Mo 10 Uhr, Treffpunkt Tourismusbüro Latsch, Teilnahmegebühr 5 Euro/Per.

Burg Latsch

Neben der Pfarrkirche erhebt sich der **Zinnenturm** der Burg Latsch, der verbliebene Rest der früheren Wehranlage und einzigen Wasserburg im Vinschgau. Sie wurde 1770 durch eine Brandkatastrophe zerstört, die sichtbaren Zubauten entstammen dem späten 18. und 19. Jh. Wahrscheinlich hat der Richter *Otto von Latsch* die Burg um 1290 errichten lassen. 1327 wurde *Heinrich von Partschins* mit Burg Latsch belehnt. Dieses Geschlecht nannte sich später *von Annenberg* und bewohnte sie bis zum Ende des 17. Jh.

Ansitz Mühlrain

Sehenswert ist auch der Ansitz Mühlrain an der Hauptstraße, der wegen seines rosaroten Anstrichs das „Rote Schloss" genannt wird. Der barockisierte Bau mit Erkern an den Ecken erhielt um 1700 seinen Stuck. Die barocke St. Annakapelle neben dem Ansitz wurde aus Laaser Marmor gefertigt.

St. Martin im Kofel

St. Martin im Kofel zählt 130 Einwohner und stellt mit der **Wallfahrtskirche Zum Heiligen Martin** ein schönes Ausflugsziel am Vinschgauer Sonnenberg dar, zumal seit dem Jahr 2002 eine **Seilbahn** nicht nur Schüler herunter nach

Latsch transportiert, sondern auch Wanderer hinauf. Die im 16. Jh. erbaute Kirche klebt geradezu am Berg. In einer Felsnische steht eine Statue des heiligen *Martin* zu Ross als Ziel der Wallfahrten.

Spektakulär und architektonisch gewagt ist ein **Design-Burgturm** (Turm Chalet) aus Stahl, Stein und Glas über der Felswand des Ortes, der als Luxus-Unterkunft gemietet werden kann.

Tarsch

Der mächtige **Tarscher Murkegel** erstreckt sich auf mehreren Kilometern Breite vom Nördersberg durch das Tarschertal auf dem gesamten Talboden der Etsch. Hier breiten sich die größten **Obstgärten** des Vinschgau aus. Am Fuße des Nördersberges liegt Tarsch mit der kleinen romanisch-gotischen Michaeliskirche mit Fresken aus dem 13. bis 15. Jh. Außerhalb des Ortes wurde 1218 die St. Medarduskirche zu einem Hospiz der Johanniter, später des Malteserordens auf einer alten heidnischen Kultstätte errichtet. Unter dem Altar sprudelt bis heute in einem Quellschacht das Wasser, das wegen seiner Heilkraft aufgesucht wird. Oberhalb breitet sich die **Tarscher Alm** aus, eines der schönsten Wandergebiete im Vinschgau. Von der Alm geht es weiter hinauf zum Tarscher Skigebiet.

Unterkunft, Essen und Trinken

- **Turm Chalet**⑤, St. Martin im Kofel/Latsch, Tel. 335 8185510, www.turm-chalet.com, Turmhaus für bis zu 4 Personen, außergewöhnliche Architektur, luxuriöse Ausstattung mit Hallenbad, Sauna, Dampfbad, Whirlpool, Wintergarten, ganzjährig geöffnet.
- **Paradies**④, Quellenweg 12, Tel. 0473 622225, www.hotelparadies.com, Hotel der Luxusklasse, Einzelzimmer, Doppelzimmer und luxuriöse Suiten mit Balkon, 1300 m² Wasserlandschaft mit Hallenbad und Rutsche, Restaurant bietet Gourmetküche, Nov. bis März geschlossen.
- **Vermoi**③, Reichsstraße 4, Tel. 0473 623217, www.hotelvermoi.com, inmitten einer Freizeitlandschaft mit Freibad, Hallenbad und Wellnessbereich, Suiten und Zimmer mit Balkon, Appartements und Chalets (Mobilheime) auf großer Campingfläche, Restaurant.
- **Latscherhof**③, Valtneidweg 6, Tel. 0473 6231 52, www.latscherhof.com, Landhotel am Waldrand zum Nördersberg, großzügige Zimmer mit Balkon, großer Garten, beheiztes Freibad, frische Küche, Garten-Café.
- **Sachsalber**②, Tarsch, Obermühlenweg 20, Tel. 0473 623103, www.pension-sachsalber.com, mit Preisen ausgezeichnete Mountainbiker-Pension, Zimmer mit Balkon.
- **Bergrestaurant Tarscher Alm**②, Bergstation der Seilbahn, Tel. 0338 7276600, www.tarscher-alm.info/de/restaurant. 17 urige Schlafplätze, eher Restaurant als Hütte, ganzjährig geöffnet.

Aktivitäten

- **Bikepark Tarsch:** 2005 als erster Bikepark in Südtirol oberhalb des Ortes im Wald eingerichtet, www.bikereldorado.com, mit Technikparcours zum Erlernen der Basics, kurzer Speedtrail mit Tables und Sprüngen, Steilkurven-Trail, Brücken und Rampen, Wippen und Buckel, ganzjährig zugänglich, nicht beaufsichtigt.
- **Skigebiet Tarscher Alm:** familiär, kinderfreundlich, 2 Doppelsessellifte, 2 Schlepplifte, schneesichere, gepflegte Pisten für Anfänger und Fortgeschrittene, Skiverleih, Ski- und Snowboardschule, Skikindergarten und Gratis-Skibus in den

Weihnachts- und Faschingsferien. Info: www.bergbahnen-latsch.com/de/sessellift-tarscher- alm/tarscher-alm.

Seilbahnen

- **Kabinenseilbahn:** nach St. Martin im Kofel (1740 m), Nov. bis Mai 7–12.30 und 14–18 Uhr, im Sommer letzte Abfahrt 18.30 Uhr, Fahrradmitnahme nur eingeschränkt möglich, einfache Fahrt 10,50 Euro, Hin- und Rückfahrt 13,50 Euro, Kinder von 6 bis 14 Jahren 5/6 Euro, darunter frei.
- **Sessellift Tarscher Alm:** auf die Tarscher Alm (1940 m), verkehrt 9–18 Uhr, im Hochsommer ab 7 Uhr, Mittagspause 12.30–14 Uhr, einfache Fahrt 10 Euro, Hin- und Rückfahrt 14 Euro, Jugendliche bis 18 Jahre 8/10 Euro, bis 15 Jahre frei, Info: www.bergbahnen-latsch.com/de/sessellift-tarscher-alm.

Verkehr

- **Vinschgerbahn:** Haltepunkt Latsch

Martelltal (Val Martello)

Das Martelltal ist das größte rechte Seitental des Etschtals, es wird vom Plimabach entwässert. Hier hat der Tourismus noch nicht im großen Stil Einzug gehalten, es gibt keine Skilift-Anlagen und so geht es hier immer noch beschaulich zu. Morter liegt am Talausgang ins Etschtal. In der Mitte breitet sich am Sonnenhang das Dorf Martell aus. Im oberen Bereich wird der Plimabach zum Zufrittsee aufgestaut. Den Talschluss bildet der Zufallferner mit der 3700 m hohen Zufallspitze und dem 3778 m hohen Monte Cevedale.

Das Martelltal ist ein ausgeprägtes Ziel für den Sommertourismus. Da es keine Seilbahnen oder Lifte für einen quirligen Wintertourismus gibt, ist der Talschluss insbesondere für Skitourengeher von Interesse. Hier finden Skilangläufer und Rodler noch genügend Platz, um ihrem Wintervergnügen nachzugehen.

Günstige klimatische Bedingungen machen das Martelltal zu einem der höchsten **Erdbeeranbaugebiete.** Die süßen Früchte wachsen zwischen 900 und 1800 m Höhe. Alljährlich feiert man hier das Südtiroler Erdbeerfest am letzten Wochenende im Juni.

Morter (Morter)

Morter am Talausgang wurde im 9. Jh. erstmals als *Villa Mortario* erwähnt. Versteckt zwischen Obstgärten steht die kleine romanische **Kirche St. Vigil und St. Blasius,** 1081 vom Trienter Bischof geweiht. Das rechteckige Kirchenschiff mit kleeblattförmigen Rundapsiden, die in Kreuzform angeordnet sind, erinnert an frühchristliche Kirchenanlagen. Der Altar, ein Flügelschrein aus dem 16. Jh., zeigt in der Predella ein Christus-Relief. Im Schrein befinden sich Maria mit dem Kinde, Blasius und Vigilius. Interessant ist auch die Ortspfarrkirche St. Dionysius mit dem großen Christopherus-Fresko.

113st ot

Obermontani und Untermontani

Oberhalb von Morter erheben sich die eindrucksvollen **Ruinen** der Burgen Obermontani und Untermontani. In der Bibliothek der Burg Obermontani, 1228 errichtet von *Albert III. von Tirol* als Trutzburg gegen die Churer Bischöfe, hat man eine der ältesten Abschriften des Nibelungenliedes aus dem Jahre 1323 gefunden, heute im Staatsarchiv Berlin-Dahlem untergebracht.

Die **Burgkapelle St. Stephan** auf einem Geländevorsprung zur Burg Obermontani zählt zu den größten Kunstschätzen des Vinschgau. Äußerlich unscheinbar, zeigt sie im Inneren eine prächtige Ausmalung, die ihr auch die Bezeichnung „Sixtinische Kapelle des Vinschgau" eingebracht hat. Die Fresken wurden im 15. Jh. von Malern der lombardischen, niederländischen und bayerischen Schule angebracht. Die Nordwand zeigt einen Zyklus von zwölf Bildern aus der Legende des heiligen *Ste-*

Die Kirche St. Vigil und St. Blasius in Morter

phan, die Ostseite stellt die Legende der heiligen *Ursula* dar, an der Südmauer befinden sich Jagdszenen des heiligen *Hubertus* und an der Westseite findet man Motive zum Jüngsten Gericht.

■ **St. Stephan,** geöffnet in der Sommersaison bis Okt. täglich 15–18 Uhr.

Bad Salt (Bagni di Salto)

Nach einigen Kehren gelangt man von Morter talaufwärts zunächst zum Weiler Burgaun und dann nach Bad Salt. Hier befand sich ein Bauernbad, das vorwiegend von der einheimischen Bevölkerung aufgesucht wurde. Die Quelle liegt auf einer Höhe von 1730 m. Ihr Wasser wurde in Holzleitungen zu Tal befördert, die jedes Jahr vor Beginn der Badesaison in mühsamer Arbeit ausgebessert werden mussten. Die Badetradition bestand bis zum Zweiten Weltkrieg, heute ist noch das Gasthaus mit demselben Namen erhalten.

Culturamartell

Das Martelltal erstreckt sich im **Nationalpark Stilfser Joch.** An der Durchgangsstraße steht oberhalb der Ansiedlung Bad Salt das vierte der zum Nationalpark gehörenden Besucherzentren: Culturamartell. Das Naturparkhaus zeigt eine Dauerausstellung zur bäuerlichen Kultur und Landschaft des Martelltals, dazu gibt es Unterhaltungs- und Sportmöglichkeiten in der **Sport- und Freizeitanlage Trattla** mit Bar und Spielplatz.

■ **Culturamartell,** Trattla 246, Tel. 0473 745027, www.culturamartell.com, geöffnet Anf. Mai bis Okt. Di–Fr 9–12 und 14.30–18 Uhr, Sa und So 14.30–18 Uhr. Mo geschlossen. Gruppenführungen auch außerhalb der Öffnungszeiten nach telefonischer Voranmeldung. Nationalparkhaus Eintritt 3 Euro, Senioren und Kinder 2 Euro.

☑ Culturamartell, Besucherzentrum des Nationalparks Stilfser Joch

114st ot

Unterkunft, Essen und Trinken

■ **Gasthof Bad Salt**①, Salt 189, Tel. 0473 7445 10, www.bad-salt.com, im 18. Jh. zum Badehaus ausgebaut, heute Gasthof mit acht Zimmern an der Taldurchgangsstraße in der Nähe des Freizeitzentrums Trattla mit Kinderspielplatz, Minigolfanlage, Tennisplatz, Kegelbahn und dem Nationalparkhaus. Das Restaurant bietet bodenständige Vinschger Gerichte mit Produkten aus eigenem Biogarten.

Dorf Martell (Martello)

In der Fraktion Gand am **Marteller Hof** weiter talaufwärts zweigt die Straße nach Dorf Martell ab. Die Ortspfarrkirche wurde bereits im 13. Jh. erwähnt. Der heutige Bau trägt ein beeindruckendes Christopherus-Fresko.

Von Dorf Martell führt eine einspurige Straße durch den Hang, immer an den Einzelhoflagen vorbei bis zum Gasthaus **Stallwies,** einer der typischsten Jausenstationen der Region – abgesehen davon, dass dieser auf 1950 m Höhe gelegene und noch bewirtschaftete Hof auch der höchste Getreidehof Südtirols ist.

Hintermartell

Von **Gand** geht es durch das wunderschöne Martelltal weiter aufwärts. Das Tal wird enger, dann wieder breiter, und nach dem Gasthaus Waldheim kommt man zur **Kapelle Maria in der Schmelz,** die 1711 vom Grafen *Hendl* aus Kastelbell für seine Knappen erbaut wurde. Bereits 1448 wird in der Nähe ein Bergwerk erwähnt. Der Turm der Kapelle stammt aus dem Jahr 1856. Bis heute wird hier am ersten Sonntag im Juli das Patrozinium mit einem feierlichen Gottesdienst gefeiert.

Wiederum weitet sich der Talboden. In Serpentinen gehrt es nun aufwärts zur **Staumauer des Zufrittsees** auf 1850 m Höhe. Zauberhaft ist die Fahrt am See entlang, vorbei am Zufritthaus.

Die Straße führt nun noch ein Stück weiter ins Tal hinein bis zur **Enzianhütte** und zum Haus Schönblick – hier werden die Parkplätze bei gutem Wetter häufig knapp. Von hier aus kann man herrliche Wanderungen und Klettertouren in die Berg- und Gletscherwelt der Ortlergruppe unternehmen, der **Marteller Höhenweg** (Weg Nr. 8) führt am Hang entlang zur Stallwies. Das letzte Stück Weg zum Hotel Paradiso ist gesperrt. Das in den 1930er Jahren errichtete, architektonisch interessante Hotel hatte nur eine kurze Glanzzeit bis zum Zweiten Weltkrieg, dann war es Erholungsheim für deutsche Offiziere – seither steht das Gebäude leer.

Oberhalb des Straßenendes wurde 1891 nach einer großen Überschwemmung die **Alte Staumauer,** „Bau“ genannt, errichtet. Durch den Bau dieser Mauer wurde das Martelltal 1894 von einer weiteren Überschwemmung verschont. Auf dem Weg in die Berge liegt zunächst die **Zufallhütte** auf 2265 m und hinter der Staumauer die **Marteller Hütte** auf 2610 m Höhe (→ Wanderung zur Marteller Hütte).

Unterkunft, Essen und Trinken

■ **Marteller Hof**①, Gand 39, Tel. 0473 744528, www.martellerhof.com, an der Talstraße am Abzweig nach Dorf Martell, alle Zimmer mit Balkon, Restaurant bietet typische regionale Gerichte.

Wanderung zur Marteller Hütte

- **Gehzeit:** 4½ Std., das letzte Stück vor der Marteller Hütte ist steil.

GPS Vom gebührenpflichtigen Parkplatz an der Enzianhütte geht es auf dem zunächst breiten Weg 150 mäßig aufwärts in 45 Minuten zur Zufallhütte. Von dort führt der Weg durch eine kurze Rinne hinauf auf eine Ebene des Plimabaches zur Alten Staumauer. Man überquert die Staumauer und hält sich rechts auf den Weg 103 hinein ins Tal. Der Weg wird steiler und führt unterhalb der Marteller Hütte sehr steil in der Flanke hinauf zur Hütte.

Für den Rückweg wählt man Weg 37/37a leicht aufwärts zu einem Sattel, dann weiter unterhalb des Hohenferners (2913 m) leicht hinunter auf eine Felskante und von dort steiler über die Felsen hinunter zur Alten Staumauer. Zunächst wählt man jetzt den Hinweg zur Zufallhütte, biegt aber kurz hinter der Hütte auf Weg 36 rechts ab und folgt diesem neben einem Bach durch den Wald zum roten Hotel Paradiso (Ruine). Von hier geht es über die gesperrte Straße über eine Brücke zurück zum Parkplatz.

- **Gasthof Zufallhütte**①, 39020 Martell, Hintermartell, Tel. mobil 0335 63 06 603, www.zufall huette.com, aus einer Hütte zum Gasthof ausgebaut, verfügt über Zwei- und Dreibettzimmer und Hüttenlager für ca. 80 Personen, große Aufenthaltsräume, Sauna, Südtiroler Bergküche.
- **Marteller Hütte,** Tel. Hütte: 0473 74 47 90, Tel. Tal: 0473 74 45 04, www.martellerhuette. com, herrliches Panorama inmitten von 15 Dreitausendern, 16 Betten, 16 Matratzenlager, 21 Notlager, geöffnet Anf. März bis Anf. Mai und Mitte Juni bis Ende Okt. Gletscher- und Klettergrundkurse mit einem staatlich geprüften Bergführer auf Anfrage (in dem neu errichteten Klettergarten nahe der Marteller Hütte).

Plima-Schluchtenweg

- **Wegstrecke:** 5,9 Kilometer
- **Höhenunterschied:** 260 Meter
- **Gehzeit:** 2 Std.
- Nicht für Kinderwagen geeignet

GPS Neu eingerichtet ist der Plima-Schluchtenweg, der als **Erlebnisweg** mit vier Erlebnisstationen, der Kelle, der Panoramasichel, der Aussichtskanzel und der Hängebrücke, vom Parkplatz am Talschluss von Martell (€) knapp 300 m hinauf zur Zufallhütte führt. Er bietet ganz **neue Einblicke in die tosenden Wasser der Plima,** die das Martelltal entwässert. Als erste Erlebnisstation ragt die Kelle wie eine Schöpfkelle, die man auf stählernen Treppenstufen erreicht, in die Schlucht hinab. Die Panoramasichel lädt mit ihren halbmondförmigen Holzbänken zur Rast ein. Auf die Aussichtskanzel führt eine Stahltreppe hoch, von wo man über die Plimaschlucht hinweg bis zur Zufallhütte blickt. Um zu der auf 2256 Meter Höhe gelegenen Hütte zu gelangen, überquert man als vierte Erlebnisstation die Plimaschlucht auf einer schräg ansteigenden Hängebrücke. Zurück geht es über den Wirtschaftsweg zum Parkplatz.

- **Stallwies**①, Waldberg 1, Tel. 0473 744552, www.stallwies.com, Berggasthaus hinter Gand, mit Sonnenterrasse, Bauernstube mit altem Ofen. Rustikale Gerichte und Produkte vom eigenen Hof, Fremdenzimmer, Ausgangspunkt für Wanderungen.
- **Waldheim**③, 39020 St. Maria in der Schmelz 16, Tel. 0473 744545, www.waldheim.info, mit modernem Anbau, Restaurant bietet Slow-Food-Küche mit schmackhaften regionalen Gerichten.
- **Enzianhütte,** 39020 Hintermartell 200, Tel. 0473 744755, auf 2050 m Höhe, familiär geführtes Haus, regionale Küche, zweckmäßig eingerichtete Zimmer mit herrlicher Aussicht.

DER UNTER-VINSCHGAU

VOM ETSCHKNIE NACH OSTEN

Neben dem sich aus dem Mittelvinschgau fortsetzenden Obstbau am Talboden gewinnt der Weinbau an den zur Sonne exponierten Hängen etschabwärts an Bedeutung. Waalwege, die teilweise auch aus dem Schnalstal ihr Wasser erhalten, sorgen für die nötige Bewässerung der Kulturen und bieten reizvolle Spazierwege über dem Tal.

NICHT VERPASSEN!

- **Schloss Kastellbell,** eine mächtige Burg mit alter Kapelle und vielen Fresken | 246
- **Hauslabjoch,** die Fundstelle von „Ötzi" | 251
- **Kartäuserkloster Allerengelberg** in Karthaus, viel ist erhalten von der alten Klosteranlage, so auch die schöne Klosterkirche | 253
- **St. Prokulus Naturns** mit berühmten karolingischen Fresken | 260

Diese Tipps erkennt man an der gelben Markierung.

Kastelbell (Castelbello)

Info: Postleitzahl Kastelbell: **39020.** Tourismusverein Kastelbell-Tschars, Staatsstraße 5, Tel. 0473 624193, www.kastelbell-tschars.com.

Der Tarscher Murkegel drängt die Etsch an den Rand des Sonnenberges – hier beginnt der Untervinschgau, der von Kastelbell bis zum Töllgraben kurz vor Meran reicht. Eingebettet in **Obstgärten,** sind die Hanglagen am Sonnenberg von Kastelbell vom Klima so begünstigt, dass hier intensiv **Weinbau** betrieben wird. Neu ist, dass das bedeutendste Weingut am Ort auch **Spargel** anbaut – eine kulinarische Ergänzung zu den hier erzeugten, eher leichten Weinen.

Im Frühmittelalter befand sich im Raum von Kastelbell-Tschars die Ostgrenze des Karolingerreiches zum Langobardenreich. Im 12. Jh. wurde die Region besiedelt, 1238 Kastelbell zum ersten Mal urkundlich erwähnt.

Schloss Kastelbell

Die das Ortsbild beherrschende Burg war schon im 12. Jahrhundert von den Herren von Montalban erbaut worden, deren Geschlecht nach 1200 von den Grafen von Tirol bekämpft wurde. Um 1300 kam die Anlage in landesherrlichen Besitz und Kastelbell wurde zum **Gerichtssitz** erhoben. 1531 ging die Burg durch Verpfändung an die Grafen *Hendl,*

Auf dem Meraner Höhenweg

adobe.stock Foto: ©Manuel Schönfeld

die die Burganlage schlossartig ausbauten. Nach Bränden in den Jahren 1813 und 1824 errichteten die Grafen *Hendl* 1835 nur Teile der Anlage wieder neu. Der Rest begann zu verfallen. 1956 übernahm der **italienische Staat** die Schlossanlage und begann mit den ersten Arbeiten zur Sicherung der Ruinenreste. 2008 wurde das Schloss auf der Grundlage des Autonomiestatutes der **Provinz Südtirol** übertragen, die wiederum die Gemeinde **Kastelbell-Tschars** beauftragte, für deren Erhalt und Nutzung als Veranstaltungsort zu sorgen. Seither ist das Schloss für die Öffentlichkeit zugänglich. Außerdem richtete die Gemeinde eine Ausstellung über die Römerstraße Via Claudia Augusta im Schloss ein.

Der zunächst zweigeschossige Palas maß 20 x 10 m. Im 16. Jh. wurde ein weiteres Stockwerk hinzugefügt. Die **Burgkapelle** entstand schon zur Erbauungszeit der Anlage. 1317 wurde ein **Glockenturm** errichtet. Aus dieser Zeit stammen auch die bei Restaurierungsarbeiten im 20. Jh. gefundenen **Fresken.** Zu Beginn des 16. Jh. wurde zum Schutz des Tores ein vierstöckiges Rondell mit Schießscharten und Kanonenlöchern errichtet.

Von der Burg der Herren von Montalban sind übrigens nur noch **Ruinenreste** oberhalb des Orts erhalten. Von aktueller Bedeutung für die vom Durchgangsverkehr geplagten Einwohner von Kastelbell ist die in Bau befindliche **Tunnelumfahrung des Orts,** die 2022/23 fertig gestellt ist. Vom Reschen kommend, beginnt die 3,3 Kilometer lange Umfahrungsstraße kurz vor dem Schloss und endet in einem Kreisel an der Industriezone Galsaun.

Schloss Kastelbell, Kastelbell-Tschars, Schlossweg 1, Tel. 0473 624193, www.schloss-kastelbell.com, geöffnet Ende April bis Okt., Führungen Anf.

117st ot

Juli bis Anf. Sept. Di–So 11, 14, 15 und 16 Uhr, Familienführungen für Kinder ab 5 Jahren Anf. Juli bis Ende Aug. Mi 14 und 15 Uhr, Anmeldung bis zum Vortag im Informationsbüro Kastelbell-Tschars, Eintritt 6 Euro, Führung 6 Euro, Einzelveranstaltungen 15 Euro, Studenten/Schüler/Senioren 5/5/13 Euro, Kinder unter 14 Jahren frei, dazu Dauerausstellung „Via Claudia Augusta" und Sonderausstellungen.

Essen und Trinken

■ **Restaurant Kuppelrain**③, Bahnhofstraße 16, Tel. 0473 624103, www.kuppelrain.com, am Bahnhof, Gasthof seit k.u.k.-Zeiten in einem Jugendstil-Gebäude, mehrfach ausgezeichnete Küche mit heimischen Produkten, So und Mo (bis 17 Uhr) Ruhetag, angeschlossener **Hotelbetrieb**④ mit drei Zimmern.

Wein

■ **Weingut Köfelgut,** Im Winkel 12, Tel. 0473 62 4634, www.fws.it/de/koefelgut, seit 1768 in Familienbesitz, erzeugt auf 3 ha elegante Weißweine und Blauburgunder zum Teil in Steillage, dazu auf 3 ha Spargel, Obstbetrieb mit Schnapsbrennerei. Führung auf Anmeldung.

Verkehr

■ **Vinschgerbahn:** Haltepunkt Kastelbell

⌃ Schloss Kastelbell

Tschars und Juval (Ciardes, Juvale)

■ **Tourismusverein Kastelbell-Tschars,** → Kastellbell.

Östlich von Kastellbell erstreckt sich **Tschars** als lockere Höfesiedlung mit schönen alten Bauernhäusern. Auch hier sind zur Bewässerung der Kulturen am Sonnenberg **Waalwege** gebaut worden, die heute als attraktive Wanderwege genutzt werden. Um den Brunnen auf dem Dorfplatz rankt sich eine Legende: Eine Person wurde in eine Kröte verwandelt, nach ihrer Erlösung brachte sie als Dank den Tscharser Brunnen wieder zum Sprudeln. Seitdem heißt er Froschbrunnen. Die dem heiligen *Martin* geweihte Pfarrkirche von Tschars, deren Ursprünge auf das Jahr 1185 zurückgehen, wurde in der ersten Hälfte des 16. Jh. neu gebaut und später barockisiert, sie erhielt einen charakteristischen Zwiebelturm.

Schloss Juval

Der am Ausgang des Schnalstals vorstehende Felsrücken war bereits ein vorgeschichtlicher Kultplatz, von den Römern wurde er als *mons jovis* bezeichnet. 1278 errichtete hier *Hugo von Montalban* die Burganlage Juval. Im Laufe der Jahrhunderte hatte die Burg verschiedene Besitzer, bis sie der Holländer *William Rowland* 1913 in weitgehend verwahrlostem Zustand erwarb und gründlich sanierte.

Die von Mauern mit Wehrtürmen und Torturm umgebene Anlage zeigt noch Reste des Bergfrieds, der eine Grundfläche von 7 x 8 m und eine Mauerstärke von 1,30 m aufweist, und den frei stehenden, rechteckigen Palas. Die dem heiligen *Georg* gewidmete Burgkapelle befand sich im zweiten Stock des Palas und stammt aus der Mitte des 16. Jh. Der botanische Rundgang um die Burg gibt einen Einblick in die Hochgebirgsflora der Alpen.

Messner Mountain Museum Juval

Seit 1983 ist Schloss Juval im Besitz des Südtiroler Bergsteigers **Reinhold Messner.** Er hat dort mehrere Kunstsammlungen untergebracht, so eine umfangreiche Tibetika-Sammlung, eine Bergbildergalerie und eine Maskensammlung aus fünf Kontinenten.

UNSER TIPP: **Messner Mountain Museum Juval,** Juval 3, Tel. 348 4433871 (zu den Öffnungszeiten) oder 0471 631264, www.messner-mountain-museum.it, vom vierten Sonntag im März bis 30. Juni und 1. Sept. bis zum ersten Sonntag im Nov. 10–17 Uhr geöffnet, Eintritt 10 Euro, Studenten und

Auf Waalwegen zum Schloss Juval

■ **Gehzeit:** 2½ Std., Auf- und Abstieg 310 m.

GPS Die Rundwanderung beginnt in **Tschars,** wo man der Markierung 1A zu einer Höfezufahrt folgt, um auf den Schnalser Waalweg zu treffen. Hier folgt man dem gut markierten archäologischen Wanderweg Nr. 3 ostwärts, bis er etwas unterhalb von Schloss Juval endet. Der Abstieg erfolgt auf Weg Nr. 1, vorbei am Sonnenhof nach Staben. Von hier führt der Stabener Waalweg zurück nach Tschars.

Reinhold Messner – ein Leben für die Berge

Reinhold Messner wurde 1944 in Brixen geboren und wuchs mit seinen acht Geschwistern in **Villnöß** auf, wo sein Vater Lehrer war. Seine Begeisterung für das Klettern konzentrierte sich zunächst auf die Berge seiner Heimat. 1965 bestieg er als Erster die **Ortler-Nordwand.** Dank seiner vielen Bergexpeditionen galt er schon bald als einer der besten Bergsteiger der Welt. Mit seinem alpinen Bergstil erkletterte er die höchsten Berge der Welt im Himalaya, teilweise auch ohne Zuhilfenahme von Flaschensauerstoff. Dieser neue Bergstil unterschied sich von früheren Bergexpeditionen, die mit viel Personal und Material und über mehrere Höhenlager die Berge angingen. *Messner* dagegen bestieg die Achttausender mit leichter und minimaler Ausrüstung auf schnellstem Weg, um den Aufenthalt in der sauerstoffarmen Höhenzone („Todeszone") zu minimieren. Dabei kam es 1970 bei der Besteigung der Südwand des Nanga Parbat (8125 m) zur **Tragödie** – Reinholds Bruder *Günther* verunglückte beim Abstieg. Die Umstände des Unglücks konnten nicht gänzlich aufgeklärt werden.

Messners Alpinstil beinhaltet auch die **Abkehr vom traditionellen „Gipfelheldentum".** Für ihn war die **psychologische Komponente** im Umgang mit den Extremsituationen in der Bergwelt von größerer Bedeutung. Er hat dies auch in Vorträgen und vielen Büchern rhetorisch versiert in einer neuen Form der Selbstvermarktung immer wieder dargelegt. Motivation statt Heroismus war seine Devise, wobei ihm auch Phraseologie im Umgang mit dieser von ihm propagierten Triebkraft der physischen und psychischen Grenzerfahrung entgegengehalten wurde. Als **Extremsportler** suchte er sich auch neue Betätigungsfelder, so durchquerte er die Antarktis, Grönland und die Wüste Gobi.

Mit seinen weiteren Aktivitäten setzte sich *Messner* auch für den **Umweltschutz** ein, kritisierte den alpinen Massentourismus, setzte seine umweltpolitischen Vorstellungen auch als **Abgeordneter des Europäischen Parlaments** ein – was ihn aber nicht daran hinderte, sich für die Erweiterung des Münchner Flughafens einzusetzen, was dann in einem Volksentscheid 2012 scheiterte.

Südtirol verdankt *Reinhold Messner* **neue Museen** im Land, die eine große Zahl interessierter und begeisterter Besucher anziehen, denen er den Mythos der Bergwelt des Himalaya einerseits und Südtirols andererseits näher bringen möchte. 2006 eröffnete das erste der sechs **Messner Mountain Museum (MMM)** auf **Schloss Sigmundskron,** das sich dem Verhältnis zwischen den Menschen und den Bergen widmet. MMM auf **Schloss Juval** dokumentiert das Thema der mystischen Berge, MMM auf dem **Monte Rite** in der Provinz Belluno dem Thema Felsen, MMM in **Sulden am Ortler** dem Eis und Gletschern, MMM auf **Schloss Bruneck** den Bergvölkern und MMM auf dem **Kronplatz** dem Thema Klettern.

Reinhold Messner ist in dritter Ehe verheiratet, lebt in München und Meran und nutzt sein Schloss Juval auch als Sommersitz.

Senioren 9 Euro, Kinder 6–14 Jahre 4 Euro, zu den Öffnungszeiten verkehrt ein Shuttlebus vom Tal (Bauernladen) zur Burg. Aufstieg zu Fuß ca. 1½ Std.

Unterkunft, Essen und Trinken

■ **Schlosswirt Juval**①, 39020 Kastelbell, Juval 2, Tel. 0473 668056, www.schlosswirtjuval.it, rustikale Gaststube in altem Bauernhof unmittelbar am Burgzugang, traditionelle Südtiroler Küche, vermietet Ferienwohnungen, geöffnet Do bis Di 10–18 Uhr, Mi Ruhetag.

Wein

■ **Weingut Unterortl,** 39025 Naturns, Juval 1B, Tel. 0473 667580, www.unterortl.it, 7 ha Rebfläche in Steillagen mit 250 m Höhenunterschied unterhalb von Juval, Rebsorten Weißburgunder, Riesling und Blauburgunder sowie Zweigelt, St. Laurent, Garanoir, Gamaret, dazu Obstbrennerei, Betriebsführungen nach Vereinbarung.

Einkaufen

■ **Vinschger Bauernladen,** 39025 Naturns, Hauptstraße 78, Tel. 0473 66773, www.bauernladen.it, am Fuß des Burghügels Juval, großes Sortiment an Südtiroler Spezialitäten, u.a. vom Weingut Unterortl und Biohof Oberortl, täglich geöffnet 9–17 Uhr, So 10–17 Uhr, Mi Ruhetag, verkürzte Öffnungszeiten an Feiertagen.

Verkehr

■ **Vinschgerbahn:** Haltepunkt Tschars

Schnalstal (Valle Senales)

■ **Info:** Postleitzahl Schnalstal: **39020.** Tourismusverein Schnalstal, Karthaus 42, Tel. 0473 679148, www.schnalstal.it.

Im Gegensatz zum Martelltal ist das Schnalstal touristisch intensiv erschlossen. Es verfügt am Talschluss über ein ausgedehntes **Skigebiet,** das in Gletscherhöhen auch **Sommerski** ermöglicht. Im Norden wird das Schnalstal durch die Bergspitzen der **Ötztaler Alpen** mit der Hinteren Schwärze (3624 m), dem Similaun (3599 m) und der Weißkugel (3738 m), im Nordosten durch die **Texelgruppe** begrenzt. Am **Hauslabjoch** im Similaun-Gebiet wurde die Gletscher-Leiche **„Ötzi"** gefunden.

Entwässert wird das Tal durch den 26 km langen Schnalser Bach, der im oberen Teil zum Vernagt-See aufgestaut wird. Zuflüsse sind der Mastaunbach, der Penauder Bach und der Pfossentalbach. Die Mündung in die Etsch liegt auf 550 m Höhe unterhalb von Burg Juval.

Der Einstieg ins Tal erfolgt auf einer gut ausgebauten Straße durch die wildromantische Felsschlucht, die hier vom Unterlauf des Schnalsbaches gebildet wird. Das Tal weitet sich und der Blick geht hoch zur Kirche von Katharinaberg. Bald folgt rechts der Abzweig ins kleine Pfossental, links oben erkennt man die Ortschaft Karthaus. Weiter aufwärts geht es vorbei an der Ortschaft Unser Frau zur Talsperre des Vernagt-Sees. Am rechten Ufer des Sees entlang führt die Straße weiter hinauf nach Kurzras, dem modernen Skizentrum.

Das Schnalstal zählt zu den wichtigsten **prähistorischen und antiken Alpenübergängen,** wie unter anderem der Fund von „Ötzi" zeigt. Bis heute spielen das Hochjoch und das Hauslabjoch eine entscheidende Rolle für den **grenzüberschreitenden Viehtrieb** (Transhumanz). Jeweils zum Sommerbeginn im Juni werden die Schafherden aus dem Schnalstal über den Ötztaler Hauptkamm zu ihren Sommerweiden im Venter Tal getrieben und im September wieder zurück. Bei dem gefahrvollen Übergang ist die Passhöhe auf 3200 m zu erklimmen und ein Abstieg von 1800 m zu bewältigen!

Interessant ist das Schnalstal auch wegen der Bauweise seiner **Bauernhäuser,** die ganz aus Holz oder nur auf einem steinernen Parterre errichtet sind.

Bis in die 1960 Jahre war das Schnalstal noch eine abgelegene Bergregion. Erst langsam hielt der Tourismus Einzug in dieses einzigartige Tal. Ausgelöst wurde der Tourismusboom durch den **Bau von Aufstiegshilfen,** die heute bis auf über 3000 Meter Höhe reichen sowie durch, den Bau **moderner Hotelanlagen,** die sich vor allem im Talschluss konzentrieren und das ursprüngliche bäuerliche Erscheinungsbild des Tals vergessen lassen. Doch kaum verlässt man die Kernzone des Tals, kann man wieder die Ursprünglichkeit der Südtiroler Bergwelt genießen!

Katharinaberg (Santa Caterina)

Die Herren von Schnals waren Abkömmlinge des einst im Vinschgau so mächtigen Ministerialengeschlechts von Montalban. Sie errichteten ihre Burg auf 1245 m Höhe auf dem schier uneinnehmbaren Felsrücken über der linken Talseite, von wo aus man sowohl den Zugang zum Tal als auch das obere Tal überblicken konnte. An diesem wildromantischen Ort genießt man heute einen der schönsten Blicke in die Südtiroler Alpenlandschaft.

1350 wurde die **Schnalsburg** von den Kartäusern, die ihr Kloster oberhalb in Karthaus errichteten, abgerissen. Nur der alte Burgturm blieb stehen, welcher der Kirche heute als Glockenturm dient. Um 1500 wurde am Burgstandort eine erste **Kapelle** erbaut, die 1748 ihre heutige Gestalt erhielt.

Unterkunft, Essen und Trinken

■ **Gasthof Schnalsburg**①, Katharinaberg 49, Tel. 0473 679139, www.schnalsburg.com, am Ortsrand, gemütliche Zimmer mit Balkon, Bar und Sonnenterrasse, Fr Ruhetag.

■ **Hotel am Fels**①, Katharinaberg 61, Tel. 0473 679139, www.hotel-amfels.it, praktisch eingerichtete Zimmer mit Balkon, Hallenbad, vermietet auch Appartements.

Pfossental

Von der Hauptstraße zweigt oberhalb der Zufahrtsstraße nach Katharinaberg rechts der Weg ins Pfossental ab, das bis zum **Vorderkaserhof** auf 1694 m Höhe befahren werden darf. Hier trifft man auf den **Meraner Höhenweg,** den berühmten Rundweg um die Texelgruppe, der nunmehr dem Pfossental weiter aufwärts folgt. Reizvoll ist die Wanderung durch das sich hier weitende Tal bis zu dessen Schluss. Almhütten am Wegesrand bieten dem Wanderer deftige hausgemachte Kost und Übernachtungsmöglichkeiten. Der höchste, auf 2071 m gelegene Hof ist der **Eishof,** der jahrhundertelang der höchste Bauernhof der Alpen war. Weiter führt der Weg über die **Stettinerhütte** (2875 m) und das **Eisjöchl** (2895 m), einen im Widerspruch zu seinem Namen eisfreien Übergang, bis ins Pfelderer Tal.

Unterkunft, Essen und Trinken

■ **Gasthof Jägerrast (Vorderkas)**①, Pfossental, Tel. 0473 679230, www.jaegerrast.com, die Zimmer sind rustikal eingerichtet, meist mit Dusche/WC, in der Gaststube wird traditionelle Südtiroler Küche geboten, eigene Käserei, ganzjährig.

■ **Mitterkaser Alm,** auf 1954 m Höhe, Schnalstal, Pfossental 1, Tel. 0473 420473, www.mitterkaser alm.it, bietet Südtiroler Wandererkost und einfache Schlafgelegenheiten in Mehrbett-, Dreier- und Zweierzimmmern, geöffnet Mai bis Okt.

■ **Rableid Alm,** auf 2004 m Höhe, Schnalstal, Pfossental 2, Tel. 0473 420631, www.rableid alm.com, bietet Südtiroler Wandererkost und einfache Schlafgelegenheiten, dazu Käse aus eigener Käserei, geöffnet Mai bis Okt.

■ **Berggasthof Eishof**②, auf 2071 m Höhe, Schnalstal, Pfossental 3, Tel. 0473 420524, www.eishof.com, höchst gelegene Alm im Pfossental, ganzjährig bewohnt, Ausgangspunkt für Bergwanderungen in die Ötztaler Alpen, gepflegte Südtiroler Küche, Schlafgelegenheiten.

■ **Stettinerhütte,** Hütte des Italienischen Alpenvereins, Sektion Bozen, auf 2875 m am Eisjöchl, Tel. 0473 424244, nach einem Lawinenunglück musste die Hütte 2014 abgerissen werden, der Wiederaufbau hat 2020 begonnen, in der Zwischenzeit ermöglichen hölzerne Übergangsbauten die Wandererversorgung und externe Unterbringungsmöglichkeiten.

Karthaus (Certosa)

An der Stelle, wo heute die umfänglichen Reste des **Kartäuserklosters Allerengelberg** stehen, befand sich vermutlich schon in weit vorgeschichtlicher Zeit eine heidnische Kultstätte – ein weiteres Indiz für die jahrtausendelange Bedeutung des Schnalstals als Alpendurchgang. Zur Verchristlichung dieser Stätte ließ der Tiroler Landesherr 1326 durch Kartäuser das Kloster errichten. Im Zuge der Bauernaufstände erhoben sich auch die Schnalstaler Bauern gegen die hohen Abgaben an das Kloster. Daraufhin versahen die Mönche die Anlage mit der noch heute bestehenden Ringmauer. 1782 wurde das Kloster im Zuge der Säkularisierung durch Kaiser *Josef II.* aufgehoben, es zogen Bauern und Handwerker in die Klostergebäude ein.

In der Mitte der ehemaligen Siedlung erhebt sich die **Michaelskirche** als alte Klosterkirche mit wunderschöner Barockausstattung, die nach einem verheerenden Brand 1924 zusammengestellt wurde. Zauberhaft ist der Blick vom **Friedhof** mit seinen vielen Tiroler Grabkreuzen. Erhalten und renoviert sind auch Teile des **Kreuzganges** und das alte Priorhaus mit der anschließenden Küche sowie die Grotte in der Südwestecke der Ringmauer als Nachbildung des Heiligen Grabes von Jerusalem.

Die flächenmäßig größte bewirtschaftete **Interessenschaftsalm** Südtirols liegt im Schnalstal oberhalb von Karthaus. Vom Dorfparkplatz führt rechts eine Straße den Berg hinauf, auf der man

119st ot

nach 10 Minuten Fahrzeit zur Schranke und zu den Wegweisern für die Klosteralm und die Penaud Alm kommt. Von hier aus sind noch 775 Meter Höhenunterschied zu bewältigen. Die grandiose Bergwelt belohnt den Aufstieg!

Unterkunft, Essen und Trinken

- **Hotel Zur Goldenen Rose**②, Karthaus 29, Tel. 0473 679130, www.goldenerose.it, am Dorfplatz, gemütliche Zimmer verschiedener Kategorien, z. T. mit Balkon, Appartements, prämiiertes Restaurant, bekannt für seine Knödel-Spezialitäten.
- **Restaurant Grüner**①, Karthaus 24, Tel. 0473 679104, www.restaurant-gruener.com, am Dorfplatz, zwei Speiseräume, Terrasse, reichhaltige Karte, hausgemachte Eisspezialitäten im Sommer, Do Ruhetag.
- **Penaudalm,** Tel. 349 5483088, höchstgelegene Alm Europas auf 2319 m, auf einer schönen Wanderung von Karthaus durch Wald und Wiesen in 2 Std. zu erreichen. Restauration mit kalten und warmen Gerichten, Käse, Butter, Kaminwurzen aus eigener Produktion, geöffnet Anf. Juni bis Mitte Okt. Der weitere Weg auf die Vermoispitze (2929 m) ist für

Friedhof der Klosterkirche von Karthaus

Bergkletterer empfohlen – mit herrlichem Blick über den mittleren Vinschgau.

Unser Frau in Schnals (Madonna)

In der Mitte des Schnalstals liegt auf über 1500 m Höhe der **Wallfahrtsort** Unser Frau, der größte Ort im Tal. Die Schnalser Wallfahrt kann auf eine über 700-jährige Tradition zurückblicken, sie wurde 1304 erstmals urkundlich erwähnt. 1306 erfolgte der Bau einer **Marienkapelle,** die 1407 gotisch erneuert wurde. 1756 war die heutige Barockkirche endgültig fertiggestellt, die Innenausstattung hat man vom gotischen Vorgängerbau übernommen. Das Westportal ist noch gotisch, die Michaelskapelle daneben wurde 1707 gebaut. Den Hochaltar fertigte *Simon Ybertracher* (1750), die Bemalung der Decke erfolgte 1881 im Nazarener Stil durch *Heinrich Klutbenschädl.* Ziel der Wallfahrt ist ein 13 cm hohes, spätromanisches **Gnadenbild,** das auf das 13. Jh. datiert wird – vom vielen Küssen sind die Gesichter der Maria und des Kindes fast unkenntlich geworden.

Im Ort Unserer Frau und seinem Umfeld findet man noch einige der schönen alten **Schnalser Bauernhäuser,** so beispielsweise das alte Steinhaus am Dorfplatz.

Ötzi Archeoparc

Oberhalb des Ortes ist im Freilichtmuseum Ötzi Archeoparc die steinzeitliche Lebenswelt dargestellt. Es gibt ein Freigelände mit steinzeitlichen Holzhäusern, Vorführungen steinzeitlicher Handwerksleistungen, einen Naturlehrpfad und eine Dauerausstellung als archäologisches Aktivmuseum.

UNSER TIPP: **Ötzi Archeoparc,** Unser Frau 163, Tel. 0473 676020, www.archeoparc.it, geöffnet Ostern bis Allerheiligen täglich 10–17 Uhr, Freilichtbereich und Vorführungen prähistorischer Techniken zum Mitmachen für Erwachsene und Kinder 10.30–16.30 Uhr, Museumscafé 12–16.30 Uhr, Eintritt Museum und Freilichtausstellung/Gewerke 12 Euro, nur Museum 5 Euro, Kinder, Studenten, Senioren 10/4 Euro, Familienticket 34 Euro.

Unterkunft, Essen und Trinken

- **Adlernest**②, Unser Frau 26, Tel. 0473 669652, www.adlernest.com, Panoramahotel in neu errichtetem Haus, Zimmer unterschiedlicher Kategorien mit Balkon, Anf. Mai bis Mitte Juni und zwei Wochen vor Weihnachten geschlossen, bietet vielfältige Kinderaktivitäten.
- **Tonzhaus**④, Unser Frau 27, Tel. 0473 669688, www.tonzhaus.it, Hotel und Restaurant, durch komplette Erneuerung mit architektonisch moderner Fassade entstanden aus dem ehem. Gasthaus zum Goldenen Löwen, unter Erhalt der uralten getäfelten Bauernstube, großer Alpinspa-Bereich mit beheiztem Außenpool, elegante Zimmer, das Restaurant bietet gehobene regionale Küche.
- **Mastaunhof,** Unser Frau 32, Tel. 0473 669621, Jausenstation auf 1643 m Höhe am Eingang zum Mastauntal, bietet typische Schnalstaler Gerichte an, ganzjährig geöffnet, Fr Ruhetag.
- **Mastauner Alm,** im Mastauner Tal auf 1810 m gelegen, Tel. 338 2891644, die Küche bietet typische Gerichte wie Speck, Käse, Knödel, Hammelbraten, Tipp: Schöpsernes (Lammbraten nach altem Schnalser Rezept), geöffnet täglich von Anf. Juni bis Ende Okt., neuerdings auch im Winter.

Vernagt (Vernago)

Der 100 ha große **Vernagt-Stausee** liegt auf 1689 m Höhe. Der See mit seinem smaragdgrünen Wasser wurde in den 1950er Jahren mit einer 65 m hohen, begrünten Staumauer aufgestaut. Acht uralte Höfe versanken damals in den Fluten. Noch heute, wenn der Wasserstand im Frühjahr etwas niedriger ist, ragt der Turm der Kapelle aus dem See. Anstelle des untergegangenen Ortes Vernagt ist heute an der Staumauer ein vor allem bei Wanderern beliebter Touristenort entstanden.

Von Vernagt führt der Weg steil in die **Spitzen der Ötztaler Alpen,** so zur Finailspitze (3514 m), zum Tisenjoch (3210 m), wo die mumifizierte Leiche des 5300 Jahre alten Gletschermannes

Ötzi – der berühmteste Mensch der Steinzeit

Am 19. September 1991 fanden Wanderer beim Tisenjoch nahe dem Hauslabjoch in den Ötztaler Alpen eine vom Gletschereis konservierte Mumie aus der späten Jungsteinzeit. Der Zufallsfund von „Ötzi" bietet völlig neue wissenschaftliche Erkenntnisse über das Leben der steinzeitlichen Menschen in den Alpen. Denn tiefgefroren in Eis und Schnee, haben sich nicht nur der Körper, sondern auch seine Kleidung und von ihm mitgeführte Gegenstände aus Fell, Sehnen und Leder erhalten, dazu ein Kupferbeil, Bogen und Pfeile, ein Feuerstein-Messer. Offensichtlich trug er auch einen Glutbehälter bei sich.

Der „Mann aus dem Eis", der vor 5300 Jahren auf 3210 m Höhe verstarb, ist Opfer eines Überfalls gewesen, wie computertomografische Untersuchungen belegen. Ihn traf eine Feuerstein-Pfeilspitze kurz nach einer Mahlzeit mit reichlich Steinbockfleisch von hinten in die Arterie in der Achselhöhle, sodass er innerhalb von zwanzig Minuten verblutete.

Ötzis Körper wurde im Eis so gut konserviert, dass er nahezu unversehrt blieb. Der

120st ot

Mann war etwa 1,60 m groß und wog 50 kg. Sein Alter wird auf 46 Jahre (+/-5 Jahre) geschätzt. Er war von kräftiger Statur, hatte braune Augen, dunkelbraunes bis schwarzes Haar und Schuhgröße 37/38. Auffällig sind seine 50 Tätowierungen am Körper. Weitere Besonderheiten sind sein zwölftes Rippenpaar und die Tatsache, dass er keine Weisheitszähne hatte. Da Ötzi auf der italienischen Seite der Ötztaler Alpen gefunden wurde, sind die Mumie und die Beifunde heute im Südtiroler Archäologiemuseum in Bozen zu besichtigen.

Gedenkstein an der Ötzi-Fundstelle am Hauslabjoch

Ötzi gefunden wurde, zur Similaunhütte (3017 m), zum Kleinen Similaun (3365 m) und zum Similaun (3599 m) selbst.

Unterkunft, Essen und Trinken

■ **Mountain Lake Hotel Vernagt**③, Vernagt am See, Tel. 0473 669636, www.hotel-vernagt.it, unmittelbar an der Uferstraße gelegen, komfortable Zimmer verschiedener Kategorien mit Balkon, Hallenbad, anspruchsvolle Küche mit Südtiroler, italienischen und fleischlosen Gerichten.

■ **Hotel Edelweiss**②, Vernagt 78, Tel. 0473 6696 33, www.hoteledelweiss-schnals.com, unmittelbar an der Uferstraße, traditionell eingerichtete Zimmer mit Balkon zum See oder zur Bergseite, 12 neue Chalets in komfortabler Holzbauweise, stilvolles Restaurant bietet typische Tiroler Küche sowie raffinierte Menüs und Buffets, Terrasse mit einzigartiger Aussicht über den See.

■ **Finailhof,** Vernagt, Tel. 0473 669644, www.finailhof.com, auf 1953 m Höhe oberhalb des Vernagtsees, vom Seeende auf dem Wirtschafsweg gut zu erreichen. Galt bis 1950 als höchster Kornhof der Alpen, der Sage nach soll Herzog *Friedrich* hier auf seiner Flucht 1416 Unterschlupf gefunden haben. Der Holzflockbau steht seit 1981 unter Denkmalschutz. Die Jausenstation bietet Schöpsenbratele, Knödel, Suppen, Salatele, Omeletts, Kaiserschmarrn, geöffnet Frühjahr bis Nov.

UNSER TIPP: **Similaunhütte,** Tel. Hütte 0473 669711, Tel. Tal 0043 52548119, www.similaunhuette.com, auf 3019 m Höhe am Niederjoch, 30 Betten in Mehrbett-Zimmern und 40 Plätze in Matratzenlagern, Gaststube und Sonnenterrasse, hervorragende Küche, gute Weine, zu erreichen von Vernagt in 3½ Std., von Vent in 5 Std. Touren von hier auf den Similaun (2 Std.), auf die Finailspitze (2½ Std.), zum Tisenjoch (Fundstelle von Ötzi, 1 Std.), geöffnet von Anf. März bis Mitte Mai und Mitte Juni bis Anf. Okt.

Kurzras (Maso Corto)

Der Weg vom Vernagtsee nach Kurzras auf 2011 m Höhe führt durch das zauberhafte obere Schnalstal, vorbei an einigen schönen, alten hölzernen Bauernhäusern. In Kurzras befand sich einst der Kurhof, der flächengrößte Bauernhof des Tals. Sein Besitzer hat in den 1970er Jahren Kurzras zu einem der bedeutendsten **Skizentren** Südtirols ausgebaut. So hat sich Kurzras in einen Hotelort verwandelt, der alle erdenklichen Einrichtungen für Ganzjahres-Skibetrieb und Wanderurlaub bietet: Unterkünfte, Geschäfte, Restaurants, Discos und Pubs, Skischule und Skiverleih. So seelenlos der Ort geworden ist, so beeindruckend ist die Berglandschaft am Ende des Schnalstals. Nur die vom Kurhofbauern *Serafin Gurschler* 1895 gestiftete Hofkapelle zur Heiligen Familie am Ortseingang erinnert noch an die alten Zeiten im Talschluss.

Unterkunft, Essen und Trinken

■ **Glacier Hotel Grawand**④, Kurzras 111, Tel. 0473 662118, www.grawand.com, auf 3212 m Höhe höchstgelegenes Hotel Europas, Zimmer mit allem Komfort, Restaurant, garantierter Parkplatz auf dem Autoabstellplatz in Kurzras direkt neben der Talstation, Aufstieg mit der Gletscherbahn, dazu Tagesrestaurant mit 300 Plätzen für Tagesgäste.

UNSER TIPP: **Marchegghof**①, Kurzras 6, Tel. 0473 662163, www.marchegghof.com, 2 km vor Kurzras auf 1800 m Höhe gelegener Bergbauernhof, seit 200 Jahren in Familienbesitz, in ruhiger, sonniger Lage am Südhang. Jausenstation mit gemütlicher Stube und Sonnenterrasse, auf der die Hühner frei herumlaufen, rustikale Zimmer mit Dusche/WC.

121st ot

■ **Schutzhütte Schöne Aussicht,** Schnals, Tel. 0473 679123, www.schoeneaussicht.it. Zum Hotel Goldene Rose (Karthaus) zugehörig, am Hochjochferner in den Ötztaler Alpen zu erreichen ab Kurzras über den Weg Nr. 3 sowie über die Schnalstaler Gletscherbahn über den Weg Nr. 3A, geeignet für Bergwanderer im Sommer und Skifahrer im Winter, Gepäcktransport durch Materialseilbahn ab Kurzras, Duschen, Sauna, leckere regionale Küche, geöffnet Ende Juni bis Anfang Oktober sowie Anf. Nov. bis Anf. Mai.

△ Der Bergbauernhof Marchegg bei Kurzras, eine Jausenstation im Schnalstal

▷ St. Prokulus in Naturns

Aktivitäten

■ **Skigebiet Schnalstal** (2011–3212 m): ganzjähriger Betrieb 9–16.30 Uhr, 12 Liftanlagen, über 35 km präparierte Pisten aller Schwierigkeitsstufen, Familienfreundlichkeit durch Kinderteppichlift und Rodelbahn. Über Lifte zu erreichen sind das Berghotel Grawand (3212 m), die Teufelsegghütte (2440 m), von wo aus man die Schöne Aussichtshütte (2842 m) erklimmen kann, sowie die Lazaunhütte (2427 m). Gletscherskibetrieb im Sommer mit zwei Liften. Die Aussichtsplattform **„Iceman Ötzi Peak"** thront auf der Grawand-Spitze, in nur 10 Minuten von der Bergstation der Schnalstaler Gletscherbahn über Felsen und sichere Stahltreppen auf 3251 Meter zu erklimmen. Grandios ist der Ausblick über 126 Dreitausender!

Östlich des Schnalstals

Naturns (Naturno)

Info: Postleitzahl Naturns: **39025.** Tourismusverein Naturns, Rathausstraße 1, Tel. 0473 666077, www.naturns.it.

Verwaltungsmäßig schon zum Burggrafenamt gehörend, aber geografisch noch ganz dem Tal verhaftet, ist Naturns ist der **wichtigste Fremdenverkehrsort** im unteren Vinschgau. Das Klima ist hier noch angenehmer als im Rest des Tals – im Durchschnitt scheint die Sonne 315 Tage im Jahr. Der Ort liegt eingebettet in Apfel-, Feigen- und Weinkulturen.

Wohl auch wegen der begünstigten Lage war das Gebiet um Naturns schon in der Bronzezeit besiedelt. Auch die Römer hinterließen ihre Spuren. Dort, wo heute die St. Prokuluskirche steht, fand man die Grundmauern einer spätantiken Siedlung, die auf das Jahr 600 datiert wird. Mit dem Bau der ersten Prokuluskirche wurde zwischen 630 und 650 begonnen. Nicht zuletzt wegen der strategischen Lage am Eingang zum Vinschgau als wichtigem Verkehrsweg durch die Alpen wurde der Ort durch die ab dem 13. Jh. beurkundeten Herren *von Naturns* als Ministeriale der Tiroler Grafen mit der Burg Hochnaturns befestigt.

Dass er später seine Bedeutung beibehielt, zeigt die beeindruckende Bausubstanz im Ortskern, vor allem repräsentiert durch den Gasthof Adler an der Hauptstraße, den Pfarrhof, den Dorfmairhof und den Gasthof Zur Rose. Seiner Funktion als zentralem Tourismusort wurde Naturns unter anderem durch den Bau des Erlebnisbades und der **Kabinenseilbahn zum Unterstellhof** unterhalb des Meraner Höhenweges gerecht, deren Talstation sich im Vorort Kompatsch befindet. Eine 2,4 Kilometer lange Tunnelumfahrung entlastet den Ort vom Durchgangsverkehr, was die Attraktivität Naturns als Fremdenverkehrsort weiter erhöht.

Attraktiv ist die 50 Meter auskragende **Aussichtsplattform** nahe am Unterstellhof, von der man einen weiten Ausblick über den Meraner Talkessel bis zu den Bergen der Ortlergruppe hat.

124st ot

Kirche und Museum St. Prokulus

Bedeutendstes Bauwerk von Naturns ist die aus dem 7. Jh. stammende vorromanische Kirche St. Prokulus. Sie gehört zu den ältesten frühchristlichen Kirchen im Land und ist wegen ihrer einzigartigen **Wandmalereien aus dem 8. Jh.** berühmt. Die Schutzherrschaft des *Prokulus* stammt aus dem langobardischen Oberitalien, wo dem Heiligen in der Gegend von Verona mehrere Kirchen geweiht sind und wo Prokulus zu Beginn des 4. Jh. als Bischof überliefert ist. Der Legende nach musste er auf Betreiben des heidnischen Statthalters aus der Stadt fliehen.

☑ ▷ Die Kirche St. Prokulus gehört zu den ältesten frühchristlichen Kirchen. Zu sehen sind Wandmalereien aus dem 8. Jh.

Aus der Erbauungszeit der Kirche ist das rechteckige Schiff mit dem trapezförmig eingezogenen Chor erhalten. Erstmals urkundlich erwähnt wurde die kleine Kirche im Jahr 1365, nachdem die Herren *von Annaberg,* die schon 1357 die nahe gelegene Burg Dornberg erworben hatten, sie als ihren Familienbegräbnisort bestimmten. Sie waren es auch, die das Kirchenschiff zur Einwölbung erhöhten, sie ließen die vorromanischen Fresken mit gotischen Motiven übermalen und den neu entstandenen oberen Fries entsprechend ausmalen.

1923 kamen im Zuge einer Kirchenrestaurierung die frühmittelalterlichen Wandmalereien wieder zum Vorschein. Die gotischen Fresken wurden abgehoben und im 2006 an der Kirche eröffneten **Prokulus-Museum** ausgestellt. Die ursprünglichen frühmittelalterli-

123st ot

122st ot

chen Fresken können nun wieder in der Kirche bewundert werden. Das bekannteste Motiv zeigt den „Schaukler“, der wohl die Flucht des Bischofs Prokulus aus Verona durch Abseilen über die Stadtmauer darstellt. Weitere Motive sind thronende Heilige, Frauen mit Opfergaben, Zuschauer der Flucht des Bischofs und nicht zuletzt eine Rinderherde. Das Museum gegenüber der Kirche zeigt 1500 Jahre Geschichte von der Spätantike über das Frühmittelalter bis zur Gotik und Pestzeit.

■ **St. Prokulus,** St. Prokulusstraße, Tel. 0473 6673 12, www.prokulus.org, Anf. April bis Anf. Nov. Di, Do, So und feiertags 9.30–12 und 14.30–17.30 Uhr, Eintritt 6 Euro, Kinder von 10–18 Jahren und Studenten 2,50 Euro, Familienkarte 12 Euro, Führung zusätzlich 35 Euro.

Ortspfarrkirche St. Zeno

Sehenswert ist auch die Ortspfarrkirche St. Zeno, nordwestlich am Hang gelegen. Auch der heilige *Zeno* war im 4. Jh. Bischof von Verona, er gilt als Schutzpatron gegen Wildwasserschäden. Bei dem ursprünglichen Kirchenbau dürfte es sich um einen der ältesten der Region handeln, der ebenfalls in die vorkarolingische Zeit zurückreicht. Doch die Grundmauern der Kirche sind noch wenig erforscht. Der heutige, spätgotische Bau entstand 1474/75 als zweischiffige Anlage mit Netzrippengewölbe und Freskenresten vom Vorgängerbau. Das Außenfresko stammt von 1500. Um 1760 erhielt der Turm seine Zwiebelhaube und die barocke Ausstattung des Chorraums.

Burg Hochnaturns

Burg Hochnaturns ist das Wahrzeichen des Ortes, errichtet von den Herren *von Naturns*, Ministeriale der Grafen von Tirol. 1237 ist ein *Heinrich von Naturns* nachweisbar. Im Mittelalter wurden eine Reihe von Veränderungen an der Burg vorgenommen, später verfiel sie. Erst 1952 erhielt sie mit dem Ausbau zum Hotel ihr heutiges Aussehen, bei dem zwei Türme der Anlage entsprechend ausgebaut wurden. Von historischer Bedeutung sind die vielen mittelalterlichen Möbel und Bilder, die Kassettendecken und Täfelungen, die Malereien, die Kachelöfen und weitere Einrichtungsgegenstände. Seit 1992 dient die Burg aber der Hoteliersfamilie als privater Wohnsitz und kann nicht besichtigt werden.

Naturparkhaus Texelgruppe

Das Naturparkhaus in der Mittelschule von Naturns zeigt die Gegensätzlichkeit und Vielfalt der Lebensräume im Naturpark Texelgruppe mit dem **Schwerpunkthema Wasser:** Quellbiotope, Bewässerungstechnik der Waale, Flora und Fauna.

126st ot

■ **Naturparkhaus Texelgruppe,** Feldgasse 3, Tel. 0473 668201, www.provinz.bz.it, Ostern bis Okt. 9.30–12.30 und 14.30–18 Uhr, So und Mo geschlossen, Juli–Aug. auch So geöffnet, Eintritt frei.

Tschirland

Das kleine Dorf Tschirland, südwestlich von Naturns inmitten von Obstgärten gelegen, ist durch die große Zahl wunderschön renovierter **Bauernhäuser** mit den so typischen erkerförmigen Backöfen gekennzeichnet. Die Ortskirche St. Oswald wurde vom örtlichen Künstler *Simon Ybertracher,* der auch in der Marienwallfahrtskirche im Schnalstal tätig war, Mitte des 18. Jh. ausgemalt.

Tabland

Auf dem Tablander Murkegel noch etwas weiter südwestlich gelegen, weist die kleine Ortschaft Tabland mit der Ortskirche zum heiligen Nikolaus einen Sakralbau auf, der bereits 1369 erstmals urkundlich erwähnt wurde. Der gotische Flügelaltar stammt wahrscheinlich aus der Werkstatt des schwäbischen Schnitzers *Hans Schnatterpeck,* der um 1500 in Südtirol tätig war.

Burg Tarantsberg

Am Fuße des Nördersberges errichteten die Herren *von Tarante* – wie die Naturnser Ministeriale der Tiroler Grafen – um 1217 eine Burganlage, in deren Mitte

◁ Wandern im Vinschgau

der massive viereckige Bergfried aufragt und die sich vor dem dunklen Wald zwischen Plaus und Naturns hell abhebt. Graf *Meinhard II. von Tirol* erwarb 1291 die Burg, dann 1347 *Heinrich von Annenberg*, dessen Nachfahren sie zu einer Renaissanceanlage umgestalteten. Ab dem 17. Jh. war die herrschaftliche Burg Tarantsberg, die heute durch eine Lautverschiebung auch *Dornsberg* genannt wird, in wechselnden Händen, bis 1964 eine deutsche Familie sie erwarb und seither vorbildlich restauriert.

Plaus

Plaus ist die östliche Fraktion von Naturns im Talboden. Bekannt ist der Ort für die apokalyptischen Malereien des Künstlers *L. St. Stecher* an der Friedhofsmauer.

Unterkunft

■ **Panoramahotel Nocturnes**④, Schlossweg 5, Tel. 0473 667055, www.nocturnes.it, modernes Hotel am Ortsrand, großzügige Zimmer nach Südwesten mit Balkon und Blick ins Etschtal bis zur Ortlergruppe, Garten, Schwimmhalle und Sauna, hervorragender Service, abwechslungsreiche, gehobene Küche.

■ **Hotel Belvedere**④, St.-Prokulus-Str. 35, Tel. 0473 667306, www.belvedere-naturns.com, moderne Architektur, Schwimmhalle mit Wellnessbereich, Gartenterrasse, großer Barbereich, Zimmer und Suiten verschiedener Kategorien mit Balkon, liegt an einer der Nordic-Walking-Routen des Nature.Fitness.Park.

■ **Hotel Prokulus**④, Dorfstraße 19, Tel. 0473 66 7566, www.prokulus.it, traditionsreiches Haus im Zentrum, aufwendig eingerichtete Zimmer und Suiten, seit 2014 erweitert um eine Wellness-Landschaft: Pools, Sportschwimmbecken, Kinderhallenbad mit Piratenschiff, Wellen- und Reifenrutsche, Saunalandschaft, verschiedene Anwendungen.

■ **Linthof**①, am Sonnenberg auf 1484 m am Meraner Höhenweg oberhalb der Seilbahnstation am Unterstellhof, Tel. 0473 667884, www.linthof.com, Jausenstation, gemütliche Gaststube, Sonnenterrasse, deftige Tiroler und À-la-carte-Gerichte, Zimmer mit Balkon, geöffnet Mitte März bis Ende Nov.

■ **Gasthof Weißes Kreuz**①, Naturns-Tabland, Tabland 22, Tel. 0473 660529, www.weisses-kreuz.com, ruhig gelegen, Zimmer mit Bio- und Vollholzmöbeln, großteils mit Balkon, die Gaststube ist eine 200 Jahre alte Zirmstube mit Holzofen, Sonnenterrasse im Obst- und Kräutergarten, Küche mit Tiroler, italienischen und internationalen Gerichten.

Camping

■ **Waldcamping Naturns,** Dornsbergweg 8, Tel. 0473 667298, www.waldcamping.com, am jenseitigen Hang zum Nördersberg in ruhiger Lage umgeben von eigenen Obstgärten und Wald, 2,5 ha groß, 100 m² Stellflächen, gehobene Sanitäranlagen, Lebensmittelgeschäft, Hallen-Erlebnisbad, geöffnet Mitte März bis Anf. Nov.

Essen und Trinken

■ **Zum Adler**③, Hauptstr. 45, Tel. 0473 668288, www.zumadler.eu, über 300 Jahre altes, denkmalgeschütztes Wirtshaus im Ortskern, drei gemütliche Gasträume, kleine Terrasse vor dem Eingang, die Küche bietet traditionelle Rezepte, dazu Pizzeria, Freitag Ruhetag.

■ **Goldene Rose**①, Schlossweg 4, Tel. 0473 6671 78, www.goldene-rose.info, alteingesessener Dorfgasthof im verkehrsberuhigten Ortszentrum, Familienbetrieb mit freundlicher Atmosphäre, die Küche bietet Tiroler, deutsche und italienische Gerichte,

Wanderungen

Von Unterstell bis Giggelberg

■ **Gehzeit:** ca. 3½ Std. ohne Rast (am Wegesrand mehrere Jausenstationen).

GPS Wanderung zwischen den Endstationen der Naturnser Unterstell-Seilbahn und der Texel-Seilbahn (→ Partschins), Anstieg von Unterstell (1300 m) zunächst zum Innerforchhof auf 1470 m, dann auf dem Meraner Höhenweg bis zum Endpunkt Giggelberg auf 1565 m (Kombiticket für beide Seilbahnen)

Sonnenberger Panoramaweg (Naturns – Rabland)

■ **Gehzeit:** 4½ Std., 130 Höhenmeter. Der Rückweg kann über Rabland und die Vinschgerbahn erfolgen.

GPS Vom Ortszentrum Naturns (554 m) führt der Zuweg zum Panoramaweg über den Schlossweg auf die Vogeltennpromenade. Hier folgt man der Markierung 39 vorbei am Rautner-, Hafling-, und Runsthof bis zur alten Runster-Mühle und weiter zum Weitgrubhof, wo der Sonnenberger Panoramaweg (Nr. 91) beginnt. Mit weitem Ausblick auf Tal und Berge gelangt man vom Pardellhof (670 m) zum Winklerhof (682 m).

moderne Zimmer①, Sonnenterrasse, Liegewiese, ganzjährig geöffnet.

■ **Gasthaus-Bergstation Unterstellhof**①, Sonnenberg 46, Tel. 0473 667747, www.unterstellhof.com, an der Bergstation der Seilbahn am Meraner Höhenweg, gutbürgerliche Südtiroler Küche wie Schöpsernes, Hirschgerichte, Grillplatte, hausgemachte Kuchen, mit Kinderspielplatz, Fr Ruhetag.

Wein

■ **Weingut Falkenstein,** Schlossweg 15, Tel. 0473 666054, 14 ha Rebfläche in Höhenlagen zwischen 600 bis 900 Meter, Weißburgunder, Riesling, Blauburgunder, Sauvignon, Gewürztraminer. Ab-Hof-Verkauf Mo–Fr 8–12 Uhr, ansonsten nach Vereinbarung, bietet Führungen an.

Aktivitäten

■ **Nature.Fitness.Park:** Naturns hat fünf Nordic-Walking-Routen mit insgesamt 30 km, eine Joggingstrecke von 10,2 km, eine Bikestrecke von 31,7 km, eine Bladingstrecke von 15,7 km und einen Alpine-Well-Fit-Parcours mit fünf Stationen, große Starttafeln informieren ausführlich über die angebotenen Bewegungsmöglichkeiten.

■ **Erlebnisbad:** Feldgasse 5, Tel. 0473 668036, www.erlebnisbad.it, Hallenbad mit Riesenrutsche, Freibad, Saunalandschaft, Solarium, Restaurant, Bar, Pizzeria, Sommeröffnungszeiten Mitte Mai bis Mitte September Frei- und Hallenbad täglich 10–19 Uhr, Hallenbad bis 19.30 Uhr, Mo und Mi bis 20.30 Uhr, neue Saunalandschaft täglich 14–21 Uhr, Di Ruhetag, Winteröffnungszeiten Hallenbad und Sauna reduziert, Eintritt Hallenbad Mo–Fr 13,10 Euro, Sa/So und feiertags 14,30 Euro, Senioren/Jugendl./Studenten 12,10/13,40 Euro, Kinder 3–13 Jahre 7,40/8,10 Euro, div. Ermäßigungen.

Funpark-Naturns, Gustav Flora Straße, neben dem Jugendzentrum, Mai bis Okt. täglich 9–21.30 Uhr, 1000 m^2 „Fun for Kids" mit Mehrzweckplatz für Ballsportarten (z.B. Basketball), Fein-Asphaltfläche und diverse Rampen für Skateboarder, Inliner und BMX, Info: www.naturns.it.

Einkaufen

■ **Speck,** Moser, Stein 17, Tel. 0473 671000, www.speckworld.com, Speck und Südtiroler Spezialitäten, Direktverkauf täglich 9–18 Uhr.

Feste und Veranstaltungen

■ **Rieslingtage Naturns:** Gourmetwochen Anf. Nov. mit Degustationen, Restaurantaktionen, Kellereibesichtigungen, Informationen: www.merano-suedtirol.it/de/rieslingtage.

Seilbahnen

■ **Seilbahn Unterstell:** Talstation Sonnenberg 46, Endstation Unterstell, Tel. 0473 668418, www.unterstell.it, Pendelbahn mit zwei Kabinen, Höhenunterschied 745 m, 8–19 Uhr jede halbe Stunde, im Winter bis 17 Uhr stündlich, Mi auch Abendfahrten, einfache Fahrt 9,90 Euro, Berg- und Talfahrt 14,50 Euro, Kinder 3–16 Jahre 4,50/5,50 Euro.

Verkehr

■ **Vinschgerbahn:** Haltepunkte Naturns und Plaus.

Partschins (Parcines)

■ **Info:** Postleitzahl Partschins: **39020.** Tourismusverein Partschins, Rabland und Töll, Vinschgauer Straße 34, 39020 Rabland, Tel. 0473 967157, www.partschins.com.

Partschins am Fuße der Texelgruppe liegt am Ausgang des Vinschgau, wo sich das Etschtal zur **Meraner Senke** weitet. Das Gebiet war bereits in vorchristlicher Zeit besiedelt. Auch die Römer haben Spuren mit Meilen- und Grabsteinen hinterlassen. Hier führte die Via Claudia Augusta entlang, an der sich am Töllgraben ein Zollbüro befand. Darauf weist die Inschrift auf dem Sockel eines Diana-Altares hin, den man im 17. Jh. oberhalb von Partschins fand. Im Mittelalter residierten hier die Herren *von Partschins* als Ministeriale der Tiroler Grafen. Ihre Burg ging später an das Geschlecht der *Stachl* über, weshalb sie heute Stachlburg heißt. Reizvoll ist die alte Bausubstanz im Zentrum des Ortes mit seinen kleinen Gassen.

Stachelburg

Die Stachelburg steht nördlich des Ortskerns. Der quadratische Bergfried mit Pyramidendach entstand um 1250. Zwei Hauptgebäude lehnen sich an den Bergfried an: Westlich steht der um 1300 erbaute Palas, das im 15. Jh. erbaute östliche Gebäude birgt eine Renaissancestube. Die beiden Gebäude wurden 1600 durch einen Bogenzwischenbau verbunden. Im Garten steht der 1727 erbaute Musiksaal mit Stuckdecke und allegorischen Dekorationen. *Baron von Kripp* führt als Nachfahre der Grafen Stachl in der Burg eine erlesene **Kellerei.**

■ **Schlossweingut Stachlburg,** Mitterhoferstraße 2, Tel. 0473 968014, www.stachlburg.com, Bio-Weingut, Weinverkauf Ostern bis Allerheiligen 9–12 und 14.30–19 Uhr (außer So).

Ortspfarrkirche St. Peter und Paul

Die Ortspfarrkirche St. Peter und Paul von Partschins ist auch dem heiligen *Nikolaus* geweiht. Sie wurde 1264 erstmals urkundlich erwähnt und 1502 im spätgotischen Stil umbaut. Sehenswert sind einige Marmorskulpturen und Wandmalereien, eine Holzskulptur des berühmten Schnitzers *Jorg Lederer* aus Kaufbeuren sowie der barocke Hochal-

stock.adobe Foto: ©beatuerk

tar. Ein Fresko in der Kirche zeigt das Bildnis des Stifters *Georg von Stachl.*

Schreibmaschinenmuseum und Kulturwanderweg

Der berühmteste Sohn von Partschins ist *Peter Mitterhofer* (1822–93), der als Erfinder der modernen Schreibmaschine gilt. Ein Museum am Kirchplatz ist ihm gewidmet und zeigt die **Geschichte der Schreibmaschine** und weitere historische Schreibgeräte. Besonderes Ausstellungsstück ist eine **Enigma.** Der Kulturwanderweg Peter Mitterhofer führt als **Rundweg** um Partschins mit zwölf Informations-Stationen über die Dorfgeschichte und die Schreibmaschine.

■ **Schreibmaschinenmuseum,** Kirchplatz 20, Tel. 0473 967581, www.schreibmaschinenmuseum.com, Ende Mai bis Okt. Mo 14–18 Uhr, Di–Fr 10–12 und 14–18 Uhr, Sa 10–12 Uhr, Nov. bis März Di 10–12 Uhr, Eintritt 7 Euro, ermäßigt 6,30 Euro, 2 Kinder bis 6 Jahre in Begleitung der Eltern frei.

Partschinser Wasserfall

Der Partschinser Wasserfall oberhalb des Ortes ist mit einer **Fallhöhe von 97 m** einer der beeindruckendsten Wasserfälle der Alpen. Er ist vom Dorfkern mit dem Gästebus oder zu Fuß (ca. 1½ Std.) erreichbar. Ein gut gesicherter Steig führt zu einer Aussichtskanzel, von der man das beeindruckende Naturschauspiel aus der Nähe bewundern kann.

Waalweg

Der Partschinser Waalweg beginnt oberhalb des Ortskerns. Am großen Saltenstein rechter Hand verläuft er am Burgstall vorbei und endet oberhalb der Jausenstation Graswegerkeller in der

Fraktion Vertigen. Die fast ebene Wegstrecke durch Wald und oberhalb von Weinbergen mit grandiosem Weitblick misst als Hin- und Rückweg 5 km.

Rabland

Im Partschinser Ortsteil Rabland, südwestlich jenseits des Zieltals gelegen, findet man die kleine, sehenswerte spätgotische **St. Jakobskirche** mit zwei Sonnenuhren aus dem 16. Jh. an der Außenmauer. Die Altarbilder zeigen den Patron *St. Jakob* und die Patronin *St. Margareta*.

Zwei Seilbahnen haben ihre Talstation in Rabland. Die neue **Texel-Seilbahn** fährt seit 2009 auf den Giggelberg (1565 m) am Meraner Höhenweg. Mit der **Aschbach-Seilbahn** gelangt man vom südlich der Etsch gelegenen Ortsteil Saring auf den Nördersberg nach Aschbach, einer Fraktion des Meraner Vorortes Algund.

Südtirol in Miniatur zeigt die Ausstellung **Eisenbahnwelt** im Hotel Hanswirt in Rabland. Die Modelleisenbahnanlage versammelt auf 1000 m² Fläche 800 m Gleise, 70 Züge, 400 Fahrzeuge sowie 12.000 Figuren.

Eisenbahnwelt, Rabland, Geroldplatz 3, Tel. 0473 521460, www.eisenbahnwelt.it, geöffnet So–Fr 10–17 Uhr, Sa geschl., Eintritt 10,50 Euro, Kinder 3–14 Jahre 8 Euro, darunter frei.

Töll

Der **Töllgraben** bildet die Grenze zwischen Partschins und Algund – und die Grenze zwischen dem Vinschgau und der Meraner Senke. Der insbesondere im oberen Teil sehr steile Töllbach neigt immer wider zu Muren, die sich in die Etsch ergießen und diese versanden lassen.

In der Partschinser Fraktion Töll an der Mündung des Baches in die Etsch steht die kleine Kirche **St. Helena,** ein gotischer Bau, 1326 erstmals erwähnt.

Bad Egart ist das älteste Bad Südtirols, urkundlich belegt ist die Quelle seit 1430. Im Jahr 1970 wurde der Badebetrieb eingestellt. Heute steht hier ein Gasthaus (Onkel Taa), dessen Eigentümer einen Teil des Gebäudes zum **k. und k. Museum Bad Egart** umgestaltet hat, mit Exponaten zum alten Bad mit einer Habsburger Sammlung, einer Biedermeierküche, Antiquitäten und kuriosen Ausstellungsstücken.

k. und k. Museum Bad Egart, Töll, Bahnhofstr. 17, Tel. 0473 967342, www.bad-egart.com, geöffnet Anf. April bis Anf. Nov. Di–So 10.30–16 Uhr, Eintritt 9,50 Euro, Schüler 4,50 Euro.

Unterkunft, Essen und Trinken

Rössl③, Rabland, Vinschgaustr. 26, Tel. 0473 96 7143, www.roessl.com, ruhig gelegen mit Blick in die Berge, umgeben von Obstgärten, Zimmer im Hotel und in der Residenz unterschiedlicher Kategorien, überwiegend mit Balkon, außerdem geheiztes Hallen- und Freibad, Saunalandschaft, Solarium und Fitnessraum. Das Restaurant bietet gutbürgerliche und internationale Küche mit aktuellen Saisongerichten. Von November bis Februar geschlossen.

Hotel Hanswirt③, Rabland, Geroldplatz 3, Tel. 0473 967148, www.hanswirt.com, historisches Gasthaus mit Ursprüngen, die bis ins 10. Jh. zurückreichen, Stadel mit romanischen Grundmauerresten, seit dem 16. Jh. in Familienbesitz. Stilvolle, großzügige Zimmer im Hoteltrakt, teilweise mit Balkon, Wellness-Bereich, Garten mit Swimmingpool. Exzellente Küche regionaler Spezialitäten, geboten in der alten Bauernstube oder im gemütlichen Speisesaal mit einem Fresko aus dem 16. Jh. Im ersten Obergeschoss ist die Ausstellung Eisenbahnwelt untergebracht.

■ **Sonne**②, Peter-Mitterhofer-Platz 8, Tel. 0473 967108, www.gasthof-sonne.it, seit vier Generationen in Familienbesitz, Gewölbe-Restaurant bietet italienische und Südtiroler Küche, Zimmer① teilweise mit Balkon, geöffnet Anf. April bis Anf. Nov. sowie Weihnachten/Neujahr.

■ **Gasthaus Brünnl**②, Quadratstr. 23, Tel. 0473 968077, www.bruennl.com, oberhalb in der Fraktion Quadrat mit herrlichem Ausblick über Meran, lädt zum Törggelen ein, die Chefin bereitet liebevoll Tiroler Gerichte, viel Hausgemachtes aus heimischen und saisonfrischen Zutaten, mit großem Streichelzoo, Do Ruhetag.

■ **Gasthof Grasweger Keller**①, Vertigenstr. 15, Tel. 0473 967733, www.graswegerkeller.it, oberhalb der Partschinser Fraktion Vertigen am Partschinser Waalweg mit Blick auf die umliegende Bergwelt, altes Kellergewölbe, sonnige Terrasse oberhalb von Weinbergen, rustikale Küche, 11–24 Uhr, im Winter 17–24 Uhr, Di Ruhetag.

■ **Schutzhaus Hochgang,** im Naturpark Texelgruppe, Tel. 0473 443310, www.hochganghaus.it, Schutzhütte am Meraner Höhenweg, warme Hüttenkost, Brettljausen, 30 Matratzenlager, Juni–Okt.

Brennerei

■ **Hofbrennerei Gaudenz,** Gaudententurmstr. 7, Tel. 348 7341463, www.hofbrennerei.com, Destillerie in dem von *Gaudenz von Partschins* 1348 errichteten Ansitz Gaudententurm, bietet Obstbrände und Grappa, Ab-Hof-Verkauf Ostern bis Allerheiligen Mo–Fr 17–19 Uhr, Führung mit Verkostung Mi 16 Uhr, geleitet von *Christine Schönweger,* der bislang einzigen weiblichen Obstbrennerin in Südtirol.

stock.adobe Foto ©Edith Czech

Seilbahnen

- **Texel-Seilbahn** (635–1544 m): Partschins-Rabland, Zielstr. 11, Tel. 0473 968295, www.texelbahn.com, auf den Giggelberg, Ostern bis Nov. 8–18 Uhr jede halbe Stunde, Juni bis Sept. letzte Fahrt um 19 Uhr, So und Do erste Fahrt um 7 Uhr, Berg- und Talfahrt 14,50 Euro, Kinder 5,50 Euro, Seilbahnkarte Meraner Land 58 Euro, Kinder 25 Euro.
- **Aschbach-Seilbahn** (525–1352 m): Tel. 0473 967198, www.aschbach.it/de/seilbahn, von Rabland-Saring nach Aschbach, ganzjähriger Betrieb 8–19 Uhr, im Winter bis 18.30 Uhr, mit Mittagspause, Berg- und Talfahrt 12 Euro, einfache Fahr 9 Euro, Kinder 6–14 Jahre 5/4 Euro.

Naturpark Texelgruppe (Parco Naturale Gruppo di Tessa)

Das Gebiet des Naturparks Texelgruppe erstreckt sich zwischen dem Schnalstal im Westen und dem Passeiertal im Osten bis zum Alpenhauptkamm. Als größter Naturpark Südtirols umfasst er eine Fläche von 31.349 ha und ist ein Paradies für Wanderer und Kletterer. Hier wechseln sich sonnige Weinhänge, Laub- und Nadelwälder (Buchen, Eichen, Ahorn und Lärchen) und Almwiesen mit felsigen Hängen bis hin zum Hochgebirge ab, dazwischen gibt es rauschende Bäche und tosende Wasserfälle. Waale, Hochalmen und artenreiche Mähwiesen zeugen von der kulturgeschichtlichen Bedeutung dieses Raums.

An den Südhängen gibt es Wärme liebende Tierarten wie die Felsenschwalbe, die hier am weitesten nördlich vorkommt, Gottesanbeterinnen, Eichhörnchen, Kolkraben, Steinadler und die verschiedensten Schmetterlingsarten, dazu die Aspisviper und die Smaragdeidechse. Die ganze Texelgruppe kann auf dem Meraner Höhenweg umrundet werden.

Meraner Höhenweg

- Der Bergsteiger *Hans Kammerlander* bietet für sehr geübte Bergwanderer den Meraner Höhenweg als 48-Std.-Tour an. Info: Büro Hans Kammerlander, Tel. 0474 690012, www.kammerlander.com.

GPS Der Rundweg um die Texelgruppe ist rd. 90 km lang und kann gut in **sechs bis acht Tagen** begangen werden. Am Meraner Höhenweg sind in regelmäßigen Abständen **Einkehr- und Unterkunftsmöglichkeiten** zu finden. Er wird in einen Nord- und einen Südabschnitt unterteilt. Haupteinstiegspunkte sind Katharinaberg im Schnalstal und Ulfas in der Gemeinde Moos im Passeier. Der südliche Meraner Höhenweg zieht sich an den südseitigen Hängen der Texelgruppe entlang und ist von Mai bis November begehbar, im Hochsommer kann es streckenweise sehr heiß sein. Der nördliche, alpine Teil führt durchs Pfossen- und Pfelderertal, wobei das Eisjöchl (2895 m) überschritten werden muss. Er ist von Juni bis September begehbar. → Wanderung „Mehrtagetour Meraner Höhenweg".

☒ Im Naturpark Texelgruppe

5

Wipptal

» Der Brenner stellt die wichtigste Verkehrsverbindung zwischen Deutschland und Österreich nach Italien dar. Beiderseits heißt der Taleinschnitt Wipptal. Das Südtiroler Wipptal wird vom Eisack entwässert. Die traditionsreiche Stadt Sterzing bildet den Mittelpunkt des Tals. Mehrere gewundene Seitentäler bieten reizvolle Urlaubs- und Ausflugsziele.

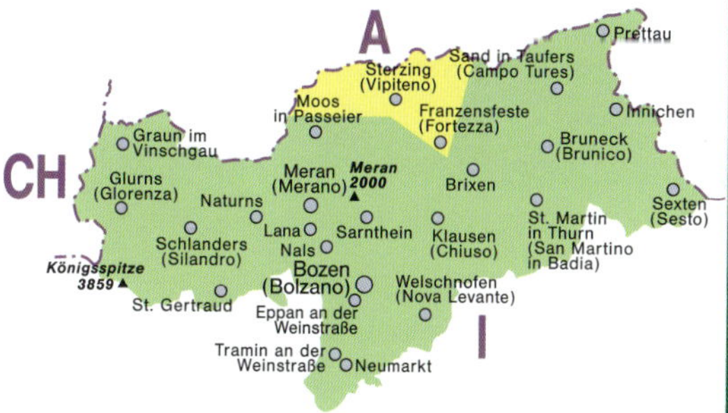

[<] Blick in das Pfitscher Tal

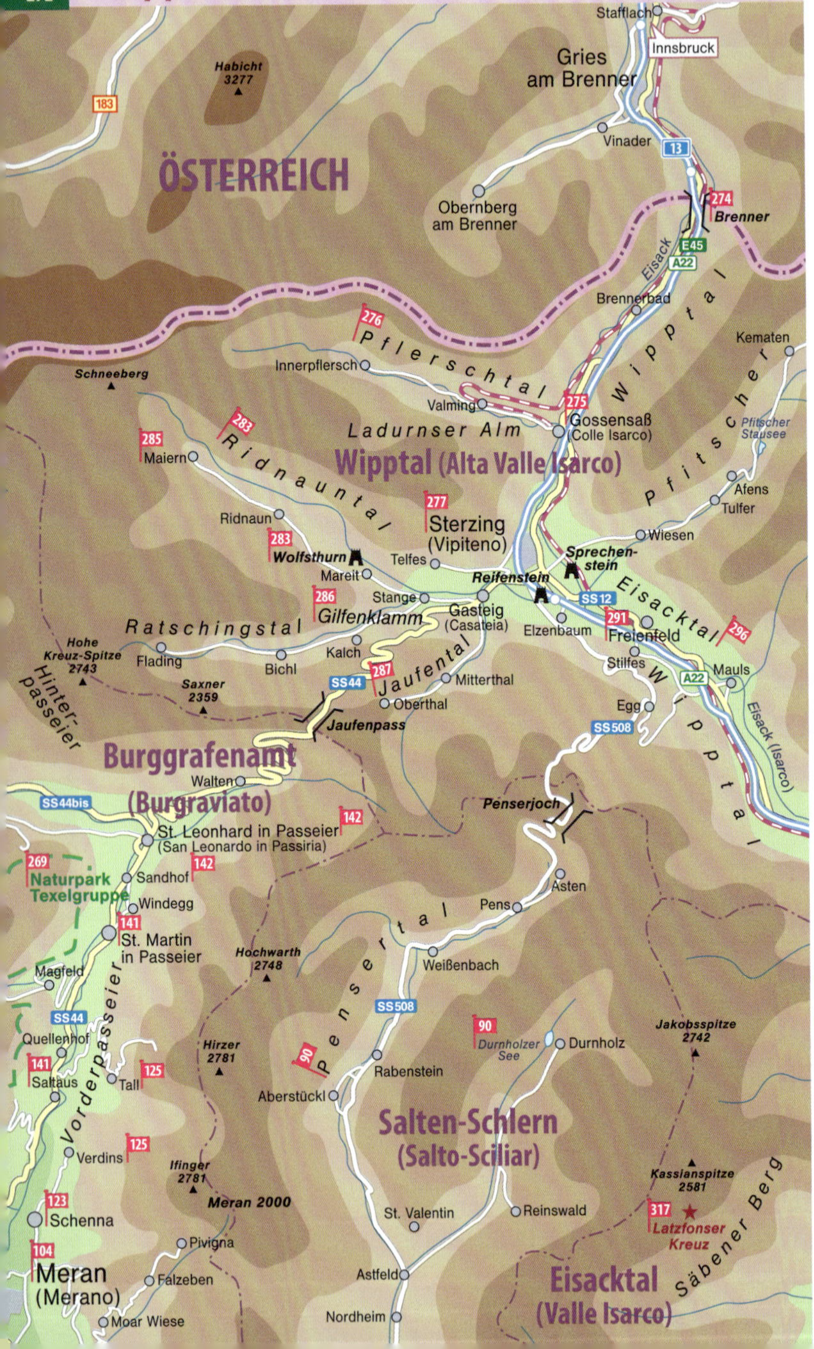
0 5 km
Stafflach
Innsbruck
Gries am Brenner
Habicht 3277
183
ÖSTERREICH
Vinader
13
Obernberg am Brenner
274
Brenner
E45
A22
Eisack
Brennerbad
Wipptal
276
Pflerschtal
Kematen
Innerpflersch
Schneeberg
Valming
275
Gossensaß (Colle Isarco)
Ladurnser Alm
283
285
Maiern
Ridnauntal
Pfitscher Stausee
Wipptal (Alta Valle Isarco)
Pfitscher
Afens
Tulfer
277
Sterzing (Vipiteno)
Ridnaun
Wiesen
283
Wolfsthurn
Telfes
Sprechenstein
Mareit
Reifenstein
286
Stange
SS12
Eisacktal
Gilfenklamm
Gasteig (Casateia)
291
296
Ratschingstal
Elzenbaum
Freienfeld
Hohe Kreuz-Spitze 2743
Flading
Kalch
Bichl
Stilfes
Mauls
287
Jaufental
A22
Hinterpasseier
SS44
Mitterthal
Saxner 2359
Oberthal
Egg
Jaufenpass
SS508
Eisack (Isarco)
Burggrafenamt
Walten
(Burgraviato)
SS44bis
Penserjoch
142
St. Leonhard in Passeier (San Leonardo in Passiria)
269
142
Naturpark Texelgruppe
Sandhof
Asten
Windegg
Pens
141
St. Martin in Passeier
Hochwarth 2748
Weißenbach
Magfeld
Penser Tal
SS44
SS508
Quellenhof
90
Durnholzer See
Durnholz
Jakobsspitze 2742
Hirzer 2781
90
141
125
Rabenstein
Saltaus
Tall
Vorderpasseier
Aberstückl
Salten-Schlern (Salto-Sciliar)
125
Verdins
Kassianspitze 2581
Ifinger 2781
123
Meran 2000
Schenna
St. Valentin
Reinswald
317
Latzfonser Kreuz
Säbener Berg
104
Pivigna
Meran (Merano)
Falzeben
Astfeld
Eisacktal (Valle Isarco)
Moar Wiese
Nordheim

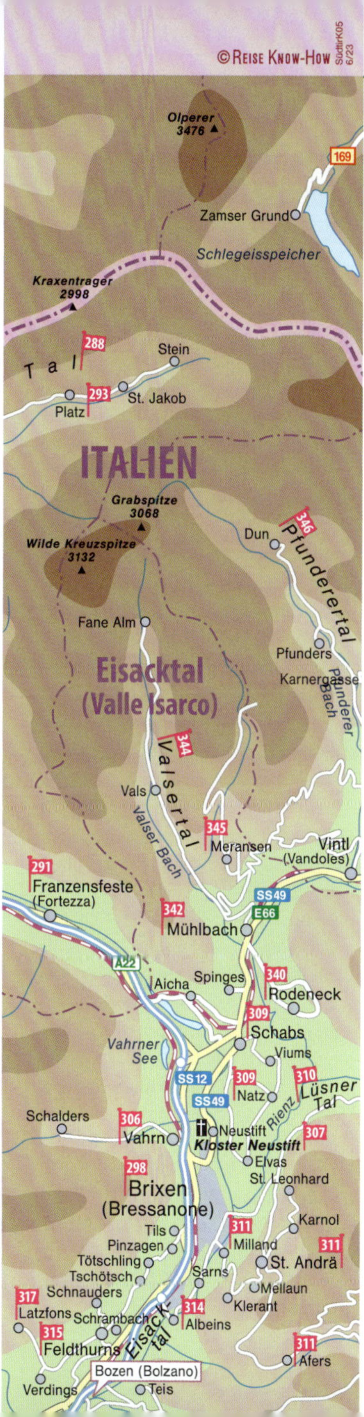

Wipptal

WIPPTAL

DAS TOR NACH SÜDTIROL

Das Wipptal stellt die wichtigste Nord-Süd-Verbindung durch die Alpen dar und ist Teil der Hauptverkehrsachse in Richtung Bozen und damit weiter nach Verona und in die Po-Ebene. Der Talverlauf folgt in Nordtirol der Sill (Unteres Wipptal), führt dann über den Brennerpass und in Südtirol entlang dem Eisack über Sterzing bis Franzensfeste.

NICHT VERPASSEN!

- **Sterzing** mit seiner historischen Altstadt, die den einstigen Reichtum widerspiegelt | 277
- **Schloss Wolfsthurn** im Ridnauntal, mächtigstes Barockschloss Südtirols | 283
- **Besucherbergwerk BergbauWelt Ridnaun Schneeberg,** Zeugnis früherer Knappenarbeit | 285

Diese Tipps erkennt man an der gelben Markierung.

Hat man den Brenner passiert, eröffnet sich dem Besucher eine traumhafte Landschaft, die zu jeder Jahreszeit einen speziellen Reiz ausübt. Hier gibt es schier unendliche Wanderwege mit ursprünglichen Almhütten, Jausenstationen und Gasthöfen, Höhenwege und Klettersteige, hier kann man mit dem Mountainbike die atemberaubende Landschaft erkunden, kann Reiten, Golfen oder Drachenfliegen – und natürlich Skifahren. Dazu kommen die kulturellen Sehenswürdigkeiten, die die Orte des Wipptales bieten, die Kirchen, Kapellen und Museen.

Die Südtiroler Region Wipptal setzt sich aus den sechs Gemeinden des oberen Eisacktals zusammen: Brenner, Franzenfeste, Freienfeld, Pfitsch und Ratschings sowie die Stadtgemeinde Sterzing. Die wichtigsten Seitentäler sind das Pflerschtal, das Ridnauntal und das Pfitscher Tal.

Der Brenner (Brennero)

Der **1374 m hohe Brennerpass** stellt die niedrigste Verbindung über den Hauptkamm der Ostalpen dar und ist zugleich die Wasserscheide zwischen Schwarzem Meer und Adria. Er wird seit der Antike immer stärker in Anspruch genommen und war zur Zeit des Heiligen Römischen Reichs Deutscher Nation das entscheidende Bindeglied zwischen Süddeutschland und Oberitalien. Der Brennerpass hat zwar im Zeichen der Europäischen Union seine Bedeutung als Grenz- und Zollstation weitestgehend verloren, wird aber als innereuropäischer Verkehrsweg immer bedeutender. Hier führt die **Autobahn München –**

Der Brennerbasistunnel – ein weiterer Alpendurchstich im Großformat

Den Brennerpass als wichtigste Nord-Süd-Verbindung im Alpenraum überqueren jedes Jahr mehr als zwei Millionen Lkw und zwölf Millionen Pkw. Nicht nur aus verkehrstechnischen, sondern vor allem aus ökologischen Gründen ist die Verlagerung des Güterschwerverkehrs von der Straße auf die Schiene unerlässlich. Dies setzt eine effiziente Bahninfrastruktur im Brenner-Bereich voraus. Dazu wird ein großteils unterirdisch verlaufender Eisenbahntunnel gebaut, der auf österreichischer Seite direkt in die Bahnumfahrung von Innsbruck einmündet und auf italienischer Seite bis Franzensfeste führt. Der Brennerbasistunnel wird damit Teil der 2200 km langen Hochgeschwindigkeitsstrecke Berlin – Palermo. Mit einer Länge von 55 km wird der Tunnel der zweitlängste der Welt sein, nach dem Gotthard-Basistunnel in der Schweiz. 2011 wurde mit der Hauptbauphase begonnen, das österreichisch-italienische Gemeinschaftsprojekt soll 2032 fertiggestellt sein. Info: https:www.bbt-se.com. In Franzensfeste gibt es einen Informationsstelle, die über den Fortgang der Bauarbeiten Auskunft gibt.

■ **Ausstellung BBT-Infopoint:** 39045 Franzensfeste, Brennerstraße, Tel. 0472 057200, www.bbtinfo.eu, geöffnet Mai bis Okt. Di bis So 10–18 Uhr, Nov. bis April Di bis So 10–16 Uhr, Mo geschlossen.

Verona entlang, parallel dazu die Bundesstraße sowie die insbesondere für den Güterverkehr so wichtige **Eisenbahnverbindung.** Grenzkontrollen gibt es seit 1998 mit dem Inkrafttreten des Schengener Abkommens am Brenner nicht mehr – allerdings wurden diese stichprobenartig seit der Flüchtlingskrise 2015 wieder aufgenommen.

Am Brenner hat sich zudem ein Outletcenter angesiedelt, das inzwischen die Szene beherrscht.

■ **Outlet Center Brenner,** 39041 Brenner, Tel. 0472 636700, www.outletcenterbrenner.com, Produkte von mehr als 55 internationalen Marken werden mit Rabatt verkauft, täglich 10–19 Uhr.

Drei Kilometer südlich des Brennerpasses sprudelt auf 1309 m Höhe eine **Thermalquelle,** die 1338 erstmals erwähnt wurde und im 15. Jh. bereits einen gewissen Ruf hatte. Im 16. Jh. wurde die Quelle des Brennerbades durch Lawinen und Bergstürze verschüttet, dann aber zu Beginn des 17. Jh. von dem Reichspfennigmeister *Zacharias Geizkofler* neu erschlossen. In seiner Glanzzeit im 19. Jh. suchten berühmte Persönlichkeiten wie *Henrik Ibsen*, *Richard Strauß* oder *Franz Léhar* das Bad auf. Mit dem Bau der Brenner-Autobahn wurden die Reste des Brennerbades 1965 zerstört. Heute nutzt die Brenner Thermalquellen GmbH die Quelle, um Mineralwasser abzufüllen.

Gossensaß (Colle Isarco)

■ **Info:** Postleitzahl Gossensaß: **39041.** Tourismusverein Gossensass, Ibsenplatz 2, Tel. 0472 6323 72, www.gossensass.org.

Der Fernverkehr donnert auf der Brennerautobahn an Gossensaß vorbei – hier gibt es keine Abfahrt. Dabei ist der kleine Ort durchaus sehenswert. Im 13. Jh. war er noch eine Bauernsiedlung, doch im 15. Jh. fand man im westlich einmündenden Pflerschtal **Eisen- und Silbererz.** Der Ort wurde wohlhabend, wie an der historischen Bausubstanz zu erkennen ist. Bergbauunternehmer waren lange Zeit die Augsburger *Fugger.*

Zu Ehren der Schutzpatronin der Bergleute wurde 1510 die **Barbarakapelle** errichtet, deren wertvollstes Stück der Inneneinrichtung ein kunstvoller Flügelaltar ist. Am gotischen Portal findet man Bergleute-Wappen, in der Spitze einen Totenschädel als Symbol für die gefährliche Arbeit der Knappen.

Neben der Kapelle erhebt sich die 1769 fertiggestellte **Ortspfarrkirche Maria unbefleckte Empfängnis.** Sie entstand nach Plänen des Kirchenbaumeisters *Franz de Paula Penz* am Ort der zu klein gewordenen gotischen Vorgängerkirche, die bis auf den Turm abgerissen wurde. Die prachtvoll ausgestattete Ortspfarrkirche besticht vor allem durch die kunstvollen Fresken des Augsburger Kirchenmalers *Matthäus Günther.*

Schon Ende des 16. Jh. war der Großteil der Erze aufgebraucht und die Blütezeit von Gossensaß und Pflersch vorbei. Umstritten ist nach wie vor die Hinterlassenschaft aus der Zeit des Faschismus, das am nördlichen Ortsrand gelegene italienische Mausoleum.

Von Gossensaß über einen schönen Wanderweg leicht zu erreichen ist die **Burgruine Strassberg.** Die um 1200 erbaute Burg erhebt sich auf einem Bergrücken, an dem der alte Brennerweg vorbeiführte. Besitzer waren u.a. die Fugger.

Erhalten sind der Torturm, der Bergfried und ein Teil der Ringmauer.

Eine **Ausstellung** von historischen Bildern, Postkarten, Fotodokumentationen und Briefen des norwegischen Schriftstellers **Henrik Ibsen** (1828–1906) findet sich im Gemeindesaal von Gossensaß (geöffnet vormittags und Mittwochnachmittag, Führungen organisiert der Tourismusverein).

Das Pflerschtal

Wegen seiner bergbaulichen Vergangenheit wird das Pflerschtal, das bei Gossensaß vom Wipptal abzweigt, auch als **Silbertal** bezeichnet. Hier herrscht noch Beschaulichkeit und Ruhe. Das Tal ist Ausgangspunkt von Berg- und Wanderrouten. Sehenswert sind der **Wasserfall Pflerscher Höll** sowie die St. Antoniuskirche in Innerpflersch aus dem 15. Jh. (ganztägig geöffnet). Nicht nur Wanderer kommen auf ihre Kosten, im Winter lockt das Tal Skiläufer zum kleinen Skigebiet der Ladurnser Alm.

Unterkunft, Essen und Trinken

■ **Moarwirt**①, Romstr. 11, Tel. 0472 632324, www.moarwirt.com, originelles Tiroler Gasthaus, in der sechsten Generation von der Familie bewirtschaftet, der Wirt und Küchenchef bietet „Eisacktaler Kost", Wildbretgerichte, täglich frische Bachforellen; vermietet auch Zimmer①.

Der Zwölferturm auf dem Stadtplatz in Sterzing mit Sonnen- und Zeigeruhr

323st ot

Aktivitäten

■ **Skigebiet Ladurns:** 2 Sessellifte, 15 km Pisten, familienfreundlich, Info: www.ladurns.it.

■ **Ladurner Hütte:** 39041 Brenner, Pflersch 200, Tel. 0472 770012, www.ladurnerhuette.com. Gasthaus im Ladurner Wander- und Skigebiet auf 1730 Meter Höhe, die Küche bietet Südtiroler Traditionsgerichte.

Sterzing (Vipiteno)

■ **Info:** Postleitzahl Sterzing: **39049.** Tourismusverein Sterzing, Freienfeld, Wiesen-Pfitsch, Stadtplatz 3, Tel. 0472 765325, www.sterzing.com.

319st ot

Sterzing ist der zentrale Ort der Region Wipptal, eingebettet in eine Talweitung des **Eisack.** Zwei Passstraßen zweigen in das Gebiet der Sarntaler Alpen ab: Die Staatsstraße 44 führt über den Kamm zwischen Radschingstal und Jaufental aufwärts zum 2094 Meter hohen Jaufen pass und weiter nach St. Leonhard ins Passeiertal (→ Passeiertal), die Staatsstraße 508 führt über das 2211 m hohe Penserjoch und weiter durch das Sarntal nach Bozen (→ Bozen und Umgebung: Sarntal). Skifahrer kommen in Sterzing auf ihre Kosten – der 2176 m hohe Rosskopf als Sterzings Hausberg bietet alles für Schneeliebhaber.

In der Gegend von Sterzing siedelten schon in vorgeschichtlicher Zeit Menschen. Die Römer gründeten hier im Jahre 14 v. Chr. die Siedlung *Vipitenum*, wovon die heutige italienische Bezeichnung *Vipiteno* abgeleitet wird. Der mittelalterliche Ort Sterzengum wurde erstmals 1180 urkundlich erwähnt und 1280 vom Tiroler Grafen *Meinhard II.* zur Stadt erhoben, die sich in der Folge auch südlich der Altstadt über den Zwölferturm hinaus um die Neustadt erweiterte. Hatte Sterzing schon früh als wichtigster Rastpunkt vom mittelalterlichen Handel zwischen Süden und Norden profitiert, an dem unter anderem Kaufleute aus Kempten, Augsburg und Ulm wie auch aus Norditalien beteiligt waren, so zog die Stadt aus den Silberminen, die ab der Wende zum 15. Jh. über das Pflerschtal hinaus auch im Ridnauntal und im Wipptal selbst erschlossen werden konnten, weiteren Nutzen. In Sterzing ließen sich die Betreiber dieser Minen nieder, deren mächtige **Patrizierbauten** noch heute den Stadtkern prägen.

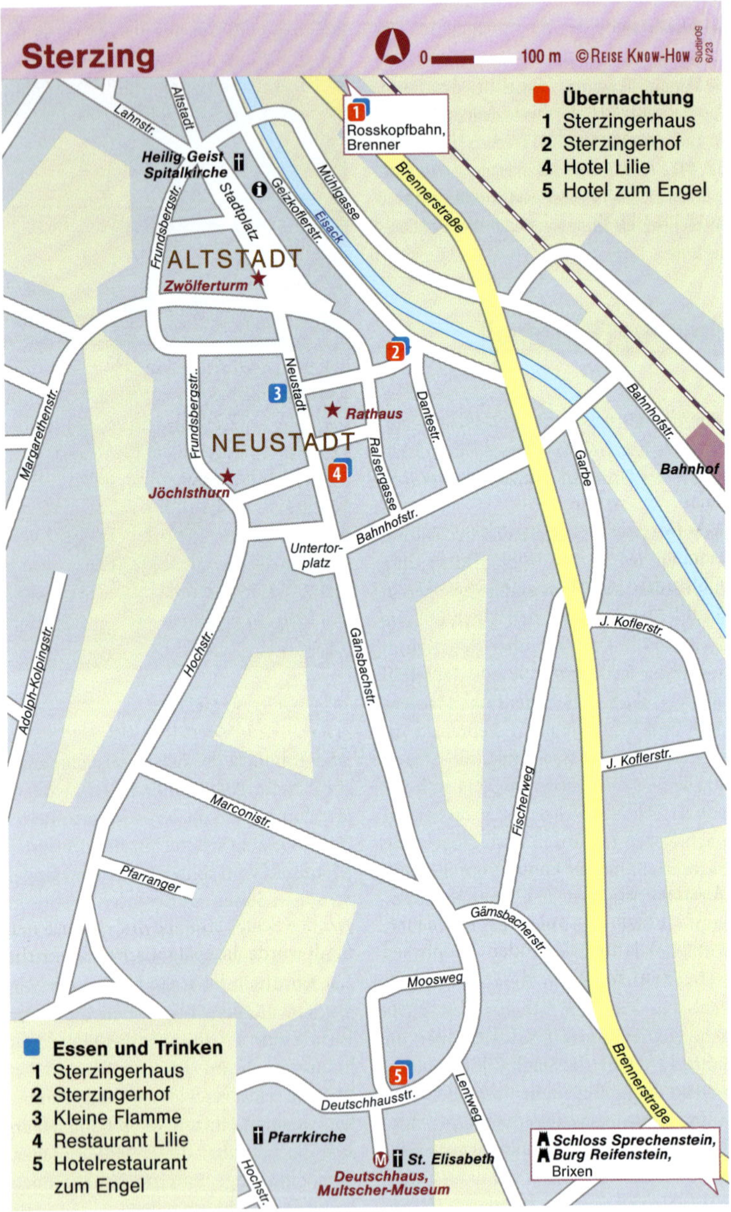
Sterzing
0 100 m
©Reise Know-How
Südtirol 6/23
Übernachtung
1 Sterzingerhaus
2 Sterzingerhof
4 Hotel Lilie
5 Hotel zum Engel
Essen und Trinken
1 Sterzingerhaus
2 Sterzingerhof
3 Kleine Flamme
4 Restaurant Lilie
5 Hotelrestaurant zum Engel
Rosskopfbahn, Brenner
Schloss Sprechenstein,
Burg Reifenstein,
Brixen
ALTSTADT
NEUSTADT
Heilig Geist Spitalkirche
Zwölferturm
Rathaus
Jöchlsthurn
Bahnhof
Pfarrkirche
St. Elisabeth
Deutschhaus, Multscher-Museum
Untertor-platz
Lahnstr.
Altstadt
Stadtplatz
Geizkoflerstr.
Eisack
Mühlgasse
Brennerstraße
Frundsbergstr.
Neustadt
Margarethenstr.
Dantestr.
Ralsergasse
Bahnhofstr.
Garbe
J. Koflerstr.
Gänsbachstr.
Hochstr.
Adolph-Kolpingstr.
Fischerweg
Marconistr.
Pfarranger
Gämsbacherstr.
Moosweg
Deutschhausstr.
Lentweg

Die Epoche des Übergangs vom Mittelalter zur Neuzeit stellte die Blütezeit Sterzings dar. Das Fuhrmannswesen und das Handwerk blühten. Unternehmer und Knappen verdienten gut, der Wohlstand förderte den Kunstsinn. Große öffentliche Bauten wie Stadtturm, Rathaus und Pfarrkirche und prunkvolle Ansitze entstanden. Um 1530 waren die Silberminen nicht mehr rentabel, erst der beginnende Fernverkehr und der Tourismus belebten die Stadt neu.

Zwölferturm

Wahrzeichen Sterzings ist der Zwölferturm. Er wurde 1468–72 als oberes **Stadttor** mit Sonnen- und Zeigeruhr errichtet und ist mit 46 m das höchste Gebäude der Stadt. Nach einem Dachstuhlbrand erhielt er seinen heutigen steinernen Treppengiebel. Zu besichtigen ist der Turm während der sommerlichen Laternenpartys und beim Weihnachtsmarkt.

Jöchlsthurn

Der bedeutendste unter den Sterzinger **Ansitzen** ist der Jöchlsthurn im Westen der Neustadt. Die Anlage ging in mehreren, 700 Jahre währenden Bauphasen aus einem mittelalterlichen Stadtturm hervor. Die Bergbaufamilie *Jöchl* baute im 15. Jh. den Turm zu ihrem Wohnhaus um und versah es mit Fresken und Holzdecken. Obwohl an den Kunstdenkmälern im Jöchlsthurn gotische Stilmerkmale vorherrschen, wird schon der Einfluss der italienischen Renaissance sichtbar. In der sich anschließenden **Kapelle St. Peter und Paul** steht an der linken Seite des Altars eine Muttergottesstatue aus der ersten Hälfte des 14. Jh. Sie soll die älteste gotische Holzplastik Tirols sein.

Rathaus

Das Sterzinger Rathaus in der Neustadt, eines der prächtigsten von ganz Südtirol, wurde 1468–74 errichtet. Der markante Eckerker wurde 1524 im Zuge eines Umbaus angefügt. Der spätgotische Ratssaal zeigt mit seiner Holzvertäfelung aber auch schon Renaissance-Stilelemente. Eine große Kunstsammlung ist im Haus untergebracht, im Innenhof sind ein 1979 gefundener römischer Meilenstein und ein Mithrasstein, der den zu römischer Zeit weit verbreiteten Kult um den persischen Lichtgott Mithras bezeugt, aufgestellt.

■ **Rathaus,** der Ratssaal im Rathaus kann auf Anfrage bzw. im Rahmen von Stadtführungen besichtigt werden. Die Römerfunde im Innenhof sind Mo–Fr 8–18 Uhr zugänglich.

Pfarrkirche

An der Peripherie der mittelalterlichen Stadt wurde die spätgotische Pfarrkirche **Unsere liebe Frau im Moos** errichtet. Ihr Chor entstand 1417–51, das Langhaus 1496–1524. Bedeutend sind die fünf **Multscher-Figuren** am Hauptaltar aus dem Jahr 1496, die der Hand des Ulmer Meisters *Hans Multscher* entstammen. Der kunstvolle Hochaltar ist nur in Teilen erhalten; einige der großen Bildtafeln sind im benachbarten Museum

321st ot

in der ehemaligen Deutschordenskommende ausgestellt. Bei den Fundamentaushebungen im Jahre 1497 kam der **Postumia Viktorinastein,** ein römischer Grabstein, zum Vorschein. Er ist heute im Inneren der Kirche an der Nordseite angebracht.

Deutschhaus

Gegenüber der Pfarrkirche steht das Deutschhaus, der ehemalige Sitz der **Deutschordenskommende.** Im Jahre 1254 übertrug die Stifterin des Hospitals zu Sterzing, *Adelhaid von Taufer,* ihre Gründung dem Deutschen Orden, der es in eine seiner Kommenden umwandelte. Der Turm der dreiflügeligen Anlage stammt aus dem 14. Jh., der Westflügel mit Treppengiebel aus dem 15. Jh. und der barocke Osttrakt aus der Mitte des 18. Jh. Heute ist in dem Haus das **Städtische Multscher-Museum** untergebracht, das Exponate aus der Stadtgeschichte beherbergt, unter anderem die Reste des **Multscher-Altars,** einen doppelseitig bemalten Altarflügel mit acht Gemälden aus dem Jahr 1459.

Ferner findet sich hier die **St. Elisabethkirche.** Der oktogonale Bau wurde 1729–33 anstelle einer Vorgängerkapelle von *Giuseppe Delai* errichtet. Von *Matthäus Günther* aus Augsburg stammen das Hochaltarbild und die Deckengemälde mit der heiligen Elisabeth und dem heiligen Georg, den beiden Patronen des Deutschen Ordens; für die feine Stuckdekoration ist *Anton Gigl* aus Innsbruck verantwortlich. Die Kirche kann beim Besuch des Multscher- und Stadtmuseums mit besichtigt werden.

UNSER TIPP: **Multscher- und Stadtmuseum,** Deutschhausstraße 11, Tel. 0472 766464, www.sterzing.com, April bis Okt. Di–Sa 10–13 und 14–17 Uhr, Führungen Anf. Juli bis Ende Aug. Do 14.30 Uhr, Eintritt 2,50 Euro, Kinder 1,20 Euro.

Heilig Geist Spitalkirche

In das Innere der Ende des 14. Jh. neben dem ehemaligen Bürgerhospital errichteten Heilig Geist Spitalkirche führen drei spitzbogige Portale. Der Bau ist als rechteckiger Saal mit Kreuzrippengewölbe angelegt. Das kleinere nördliche Seitenschiff kam im 17. Jh. dazu. An den

⌃ › Stehen einander gegenüber: die Pfarrkirche von Sterzing (linke Seite) und das Deutschhaus mit Museum (Deckenfresko rechte Seite oben) sowie St. Elisabethkirche (rechte Seite unten)

Wänden des Hauptraums brachte der Maler *Hans von Bruneck* 1420 spätgotische Fresken mit Motiven zu den christlichen Glaubensbekenntnissen an. Unter den Fresken sind auch Darstellungen des heiligen *Sebastian*, des späteren Schutzpatrons der Stadt. Im Hospital wurden vor allem Pilger auf ihrem Weg nach Italien betreut. Die Bedeutung des Spitals ist auch im Wappen von Sterzing ersichtlich – das Bild unter dem Adler stellt einen krückenbewehrten Pilger mit Rosenkranz dar.

316st ot

■ **Heilig Geist Spitalkirche,** geöffnet täglich 8.30–18 Uhr, Info: Tel. 0472 765323, www.seelsorgeeinheit-wipptal.net.

Schloss Sprechenstein

Südlich von Sterzing verengt sich das Eisacktal wieder, zwei wehrhafte Burgen überwachen die Talenge – auf der linken Talseite Schloss Sprechenstein, auf der rechten Burg Reifenstein. Über der Mündung des Pfitscher Baches in den Eisack erhebt sich auf 1073 m Höhe markant auf einem Felssporn Burg Sprechenstein am Ende des Sterzinger Talkessels. Der runde Bergfried geht auf das Jahr 1241 zurück, der Palas entstand erst im frühen 16. Jh. Die **Erasmuskapelle** der Burg birgt Wandmalereien aus dem 16. Jh. Die nach Kriegsschäden renovierte Burg ist in Privatbesitz und kann nicht besichtigt werden.

Burg Reifenstein

Auf der gegenüberliegenden Talseite steht auf einem Felsriegel in 983 m Höhe die gut erhaltene Burg Reifenstein als typisches Beispiel einer **mittelalterlichen Ritterburg** mit Fallgitter, Folterkammern, Schießscharten und einer ehemaligen Zugbrücke. Ihr Bergfried stammt aus dem 12. Jh., der Palas wurde im 15. Jh errichtet. Sehenswert sind die Wandmalereien im spätgotischen Grünen Saal und die Schnitzereien in der Stube.

317st ot

Die Burg war im Besitz der Herren *von Stilfs*, dann des Deutschritterordens und seit 1813 einer Seitenlinie von *Thurn und Taxis*. An der kleinen St. Zenokirche aus dem 14. Jh. bei der Burg wurden bajuwarische Baumsärge aus dem 4. bis 8. Jh. gefunden.

■ **Burg Reifenstein,** oberhalb der Fraktion Elzenbaum, Tel. 0339 2643752, geöffnet Anf. Mai bis Mitte Juli und Mitte Sept. bis Anf. Nov. 10.30–12 und 14–16 Uhr, Mitte Juli bis Mitte Sept. bis 17 Uhr, es werden Führungen angeboten, Eintritt 8 Euro, Kinder 4 Euro, Parkplatz am Fuß der Burg.

Unterkunf/Essen und Trinkent

5 5 **Parkhotel Zum Engel**①, Deutschhausstr. 20, Tel. 0472 765132, www.zum-engel.it, am Stadtrand mit großzügiger Gartenanlage, gemütliche Zimmer verschiedener Kategorien, Wellnessanlage ebenerdig zum Garten mit finnischer Sauna, türkischem Dampfbad, Whirlpool, Solarium, Massagen etc. Das Restaurant bietet traditionelle Küche mit mediterranem Einfluss, Di Ruhetag (nicht in der Saison).

1 1 **Sterzingerhaus,** Fraktion Tschöfs 94, Tel. 0335 299054, www.sterzingerhaus.com, Alpenvereinshütte am Rosskopf auf 1930 m, großer Gastraum, Speisesaal, große Sonnenterrasse, Tiroler Stüberl, Übernachtungsbetrieb mit 90 Betten (12 Doppelzimmer und 4 Vierbettzimmer mit WC Dusche, 4 Mehrbettzimmer mit Stockbetten und Duschen).

3 **Kleine Flamme**③, Neustadt 31, Tel. 0472 76 6065, www.kleineflamme.com, mediterrane Küche mit ostasiatischem Einschlag, So und Mo Ruhetag.

4 4 **Hotel Restaurant Lilie**③, Neustadt 49, Tel. 0472 762749, www.hotellilie.it, moderner Komfort in einem der schönsten denkmalgeschützten Häuser, das seit fünf Jahrhunderten Gasthaus ist, die Küche bietet regionale und mediterrane Kost, dazu Café und Konditorei, komfortable Zimmer.

2 2 **Sterzingerhof**②, Geizkoflerstr. 15, Tel. 0472 765128, www.sterzingerhof.com, eines der ältesten Gasthäuser der Stadt, Restaurant und Pizzeria, bodenständige Gerichte, angeschlossener Hotelbetrieb① mit Zimmern zweier Kategorien.

322st ot

Aktivitäten

■ **Golf:** Golfclub Sterzing, im Süden der Stadt, Information: Stadtplatz 3, Tel. 333 8154350, www.golf.bz.it, klein, aber ausreichend, geöffnet April bis Sept.

■ **Rafting:** Rafting Sterzing, Brennerstraße 12, Talstation der Rosskopf-Seilbahn, Tel. 335 1370560, www.raftingsterzing.it, der Eisack unterhalb von Sterzing ist ein ideales Rafting-Revier, Einzelfahrten, Gruppenfahrten, Klassenfahrten, Anf. Mai bis Okt.

■ **Skigebiet Rosskopf:** www.rosskopf.com, Rosskopfbahn, 3 Sessellifte, 9,6 km lange Rodelbahn.

Feste und Veranstaltungen

■ **Laternenpartys:** Sterzing bei Nacht, jeweils Mi im Juli/Aug., unter anderem servieren die Gastbetriebe in der Alt- und Neustadt Gerichte nach dem jeweiligen Motto.
■ **Knödelfest:** 2. So im Sept. 11–19 Uhr, Stadtplatz/Altstadt/Südstadt, 300 m Knödeltafel, mit Knödelanstich am Morgen, die Gastbetriebe haben über 30 Knödelsorten im Angebot, dazu Musik und Programm.
■ **Weihnachtsmarkt:** Ende Nov. bis 24.12. und 31.12., 1.1.

Seilbahnen

■ **Rosskopfbahn:** Talstation Brennerstr. 12, Tel. 0472 765521, www.rosskopf.com, Sommerbetrieb auf 1860 m, Ausgangspunkt für vielfältige Wanderungen, Mitte Juni bis Mitte Okt. 8–17 Uhr, Einzelfahrt 15 Euro, Kinder 11 Euro, Senioren 14 Euro, Berg- und Talfahrt 19/13/17 Euro, Ermäßigung in der Nebensaison. Eine moderne Telemix-Bahn mit 6er-Sesseln und 8er-Kabinen hat die bisherige fixe 3er-Sesselbahn Panorama ab der Bergstation der Rosskopfbahn bis fast zum Gipfel nach 30 Jahren Funktionsbetrieb ersetzt.

Ridnauntal (Val Ridanna)

■ **Info:** Postleitzahl Ridnaun: **39040.** Tourismusverein Ratschings, Gasteig (am Taleingang), Jaufenstraße 1, Tel. 0472 760608, www.ratschings.info.

Das Ridnauntal, das bei Sterzing westlich vom Wipptal abzweigt, erstreckt sich über 18 km tief in die Ausläufer der **Stubaier Alpen** hinein. Die südliche Abgrenzung ist das Jaufen-Massiv. Seitentäler werden vom Ratschingsbach und vom Jaufenbach gebildet. Hauptort des Ridnauntals ist Ratschings, der älteste Ort ist Telfes, im 9. Jh. erstmals erwähnt.

Funde belegen, dass schon die Römer im Ridnauntal aktiv waren. Die eigentliche Besiedlung erfolgte ab dem 6. Jh. durch die Bajuwaren. Ab dem 12. Jh. wurden **Erze** abgebaut, was das Tal vor allem bergbaugeschichtlich interessant macht. Das westliche Talende wird vom Schneeberg gebildet, wo sich einst das **höchstgelegene Bergwerk Europas** befand. Hier wurden auf 2000 bis 2500 m Höhe Silber-, Blei- und Zinkerzlagerstätten unter extremsten klimatischen und arbeitstechnischen Bedingungen erschlossen. Sie erstreckten sich oberhalb des Ortes Maiern, wo die Erze aufbereitet wurden, bis hin zu den Höhen des Passeiertals. 1978 wurde der schon vorher rückläufige Bergbau aufgegeben, 1985 das letzte Bergwerk geschlossen. Seither bildet der Tourismus die Wirtschaftsgrundlage des Tals, das mit landschaftlichen Reizen und vielen Wasserfällen aufwarten kann.

Schloss Wolfsthurn

Oberhalb der Ratschingser Fraktion **Mareit** erhebt sich Schloss Wolfsthurn als mächtigstes Barockschloss Südtirols.

◁ Im Multscher- und Stadtmuseum

Um 1200 wurde hier ein Wehrturm gebaut, aus dem die Familie *Sternbach,* die noch immer im Besitz des Schlosses ist, im 18. Jh. einen barocken Prachtbau machte, in dem heute das Südtiroler **Jagd- und Fischereimuseum** untergebracht ist. Den Mittelpunkt der Anlage bildet der dreigeschossige, verputzte Hauptbau mit Mittelrisalit und geschwungenen Dächern. Vorgelagert ist ein eingeschossiger Kavaliersflügel. Zwischen beiden Bauten ergibt sich innerhalb der Umfassungsmauern ein weiter Innenhof mit einem Springbrunnen in der Mitte.

Museum für Jagd und Fischerei, Schloss Wolfsthurn, Mareit 5, Tel. 0472 758121, www.wolfsthurn.it, Ausstellungsräume im Hauptflügel, 1. Stock Ausstellung für Jagd und Fischerei, 2. Stock Prunkräume des Schlosses, Kellergeschoss Lernspiele, bietet spezielle Kinderprogramme im Sommer, geöffnet April bis Mitte Nov. Di–Sa 10–17 Uhr, So und feiertags 13–17 Uhr, Mo und 1.1. geschlossen, Eintritt 7 Euro, ermäßigt 5,30 Euro, Familienkarte 14 Euro.

Ridnaun

In Ridnaun in der Talmitte befindet sich ein **Biathlon-Zentrum,** in dem auch die deutsche Biathlon-Mannschaft immer

Zwei der zahlreichen kleinen Kirchen: die Pfarrkirche von Obertelfes (oben) und Mareit wieder trainiert. Hier werden Wettkämpfe ausgetragen, das Stadion befindet sich im Ort.

Im Tal steht die im Jahr 1480 von Schneeberger Knappen errichtete **Kapelle St. Magdalena,** die mit einem kostbaren Flügelaltar von *Matthias Stöberl* ausgestattet ist.

Maiern

Von Maiern, dem letzten Ort im Ridnauntal, geht es auf die Schneebergscharte, den Übergang ins Passeiertal, wo sich die alte Knappensiedlung **St. Martin am Schneeberg** befindet. Einzelne Gebäude sind noch erhalten, das ehemalige Verwaltungsgebäude dient heute als Schutzhütte.

Besucherbergwerk

Am Ende des Tals lässt ein Schaubergwerk Besucher die Welt des Bergbaus hautnah erleben. Förderanlagen, Abraumhalden, alte Zustiege der Knappen und Stolleneingänge erläutern die gesamte Produktionskette vom Erzabbau über den mühsamen Transport bis zur Erzaufbereitung. Auch das Knappenwohnhaus und die Kirche kann man besichtigen. Darüber hinaus wird die technische Entwicklung des Erzbergbaus über die Jahrhunderte anhand originaler Bergwerksanlagen gezeigt.

BergbauWelt Ridnaun: Maiern, 39040 Ratschings, Tel. 0472 656364, www.bergbaumuseum.it, geöffnet Di bis So 10–17 Uhr, Eintritt Museumsgelände und Dauerausstellung ohne Führung frei, diverse Führungsangebote nur mit Anmeldung.

– **Ridnaun Kompakt:** Erlebnistour für Einsteiger, 10, 11.30, 13.30 und 15.15 Uhr, 1.30 Std.
– **Bergbau Junior:** Mi, Fr und So 13.30 Uhr, 2.30 Std.
– **Abenteuer Schicht:** Entdeckungstour für Jung und Alt, 10 Uhr, 7 Std., Teilnahme 10 Euro, Senioren 7 Euro, Schüler und Studenten 4 Euro, Familienkarte 20 Euro, Kinder unter 6 Jahre nicht geeignet.

Vom Bergbaumuseum kann auch das **Landesmuseum Schneeberg** (→ „Timmelsjoch“) erwandert werden. Der Aufstieg führt über den Fahrweg (ca. 7 km) oder den Bergwerkslehrpfad bis zur Ruine des Poschhauses, von dort weiter über den markierten Lehrpfad bis zur

Wikipedia ©Whgler

Schneebergscharte, dann folgt der Abstieg bis zur Knappensiedlung St. Martin mit dem Schutzhaus Schneeberg (Aufstieg: 1300 m, Abstieg: 350 m, Gehzeit: ca. 4 Std.). Von Juli bis Mitte Oktober besteht die Möglichkeit, mit dem Museums-Shuttlebus von Maiern bis zum Poschhaus zu fahren, Reservierung: Tel. 0472 656364.

Gilfenklamm

Das vom Ratschingsbach gebildete **Ratschingstal** mit den Dörfern Bichl auf 1260 m und Kalch auf 1443 m mündet etwas unterhalb Ratschings ins Ridnauntal. Im Unterlauf hat der Bach eine tief eingefurchte **Schlucht** in das hier vorherrschende Marmorgestein gegraben. Die Gilfenklamm zählt zu den beeindruckendsten Landschaftsbildern Südtirols.

Vom Parkplatz an der Brücke der Ratschingser Fraktion Stange führt zunächst ein angenehmer Waldweg 20 Minuten aufwärts, bis man an zwei Holzstege kommt, die den Bach überqueren. Hier ist bereits das Donnern der Wasserfälle hörbar, etwas weiter befindet man sich über dem Sturzbach, wo man tief in die Schlucht mit den vom Wasser ausgewaschenen Vertiefungen blicken kann. Schon seit 100 Jahren führt dieser Steig durch die Klamm, die einst Franz-Josef-Klamm genannt wurde. Oberhalb der Gilfenklamm sind noch Reste der **Burg Reifenegg** aus dem 12. Jh. nahe der Jaufenstraße zu sehen. Der Bergfried imponiert bis heute durch seine Mächtigkeit.

315st ot

324st ot

■ **Gilfenklamm,** geöffnet Anf. Juli bis Anf. Nov. täglich 9–17 Uhr, Juli/Aug. bis 18 Uhr, die Hauptbesuchszeit (10–12 Uhr) besser meiden, Zutritt 5 Euro, Kinder 3 Euro.

Jaufental (Val Giovo)

Zu den ursprünglichsten Tälern Südtirols zählt das Jaufental. Kein Skigebiet stört sein Erscheinungsbild. Durch die Seitentäler führen reizvolle Wanderwege in die Sarntaler Alpen, die man am besten vom Jaufenpass aus erreicht.

Im Ridnauntal erhebt sich Schloss Wolfsthurn

Ridnautal

Jaufenpassstraße

Die 31 km lange Straße über den 2094 m hohen Jaufenpass stellt die kürzeste Verbindung zwischen dem Wipptal und dem **Passeiertal** und damit zwischen dem Brenner und Meran dar. Die Straße selbst führt nicht unmittelbar durch das Jaufental, sondern verläuft oberhalb durch den Jaufenwald. Diese Verbindung hatten schon die Römer genutzt, um die zu ihrer Zeit unpassierbare Eisackschlucht oberhalb von Bozen zu umgehen.

Die Jaufenpassstraße bietet immer wieder neue Ausblicke in die umgebende Hochalpenwelt. Im Norden ragen die Ötztaler Alpen empor, im Süden erheben sich die weitläufigen Sarntaler Alpen. Umgeben wird der Jaufenpass von der 2483 m hohen Jaufenspitz und dem 2359 m hohen Saxner. Am Jaufen breitet sich eines der großen Skigebiete Südtirols aus.

Unterkunft, Essen und Trinken

■ **Hotel Taljörgele**④, Ridnaun, Obere Gasse 14, Tel. 0472 656225, www.taljoergele.it, interessant-eigenwillige Architektur in 1400 m Höhe, großes Grundstück mit Schwimmbad und Wellnesseinrichtungen, hauseigener Reitbetrieb mit etwa 10 Haflingerpferden, zum Hotel gehört auch die im Sommer und Winter geöffnete Zunderspitzhütte auf 2000 m.

■ **Hotel Schneeberg**③, Maiern 22, Tel. 0472 65 6232, www.schneeberg.it, ideal zum Wandern und Skilaufen, großzügige Zimmer und Suiten. 5000 m² Wasser- und Saunalandschaft, Beautycenter.

■ **Gasthof Jaufensteg**①, Außerratschings, Jaufensteg 4, Tel. 0472 755340, www.jaufensteg.com, traditionsreiches Haus am Zugang zur Gilfenklamm, Hotelbetrieb mit einfachen, gemütlichen Zimmern, italienische und Südtiroler Küche.

■ **Plankhof,** Ridnaun, Braunhofe 31, Tel. 0472 65 6230, www.plankhof.it, auf 1350 m Höhe gelegen, 1,5 km von der Ortsmitte entfernt, Reitmöglichkeit, Verkostung hofeigener Produkte, 3 Ferienwohnungen für 2–4 Personen, ganzjährig geöffnet.

■ **Jausenstation Ungererhofschenke,** Ratschings-Schluppes, Jaufental 16, Tel. 0472 766468, www.ungerer.bz.it, auf 1500 m Höhe, Stube im alten Bauernhaus, bietet herzhafte Bauernmarenden, liebevoll angerichtete „Kosterler" aus eigenem Garten und Keller sowie Gerichte für den anspruchsvollen Gaumen, breite Weinkarte, Mo und Di Ruhetag, vermietet zwei Ferienwohnungen.

■ **Schneeberghütte,** Postanschrift: Rabenstein 52/53, 39013 Moos in Passeier, Tel. 0473 647045, www.schneeberg.org, Hütte am Besucherbergwerk, auf 2355 m Höhe, 100 Sitzplätze in drei Gaststuben, 100 Schlafplätze, geöffnet vom 15. Juni bis 15. Okt.

■ **Becherhaus,** Tel. 0472 656377, www.becherhaus.com, auf 3195 m, höchstgelegene Schutzhütte Südtirols, zu erreichen vom Ridnauntal, Parkplatz am Talende, Fußweg Nr. 9 über Grohmannhütte und Teplitzer Hütte in ca. 7 Std., Juli bis Mitte Sept.

Camping

■ **Camping Gilfenklamm,** Gasteig, Jaufenstr. 2, Tel. 0472 779132, gepflegter Platz, renovierte Sanitäreinrichtungen, kleines Restaurant, geöffnet von Ostern bis Mitte Okt., Weihnachten und Fasching.

Aktivitäten

■ **Skigebiet Ratschings-Jaufen** (Höhe: 1300–2150 m): 8 Aufstiegsanlagen von Bichl (Ratschingstal) und von der Jaufenpassstraße mit insgesamt 25 km Pisten, einer Halfpipe und einer Rodelbahn, Information: www.ratschings-jaufen.it. Mehrstöckiges Parkhaus an der Talstation Ratschings-Jaufen mit Skidepot und Rolltreppe direkt zum Einstieg in die Kabinenbahn.

Feste und Veranstaltungen

■ **Ridnauner Volkslauf:** Ski-Langlaufereignis im Freistil seit Jahrzehnten, im Feb./März, Kurzstrecke 25 km, Marathonstrecke 42 km, Information Tel. 377 965 19 13, www.sv-ridnaun.it.

Pfitscher Tal (Val di Vizze)

■ **Info:** Postleitzahl Pfitscher Tal: **39049.** Tourismusverein Sterzing, Freienfeld, Wiesen-Pfitsch: in Sterzing (→ Sterzing).

Das Pfitscher Tal ist das nördlichste Seitental Südtirols, es erstreckt sich südlich des Tuxer Kamms zum Hauptkamm der **Zillertaler Alpen** hin. Am 2251 m hohen Pfitscher Joch erreicht die Talstraße diesen Hauptkamm an der **österreichischen Grenze,** ohne aber weiter nach Österreich hineinzuführen.

218st ot

Entwässert wird das Tal vom 27 km langen Pfitscher Bach, der unterhalb von Sterzing in den Eisack mündet. Kleine Zuflüsse werden vom Unterbergbach und vom Großbergbach gebildet. Die Ortschaften und einzelnen Bauernhäuser sind an den zur Sonne exponierten Hängen gelegen, Hauptorte sind **Wiesen** am Unterlauf, fast schon ein Vorort von Sterzing, **Kematen** und **St. Jakob** in der Talmitte.

Das Pfitscher Tal ist eines der typischen alpinen Trogtäler, die in der Eiszeit durch Gletschermassen ausgeschliffen wurden. Um 5000 v. Chr. staute ein Bergsturz aus der linken Talseite unterhalb der Überseil-Spitze und der Leitner Wand das Tal bis in die Gegend des heutigen St. Jakob auf, es bildete sich ein großer See und die eingespülten Sedimente hinterließen einen über weite Strecken fast ebenen Talboden. Ein weiterer Felssturz um das Jahr 1040 entleerte den Rest. Das Tal war zur Römerzeit schon dauerhaft besiedelt. Eine erste schriftliche Erwähnung fand es im Jahr 827, als die Schenkung von Ländereien an das vom Bayernherzog *Tassilo III.* gegründete Kloster Innichen beurkundet wurde.

⌃ Das Pfitscher Tal vom Talschluss aus gesehen

Wiesen

Das Tal steigt vom Sterzinger Moos zunächst gemächlich bis Wiesen an. Hier steht die oktogonale **Heiliggrab-Kapelle,** 1681 von einem wohlhabende Sterzinger Bürger errichtet.

Die dem Heiligen Kreuz geweihte **Pfarrkirche** im Ort selbst wurde 1337 erstmals erwähnt. Der heutige Bau stammt aus dem Jahr 1514. Wertvollstes Ausstattungsstück ist eine spätromanische Christusfigur aus der zweiten Hälfte des 13. Jh. Man geht davon aus, dass der Stifter der Pfarrkirche der Burgherr *Leonhard Pfarrkircher* war, dessen Wappen im Fenster als Glasgemälde dargestellt ist.

Oberhalb des Ortes erhebt sich **Schloss Moos.** Seine Basis wird von einem Turm aus der Zeit um 1300 gebildet. Um 1600 erhielt es seine heutige mächtige Gestalt mit dem hohen Schindeldach und charakteristischen Erkern. Das Gebäude beherbergt ein Altersheim.

Pfitscher Stausee

Von Wiesen aus steigt das Tal weiter an, vorbei an **Tulfer** mit der 1675 erbauten Marienkapelle, bis die Straße beim Weiler **Afens** in einer großen Serpentine zum Pfitscher Stausee aufsteigt. Dieser See wurde Ende der 1930er Jahre angelegt, um die Elektrifizierung der Brenner-Bahnstrecke zu ermöglichen. Wenig weiter öffnet sich der Talboden zum **Außerpfitsch,** dem durch den Mursee gebildeten Hochtal.

Kematen

In Kematen oberhalb des Stausees konnten in der alten **Pfarrkirche St. Nikolaus** mit ihrem Turm aus dem 14. Jh. bei der Restaurierung in den Jahren 1996/97 Wandmalereien aus der Gotik freigelegt werden.

St. Jakob

Die **Pfarrkirche** in St. Jakob, ein erstmals 1577 erwähnter gotischer Bau, der 1789 ein Tonnengewölbe erhielt, weist Holzornamente am Kirchentor auf. 1817 wurde die Kirche nach einem Lawinenunglück um den heutigen Chor vergrößert. Die neue, dem heiligen *Jakobus* geweihte Kirche, wurde 1821–24 errichtet und mit Fresken von *Josef Renzler* versehen.

Stein

Im Weiler Stein am Talschluss zweigt der Fahrweg zum **Pfitscher Joch** ab, der ab der vierten Kehre für motorisierte Fahrzeuge gesperrt ist. Der Aufstieg zum Joch und zum **Pfitscherjochhaus** dauert eine Stunde. Seit 1919 besteht hier die Grenze zu Österreich – der Schmuggel über den Pass wurde fortan zum einträglichen Geschäft für die Talbewohner. Auf österreichischer Seite führt der Weg weiter über die Lavitzalm und den Zamser Grund zum Schlageisspeicher.

Unterkunft, Essen und Trinken

■ **Wiesnerhof**③, Wiesen, Pfitscherstr. 98, Tel. 0472 765222, www.wiesnerhof.it, großzügige Hotelanlage mit sich anschließender Tennishalle am Ortseingang, bietet neben komfortablen Zimmern auch Suiten und Familienzimmer, Lift, Tiefgarage, ausgezeichnete Küche.

■ **Bacherhof**①, Afens 279, Tel. 0472 646057, www.bacherhof.net, Urlaub auf dem Bauernhof, regionale Küche aus hofeigenen Produkten für die Gäste in der Tiroler Stube, Zimmer mit Balkon, Reitmöglichkeit.

■ **Pfitscherhof①**, Platz 124, Tel. 0472 630115, www.pfitscherhof.it, uriger Gasthof inmitten des Tals, Zimmer mit Balkon, Spielplatz, Südtiroler Jausenküche, Liegewiese.

■ **Hotel Hofer①**, St. Jakob 59, Tel. 0472 630131, www.hotel-hofer.it, im Zentrum des Tals, gemütliche Zimmer, auch Mehrbettzimmer, teilweise mit Balkon, Restaurant bietet Südtiroler und internationale Küche, Café.

■ **Pretzhof②**, Wiesen, Tulfer 259, Tel. 0472 7644 55, www.pretzhof.com, erstmals 1249 in einem Urbar des Bistums Brixen erwähnt. *Hanns Mayr*, Vorfahr der heutigen Besitzerfamilie, erwarb den Hof 1695 von *Christian Prez* aus Stilfes. 1980 stilvoll zum heutigen Gasthof ausgebaut, die kreative Küche bietet Gerichte aus Produkten der eigenen Landwirtschaft, angeschlossener Hofladen.

■ **Pfitscherjoch-Haus,** St. Jakob 103, Tel. 0472 63 0119, www.pfitscherjochhaus.com, Juni bis Anf. Okt., älteste private Schutzhütte Südtirols, 1888 auf 2276 m Höhe errichtet, zwischendurch immer wieder von italienischem Militär besetzt, seit 1992 an das öffentliche Abwassernetz angeschlossen, Familienbetrieb in fünfter Generation, durchgehend warme Küche, Bettenlager für 30 Personen, geöffnet Mitte Juni bis Ende Okt./Anf. Nov. Es gibt einen Shuttlebus zum Pfitscherjoch-Haus (→ Verkehr).

Aktivitäten

■ **Langlaufloipen:** leichte 5-km-Strecke um das Außerpfitsch, 25-km-Strecke unterschiedlicher Schwierigkeitsgrade zwischen Kematen und St. Jakob.

Feste und Veranstaltungen

■ **Pfitscher Volkslanglauf:** alljährlich Mitte Feb., 42-km-Piste, 25-km-Piste und 4-km-Piste für Junioren, Veranstalter: Pfitscher Amateur-Sportverein Eisbär.

Verkehr

■ **Shuttlebus Pfitscherjoch:** Ende Juni bis Anf. Sept., ab letzte Bushaltestelle Talende (Angerhöfe) bis Pfitscherjoch, täglich Ende Juni bis Mitte Sept. zwei Fahrten in beide Richtungen, Anmeldung erforderlich, Tel. 0472 630121, 340 1456313, 334335 6077, www.pfitscherjochhaus.com, einfache Fahrt 5 Euro, Kinder bis 11 Jahre 2,50 Euro.

Durch das Wipptal nach Franzensfeste (Fortezza)

UNSER TIPP: Freienfeld

Auf dem Weg von Sterzing durch das Wipptal abwärts gelangt man auf der SS12 am nördlichen Ufer nach Freienfeld. Der Ort verdankt seine Entwicklung einer **Marienwallfahrt,** die auf das 14. Jh. zurückgeht und deren Ziel eine von einem Bauern im Geröll gefundene Marienstatue ist. Um dem anschwellenden Pilgerstrom gerecht zu werden, wurde 1498 die spätgotische **Wallfahrtskirche Maria Trens** um den Chor erweitert, in den Jahren 1753/54 barock umgestaltet und vom Maler *Adam Mölckh* mit zahlreichen Gemälden ausgestattet. Das heute noch in der Kirche befindliche Gnadenbild selbst stammt aus dem Jahr 1470.

Stilfes

Auf der Freienfeld gegenüber liegenden Eisackseite steht in Stilfes die dem heiligen *Petrus* geweihte und schon 827 n. Chr. erstmals urkundlich erwähnte, ehemalige **Dekanatskirche** aus dem Jahr

1611 mit einem Deckenfreskengemälde von *Christoph Brandstätter* im Übergangsstil des späteren Barock zum Klassizismus.

Mauls

Kunsthistorisch wertvoll ist die aus dem Jahre 1329 stammende, dem heiligen *Oswald* geweihte **Kirche** in Mauls wenige Kilometer weiter. Die Fresken stammen von verschiedenen Künstlern und wurden im 18. und 19. Jh. aufgetragen.

401st ot

Das touristisch weitgehend unerschlossene, ostwärts verlaufende **Maulser Tal** führt zunächst als Asphaltstraße, dann als Schotterweg und letztlich als Wandersteig auf das Valser Jöchl, den Übergang ins Valser Tal.

Franzensfeste

■ **Info:** Postleitzahl Franzensfeste: **39045.**

Franzensfeste ist die südlichste Gemeinde des Wipptals, sie liegt kurz vor der Einmündung des Pustertals. In der Nähe spielten sich an der sogenannten **Sachsenklemme** wichtige Ereignisse während der **Tiroler Befreiungskriege** ab. An dieser oberhalb von Franzensfeste gelegenen Engstelle des Wipptals rückte der französische General *Lefebvre* am 4. und 5. August 1809 südwärts vor und wurde von Tiroler Schützen aufgehalten, sodass sich die Franzosen zunächst wieder nach Sterzing zurückziehen mussten. Die Hauptlast dieses Kampfes hatte das unter französischem Befehl kämpfende sächsische Kontingent zu tragen – daher der Name dieser Schlacht.

Angesichts der strategischen Bedeutung des Engtals ließ Kaiser *Franz I. in den Jahren* 1833–39 die nach ihm benannte **Festung** aus Steinquadern der Umgebung im heutigen Franzensfeste errichten. Die auf 750 m Talhöhe befindliche Festung galt zu ihrer Zeit als die stärkste Europas. Neben dem mächtigen Talwerk gibt es zusätzlich die Mittelfeste und die Hochwerk genannte obere Feste.

[<] Wallfahrtskirche Maria Trens in Freienfeld

Allerdings wurde die Franzensfeste in ihrer Geschichte nie Schauplatz eines Kampfes.

1940 legten die Italiener den daneben liegenden **Stausee** an. Von 1943 bis 1945 lagerten die Nazis in einem **Bunker** unter der Festung fast 130 Tonnen **Goldreserven** der Banca d'Italia ein. Ein Teil dieses Goldes wurde in der Folge in die Schweiz transportiert, ein weiterer Richtung Berlin. Mit Kriegsende fanden die Amerikaner noch 25 Tonnen Gold vor, die sie an Italien zurückerstatteten. Noch immer ranken sich **Legenden um das verschwundene Gold** und regen die Fantasie von mehr oder weniger gut ausgerüsteten Schatzsuchern an. Doch ist das Rätsel um die Franzensfeste bisher ungelöst.

UNSER TIPP: **Festung Franzensfeste,** Tel. 0328 3510917, www.franzensfeste-fortezza.it, geöffnet Mai bis Okt. Di–So 10–18 Uhr, im Winter bis 16 Uhr, Jan./Feb. geschlossen, geänderte Öffnungszeiten an Feiertagen, Führungen Mai bis Okt. 11 und 15 Uhr, ansonsten auf Anfrage, Eintritt 7 Euro, Kinder 6–14 Jahre 5 Euro, Führung 5 Euro extra.

Unterkunft, Essen und Trinken

- **Hotel Post Reifer**②, Franzensfeste, Bahnhofstr. 1, Tel. 0472 458605, www.hotelpostreifer.it, imposanter Bau aus der Kaiserzeit, seit 1872 im Familienbesitz, Hotelbetrieb mit 30 stilvollen Zimmern, großes Restaurant bietet heimische Gerichte, Pizza aus dem Holzofen, Nudelspezialitäten, frische Salate vom Buffet.
- **Hotel Sachsenklemme**②, Grasstein, südlich v. Mauls, Brennerstr. 1, Tel. 0472 837837, www.sachsenklemme.it, Raststation mit eigener Gasthaus-Brauerei, dazu Pizza, Steaks und mehr, angeschlossener Hotelbetrieb mit einfachen **Zimmern**③.
- **Stafler's Gut**④, Mauls, Mauls Nr. 10, Tel. 0472 771136, www.stafler.com, traditionelles Hotel-Restaurant, Star-Koch *Peter Girzler* hat die Küche der **Gourmetstube**④ im Stafler auf höchstes Südtiroler Niveau mit zwei Michelin-Sternen gebracht, geöffnet Fr–So abends, So auch mittags, dazu die **Gasthofstube**②, täglich abends geöffnet, Sa und So auch mittags, luxuriöse Zimmer unterschiedlicher Größe und Kategorien.

Wanderung auf den Kraxentrager (2998 m)

- **Gehzeit:** Aufstieg zur Hütte 3 Std., auf die Spitze 1 Std., Abstieg zur Hütte 45 Min., Abstieg zum Ausgangspunkt 2½ Std.

GPS Ausgangspunkt ist der Weiler **Platz** im Innerpfitsch, von wo Weg Nr. 3a nordwärts in den bewaldeten Hang hineinführt. Nach 600 Höhenmetern breiten sich Almen, dann Geröll aus, die Landshuter Hütte kommt in Sicht. Nach Überwindung der Geröllflächen erreicht man die Hütte. Von hier ist der Weg weiter nordwärts auf den Kraxentrager durch den Fels mit „Kra" markiert. Über einen Vorgipfel, dann geht es an einer Seilsicherung kurz abwärts und letztlich steil auf den Gipfel – eine herrliche Aussicht belohnt die Wanderer, denn der Kraxentrager ist der höchste Berg der Umgebung.

- **Europahütte:** ehemals Landshuter Hütte, Tel. 0472 646076, www.europahuette.it, www.alpenverein-landshut.de, Ende des 19. Jh. errichtet, seit der Abtrennung Südtirols verläuft die italienisch-österreichische Grenze durch den Gastraum, wird heute gemeinsam vom Deutschen Alpenverein und der Sektion Sterzing des Italienischen Alpenvereins betrieben, 28 Betten, 50 Lager, 10 Winternotlager, geöffnet Mitte Juni bis Anf. Okt.

6

Eisacktal

» Am Talboden des Eisacktals finden sich so wichtige Orte wie Brixen und Klausen, ebenso zwei der bedeutendsten Klöster des Landes – Neustift und Säben. Auf der Mittelgebirgsterrasse reihen sich zu beiden Seiten reizvolle Urlaubsorte aneinander und der Blick geht weit ins Tal.

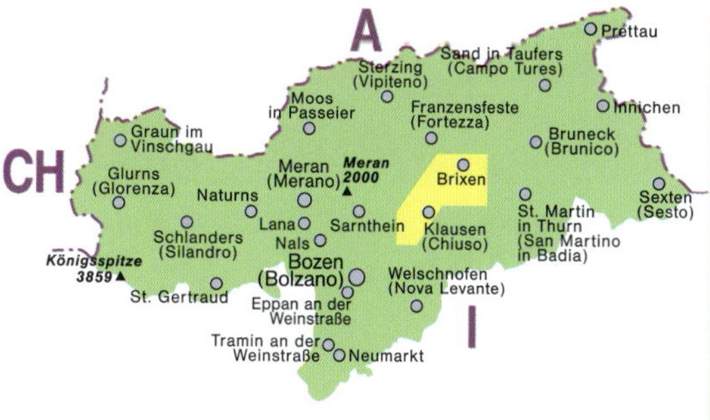

Blick von Lajen Tschöfas ins Eisacktal

0 — 3 km ©Reise Know-How SüdtirK06 6/23

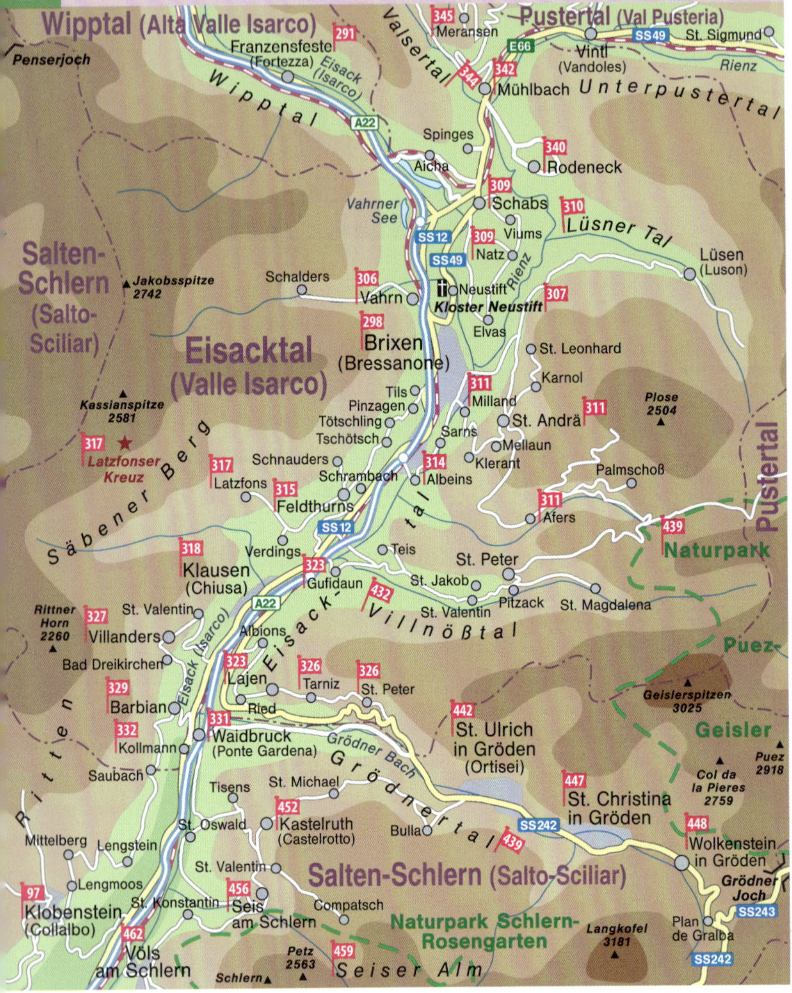

EISACKTAL

DER EISACK RUND UM BRIXEN (ISARCO, BRESSANONE)

Unterhalb von Franzensfeste weitet sich der Talboden des Eisack und die Rienz fließt zu. Der Abschnitt bis zur Talenge oberhalb von Bozen trägt im allgemeinen Sprachgebrauch die Bezeichnung Eisacktal, obwohl das Tal geografisch vom Ursprung des Eisack am Brenner bis zu dessen Mündung in die Etsch bei Bozen reicht.

In der Talweitung unterhalb des Zusammenflusses von Eisack und Rienz erstreckt sich die einstige Bischofstadt **Brixen.** Flussabwärts wird das Tal wieder enger. In **Klausen** haben die historischen Häuser an der schmalen Hauptstraße schon keinen Platz mehr für Lauben, wie man sie von anderen Städten Südtirols her kennt. Im weiteren Verlauf flussabwärts verengt sich das Tal so weit, dass bis ins späte Mittelalter hinein kein Durchkommen war – insofern mussten die Reisenden zwischen Süddeutschland und Norditalien für den Weg über den Brenner den beschwerlichen Umweg über den Ritten in Kauf nehmen. Dies war kein leichtes Unterfangen für die damaligen Verkehrsmittel Postkutsche und Pferdefuhrwerk. So konnte der Brenner erst zum wichtigsten Alpenpass werden, als am Ende des Mittelalters ein Karrenweg durch die Eisackschlucht oberhalb von Bozen angelegt wurde.

Beiderseits des Talbodens des Eisack breiten sich in Höhenlagen zwischen 1000 und 1400 m Mittelgebirgsterrassen aus, die schon früh von Menschen kultiviert wurden. Sie können nicht durchgehend befahren werden, da sie von den tief eingeschnittenen Tälern der Zuflüsse unterbrochen werden. Auf der rechten Terrasse ist dies beispielsweise der **Tinnebach,** der die Reisenden ins Etschtal zurückführt, wenn sie nach Villanders wollen – und erneut der **Zargenbach,** wenn sie weiter nach Barbian wollen.

Die linke Mittelgebirgsterrasse reicht bereits an die Dolomiten heran und ist von Norden her zunächst von der Hochfläche von **Natz und Schabs** gekennzeichnet. Südlich davon erstreckt sich **St. Andrä** unterhalb der Plose mit seinen vielen Fraktionen. Dann folgt der tiefe Einschnitt des Villnößtals, daran anschließend die Hochfläche von **Lajen** und dann wiederum der Einschnitt des Grödnertals. Südlich davon breitet sich die Seiser Alm aus. Die Beschreibung von Villnößtal und Grödnertal findet sich im Kapitel „Dolomiten“.

331st ot

NICHT VERPASSEN!

- **Brixner Dom** mit den berühmten Malereien im Kreuzgang | 299
- **Kloster Neustift,** barocke Kirchenpracht | 307
- **Schloss Velthurns** mit beeindruckenden Kunstschreinereien der Renaissance | 316
- **Kloster Säben,** bedeutende Klosteranlage weithin sichtbar oberhalb von Klausen | 320

Diese Tipps erkennt man an der gelben Markierung.

Brixen (Bressanone)

■ **Info:** Postleitzahl Brixen: **39042.** Tourismusverein Brixen, Regensburger Allee 9, Tel. 0472 275252, www.brixen.org, bietet Stadtführungen, Erlebnisführungen und Themenführungen an.

Brixen kann als **schönste Stadt Südtirols** bezeichnet werden. Ihr kompakter Altstadtkern mit bestens erhaltenen Ansitzen und Bürgerhäusern ist überschaubar, neben dem Dom gibt es weitere bedeutsame Sakralbauten und Museen. Dennoch strahlt die Stadt ein jugendliches Flair aus, hat sie doch auch universitären Charakter, seit hier eine Fakultät der Universität Bozen, eine Zweigstelle der Universität Padua und eine theologische Hochschule angesiedelt sind.

Brixen zeigt sich als lebendige, moderne Stadt, die ihr historisches Flair bewahrt hat. Erkergeschmückte Bürgerhäuser und farbenprächtige Fassaden mit Fenstern voller Geranien und Petunien beherrschen das Stadtbild. Zinnen schmücken die Dächer. In der **Altstadt** zwischen Großem Graben und Hofburg erhebt sich der Dom und auch viele der kulturhistorisch wertvollen Kirchen findet man hier. Unter den Rundbögen der Kleinen und Großen **Lauben** reihen sich historische Wirtshäuser an Weinstuben, darunter das ehemalige Gasthaus Schwarzer Adler in den Kleinen Lauben Nr. 2 mit der Holzskulptur des Dreiköpfigen Mannes, dessen Köpfe sich den drei Gassen an der Kreuzung zuwenden und der Sage nach alle drei an Karfreitag um 12 Uhr Geldstücke ausspucken.

Den eigentlichen Siedlungskern von Brixen bildet der Altstadtteil **Stufels,** geschützt am Zusammenfluss von Eisack und Rienz gelegen. Die meisten Häuser in den engen Gassen stehen unter Denkmalschutz. Der Stadtteil **Burgfrieden** breitet sich über die westliche Hangseite der Stadt aus. In diesem einst außerstädtischen Bischofsfbereich herrschte Fehdeverbot – daher der Name. Von der Sonne verwöhnt ist der Stadtteil **Kranebitt** an der Hangseite östlich des Eisack mit seinen Weingärten.

Geschichte

Wie überall im klimatisch begünstigten Südtirol waren die Menschen auch im Brixner Bereich des Eisacktals schon in vorgeschichtlicher Zeit sesshaft. Hier bestand in hallstättischer Zeit eine Siedlung, die spätere römische Siedlung hieß *Pressena.* Doch hatte dieser Standort noch keine allzu große wirtschaftliche Bedeutung, weil der Handelsverkehr über den Ritten ablief.

In nachrömischer Zeit bestand ab dem 6. Jh. ein **Bischofssitz** in Säben oberhalb von Klausen. Als König *Ludwig* im Jahr 901 diesem Kloster den karolingischen Gutshof *Prishna* am Zusammenfluss von Rienz und Eisack übereignete, beschloss man um das Jahr 960, den Bischofssitz von Säben in das Tal zu verlegen und einen neuen Münsterkomplex zu errichten.

Um die Jahrtausendwende entwickelte sich eine bürgerliche Siedlung um den neuen Dom, die durch Bischof *Hartwig* 1025 eine **Stadtmauer** und dazu eine dem heiligen *Michael* geweihte Pfarrkirche erhielt. 1027 erhielt Hartwig durch

Kaiser *Konrad II.* die Grafschaft im Eisacktal übertragen, sodass er seither auch als Fürstbischof agierte. Ihre Vögte, die späteren Grafen von Tirol, gewannen im Laufe der nächsten Jahrhunderte die Oberhand im Land. Doch mit den Stadtgerichten von Brixen, Klausen und Bruneck sowie weiteren Landgerichten hatte das Fürstbistum bis zur Säkularisation von 1803 Bestand. Bis zu dieser Zeit hatte sich die Brennerstrecke zur wichtigsten Handelsstraße des Alpenraums entwickelt und Brixen profitierte davon in außerordentlichem Maße, wie die reichen Bürgerhäuser der Stadt zeigen. Der daraus resultierende Durchgangsverkehr bereitete Brixen allerdings zunehmend Probleme. Seit 2013 die Westumfahrung der Altstadt für den Verkehr freigegeben wurde, sind die größten innerstädtischen Verkehrsprobleme jedoch beseitigt.

Sehenswertes

Ein Rundgang durch Brixen beginnt am besten am **Domplatz.** Der neu gestaltete Platz mit der auf der Südseite von *Martin Rainer* geschaffenen Skulptur für das Brunnenbecken ist das Herz der Stadt. Hier erhebt sich der Dom Mariä Himmelfahrt, seitlich stehen die Hofburg und am Kopfende das Rathaus.

Dom Mariä Himmelfahrt

Mit dem Dombau wurde um das Jahr 980 begonnen. Nach einem Brand erstand er um 1200 mit dreischiffigem Langhaus sowie zwei Fassadentürmen neu. In den Jahren 1745–1754 wurde der Dom unter Beibehaltung einzelner Teile des alten Baus barock neu errichtet, die klassizistische Vorhalle 1785–90 vorgesetzt. Der romanische Nordturm hatte schon 1610 seine frühbarocke Gestalt erhalten, der Südturm wurde angeglichen. Beide schließen mit Kuppeln und zierlichen Laternen ab.

Das Kirchenschiff zeigt sich als tonnengewölbte Halle mit Seitenkapellen. Das 200 m² große Deckenfresko, die Anbetung des Lamms darstellend, ist ein Meisterwerk von *Paul Troger,* 1748–50 geschaffen. Aus Marmor sind die Sockel,

Der Dom von Brixen

342st ot

Pilaster und Friese der Seitenwände gefertigt, Stuck überzieht die Kranzgesimse. Die Orgel hat 3335 Pfeifen und 84 Register, die Chorbalustrade aus buntem Marmor stammt von *T. Benedetti.*

Berühmt ist der **Kreuzgang** der Domkirche, zu betreten durch eine Pforte in der Vorhalle. Dieses großartige romanische Bauwerk aus dem Jahr 1250 wurde 1350 eingewölbt. Die Fresken entstanden zwischen 1390 und 1500. In dieser Zeit wurden fast alle 20 Arkaden bemalt. Die Darstellungen sind teilweise kurios, wie etwa das Elefantenmotiv in der dritten Arkade. Ansonsten handelt es sich um biblische Themen, die der damals leseunkundigen Bevölkerung zur Anschauung dienten.

An der Südwestecke des Münsterkomplexes mit Zugang von der dritten Arkade des Kreuzgangs steht die **Johannes-Kapelle.** Sie entstand im Zusammenhang mit dem ersten Münsterbau im 10. Jh. als bischöfliche Hofkapelle und erhielt im 14. Jh. ein Kreuzgratgewölbe. Die romanischen Fresken sind von großer kunsthistorischer Bedeutung, auch weil sie schon erste frühgotische Ansätze zeigen.

■ **Dom,** geöffnet 6.30–18 Uhr, Führungen durch Dom und Kreuzgang von Ostern bis Allerheiligen werktags, www.brixen.eu/brixner-dom.

Liebfrauenkirche

Die parallel zum Domschiff zum Kreuzgang hin zunächst einschiffig als bischöfliche Privatkapelle errichtete Liebfrauenkirche erhielt ebenfalls im 14. Jh. das Kreuzgratgewölbe und dazu das südliche Seitenschiff. Ihre Fassade ist mit barockem Turmaufsatz als Flügelelement in die Domfassade eingegliedert. Die berühmten romanischen Fresken stammen von Meister *Hugo* aus dem Jahr 1215. Prunkvoll sind der Haupt- und die Nebenaltäre von *Theophilius Pollak* aus dem Jahr 1638.

Der berühmte romanische Kreuzgang im Dom von Brixen

St.-Michaels-Pfarrkirche

Die heutige Stadtpfarrkirche mit der Front zum Domplatz wurde 1503 geweiht. Der romanische Vorgängerbau dieser St.-Michaels-Pfarrkirche stammt noch aus dem 11. Jh. Der Turm mit dem weiß getünchten Spitzhelm aus dem 14. Jh. wurde übernommen. Die Hallenkirche mit dem spätgotischen Chor wurde nach 1750 barockisiert und mit Fresken des Troger-Schülers *Josef Hautzinger* aus Wien versehen. In der Kirche stehen Altäre aus der Zeit des Barock, Klassizismus und der Romantik.

Zwischen Dom und Pfarrkirche erstreckt sich der alte **Friedhof.** Hier ist an der Wand ein Gedenkstein an **Oswald von Wolkenstein** (1377–1445) angebracht.

Rathaus

Am nördlichen Ende des Domplatzes steht inmitten alter Bürgerhäuser das Rathaus mit einem Fassadenturm in der Mitte, links einem Treppen- und rechts einem Zinnengiebel.

Hofburg

An der Südwestecke des Domplatzes findet man die Hofburg, einen hervorragend restaurierten Renaissancebau, zwischen 1591 und 1600 anstelle der bischöflichen Burg aus dem 13. Jh. errichtet. Loggien im Süden und Norden und geschlossene Barockfassaden im Osten und Westen, das alte Burgtor mit dem barocken Marmorportal und die Türmchen der Hofkirche kennzeichnen die zwei Höfe umschließende Anlage. In der Hofburg ist das **Diözesanmuseum** untergebracht, es zeigt eine wertvolle Kunstsammlung aus Skulpturen und Tafelbildern vom Mittelalter bis zur Neuzeit, den Brixner Domschatz, historisches Mobiliar und Porzellan sowie im Erdgeschoss eine aus 5000 Figürchen bestehende Jahreskrippe.

■ **Diözesanmuseum Hofburg,** Hofburgplatz 2, Tel. 0472 801166, www.dioezesanmuseum.bz.it, Führungen Di und Fr 10 Uhr, Do 15 Uhr, spezielle Kinderprogramme Schatzsuche, Quiz, Kinder-Führungen etc., Audioguide, geöffnet Juni bis Sept. 10–18.30 Uhr, Mitte März bis Mai und Okt. bis Anf. Nov. 10–17 Uhr, Ende Nov. bis Anf. Jan. 10–17 Uhr, 24. und 25.12. geschlossen, Eintritt Sommer 10 Euro (Winter bei beschränkten Räumlichkeiten 8 Euro), Senioren 8/6 Euro, Kinder bis 12 Jahre frei, Führung 15 Euro, Kinder 5 Euro.

Erhardskirche

Von der Hofburg durch die Hofgasse gelangt man zu der zwischen zwei Häuserzeilen eingezwängten Erhardskirche, die anstelle einer angeblichen Kapelle St. Thomas im Wald aus dem 9. Jh. Ende des 17. Jh. errichtet wurde. Trotz Papstwappen über dem Portal wird die kleine Kirche heute von den Brixner Lutheranern genutzt.

Stadttore und Lauben

Von hier führt der Blick westwärts zum **Sonnentor,** einem der erhaltenen Teile der alten Stadtbefestigung. Der Weg führt weiter durch die Hofgasse zu den **Großen Lauben.** Diese Straße ist von al-

ten Bürgerhäusern gesäumt. Erker, Zinnengiebel, Arkaden und Innenhöfe prägen diese Bauten, die im Kern alle noch aus dem Mittelalter stammen. Ihre heutigen Fassaden gehen zumeist auf das 17. Jh. zurück.

Nördlich parallel zu den Großen Lauben verläuft der **Große Graben,** ebenfalls von großartigen Bürgerhäusern gesäumt. Unterschiedlichste Giebelformen prägen diese Häuser. In der Mitte öffnet sich das **Säbener Tor** als weiteres Tor der alten Stadtbefestigung zur Altstadt.

Spitalkirche

An der Ecke zum Großen Graben steht die Spitalkirche zum Heiligen Geist, die an das Hartmannheim angebaut ist. Die Kuppel der Kirche, die schon außerhalb der alten Stadtmauer stand, wurde 1695

errichtet. Die klassizistischen Altäre und die Fresken stammen von *J. Mühlmann* (1884) und *J. M. Peskoler* (1904), das Hochaltarblatt (1770) von *J. A. Zoler.*

St. Josephskirche

Vom Großen Graben gelangt man über den Maria-Hueber-Platz zur Altenmarktgasse. Hier steht das Institut der Englischen Fräulein mit der St. Josephskirche, die nach einem Brand im Jahr 1765 neu errichtet wurde. Die Kirche erhielt später ein klassizistisches Gepräge.

Weißer Turm

Vom Maria-Hueber-Platz geht es wieder südwärts entlang der Weißeturmgasse zum Weißen Turm, an den das **Michaelstor** als weiteres Stadttor anlehnt. Der Turm ist als Wahrzeichen der Stadt seit einiger Zeit als **Museum** zugänglich. Es zeigt die geschichtliche und religiöse Bedeutung des Turms als Stadt- und Pfarrturm.

■ **Weißer Turm,** Pfarrkirche St. Michael, Pfarrplatz, Tel. 0472 836333, www.pfarrei-brixen.it, Besichtigung mit Führung Ostern bis 6.1. Sa 10.30 Uhr, Juni bis Sept. auch Do 21 Uhr, Eintritt 5 Euro, ermäßigt 3 Euro.

Pharmaziemuseum

An der Pfarrkirche zweigt die Adlerbrückengasse ab, an der das Pharmaziemuseum steht, untergebracht in der alten **Stadtapotheke.** Hier geht es um 400 Jahre städtische Pharmaziegeschichte.

■ **Pharmaziemuseum,** Adlerbrückengasse 4, Tel. 0472 209112, www.pharmaziemuseum.it, Juli/Aug. Mo–Fr 14–18 Uhr, Sa 11–16 Uhr, sonst Di und Mi 14–18 Uhr, Sa 11–16 Uhr, Eintritt 5 Euro, Jugendliche bis 18 Jahre, Senioren, Studenten 4 Euro, Kinder unter 10 Jahren frei, Familienkarte 12 Euro.

Priesterseminar

In der Verlängerung der Weißeturmgasse geht es die Albuin- und Hartwiggasse bis zum Priesterseminar entlang. Im Zusammenhang mit dem Bau des Priesterseminars wurde die barocke **Seminarkirche** 1766/67 mit der durch Pilaster, Dreiecksgiebel und Statuennischen strukturierten Fassade errichtet. Der Innenraum ist mit Fresken von *Fr. A. Zeiller* ausgemalt. Die Stuckatur stammt von *Fr. Singer.* Die Innenausstattung zeigt spätbarocke und auch schon klassizistische Züge.

Schutzengelkirche

Erwähnt sei auch die Schutzengelkirche auf dem jenseitigen Eisackufer, zu erreichen über die Adlerbrücke. Hier breitet sich der alte Brixner Stadtteil Stufels aus. Auch hier wurde eine ältere Kapelle 1712 in einen Barockbau verwandelt. Das wertvolle Altarblatt stammt von *J. G. Grasmair* aus dem Jahr 1730.

Praktische Tipps

Unterkunft, Essen und Trinken

1 1 **Hotel Elephant**④, Weißlahnstraße 4, Tel. 0472 832750, www.hotelelephant.com, stilvolles Haus mit jahrhundertelanger Tradition und vielen Antiquitäten, komfortabel eingerichtete Zimmer, angeschlossenes Restaurant bietet Spitzenküche. Der Name des Hotels geht auf ein Ereignis des Jahres 1551 zurück, als der portugiesische König *Johann III.* seinem Neffen, Erzherzog *Maximilian von Österreich,* einen Elefanten aus seinen indischen Kolonien zum Geschenk machte. Der Elefant kam bis Genua per Schiff, dann in Fußmärschen durch das Eisacktal in Richtung Wien. Er blieb über Weihnachten für einen halben Monat im Hotel, wo er betreut und verpflegt wurde. Seither ziert ein Elefantenfresko die Hotelfront.

8 **Goldener Adler**③, Adlerbrückengasse 9, Tel. 0472 200621, www.goldener-adler.com, gehört zu den ältesten Gasthäusern Brixens, hier hat schon Kaiser *Karl V.* genächtigt, Zimmer verschiedener Kategorien, teilweise mit Balkon, dazu 8 **Adlercafé** mit hauseigener Konditorei. Angeschlossenes 6 **Restaurant Finsterwirt**③, Domgasse 3, Tel. 0472 835343, www.finsterwirt.com. drei Minuten vom Hotel entfernt, Terrasse im Innenhof, Spezialität Weinsuppe, So abends und Mo Ruhetag.

2 2 **Goldenes Rössl**②, Brennerstr. 3, Tel. 0472 835152, www.goldenesroessl.it, 1640 erstmals als Gasthaus erwähnt, reich gegliederte Fassade mit Erkern, dreiteiligem Rundbogen und mächtigem Portal. Traditionelle Küche, Pizzeria, angeschlossenes Hotel③ mit teils großzügigen Zimmern.

3 **Heiseler**①, Vittorio Veneto Str. 8, Tel. 0472 83 2363, www.heiseler.it, zwischen Bahnhof und Zentrum gelegenes Garni-Hotel, einfache Zimmer und Appartements, teilweise mit Balkon.

4 **Fink**③, Kleine Lauben 4, Tel. 0472 834883, www.restaurant-fink.it, eine der ersten Restaurantadressen in Brixen, mit Konditorei und Café.

5 **Traubenwirt**②, Kleine Lauben 9, Tel. 0472 83 6552, www.traubenwirt.it, 1444 nach dem Brixner Stadtbrand mit breiten, runden Laubenbögen und wuchtigen, unregelmäßigen Pfeilern neu errichtet, seit 1822 Buschenschank, seit 1842 Gasthaus. Gehobene Südtiroler Küche, mit Traubenkeller und ehemaliger Kapelle, mittags und abends geöffnet, mit Außengastronomie, So Ruhetag.

9 **Decantei**③, Hartwiggasse 5, Tel. 0472 674 270, www.decantei.it. Wo einst die Brixner Domherren speisten und tranken. Kreative traditionelle Küche, Bierspezialitäten und -cocktails, ganztägig geöffnet.

7 **3fiori café & craft beer bar**②, Bäckergasse 3, Tel. 0472 837966, www.3fiori.com. Bier und Musik

für junge Leute, internationales Biersortiment, dazu Snacks, große Außenterrasse, geöffnet Di und Mi 9.30–20 Uhr, Do bis Sa 9.30–24 Uhr.

Aktivitäten

■ **Acquarena:** Altenmarktgasse 28/B, Tel. 0472 26 8433, www.acquarena.com, größtes Freizeitbad Oberitaliens, 14.000 m² Wasser- und Grünfläche, Spaßbecken mit Rutsche, Sportbecken mit Sprungturm, Kinderbecken, Hallenbad mit Sportpool, Strömungskanal und Riesenrutsche, Hallen- und Solebad täglich 9–22 Uhr, Außenbecken Ende Mai bis Mitte Aug. täglich 9–19.30 Uhr, Mitte Aug. bis Anf. Sept. 9–18.30 Uhr geöffnet, Tageskarte für alle Becken 12 Euro, Kinder 4–13 Jahre 6,50 Euro, Familienkarte 27,50 Euro, div. Ermäßigungen z.B. für verkürzte Verweildauer etc., Zuschläge an Sonn- und Feiertagen.

Einkaufen

■ **Wochenmarkt:** Mo 8–13 Uhr, Parkplatz in der Brennerstraße.

■ **Monatsmarkt:** in der Goethestraße und in der Schwesternau 8–14 Uhr (Termine beim Fremdenverkehrsamt).

■ **Bauernmarkt:** am Hartmannsplatz (Großer Graben) Sa 9–13 Uhr (außer 2. Dez.-Hälfte).

■ **Gumperermarkt:** Flohmarkt in der Albuingasse sechsmal im Juli/Aug. (Termine beim Fremdenverkehrsamt).

335st ot

Am zentralen Domplatz von Brixen

■ **Brot- und Sprudelmarkt:** 1. Okt.-Wochenende auf dem Domplatz, landestypische Brot- und Backspezialitäten von Bäckereien aus ganz Südtirol: Roggenbrot, Schüttelbrot, Pusterer Breatl, Früchtebrot, Brezen, Vinschger Paarl, Zelten oder Apfelstrudel.

Feste und Veranstaltungen

■ **Altstadtfest:** am 3. Wochenende im Aug. Fr–So in der Innenstadt mit Ständen, Musik und Tanz, Partys und Veranstaltungen, Info: www.altstadtfest.it.
■ **Brixner Sommeremotionen:** Eisacktaler Straßenküchen lassen die Altstadt zur Flaniermeile kulinarischer Spezialitäten werden mit Live-Musik, Handwerkspräsentationen, Modeschauen, Kinderanimation, jeweils Mi Anf. Juli bis Mitte Aug.
■ **Weihnachtsmarkt:** am Domplatz, Ende Nov. bis 6.1. werktags 10–19.30 Uhr, So und feiertags 9.30–19 Uhr, 25.12. geschlossen.
■ **BrixenClassics:** 2. Juniwoche, klassische Musik, Kultur und Genuss, Operngala, Sinfoniekonzert, Kammermusik, Liederabend, Dixi im Weingut im Innenhof der Brixner Hofburg, Kloster Neustift, Weingüter, Discoclub etc.

[>] Kloster Neustift

Nördlich von Brixen (Bressanone)

Vahrn und Kloster Neustift (Varna, Abbazia di Novacella)

Vahrn liegt am Nordende der Brixner Talweitung am Eingang des Schalderer Tals am westlichen Eisackufer. Es ist heute faktisch ein Vorort von Brixen. Als Standort an der Brennerstraße profitierte der Ort schon immer vom lebhaften Fuhrverkehr. Die vielen hochherrschaftlichen Häuser zeugen noch von dieser Zeit, allen voran der **Ansitz Stock** mit seinem mächtigen Viereckturm. Die **Pfarrkirche zum heiligen Georg** wurde 1335 erstmals erwähnt, spätgotisch vergrößert und im 18. Jh. barockisiert. Das Außenfresko stammt von Meister *Leonhard* und wurde 1474 angebracht.

Anziehungspunkt ist auch die Käsemanufaktur vom Sternekoch *Hansi Baumgartner*, dem inzwischen wohl bekanntesten Käseaffineur Südtirols. Ihm gelingt es, immer neue Veredelungen zu kreieren und seine Produktpalette professionell zu erweitern.

■ **DEGUST:** Käsemanufaktur Baumgartner, 39040 Vahrn, Bsackerau 1, Tel. 0472 849873, www.degust.com, geöffnet Mo–Fr 9–12.30 und 14–18, Sa 9–12 Uhr.

Vahrner See

Nördlich von Vahrn beginnt am Vahrner See der **Keschtnweg** (Südtiroler Kastanienweg). An den Hängen des gesamten Eisacktals findet man **Esskastanien,** die in der Südtiroler Gastronomie eine große Rolle spielen. Der Vahrner See ist ein traditioneller Erholungsort, der schon gern von der Haute Volée des österreichischen Kaiserreichs aufgesucht wurde. Der See ist inzwischen renaturiert worden, darf aber weiter als **Badestelle** genutzt werden. Insbesondere die vielfältige Libellenpopulation hat zur Unterschutzstellung geführt.

Schalders

Urtümlich ist die Fahrt von Vahrn das **Schalderer Tal** aufwärts. Davon, dass der Ort Schalders früher als Kurort aufgesucht wurde, ist nicht mehr viel zu verspüren. Bemerkenswert sind die Altäre der im Jahr 1436 dem heiligen Wolfgang geweihten und später erweiterten Ortspfarrkirche. Das Altarbild des Hauptaltars ist wahrscheinlich ein Geschenk des Klosters Neustift. Die beiden Seitenaltäre stammen aus der ersten Hälfte des 19. Jh.

Kloster Neustift

Die Klosteranlage von Neustift am gegenüberliegenden Eisackufer oberhalb von Brixen gehört zu den **bemerkenswertesten Südtiroler Sakralbauten.** Die Geschichte des Klosters begann, als *Hartmann,* vormals Propst von Klosterneuburg bei Wien, im Jahre 1140 zum Bischof von Brixen ernannt wurde. Groß war sein Wunsch, in erreichbarer Nähe ein Augustiner-Chorherrenstift einzu-

219st ot

220st ot

richten, um dort seinen Exerzitien nachgehen zu können, aber auch, um kirchlichen Nachwuchs auszubilden, woran es in seiner Zeit im Bistum mangelte. Hauptstifter war *Reginbert* als Ministerialer des Hochstiftes Brixen und Burggraf von Säben. Auch *Hartmann* selbst trug zu seiner Ausstattung bei. Durch weitere Stiftungen konnte das Kloster bis 1500 über die Ländereien von über 500 Höfen verfügen, darunter eine **Klosterkellerei,** die bis heute hervorragende Weine keltert.

Hartmann gründete Kloster Neustift 1142, doch schon im Jahre 1190 wurde es grundlegend erneuert. Die heutige Anlage besteht aus mehreren Gebäudekomplexen, die durch **zwei Innenhöfe** miteinander verbunden sind. Am Eingang steht die **Marienkapelle,** die wegen ihrer Ähnlichkeit mit der römischen Engelsburg auch so genannt wird. Der runde Bau wurde der Heiliggrabkirche in Jerusalem nachempfunden und um 1200 errichtet. Durch einen Torbau gelangt man in den ersten Hof mit einem achteckigen, mit Fresken versehenen **Renaissancebrunnenhaus.**

Die **Stiftskirche** entstand ab 1190 und erhielt im 15. Jh. den dreischiffigen Chor. 1734–38 wurde das Innere durch *J. Delai* zu einem prächtigen Barockensemble gestaltet. Die Deckenfresken stammen von *Matthias Günther.* In der Sakristei sowie in der Pinakothek und im Kreuzgang sind verschiedene Arbeiten der Künstler *Michael* und *Friedrich Pacher* zu bewundern. Die Pietà in der Vorhalle stammt aus dem 14. Jh.

Am Langhaus der Stiftskirche befindet sich die quadratische **Marienkapelle.** Aufgesetzt ist ein Oktogon mit Laterne. Daran schließt sich der **Kreuzgang** an, der im 14. Jh. ein Kreuzrippengewölbe erhielt. Die Wandfresken stammen von *Michael Pacher.* Ganz besonde-

221st ot

res Augenmerk verdienen der barocke **Bibliothekssaal** mit umlaufender Galerie sowie die **Pinakothek** mit wertvollen Bildern aus verschiedenen Epochen.

■ **Augustiner Chorherrenstift Neustift,** 39040 Vahrn, Stiftstraße 1, Tel. 0472 836189, www.kloster-neustift.it, Museum geöffnet Mo bis Sa 10–17 Uhr, Eintritt 10 Euro, Studenten 5 Euro, nicht barrierefrei, Kinder von 4 bis 17 Jahre 4 Euro, Stiftsführungen Mo bis Sa 11 und 14.30 Uhr, Teilnahme 15 Euro, Teilnahme im Rollstuhl möglich.

■ **Historischer Stiftsgarten,** eigenständige Besichtigung im Sommer Do bis So, Eintritt 4 Euro, Kinder 2 Euro.

■ **Stiftskeller,** Tiroler Jausen etc., dazu Stiftsweine, Schnäpse, Apfel- und Holunderblütensaft und Neustifter Kräutertee, Mo–Sa 10–19 Uhr, So und an kirchlichen Feiertagen geschlossen, es werden Weinverkostungen angeboten.

■ **Klosterladen,** am Stiftseingang, Speck, Käse, Kaminwurzen, Schüttelbrot, Wein, Schnäpse, Säfte, Kräutertee und Kosmetika des Stifts und anderer Klöster, geöffnet Mo bis Fr 10–19 Uhr, Sa 10–17 Uhr, So und an kirchlichen Feiertagen geschl.

Natz und Schabs (Naz, Sciaves)

■ **Info:** Postleitzahl Natz-Schabs: **39040.** Tourismusverein Natz-Schabs, Oberbrunnergasse 1 – Haus Hansengut, Tel. 0472 415020, www.natz-schabs.info.

Die linke (östliche) Mittelgebirgsterrasse des Eisacktals setzt sich nördlich von Brixen über den tiefen Taleinschnitt der Rienz in der Hochebene von Natz und Schabs fort. Die Schabser Hochebene wird auch als **Apfelhochplateau** bezeichnet. Vor allem der Ortsteil Natz liegt malerisch in Apfelplantagen eingebettet.

222st ot

Die reizvoll auf einem Rundhügel in der Fraktion **Viums** gelegene Kirche St. Magdalena stammt aus der Zeit um 1500. Sie wurde auf dem Fundament einer 1281 geweihten Vorgängerkirche erbaut. Der Turmausbau erfolgte im 17. Jh.

Von Schabs führt ein schöner Wanderweg zur Wallfahrtskapelle am Südhang des Spingeser Berges. Die Filialkirche St. Nikolaus in **Aicha** besitzt ein freigelegtes Fresko, das von *Michael Pacher* stammen soll.

⌃ Die Apfelkrone beim Apfelfest in Natz

‹ (links oben): Deckenfresko im Koster Neustift
(links unten): Kloster Neustift Innenraum

223st ot

Lüsner Tal (Val di Luson)

■ **Info:** Postleitzahl Lüsen: **39040.** Tourismusverein Lüsen, Dorfgasse 19, Tel. 0472 413750, www.luesen.com.

Der tiefe **Taleinschnitt der Rienz,** der unterhalb von Mühlbach einsetzt und bis fast vor Brixen reicht, wo der Fluss in den Eisack mündet, trennt die Hochebene von Natz und Schabs von der sich südlich erstreckenden linken Mittelgebirgsterrasse des Eisacktals. Hier mündet der Lasenkenbach, der das reizvolle, zwölf Kilometer lange Lüsner Tal bildet. Das Tal wurde schon in vorgeschichtlicher Zeit als Übergang vom Eisacktal ins Pustertal und in die Dolomitentäler genutzt, wie Feuersteinabschläge aus der Zeit um 6000 v. Chr. auf den umliegenden Almen und Scherbenfunde aus der Bronzezeit von 230–1000 v. Chr. bezeugen.

Trotz der Nähe zur Hauptverkehrsachse des Eisacktals ist das Lüsner Tal mit seinen ca. 1500 Einwohnern noch weitgehend unberührt. An den Hängen gibt es eine Vielzahl von Bergbauernhöfen. Hinterlüsen als obere Hälfte des Tals reicht bis zur Peitlerscharte kurz unterhalb des Würzjochs. Der Weg dorthin führt mitten durch ein kilometerlanges

⌃ Historische Scheune im Lüsner Tal

› Bauernhof im Lüsner Tal

Waldstück immer am Flussbett entlang. Fast am Ende findet sich ein **restaurierter Kalkofen,** der erstmals 1532 Erwähnung fand.

Das Dorf **Lüsen (Luson)** ist der zentrale Ort im Tal. Sehenswert ist hier das Ensemble aus Pfarrkirche und Grabkirche. Die dem heiligen *Georg* geweihte, spitztürmige Pfarrkirche ist spätgotischen Ursprungs und wurde 1773–75 barockisiert. An die Kirche schließt sich der Friedhof an, von dem man einen weiten Ausblick über das untere Lüsner Tal hat. Am Ende des Friedhofs steht die Grabkapelle aus dem 15. Jh.

Oberhalb des Tals erstreckt sich die **Lüsner Alm** im Osten in einem weiten Bogen bis vor das Würzjoch. Im Westen erhebt sich die 2504 m hohe **Plose** mit der Ploser Alm, dem großen Brixner Skigebiet mit der Trametsch-Piste, die mit einer Gesamtlänge von 9 km als längste Abfahrt Südtirols gilt.

Südlich von Brixen (Bressanone)

Milland (Millan)

Die Brixner Fraktion Milland liegt auf dem Brixen gegenüberliegenden linken Eisackufer an der Straße nach St. Andrä. Der Ort ist sogar einige Jahre älter als die Bischofsstadt Brixen. Die **Wallfahrtskirche Maria am Sand** ist Millands alte Pfarrkirche. Sie steht zum Teil noch auf Mauern einer um 1300 errichteten Vorgängerkirche, wurde 1464 erweitert und 1766 barockisiert. Ziel der Wallfahrer ist ein Gnadenbild der Madonna, die dem Christuskind eine Birne reicht, wohl von *Hans Klocker* geschaffen.

Über dem Ort erhebt sich in beherrschender Lage der **Ansitz Karlsburg,** ehemaliger Meierhof des Brixner Domkapitels, ab 1618 im Besitz von *Graf Hannibal von Winkelhofen* und deshalb auch Winkelhof genannt. Großartig ist die doppelstöckige Innenhalle. Die 1627 eingerichtete Kapelle des Anwesens trägt ein Kreuzgratgewölbe.

St. Andrä und Afers (Sant'Andrea, Eores)

Die linke Mittelgebirgsterrasse des Eisacktals erstreckt sich zwischen dem Lüsner Tal und dem Aferer Tal auf einer Höhe von 1000 bis 1400 m. Hier liegt die Brixner Fraktion St. Andrä mit ihren Weilern Mellaun, Klerant, Karnol und St. Leonhard. Zwischen den Hängen der

Plose und dem Brixner Talboden bietet sich dem Betrachter eine abwechslungsreiche, von der Sonne verwöhnte Wiesen- und Waldlandschaft, die durch die Abflüsse von der Plose strukturiert wird. Eine **Seilbahn** mit der Talstation oberhalb von St. Andrä bietet den Zugang zu den Skiliften der Plose. Von Palmschoß, einer Fraktion von Afers auf dem Weg zum Würzjoch, gibt es zwei Fahrstraßen auf den Berg.

Menschen haben sich bereits in der späten Bronzezeit auf der Mittelgebirgsterrasse oberhalb von Brixen niedergelassen. Ab dem 11. Jh. wurden kleine Kirchen in den Siedlungen errichtet. Im Jahre 1177 übernahm das Heilig-Kreuz-Spital in Brixen die Pfarrei St. Andrä mit ihren Filialen. Seither konnten die Kirchen der Bergpfarrei erweitert oder auch erneuert werden.

Durch die engen Beziehungen des Spitals zum Brixner Domkapitel wurden die für den Dom tätigen Künstler auch in den kleinen Kirchen der Bergpfarrei tätig. Nirgendwo sonst findet man eine Ansammlung derart **wertvoll ausgestatteter Dorfkirchen** wie rund um St. Andrä. So hat in der Hochgotik und im Barock die Hochkultur des Talbodens auf die oberhalb gelegene Terrasse ausgestrahlt, vor allem die Meister der **Brixner Malschule** waren hier tätig. Als Erkennungsmerkmal tragen die meisten Kirchen auf dem schlanken Turm mit exakt behauener Eckquaderkette aus einheimischem grauen Granit vier hohe Giebel, die in das spitze, rot eingedeckte Dach mit aufgesetzter Goldkugel und Wetterhahn übergehen.

Klerant

Auf dem Weg von Brixen nach St. Andrä zweigt eine Straße nach Klerant mit der **Dorfkirche St. Nikolaus** ab. Diese Filialkirche wurde im 15. Jh. im Stil der ländlichen Brixner Gotik errichtet und erhielt später einige bauliche Ergänzungen. Erhalten blieben im Inneren die wertvollen Fresken der Brixner Künstlerwerksatt mit Darstellungen aus dem Leiden Christi aus der Nikolauslegende, die um 1470 entstanden. Zusätzlich wiederholt sich das aus dem Brixner Domkreuzgagng bekannte Elefantenmotiv, den Opfertod des Eleazar unter dem Elefanten darstellend.

Mellaun

Auf dem weiteren Weg passiert man Mellaun mit der Filialkirche **St. Johannes der Evangelist,** ebenfalls aus dem 15. Jh. Die einfache Saalkirche mit polygonalem Chorschluss wurde 1469 mit kostbaren Wandmalereien des Meisters *Leonhard von Brixen* ausgestattet.

St. Andrä

■ **Info:** Postleitzahl St. Andrä: **39040.** Tourismusinformation St. Andrä: siehe Brixen.

St. Andrä ist der Geburtsort des Komponisten *Vinzenz Goller* (1873–1953).

Die dem Apostel *Andreas* geweihte **Pfarrkirche von St. Andrä** wurde urkundlich erstmals 1177 erwähnt. Die Mauern des vorderen Teils des heutigen Langhauses entstammen noch dieser romanischen Bauphase, das Langhaus wurde spätgotisch erweitert und der Turm erneuert. Seit der im 18. Jh. erfolgten Barockisierung stellt sich der Bau als lichtdurchfluteter, hell ausgemalter Raum dar. Die **Fresken** schuf *Jakob Jennewein*, die **Stuckarbeiten** führte kein anderer als der berühmte *Franz Singer* aus. Der damalige Pfarrer *Georg Tangel* hatte Kontakte zu den berühmten zeitgenössischen Künstlern und verfügte über die erforderlichen Mittel, diese auch beschäftigen zu können, denn er beaufsichtigte in seiner Hauptfunktion den Neubau des Brixner Doms.

Die an das Kirchgelände mit dem Friedhof angrenzende **Frauenkirche Mariahilf** wurde 1696 anstelle einer vorher baufällig gewordenen Wallfahrtskapelle durch den Brixner Baumeister *Andrea Delai* als achteckiger Zentralbau errichtet. Auch diese Kirche ist mit künstlerisch wertvollen Fresken und einem frühbarocken Gnadenaltar ausgestattet.

Karnol

UNSER TIPP: In Karnol nördlich von St. Andrä, zu erreichen über den sogenannten Kutscherpromenadenweg, steht die malerisch auf einem vorgeschobenen Rundhügel gelegene **Kapelle St. Johannes der Täufer** mit Ausblick über das gesamte Brixner Eisacktal. Die 1113 geweihte und Ende des 15. Jh. umgebaute Kapelle stellt das bedeutendste Kleinod unter den Filialkirchen von St. Andrä dar. Der Innenraum der Kapelle ist fast völlig mit **spätgotischen Fresken** ausgemalt, die den Übergang zur Frührenaissance noch deutlicher erkennen lassen als die Werke der Brixner Künstlerwerkstatt. So zeigt eine Abbildung des heiligen *Leonhard*, die etwa um das Jahr 1490 entstand, schon weit über mittelalterliche Darstellungen hinausgehende individuelle Züge. Noch bemerkenswerter ist das um 1520 entstandene **Ursula-Fresko** in der Apsiswölbung mit dem Motiv der Heimkehr der Jungfrauen von einer römischen Pilgerfahrt.

St. Leonhard

Zuletzt sei die Filialkirche im 200 m oberhalb von St. Andrä gelegenen St. Leonhard erwähnt. Sie wurde 1194 geweiht, 1430 gotisch erweitert, 1695 nach Westen hin verlängert und in der zweiten Hälfte des 18. Jh. im Inneren barockisiert. Auch hier konnte *Georg Tangel* als Pfarrer der Kirche St. Andrä den begnadeten Stuckateur *Franz Singer* für die Ausschmückung gewinnen.

Afers

Auf dem Weg von St. Andrä zum Würzjoch durchquert man die Fraktionen der Gemeinde Afers. Hier ist vor allem die **St. Jakobskirche** zu erwähnen, die wohl zu Beginn des 13. Jh. als erstes Gotteshaus im Aferer Tal errichtete wurde. Dieses malerisch am Hang gelegene Kirchlein kann ein Fresko eines Brixner Meisters aus der Mitte des 15. Jh. mit dem Motiv der aus dem Schlaf erwachenden Apostel im Chor ihr Eigen nennen.

Unterkunft, Essen und Trinken

■ **Hotel Torgglerhof**②, St. Andrä, Karnol 89, Tel. 0472 835510, www.torgglerhof.com, familiär geführtes Hotel in aussichtsreicher Lage über dem Eisacktal, Hallenbad, Liegewiese, Bar, Café und Restaurant, angeschl. Appartementhaus.

■ **My Arbor**④, Leonharderstraße 26, Tel. 0472 69 4012, www.my-arbor.com, in der Nähe der Plosebahn-Talstation auf Stelzen am steilen Westhang gelegen, neu errichtetes Hotel, in dem die Gäste des oberen Stockwerks sich in den Baumwipfeln glauben, wenn sie auf den Balkon hinaustreten.

Aktivitäten

■ **Paragliding:** Paragliding Tandem Team Südtirol, Florian Priller, St. Andrä, Mellaun 175, Tel. 333 6799316, www.para-tandemteam.com, Passagierflüge mit dem Gleitschirm von der Plose nach St. Andrä.

■ **Skigebiet Plose:** Hausberg von Brixen, familiäres Skigebiet mit der längsten Abfahrt Südtirols (1400 m), Kabinenbahn, 2 Schlepplifte, 7 Sessellifte, 40 km Pisten überwiegend mittelschwer, www.plose.org.

Plose

Die Plose ist der **Hausberg von Brixen.** Sie erstreckt sich mit den drei Hauptgipfeln Telegraph (2486 m), Pfannspitze (2547 m) und Gabler (2576 m) zwischen dem Eisacktal im Westen, dem Lüsener Tal im Norden und Osten, dem Aferer Tal im Süden und findet seine Begrenzung im Würzjoch. Durch das kuppenartige Gelände ist es ein beliebtes Wander- und Skigebiet, das durch die Plose-Kabinenbahn von St. Andrä erschlossen wird.

Neu ist die 2016 eröffnete **Pfannspitzbahn.** Im Bereich der Kuppen bieten sich Lifte als Aufstiegshilfen an. Die Plose hat sich gerade auch zum **Eldorado für Trendsportarten** entwickelt: Mountainbike und Mountaincarts, Freeride-Trail, Bikepark und im Winter vor allem Snowboard. Des Weiteren gibt es die **Trametsch,** mit 9 Kilometern die längste Talabfahrt Südtirols, und die ebenfalls 9 km lange **Rodelbahn** RudiRun.

■ **Seilbahn Plose** (1050–2050 m): St. Andrä, Seilbahnstr. 17, Tel. 0472 200433, www.plose.org, Sommerbetrieb 9–18 Uhr, Vor- und Nachsaison 9–17 Uhr, Öffnungszeiten Winter 21.12. bis Ende März.

■ **Seilbahn Pfannspitz:** Talstation beim Berghotel Schlemmer in Afers, Tickets jeweils Einzelfahrt 12 Euro, Hin- und Rückfahrt 16 Euro, Kinder 8–18 Jahre 10/12 Euro.

■ **Plosehütte:** 39042 St. Andrä, In der Flauge 16, Tel. 0472 521333, www.plosehuette.com, 2447 m hoch gelegen, beliebt bei Wanderern und vor allem bei Skifahrern, Sonnenterrasse, großartiger Ausblick, Südtiroler Küche, 60 Betten und Lager.

Albeins (Albes)

Auf dem Weg von Milland nach Albeins durchfährt man den Ort **Sarns** mit drei mächtigen Ansitzen, darunter Haus St. Georg, das renoviert wieder als Cusanus-Akademie betrieben wird, sowie die um das Jahr 1500 entstandene Sebastianskirche.

Albeins, bereits in der Bronzezeit besiedelt, ist die südlichste Brixner Fraktion. Hier mündet der Afererbach in den Eisack. Beiderseits des Baches steht eine sehenswerte Kirche. Die **Pfarrkirche,** den heiligen *Hermagoras* und *Fortunatus* geweiht, wurde um 1320 erbaut, Ende des 15. Jh. umgebaut und 1784 barockisiert. Der Hochaltar trägt Bilder der beiden Heiligen. Die Wand- und Deckenfresken stammen aus der Zeit um 1700.

Auf der gegenüberliegenden Seite steht die weitaus ältere **Margarethen-Kirche.** Im Kern entstammt der Bau der Romanik und wurde in der Spätgotik eingewölbt, im 17. Jh. im Inneren barockisiert. Reste gotischer und barocker Fresken sind erhalten. In der Kirche befindet sich eine wertvolle Marienstatute von Meister *Leonhard von Brixen.*

Feldthurns (Velturno)

Info: Postleitzahl Feldthurns: **39040.** Tourismusverein Feldthurns, Simon-Rieder-Platz, Tel. 0472 855290, www.feldthurns.info.

Zwischen Brixen und Feldthurns

Die rechte (westliche) Mittelgebirgsterrasse des Eisacktals erstreckt sich auf Höhen um 900 m oberhalb des Talbodens. Auf der oberhalb von Brixen gelegenen, Pfeffersberg genannten Terrasse mit den Ortschaften Tschötsch, Tötschling, Pinzagen, Tils und Gereuth geht es geruhsam zu. Reizvoll sind die Dörfer mit ihren historischen Kirchen und Höfen.

So geht die heutige spätgotische Kirche in **Tils** wahrscheinlich auf einen Vorgängerbau zurück. Die auf einem Hügel nahebei gelegene Kirche St. Cyrill hat noch ein romanisches Langhaus, dessen flache Decke im 17. Jh. bemalt wurde.

Die spätgotische Dorfkirche St. Ulrich in **Pinzagen** verfügt über einen Kapellenaufbau und schließt mit einem polygonalen Chorraum ab. Die Deckenbemalung stammt von *Johann Mitterwurzer* (1786).

In **Tötschling** stehen zwei Kirchen, St. Johannes Evangelist und St. Nikolaus, überraschend nahe beieinander, sie wurden auch um 1340 fast gleichzeitig geweiht. Der Grund für diese Kuriosität ist bis heute nicht bekannt.

Unterhalb auf halber Hanghöhe liegt **Tschötsch** mit der 1406 erstmals erwähnten Pfarrkirche. Auch hier befindet sich ein Christophorusfresko an der Fassade. Das Fresko der Taufe Christi im Gewölbe hat *Joseph Anton Zoller* 1763 gefertigt.

Fast schon im Tal erhebt sich inmitten von Weinbergen malerisch die Kirche St. Peter in **Schrambach.** Sie wurde 1503 umgebaut und erweitert. Die Ausstattung stammt zum größten Teil aus der Barockzeit. Eine umfassende Renovierung wurde 2006 vorgenommen.

Archeoparc

Feldthurns selbst kann auf eine lange Geschichte zurückblicken. Auf dem Sonnenhang gelegen, mit herrlichem Ausblick auf die Geislergruppe und Tausende von Esskastanien im Ort und in der Umgebung hat diese Lage die Menschen schon früh angezogen. Im Bereich der heutigen Feldthurner Feldflur namens Tanzgasse entdeckte man durch Zufall einen bronzezeitlichen, **5000 Jahre alten Kultplatz.** Es handelt sich um eine **Megalith-Anlage** mit einer Struktur aus großen, weitgehend unbehauenen Steinen und einem Menhir, der mit Abbildungen von Beil, Dolch und vielleicht einem Bogen versehen ist. Die Anlage ist durch die Einrichtung eines archäologischen Parks erhalten worden und kann besichtigt werden.

336st ot

St. Peter in Schrambach

■ **Archeoparc Feldthurns,** Tanzgasse 26, Tel. 0472 855290, www.feldthurns.info, ganzjährig geöffnet Di bis So 9–18 Uhr, Führungen Di 17 Uhr, Juni bis Sept. auch 1. Sa im Monat, Anmeldung beim Infobüro Feldthurns erforderlich, Eintritt 3 Euro, ermäßigt 2 Euro.

Schloss Velthurns

Kein Wunder, dass die Brixner Fürsthöfe Ende des 16. Jh. als Standort ihres Sommersitzes Feldthurns auswählten. 1577–87 errichteten sie auf dem Grund und aus den Steinen einer schon seit 1122 bestehenden Burg ihr viereckiges Schloss mit jeweils einem polygonalen Erker an jeder Kante, einem Dachreiter und symmetrisch angeordneten Räumen. Die Vertäfelungen, Einlegearbeiten, geschnitzten Portale und Holzdecken gehören zu den **bedeutendsten Kunstschreinereien der Renaissance** im süddeutschen Kulturraum, allen voran die vergoldete Kassettendecke im Fürstenzimmer. Der ummauerte Garten war ein Hirschgehege. Hier weilten die Fürstbischöfe in der heißen Jahreszeit bis zur Säkularisation im Jahre 1803. Heute ist das Schloss in Landesbesitz und kann besichtigt werden.

Im Erdgeschoss von Schloss Velthurns befindet sich eine **archäologische Ausstellung** und im Schreiberhaus ist das **Heimatmuseum** der Stadt mit einer Sammlung bäuerlicher und handwerklicher Gebrauchsgegenstände für Weinbau und Holzverarbeitung untergebracht.

■ **Schloss Velthurns,** Dorf 1, Tel. 0472 855525, www.schlossvelthurns.it, geöffnet 1. April bis Mitte Nov., Führungen Anf. Mai bis Mitte Nov. 10–17 Uhr, Mo geschlossen, Eintritt 6 Euro, Jugendliche bis 18 Jahre und Studenten 3,50 Euro, Kinder unter 6 Jahren frei, Familienkarte 12 Euro. Heimatmuseum geöffnet auf Anfrage, Eintritt frei.

Kirchen

Im Ortskern mit zwei mächtigen Ansitzen steht die im Ursprung 1286–95 erbaute **St. Laurentius-Kirche.** Der um das Jahr 1400 erweiterte Bau steht noch auf romanischen Langhausmauern. Der Hochaltar aus dem Jahr 1681, ein Renaissance-Säulenaufbau, trägt einen Aufsatz und Skulpturen. Der Turm kam im 16. Jh. dazu. Er wurde damals nicht ausreichend fundiert und senkte sich, sodass auch Feldthurns einen **schiefen Turm** hat.

Die **Pfarrkirche Zu Maria Himmelfahrt** unterhalb des Schlosses entstand zu Beginn des 12. Jh. als Marienkapelle und diente ab 1170 als Pfarrkirche. Sie wurde 1499–1515 umgebaut und neu geweiht, erhielt aber ihre heutige neugotische Gestalt durch den letzten Umbau 1894–99. Der Altar trägt eine wertvolle Marienfigur mit Kind aus dem 15. Jh.

Unterkunft, Essen und Trinken

■ **Taubers Unterwirt**④, Josef-Telser-Str. 2, Tel. 0472 855225, www.unterwirt.com, in sechster Generation betriebenes Gasthaus gegenüber der Schlossanlage, großzügige Zimmer und Suiten, Wellness- und Fitnessangebote, Schwimmbad, Sauna. Das Restaurant bietet gehobene saisonale Küche mit Spezialitätenwochen (Kastanienwochen etc.), große überdachte Freiterrasse.

■ **Feldthurnerhof**②, Guln 1, Tel. 0472 855333, www.feldthurnerhof.com, am Rand von Feldthurns gelegenes Panoramahotel, rustikal eingerichtete Balkonzimmer mit Blick auf die Dolomiten. Mit dem holzgetäfeltem **Restaurant Mühle,** hausgemachte Südtiroler Bauernkost, dazu mediterrane Speisen.

■ **Thalerhof,** Schnauders 17, Tel. 0472 855258, www.thalerhof.it, kleiner Milch- und Waldbauernhof, bietet Urlaub auf dem Bauernhof in 2 Ferienwohnungen, der Bauer ist Schnitzer und bietet Schnitzkurse in seiner Werkstatt mit 5 Arbeitsplätzen an, 3-stündiger Kurs 30 Euro.

Latzfons (Lazfons)

Latzfons liegt oberhalb von Feldthurns auf über 1100 m Höhe an den Hangen der Sarntaler Alpen. Der Ort wurde

Latzfonser Kreuz

GPS Weithin berühmt ist die **Wallfahrt** zum Latzfonser Kreuz auf 2305 m Höhe unterhalb der noch fast 300 m höheren **Kassianspitze.** Hier befinden sich eine Kirche und eine Schutzhütte. Die Wallfahrt geht auf einen Latzfonser Pfarrer zurück, der um 1700 nach mehreren verhagelten Sommern eine lange nicht mehr beachtete, mit einem Gemisch aus Ochsenblut und Pech bemalte gotische Holzskulptur des Gekreuzigten auf die dem Wetter ausgesetzte Lückl-Scharte unterhalb der Kassianspitze brachte, damit die Menschen im Tal vor Unwettern behütet würden.

Der Ort wurde Ziel von Pilgern. 1743 errichtete man eine Kapelle zum Schutz des Kreuzes, um 1800 eine Unterkunft für die Pilger. 1869 entstand die heutige Bergkirche. Heute wird der **Schwarze Herrgott,** wie die bemalte Skulptur genannt wird, im Winter in der Kirche aufbewahrt und alljährlich am Freitag nach Fronleichnam in einer feierlichen Prozession zur Kapelle am Latzfonser Kreuz, der höchstgelegenen Wallfahrtskirche Südtirols, gebracht, um dort den Sommer über zu bleiben.

Der **Aufstieg** erfolgt vom Parkplatz am Kühhof (1550 m) oberhalb von Latzfons über die Klausner Hütte (1923 m). Ab der etwas höher gelegenen Saltner Hütte führt der Kreuzweg mit 15 Stationen zur Wallfahrtskirche. Kürzer ist der Weg ab dem Parkplatz Kasereck (1959 m), er führt aber nicht über den Kreuzweg (Gehzeit ab Kühhof 3 Std., ab Kasereck 1½ Std.).

■ **Schutzhaus Latzfonserkreuz,** Tel. 0472 54 5017, www.latzfonserkreuz.com, 9 Zimmer und ein Matratzenlager unter dem Dach für 45 Personen, die Küche bietet Tiroler Kost und hausgemachten Kuchen, geöffnet Anf. Juni bis Ende Okt.

1050 zum ersten Mal urkundlich als Lazefunes (lat. = *latas fontes*, der Ort bei den Quellen) erwähnt. Er ist über die Landstraße von Feldthurns oder die enge Pucherstraße entlang des Tinnetals zu erreichen.

Die ursprünglich gotische **Pfarrkirche zum heiligen Jakob** aus dem Jahr 1523 wurde 1999 erweitert, wobei man die alte Kirche geschickt mit einem Neubau verbunden hat. Die kleine Kirche **St. Peter im Walde** ist einen Spaziergang vom Dorf entfernt und der Überlieferung nach noch älter als die Pfarrkirche.

Auf einem Hügel gegenüber Latzfons erhebt sich am Hang des Pfunderer Bergs **Burg Garnstein** aus dem 12. Jh. Ab dem 16. Jh. verfiel die Anlage und wurde um 1880 erneuert. Sie ist in Privatbesitz und kann nur von außen besichtigt werden.

Klausen (Chiusa)

■ **Info:** Postleitzahl Klausen: **39043.** Klausen Information, Marktplatz 1, Tel. 0472 847424, www.klausen.it.

Etwa zehn Kilometer südlich von Brixen liegt im Eisacktal unterhalb der Klosteranlage von Säben der lang gestreckte Ort Klausen auf knapp über 500 m Höhe.

Eine Schenkungsurkunde über das Eisacktal an den Brixner Bischof *Hartwig* durch Kaiser *Konrad II.* gibt 1027 erstmals Auskunft über den Ort. Darin wird Klausen als *chiusa sub Sabione sita* bezeichnet – die Klause unterhalb Säben. Diese Zollstelle verhalf dem Ort zu raschem Aufschwung. Im 13. Jh. erhielt Klausen das Marktrecht, 1308 das Stadtrecht. Weitere Bedeutung brachte der Bergbau am nahen Pfunderer Berg ein.

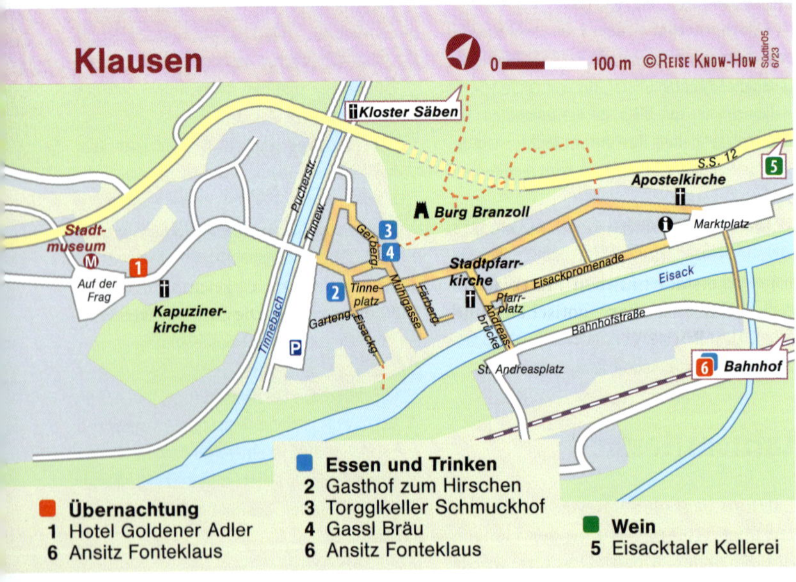

So war Klausen ab dem 15. Jh. Sitz eines Berggerichts. Die **prächtigen Häuser** an der schmalen Hauptgasse von Oberstadt und Unterstadt und den wenigen Nebengassen zeugen von dieser reichen Vergangenheit. Laubengänge gibt es nicht, zu schmal ist hier das Tal für die Straße und die anliegenden Häuser.

Ein Relikt aus der Vergangenheit stellen auch die Überreste der **Grödnerbahn** dar, deren Ausgangspunkt der Brennerbahn-Bahnhof von Klausen war. Die Bahn war seit 1906 für touristische Zwecke geplant, wurde erst 1916, dann aber in nur vier Monaten, als Nachschublinie für die Dolomitenfront im Ersten Weltkrieg gebaut. 1960 wurde der Betrieb wegen mangelnder Wirtschaftlichkeit eingestellt. Am Klausener Bahnhof ist immer noch das Kehrviadukt zu sehen, mit dem die Dampfloks dieser Schmalspurbahn an Höhe gewannen.

Die zur Sonne exponierten Hänge oberhalb von Klausen sind vielfach für den **Weinbau** terrassiert. Hier wird dem Brauch des Törggelens noch intensiv nachgegangen. **Albrecht Dürer** setzte der Stadt mit seinem Kupferstich „Das große Glück" ein Denkmal, in dem Nemesis auf einer Kugel über der **Panora maansicht von Klausen** dahinschwebt.

Die **Hauptgasse,** unterteilt in Ober- und Unterstadt mit dem Pfarrplatz in der Mitte, ist von gotischen und barocken **Bürgerhäusern** aus dem 15. bis 18. Jh. gesäumt. Schmucke Erker, schmiedeeiserne Wirtshausschilder und reich ausgestattete Treppenhäuser kennzeichnen diese Bauten – in den Gasthäusern kann man dies alles betrachten.

Die **Stadtpfarrkirche St. Andreas,** 1480–94 auf den Fundamenten des Vorgängerbaus aus dem 6. Jh. errichtet, hat ein mit Netzrippen überwölbtes Inneres, dessen Schlusssteine mit Heiligenfiguren bemalt sind. Die Orgelempore wurde 1520 eingezogen. Die Innenausstattung ist reich an Altären, Fresken, Skulpturen und Reliefs.

366st ot

Altar der Apostelkirche

Eine weitere Kirche ist die von Meister *Jörg* um 1470 errichtete **Apostelkirche** mit einem sehenswerten Chorgitter. Der barocke Marmoraltar der Kirche zeigt einen Aufbau mit Säulen und gesprengtem Gebälk, darüber Engel und Muscheln. Das Altarblatt schuf *Nikolaus von Volano* 1771, wobei er wohl ein etwas älteres Gnadenbild integrierte.

Stadtmuseum

Die **Kapuzinerkirche** des inzwischen aufgelösten Klosters wurde renoviert und ist Teil des Stadtmuseums geworden. Dessen bedeutendster Besitz ist der **Loretoschatz.** Er ist hier, nachdem er von den Faschisten ausgelagert worden war, seit 1992 wieder zu besichtigen. Es handelt sich um eine einzigartige Sammlung von großteils **religiösen kunsthandwerklichen Gegenständen** der spanischen Königin *Maria Anna* aus dem 16. und 17. Jh., deren Beichtvater Pater *Gabriel Pontifeser* (1653–1706) aus Klausen stammte. Neben kirchlichen Paramenten, Bildern und anderen Kunstgegenständen ist darunter auch der Feldaltar König *Karls II.* Diese Dinge waren in der Schatzkammer der Loretokapelle, die 1703 an der Stelle seines Geburtshauses errichtet worden war, untergebracht.

Darüber hinaus zeigt das Stadtmuseum **Kunst aus Klausen** aus der zweiten Hälfte des 19. Jh., als der Ort ein beliebtes Ziel für Maler und Bildhauer im Zeichen der Romantik war und sich zur Wende des 20. Jh. sogar eine **Klausner Künstlerkolonie** gebildet hatte. Im Rahmen des Museumsbesuchs kann auch gleichzeitig die Kapuzinerkirche besichtigt werden.

■ **Stadtmuseum Klausen,** Kapuzinerkloster, Frag 1, Tel. 0472 846148, www.museumklausen chiusa.it, Ende April bis Okt. Di–Sa 9.30–12 und 15.30–18 Uhr, Eintritt 4 Euro, Senioren 1,50 Euro, Jugendliche 1 Euro, nur Kapuzinerkirche 2,50 Euro.

Burg Branzoll

Oberhalb von Klausen erhebt sich auf einem vorragenden Felsen zwischen Tinnebach und Eisack Burg Branzoll, einst Sitz der Herren *von Säben.* Als ihr Geschlecht ausstarb, ging die im 13. Jh. erbaute Burganlage an die Fürstbischöfe von Brixen über, die hier den Stadtrichter einquartierten. 1671 brannte die Burg bis auf den massiven quadratischen Bergfried ab. Ihr heutiges Aussehen erhielt die inzwischen in Privatbesitz befindliche Anlage durch historisierenden Zubau im Jahre 1912.

Kloster Säben

200 m über Klausen thront die mauerumwehrte Klosteranlage von Säben. Auf diesem Berg hat man steinzeitliche Funde gemacht, auch gab es hier eine spätrömische Siedlung. Von dem Ort gingen nachhaltige Bemühungen der Christianisierung des zentralen Alpenraums aus, denn hier bestand vom 6. bis zum 10. Jh. ein **rätischer Bischofssitz.** Urkundlich ist *Ingenium* im Jahre 579 als erster Säbener Bischof belegt. Er wurde in der Heilig-Kreuz-Kirche auf dem Säbener Berg beigesetzt. Um 960 wurde der Bischofssitz nach Brixen verlegt. Die schon damals befestigte Anlage auf dem Säbener Berg blieb die **bischöfliche Wehrburg.**

338st ot

Auf dem Säbener Berg gibt es insgesamt vier Kirchen. Die einschiffige **Heilig-Kreuz-Kirche** steht auf seiner höchsten Stelle und wurde im 17. Jh. anstelle der Palaskirche, die auf die erste Bischofskirche des 6. Jh. zurückgeht, errichtet. Der Hochaltar vom Ende des 15. Jh. stammt noch von Meister *Leonhard.* In den Boden ist das Grab von Bischof Ingenium eingelassen. Die **Marienkapelle** ist ein kleiner romanischer Bau mit Rundapsis, Spitzbogenfenstern und Rippengewölben. Sie beherbergt ein

Die Liebfrauenkirche von Kloster Säben

aus dem 6. Jh. stammendes arianisches Taufbecken, das Ziel von Wallfahrten ist. Die **Liebfrauenkirche** wurde in den 50er Jahren des 17. Jh. als achteckiger Zentralbau mit Kuppel, Choranbau und acht Rundbogenkapellen als Dank für die Errettung vor der Pest errichtet. Das Deckenfresko schuf der Tiroler Barockmaler *Stephan Kessler.* Die Bozner Baumeister *Jakob* und *Andrea Delai* schufen neben der Liebfrauenkirche auch die **Klosterkirche,** denn im Jahr 1685 hatte man auf dem Säbener Berg ein Benediktinerinnenkloster eingerichtet. Dieses neu errichtete Kloster vom Heiligen Kreuz wurde 1699 zur Abtei erhoben.

■ **Benediktinerinnenabtei vom Hl. Kreuz Säben,** Tel. 0472 847587, www.benediktiner-orden.de, Öffnungszeiten der Kirchen: Marienkapelle täglich 8–18 Uhr, Klosterkirche täglich 8–17 Uhr, Heilig-Kreuz-Kirche täglich 8–17 Uhr, Liebfrauenkirche Juli bis Okt. Di, Mi, Fr und Sa 14–17 Uhr, im Okt. Mi nicht geöffnet, Eintritt zu allen Kirchen frei, Info über Führungen bei der Klausen-Information Tel. 0472 847424, info@klausen.it.

Unterkunft, Essen und Trinken

1 **Hotel Goldener Adler**③, Auf der Frag 14, Tel. 0472 846111, www.goldeneradler.it, stilvolle Zimmer in repräsentativem Traditionshaus, großer Wellnessbereich, bekannt für üppiges Frühstück und Brunch, keine Abendgastronomie.

6 6 **Ansitz Fonteklaus**②, Tel. 0471 655654, www.fonteklaus.it, oberhalb von Klausen auf dem Weg zur Mittelgebirgsterrasse gelegenes ehemaliges Jagdschloss, Appartements und stilvoll eingerichtete Zimmer, großer Garten mit Fernsicht-Pool, mit Dependance, das Restaurant bietet frische Südtiroler Küche, Do Ruhetag.

2 **Gasthof zum Hirschen**②, Tinneplatz 7, Tel. 0472 847559, herrlich bemalter historischer Gasthof, gutbürgerliche Küche, gemütliche Bauernstube, Pizzeria und Bar, Terrasse am Hauptplatz unter einer Pergola.

3 **Torgglkeller Schmuckhof**②, Gerbergasse 24, Tel. 0472 847026, www.schmuckhof.it, urgemütliches Weinlokal mit verschiedenen Gasträumlichkeiten, die Küche bietet bodenständige Kost mit mediterranem Einschlag, Mo Ruhetag, vermietet auch **Zimmer**①.

4 **Brauerei-Restaurant Gassl Bräu:** Gerbergasse 18, Tel. 0472 523623, www.gassl-braeu.it, bietet zu mediterran angehauchter Südtiroler Küche klassische Biersorten, nach dem Reinheitsgebot gebraut, ab 10 Uhr geöffnet, So ab 9 Uhr, Di Ruhetag.

Wein

5 **Eisacktaler Kellerei,** Leitach 50, Tel. 0472 84 7553, www.eisacktalerkellerei.it, bietet neuerdings trotz der Höhenlage auch qualifizierte Rotweine an, neuer eleganter Weinshop geöffnet Mo bis Fr 9–13 und 14–18 Uhr, Sa 9–13 Uhr, So geschlossen.

Markt

■ **Bauernmarkt:** Do im Sommer.

Feste und Veranstaltungen

■ **Gassltörggelen,** drei Samstage im Sept./Okt., in den Gassen der Stadt, Stände mit typischen Törgglprodukten.

Gufidaun (Gudon)

■ **Info:** Postleitzahl Gufidaun: 3**9043.** Klausen Information, (→ Klausen), www.klausen.it, www.gufidaun.com.

Gufidaun liegt unmittelbar oberhalb von Klausen auf einer Höhe von 800 m. Eine erste Erwähnung fand der heutige Ortsteil von Klausen im Jahre 950 in einer Urkunde des Freisinger Bischofs *Lantpert* als *Cubidunes*. 1220 wurde der Ort Sitz eines Hochgerichts. Seit dem Mittelalter gibt es zwei Ansitze, die zusammen mit dem ehemaligen **Amtshaus** das Ortsbild beherrschen. Dieses Amtshaus war einst der Ansitz Hohenhaus des Landeshauptmanns *von Wolkenstein*, der es um 1750 im Stil der Renaissance umbauen ließ. Der in Privatbesitz befindliche **Ansitz Koburg,** der mit wertvollen Wandmalereien versehen ist, stammt aus der Mitte des 14. Jh. und wurde nach einem Brand 1571 erneuert. **Schloss Summersberg** ist ebenfalls in Privatbesitz. Über dem Burgtor besitzt es eine Kreuzigungsgruppe aus dem 15. Jh.

Der einschiffige gotische Bau der **Ortspfarrkirche** wurde 1467–70 von Meister *Jörg* errichtet und 1455 durch Fürstbischof *Nikolaus Cusanus* geweiht. Ihr gotischer Fünfachtelchor weist vier maßwerkverzierte spitzbogige Fenster auf.

Im Pfleghaus ist das **Dorfmuseum** untergebracht. Es dokumentiert das ländliche Leben der Region und zeigt religiöse und profane Kunstgegenstände sowie hauswirtschaftliche und handwerkliche Arbeitsgeräte.

■ **Dorfmuseum Gufidaun,** Gufidaun 47, Pfleghaus, Tel. 0472 847399, www.dorfmuseum-gufidaun.it, Ostern bis Allerheiligen Mi 20–22 Uhr, Do 17–19 Uhr, Fr 10–12 Uhr, ganzjährig mit Anmeldung, Eintritt 4 Euro, Jugendliche 12–18 Jahre 2 Euro, Senioren 3 Euro.

Unterkunft, Essen und Trinken

■ **Turmwirt**③, Gufidaun 50, Tel. 0472 844001, www.turmwirt-gufidaun.com, Restaurant im alten Gerichtsschreiberhaus aus dem Jahr 1678 mit Wandmalereien an der Außenfassade von *Josephus Nusbaume* von 1835, in der Gaststube Fresken von *Hugo Atzwanger* von 1907, seit 1878 traditionsreicher Gastbetrieb mit Weinbar, Mi und Do Ruhetag, angeschlossenes Garni-Hotel②.

■ **Gnollhof**③, Gufidaun 81, Tel. 0472 847323, www.gnollhof.it, an der Straße von Gufidaun nach Lajen inmitten herrlicher Wälder und Wiesen gelegener Gasthof, erlesene regionale Küche, mit Liegewiese und Pool, geschmackvoll eingerichtete **Zimmer**② und Suiten mit Balkon.

Lajen (Laion)

■ **Info:** Postleitzahl Lajen: **39040.** Tourismusverein Lajen, Walter von der Vogelweide Str. 30b, Tel. 0471 655633, www.lajen.info.

Lajen liegt etwas südlich von Klausen auf gut 1100 m Höhe auf der linken Mittelgebirgsterrasse. Landschaftlich reizvoll ist der Weg von Gufidaun nach Lajen, immer wieder Blicke in die herrliche Alpenlandschaft des Eisacktals freigebend. So bietet Lajen mit seinen Fraktionen St. Peter, Tschöfas, Tanirz, Ried und Albions viele Ausgangspunkte für wunderbare Wanderungen.

Die Lajener Mittelgebirgsterrasse ist schon seit der Steinzeit besiedelt. Weitere Funde gibt es aus der Bronze- und Eisenzeit, so einen über 4000 Jahre alten

224st ot

Menhir am Wasserbühel, einer Bergkuppe bei Lajen. Erste Erwähnung fand der Ort 993 in einer Schenkungsurkunde für den Brixner Bischof *Albuin.*

Vogelweiderhöfe

Walther von der Vogelweide, der bedeutendste deutsche Lyriker des Mittelalters, hat wahrscheinlich um 1170 auf den Vogelweiderhöfen in der Lajener Fraktion Ried das Licht der Welt erblickt. Das mögliche **Geburtshaus** des Minnesängers kann gegen Voranmeldung bei der Familie *Mair* (Tel. 0471 65 57 12) oder beim Tourismusverein Lajen besichtigt werden.

⌃ Von Lajen aus ist der Langkofel zu sehen

› Lajen: Blick ins Eisacktal

Kirchhügel

Sehenswert ist die historische Bausubstanz um den Lajener Hauptplatz unterhalb des Kirchhügels. Auf dem Hügel mit weitem Blick über das Eisacktal soll sich schon eine heidnische Opferstätte befunden haben. Hier erhebt sich die **Liebfrauenkirche,** die erstmals 1147 erwähnt wurde und um 1570 ihre heutige Gestalt erhielt. Deutlich sind die architektonischen Einflüsse der Brixner Bauhütte zu erkennen, so an den Fenstereinfassungen mit gotischem Maßwerk, an den Glasmalereien, auch am Hochaltar in seiner interessanten Mischung aus Gotik und Renaissance.

Die dem heiligen *Stephanus* und dem heiligen *Laurentius* geweihte eigentliche **Pfarrkirche** von Lajen steht ganz vorn auf der Kante des Kirchhügels. Von dem zu klein gewordenen romanischen Vorgängerbau blieb der Turm stehen und erhielt 1714 seine barocke Zwiebel aufgesetzt. 1842–45 wurde das neue, klassizistische Kirchenschiff errichtet. Wegen ihrer für eine Dorfkirche großen Ausmaße wird die Pfarrkirche auch „Dom auf dem Berg" genannt, der sich weithin sichtbar über dem Grödnertal erhebt. Die großflächigen Deckenfresken stammen von *Josef Arnold,* das Altarbild des Hauptaltars von *Peter Kachler* aus St. Georgen bei Bruneck.

Ansitz Lusenegg

Unmittelbar oberhalb von Klausen auf halber Höhe zur Mittelgebirgsterrase erhebt sich der Ansitz Lusenegg, umgeben von einer steinernen Ringmauer. Der aus dem 13. Jh. stammende Ansitz weist eine schöne, zinnengekrönte Giebelwand auf und im Inneren eine holzgetäfelte Stube mit Kassettendecke. Vor dem Ansitz steht ein mächtiger, uralter Kastanienbaum.

Dorfkirchen

Reizvoll erheben sich die kleinen Dorfkirchen in den einzelnen Fraktionen von Lajen. Sehenswert ist der um 1520 geschaffene kunstvolle Flügelaltar in der **Nikolauskirche in Albions,** ein Spätwerk des Brixner Künstlers *André Haller.*

225st ot

226st ot

Der Turm der **Bartholomäuskirche in Tarniz** stammt noch aus romanischer Zeit. Zwei Skulpturen in der kleinen, Johannes dem Täufer geweihten **Kirche in Freins** sind aus Sicherheitsgründen nur als Kopien in der Kirche zu sehen, eine Johannesskulptur aus der Zeit um 1500 sowie eine weitere Skulptur der Muttergottes mit Kind aus der Schule des Meisters *Leonhard von Brixen*. In der **Katharinenkirche in Ried** ist das hübsche gotische Netzgewölbe mit einem bemalten Schlussstein im Altarraum erhalten.

Lajen St. Peter

Fraktion St. Peter

St. Peter ist die größte Einzelfraktion von Lajen, am Ortsausgang über dem Grödnerbach, schon kurz vor St. Ulrich gelegen, wo das ladinische Sprachgebiet beginnt. Durch seine Nähe zu den Dolomiten wird der Ort gern von **Wanderern** und **Skifahrern** als Ausganspunkt genutzt. Unter Denkmalschutz steht die Ortspfarrkirche St. Peter, die schon einen erstmals 1241 erwähnten Vorgängerbau aufweist. Der heutige Barockbau entstand 1764. Er weist einen dreiseitigen Chorschluss und einen Turm mit Zwiebelhaube und Rundbogenfenster auf. Zur kunsthistorisch wertvollen Ausstattung zählen unter anderem Barockaltäre aus der Grödner Schnitzwerkstatt Vinazer.

Unterkunft, Essen und Trinken

■ **Hubertus Stube**②, Ried 117a, Tel. 0471 6556 12, www.hubertus-stube.com, Hotel und Restaurant am Eingang des Grödnertals am Abzweig der Straße nach Lajen, komfortable Zimmer, die Küche verwendet Zutaten aus eigenem Garten, getäfelte Gaststuben, Di Ruhetag.

■ **Bonichhof**②, Bergweg 34, Tel. 0471 655857, www.bonichhof.com, Urlaub auf dem Bauernhof, Ferienwohnungen und Hotelzimmer mit traumhaftem Ausblick über das Eisack- und Grödnertal, mit eigener Schnapsbrennerei und Apfelsaftherstellung.

■ **Gasthof Hatzis**①, Tschöfas 2, Tel. 0471 6556 22, www.pension-hatzis.com, Südhanglage, kleine Pension, Zimmer mit Balkon, Gasthof mit Sonnenterrasse, von der der Blick über Lajen und das Eisacktal bis zum Schlern schweift, montags Ruhetag. Das Haus ist Treffpunkt für Modellflieger, am 2 ha große Wiesenhang herrscht eine gleichmäßige Thermik, auf dem sonnigen Südhang ist Startplatz für die Modelle der Hausgäste, die speziell dafür errichtete Hütte bietet Lade-, Reparatur- und Abstellmöglichkeiten.

■ **Ansitz Zehentner**①, Dorfplatz 8, Tel. 0471 65 5040, www.zehentnerhof.com, historischer Ansitz im Zentrum aus dem 15. Jh. mit Gewölben, Fresken, schönen Türen und getäfelten Stuben, holzvertäfelte Zimmer, modern eingerichtete Ferienwohnungen.

■ **Gasthof Zur Krone**①, Dorfplatz 13, Tel. 0471 655663, www.lajen.com, der von den Einheimischen *Oberwirt* genannte Gasthof unterhalb der Liebfrauenkirche besteht seit 1570, gekonnte regionale Küche in einer schön getäfelten Gaststube, Do Ruhetag, vermietet auch Zimmer①.

UNSER TIPP: **Buchnerhof,** Ried 144, Tel. 0471 655829, www.roterhahn.it, Buschenschank, gilt als Wiege der Törggelen-Kultur, die holzgetäfelte Stube stammt aus dem 17. Jh., Mitte Sept. bis Mitte Dez. ab 12 Uhr, Mo Ruhetag, 4. Jan. bis Ostern ab 16 Uhr, Mo und Di Ruhetag.

Villanders (Villandro)

■ **Info:** Postleitzahl Villanders: **39040.** Infobüro Villanders, F.-v.-Defregger Gasse 6, Tel. 0472 8431 21, www.klausen.it.

Auf der rechten (westlichen) Mittelgebirgsterrasse erstreckt sich Villanders, ein **ruhiger Ferienort,** von Klausen über eine gut ausgebaute Straße mit zehn Kehren zu erreichen. Noch heute zeugt das Ortsbild mit mehreren Kirchen und Edelsitzen mit schönen Erkern, Freitreppen und Täfelungen vom einstigen Wohlstand der Stadt, der auf dem **Bergbau** beruhte.

Auch hier siedelten aufgrund der bevorzugten Lage seit der Jungsteinzeit Menschen. Die Römer hatten sich hier niedergelassen und die Besiedlung setzte sich im frühen Mittelalter fort. Die erste sichere Nachricht über Bergbau am Pfunderer Berg stammt aus einer Schen-

Wandern auf dem Latschenweg

■ **Strecke:** 9 km
■ **Gehzeit:** 4½ Std. mit Einkehr
■ **Schwierigkeit:** leicht

GPS Die 20 Quadratkilometer große Villanderer Alm ist für ihren Latschenbewuchs bekannt. Der ausgeschilderte Latschenweg ist auch für ältere Menschen gut begehbar. Ausgangspunkt ist der Parkplatz Saltnerstein an der Gasserhütte oberhalb von Villanders, die auch per Bus erreichbar ist.

kungsurkunde aus der Mitte des 12. Jh., in der Graf *Arnold von Greifenstein* und seine Gemahlin *Adelheid* den *mons argenti* (Silberberg) von Villanders dem neu gegründeten Kloster Neustift bei Brixen übertrugen. Im Mittelalter gehörte der Bergbau am Pfunderer Berg zu den ertragreichsten Tirols. Das Rotlahn genannte Hauptabbaugebiet wurde im Laufe der Jahrhunderte von zahlreichen Stollen „durchlöchert", wobei der Katharina-Stollen eine Länge von 1800 m erreichte.

Erlebnisbergwerk Villanders

Das Pfunderer Bergwerk wurde Anfang des 20. Jh. stillgelegt. Inzwischen hat man es renoviert und den auf 1292 m Höhe gelegenen, 1670 m langen Elisabeth-Stollen als **Schaustollen** hergerichtet. Besucher erhalten einen Eindruck vom Abbau von Bleiglanz, Kupfer, Eisenkies, Zinkblende, Schwefelkies und Silber.

Unser Tipp: **Pfunderer Bergwerk,** erreichbar über die Tinnestrasse oder über Villanders, Tel. 0472 843121, www.bergwerk.it, es werden zwei Führungsarten angeboten:

– **Zechensteigertour:** ca. 2 ½ Std., ab 8 Jahre, festes Schuhwerk, angemessene Kleidung – Temperatur 8 °C, Equipment wird gestellt, keine Platzangst!, pauschal 200 Euro, ab 6–11 Personen 35 Euro pro Person.

– **Kaltduschertour:** ca. 4 ½ Std., schwerer Klettersteig im Bergwerk, ab 16 Jahre, festes Schuhwerk, angemessene Kleidung – Temperatur 8 °C, Equipment wird gestellt, keine Platzangst!, 1–5 Personen pauschal 550 Euro, 6–10 Personen, 100 Euro pro Person, Informationen zur Tour: Tourismusbüro Villanders.

Kirchen

Die **Pfarrkirche** ist dem heiligen *Stephan* geweiht. Sie entstand 1521 anstelle eines Vorgängerbaus. Beachtenswert sind die Glasmalereien mit Motiven der Bergwerksknappen von Villanders. Unmittelbar an der Kirche steht die Friedhofskapelle **St. Michael.** Dieser zweigeschossige Bau wurde schon 1344 geweiht. Das untere Geschoss diente als Beinhaus und ist heute die Totenkapelle. Auf dem Friedhof weisen die Stirnseiten der geschmiedeten Grabkreuze vom Grabhügel ab – warum das so ist, weiß man nicht.

Als weiteres Gotteshaus steht an der Straße von Klausen nach Villanders die **Kirche zum heiligen Valentin.** Der einschiffige Bau, im Jahr 1303 erstmals erwähnt, brannte um 1400 ab und erhielt bei der Erneuerung anstelle der bisherigen Flachdecke ein schönes gotisches Sterngewölbe.

Außerhalb des Ortes steht die 1726 errichtete **Kapelle für die Knappen** des Pfunderer Bergwerks, die schon 1736 frühbarock erweitert wurde.

Archeoparc

Die Ausgrabungsstätten von steinzeitlichen, römischen und frühmittelalterlichen Siedlungs- und Gebäuderesten wurden wie in Feldthurns überdacht und interessierten Besuchern zugänglich gemacht.

■ **Archeoparc Villanders,** Am Plunacker, Information Tel. 0472 843121, www.villanders.info, frei zugänglich, geöffnet Anfang Juni bis Ende Sept. Mi 17–19 Uhr, Fr 20.30–22 Uhr.

Ansitz Gravetsch

Im Ortsteil **St. Valentin** erhebt sich der Ansitz Gravetsch als Sitz der Herren von Villanders. Die burgartige Anlage wurde im späten 13. Jh. errichtet, im 14. Jh. befestigt und erhielt im 16. Jh. ihr heutiges Aussehen. Die Anlage beinhaltet eine Barockkapelle und umschließt einen einseitig offenen Hof. Ansitz Gravetsch ist heute in Privatbesitz und beherbergt einen Landwirtschaftsbetrieb.

Villanderer Alm

Oberhalb von Villanders erstreckt sich die Villanderer Alm, eine der weitläufigsten und schönsten Südtirols, die noch frei vom Skilift-Tourismus ist – ein **Paradies für Wanderer** mit zahlreichen Jausenstationen, die Rast und Erholung bieten. Das Totenkirchl auf der Villanderer Alm soll übrigens der geografische Mittelpunkt Südtirols sein.

Unterkunft, Essen und Trinken

■ **Ansitz Steinbock**③, F.-v.-Defregger Gasse 14, Tel. 0472 843111, www.zumsteinbock.com, historisches Ambiente im Zentrum von Villanders, 250 Jahre Gasthaustradition, mehrere Restauranträume, kreative regionale Küche, großes Weinangebot, Zimmer② und Suiten teilweise mit Balkon.

■ **Hotel Sambergerhof**②, Oberland 48, Tel. 0472 843166, www.sambergerhof.com, oberhalb von Villanders in Südhanglage gelegenes, großzügiges Hotel, geräumige Zimmer verschiedener Kategorien mit Balkon, Restaurant, Pool, Wellnesseinrichtungen, Garten.

Gasserhütte, Villanderer Alm, Tel. 0472 8435 10, www.gasserhuette.it, Almgasthof auf 1757 m mit Streichelzoo und Kinderspielplatz, Ausgangspunkt für Wanderungen und Skilanglauf auf der Villanderer Alm, rustikale Gaststube bietet Tiroler Küche, einfache Zimmer, auch mit Balkon.

■ **Winklerhof,** Sauders 25, Tel. 0472 843105, www.winklerhof.eu, Buschenschank und Törggelestube auf halbem Weg ins Eisacktal, 1314 erstmals erwähnt, serviert wird in der alten Stube, wo früher die Bauersleute mit ihren Dienstleuten verweilten, traditionelle Küche aus Produkten der eigenen Landwirtschaft, vermietet Ferienwohnungen.

■ **Larmhof:** Erbhof der Familie Winkler, Sauders 30, Tel. 0472 843163, www.larmhof.it. Buschenschank mit seiner weithin bekannten Törggelestube, mit Sonnenterrasse, Ende Sept. bis Anf. Nov. Kastanienspezialitäten, Betrieb mit 1 ha Wein/Obst, 6 Hektar Rinderhaltung.

■ **Röckhof:** St. Valentin 9, Tel. 0472 847130, www.roeck.bz. Nachhaltig wirtschaftendes Weingut in einem Bauernhaus aus dem 16. Jahrhundert, Törggelen Ende Sept. bis Ende Nov. Do bis Sa, Hofladen bietet diverse hofeigene Produkte.

Barbian (Barbiano)

■ **Info:** Postleitzahl Barbian: **39040.** Information: → Klausen.

Auf einer schmalen, teilweise einspurigen Straße durch herrliche Landschaft gelangt man von Villanders nach Barbian. Kurz vor dem Ort führt eine Forststraße nach **Bad Dreikirchen** hinauf, so benannt nach drei gotischen Kapellen am Standort eines ehemaligen vorchristlichen Kultplatzes. In dem autofreien Ort gruppieren sich um die Kirchen Häuser aus dem frühen 20. Jh., so die Villa Settani des Architekten *Welzenbacher*, dem Vorreiter der architektonischen Moderne Südtirols.

344st ot

Berühmt ist Barbian für seine Ortspfarrkirche **St. Jakobus mit dem schiefen Turm.** Da der Boden nicht richtig fundamentiert worden war, neigte sich der Turm leicht seitwärts. Die Neigung des 37 m hohen Turms aus der romanischen Zeit beträgt an der Spitze 1,75 m. Die Kirche wurde gotisch erneuert und erhielt im 19. Jh. ein neues, neoromanisches Schiff.

Seitlich der Straße von Barbian hinunter nach Waidbruck steht die **Heilig-Grab-Kapelle,** die im 17. Jh. im Zusammenhang mit einem Kreuzweg erbaut wurde.

Ein Naturschauspiel sind die **Wasserfälle des Ganderbaches,** der bei Kollmann in den Eisack mündet. Auf seiner Länge von acht Kilometern fällt der Bach 1500 m über mehrere Felsstufen ab. Der unterste Wasserfall misst eine Höhe von 85 m und ist damit der höchste. Über einen markierten, beeindruckenden Steig gelangt zum oberen Wasserfall.

Saubach

Auf dem Weg auf den Ritten passiert man Saubach, an der alten Kaiserstraße von Kollmann aus gelegen. Zum Ganderbach hin erstreckt sich ein weitläufiger Kastanienhain. Die sehenswerte, *St. Ingenuin* und *Albuin* geweihte **Dorfkirche** wurde 1398 erstmals urkundlich genannt und im 15. Jh. gotisch erneuert. Ihr Schmuckstück ist der dreiteilige Hauptaltar.

Unterkunft, Essen und Trinken

- **Gasthof Bad Dreikirchen**③, Barbian-Dreikirchen 12, Tel. 0471 650055, www.baddreikirchen.it, auf 1200 m Höhe unmittelbar an den Kapellen gelegen, seit dem 14. Jh. als Gasthof geführt und seit 200 Jahren in Familienbesitz, holzgetäfelte Zimmer, eingerichtet mit Bauernmöbeln, ohne Fernseher, Telefon und Auto, nur zu Fuß oder mit dem Taxi-Jeep zu erreichen, geöffnet Mai bis Okt.
- **Gasthof Rösslwirt**①, Dorf 6, Tel. 0471 654188, www.roesslwirt.com, im Dorfkern, behagliche Zimmer mit Balkon, Restaurant mit großer Panoramaterrasse bietet Südtiroler Spezialitäten.
- **Gasthof Saubacherhof**①, Saubach 10, Tel. 0471 654344, www.saubacherhof.com, serviert wird typische Südtiroler Kost, mit Außenterrasse, Mo Ruhetag.

☒ Die Pfarrkirche von Barbian mit ihrem schiefen Turm

Waidbruck (Ponte Gardena)

Unterhalb von Barbian am östlichen Eisackufer, wo der Grödner Bach einmündet, liegt Waidbruck. Hier im engen Ei-

Wanderung auf dem Keschtnweg

- **Gehzeit:** pro Abschnitt 4–5 Std., der Weg ist durchgehend gekennzeichnet.

GPS Auf der Eisacktaler Mittelgebirgsterrasse zieht sich ein langes Band von **Kastanienhainen** entlang, das oberhalb von Brixen beginnt und bis zum Ritten reicht. Es ist ein bevorzugter Herbst-Wanderweg, denn die Kastanien gehören zum Törggelen dazu. Entlang des Weges bieten viele selbstvermarktende Landwirte ihre Produkte an.

1. Abschnitt: Ausgangspunkt Vahrner See bei Brixen nach Vahrn, von dort nach St. Cyrill, Tötschling und schließlich nach Wöhrmann bei Feldthurns.
2. Abschnitt: von Wöhrmann über Feldthurns hinauf nach Moar, weiter zum Kloster Säben und nach Klausen.
3. Abschnitt: von Klausen zum Muttnerhof, nach Moar und weiter durch Mischwald nach Villanders und St. Moritz.
4. Abschnitt: von St. Moritz über Barbian und Kollmann bis zum Etappenziel Rotwand.
5. Abschnitt: von Rotwand nach St. Verena, Zuner, Finsterbachgraben und Unterinn.
6. Abschnitt: von Unterinn nach Signat, ins Katzenbachtal, zum Peter Ploner Hof nach St. Peter und zum Schloss Runkelstein, dem Ende des Keschtnwegs.

sacktal gab es eine römische **Straßenbrücke,** wohl auch schon eine im Frühmittelalter, denn der über den Ritten führende **Kaiserweg** traf auf der anderen Flussseite bei Kollmann wieder auf das Eisacktal und querte in Waidbruck den Fluss. Diese *weide bruck* war namensgebend für den Ort.

Hoch über dem Talzugang erhebt sich die weithin sichtbare, imposante Trostburg. Der Ort ist eng, durchzogen von der Autobahn, der Eisenbahn und der Staatsstraße. Im Kern stehen einige ältere Häuser, so vor allem der Urhof Gering aus dem 17. Jh. Die dem heiligen *Jodok* geweihte Ortspfarrkirche stammt aus dem Jahr 1331 und wurde in der Mitte des 17. Jh. barock umgestaltet.

Trostburg

Die Trostburg war der Brückenkopf der Herren *von Kastelruth* zum Eisacktal, im 12. Jh. auf einem vorragenden Felsen über der Einmündung des Grödner Bachs in den Eisack als Sitz von *Cunrat de Trosperch,* einem Abkömmling der Herren von Kastelruth, errichtet. Der mächtige Bergfried stammt aus dem Jahr 1250, ebenso der innere Burghof mit den Rundbogenloggien sowie die kleine vertäfelte gotische Stube. Um- und Ausbauten erfolgten im Wesentlichen im 16. und 17. Jh. Aus dieser Zeit stammen der aufgestockte Palas mit dem Rittersaal, die Kapelle, Vorwerke, Tore, Wehrgänge und Türme.

Im 17. Jh. wurde die Trostburg unter *Engelhard Dietrich Graf von Wolkenstein-Trostburg* im Stil der Renaissance umgebaut. Über 600 Jahre war die Burg im Besitz des Geschlechts Wolkenstein-Trostburg. **Oswald von Wolkenstein** (1377–1445), der spätmittelalterliche Dichter, Komponist und Sänger, wuchs hier auf. Auf Dauer konnten die Wolkensteiner die Burg nicht halten. Sie ging in den Besitz des Südtiroler Burgeninstituts über, wurde renoviert und ist heute als eine der besterhaltenen Burgenanlagen des Landes zu besichtigen. Außerdem ist das **Südtiroler Burgenmuseum** hier untergebracht.

■ **Trostburg,** 39040 Waidbruck, Schlossweg 6, Tel. 0471 654401, www.burgeninstitut.com, Besichtigung nur mit Führung von Gründonnerstag bis Okt. um 11, 14 und 15 Uhr, Juli/Aug. zusätzlich um 10 und 16 Uhr, Eintritt 8 Euro, Senioren 6 Euro, Kinder 4–14 Jahre 5 Euro. Die Burg ist nur zu Fuß über eine steile Zufahrt zu erreichen, Taxidienst Tel. 0471 65 0004, 339 5050747 oder 335 8031621.

Kollmann (Colma)

Kollmann, Waidbruck gegenüber an der Stelle gelegen, an der der über den Ritten führende **Kaiserweg** wieder auf die Sohle des Eisacktals traf, war der ideale Standort für eine Zollfeste. Diesem Zweck diente die von Erzherzog *Sig-*

[>] Die Trostburg kann besichtigt werden

mund von Tirol errichtete **Friedburg** mit ungewöhnlicher, schachbrettartig rot-weiß bemalter Außenfassade. Ende des 15. Jh. entstand der viereckige Hauptteil mit Zinnen und Erkern, um 1520 wurde im Nordwesten ein länglicher Trakt hinzugefügt. Mit der Zollfeste durch einen hölzernen Gang verbunden war die 1588 errichtete **Dreifaltigkeitskirche,** die man früher als Zollkirche bezeichnete.

Neben der Landstraße steht die **Leonhardkirche** aus der Zeit um 1500 mit zwei im 17. Jh. angebauten Seitenkapellen, die mit kleinen Türmen bekrönt sind. Diese Kirche machte Kollmann bis weit ins 19. Jh. hinein zu einem **Wallfahrtsort für Fuhrleute,** deren Patron der heilige *Leonhard* ist. Aus geopferten Hufeisen wurde eine Kette geschmiedet und der Kirche umgehängt.

stock.adobe Foto: ©fotoember

7
Pustertal

» Das von der Rienz durchflossene Pustertal bietet mit seinen vielen Seitentälern zahlreiche kulturhistorische und landschaftliche Höhepunkte Südtirols. Das Tauferer Ahrntal reicht weit nordwärts in den Alpenhauptkamm hinein, das Gadertal führt südwärts in die Dolomiten. Zentraler Ort ist Bruneck mit einem bildschönen Altstadtkern.

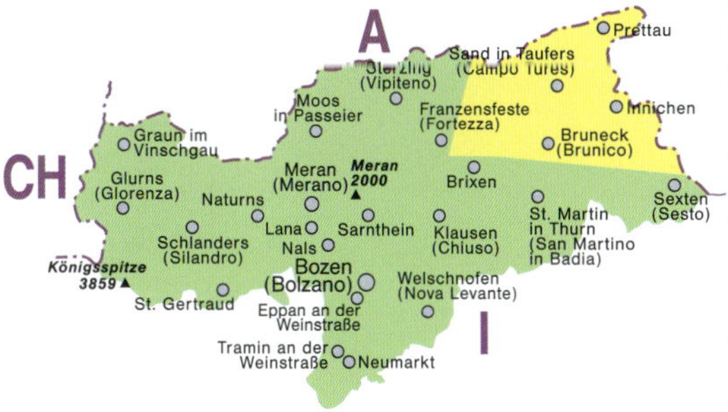

[<] Pfunders Ortspfarrkirche

Pustertal

Das Tal der Rienz (Rienza)

Das Pustertal stellt eine der großen Querachsen der Alpen dar. Das Tal markiert die geologische Verwerfung zwischen den Zentralalpen und den Südalpen – Erstere werden hier von den Zillertaler Alpen und den Hohen Tauern, Letztere von den Dolomiten gebildet. Das Pustertal erstreckt sich über die beiden Landesteile Südtirol im Westen und das österreichische Osttirol im Osten. Das Tal wird westwärts von der Rienz zum Eisack und damit zur Adria und ostwärts – vorwiegend auf österreichischem Gebiet – von der Drau zur Donau und damit zum Schwarzen Meer entwässert. Die Wasserscheide bildet der Toblacher Talboden.

[>] Festlich geschmückte Kühe beim Almabtrieb im Pustertal

Die wichtigsten Seitentäler des Pustertals werden von Norden vom Valser Bach, vom Pfunderer Bach, von der Ahr und ihren Seitentälern, vom Antholzerbach mit dem Staller Sattel als Übergang ins österreichische Defereggental, vom Gsieser Bach und schließlich vom Silvesterbach gebildet. Die wichtigsten, südwärts in die Dolomiten führenden Täler werden vom Gaderbach, vom Pragser Bach, vom Oberlauf der Rienz und jenseits des Toblacher Talbodens vom Sextenbach als erstem größeren rechten Nebenfluss der Drau gebildet. Diese Täler werden im Kapitel „Dolomiten“ beschrieben.

Im Frühmittelalter um 600 n. Chr. trafen im Pustertal die nach Osten vordringenden Bajuwaren auf die nach Westen ziehenden Slawen. Die Bajuwaren behielten die Oberhand, 769 gründete der Bayernherzog *Tassilo III.* das **Kloster Innichen,** heute nahe der österreichischen Grenze, zur Slawenmissionierung. Während das Kloster unter die Herrschaft des Bischofs von Freising kam, wurde das eigentliche Gebiet zur **Gaugrafschaft Pustertal** erhoben. Durch Schenkung wurde der Bischof von Brixen mit der Gaugrafschaft betraut. 1165 belehnte Bischof *Otto von Andechs* seinen Bruder mit der Gaugrafschaft. Die Gaugrafen wurden nun selbstherrlicher, aber als ihre Linie 1248 ausstarb, ging ihr Herrschaftsgebiet an die Grafen von Tirol und über diese an die Grafen von Görz. Als auch diese ausstarben, übernahmen die **Habsburger** gemäß einem abgeschlossenen Erbvertrag die Herrschaft über das Pustertal.

Wirtschaftlich waren die Quertäler der Alpen immer gegenüber den Nord-

adobe.stock Foto: ©mmphoto

Süd-Verbindungen benachteiligt. So hat das Pustertal auch nie überregionale Bedeutung erlangt, wohl aber Mühlbach als Zollstation sowie Bruneck als regionales Zentrum. Mit dem einsetzenden **Fremdenverkehr,** unterstützt durch den 1870 erfolgten Bau der **Eisenbahnlinie,** gab es zunehmende Beschäftigungsmöglichkeiten, bietet das Tal doch den Zugang zu wichtigen Ski- und Wandergebieten. Heute kommen die Touristen überwiegend mit dem Auto und so blieb die Eisenbahnlinie, die das gesamte Tal durchquert, weitgehend eingleisig.

Hintertux
Hintertuxer Gletscher
Dornauberg
169
Olperer 3476
ÖSTERREICH
Zamser Grund
Schlegeisspeicher
Löffter 3379
Schwarzenstein 3369
375
Mühleck
St. Johann
St. Martin
Stein
St. Jakob
Wipptal (Alta Valle Isarco)
Hochfeiler 3510
Neves-Stausee
Weißenbach
374
Luttach
Ahrntal
SS621
ITALIEN
Grabspitze 3068
Oberlappach
366
Sand in Taufers (Campo Tures)
Dun
346
Lappach
Taufers
Kematen
344
Fane Alm
Unterlappach
Mühlwald
Mühlen
Pfunders
369
Mühlwalder Tal
Pfunderer Tal
Pfunderer Bach
Karnergasse
Uttenheim
Eisacktal (Valle Isarco)
Pustertal
SS621
Weitental
Unterpustertal
Vals
365
Gais
Valsertal
Valser Bach
350
Pustertaler Sonnenstraße
351
Terenten
350
Pustertaler Sonnenstraße
365
St. Georgen
345
Meransen
St. Sigmund
354
Kiens (Chienes)
352
Issing
353
Pfalzen
360
Dietenheim
E66
Vintl (Vandoles)
SS49
Rienz
344
342
Mühlbach
Sonnenburg
357
Bruneck (Brunico)
Eisack
Innsbruck
Spinges
340
Rodeneck
355
St. Lorenzen
St. Martin
361
Reischach
A22
Aicha
Montal
Saalen
Stefansdorf
309
Schabs
310
Lüsner Tal
Rodenecker Alm
Vahrner See
SS244
Gadertal
417
SS12
309
Viums
Natz
Rienz
SS49
Gaderbach
Kronplatz 2273
306
Vahrn
Neustift
Kloster Neustift
307
Lüsen (Luson)
418
Enneberg Pfarre
Mischl
Elvas
Zwischenwasser
298
Brixen (Bressanone)
St. Leonhard
Rina
Hof
Rara
Tils
Pinzagen
Bozen (Bolzano)
Plose 2504
418
St. Vigil

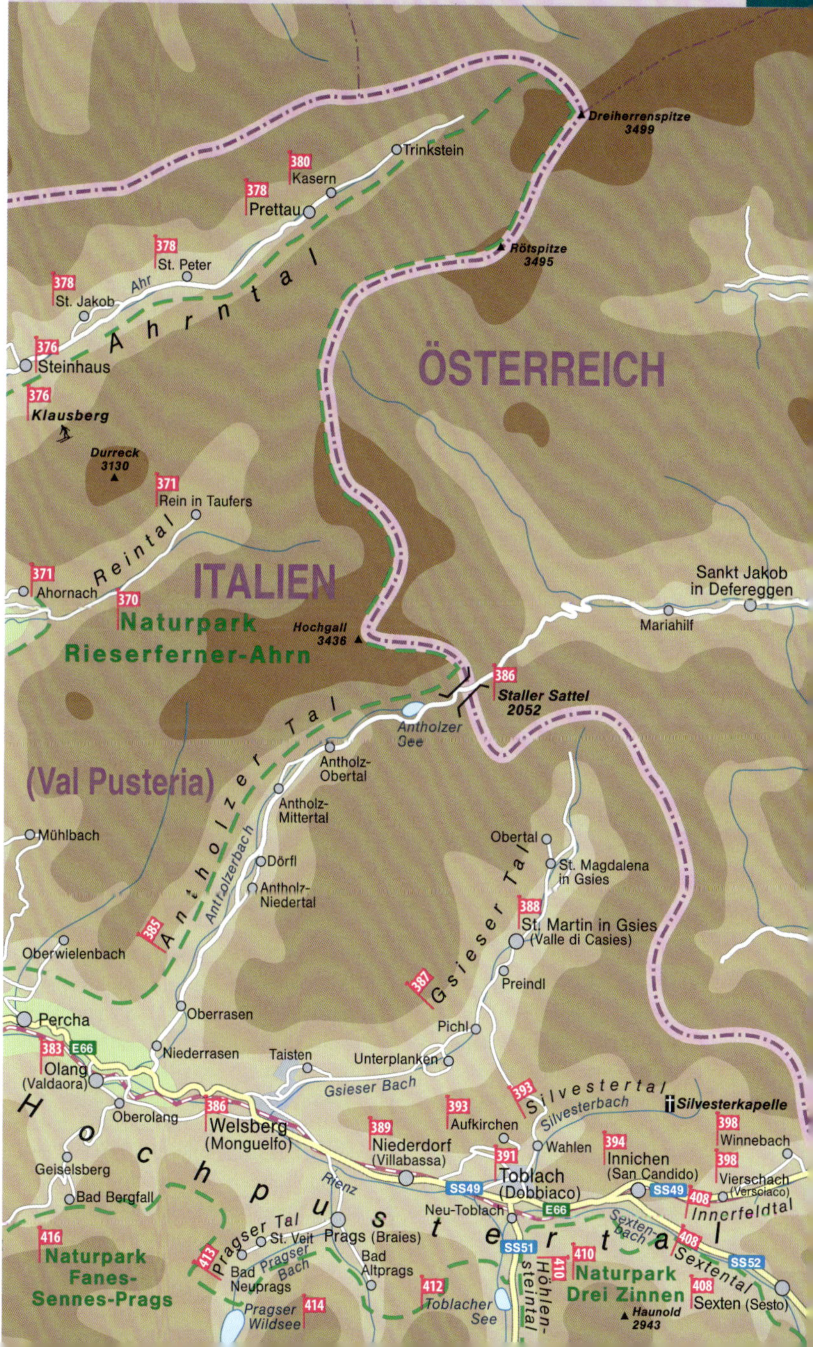
ÖSTERREICH
ITALIEN
(Val Pusteria)
Dreiherrenspitze 3499
Trinkstein
380 Kasern
378 Prettau
Rötspitze 3495
378 St. Peter
Ahr
378 St. Jakob
Ahrntal
376 Steinhaus
376 Klausberg
Durreck 3130
371 Rein in Taufers
Reintal
371 Ahornach
370 Naturpark Rieserferner-Ahrn
Hochgall 3436
Sankt Jakob in Defereggen
Mariahilf
386 Staller Sattel 2052
Antholzer See
Antholzer Tal
Antholz-Obertal
Antholz-Mittertal
Mühlbach
Dörfl
Antholz-Niedertal
Antholzerbach
385
Obertal
St. Magdalena in Gsies
388 St. Martin in Gsies (Valle di Casies)
Gsieser Tal
Oberwielenbach
387
Preindl
Percha
Oberrasen
Pichl
383 Olang (Valdaora)
E66
Niederrasen
Taisten
Unterplanken
Gsieser Bach
393 Silvestertal
Silvesterbach
Silvesterkapelle
Oberolang
386 Welsberg (Monguelfo)
389 Niederdorf (Villabassa)
393 Aufkirchen
Wahlen
394 Innichen (San Candido)
398 Winnebach
398 Vierschach (Versciaco)
Geiselsberg
391 Toblach (Dobbiaco)
SS49
Rienz
Hochpustertal
Bad Bergfall
Neu-Toblach
408 Innerfeldtal
Sexten-bach
408 Sextental
416 Naturpark Fanes-Sennes-Prags
413 Pragser Tal
St. Veit
Prags (Braies)
Bad Altprags
SS51
410 Höhlensteintal
410 Naturpark Drei Zinnen
SS52
Bad Neuprags
Pragser Bach
412 Toblacher See
408 Sexten (Sesto)
Haunold 2943
414 Pragser Wildsee

UNTER-PUSTERTAL

DIE RIENZ VOM EISACK AUFWÄRTS BIS BRUNECK

Zwei unterschiedliche Erscheinungsformen prägen das Unterpustertal – die enge Schlucht im Mündungsbereich bis Mühlwald und der breite Talboden bis Bruneck, dem Hauptort des gesamten Pustertals.

[>] Historisches Gasthaus Rodeneck Vill

NICHT VERPASSEN!

- **Fane Alm,** nur im Sommer bewohntes malerisches Almdorf | 344
- Die **Pustertaler Sonnenstraße,** von der Sonne verwöhnt | 350
- Die malerische **Altstadt von Bruneck** mit vielen spätgotischen Bürgerhäusern | 358

Diese Tipps erkennt man an der gelben Markierung.

Rodeneck (Rodegno)

In ihrem **Unterlauf** bildet die **Rienz** zwischen ihrer Mündung bei Brixen auf 550 m Höhe bis Mühlbach auf 722 m Höhe ein Engtal, das sich der Besiedlung weitgehend verschließt. Oberhalb der Rienzschlucht liegen auf der rechten (westlichen) Seite die reizvollen Ortschaften Natz und Schabs (→ Eisacktal), auf der linken (östlichen) Seite liegt Rodeneck.

Oberhalb des Ortes erstreckt sich weit über die Lüsner Berge die 20 km² umfassende **Rodenecker Alm** als eine der größten Hochplateaus der Alpen auf 1500 bis über 2000 m Höhe. Die zentrale Erhebung wird von der Kuppe des 2196 m hohen Astjochs gebildet. Das Gebiet ist touristisch wenig erschlossen und weitgehend naturnah geblieben, ideal also für Wanderer und Langläufer. Erreichbar ist die Alm über die drei Parkplätze „Zumis“ (Rodeneck), „Tulper-Gompis“ (Lüsen) und „Kreuzner“ (Ellen).

Schloss Rodenegg

Hier hatten die Herren *von Radank* als Ministeriale des Bischofs von Brixen das Sagen. Sie errichteten in der ersten Hälfte des 12. Jh. auf einer Felsnase, die zu drei Seiten aus der **Rienzschlucht** herausragt, einen **Wohnturm.** Ende des 15. Jh. ging der Turm an das Geschlecht der *Wolkensteiner* über, die ihn im Laufe der folgenden Jahrzehnte zu einem prächtigen Ansitz ausbauten, der bis heute teilweise noch von ihren Nachfah-

153st ot

251st ot

ren bewohnt wird. 1972 wurde bei Renovierungsarbeiten ein **Freskenzyklus** aus der Zeit zwischen 1200 und 1220 freigelegt, der Szenen aus dem **Iwein-Epos** zum Inhalt hat. Dieses Epos ist ein mittelhochdeutscher, kurz vor 1200 in Versen verfasster Artus-Roman von *Hartmann von Aue,* Iwein ein Ritter der Tafelrunde. Die Bilder gelten als die ältesten profanen Wandmalereien des deutschen Sprachraums.

UNSER TIPP: **Schloss Rodenegg,** 39030 Rodeneck, Tel. 0472 454056, www.rodeneck.it, Mai bis Mitte Okt. im Rahmen von Führungen 11 und 15 Uhr, Mitte Juli bis Ende Aug. zusätzlich 16 Uhr, Sa

227st ot

geschlossen, Eintritt 8 Euro, Senioren 6 Euro, Kinder 10–18 Jahre 4 Euro, Kinder 6–10 Jahre 3 Euro, darunter frei.

Mühlbach (Rio di Pusteria)

■ **Info:** Postleitzahl Mühlbach: **39037.** Tourismus-Verein Gitschberg-Jochtal, Jochtalstraße 1, Tel. 0244 7970217, www.gitschberg-jochtal.com.

Mühlbach am Eingang zum sich aufwärts weitenden Pustertal ist seit 1269 Marktgemeinde. Von seiner historischen Bedeutung zeugt noch die alte Bausubstanz im Ortskern mit mehreren Ansitzen. Unter den historischen Gebäuden sind vor allem der 1676 errichtete und 1989 renovierte **Ansitz Kandlburg** als ehemaliges Gerichtshaus und Adelssitz der Grafen *von Wolkenstein* (1676) zu nennen, heute ein Seminar- und Veranstaltungshaus, sowie der **Ansitz Strasshof** als ehemaliger Sitz der Zöllner und Pfleger, der inzwischen zu Eigentumswohnungen umgewidmet ist.

Die **Ortspfarrkirche St. Helena** stammt aus dem 13. Jh. und wurde 1975 erweitert. Sie weist vielfältige Fresken aus dem 15. Jh. auf. An der Kirchenmauer findet man die Grabsteine von Adeligen, Zöllnern und Pflegern. Der auf das Jahr 1497 datierte Zahlstein gegenüber vom Hauptportal stammt von der Mühlbacher Klause. Am Kirchplatz

^ Schloss Rodeneck

finden sich noch **Mühlsteine** als Wahrzeichen der ursprünglichen bedeutung des Ortes.

Sehenswert ist auch die **Florianskapelle** aus dem Jahr 1482 auf dem Friedhof. Der doppelstöckige Sakralbau neben der Pfarrkirche weist an der Außenwand Fresken auf, die aus der Schule *Friedrich Pachers* stammen. Bei Renovierungsarbeiten wurde eine Vielzahl römischer Utensilien gefunden – ein Beweis dafür, dass das Pustertal ein antiker Verkehrsweg war.

Von Mühlbach führt eine **Seilbahn** nach Meransen auf 1406 m Höhe, die für Wanderer und Skifahrer die Almregion am Gitschberg erschließt.

Mühlbacher Klause

Trutzig sichert die Mühlbacher Klause als **frühere Zollfeste** und heutiges Wahrzeichen des Ortes den Zugang zum Tal. Sie erhielt in den Jahren 1458 bis 1480 unter Herzog *Sigmund* ihr heutiges Aussehen mit unregelmäßigem Mauergeviert und runden Ecktürmen, zwei Tortürmen zur unmittelbaren Sicherung der Talstraße sowie Wohn-, Zoll- und Wirtschaftsgebäuden und einer Kapelle. Zur Ruine wurde die Anlage erst durch einen Brand im Jahre 1809. Die endgültige Sanierung und Öffnung für Besucher konnte erst nach Fertigstellung der Umfahrungsstraße erfolgen.

■ **Mühlbacher Klause,** Tel. 0472 849482, www.muehlbacherklause.it, Führungen ca. 1 Std. Juni bis Okt. Do (nicht bei schlechtem Wetter) ab 9.30–12 und 14.30–16.30 Uhr, Info über Ritterspiele beim Tourismusverein Gitschberg-Jochtal (info@gitschberg-jochtal.com).

Spinges

Die oberhalb von Mühlbach auf 1000 m Höhe gelegene Fraktion Spinges ist durch die sogenannte **Schlacht von Spinges** bekannt, in der napoleonische Soldaten am 2. April 1797 zurückgeschlagen werden konnten. Beteiligt war die Bauernmagd *Katharina Lanz,* die unter Einsatz einer Mistgabel an der Ortspfarrkirche die Soldaten zu vertreiben half. Die Kirche ist ein schöner spätgotischer Bau, der barockisiert wurde.

Unterkunft, Essen und Trinken

■ **Hotel Panoramik**③, Sandbichl 17, Tel. 0472 84 9535 oder 0472 849792, www.hotelpanoramik.com, in herrlicher Lage oberhalb von Mühlbach gelegen, großzügige Suiten und Zimmer mit Balkon, Hallenbad, Wellness-Angebote.

Seilbahnen

■ **Seilbahn Mühlbach – Meransen:** Tel. 0472 520322, www.gitschberg-jochtal.com, Betriebszeit 8.30–11.45 Uhr und 13–16.45 Uhr (letzte Bergfahrt), einfache Fahrt 15 Euro, Berg- und Talfahrt 19 Euro, Senioren 14/17 Euro, Kinder von 10 bis 15 Jahren 5/8 Euro.

■ **Skigebiet Gitschberg:** 55 Pistenkilometer unterschiedlicher Schwierigkeitsgrade, 15 Aufstegsanlagen, Skischulen, Kinderparks, Rodelbahnen etc. (→ Abschnitt „Meransen").

Verkehr

■ **Pustertalbahn:** Haltepunkt Mühlbach.

Valsertal (Val di Valles)

Der kleine **Valser Bach** entspringt in den Zillertaler Alpen unterhalb der **Grabspitze.** Von hier aus wendet er sich unterhalb der Brixner Hütte südwärts zur Fane Alm mit dem schönsten Almdorf Südtirols. Weiter abwärts treten die Wälder an den Talboden heran und man erreicht das Bergdorf Vals in einer Talweitung im Zentrum des Tals. Nach dem Zufluss des Obereckel-Baches verengt sich das Tal. Die Straße führt nun am Hang entlang und es folgt der Abzweig nach Meransen. Von dort ist es nicht mehr weit bis zur Einmündung des Baches in die Rienz bei Mühlbach.

Zwei bekannte **Skigebiete** liegen im Einzugsbereich des Valser Tals. Von Vals aus erreicht man das Skigebiet Jochtal, von Meransen das Skigebiet Gitschberg.

Vals

Vals im Zentrum des Tals war schon immer ein wohlhabender Ort, der von der Land- und Forstwirtschaft lebte. Heute ist der Tourismus angesichts der großartigen Bergwelt mit den hohen Pfunderer Bergen im Norden beherrschend. Den Ort überragt die dem heiligen *Andreas* geweihte Pfarrkirche aus dem Jahr 1341. Der aus Quadern errichtete Turm ist 100 Jahre jünger, die Inneneinrichtung neugotisch.

Fane Alm

Die Fane Alm inmitten einer überwältigenden Bergkulisse auf 1739 m Höhe versammelt eine ganze Ansiedlung von Hütten. Dieses **malerische Almdorf,** in dem immer noch Milch verarbeitet wird, ist nur im Sommer bewohnt, wenn die Kühe in die Berge getrieben worden sind. Die hölzernen, schindelbedeckten Wohnhütten, Heuhütten und Ställe stehen dicht beieinander, dazu gibt es eine 1898 errichtete, kleine Kapelle. Bis zur Alm führt die Straße, Wanderer können von hier aus weiter in die Alpenwelt hineinsteigen. Im Ort gibt es drei Jausenstationen. Zum Saisonende im September feiert man das große **Milchfest**.

Unterkunft, Essen und Trinken

■ **Valserhof**④, 30937 Vals, Pichlstr. 24, Tel. 0472 547177, www.valserhof.com, ruhig gelegen am Ortsrand, moderne Architektur, Zimmer mit Balkon verschiedener Kategorien, bietet umfangreiche Wanderprogramme und Wellnessangebote, gepflegte Küche.

■ **Linderalm,** Tel. 0333 4331903, prämiierte Jausenstation 1 km von der Bergstation der Jochtalbahn entfernt, durchgehend warme Küche mit hausgemachten Speisen, spezieller Graukäse, täglich geöffnet Mitte Juni bis Mitte Okt. und Mitte Dez. bis Ostern.

■ **Zingerle Hütte,** Tel. 0472 547130, www.zingerlealm.it, gemütliche Jausenstation unterhalb der Fane Alm auf 1697 m, bietet hausgemachte Schlutzkrapfen, Kasnocken, Hauswürste, Apfelstrudel, Buchweizentorten, Produktion von Almkäse, Butter und Joghurt, geöffnet Mai bis Ende Okt. täglich, Weihnachten bis Ostern im Wechsel mit der Gatterhütte.

> Meransen unter dem Hochfeiler (3510 m)

Aktivitäten

■ **Skigebiet Jochtal** (1350–2010 m): 22 km Pisten, 7 Aufstiegsanlagen.

Feste und Veranstaltungen

■ **Südtiroler Milchfest:** Letztes Wochenende im August dreht sich auf der Fane Alm alles um die Milch und ihre Erzeugnisse. Veranstaltet vom Sennereiverband Südtirol, verschiedene Hütten bieten einheimische Gerichte wie Plentina Knödl, Kasnocken, Melchamuis, Schmorrn und Schlutzer an, dazu treten folkloristische Gruppen wie Schuhplattler, Goaßlschnöller und Ziehorgelspieler auf. Info: www.fane-alm.com/almdorf-fanealm.

Meransen (Maranza)

■ **Info:** Postleitzahl Meransen: **39037.** Tourismusbüro, Seilbahnplatz 123, Tel. 0472 886048, www.gitschberg-jochtal.com.

Auf der Sonnenterrasse, einem Plateau oberhalb von Mühlbach auf 1400 m Höhe, liegt Meransen, einst ein reines Bauerndorf, heute durch seine schöne Lage ein Fremdenverkehrsort für Wanderer und Skifahrer, die das **Skigebiet am Gitschberg,** dem Meransener Hausberg, nutzen.

Die Ursprünge von Meransen reichen in das erste vorchristliche Jahrtausend zurück. Am alten Fußweg von Mühlbach steht die **Jungfrauenrast,** eine Gedenkstätte für die „Heiligen Drei Jungfrauen" Aubet, Cubet und Quere, die hier der Legende nach Rast auf ihrer Flucht vor Attila gemacht haben.

Bildstöcke mit Darstellungen der drei Heiligen stehen am Pilgerweg zur **Wallfahrtskirche** St. Jakobus, prägnant auf einem Plateau am Ort gelegen, die auch diesen drei Jungfrauen geweiht ist. An dem alten Kultplatz stand bereits eine romanische Kapelle, die 1472 von einem gotischen Kirchenbau abgelöst wurde. 1780 entstand an gleicher Stelle ein gestifteter Neubau nach Plänen des Tiroler Baumeisters *Joseph Abenthus.* Die prächtige Ausstattung gilt als ein Meisterwerk des **Tiroler Rokoko.** Von dem 1520 in der Vorgängerkirche aufgestellten Hochaltar stammen die spätgotischen Figuren dieser drei Heiligen am südlichen Seitenaltar. Die Madonnenstatue am Hauptaltar war Teil eines Schreinaltars aus der Zeit um 1500.

228st ot

Unterkunft, Essen und Trinken

■ **Berghotel Gitschberg④,** Endereckerstr. 2, Tel. 0472 520170, www.gitschberg.it, ausgefallene moderne Architektur, ökologisch orientiert, oberhalb von Meransen in der Wiesenlandschaft gelegen, Zimmer verschiedener Kategorien, außerdem vielfältiges Wellness- und Sportangebot.

■ **Lärchenhof**③, Meransen 70 a, Tel. 0472 5201 89, www.laerchenhof.it, geräumige Zimmer und Suiten mit Sitzecke und Balkon, von großzügiger Parkanlage umgeben, mit Hallenbad und vielseitigen Wellnessangeboten.

■ **Residenz Condor③,** Prockengasse 5, Tel. 0345 4580614, www.residence-condor.com/de/ferienwohnungen-meransen.html, 4 Ferienwohnungen, 2 Doppelzimmer, ruhige Lage, Liegewiese, Sauna, hauseigene Bar.

■ **Gitschhütte,** Tel. 0472 520347, www.gitschhuette.com, Jausenstation auf 2210 m am Fuße des Gitschbergs mit Fernblick auf die Dolomiten, Sarntaler Alpen, Stubaier Alpen, Zillertaler Alpen und die Rieserfernergruppe, Ausgangspunkt für verschiedene Wanderziele, geöffnet Mitte Juni bis Mitte Okt., im Winter zu den Liftöffnungszeiten.

Aktivitäten

■ **Skigebiet Gitschberg Jochtal** (1300–2500 m): Wintersportverbundgebiet mit 55 Pistenkilometern und 16 Aufstiegsanlagen, verbindet die Skiorte Mühlbach, Vals, Meransen und Vintl/Weitental miteinander. Der neue „Ski Express" ersetzt seit 2018/19 als moderne 10er Kabinenbahn den alten Schlepplift Sergerwiese und den Sessellift Breiteben am Gitschberg. Rodelbahnen: Wiederschwingenweg Moserhütte (4,5 km), Langlaufloipen: Rodenecker Alm (15 km), Rundloipe Altfasstal (8 km), Rundloipe Lobenweg (8 km).

⊡ Bauernhaus im Pfunderertal

Seilbahnen

■ **Kabinenbahn Gitschberg:** Tel. 0472 520322, www.gitschberg-jochtal.com, Talstation Meransen 1420 m, Gipfel 2110 m, Ende Mai bis Mitte Okt., einfache Fahrt 15 Euro, Berg- und Talfahrt 19 Euro, Senioren 14/17 Euro, Jugendliche 13/15 Euro, Kinder unter 10 Jahren 6/8 Euro.

Pfunderertal (Val di Fundres)

■ **Info:** Postleitzahl Pfunderertal: **39030.** Tourismusbüro Vintl/Pfunders, siehe Mühlbach, www.gitschberg-jochtal.com.

Das Pfunderertal wird vom gut 20 km langen Pfunderer Bach als rechtem Zufluss der Rienz entwässert. Es erstreckt sich vom Pustertal nordwärts in den Kamm der **Zillertaler Alpen** hinein. An mehreren Stellen weitet sich das Tal und gibt Flächen für eine bescheidene landwirtschaftliche Nutzung frei, viele Talabschnitte sind aber sehr **eng und schluchtartig.** Im Mündungsgebiet auf 755 m Höhe liegt der Hauptort Vintl, nördlich folgen Weitental (863 m) und Pfunders (1160 m).

Die **Pfunderer Berge** umschließen im Westen das nördliche Valsertal, bilden im Norden die Bergkette zum oberen Pfitschertal hin und trennen das Gebiet im Osten vom Mühlwalder Tal. Herausragende Gipfel sind die Grabspitze (3068 m) in der Nähe des Pfunderer Jochs als höchste Erhebung des Bergkamms zwischen Pfitschertal und Weitenberger Kar, die Wurmaulspitze (3022 m) als höchste Erhebung westlich der Weitenberger Alm, die Napfspitze

(2888 m) südlich des Eisbruggjochs und die Hochgrubbachspitze (2819 m) als höchste Erhebung der östlichen Pfunderer Berge.

Lange Zeit war das Tal, das, wie keltische und römische Funde belegen, schon früh besiedelt war, sehr abgeschieden, bis die Bahnlinie durch das Pustertal ab 1871 einen besseren Zugang ermöglichte. Dennoch ist es weit weniger touristisch erschlossen als andere Südtiroler Regionen. Interessant ist, dass sich durch die jahrhundertelange Abgeschiedenheit ein **eigenständiger Dialekt** erhalten hat. Auch sind viele alte Bräuche wie beispielsweise das **Krapfenbetteln** weiter lebendig. Nach diesem Brauch ziehen Maskierte um Allerheiligen und Allerseelen von Hof zu Hof, um Roggenkrapfen von den Bäuerinnen zu erbetteln. Wo die Krapfenbettler geklopft haben, wird für das nächste Jahr eine reiche Ernte erwartet.

Vintl

Vintl am Ausgang des Pfunderertals auf 755 m Höhe war historisch in zwei Herrschaftsbereiche unterteilt. Untervintl als bedeutendste Fraktion unterstand dem Fürstbischof von Brixen, wohingegen Obervintel, drei Kilometer talaufwärts, zum Gerichtsbezirk Bruneck gehörte.

Besonders beeindruckend ist das **Kirchenensemble von Untervintl,** das man am besten im Blick hat, wenn man von Westen über die alte Dorfstraße kommt, die Brücke überquert und zum Friedhof hinaufsteigt. Die romanische **Urbanuskirche** aus dem 12. Jh. wurde im 14. Jh. gotisch eingewölbt. Ihre vorzüglich erhaltenen Fresken werden teilweise den Meistern *Hans von Bruneck* und *Leonhard von Brixen* zugeschrieben. Daneben steht die 1760–1763 barockisierte und von *Josef Anton Zoller* ausgemalte **Pfarrkirche Mariä Verkündung,** deren

gotischer Turm alles überragt. In der Kirche zeigt sich die ganze Pracht der Deckenmalereien von Zoller.

In **Obervintl** steht die dem heiligen *Nikolaus* geweihte Kirche, ein gotischer Bau aus dem späten 15. Jh., der 1749 barockisiert und 1891 mit Deckenfresken versehen wurde. Die übermalte Nikolausfigur stammt als letzter erhaltener Rest von dem von *Hans Klocker* 1490 gefertigten Schnitzaltar. Sehenswert ist auch der **Ansitz Töpsl** neben der Kirche mit polygonalem, zweigeschossigem Erker, Rundbogentor, Labe mit Netzgratgewölbe, Stuben mit Renaissancegetäfel und Fresken aus dem 16. Jh.

229st ot

Der **Strukturwandel** ist auch an der Gemeinde Vintl nicht spurlos vorbeigegangen. Findige Unternehmer entwickelten das neue Gewerbegebiet zwischen Niedervintl und Obervintl zu einer **„Lodenerlebniswelt".** Hier wurden Betriebe angesiedelt, die die lokale Handwerkstradition fortsetzen, allen voran die **Lodenfabrikation,** der sogar ein eigenes Museum gewidmet ist. Hier wird eindrucksvoll der Produktionsweg vom Schaf bis zum gewalkten Wollstoff mit alten Handwerksgeräten, Spinnrädern und Walkmühlen, auch mittels Videoinstallationen, dargestellt.

■ **Lodenerlebniswelt,** Vintl, Pustertalerstr. 1, Tel. 0472 868540, www.oberrauch-zitt.com, geöffnet Mo bis Sa 9–18 Uhr, an Feiertagen eingeschränkte Öffnungszeiten, es gibt inzwischen auch Niederlassungen in Bozen (Lauben 67) und Meran (Lauben 273), Museumseintritt 5 Euro, Do nachmittags Familienführungen 10 Euro.

■ **Capriz Feinkäserei:** Vintl, Pustertalerstraße 1/B, Tel. 0472 869263, www.capriz.bz/de/käse-südtirol/1-0.html, Schaukäserei, Shop, Bistro, Vinothek und Museum. In der Käserei werden Ziegen- und Kuhmilch verarbeitet, täglich 9–19 Uhr.

■ **Lodenwirt**②, Vintl, Pustertalerstr. 1. Tel. 0472 867000, www.lodenwirt.com, Hotel und Restaurant in der Lodenerlebniswelt, bietet Südtiroler Küche international, ganzjährig geöffnet.

Weitental

In Weitental, einem kleinen Ort oberhalb von Vintl in der unteren Weitung des Pfunderertals, wurde die dem heiligen *Thomas* geweihte Kirche bereits 1180 erwähnt. Sie erhielt 1777 ein neues Langhaus, das *Johann Mitterwurzer* aus Mühlbach ausgemalt hat.

Pfunders

Pfunders, der Hauptort im inneren Tal, liegt schon auf 1160 m Höhe. Dieser Ort mit den für das Tal so typischen Holzbauernhäusern inmitten der Alpenkulisse hat in der Abgeschiedenheit viel von seiner Ursprünglichkeit erhalten können. Viele Einzelhöfe in der Umgebung weisen noch alte Gewölbe, Bauernstuben und bemalte Fassaden auf. An prägnanter Stelle erhebt sich die dem heiligen *Martin* geweihte Ortskirche, die bereits 1397 erwähnt wurde. Das Langhaus wurde in den Jahren bis 1808 umgebaut und von *Franz Altmutter* ausgemalt. Beachtenswert ist vor allem das Christopherus-Fresko.

Dun

Am Talschluss liegt Dun auf 1468 m Höhe, eine kleine Ansammlung von Häusern, von der aus Wanderer direkt in die Bergwelt einsteigen können. Von hier führen mehrere Aufstiege zum Pfunderer Höhenweg.

Unterkunft, Essen und Trinken

■ **Hotel Stroblhof**①, G.-Lantschner-Str. 14, Weitental, Tel. 0472 548119, www.hotelstroblhof.it, wunderschön gelegen, Zimmer mit Balkon, Hausbar, Terrasse, Sauna, mit Café-Bar.

■ **Obermoarhof**①, Maiergasse 3, Obervintl, Tel. 0472 868530, www.obermoarhof.com, Haupthaus mit Kinderspielplätzen, Heu- und Viehstall, Garten, Liegewiese, beheiztes Freibad, Ferienwohnungen im Haupt- und Nebenhaus.

■ **Lindenhof,** Obervintl-Dörfl, Getzenbergweg 7, Tel. 0474 565053, http://de.vitalbad.it, Ferienwohnungen, zusätzlich Vitalbad mit finnischer Sauna, Biosauna, Whirlpool, Solarium, Heubad sowie Massage.

■ **Duner Heuschupfe,** Wegscheiderhof, Dun, Dunerstr. 12, Tel. 0472 549246, www.duner-heuschupfe.com, absolut ruhig gelegen, kein Handy-Empfang, zwei moderne Appartements, bietet Heubäder auf Vorbestellung Di–So, Gaststube.

■ **Restaurant La Passion**②, Obervintl, St.-Nikolaus-Weg 5B, Tel. 0472 868595, www.lapassion.it, internationale und regionale Küche, eigene Kreationen in einer urigen Bauernstube aus dem 16. Jh., kleiner Gastgarten, Mitglied der Jeunes Restaurateurs d'Europe, Mo Ruhetag.

☒ Der Talabschluss des Pfunderer Tals

Wanderung auf dem Pfunderer Höhenweg

GPS Der mit einem roten Punkt in weißer Scheibe markierte Pfunderer Höhenweg ist vergleichbar mit dem Meraner Höhenweg im Meraner Land. Er führt von **Sterzing** durch die abgeschiedenen und von Wanderern verhältnismäßig wenig frequentierten Pfunderer Berge bis **Bruneck.** Die rund 70 km lange Wegstrecke ist je nach Kondition in vier bis sechs Tagen zu bewältigen und verläuft durch alpines und hochalpines Gelände auf einer Höhe zwischen 2000 und 3000 m. Es geht über kurze, mit Drahtseilen gesicherte Abschnitte, über Felsblöcke und ständige Schneefelder, insofern sind Trittsicherheit, Schwindelfreiheit, Ausdauer, Orientierungsvermögen und Bergerfahrung nötig. Entlang des Pfunderer Höhenwegs gibt es diverse Nächtigungsmöglichkeiten auf Schutzhütten sowie zahlreiche Jausenstationen.

- **Gampiel Alm,** 2047 m oberhalb von Dun, Tel. 338 4858383, www.gampielalm.com, schön und sonnig, abseits der großen Wanderwege auf einer Anhöhe gelegene Jausenstation, Spielplatz, durchgehend warme Küche, selbstgemachter Joghurt, hofeigener Speck, Ziegenmilch und Kuhmilch, am Wochenende spezielle Süßspeisen wie Strauben (Südtiroler Spritzgebäck) und Apelstrudel, Verkauf von Butter und Käse von den Nachbaralmen. Für Übernachtungen Heulager und Zeltplatz. 1½ Std. Gehzeit vom Parkplatz Dun, geöffnet im Juni an den Wochenenden, Juli bis Ende Sept. täglich, anschließend bis Ende Okt. witterungsabhängig.

Verkehr

- **Pustertalbahn:** Haltepunkt Vintl.

Die Pustertaler Sonnenstraße

In Vintl zweigt, leicht zu übersehen, die Pustertaler Sonnenstraße auf das Mittelgebirgsplateau nördlich der Rienz ab. Die wenige Kilometer oberhalb der Hauptroute verlaufende, kurvige, hügelige Straße, an der die sonnenverwöhnten Orte Terenten, Issing und Pfalzen liegen, wird auch wegen ihrer schönen Aussicht gern von **Motorrad- und Fahrradfahrern** benutzt.

Auch auf dem Pustertaler Sonnenhang gibt es römische Siedlungsspuren. Die Rodung des Geländes bis zur Waldgrenze war um 1350 abgeschlossen. Die

230st ot

Wasserzufuhr auf die zur Sonne exponierten Hänge war aus größeren Höhen dennoch gesichert, sodass sich hier die **Mühlen- und Holzwirtschaft** gut entwickeln konnte.

Terenten (Terento)

■ **Info:** Postleitzahl Terenten: **39030.** Tourismusverein Terenten, St.-Georgs-Str. 1, Tel. 0472 5461 40, www.gitschberg-jochtal.com/ferienorte/terenten.

Terenten wurde erstmals um die Jahrtausendwende urkundlich erwähnt, die Ortspfarrkirche St. Georg im Jahr 1362. Ihr Langhaus stammt vom Ende des 17. Jh., Mitte des 18. Jh. erfolgte die neoromanische Umgestaltung mit einem Deckengemälde von *Christoph Brandstätter.* Die kleine Kirche St. Zeno in der wenig südlich gelegenen Fraktion Pein stammt möglicherweise aus dem 12. Jh. mit einem Turm aus dem Jahr 1795. Die Kirche malte *Johann Mitterwurzer* aus Mühlbach barock aus.

Mühlenlehrpfad

Am Terner Bach, der an der Hochgrubbachspitze entspringt und durch Terenten in die Rienz fließt, hat man die alten Mühlen, an denen ein Mühlenlehrpfad entlangführt, restauriert. Unter anderem findet man hier das **Schausägewerk Asen-Säge,** eine Mühle, die nach alter Tradition arbeitet und noch immer in Betrieb ist.

■ **Schausägewerk Asen-Säge,** Juni bis Sept. Mo 10–13 Uhr, Infos: www.gemeinde.terenten.bz.it.

Erdpyramiden

Oberhalb von Terenten stehen am Terner Bach die berühmten Erdpyramiden. Sie entstanden als Folge eines Unwetters im Jahre 1834 aus eiszeitlichen Muränenablagerungen, deren tiefere Schichten mit Steinen und Blöcken durchsetzt sind. Ihre **zuckerhutförmige Gestalt** erhielten sie durch Ausschwemmung des Untergrundes, wobei die oben liegenden Steinblöcke die Spitze bilden.

Unterkunft, Essen und Trinken

■ **Hotel Wiedenhofer**②, Pustertaler Sonnenstr. 19, Tel. 0472 546116, www.wiedenhofer.com, Erbhof im Zentrum von Terenten, über 200 Jahre in Familienbesitz, schöne Zimmer überwiegend mit Balkon, italienische, holzvertäfelte Gaststube, Gartenterrasse, internationale und Südtiroler Küche.

■ **Hotel Dolomitenblick**②, Walderlaner Str. 6, Tel. 0472 546123, www.hotel-dolomitenblick.com, moderner Bau In Panoramalage, gediegen eingerichtet, großzügige Zimmer mit Balkon, Suiten, Hallenbad, Sauna, frische Küche in heller Gaststube.

■ **Jenneweinhof,** Terner-Tal-Weg, Tel. 0472 6712 51, jennewein_bar@hotmail.de, Jausenstation an den Erdpyramiden, vom Dorf zu Fuß in 20 Min. über den Mühlenweg zu erreichen, schmackhafte „Alt-Puschtra"-Kost, in der Saison täglich 9.30–17 Uhr.

☒ Pustertaler Sonnenstraße mit dem Geigerhof

Platten oberhalb von Pfalzen

adobe.stock Foto: ©LianeM

Issing (Issengo)

Auf dem Weg von Terenten nach Issing, dem nächsten Ort an der Pustertaler Sonnenstraße, passiert man den Weiler **Hofern.** Oberhalb erhebt sich **Burg Schöneck,** entstanden Mitte des 12. Jh. Man geht davon aus, dass hier der spätmittelalterliche Dichter *Oswald von Wolkenstein* (1377–1445) geboren wurde.

Issing selbst liegt immerhin noch auf fast 1000 m Höhe. Reizvoll präsentiert sich ein **Weiher** am Dorfrand, sodass sich mit der **St. Nikolauskirche** ein malerisches Ensemble ergibt. Der gotische Kirchenbau ist im Inneren barockisiert. Der 1974 freigelegte Gewölbestein mit dem Brustbild eines Engels wurde 1475 von *Michael Pacher* gefertigt.

Im Sommer lockt die **Badeanstalt** des Weihers Gäste an. Nahebei findet sich eine **Latschenölbrennerei,** in der ätherische Öle in traditioneller Weise manuell hergestellt werden.

■ **Badeanstalt Issinger Weiher,** 39030 Issing, Weiherplatz 2, Tel. 0474 835270, www.issingerweiher.it, Saison Mitte Juni bis Aug., Eintritt ab 16 Jahren 8 Euro, über 6 Jahre 6 Euro, darunter frei.

■ **Latschenölbrennerei Bergila,** 39030 Issing, Tel. 0474 561591, www.bergila.com, mit Kräutergarten, produziert und vertreibt ätherische Öle, Salben, Tinkturen, Auszüge, Schnäpse, veranstaltet Führungen, Laden, geöffnet Mo–Fr 8–18 Uhr, Sa/So 9–12 und 14–18 Uhr.

⌃ Die Erdpyramiden in Terenten

› Bauernhof am Plattner Bach oberhalb Pfalzen

Säulenfichte

Bemerkenswert ist das **Baumdenkmal** an der Straße des Issinger Ortsteils **Mühlen:** eine 20 m hohe Säulenfichte *(Picea abies Inversa),* deren gewundene Äste eine Säule ergeben. Diese Fichtenart ist im Gebirge wegen ihrer schlanken Form gut vor Schneelast geschützt und bietet wenig Windangriffsfläche.

Pfalzen (Falzes)

Pfalzen an der Sonnenstraße ist fünf Kilometer von Bruneck entfernt. Möglicherweise stand hier ein römisches Kastell, auf jeden Fall hat der Ortsname römische Sprachwurzeln. Beeindruckend ist der von zwei mächtigen Kastanien gesäumte Aufgang zur Ortspfarrkirche **St. Cyriak.** Im Inneren befinden sich Gemälde von *Christian Holzinger,* unter anderem mit Szenen aus dem Leben des heiligen *Cyriak* aus dem Jahr 1853.

Die am Ortsrand gelegene **St. Valentinskirche** ist ein spätgotischer Bau mit Spitzbogenportal und -fenstern. In ihr findet man eine bedeutsame Holzskulptur des heiligen *Valentin* aus der Mitte des 15. Jh. von *Michael Pacher* und einen Freskenzyklus von *Friedrich Pacher* aus dem Jahr 1487.

Ein kleines **Puppenmuseum** entführt die Besucher in die fantasievolle Welt der Puppen mit Puppenhäusern, Spielpuppen, Kasperlepuppen, Trachtenpuppen etc.

231st ot

■ **Puppenmuseum,** 39030 Pfalzen, Anselm-Sparber-Str. 1, Tel. 0474 538833, geöffnet auf Anfrage, Eintritt frei.

Unterkunft, Essen und Trinken

■ **Gasthof Jochele**①, 39030 Pfalzen, Michael-Pacher-Str. 23, Tel. 0474 528333, www.jochele.it, im Ortszentrum, 200 Jahre Tradition als Wirtshaus, gepflegte Zimmer, Sauna, Dampfbad, vielseitige Küche, großer Weinkeller, Di Ruhetag.

Kiens (Chienes)

■ **Info:** Postleitzahl Kiens: **39030.** Tourismusverein Kiens, Kiener Dorfweg 4b, Tel. 0474 565245, www.kiens.bz.

Der Weg entlang der Rienz unterhalb der Sonnenstraße führt an einer Reihe interessanter Ortschaften vorbei. Talaufwärts ist **St. Sigmund** der erste Ort hinter Vintl am Ausgang des Pfunderertals. In der gotischen Ortskirche steht ein wertvoller **Flügelaltar** von 1440, der der sogenannten Donauschule entstammt und zu den schönsten Südtirols zählt.

Kiens ist der nächste Ort an der Rienz, an der Mündung des Mühlbaches in einer Weitung des Pustertals inmitten des grandiosen Bergpanoramas gelegen. Eine erste Erwähnung fand der Ort mit einer romanischen Kirche als Kiehna im Jahre 1010. Die heutige, *Petrus* und *Paulus* geweihte Ortspfarrkirche ist innen barockisiert und mit Bildern von *Josef Renzler* ausgestattet.

Auf der Kiens gegenüberliegenden Flussseite steht die **Ehrenburg,** von den Grafen *Künigl* als Stammsitz im 16. Jh. erbaut. Die heutige Anlage besteht aus zwei Teilen. Der Südbau ist der alte Teil, der kaum Veränderungen erfahren hat, im Osten findet sich der um 1700 schlossartig umgebaute Barockteil mit dem schönen Arkadenhof. Schloss Ehrenburg wurde 2010 an einen Privatunternehmer verkauft und ist seither nicht mehr zu besichtigen.

Auf dem Schlosshügel nebenan steht die **Wallfahrtskirche Maria Himmelfahrt,** erbaut Ende des 14. Jh. Um 1700 wurde ihr Innenraum barockisiert. In der Gruftkapelle befinden sich drei bemerkenswerte Madonnendarstellungen, u.a. die sogenannte „Kornmutter“.

Unterkunft, Essen und Trinken

■ **River Hotel Post**②, Pustertalerstraße 24, Tel. 0474 565318, www.riverhotelpost.com, einst Poststation und Wirtshaus zur Einkehr auf dem Weg durchs Pustertal, heute modernes Gasthaus und Hotel, große Zimmer meist mit Balkon. Das Restaurant mit Gastraum, Stube und Bar bietet von der Brotzeit bis zum Menü gekonnte Südtiroler Küche.

■ **Landgasthof Steger**①, 39030 St. Sigmund, Tel. 0474 569619, www.landgasthof-steger.com, am Waldrand gelegen mit eigener Landwirtschaft, einfache, aber gemütliche Zimmer teils mit Balkon, Sauna, Solarium, Wirlpool, Schwimmbad.

■ **Der Gassenwirt**①, Dorfweg 42, Tel. 0474 5653 89, www.gassenwirt.it, Tradition seit 1602, großzügige Zimmer teilweise mit Balkon, Restaurant und Taverne bieten traditionelle Küche, frisch und leicht zubereitet, zudem Hallenbad, Whirlpool, Sauna.

Einkaufen

■ **Hofkäserei Gatscher,** Pustertalerstr. 5, Tel. 0474 564151, www.gatscher.it, Herstellung von naturbelassenen Milchprodukten aus Rohmilch: Naturkäse, Frischkäse mit Knoblauch und Oregano oder Schnittlauch, Wacholderkäse, Pfefferkäse, Bergkäse, Joghurt, Öffnungszeiten Di, Fr, Sa 9–11 Uhr, Mi 16–19 Uhr, Führungen nach Anmeldung Fr und Sa unter Tel. 0340 7837491.

Verkehr

■ **Pustertalbahn:** Haltepunkte St. Sigmund, Kiens.

St. Lorenzen (San Lorenzo di Sebato)

■ **Info:** Postleitzahl St. Lorenzen: **39030.** Tourismusverein St. Lorenzen, Josef Renzler Str. 9, Tel. 0474 538196, www.kronplatz.com.

In St. Lorenzen, das kurz vor Bruneck liegt, weitet sich das Pustertal. Der Gaderbach fließt von Süden zu, als Tor zu den Dolomiten einen Verkehrsweg nach Norditalien freigebend. An dieser Stelle gab es schon vorgeschichtliche Siedlungen und dann die Militärstation Sebatum als römisches Verwaltungszentrum des Pustertals. Und bereits in spätrömischer Zeit wurde hier der heilige *Laurentius* verehrt, die bajuwarische Neugründung St. Lorenzen behielt den Namen bei.

Malerisch erhebt sich im Ort die **Pfarrkirche** aus dem 13. Jh., die in der Folgezeit mehrfach umgestaltet wurde. Sehenswert sind neben Fresken und Passionsfiguren aus dem frühen 18. Jh. vor allem die **Pustertaler Madonna,** eine von *Michael Pacher* 1462 geschaffene Muttergottesfigur des Hauptaltars, die dem Kind eine blaue Traube reicht – deshalb auch ihre Bezeichnung „Traubenmadonna“.

Im alten Rathaus wurde mit dem **Mansio Sebatum** das erste Museum Südtirols eröffnet, das sich ganz der Römerzeit widmet. Auf drei Stockwerken wird die Römersiedlung Sebatum von den Anfängen bis zum Untergang thematisiert.

Die Ausstellung wird ergänzt durch einen **archäologischen Lehrpfad** am Sonnenburger Kopf, wo Schautafeln über Fundorte antiker Gegenstände und Grabungsstätten informieren. An der Pustertaler Straße bei Sonnenburg steht die Kopie eines hier gefundenen römischen Meilensteins, dessen Original im Innsbrucker Ferdinandeum ausgestellt ist.

■ **Archäologiemuseum Mansio Sebatum,** im alten Rathaus, J. Renzler Str. 9, Tel. 0474 474092, www.mansio-sebatum.it, Juli/Aug. Mo–Sa 9–13 und 15–18 Uhr, Eintritt 5 Euro, ermäßigt 3 Euro.

Michelsburg

Die imposante **Ruine** der Michelsburg auf einem frei stehenden Hügel südlich von St. Lorenzen war im Frühmittelater Sitz der Pustertaler Grafen. Doch dann verlor St. Lorenzen in dem Maße an Bedeutung, wie sich das nahe Bruneck zum eigentlichen Zentrum des Pustertals entwickelte. Bis ins 16. Jh. bestand aber der Gerichtssitz auf der Burg, der dann in den Ort verlegt wurde. Das alte Michelsburger **Gerichtshaus,** auch Grafenhaus oder Pfleghaus der Michelsburg genannt, ist gut erhalten und bewohnt. Die ältesten Bauteile der Burg, die Hochburg und der Bergfried, stammen noch aus dem 12. Jh. Später erhielt die Anlage einen zweiten Turm. Im 16. Jh. erfolgte ein größerer Umbau, dann verfiel die Burg. Heute ist sie in Privatbesitz und wird aufwendig restauriert.

Sonnenburg

Auf der anderen Seite der Rienz erhebt sich auf der steil zum Fluss abfallenden Hauptterrasse westlich von St. Lorenzen die Sonnenburg. Ihre Entstehungszeit geht auf das Jahr 800 zurück. Sie wurde bereits im Jahre 1039 in ein **Benediktinerinnenkloster** umgewandelt, das viele Stiftungen erhielt. Als *Nikolaus von Kues*, Bischof von Brixen, Reformen im Kloster durchsetzen wollte, geriet er in Streit mit dem Tiroler Adel, dessen Töchter dort Unterkunft gefunden hatten und die sich schon gegen die vom Papst durchgesetzte Ernennung des Bischofs gewehrt hatten. Auf Dauer behielt der Adel die Oberhand.

Weit nachhaltiger wirkte ein Blitzeinschlag im Jahre 1598, der die Anlage zerstörte. Nur mit Mühe wurde das Kloster wieder aufgebaut, aber 200 Jahre später säkularisiert, sodass die verbliebenen Nonnen es verlassen mussten. Die Gebäude, ihrer Kunstschätze beraubt, verfielen nun weiter. Der Rest diente dann als Armenhaus.

Seit 1985 ist die Sonnenburg in privaten Händen und wurde zu einem **Schlosshotel** ausgebaut. Bei diesen Umbauten entdeckte man Steinwerkzeuge aus der Jungsteinzeit, die im Archäologischen Museum in Bozen ausgestellt sind, sowie spätromanische Fresken in der Krypta der ehemaligen Klosterkirche, Szenen aus dem Leben des heiligen *Nikolaus* darstellend. Sehenswert ist auch der **Kreuzgang** der Sonnenburg.

Ansitz Glurnhör

Die Sankt Lorenzener Fraktion Sonnenburg hat über das Kloster hinaus einige gut erhaltene Ansitze, darunter am Westausgang den Ansitz Glurnhör. Er wurde als Sitz eines *Glurnher von Sunberg* 1366 erstmals erwähnt. Ab 1562 bis Ende des 18. Jh. war er im Besitz der Herren *von Hebenstreit*, die ihm 1580 das heutige Aussehen verliehen. Die Anlage besteht aus zwei durch Ringmauern verbundene Gebäudekomplexe und weist an beiden Seiten je ein Rundbogentor auf. Die hölzernen Wehrgänge sowie Schießscharten in der Ringmauer sind noch vorhanden. Am östlichen Teil befindet sich ein Rundturm mit Kegeldach.

Unterkunft, Essen und Trinken

■ **Sonnenburg**④, St. Lorenzen-Sonnenburg 38, Tel. 0474 479999, www.sonnenburg.com, Schlosshotel, die Zimmer sind mit Antiquitäten ausgestattet, es gibt u.a. ein Fürstenzimmer mit Deckenfresko, außerdem Hallenbad und Saunagarten, das Restaurant serviert hochwertige Küche.

■ **Sporthotel Winkler**③, St. Lorenzen, Stefansdorf 28a, Tel. 0474 403133, www.winklerhotels.com, komfortable Zimmer unterschiedlicher Kategorien, Hallenbad, Sauna, hervorragende Küche.

■ **Saalerwirt**③, St. Lorenzen, Saalen 4, Tel. 0474 403147, www.saalerwirt.com. Jahrhunderte alter Gasthof unter Krüppelwalmdach in der Fraktion Maria Saalen mit Barockstube mit kunstvollem Schnitzwerk, gemalten Fensterumrahmungen und Originaltäfelungen aus Zirbenholz von 1730 in den

Bauernstuben, Zimmer verschiedener Kategorien im Haupthaus und Nebenhäusern, das Restaurant bietet modern dargebotene Südtiroler Landküche, Di Ruhetag.

Camping

■ **Ansitz Camping Wildberg,** Dorfstr. 9, Tel. 0474 474080, www.campingwildberg.com, am Waldrand am Ansitz Wildberg aus dem 13. Jahrhundert in unmittelbarer Ortsnähe gelegener Platz mit moderner Ausstattung, beheiztes Schwimmbad, dazu elf komfortable Appartements im Ansitz.

Bruneck (Brunico)

■ **Info:** Postleitzahl Bruneck: **39031.** Bruneck Kronplatz Tourismus, Rathausplatz 7, Tel. 0474 55 5722, www.bruneck.com.

Bruneck liegt zwischen den Zillertaler Alpen im Norden und den Dolomiten im Süden inmitten des Brunecker Beckens, der großen Weitung im zentralen Pustertal am Zugang zum Tauferer Tal. Bischof *Bruno von Brixen,* nach dem die Stadt benannt ist, begründete hier 1250 eine Burg, zu deren Füßen im Mittelalter die heutige Stadt entstand – damit wurde das Machtzentrum des Pustertals von St. Lorenzen nach Bruneck verlagert.

Die Entwicklung der Stadt verlief planmäßig, den geografischen Gegebenheiten angepasst. Noch vor Mitte des 14. Jh. waren Stadtmauern und Stadtgräben fertiggestellt. Als Krönung der Entwicklung erteilte Kaiser *Karl III.* 1370 die Banngerichtsbarkeit. In der Folge entwickelte sich Bruneck zu einem Handelsplatz auf dem Warenweg von Oberitalien nach Süddeutschland. Die Stadt prosperierte und erlebte am Ende des Mittelalters eine rege Bautätigkeit. Die historische Bebauung ist weitgehend erhalten, weil sie von den Kriegszerstörungen des 20. Jh. verschont blieb. Einen Rundgang zu den vielen Sehenswürdigkeiten Brunecks sollte man auf der Burg beginnen, denn sie bildet den Ursprung der Stadt.

Schloss Bruneck

Auf einem kurzen Fußweg vom Zentrum gelangt man zur **Bischofsburg,** die bis ins 16. Jh. schlossartig ausgebaut wurde. Schloss Bruneck, inmitten eines

156st ot

[>] Gasse in der Brunecker Altstadt

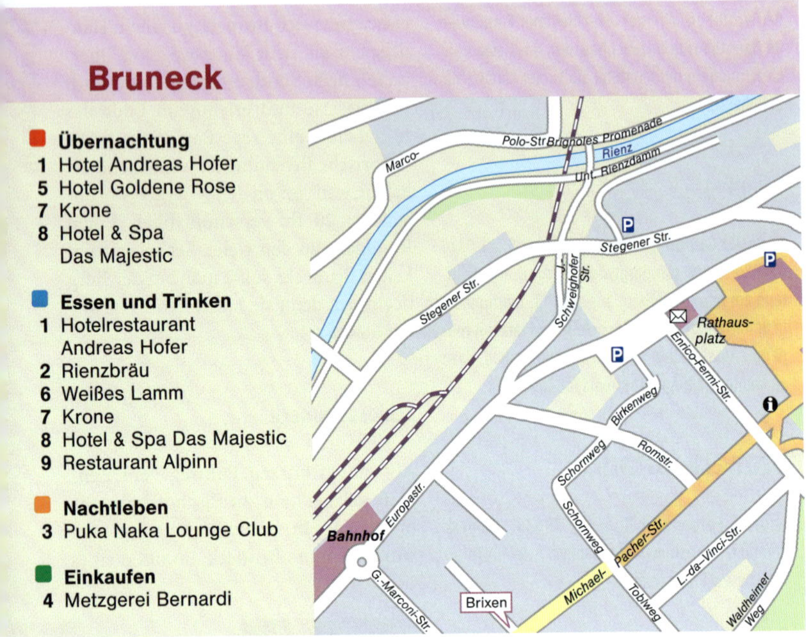

Parkgeländes gelegen und in den Besitz der Stadt übergegangen, ist heute anlässlich von Veranstaltungen der Öffentlichkeit zugänglich.

Man betritt die Anlage durch das Südportal, das vormals mit einer Zugbrücke gesichert war. Großartig zeigt sich der Burghof mit dem Wappen der Brixner Bischöfe. Über eine Wendeltreppe in einem Halbrundturm gelangt man in die oberen Geschosse mit ihren im Stil der Renaissance und des Barock gestalteten Sälen. Links liegt die Wohnung des Verwalters und ursprünglich auch des Personals, rechts sind die Fürstenzimmer, darunter die für Kaiser *Maximilian* ausgestatteten Räume.

Teile der Burg sind im Rahmen des **Messner Mountain Museum Ripa** dem Thema Bergvölker gewidmet, deren Kultur, Religion und Alltagsleben anhand von nachgebauten Wohnstätten und Filmvorführungen veranschaulicht werden.

Messner Mountain Museum Ripa, Schloss Bruneck, Schlossweg 2, Tel. 0474 410220, www.messner-mountain-museum.it, 2. So im Mai bis 1. Nov. 10–18 Uhr, 26. Dez. bis Ende April 12–18 Uhr, Di Ruhetag, Eintritt 11 Euro, Studenten, Senioren 9 Euro, Kinder 6–14 Jahre 4 Euro, darunter frei, Familienkarte 24 Euro.

Im Zentrum der Altstadt

Malerisch ist die Altstadt mit ihrem Bestand an bestens erhaltenen **spätgoti-**

schen Bürgerhäusern. Ihren Kern bildet die in einem Bogen verlaufende **Stadtgasse,** die das **Ursulinentor** mit dem **Oberragentor** verbindet. Unterschiedlich geformte Giebel und vielfach gestaltete Erker der aus dem 15. und 16. Jh. stammenden Häuser, im Sommer wunderbar mit Geranien geschmückt, verleihen dieser Straße ihr unverfälschtes historisches Gepräge. In Haus Nr. 29 wurde 1435 der berühmte Bildhauer und Maler **Michael Pacher** geboren.

Unmittelbar vor dem Ursulinentor befindet sich das alte **Ursulinenkloster** mit der spätgotischen Klosterkirche, deren Fresken von *Hans von Bruneck* stammen. Weitere Stadttore sind das **Rienztor,** vormals *tor bey dem spitul* genannt, und das **Florianitor,** früher *Lucke* genannt, das eine Malerei des Südtiroler Künstlers *Rudolf Stolz* (1874–1960) trägt, die den heiligen *Florian,* das Brunecker Wappen und den Gründerbischof *Bruno* zeigt.

Parallel zu Stadtgasse verläuft am Rand des Burgberges die **Raingasse,** an der die der heiligen *Katharina* geweihte, ursprünglich spätgotische **Rainkirche** steht. Sie wurde 1675 barockisiert und erhielt ihre doppelstöckige Zwiebelhaube auf dem Turm nach einem Brand im Jahre 1723. Deckenfresken und Hochaltar stammen noch aus der Zeit der Umgestaltung.

Über das Oberragentor hinaus setzt sich die historische Bebauung am Oberragen fort. Vorbei am **Ansitz Steinbach** gelangt man zur neoromanischen Brunecker **Pfarrkirche** aus dem Jahr 1855. Neben der Kirche steht das **Ragenhaus,** ein Ansitz, der wohl noch aus dem 13. Jh., also der Entstehungszeit von Bruneck, stammt. Sein heutiges Aussehen erhielt das Haus in der Renaissance.

Kapuzinerplatz und nördliche Flusseite

Auf der der Altstadt gegenüberliegenden Seite der Rienz findet man am belebten Kapuzinerplatz die spätbarocke Kirche des Spitals zum Heiligen Geist. Die **Heiliggeistkirche** entstand 1760 mit imponierender Fassade und üppiger Altar- und Stuckausstattung.

Südlich des Platzes an der Bruder-Willram-Straße steht das **Stadtmuseum,** untergebracht in der früheren Poststelle, mit einer umfassenden Gemälde- und Grafiksammlung **alter und neuer Meister.** Ein Schwerpunkt besteht aus Bildern von Michael Pacher, darüber hinaus findet man Kunstwerke von *Paul Klee, Oskar Kokoschka* und dem Südtiroler *Paul Flora.*

An der vom Kapuzinerplatz abzweigenden Dantestraße steht die 1626 fertiggestellte **Kapuzinerkirche,** die gemäß der Ordensauffassung sehr schlicht gehalten ist. Folgt man der Dantestraße weiter, findet man an der Straßengabelung nach Dietenheim einen der schönsten und ältesten Bildstöcke Tirols.

■ **Stadtmuseum,** Bruder-Willram-Str. 1, Tel. 0474 553292, www.stadtmuseum-bruneck.it, Di–Fr 15–18 Uhr, Sa und So 10–12 Uhr, Juli/Aug. Di–So 10–12 und 15–18 Uhr, Eintritt 3 Euro, ermäßigt 2 Euro.

Dietenheim

Nördlich von Bruneck am Zugang zum Tauferer Tal liegt Dietenheim, ein kleiner Ort mit einigen Ansitzen, der wegen seines interessanten **Volkskundemuseums** weithin bekannt ist. In einem der Ansitze, dem Mair am Hof aus dem späten 17. Jh., ist dieses Museum untergebracht. Die gesamte historische Einrichtung einschließlich holzvertäfelter Tiroler Stube ist zu besichtigen. Dazu gibt es drei Hektar Freigelände, wo ty-

155st ot

pische Bauernhäuser, Scheunen, Werkstätten, Backhäuser und Mühlen aufgestellt wurden.

■ **Südtiroler Bauernhausmuseum,** Bruneck-Dietenheim, Herzog-Diet-Str. 24, Tel. 0474 552087, www.volkskundemuseum.it, geöffnet Ostermontag bis Okt. Di–Sa 10–17 Uhr, So und feiertags 14–18 Uhr, im Aug. kein Ruhetag, Eintritt 9 Euro, Studenten und Jugendliche ab 16 Jahren 6,70 Euro, Familienkarte 18 Euro.

Reischach

Die Brunecker Fraktion Reischach erstreckt sich als Streusiedlung unterhalb des **Kronplatzes,** des 2273 m hohen Hausberges der Stadt mit einem der größten **Skigebiete** Südtirols, das auch zur Sommerfrische einlädt. Entsprechend groß ist das Angebot gastronomischer Betriebe aller Kategorien.

Am östlichen Ortsrand steht der **Ansitz Angerburg** aus dem 12. Jh., der im 16. Jh. seine heutige Gestalt als turmartiger Bau mit Walmdach und Quertrakt an der Ostseite erhielt. Auf einem Bergsporn über der Rienzschlucht erhebt sich die **Lamprechtsburg.** Die um 1225 erbaute, von einer Ringmauer umgebene Anlage hat einen ovalen Grundriss, einen einfachen Palas und einen mit Zinnen bekrönten Bergfried als ältestem Teil. Außerdem gehören Wirtschaftsgebäude und eine Kapelle aus dem 17. Jh. zur Burg. Heute hat eine Gaststätte ihren Platz im Palas, die mit einer gut erhaltenen alten Vertäfelung ausgestattet ist.

☐ Der Burgaufgang in der Altstadt

Michael Pacher und die Pustertaler Malschule

In der Blütezeit Brunecks stand auch die Kunst in Südtirol in hoher Blüte. Weit über die Grenzen des Pustertals hinaus hatte die Pustertaler Malschule, zu deren Gründern *Hans von Bruneck* gehörte, an Bedeutung gewonnen. In dieser Schule erlernten die großen Meister Michael Pacher und der nur möglicherweise mit ihm verwandte *Friedrich Pacher* ihr Handwerk als Maler und Bildschnitzer.

Der 1435 in Bruneck geborene Michael Pacher gehört zu den wichtigsten Meistern der österreichischen Spätgotik, seine Werkstatt war im gesamten Alpenraum bekannt – daher wird Bruneck auch als Michael-Pacher-Stadt bezeichnet. Ihm gebührt das Verdienst, mit seinen perspektivischen Raumkonstruktionen vor allem bei den Schnitzaltären bereits Elemente der italienischen Frührenaissance in das Kunstschaffen des deutschen Sprachraums übernommen zu haben. In seinen letzten Lebensjahren arbeitete Michael Pacher in Salzburg, wo er 1498 verstarb.

Kronplatz

■ **Tourismusinfo Kronplatz:** siehe Bruneck.

Der Kronplatz ist der **Hausberg von Bruneck,** international seit den 1980er Jahren bekannt geworden als **vielseitiges Skigebiet,** auf dem sogar im Rahmen des Alpinen Skiweltcups ein Riesenslalom der Damen ausgetragen wird.

Längst ist hier in der Region Kronplatz die einseitige Ausrichtung auf den Winterbetrieb überwunden. Hier kommen Naturliebhaber und Sportler voll auf ihre Kosten. Wald- und Wiesenwege, Gipfeltouren, Klettersteige, Mountainbikeabfahrten und Freeridestrecken eröffnen dem **Sommergast** die faszinierende Bergwelt. Dazu bieten Hochseilgärten, Abenteuerparks, Golfplätze und Reitplätze vielfältige Abwechslung, gekrönt von Paragleitflügen mit herrlichen Blicken über die Region.

Weitere Attraktionen bieten die im Jahr 2003 auf dem Gipfel eines Aussichtsturms auf dem Plateau des Kronplatzes aufgestellte **Friedensglocke** des Künstlers *Paul de Doss-Moroder* aus St. Ulrich, die auch auf dem Plateau 1984 geweihte **St.-Sebastian-Bergkapelle,** das **Messner Mountain Museum „Corones"** sowie nicht zuletzt das 1918 eröffnete **Museum of Mountain Photography „Lumen".**

Nach wie vor bietet der Winter mit seinen schneesicheren Pisten Schneespaß auf Höhen bis weit über 2000 Meter. Über 100 Kilometer präparierte Abfahrten, über 30 Aufstiegsanlagen von den drei Ausgangspunkten Reischach, Olang und St. Vigil und Hunderte von Beschneiungsanlagen bilden hier die Grundlage für **vielseitigsten Wintersport.** Die Abfahrten von fünf bis sieben Kilometern Länge weisen Höhendifferenzen von weit über 1000 Metern auf und sind durch die Beschneiungsanlagen bis ins Frühjahr nutzbar.

■ **Messner Mountain Museum Corones,** auf dem Kronplatzgipfelplateau, Tel. 474 501350, www.messner-mountain-museum.it/corones/museum, bietet Informationen zum traditionellen Alpinismus, geöffnet von Anfang Juni bis zum 2. So im Okt. sowie von Ende Nov. bis April durchgehend 10–16 Uhr entsprechend den Öffnungszeiten der Seilbahnen, Eintritt 10 Euro, Studenten/Senioren 8,50 Euro, Kinder 4–6 Jahre 4 Euro, Familienkarte 22 Euro.

■ **Lumen – Museum of Mountain Photography,** auf dem Kronplatzgipfelplateau, Tel. 0474 43 1090, www.lumenmuseum.it, bietet Einblicke in die Bergfotografie, mit Restaurant und Veranstaltungsräumen, geöffnet zur Kronplatzsaison (wie MMM Corones) durchgehend 10–16 Uhr, Eintritt 17 Euro, Senioren, Studenten, Schüler und Junioren 17–25 Jahre 12 Euro, Kinder 8–16 Jahre 10 Euro, darunter frei, Behinderte frei – im Gebäude auch das 3-Sterne-Restaurant 9 **Alpinn**⑤.

■ **Paragliding Kronplatz,** Reischach, Seilbahnstraße 10, www.adrenaline-hunter.com, Tandemflüge vom Gipfel auf 900 Meter ab 100 Euro.

Unterkunft, Essen und Trinken

1 1 **Hotel Andreas Hofer**③, Taufererstraße 1, Tel. 0474 551469, www.andreashofer.it, nördlich etwas außerhalb gelegen, Zimmer verschiedener Kategorien, Garten mit Pool, Restaurant mit kreativer Küche und vielen Kräutern.

5 **Hotel Goldene Rose**②, Graben 36, Tel. 0474 413000, www.hotelgoldenerose.com, zentral gelegenes altes Stadthotel, inzwischen grundlegend renoviert und modernisiert.

7 7 **Krone**②, Oberragen 8, Tel. 0474 411108, www.hotelkrone.it, Altstadthaus unterhalb der Burg, Zimmer zweier Kategorien, Hallenbad, Sauna, Restaurant, angeschlossene Pizzeria Arc, separater Speisesaal für Hotelgäste.

6 **Weißes Lamm**②, Stuckstraße 5, Tel. 0474 41 1350, www.weisseslamm.it, 1540 vor den Toren der ummauerten Stadt begründet, ist das Traditionsgasthaus inzwischen in die Stadt integriert. Früher konnten angeblich zahlungsunfähige durchreisende Maler ihre Zeche mit Bildern bezahlen, daher noch das „Künstlerstüble" im Haus, darunter so be-

kannte Namen wie *Egger Lienz* und *Franz Defregger*. Rustikale Küche, bekannt für ihre Kartoffelgerichte („Pustertaler Trüffel"), So Ruhetag.

2 **Rienzbräu**①, Stegenerstr. 8, Tel. 0474 5313 07, www.rienzbraeu.bz.it, zentral, hauseigene Biere, durch das verglaste Loch im Boden des Gastraumes kann man in die offenen Gärbottiche sehen, rustikale, aber einfallsreiche Küche, Di Ruhetag.

8 8 **Hotel & Spa Das Majestic**④, Bruneck-Reischach, Im Gelände 20, Tel. 0474 410993, www.hotel-majestic.it, exklusives Haus der Spitzenklasse, Zimmer und Suiten in Wohnungsgröße, alle erdenklichen Hoteleinrichtungen bis hin zur Spitzenküche.

9 **Alpinn**⑤ (→ Lumen – Museum of Mountain Photography).

Nachtleben

3 **Puka Naka Lounge Club,** Florianigasse 1, www.pukanaka.wordpress.com, Club und Bar, Mi 19–1, Fr und Sa 20.30–3.30 Uhr, Einlass ab 18 Jahren.

Aktivitäten

■ **Golfclub Pustertal:** Bruneck-Reischach, Im Gelände 15, Sportzone Reischach, Tel. 0474 412192, www.golfpustertal.com, 9-Loch-Platz mit Driving Range, Chipping-Green, Practice Bunker sowie zwei Putting-Greens und Golfschule.

■ **Cron4:** Hallenbad, Freibad, Sauna und Eisstadion, Bruneck-Reischach, Im Gelände 26, Sportzone Reischach, Tel. 0474 410473, www.cron4.it, Hallenbad ganzjährig täglich geöffnet 10–22 Uhr, So ab 8 Uhr, Rutsche 10–22 Uhr, Mi und Fr 8–10 Uhr Gruppenschwimmen, Sauna täglich 12–22 Uhr, So ab 8 Uhr, Eintritt Tageskarte 12 Euro, reduziert 9 Euro, Kinder 4–14 Jahre 6 Euro, Familienkarte 27 Euro, Nachlass für kürzere Verweilzeiten, Sauna 31/26,50/22/85 Euro.

■ **Rafting, Canyoning:** KreativRaft Canyoning-Center (früher Yeti Adventures in Sand in Taufers), Neurauthstraße 3, Tel. 0203 665622, www.kreativraft.com, bietet Outdoor-Abenteuer in Südtirol, insbesondere Rafting-Touren von Juni bis September auf dem Eisack, der Rienz und der Ahr – vorab Tel.-Info jeweils wegen wechselnder Wasserstände einholen!

■ **Skigebiet Kronplatz:** Über 100 km Pisten, davon die Hälfte leicht, je ein Viertel mittelschwer und schwer, 20 Kabinenbahnen, 6 Sessellifte, 5 Schlepplifte, 22 klassische Loipen über 250 km, 22 Skatingloipen über 250 km, jeweils bis ins Ahrntal, 1 Höhenloipe über 7 km.

Feste und Veranstaltungen

■ **Stegener Markt:** größter Jahrmarkt Südtirols, im Brunecker Vorort Stegen, letztes Oktoberwochenende, Info: www.stegamorscht.net.

■ **Weihnachtsmarkt:** Christkindlmarkt Bruneck, 1. Adventswochenende bis 6. Jan., Handwerker präsentieren zwischen den Stadttoren Südtiroler Weihnachtskunsthandwerk, Christbaumschmuck, Holzspielzeug, Lederwaren, Glaswaren, Keramikwaren, kulinarische Spezialitäten, Glühwein und Gebäck.

Einkaufen

4 **Metzgerei Bernardi,** Stadtgasse 36, Tel. 0474 555472, www.bernardi-karl.it, weithin bekannt für seine Schinkenspezialitäten, Feinkostgeschäft, geöffnet Mo bis Fr 8.30–12 und 15–19 Uhr, Sa 8.15–12.15 Uhr, 1. Sa im Monat auch 15–18 Uhr, dazu Restaurant in der Stadtgasse 6, mit kleinem Museum der Firmengeschichte und Einblick in die Reifekammer des Specks.

Verkehr

■ **Pustertalbahn:** Bahnhof Bruneck, Tel. 0474 55 5206.

TAUFERER AHRNTAL (VALLI DI TURES E AURINA)

DIE AHR UND IHRE TÄLER

162st ot

Vom Brunecker Becken erstreckt sich eines der größten Seitentäler Südtirols weit nach Norden in die Zillertaler Alpen hinein. „Tauferer Ahrntal“ ist die zusammenfassende Bezeichnung für die von der Ahr und ihren Zuflüssen gebildeten Täler. Der untere Teil von der Mündung der Ahr in die Rienz bei Bruneck bis unterhalb von Sand in Taufers nennt sich Tauferer Tal. An dieser Stelle zweigt westwärts das Mühlwalder Tal ab, nördlich verläuft das Ahrntal bis zur Quelle der Ahr und ostwärts zieht sich das Reintal in die Rieserfernergruppe.

Klimatisch wird das Gebiet von Norden durch den Alpenhauptkamm der Zillertaler Alpen abgeschirmt. Die Ahr und ihre Hauptzuflüsse Mühlwalder Bach und Reinbach entwässern das Talsystem. Insgesamt 50 km lang ist die Ahr, die auch gern als Ahrn bezeichnet wird. Sie entwässert ein Gebiet von 630 km².

NICHT VERPASSEN!

- **Burg Taufers** über Sand in Taufers, eine der imposantesten Burgen Südtirols | 366
- Das **Gebiet um Klausberg** hat sich zum ganzjährigen Ferienziel entwickelt und wendet sich mit seinem Angebot vor allem an Kinder | 376
- Das **Südtiroler Bergbaumuseum** informiert über die Geschichte des Bergwerks und präsentiert das Schaubergwerk in Prettau | 377

Diese Tipps erkennt man an der gelben Markierung.

Tauferer Tal (Val di Tures)

Info: Postleitzahl Tauferer Tal: **39032.** Tourismusverein Sand in Taufers, Josef-Jungmann-Str. 8, Tel. 0474 678076, www.ahrntal.com.

Das sich von Bruneck nordwärts erstreckende, zwölf Kilometer lange Tauferer Tal stellt sich als weite, von steil ansteigenden Bergen umsäumte Ebene dar. Am Nordende des Tauferer Bodens liegt Sand in Taufers auf 865 m Höhe zu Füßen der imposanten Burg Taufers. Von hier bis zur Mündung hat die Ahr eine Höhendifferenz von nur 50 m zu überwinden.

St. Georgen (San Giorgio)

Der eigentliche Taleinschnitt im Brunecker Becken vollzieht sich bei St. Georgen. Dieser in einer Ahrschleife gelegene Ort zählt zu den ältesten im Pustertal. Auf zwei oberhalb befindlichen Sandhügeln, der Großen und der Kleinen Pipe, wurden Spuren vorgeschichtlicher Wallburgen gefunden. Heute kennzeichnen zwei mächtige Ansitze und die im Ursprung gotische Pfarrkirche mit einer Kreuzigungsgruppe, die wahrscheinlich von *Hans von Bruneck* stammt, den Ort.

☒ Eingangstür von einem Erbhof in Prettau aus dem 17. Jahrhundert

Gais (Gais)

Im Zentrum des Tauferer Bodens liegt Gais, überragt von **Burg Neuhaus.** Die Burg wurde im 12./13. Jh. durch die Herren *von Taufers* errichtet. Hier verbrachte *Oswald von Wolkenstein* einige Jahre seines ruhelosen Lebens als Verwalter der Burg. Am Ende des Zweiten Weltkrieges fand der amerikanische Dichter *Ezra Pound* hier Unterkunft. Den Kern der Burg bildet der Bergfried, an den talseitig der dreigeschossige Palas angebaut ist. Im Vorburgbereich stehen die Kapelle und das auf den Grundmauern eines ehemaligen „Bauernbadls" errichtete Restaurant. Die Burgkapelle war im 17. Jh. ein bedeutender Wallfahrtsort. Unmittelbar unterhalb der Burg wurde 1752 das barocke Pfleghaus errichtet.

Die dem heiligen *Johannes* geweihte **Pfarrkirche** von Gais stammt aus dem 12. Jh. und gehört zu den ältesten Landeskirchen Tirols. Trotz aller Veränderungen im Laufe der Jahrhunderte blieb sie im Inneren in ihrer ursprünglichen romanischen Bauweise erhalten. Die unter Putz wiederentdeckten romanischen Fresken sind restauriert worden. Beachtenswert ist auch die spätgotische **Friedhofskapelle,** die um 1500 erhöht und eingewölbt wurde. Zwei Arkadenfelder sind mit beeindruckenden Fresken ausgemalt, höchstwahrscheinlich von Schülern *Michael Pachers.*

Unterkunft, Essen und Trinken

Schloss Neuhaus③, Gais, Tel. 0474 504222, www.schloss-neuhaus.com, Restaurant und Hotel, vielseitiger Kultur- und Veranstaltungsort, Ausrichtung von Hochzeitsfeiern.

■ **Wellnesshotel Windschar**③, Gais, U. v. Taufers-Str. 3, Tel. 0474 504123, www.windschar.com, Hotelkomplex aus mehreren Gebäudeanlagen, durch Tunnel miteinander verbunden, Zimmer mit Balkon, Suiten im Landhaus, Pool und Hallenbad, Beauty Farm, diverse Restaurants und Gaststuben, Südtiroler Küche italienisch angehaucht.

■ **Active B & B Sonne**①, Gais, Schloss Neuhausstr. 1, Tel. 0474 504136, www.active-hotel-sonne.com, Traditionsgasthaus im Ort, modern ausgestattete Zimmer, Restaurant bietet gekonnte Tiroler Küche und schmackhafte Kleinigkeiten, dazu Café-Bar.

■ **Hotel Burgfrieden**③, Schloss Neuhausstr. 7, Tel. 0474 504117, www.hotel-burgfrieden.com, in vierter Generation familiengeführte Hotel-Pension mit eigenem Feuerwehrmuseum – die Inhaber sind auf Feuerwehrhelme spezialisiert und führen alle zwei Jahre ein Sammlertreffen durch, Eintritt Museum 5 Euro, reduziert 2,50 Euro, für Hotelgäste frei.

Uttenheim (Villa Ottone)

Die **Pfarrkirche** von Uttenheim, nördlich von Gais am Talrand gelegen, ist romanischen Ursprungs, wurde aber später gotisiert. Sie birgt einen wertvollen Altar, der vom *Meister von Uttenheim* (1430–80) stammt, einem der Lehrmeister Michael Pachers. Oberhalb steht die **Burgruine Schlössl** auf einem Felsgrat.

⊡ Burg Taufers

Im Ort findet sich der alte **Ansitz Stock** mit dem Wappen der Herren *von Wenzel* und der nachmaligen Freiherren *von Sternbach zu Stock und Luttach.* Sie haben den Besitz um 1624 in die jetzige Form gebracht, ihre Nachfahren sind die heutigen Eigentümer.

Sand in Taufers (Campo Tures)

Sand in Taufers liegt am Ende des Tauferer Talbodens, überragt von Burg Taufers, einer der imposantesten und gleichzeitig schönsten Burgen Südtirols.

Burg Taufers

Die Burg wurde im 13. Jh. von den Herren *von Taufers*, einem der mächtigsten Adelsgeschlechter seiner Zeit, errichtet. Im 15. und 16. Jh. hat man sie zur Wohnburg erweitert. Heute ist die Burg im Besitz des Südtiroler Burgeninstituts und als **Museum** hergerichtet. Über 60 Räume befinden sich in der Burg, wobei vor allem die Fürstenzimmer, der Gerichtssaal, die Rüstkammer und das Verlies sehenswert sind. Einzigartig sind die **spätgotischen Fresken** aus der Schule *Friedrich Pachers* in der Kapelle, die darüber hinaus eine sehenswerte Sammlung von Einrichtungs- und Kunstgegenständen vom 12. bis 17. Jh. enthält.

Zu besichtigen sind die Toranlage mit den ehemaligen Zugbrücken, der Burggarten und der Innenhof sowie der Bergfried, wo ein Dokumentarfilm zur Burg gezeigt wird, die Wehrgänge und das Dachgeschoss des ehemaligen Palas. Informationstafeln erklären die einzelnen Bauteile. Die Innenräume sind nur im Rahmen einer Führung zugänglich. Im Sommer finden mittelalterliche **Ritterspiele** auf der Burg statt, im Winter die sogenannten Koboldfeste für Kinder.

Burg Taufers, Ahornach 1, Tel. 0474 678053, www.burgeninstitut.com, Besichtigung ohne Führung (nur im Sommer) bietet die Toranlage mit den ehemaligen Zugbrücken, den Burggarten, den Innenhof, den Bergfried mit Filmvorführungsraum für einen Dokumentarfilm zur Burg, die Wehrgänge und das Dachgeschoss des ehemaligen Palas. Führungen bieten vor allem Kindern Einblick in die Waffenkammer, die Bibliothek, den Gerichtssaal, die Folterkammer, das Gefängnis und nicht zuletzt die Burgkapelle, dazu themenbezogene Ausstellungen. Geöffnet täglich (Dauerausstellung außer Mo) 10–17 Uhr, Führungen durch die Innenräume in der Hauptsaison Juli/Aug. täglich (auch Mo) 10, 11.10, 12.15, 13.15, 14, 15.15, 16.30 Uhr, Di, Do zusätzlich um 21 Uhr (Nachtführung), in der Nebensaison nur fünf Führungen, in der Wintersaison um 15 und 16 Uhr (außer Mo), Eintritt Außenbereich 7 Euro, Kinder von 6 bis 16 Jahren und Senioren 4 Euro, Führung 10/75 Euro, Führung Familienkarte 28 Euro.

Ansitz Neumelans

Unterhalb von Burg Taufers steht der Ansitz Neumelans – zusammen geben sie ein oft fotografiertes **Panoramabild** ab. Der mächtige, mit ungewöhnlich hohem Dach versehene Ansitz wurde vom Gerichtsherrn von Taufers, *Hans Fieger,*

157st ot

1583 nach nur einjähriger Bauzeit fertiggestellt. Charakteristisch sind seine vier oben runden, unten viereckigen Ecktürme und die regelmäßigen Fensterreihen. Der Bau ist heute in Privatbesitz.

Pfarrmuseum

Das lohnende Pfarrmuseum in Sand in Taufers zeigt sakrale Kunst aus dem Tal, Grabungsfunde und Leihgaben.

■ **Pfarrmuseum,** Pfarre 14, Tel. 0474 678543, Führungen 1. und 3. Fr eines Monats 17–18 Uhr, Eintritt freiwillige Spende.

Tauferer Naturlehrpfad

Ein Lehrpfad bietet Einblick in die **Flora und Fauna** sowie die **Geschichte** der Gegend um Sand in Taufers. Startpunkt ist am Rathaus (200 Höhenmeter, Gehzeit 1½ Std., Markierung orangefarbenes Eichhörnchen).

Unterkunft, Essen und Trinken

■ **Hotel Hellweger**③, Hugo von Taufers Straße 22, Tel. 0474 678031, www.hotelhellweger.it, präsentiert Künstler aus dem Ahrntal, gemütliche Zimmer verschiedener Größe mit Balkon, Bar, Restaurant.

■ **Appartements Pfarrwirt**②, Pfarre 13, Tel. 0474 678057, www.pfarrwirt.it, 2018 modernisiert und zum Appartementhaus umgebaut, mit **Bauerngasthof**①. Hinter dem Gasthaus erhebt sich die Purstein-Wand mit eingerichteten Klettersteigen.

■ **Zum Turm**③**,** Bayergasse 12, Tel. 0474 678143, www.zumturm.org, regionale Küche modern serviert, geöffnet Di–Fr 12–15 und 18–23 Uhr, Sa und So nur abends, Mo Ruhetag.

Nachtleben

■ **Disco Pik Klub,** Von Ottenthalweg 2, Tel. 0349 1356299, mit Rock Bar, Mi, Fr und Sa geöffnet.

Aktivitäten

■ **Cascade:** Sport Center, Industriestraße 2, Tel. 0474 679045, www.cascade-suedtirol.com, mit Schwimmbad, Sauna und Badeteich, Bad und Sauna täglich geöffnet, Mo bis Fr 13–21 Uhr, Sa und So 10–21 Uhr, Eintritt Bad 1,5 Std. 5,90 Euro, Kinder 3,90 Euro, 3 Std. 8,90/4,90 Euro, Familienkarte 3 Std. 22 Euro, Eintritt Sauna 3 Std. 21/12 Euro, Tageskarte 27/16 Euro. Naturbadesee mit Beachvolleyballfeld, Bar und Terrasse, Tel. 0474 678257, in der Saison 10–19 Uhr geöffnet.

Feste und Veranstaltungen

■ **Tauferer Straßenküche:** sommerliche Abendveranstaltung jeweils Di abends Juli/Aug., in den Straßen werden leckere Köstlichkeiten angeboten, dazu Musik und Unterhaltung, Info: www.vivosuedtirol.com/events/tauferer-strassenkueche.

Blick auf Mühlwald

Mühlwalder Tal (Val dei Molini)

■ **Info:** Postleitzahl Mühlwalder Tal: **39030.** Tourismusverein Mühlwald/Lappach, Dorf 18/a, Tel. 0474 653220, www.ahrntal.com.

Fast am Ende des Tauferer Talbodens zweigt bei Mühlen das Mühlwalder Tal westwärts in die Zillertaler Alpen ab. Die Bauernhöfe liegen verstreut, größere Siedlungen bilden **Mühlwald** (1200 m) mit seiner Pfarrkirche an exponiertem Standort und **Lappach** (1436 m).

Über dem Talschluss wurde der **Nevessee** aufgestaut und gibt den Blick auf den 3510 m hohen Hochfeiler frei. Der Stausee auf 1860 m Höhe ist Ausgangspunkt für vielseitige Wander- und Klettertouren ins Hochgebirge. Er ist von Lappach aus über eine mautpflichtige, kurvenreiche, schmale Straße mit Steigungen bis zu 22 % zu erreichen. Die Bogenstaumauer wurde zwischen 1960 und 1964 errichtet, ihre Kronenhöhe beträgt 94 m (von Mai bis Oktober 7–20 Uhr zu begehen). Um den See führt ein Wanderweg.

In der Gegend gibt es eine Vielzahl von Bergseen, so den **Eisbruggsee** auf 2351 m Höhe, zu erreichen über das Eisbruggjoch mit der Edelrauthütte. Zum romantischen **Wengsee** (1881 m) gelangt man von Mühlwald über den Knapphof, den **Passensee** am 2410 m hohen Passenjoch erreicht man über die Passenalm.

158st ot

Praktische Tipps

Unterkunft, Essen und Trinken

- **Hotel Mühlwald**③, 39030 Mühlwald, Mühlwald 13, Tel. 0474 653129, www.hotel-muehlwald.it, familiär geführt, helle Zimmer teils mit Balkon und Sitzecke, vielseitige Wellness-Angebote.
- **Mühlener Hof**②, 39032 Mühlen/Sand in Taufers, Wierenweg 16, Tel. 0474 677000, www.muehlenerhof.com, Dorfgasthaus am Taleingang, Zimmer verschiedener Kategorien teilweise mit Balkon, gemütliches Restaurant, Pizzeria.
- **Edelrauthütte,** auf 2545 m Höhe, Tel. 0474 65 3230, www.edelrauthuette.it, 1906 errichtet, früher Schmugglertreff, 2016 in moderner Architektur erneuert, nach anfänglicher Kritik an der Abkehr von der althergebrachten Tiroler Alpenhüttenarchitektur längst von den Bergwanderern angenommen bietet sie typische Hüttenkost mit Knödeln, Kaiserschmarrn, Gerstsuppe, Weißzint- und Edelraut-Nudelpfanne, alles hausgemacht wie der täglich frische Apfelstrudel. Unterkunft in 4-Bett-Zimmern, Winter-Biwak mit acht Schlafstellen, geöffnet Anf. Juni bis Anf. Oktober.

Einkaufen

- **Mittermairhof Mühlwald:** Fam. *Laner,* Hauptort 56, Tel. 0338 8737161, laner.nikolaus@rolmail.net, Hofkäserei spezialisiert auf Graukäse, Herstellung aus Rohmilch durch Sauermilchgerinnung ohne Zugabe von Lab, durch die fortschreitende Reifung bilden sich natürliche Grau- und Blauschimmelansätze, die die bittere Grund-note im Geschmack ausmachen, der sich mit fortschreitender Reife immer stärker ausprägt – der Geruch des Käses ist durchdringend, der Käse aber sehr schmackhaft, Verkauf nach Absprache.

Naturpark Rieserferner-Ahrn (Parco naturale Vedrette di Ries-Aurina)

Der 1988 gegründete, 31.500 ha große Naturpark Rieserferner-Ahrn liegt zwischen dem Ahrntal, dem Tauferer Tal und dem Antholzer Tal. Im Osten reicht er bis an die österreichische Grenze heran, wobei sich dort der Nationalpark Hohe Tauern anschließt. Innerhalb des Naturparks liegen das Reintal und in der Verlängerung das Knuttental. Er besteht aus der Rieserfernergruppe, der Durreck-Gruppe sowie Teilen der Venedigergruppe und der Zillertaler Alpen. Im Nordosten erhebt sich die 3499 m hohe Dreiherrenspitze, mehrere Dreitausender schließen sich südlich in einem Bogen bis zur 3436 m hohen Hochgall an.

Der Naturpark Rieserferner-Ahrn ist nicht nur wegen seiner Flora und Fauna schützenswert, sondern auch von besonderem geologischen Interesse. Hier zeigt sich das sogenannte **Tauernfenster,** ein Phänomen aus der Zeit der Alpenbildung. Im Zuge der Kontinentalverschiebung schob sich die afrikanische Platte über die europäische. Erosion trug im Laufe von Jahrmillionen Teile der afrikanischen Platte wieder ab, sodass die tiefen Gesteinsschichten der europäischen Platte an die Oberfläche kamen.

Das **Naturparkhaus Rieserferner-Ahrn** in Sand in Taufers vermittelt dem

Besucher schon am Eingang unter anderem mittels eines dreidimensionalen Reliefs einen multimedialen Eindruck von den Bergen, Wegen, Hütten, Seen und Wasserfällen des Naturparks. Man erfährt viel über Natur und Landschaft, spezielle Kinderprogramme sprechen die jüngsten Besucher an.

■ **Naturparkhaus Rieserferner-Ahrn,** Sand in Taufers, Rathausplatz 9, Tel. 0474 677546, www.naturparks.provinz.bz.it/rieserferner-ahrn/naturparkhaus.asp, geöffnet Di, Do, Fr 9.30–12 und 14.30–18 Uhr, Juli/Aug. auch So geöffnet, April, Nov. und Dez. bis Weihnachten geschlossen, Eintritt frei.

Reintal (Val di Riva)

Von Sand in Taufers nach Osten hin öffnet sich das Reintal, das man bis Rein in Taufers befahren kann, wobei die Straße teilweise starke Steigungen aufweist. Am Talschluss verzweigt es sich in das Knuttental und das Bachertal, die beide tief in den **Naturpark Rieserferner-Ahrn** mit der 3436 m hohen Hochgall als höchster Spitze an der Grenze zum österreichischen Osttirol hineinreichen.

Am Eingang zum Reintal finden sich die **Thermalquellen von Bad Winkel.** Sie sind Ausgangspunkt für einen schön angelegten Weg, der aufsteigend von Bad Winkel als *Franz von Assisi* gewidmeter **Stationsweg** bis zur Kapelle der Burgruine am Kofl führt. Dabei kommt man an den dreistufigen **Reinbachfällen** vorbei, den größten Wasserfällen Südtirols.

Die Burgruine am Kofl erhebt sich oberhalb, von den Einheimischen **Tobelburg** genannt. Sie war einst der Stammsitz der Edlen *von Taufers.*

Ahornach

Nahebei führt ein Abzweig den Hang hinauf nach Ahornach auf 1400 m Höhe. Dem Ort entstammt *Hans Kammerlander,* Südtirols zweiter berühmter Extrembergsteiger nach *Reinhold Messner,* der schon auf 13 Achttausendern stand, sieben davon bezwang er mit seinem Kollegen. Die Hänge des sich oberhalb von Ahornach erhebenden 3059 Meter hohen **Großen Moosstock** werden wegen ihrer günstigen Windbedingungen gerne von Paraglidern als Ausgangspunkt für Flüge ins Reintal hinab genutzt.

Unterkunft, Essen und Trinken

■ **Naturhotel Gasthof Moosmair**③, 39032 Sand in Taufers, Ahornach 44, Tel. 0474 678046, www.moosmair.it, traditionsreiches Haus in aussichtsreicher Panorama-Lage, erstmals 1609 urkundlich erwähnt, komplett renoviert mit Komfortzimmern, Naturzimmern, Dachterrassensuiten und Familiensuiten, 250 m² große Wellnessoase. Das angeschlossene **Kräuterrestaurant Arkana** verwendet Produkte vom eigenen Bauernhof, vielfach prämiert.

Rein in Taufers

Rein in Taufers im Talschluss ist eine alte Siedlung, die 1225 erstmals als *Riune* erwähnt wurde. Man hat hier Siedlungsspuren gefunden, die in die Mittlere Steinzeit zurückreichen. An der Rieserfernerhütte fand man Kleidungsstücke aus der Eisenzeit. Ein Schenkungsbrief von 1419 erwähnt eine dem heiligen *Wolfgang* geweihte Kirche in Rein. Ihr Turm ist erhalten, das Kirchenschiff wurde 1908–11 neugotisch erweitert. Am Tristennöckl oberhalb der Kasseler Hütte befindet sich in knapp 2300 m Höhe der höchste Zirbelbestand der Ostalpen.

Rein in Taufers ist für seinen **Almabtrieb,** den **Kiekemma,** bekannt. Wenn die Bauern ihr geschmücktes Vieh von den Almen ins Tal zurücktreiben, ist dies Anlass für ein ausgiebiges Fest. Einige Bauern besitzen sogar Almen im benachbarten österreichischen Zillertal und in Osttirol. Sie bringen ihre Tiere über die Jöcher (Krimmler Tauern, Hundskehle, Klammljoch) nach Rein.

Von Rein in Taufers führen Liftanlagen zur Hochgallhütte und zum dortigen **Skigebiet.** Der Ort selbst ist für Skilanglauf bekannt.

Unterkunft, Essen und Trinken

- **Berghotel Alpenrast**①, 39032 Rein in Taufers, Tel. 0474 672523, www.alpenrast.com, unterhalb der Ortskirche gelegen, freundliche Zimmer, großteils mit Balkon, dazu Bar, Café, Restaurant mit Tiroler Bauernstube.
- **Tiblerhof,** 39032 Rein in Taufers, Waldnerweg 72, Tel. 0474 672505, www.tiblerhof.it, inmitten der Bergwelt der Rieserfernergruppe, vier bestens ausgestattete Ferienwohnungen mit Balkon.

Aktivitäten

- **Skigebiet Rein:** 3 Aufstiegsanlagen, 2,5 km gespurte Piste, 20 km Loipen, besonders familienfreundlich.

Feste und Veranstaltungen

- **Kiekemma:** Almabtrieb in Rein in Taufers in der Zeit vom Rosenkranzsamstag (erster Samstag im Okt.) bis Allerheiligen, Info: www.ahrntal.com/de/almabtrieb-in-rein-in-taufers.html.

Almwanderung Durra Alm – Weiße Wand – Knutten-Alm

- **Gehzeit:** 5–6 Std., nicht sehr schwierig, etwas Ausdauer erforderlich, 720 Höhenmeter.

GPS Ausgangspunkt ist der Parkplatz Knuttental in Rein in Taufers (1675 m). Von hier geht es auf die Durra-Alm (2095 m) und weiter auf die Weiße Wand (2517 m), dann hinunter zur Knuttenalm, einem beliebten Ausflugsziel.

- **Jausenstation Knuttenalm,** Tel. 335 6508309, www.knuttenalm.it, herzhafte Küche mit Knuttenmaccheroni, Gulaschsuppe, Schweinshaxen, Kaiserschmarrn und Ahrntaler Graukäse.

[>] Die Ahr bei Prettau im Hinteren Ahrntal

Ahrntal (Valle Aurina)

Bei Burg Taufers beginnt das eigentliche Ahrntal, das sich wegen seiner landschaftlichen Schönheit zu einem beliebten Touristenziel entwickelt hat. Nach Norden wird es durch den Hauptkamm der Zillertaler Alpen, nach Süden vom Kamm der Durrek-Gruppe und südwestlich von Luttach durch den Speikboden begrenzt. Insgesamt befinden sich im Talbereich **über 80 Dreitausender** und 50 bewirtschaftete Almen, unter denen einige neuerdings auch im Winter in Betrieb sind.

So schön das Ahrntal ist, darf nicht vergessen werden, dass früher verheerende Überschwemmungen, meist durch Muren ausgelöst, immer wieder großes Unheil gebracht haben. An vielen Stellen erinnern Hochwassermarken an diese Katastrophen.

Früher war der Reichtum des Tals vom **Bergbau** bestimmt, der hier über Jahrhunderte betrieben wurde. Der **Fremdenverkehr** begann um 1870, als das Bergführerwesen organisiert wurde und man neue Gasthöfe errichtete, die sich ganz auf Fremde einstellten, als bestes Beispiel der Gasthof Schwarzenstein in Luttach. Dann entstanden die ersten Alpenvereinshütten wie etwa die Chemnitzerhütte, die Lenkjöchlhütte oder die Schwarzensteinhütte. Dazu legte man Höhenwege an, die den Bergsteigern den Weg ins Ahrntaler Hochgebirge ermöglichten. Heute ist das Tal touristisch erschlossen, ohne dabei dem Massentourismus anheimgefallen zu sein. Die gut ausgebaute Infrastruktur ermöglicht neben der Sommerfrische längst auch den Wintertourismus durch die **Skigebiete** auf dem Speikboden und dem Klausberg sowie die vielen Langlaufloipen.

adobe.stock Foto: ©mfotoworks

Luttach (Lutago)

■ **Info:** Postleitzahl Luttach: **39030.** Tourismusbüro Luttach, Ahrner Straße 22, Tel. 0474 671136, www.ahrntal.it.

Luttach ist nach Sand in Taufers der erste Ort im Ahrntal auf knapp 1000 m Höhe. Von hier starten die Lifte auf den Speikboden. Die **Ortspfarrkirche** mit dem schlanken Turm auf erhöhtem Standort ist den Heiligen *Sebastian* und *Rochus* geweiht. Sie wurde 1445 errichtet und Ende des 19. Jh. neugotisch ausgebaut. Zudem gibt es ein interessantes **Krippenmuseum,** das alpenländische, orientalische und moderne Krippen zeigt.

■ **Krippenmuseum Maranatha,** Luttach, Weißenbachstraße 15–17, Tel. 0474 671682, www.krippenmuseum.com, Nov. bis Ostern sowie 2.5. bis 5.11. Mo–Sa 9–12 und 14–18 Uhr, So 14–17 Uhr, Eintritt 6 Euro, Kinderermäßigung, Familienkarte 14 Euro, es werden Führungen angeboten, dazu Laden mit Südtiroler Kunsthandwerk.

Weißenbach

Von Luttach führt das **Weißenbachtal** in die Höhen der Zillertaler Berge bis zur Göge-Alm. Hauptort ist Weißenbach. Die **St. Jakubuskirche** wurde erstmals 1434 erwähnt. Der heutige Bau stammt aus dem Jahr 1480 und birgt einen außergewöhnlichen Flügelaltar von 1516, der 1884 renoviert wurde, gefertigt von einem Meister der Michael-Pacher-Schule. Das Netzgewölbe weist einen runden und drei viereckige Schlusssteine sowie einfach profilierte Rippen auf.

Auf der **Göge-Alm** steht eine kleine **Kapelle.** Im Inneren birgt sie ein Altarbild, die Muttergottes darstellend, das vom Ahrntaler Künstler *Johann Baptist Oberkofler* (1895–1969) stammt.

Unterkunft, Essen und Trinken

■ **Hotel Alpenblick**②, Luttach, Weißenbachstr. 9, Tel. 0474 671132, www.alpenblick.it, komfortable Zimmer mit Balkon, Dampfbad, Sauna, Bar, Aufenthaltsraum, Aufzug, Tiefgarage, veranstaltet Unterhaltungs- und Tanzabende.

■ **Berghotel Alpenfrieden**①, Weißenbach, Kirchgasse 2, Tel. 0474 680070, www.alpenfrieden.com, Zimmer mit Balkon, Sonnenterrasse, Wintergarten, Lift, Tiefgarage, Liegewiese, Kinderspielplatz, Restaurant.

■ **Gasthof Mösenhof**①, Weißenbach, Kirchgasse 28, Tel. 0474 671768, www.moesenhof.com, traditioneller Gasthof und Pension, einfache Zimmer, regionale Küche, veranstaltet Themenabende.

■ **Göge-Alm,** Tel. 0348 9937960, www.weissenbach.it/goege-alm, geöffnet Mai bis Okt., Jausenstation mit gemütlicher Stube, Terrasse, bietet Ahrntaler Spezialitäten, Kinderspielplatz, im Sommer kein Ruhetag, gehört zum Ausserhof in Weißenbach (www.ausserhof.it), Gehzeit ab Weißenbach ca. 1½ Std.

Schwarzbachalm: St. Johann, Brunnbergstraße 36, 1394 m, Tel. 0391 3321903, www.schwarzbachalm.com, oberhalb von Luttach im Tal des Schwarzbaches, leicht zu erreichen, auch mit Kinderwagen, mit Kinder-Abenteuerspielplatz und Klettergarten. Geboten werden Südtiroler Traditionsgerichte, dazu Grillspezialitäten.

Nachtleben

■ **Almdiele:** Luttach, Tel. 0474 671353, www.almdiele.com. Restaurant, Pizzeria, und Disco-Lounge, Fr und Sa geöffnet, Disco-Shuttle erreichbar unter Tel. 0348 3932121.

Aktivitäten

Pferdetrekking: Herberts Reitstall, Weißenbachstraße 8, Tel. 0335 5389099, www.pferdetrekking.it, auf dem Gelände des Reiterhofs Marlechnhof, bietet Reitunterricht für Kinder, Westernreiten für Kinder, Kutschfahrten für Familien, 1- und mehrtägige Pferdetrekking-Touren, ganzjährig geöffnet.

Skigebiet Speikboden (950–2400 m): 7 Liftanlagen, 26 km Pisten, überwiegend mittelschwer.

St. Johann (San Giovanni)

Info: Postleitzahl St. Johann: **39030.** Tourismusbüro St. Johann, Im Dorf 67, Tel. 0474 671257, www.ahrntal.it.

Auf dem weiteren Weg das Ahrntal aufwärts passiert man nach Luttach die St. Johanner Fraktion **St. Martin.** Die gotische Ortskirche, die dem heiligen *Martin* geweiht ist, fällt durch ihren schlanken, hohen Turm auf.

St. Johann selbst, schon auf über 1000 m Höhe, ist der größte Ort des Ahrntals und Geburtsort der **Gebrüder Oberkofler.** *Joseph Georg Oberkofler* (1889–1969) war Priester und ein bekannter Südtiroler Maler, *Johann Baptist Oberkofler* (1895–1962) Jurist, Erzähler und Lyriker.

Die dem heiligen *Johann* geweihte **Ortspfarrkirche** steht mit ihrem beeindruckenden Kuppelturm an exponiertem Standort. Es ist ein wunderschöner Barockbau, Ende des 18. Jh. anstelle des Vorgängerbaus errichtet und 1788 geweiht. Die Kuppelfresken und das Ölgemälde hinter dem Hochaltar stammen von *Franz Joseph Schöpf*, die Seitenaltäre, einfache Säulenaufbauten mit Rundgiebel, von *Jakob Santer* aus Bruneck. Beachtenswert sind auch die barocken Glasfenster mit Apostelmotiven.

Im Ort gibt es ein **Mineralienmuseum,** eines der umfangreichsten seiner Art in Südtirol, und eine **Gedenkstätte für die Gebrüder Oberkofler,** Ahrntaler Maler und Schriftsteller des vorigen Jahrhunderts, mit diversen Exponaten im ehemaligen Futterhaus beim Mesner.

Mineralienmuseum Kirchler, St. Johann 3, Tel. 0474 652145, www.mineralienmuseum.com. Im Sommer geöffnet Mo bis Sa 9.30–12 und 14–18.30 Uhr, Juli/Aug. Auch So geöffnet, Okt. bis Mai Mo bis Sa 9.30–12 und 15–18 Uhr, 25.12. geschlossen, Eintritt 5 Euro, Kinder von 6 bis 16 Jahren 3 Euro (mit Geschenk).

Gedenkstätte Gebrüder Oberkofler, Mesnerhaus, St. Johann 247, Tel. 0474 671178, Ostern bis Ende Okt. Di–So 15–17 Uhr, Eintritt 2 Euro.

Unterkunft, Essen und Trinken

Hotel & Spa Resort Alpenpalace④, Gisse 83, Tel. 0474 670230, www.alpenpalace.com, Hotel der Luxusklasse, Komfortzimmer und luxuriöse Suiten, diverse Pools, Sonnenterrasse, Wintergarten, Sauna, parkartiger Garten, hauseigenes Gradierwerk, Spitzenküche, Bar, Lounges, Tiroler Stuben.

Hotel Ahrntalerhof①, St. Johann 194, Tel. 0474 671141, www.miavalleaurina.it/de/ahrntalerhof, Zimmer mit Balkon, Solarium, Hotelbar, großes Wander- und Unterhaltungsprogramm, Gala-, Grill- und Musikabende.

Hotel Adler①, Ahrntalerstr. 186, Tel. 0474 671135, www.hoteladler.net, Familienbetrieb, praktisch eingerichtete Zimmer, teilweise mit Balkon und verglast, auch Ferienwohnungen, Hallenbad, Wellness- und Saunabereich, schallisolierte Kegelbahn, heller Gastraum.

■ **Platterhof**①, oberhalb von St. Johann, Tel. 0474 671255, www.platterhof.info, Gasthof und Bergbauernhof in herrlicher Lage, 3 km zum Dorf, Zimmer teilweise mit Sitzecke und Balkon, Café und Restaurant.

Steinhaus (Cadipietra)

■ **Info:** Postleitzahl Steinhaus: **39030.** Tourismusbüro Steinhaus, Klausbergstraße 7, Tel. 0474 6521 98, www.ahrntal.it.

Oberhalb von St. Johann erinnert das **Bergrichterhaus** aus dem 16. Jh. im vor Steinhaus gelegenen **Mühleck** (auch Mühlegg), ein ursprüngliches Besitztum der Herren *von Aeuwern* oder *Ahrn*, an die Schmelzöfen im Tal. Eine Überschwemmung 1878 vernichtete die Werksanlagen fast vollständig.

Steinhaus war einst das Verwaltungszentrum des Ahrntaler **Kupferbergbaus,** der über fünf Jahrhunderte zum Wohlstand im Tal beigetragen hat. Das Faktorhaus, der Ansitz Gassegg und der Kornkasten sind Bauten aus dieser Zeit. Das ehemalige Faktorhaus dient heute als Rathaus der Gemeinde Ahrntal, die Residenz der Gewerken war der Ansitz Gassegg und im ehemaligen Kornkasten ist das Bergbaumuseum des Ahrntals untergebracht. Über lange Zeiträume hinweg waren hier die Fugger aus Augsburg die Herren im Kupferbergbau. Der vielfach zu sehende rote Anstrich der Gebäude des Ortes stammt von einer Tünchung mit Kupferoxyd.

Die **Kirche zu Unserer Lieben Frau von Loreta** wurde von den ehemaligen Bergwerksherren *Josef Freiherr von Tannenberg* und *Franz Freiherr von Sternbach* gestiftet. Die Wandgemälde stammen aus der Zeit um 1700. Auffallend ist das schön geschnitzte Kommuniongitter.

Längst ist der Bergbau im Ahrntal eingestellt und der Tourismus hat die Rolle als führende Wirtschaftskraft übernommen. In Steinhaus bietet sich nicht nur die Sommerfrische an, oberhalb am **Klausberg** ist eines der großen **Skigebiete** Südtirols entstanden.

Klausberg

Das Gebiet um den Klausberg hat sich zu **einem der beliebtesten Sommer- und Winterferiengebiete Südtirols** entwickelt. Es erstreckt sich von Steinhaus südwärts bis auf 2500 Meter Höhe. Vor allem an **Kinder** hat man hier gedacht: Im Sommer erwartet sie der Family Park Klausberg auf 1600 Meter Höhe, 200 Meter von der Bergstation der Gondelbahn entfernt. Hier gibt es eine Wassererlebniswelt, die Sommerrodelbahn „Klausberg-Flitzer" (die auch im Winter in Betrieb ist) und nicht zuletzt einen Balance-Parcours, auf dem man sich von Station zu Station hangeln muss. Im Winter bietet der Family Park Schnee-Iglus, Rutschbahnen und eine Burg. Die Dino-Funline wird zum Skiparcours mit zehn gigantischen Dinos. Die Attraktionen sind für Kinder überwiegend gratis.

Im Winter ist der Klausberg mit seinen insgesamt 76 Kilometer langen Pisten durch 21 Aufstiegsanlagen erschlossen. Den Zubringer bietet die Gondelbahn von Steinhaus zur Bergstation auf 1600 Meter Höhe. Von hier aus führt eine neue Kabinenbahn am Klaussee vorbei auf 2500 Meter Höhe. **18 Skihütten und Jausenstationen** bieten den Besuchern Einkehr. Attraktion für Snowboarder ist eine Halfpipe. Darüber hinaus gibt es Schanzen und Rails. Die auch als Rodelbahn zu benutzende Talfahrt ist dienstags sogar beleuchtet, dadurch ist sie zum Nachtrodeln geeignet. Naturschonende Pistenbeschneiung garantiert Schneesicherheit im Abfahrts-gelände.

■ **Betriebszeiten Aufstiegsanlagen:** Sommer: Ende Mai bis Ende Okt. 8.30–12.20 und 13–17.15 Uhr, dazu spezielle Früh- und Nachtfahrten, Winter: Dez. bis Ende April, Wochenkarte (16–64 Jahre) 244 Euro, Junioren (8–15 Jahre) 166,50 Euro, Senioren 224 Euro, Tageskarte 51/33/43,50, Kinder jeweils frei.
■ **Betreiber:** Klausberg AG, Steinhaus, Enz Schachen 11, Tel. 0474 652155, www.klausberg.it.

Südtiroler Bergbaumuseum

Das Bergbaumuseum präsentiert in Steinhaus die bergbauliche Sammlung der Familie *Enzenberg*, bestehend aus Holzmodellen von Einrichtungen des Bergwerks, Gemälden und kunstvollen Grubenkarten sowie Büchern, Dokumenten und Fundstücken aus dem Bergwerk.

Ebenfalls zum Südtiroler Bergbaumuseum gehört das Schaubergwerk im 15 km oberhalb gelegenen Prettau. Hier führen 20 Stollen und Schächte zu den Erzlagerstätten auf 1400 bis 2100 m Höhe. Besichtigt werden kann der 1100 m lange St.-Ignaz-Erbstollen mit einer Grubenbahn (→ Prettau). Da in dem Stollen ein für Atemwegserkrankungen heilsames Mikroklima herrscht, wurde hier eine **Asthmatherapiestation** eingerichtet.

⊡ Das Schaubergwerk Prettau mit einem begehbaren Stollen ist Teil des Bergbaumuseums Kornkasten in Steinhaus

160st ot

■ **Südtiroler Bergbaumuseum – Kornkasten,** Steinhaus 99, Tel. 0474 651043, www.bergbaumuseum.it, geöffnet Mitte April bis Anf. Okt. Di–So 10–17 Uhr, Mo geschlossen, Aug. täglich geöffnet, Eintritt Kombiticket mit Standort Prettau (geführte Tour) 13 Euro, Senioren 9 Euro, Kinder ab 5 Jahren 5 Euro, Familienkarte 25 Euro, nur Dauerausstellung 6/4,50/2,50/10 Euro. Dazu Kinderprogramm „Feuriger Ton" (selbst hergestellte Gefäße werden gebrannt) Do 14 Uhr, Teilnahme (mit Material) 10 Euro.

Unterkunft, Essen und Trinken

■ **Hotel Bergland**②, Steinhaus 56, Tel. 0474 65 2222, www.hotelbergland.com, stilvoll eingerichtete Zimmer überwiegend mit Balkon, Sauna, Dampfbad, Pool, Ahrntaler Küche.

Nachtleben

■ **Skihaus Pub,** Enzschachen 109d, Tel. 0474 65 2350, www.skischuleklausberg.com, großes Partyhaus im Ahrntal, veranstaltet Rock- und DJ-Partys, Kinderanimationsprogramm, Kinderpartys, Skifahrerbälle, Oldieabende etc., geöffnet So bis Do 12–1 Uhr, Fr und Sa 12–2 Uhr.

St. Jakob und St. Peter (San Giacomo)

Oberhalb von Steinhaus verengt sich das Tal. Nur zwei Kilometer entfernt liegt St. Jakob malerisch auf einer Anhöhe, vom Standort der Ortskirche blickt man weit in das Tal hinaus.

St. Jakob benachbart ist St. Peter auf 1365 m Höhe, die letzte Ortschaft der Gemeinde Ahrntal. Hier zwängt sich die Ahr durch eine **enge Klamm,** die dem Ort vorgelagert ist. Der Turm der Ortskirche wurde um 1600 ans Kirchenschiff angebaut. Die Gewölbebilder fertigte *H. Kloibenschädel* um 1873, der Opferstock ist von 1616.

Prettau (Predoi)

Durch die Klamm von St. Peter schraubt sich die Straße auf die Talstufe von Prettau auf 1476 m Höhe. Der Ort ist die **nördlichste Gemeinde Südtirols** und damit ganz Italiens. Die Geschichte dieser Hochgebirgsgemeinde ist eng mit dem Kupferbergbau verbunden, der hier schon in vorgeschichtlicher Zeit betrieben wurde und sich ab dem 14. Jh. zu einer richtigen **Bergbauindustrie** entwickelte. Vom Kupferbergbau ist der St.-Ignaz-Erbstollen zur Besichtigung und als Heilklima-Stollen verblieben. Er ist Teil des Südtiroler Bergbaumuseums (→ Steinhaus).

UNSER TIPP: **Schaubergwerk Prettau:** Hörmanngasse 38/A, Tel. 0474 654298, www.bergbaumuseum.it, im Rahmen von Führungen zu besichtigen, vorher reservieren, Einfahrzeiten Mitte April bis Anf. Nov. Di bis So 10, 11.20, 13.20 und 15 Uhr, Kombiticket mit Bergbaumuseum Steinhaus 13 Euro, Senioren 9 Euro, Schüler 5 Euro, Familienkarte 25 Euro, Zutritt Klimastollen 20 Euro, Senioren, Studenten 17 Euro, Kinder bis 16 Jahre 9 Euro.

[>] Erbhof in Prettau aus dem 17. Jahrhundert

163st ot

Zwerge im Bergwerk: Kindgerechte Einführung in das Bergbauwesen in einem Seitenstollen – wie fanden die Zwerge die Schätze der Berge? Die Kinder können selbst aktiv werden und Erz fördern, zerklopfen, sortieren und sieben. 1½ Std.-Aktion nur nach Anmeldung, Teilnahme Kinder 10 Euro, begleitende Erwachsene 12 Euro.

Über den nahen Alpenhauptkamm führten von hier viel benutzte Übergänge. 1919 wurde der Bergkamm **Staatsgrenze zu Österreich.** Die Grenzziehung von St. Germain legte am Klockerkarkopf (2913m) den nördlichsten Punkt Italiens fest und benannte ihn **Vetta d'Italia** (Gipfel Italiens). Heute werden die Übergänge hauptsächlich von Wanderern, aber auch noch von einigen Bauern benutzt, die ihre Almen im Zillertal und in der Krimml haben.

Die dem heiligen Valentin geweihte **Kirche** von Prettau wurde Ende des 15. Jh. erbaut, später erweitert und dann neugotisch eingerichtet. Der an der Außenseite freigelegte Christopherus stammt aus der Erbauerzeit, das Altarbild, *St. Valentin* darstellend, von *Franz Unterberger* aus dem 18. Jh. Ein Votivbild im Westjoch der Kirche erinnert an die Anlage des St.-Ignatius-Stollens.

Der **Erbhof** am Ortseingang aus dem Jahr 1618 legt mit seiner auffallenden Bemalung Zeugnis vom einstigen Reichtum der Region ab, der auf den Bergbau zurückzuführen ist.

Spitzenklöppelei

Als 1893 das Kupferbergwerk Prettau geschlossen wurde, war das halbe Dorf arbeitslos. Daraufhin hat man im Ort als Nebenverdienst schon Ende des 19. Jh. die Spitzenklöppelei eingeführt, die bis heute betrieben wird und eine große touristische Attraktion ist. Pionierin der Prettauer Klöppelschule war *Rosa Kofler Mittermair.* Sie absolvierte Klöppel- und Zeichenkurse in Wien, London und Slowenien. Ihr ist es zu verdanken, dass Prettauer Klöppelspitzen ein anerkanntes Qualitätsprodukt wurden. **Klöppelvorführungen** und Verkaufsausstellungen organisiert der Klöppelverein Prettau.

■ **Klöppelverein Prettau,** *Adelheid Bacher,* Kirchdorf 63/B, 39030 Prettau, Tel. 0474 654238, Info: www.prettau.it/de/Kloeppelverein_Prettau.

Kasern (Casere)

Bis Kasern auf 1580 m Höhe kann man mit dem Pkw das Ahrntal aufwärts fahren. Der Ort besteht nur aus wenigen Häusern, einigen Hotels und einer Jausenstation und ist im Sommer ein Paradies für Wanderer und Kletterer. Im Norden bieten sich hierfür die Zillertaler Alpen, im Süden die Hohen Tauern an, für geübte Alpinisten auf die Dreiherrenspitze, den Rauchkofel, die Rötspitze oder das Merbjoch. Im Winter kommen Ski-Langläufer auf ihre Kosten: Von hier führt die Sonnenloipe vorbei an der Heiliggeistkirche zehn Kilometer weit Richtung Talende.

Heiliggeistkirche

Es ist nicht bekannt, wann oberhalb von Kasern die erste Kapelle für die Reisenden, die vor allem den 2633 m hohen Krimmler Tauern als Übergang in den Pinzgau und nach Salzburg benutzten, errichtet wurde. Seit etwa 800 soll es hier neben der Kapelle auch einen Friedhof gegeben haben, für die Menschen, die bei der Alpenüberquerung ums Leben kamen. Verbrieft ist, dass der Brixner Bischof *Kardinal Nikolaus Cusanus* 1455 Kirche und Friedhof weihte. Im Übrigen hat auch Papst *Benedikt XVI.* noch als *Kardinal Ratzinger* die Kapelle aufgesucht.

Schon um 1500 wurde die Kapelle vergrößert, diente sie doch seither auch als Gotteshaus der Knappen der Kupferbergwerke von Prettau. Sie erhielt ein Netzgewölbe mit Spitzkonsolen und im Chor eine Stichkappenwölbung. Zu den Besonderheiten des gotischen Kirchleins gehört das Kreuz mit einem von Schüssen durchbohrten Christus. Die Legende sagt, dass ein Schütze auf dem Weg zu einem Preisschießen an diesem Kreuz seine Treffsicherheit erprobt habe.

Seit 1980 führt ein **Kreuzweg** zur Heiliggeistkirche. Es wurden 15 überdachte Holzsäulen auf dem Weg von Kasern bis zur Kirche mit Motiven aus dem Leidensweg Christi aufgestellt.

Naturparkhaus Rieserferner-Ahrn

Das **Naturparkhaus Rieserferner-Ahrn** in Kasern bringt Besuchern mit Touch Screens, Grafiken und Großbildern die Natur und Kultur (Schnitzereien, Klöppelspitzen) im Ahrntal näher.

■ **Naturparkhaus Rieserferner-Ahrn,** Kasern 5d, Tel. 0474 654188, https://naturparks.provinz.bz.it/rieserferner-ahrn/naturparkhaus.asp, geöffnet Di, Do und Fr 9.30–12.30 und 14.30–18 Uhr, feiertags geschlossen, Eintritt frei.

Krimmler Tauern

Der **Gebirgspass** Krimmler Tauern in den Zillertaler Alpen auf 2634 m Höhe verbindet als nicht befahrbarer **Saumpfad** das Salzburger Land mit dem Ahrntal als nördlichstem Grenzübergang von Italien nach Österreich. Der Pass wird seit der Bronzezeit begangen und war im Mittelalter von großer Bedeutung für Viehhirten, Kuriere, Soldaten und Flüchtlinge, für Seelsorger und Pilger, Händler und Handwerker. Auch war es ein Weg, den **Schmuggler** gern benutzten, denn bis 1803 war das Bistum Salzburg selbstständig mit eigener Fiskalorganisation, und Salzburger Salz war ein hoch besteuertes Gut. Der Schmuggel setzte nach 1919 wieder ein. Heute wird der Krimmler Tauern viel von Wanderern und Mountainbikern benutzt.

Unterkunft, Essen und Trinken

■ **Berghotel Kason**②, 39030 Kasern, Tel. 0474 654185, www.kasern.com, traditionsreiches Gasthaus, das schon im 14. Jahrhundert den Knappen des aufblühenden Bergbaus als Versammlungsort diente, heute rustikales Haus mit gemütlichen Zimmern, angeschlossenes Restaurant bietet Spezialitätenwochen u.a. zum Almabtrieb, Pilz- und Wildwochen und Weinverkostungen.

☑ Kreuzweg zur Heiliggeistkirche

adobe.stock Foto: ©cmfotoworks

Wanderungen

Von Kasern zur Jausenstation Trinkstein

Gehstrecke: je 3 km hin und zurück.

GPS Vom Parkplatz in Kasern auf 1595 m folgt man nach einer Schranke der asphaltierten Straße, die leicht ansteigend zunächst zur **Jausenstation Prastmann** nahe der Heiliggeistkirche auf 1619 m führt. Ein Abstecher geht auf die rechts abzweigende gepflasterte Straße – man überquert eine Brücke über die Ahr und gelangt zur **Heiliggeistkirche.** An der Jausenstation Prastmann zurück, folgt man der ungeteerten Straße am Bach entlang, an Wiesen und Bergbauernhöfen vorbei und erreicht die Jausenstation Trinkstein auf 1671 m Höhe. Das letzte Stück Wegstrecke ist etwas steiler. Auf dem gleichen Weg geht es zum Ausgangspunkt zurück.

Prastmann-Alm: Tel. 0348 2936717, prastmannalm@gmail.com, zünftige Jausenstation auf halbem Weg zum Talschluss, Spezialitäten sind Knödelvariationen von Spinatknödel über Pressknödel bis zum Ahrntaler Speckknödel, geöffnet Mitte Mai bis Oktober.

Zur Kehreralm

GPS Weiter geht es zur **Kehreralm** im Talschluss auf 1842 m Höhe unterhalb der Birnlücke (2667 m). Bis hierhin führt ein gepflegter Fahrweg, der sogar für Kinderwagen geeignet ist. Die Almhütte wird vom Team der Residence Kasern in Kasern mit herzhaften Gerichten aus der Südtiroler Küche versorgt.

Kehreralmhütte: Tel. 0348 0010313, mit Sonnenterrasse, Spielplatz und Streichelzoo, Gehweg Prettau und zurück 4 Std.

Lausitzer Höhenweg

Gehzeit: 6 Std., mittelschwere Wegstrecke, der Rückweg über den Tauernweg ist steil und kann bei Regen rutschig werden.

GPS Der Lausitzer Höhenweg wurde im Jahr 1903 zu Füßen der Dreiherrenspitze und Rötspitze durch die Bergwelt des hinteren Ahrntals eingerichtet und zählt damit zu den ältesten Höhenwegen Südtirols.

Ausgangspunkt der Wanderung ist ebenfalls der Parkplatz in Kasern, von wo Weg Nr. 13 über die Prastmann-Alm (→ Von Kasern zur Jausenstation Trinkstein) zur Lahneralm führt und später in Spitzkehren zum Schutzhaus **Birnlückenhütte**. Hier beginnt der eigentliche Höhenweg, der weiterhin die Markierung 13 trägt. Man erreicht die Neugersdorferhütte und kurz darauf den kreuzenden Tauernweg, der als Rückweg nach Kasern dient. Von der Birnlückenhütte lohnt ein Abstecher zur 2665 m hohen Birnlücke, dem Alpenübergang nach Osttirol.

Birnlückenhütte: 2441 m, 39030 Prettau, bewirtschaftet von der Pension Knappenhof in Prettau, Tel. 0474 654101, eigene Kläranlage, 45 Bettenlager, geöffnet Anf. Juni bis Anf. Okt.

Neugersdorferhütte: 1907 auf 2568 m Höhe südöstlich des Krimmler Tauern errichtet, im Jahr 1938 durch italienisches Militär enteignet, nach dem Krieg verfallen, dann vom italienischen Zoll zur Schmuggelbekämpfung genutzt. Zur Zeit nicht bewirtschaftet.

HOCH-PUSTERTAL (ALTA PUSTERIA)

INS OBERE DRAU-TAL

Das Hochpustertal erstreckt sich östlich von Bruneck das Rienz-Tal aufwärts über den Toblacher Talboden hinaus ins obere Drau-Tal bis zur österreichischen Grenze hinter Innichen. Die Hauptorte sind Olang, Welsberg, Niederdorf, Toblach und Innichen.

NICHT VERPASSEN!

- **Naturparkhaus Drei Zinnen,** im Euregio-Kulturzentrum Gustav Mahler Toblach | 392
- **Innichen,** ältestes Kloster Südtirols und kulturgeschichtlicher Höhepunkt des Pustertals | 394

Diese Tipps erkennt man an der gelben Markierung.

Olang (Valdaora)

■ **Info:** Postleitzahl Olang: **39030.** Tourismusverein Olang, Florianiplatz 19, Tel. 0474 496277, www.olang.com.

Auf dem Weg von Bruneck ostwärts auf der Pustertaler Staatsstraße erreicht man nach fünf Kilometern am Ostrand des Brunecker Beckens zunächst **Percha** auf 970 m Höhe. Hier siedelten schon die Römer, wie ein Meilenstein an der Kirche belegt.

Nach Norden zweigt die Straße nach **Oberwielenbach** ab. Das Dorf mit der gotischen Kirche liegt auf 1350 m Höhe und ist Ausgangspunkt für Wanderungen durch das Wielental in die Rieserfernergruppe. Der Talschluss wird von der 3105 m hohen Schwarzen Wand eingenommen.

Olang selbst, eingebettet in der ersten Talweitung des Hochpustertals östlich des Brunecker Beckens auf knapp 1000 m Höhe, liegt am Nordosthang des Kronplatzes, ist aber im Gegensatz zum nahe gelegenen Reischach ein eher **ruhiger Ferienort.** Der Ort setzt sich aus den vier Fraktionen Oberolang, Mitterolang, Niederolang und Geiselsberg zusammen. Die drei Erstgenannten liegen inmitten ebener Wiesen und Felder in der Talweitung, Geiselsberg schmiegt sich an die Ostflanke des Kronplatzes. Von hier führen Aufstiegsanlagen zum **Skigebiet am Kronplatz.**

Olang hat sich einen Namen als **Rodelhochburg** gemacht. Schon in den 1970er Jahren wurden hier Weltmeisterschaften im Kunstbahnrodeln ausgetragen, später folgten internationale Wettbewerbe im Naturbahnrodeln. Neuestes

Rodelglück bietet das **Rennböckl.** Dabei handelt es sich um einen abgeschnittenen Ski, auf den eine Sitzplatte mit zwei seitlichen Griffen befestigt wird. Gesteuert wird das Gefährt durch Gewichtsverlagerung, gebremst wird mit den Füßen. Seinen Ursprung hat das Gerät in der Nachkriegszeit, als Rodelschlitten zu teuer waren und man sich auf diese Weise selbst helfen konnte. Inzwischen haben Tüftler das Gerät weiterentwickelt und es wurden auch schon Rennböckl-Weltmeisterschaften am Olanger Kronplatz ausgetragen.

Sehenswert sind die Marienkirche in Oberolang aus dem 15. Jh. mit Umbauten aus dem Jahr 1900, die Ägidiuskirche in Mitterolang aus dem Jahr 1138, die ein künstlerisch wertvolles Hochaltarbild beherbergt, sowie die Pfarrkirche Niederolang.

Weitgehend in Vergessenheit geraten ist das **Bunkersystem,** das von den italienischen Faschisten zwischen 1938 und 1942 zur Landesverteidigung im Pustertal errichtet wurde. Diese Anlagen hatten nie praktische Bedeutung erlangt und gerieten schon bald in Vergessenheit. Erst im Zuge des Kalten Krieges requirierte die NATO kurzzeitig einige davon. Später wurden die Bunkergelände an Privatleute veräußert. Einer der Käufer baute den Bunker Nr. 8 zu einem **kleinen Museum** um, das an die Schrecken von Kriegen erinnern soll. Die Eintrittsgelder werden Kriegsopfern zur Verfügung gestellt.

■ **N8bunker:** Bahnhofstraße 6, Tel. 0328 462 4112, www.n8bunker.com. Besuch nach Voranmeldung.

Unterkunft, Essen und Trinken

■ **Hotel Bad Bergfall**②, Bad Bergfallweg 5, Olang-Geiselsberg, Tel. 0474 592084, www.badbergfall.com. Bereits die Römer kannten die Heilkraft des schwefelhaltigen Wassers im Olanger Ortsteil Bergfall, so fand man hier Reste eines Badebassins und Opfergaben an Heilgötter und Badenymphen. Das Hotel belebt die antike Badetradition, wie auch das Altarbild in der Hauskapelle aus dem Jahr 1720 bezeugt. Es bietet Schwefelwannenbäder aus eigener Quelle, dazu Inhalationsbrunnen, Ruheraum und Entspannungsmassagen.

■ **Messnerwirt**②, Oberolang, Kirchgasse 7, Tel. 0474 496178, www.messnerwirt.com, das Restaurant mit holzgetäfelten Bauernstuben bietet gekonnte Tiroler Küche mit Knödel, Bauerngeröstel, Schlutzkrapfen, Wild- und Grillgerichten sowie auch saisonale Spezialitäten. **Hotelbetrieb**③ mit Liegewiese, Kinderspielplatz, Wellnessangeboten, gemütliche Zimmer mit Balkon.

Aktivitäten

■ **Nordic Walking:** Nature.Fitness.Park.Kronplatz-Dolomiti bietet über 200 km Nordic-Walking-Strecken zwischen Kronplatz, Olang und dem Antholzer Tal, Informationen sind beim Tourismusverein Olang erhältlich.

Feste und Veranstaltungen

■ **Olanger Standlschmaus:** Jeweils dreimal mittwochs im Juli/Aug. 18–23 Uhr präsentieren Olanger Gastwirte an Ständen auf dem Dorfplatz Oberolanger Spezialitäten aus der Pustertaler Region und internationale Gerichte. Informationen: www.kronplatz.net/veranstaltungen/olanger-standlschmaus.

Verkehr

■ **Pustertalbahn:** Haltepunkt Olang.

Antholzer Tal (Valle di Anterselva)

■ **Info:** Postleitzahl Rasen-Antholz: **39030.** Tourismusbüro Rasen-Antholz, Niederrasener Straße 35/F, Tel. 0474 496269, www.kronplatz.com/de/antholzertal.

Das Antholzer Tal zieht sich von Olang nordwärts in die Osttiroler Alpenkette hinein – von der Talöffnung auf 990 m Höhe bis zum 2052 m hohen Staller Sattel, der die Verbindung zum österreichischen Defereggental herstellt.

Ober- und Niederrasen

Die Geschichte des Antholzer Tals, das bereits von den Kelten und Römern als Alpenübergang genutzt wurde, ist im frühen Mittelalter eng verwoben mit den Herren *von Rasen.* Die **Burgruinen Altrasen** in Niederrasen und **Neurasen** in Oberrasen beiderseits des Talzugangs legen Zeugnis von dieser Zeit ab.

Repräsentativ zeigt sich der **Ansitz Heufler** in Oberrasen, ein 1580 von den hier begüterten Herren *von Heufler zu Rasen* errichtetes dreigeschossiges Renaissanceschloss, das heute ein Hotel-Restaurant beherbergt. Besonders sehenswert ist die „Hearnstube" des Schlosses mit ihren Renaissance-Täfelungen.

Im Norden von Oberrasen erstreckt sich der **Rasener Möser,** ein verlandeter Alpensee, heute ein einmaliges Hochmoor, das nur aus Regenwasser gespeist wird und deshalb eine besonders spezialisierte Vegetation aufweist. Nicht weit vom Rasener Möser steht das Hotel Bad Salomonsbrunn, das eine radioaktive Quelle für medizinische Anwendungen nutzt.

Antholz

Antholz als zentraler Ort des Tals unterteilt sich in die Fraktionen **Niedertal** (1135 m), **Mittertal** (1250 m) und **Obertal** (1530 m). Die Niedertaler Ortskirche St. Walburga weist ein sehenswertes Christopherus-Außenfresko auf. Mittertal verfügt noch über eine Reihe schöner Bauernhöfe komplett in Holzbauweise. Obertal ist eine Streusiedlung aus einzelnen Höfen.

Antholzer See

Auf dem Weg zum Antholzer See kommt man am **Biathlon-Zentrum** Antholz vorbei. Auch hier wurden schon Weltmeisterschaften ausgetragen. Der Antholzer See selbst liegt auf 1642 m Höhe, ist 38 m tief und 44 ha groß. Um den herrlichen Bergsee ist ein Lehrpfad im Sinne eines **Erlebnispfades** angelegt. An verschiedenen Plätzen werden die typischen Gesteine des Tals, die häufigsten Baumarten und die umgebenden Gipfel auf spielerische Art erklärt (Gehzeit etwa 1½ Stunden).

■ **Biathlon Komitee Antholz,** Obertal, Arena 33, Tel. 0474 492390, www.biathlon-antholz.it, Ausrichter der Biathlon-Weltmeisterschaft 2020, bei der Olympiade 2026 Austragungsort der Wettbewerbe im Biathlon (Sprint, Verfolgung, Massenstart, Einzel, Staffel und Mixed-Staffel).

Staller Sattel

Am See vorbei führt die Straße auf den Staller Sattel. Die Auffahrt erfolgt in so **schmalen Serpentinen,** dass sie immer nur abwechselnd in einer Richtung befahren werden darf. Pass und **Grenzübergang** sind von 7 bis 21 Uhr geöffnet, Abfahrt jeweils 1.–15. Minute einer Stunde, Auffahrt jeweils 30.–45. Minute. Es besteht eine entsprechende Ampelregelung.

- **Staller Sattel:** geöffnet von Ende Mai bis Anfang November, dann jeweils ganztägig befahrbar, Überfahrt vom Defereggental ins Antholzertal ist von der Minute 1 bis zur Minute 15 zu jeder Stunde, Überfahrt vom Antholzertal ins Defereggental ist von der Minute 30 bis zur Minute 45 zu jeder Stunde möglich, zulässig für Pkw und Kleinbusse mit bis zu 9 Sitzen, für größere Fahrzeuge Info-Tel. 0474 553065, strassendienst.pustertal@provinz.bz.it.

Unterkunft, Essen und Trinken

- **Schlosshotel Ansitz Heufler**③, Oberrasen 37, Tel. 0474 496218, www.ansitz-heufler.it, Übernachtung in fünf Hotelzimmern und einer großzügigen Suite, das Restaurant mit historischem Wappen-Saal, Schloss-Saal und Ahnen-Saal bietet das Ambiente für die gebotene traditionelle Küche, Mo Ruhetag.
- **Hotel Bad Salomonsbrunn**③, Oberrasen, Antholzerstr. 1, Tel. 0474 492199, www.badsalomonsbrunn.com, Landhotel, Zimmer mit Balkon, zudem hauseigene Mineralquelle und Radonbäder, Lift vorhanden, das Restaurant mit Wintergarten bietet unter anderem auch Diätküche an.
- **Hotel Messnerwirt**②, Niedertal 33, Tel. 0474 492144, www.hotelmessnerwirt.com, neben der Kirche im Ort, eigener Bauernhof, Weiden auf der Grenter Alm, Zimmer mit Balkon und herrlicher Bergsicht, Sauna, das Restaurant bietet Tiroler Küche aus eigenen Produkten.

Camping

- **Camping Antholz,** Obertal 34, Tel. 0474 4922 04, www.camping-antholz.com, 2 ha großer, ausgezeichneter Platz im oberen Antholzer Tal, modern ausgestattet mit gemütlichem Restaurant und einem kleinen Ladenlokal, geöffnet im Sommer und Winter. Neu sind die Schlaffässer für 4 Personen.

Welsberg (Monguelfo)

- **Info:** Postleitzahl Welsberg: **39035.** Tourismusverein Gsieser Tal – Welsberg – Taisten: St. Martin 10a, 39030 Gsieser Tal, Tel. 0474 978436, www.gsieser-tal.com.

Welsberg stellt sich als kleines, ein wenig verträumtes Städtchen beiderseits der Rienz dar, berühmt als Geburtsort des **Barockmalers Paul Troger** (1698–1762). Der Ort liegt auf 1085 m Höhe am Zugang zum Gsieser Tal, hier mündet der Gsieser Bach in die Rienz.

Sehenswert ist die Ortspfarrkirche **St. Margareth.** Sie wurde 1738 als Barockbau errichtet, der gotische Turm stammt noch vom Vorgängerbau. Sie besitzt im Chorabschluss drei **Altarbilder** von Paul Troger, die durch Komposition und Farbgebung auffallen. Sein **Geburtshaus** ist in unmittelbarer Nähe der Kirche. Hinter dem Gotteshaus steht ein berühmter Bildstock mit Fresken von *Michael Pacher*, die aber bei einer Überschwemmung im Jahr 1882 weitgehend zerstört wurden. Östlich der Kirche findet man in der Friedhofskapelle Unserer Lieben Frau am Rain ein Gnadenbild aus dem 15. Jh.

Schloss Welsperg

1167 wurde Burg Welsperg erstmals urkundlich als Sitz des Geschlechts der Herren *von Welsperch* als Vögte der Grafen *von Görz* erwähnt. Die romanische Hauptburg mit einem ungewöhnlich hohen Bergfried entstand im 12. Jh. und ist damit die älteste Burganlage des Hochpustertals. Zubauten erfolgten in der Zeit der Spätgotik und Renaissance.

- **Schloss Welsperg:** Tel. 0474 944118, www.schlosswelsperg.com, geöffnet Juli bis Anf. Sept. Mo–Fr 10–17 Uhr, Sa geschlossen, So 15–18 Uhr, Mitte Sept. Mo–Fr 13.30–15.30 Uhr, Ende Sept. Do 13.30–15.30 Uhr, Eintritt 3 Euro, ermäßigt 2 Euro.

Ruine Thurn

Gegenüber von Burg Welsberg erhebt sich über dem westlichen Steilhang des Gsieserbaches die Ruine Thurn, eine typische Anlage mit hochgestelltem Bergfried und tiefer liegendem Palas. Im 16. Jh. wurde die Burg von den Herren von Welsperch aufgekauft und um den westlichen Wohntrakt erweitert, später verfiel sie.

Unterkunft, Essen und Trinken

- **Hotel Goldene Rose**②, Pustertalerstr. 5, Tel. 0474 944113, www.hotel-goldenerose.com, Zimmer verschiedener Kategorien, überwiegend mit Balkon, Sauna, Dampfbad, Massagen.
- **Hotel Hell**①, Hauptplatz 3, Tel. 0474 944126, www.hotelhell.info, Familienbetrieb, Traditionshaus im Ortszentrum mit Restaurant und Metzgerei, schöne Zimmer mit Balkon, Garten mit zwei Pools, gutbürgerliches Restaurant mit einheimischen und internationalen Gerichten, gesellige Tagesbar.
- **Bed & Breakfast Gailerhof**①, Schießstandweg 9, Tel. 0474 944238, www.gailerhof.com, Panoramalage 2 km außerhalb des Ortes, vermietet 4 Appartements mit Balkon.

Verkehr

- **Pustertalbahn:** Haltepunkt Welsberg.

Gsieser Tal (Valle di Casies)

Das sich von Welsberg nordöstlich über 20 km erstreckende Gsieser Tal mit zwei Übergängen durch die Deferegger Alpen ins Osttiroler Villgratental ist touristisch weniger erschlossen als andere Südtiroler Täler – hier herrscht noch die Landwirtschaft vor. In den 1920er und 1930er Jahren wurde einer dieser Übergänge, das **Gsieser Törl,** bevorzugt von Schmugglern genutzt. Heute ist das Schmuggeln im Zeichen der EU nicht mehr relevant, das Tal ist zu seiner alten Ruhe zurückgekehrt.

Am Talausgang liegt **Taisten** auf einer Sonnenterrasse am Pidigbach, dem letzten Zufluss des Gsieser Baches vor der Mündung in die Rienz.

Auf dem Weg durch das Gsieser Tal kommt man über **Pichl** nach **St. Martin** und **St. Magdalena** am Talschluss. Die Ursprünglichkeit des Tals ist Anziehungspunkt für Wanderer, Bergwanderer und Langlauf-Skifahrer. In den Höhen bieten eine ganze Reihe von Almen ihre Produkte an.

Taisten

In der barocken Ortspfarrkirche **St. Genuin und Albuin** sind Fresken von *Franz Anton Zeiler* (1716–94) zu sehen. An die Pfarrkirche angebaut ist die **Welsbergkapelle,** deren Madonna im Gewölbeschlussstein von *Michael Pacher* stammt.

Die **St. Georgskirche** etwas abseits von Taisten ist die älteste Kirche des Pfarrbezirkes, um 800 als Wehrburg und Weihestätte erbaut und um 1450 zur eigentlichen Kirche umgebaut, wovon die halbrunde Apsis und der quadratische Grundriss erhalten sind. Zwei große Meister der Spätgotik, *Leonhard von Brixen* und *Simon von Taisten,* der aus dem Ort stammende Künstler, haben die Kirche mit Fresken ausgemalt. Simon von Taisten war auch in der **Jakobskapelle** aus dem 15./16. Jh. am Friedhof tätig. Der gotische **Bildstock** auf dem Kirchplatz im Ort stammt aus dem 15. Jh.

Wanderung auf dem Gsieser Almweg 2000

- **Gehzeit:** 5 Std. (15 km, 730 Höhenmeter)
- **Einkehrmöglichkeiten:** Stumpfalm, Kaseralm, Uwaldalm.

GPS Ausgangspunkt der Wanderung über den Gsieser Almweg ist die Talschlusshütte in St. Magdalena im Gsieser Tal. Von hier geht es rechts auf dem Wirtschaftsweg mit der Markierung 47 durch das Köfler Tal in südöstlicher Richtung hinauf. An der Weggabelung biegt man rechts ab und folgt dem Forstweg mit der Markierung 48 durch den Wald hinauf zur Tscharnietalm (1976 m), dann weiter zur Kasermähder-Alm (2048 m), zur Kipfelalm (2104 m), Stumpfalm (2000 m), Kaseralm (2076 m) und zur Uwaldalm (2042 m). Dort beginnt der Abstieg auf dem Weg mit der Markierung 12 zurück zum Ausgangspunkt.

Gsies

Hauptort des malerischen Gsieser Tals ist Gsies mit den Ortsteilen Pichl, St. Martin und St. Magdalena. An den Hängen des weitgehend unverbauten Talbodens ziehen sich **weitflächige Almen** mit urigen Hütten entlang, die für das Tal kennzeichnend sind. Und oberhalb breitet sich die die alpine Bergwelt aus!

Hauptort der Gemeinde Gsies ist **St. Martin.** Seine ursprünglich gotische Kirche wurde 1777 zu einem sakralen Schmuckstück barockisiert. Im Ort steht auch das Denkmal von Pater *Joachim Haspinger,* einem Weggefährten *Andreas Hofers,* der 1809 an den für die Tirol siegreichen Bergisel-Kämpfen teilgenommen hat. Im Ort ist ihm auch eine kleine Kapelle gewidmet.

Das Rathaus von Niederdorf

Niederdorf (Villabassa)

Info: Postleitzahl Niederdorf: **39039.** Tourismusverein Niederdorf, Bahnhofstr. 3, Tel. 0474 74 5136, www.niederdorf.eu.

Auf der Strecke von Welsberg nach Niederdorf passiert man zunächst den südwärtigen Abzweig zum Pragser Wildsee (→ Dolomiten).

In dem im Jahre 994 erstmals als *Nidrindorf* erwähnten Ort, der sich heute beiderseits der Rienz erstreckt, befand sich ein Gerichtssitz der Grafen *von Görz.* Mit der Eröffnung der Pustertalbahn zog der Fremdenverkehr ein. Entscheidenden Anstoß dazu gab die legendäre Hoteliersfrau *Emma Hellenstainer* (1817–1904). Sie war als Wirtin des Schwarzadler – heute Hotel Emma – bekannt für ihre Gastfreundschaft und vorzüglichen Kochkünste.

Die Ortspfarrkirche **St. Stephanus** entstand nördlich der Rienz als spätbarocker Bau 1792–96. Wertvoll ist ihre Ausstattung mit Fresken von *Franz Altmutter* (1746–1817), Skulpturen von *Franz Xaver Nißl* (1731–1804), einem Altarbild von *Martin Knoller* (1725–1804) sowie einem Hochaltar mit zwei Seitenaltären. Neben der Pfarrkirche befindet sich die gotische Doppelkapelle aus dem 15. Jh. Die untere Totenkapelle birgt ein Fresko von *Simon von Taisten,* die obere Annakapelle weist ein schönes Sterngewölbe auf.

Der Von-Kurz-Platz südlich der Rienz ist der Hauptplatz des Ortes und gleichzeitig Rathausplatz. Hier steht der ab 1800 von dem Adelsgeschlecht *von Kurz* bewohnte Ansitz, der heute als **Rathaus** dient. Sein Balkon wird von drei ionischen Säulen getragen. Ebenfalls am Von-Kurz-Platz wurde in der zweiten Hälfte des 15. Jh. die **Spitalkirche zur Heiligen Dreifaltigkeit** zusammen mit dem Spital errichtet. Beide Gebäude sind durch eine Vorhalle miteinander verbunden. Die Kirche wurde später erweitert und barock ausgestattet.

Fremdenverkehrsmuseum

Im **Haus Wassermann** am Rathausplatz ist das Hochpustertaler Fremdenverkehrsmuseum untergebracht. Der Bau war vom 15. Jh. bis 1800 der Ansitz der Herren von Kurz und 1892 bis 1977 im Besitz der Familie *Wassermann.* Gezeigt werden Exponate zur Geschichte des Tourismus im Hochpustertal sowie interessante Sterbebilder aus der Sammlung Wassermann.

■ **Fremdenverkehrsmuseum Hochpustertal,** Haus Wassermann, Hans-Wassermann-Str. 8, Tel. 0474 745136, www.niederdorf.eu, Juni bis Sept. Di bis Sa 16–18 Uhr, Eintritt 4 Euro, ermäßigt 3 Euro, Kinder unter 6 Jahren frei.

Mooskirche

Ein Kleinod sakraler Baukunst ist die unterhalb des Ortes gelegene Kirche **St. Magdalena in Moos,** die gemeinhin als Mooskirche bezeichnet wird. Sie wurde 1490 von der Gemahlin des Grafen Görz, *Gräfin Paula von Gonzaga,* gestiftet. Beachtenswert ist der frühbarocke Hochaltar mit der spätgotischen Relieftafel von *Michael Parth* (1516–38), die Heiligen Drei Könige darstellend.

Bad Maistatt

Im nahe gelegenen Bad Maistatt ist der Kurbetrieb wieder aufgenommen worden. Der **Kurpark** lädt zum Kneippen ein, darüber hinaus gibt es einen großen Spielplatz, das Adventureland.

Zusätzlich gibt es jetzt auch eine **Gradieranlage,** in der konzentrierte Sole über Latschenkiefer und Reisigbündel läuft, sodass Besucher mit Salz angereicherte Luft zu ihrem Wohlbefinden einatmen.

Unterkunft, Essen und Trinken

■ **Hotel Adler**③, Von-Kurz-Platz 3, Tel. 0474 74 5128, www.hoteladler.com, luxuriöses Haus im Zentrum mit Hallenbad und breitem Wellnessangebot, großzügige Zimmer verschiedener Kategorien, teilweise mit Balkon oder Terrasse, Ferienwohnungen in der Residence, angeschlossenes Gourmet-Restaurant, Di Ruhetag.

■ **Hotel Emma**①, Frau Emmastr. 5, Tel. 0474 74 5122, www.hotel-emma.it, das Hotel der legendären Wirtin *Emma Hellenstainer.* Die heutigen Besitzer fühlen sich dieser Tradition verpflichtet, vor allem mit gesundheitsbewusster Küche. Geräumige Zimmer mit Balkon.

■ **Hotel Gasthof Weiherbad**①, Weiherweg 7, 39039 Niederdorf, Tel. 0474 745197, www.weiherbad.com, am Kurpark in herrlicher Wald- und Wiesenlage mit hauseigener schwefelhaltiger Quelle. Für die Kneippanlage direkt am Haus in dem 2005 eingerichteten Kurpark wird wieder das Quellwasser des Weiherbades verwendet. Zimmer teilweise mit Balkon, Lift, Sauna, neuerdings auch **Superior-Zimmer**③, Restaurant bietet regionale Küche, Spezialität Forellen, Biergarten, Sa Ruhetag.

Aktivitäten

Adventureland: Spielplatz im 2005 eingerichteten Kurpark an der Rienz für Kinder, Abenteuerplatz für Kinder ab 12 Jahre mit Baumhaus, Mega-Liane, Gorillarutsche, frei zugänglich.

Verkehr

■ **Pustertalbahn:** Haltepunkt Niederdorf.

Toblach (Dobbiaco)

■ **Info:** Postleitzahl Toblach: **39034.** Tourismusverein Toblach, Dolomitenstr. 3, Tel. 0474 972132, www.toblach.info.

Toblach liegt an einem der geografisch wichtigen Plätze Südtirols. Hier auf dem Talboden, dem sogenannten Toblacher Feld, besteht eine **europäische Wasserscheide** zwischen dem Flusssystem der Etsch, dem die Rienz zufließt, und dem Flusssystem der Donau, dem die im nahegelegenen Innichen entspringende Drau zufließt.

Der Weg nach Toblach die Rienz aufwärts führt an der Wallfahrtskirche S. Maria in **Aufkirchen** vorbei. Die spätgotische Kirche wurde 1475 anstelle eines kleineren Vorgängerbaus errichtet. Imposant ist das von *Simon von Taisten* gefertigte Christopherus-Fresko am Turm.

Toblach liegt an einem historischen Verkehrsknotenpunkt. Hier knickt das Rienztal südlich in das Höhlensteintal ab, dem die **Strada d'Alemagna,** die mittelalterliche Verbindung Venedigs mit Süddeutschland, folgt und dann durch das Pustertal und über den Brenner weiter nordwärts verläuft.

Dass Toblach von seiner verkehrsgünstigen Lage profitiert hat, sieht man dem alten Ortskern an. Großartig präsentiert sich inmitten von Alt-Toblach die **Ortspfarrkirche St. Johannes,** in den Jahren 1764–74 anstelle eines romanischen und gotischen Vorgängerbaus vom Toblacher Baumeister *Rudolf Schraffl* errichtet. Der Turm wurde 1804 gebaut, die Kirche von *Franz Anton Zeiller* ausgemalt. Ein außergewöhnlicher **Kreuzweg** führt entlang der Maximilianstraße zur Kirche – er stammt aus dem Jahr 1519 und ist der älteste des Pustertals. Die Rundkapelle am Schluss aus dem Jahr 1512 soll von Kaiser *Maximilian* gestiftet worden sein.

Nordwestlich von Alt-Toblach erhebt sich die **Herbstenburg,** die 1500 von den Brüdern *Kaspar* und *Christoph Herbst* als Vogteisitz erworben und umgebaut wurde. Die befestigte Anlage reicht bis zum **Roten Turm,** der durch einen unterirdischen Gang mit der Burg, in deren Kellergewölben sich Gefängnisse befanden, verbunden war.

Die zauberhafte Lage Toblachs inmitten der Tiroler Bergwelt des Hochpustertals hat hier schon früh den Fremdenverkehr angezogen. So entstand ab der Mitte des 19. Jh. die Hotelsiedlung **Neu-Toblach** – beide Ortsteile sind inzwi-

☑ Die Pfarrkirche von Toblach

165st ot

schen zusammengewachsen. Das berühmteste Gebäude Neu-Toblachs ist das 1878 gebaute **Grand Hotel,** heute Veranstaltungshaus, **Naturparkhaus** und Jugendherberge. Ein bekannter Feriengast war **Gustav Mahler.** *Mahler* verbrachte die drei Sommer von 1908 bis 1910 in dem am Waldrand bei Toblach gelegenen **Hof Schluderbach,** wo das Komponierhäuschen besichtigt werden kann.

■ **Gustav-Mahler-Stube,** Altschluderbach 3, Tel. 0474 972347, www.gustavmahlerstube.com, ehemaliger Landadelssitz, idyllisch gelegen, Ausgangspunkt für Wanderungen, das Komponierhäuschen kann im Tierpark besichtigt werden, beide geöffnet im Sommer 9–18 Uhr, im Winter 9.30–17 Uhr, Eintritt 6 Euro, ermäßigt 3 Euro. Zudem gibt es 2 Ferienwohnungen und ein Restaurant, das typische Tiroler Küche und Wildgerichte anbietet.

Naturparkhaus Drei Zinnen, im Euregio-Kulturzentrum Gustav Mahler Toblach, Dolomitenstraße 41, Tel. 0474 976151, www.kulturzentrum-toblach.eu, mit Informationen über die Natur- und Kulturlandschaften und Geologie der Sextner Dolomiten, die Kriegsereignisse an der Dolomitenfront, den Beginn des Alpinismus und des Tourismus im Hochpustertal. Dazu eine Erlebniswerkstatt, die Kindern und Jugendlichen spielerischen Zugang zur Alpennatur bietet, geöffnet 9.30–12.30 und 14.30–18 Uhr, Juli/Aug. auch So und Do 18–22 Uhr, Kinderwerkstatt Juli/Aug. Mi 14.30–17 Uhr, ansonsten auf Anfrage, Teilnahme für Kinder von 7 bis 12 Jahren kostenlos.

Unterkunft, Essen und Trinken

■ **Gratschwirt**④, Toblach-Gratsch, Gratsch 1, Tel. 0474 972293, www.gratschwirt.com, preisgekrönter Gasthof in der an der Rienz gelegenen Fraktion Gratsch mit drei Gaststuben und exzellenter Küche, Tradition seit 1672, frühere Pferdewechselstation an der Strada d'Alemagna, Zimmer verschiedener Kategorien überwiegend mit Balkon, Hallenbad, Sauna, Wellnessanlagen, Garten.

■ **Hotel Santer**③, Alemagnastr. 4, Tel. 0474 97 2142, www.hotel-santer.com, Wellnesshotel mit Saunalandschaft, Zimmer großteils mit Balkon, Restaurant bietet Fleisch aus eigener Zucht.

■ **Schopfenhof**②, Haselsberg 12, Tel. 0474 9133 84, www.hotel-schopfenhof.com, Berghotel oberhalb von Toblach, helle, gemütliche Zimmer, Balkon, teilweise Sitzecke, Lift, 2022 komplett erneuerte Wellnessanlage mit finnischer Sauna, Infinitypool, Dampfgrotte und Kräutersauna, Whirlpool, und neuem Kinderbereich mit Wasserspielen, herrliche Aussicht auf Innichen und die Gipfel der Sextener Dolomiten mit Gsell, Dreischusterspitze, Haunold-Gruppe. Restaurant mit Stube und Terrasse bietet preisgekrönte Südtiroler Küche, Mo Ruhetag.

■ **Jugendherberge Toblach,** Dolomitenstr. 29, Tel. 0474 976216, www.toblach.jugendherberge.it, eingerichtet im ehemaligen Grandhotel, geräumige Ein-, Zwei- und Dreibettzimmer, schöne Aufenthaltsräume mit Billard, Tischfußball, TV, Spielen, dazu Waschautomaten und Fitnessraum, Tagungsräume und Festsäle, Übernachtung ab 26,50 Euro (Etagendusche), ab 37,50 Euro (mit Zimmerdusche), jeweils in Mehrbettzimmern.

Aktivitäten

■ **Schlittschuhlaufen:** Der Toblacher Eislaufplatz liegt gegenüber dem Gasthaus Weberhof.

■ **Skigebiet Tobblach** (1240–1420 m): Sessellift, 2 Schlepplifte, 4 km Pisten leicht bis mittelschwer, gemütlich und familienfreundlich.

Einkaufen

■ **Trachten:** Fa. Kraler, St.-Johannesstr. 10, Tel. 0474 972667, www.kraler.info, Sportgeschäft, Trachtenmode und Lederwaren.

■ **Schaukäserei:** Molkerei Sennerei Drei Zinnen, Pustertalerstr. 3c, Tel. 0474 971300, www.3zinnen.it, kundige Führungen durch die Schaukäserei und das kleine Museum. Geöffnet Di–Sa 8–19 Uhr, So 10–18 Uhr, Eintritt mit Verkostung 8–10 Euro, Kinder bis 8 Jahre gratis, dazu Ladengeschäft.

Feste und Veranstaltungen

■ **Gustav-Mahler-Musikwochen:** Seit 1981 findet dieses kleine, anspruchsvolle und international anerkannte Musikfestival im Juli/Aug. in Toblach statt, im Kulturzentrum Grand Hotel, Dolomitenstr. 31, Tel. 0474 976151, www.gustav-mahler.it.

Verkehr

■ **Pustertalbahn:** Haltepunkt Toblach.

Aufkirchen

In der nördlich von Toblach gelegenen Fraktion Aufkirchen steht die 1470–75 errichtete **gotische Wallfahrtskirche,** die einen kleineren Vorgängerbau ersetzte. Seit dem frühen 14. Jh. pilgerten die Menschen hier zu einem **Gnadenbild.** Der anhaltende Pilgerstrom war so groß, dass man die Kirche 1730 vergrößerte. Trotz neugotischer Erneuerung sind vom spätgotischen Hochaltar noch die Seitenfiguren und das Gnadenbild erhalten. Das aus einem einzigen Stück Holz geschnitzte Gnadenbild zeigt Maria mit dem Leichnam Jesu auf dem Schoß. Oberhalb von Aufkirchen war **St. Peter am Kofl** eine Zufluchtsstätte von Priestern während der Zeit der Völkerwanderung und gilt als das älteste religiöse Heiligtum im Hochpustertal. Urkundlich wurde die Kapelle erstmals im Jahr 1329 erwähnt. Der schon früh ruinöse Bau wurde 1984/85 wieder aufgebaut. Dabei blieb an der Außenwand ein Fresko des heiligen Christophorus aus dem 16. Jahrhundert erhalten. Ein Besinnungsweg aus mehreren Steinen, die aus Granitblöcken und Bronzereliefs bestehen, führt zu dieser Stätte.

Silvestertal

Das Silvestertal erstreckt sich nordöstlich von Toblach in die Deferegger Alpen. Im Tal liegt der Weiler **Wahlen.** Eine alte Militärstraße führt an der Silvesterkapelle vorbei bis an den 2545 m hohen Marchginggele heran.

Silvesterkapelle

An der höchsten Stelle des Silvestertals, am Standort einer vorgeschichtlichen Wallburg, steht die im Jahr 1150 erbaute Silvesterkapelle, um 1440 mit seitlicher Fassadenglockenmauer erweitert und 1455 von *Kardinal Nikolaus Cusanus* von

Wanderung durch das Silvestertal

■ **Gehzeit:** 2½ Std., 600 Höhenmeter.

GPS Ausgangspunkt der Wanderung ist **Toblach,** von wo es auf dem Weg Nr. 1B an Wahlen vorbei rechts ab zur Silvesteralm (Einkehrmöglichkeit) und zur **Silvesterkapelle** geht. Die leichte Wanderung ist auch für geübte Mountainbiker geeignet.

Brixen mit Ablässen ausgezeichnet. In der Kapelle findet sich ein Gemäldezyklus der Brixner Malerschule aus der Zeit um 1450–60 mit Darstellungen der Heiligen *Petrus* und *Paulus, Ingenuin* und *Albuin* am Chorbogen. Die Apsis und die Fensterleibungen sind mit Fresken bedeckt.

Innichen (San Candido)

Info: Postleitzahl Innichen: **39038.** Tourismusverein Innichen, Pflegplatz 1, Tel. 0474 913149, www.innichen.eu.

Den **kulturgeschichtlichen Höhepunkt des Pustertals** bildet Innichen, auf 1175 m Höhe jenseits des Toblacher Talbodens gelegen und schon von der **Drau** durchflossen. Der Ortsname ist keltischen Ursprungs – hier gab es bereits im 4. Jh. v. Chr. eine keltische Siedlung. Die Römer gründeten an dieser Stelle das Kastell Littamum. Als die Bajuwaren Ende des 6. Jh. n. Chr. im Pustertal vorrückten, wurde Littanum zerstört.

Im Jahr 769 veranlasste der Bayernherzog *Tassilo III.* durch eine Schenkung die Gründung eines **Benediktinerklosters** zur Missionierung der Region, das 816 dem Hochstift Freising übergeben wurde. Innichen ist somit das **älteste Kloster Südtirols.** Um 1140 wurde das Benediktinerstift in ein von Kanonikern geführtes weltliches Kollegiatstift umgewandelt. Von 1549 an unterstand es den

166st ot

Bischöfen von Brixen, später wurden die Pröbste vom Kaiser in Wien ernannt.

Stiftskirche

Die Stiftskirche steht im Zentrum von Innichen am Pflegplatz, nur durch den Friedhof von diesem getrennt. Die erste Kirche am Platz wurde um 1000 durch einen neuen Bau ersetzt, von dem die dreischiffige Krypta im heutigen, dritten Bau integriert ist. Dieser dritte Bau wurde 1284 den Heiligen *Candidus* und *Korbinian* geweiht und gilt als **schönster romanischer Sakralbau der Ostalpen.** Der Glockenturm entstand erst in den Jahren 1320–26. Das Südportal, das man vom Pflegplatz aus betritt, stellt als kunstvolles Relief im Tympanon Christus als Weltenrichter dar, darüber ein

Die Stiftskirche von Innichen

Detail in der Stiftskirche von Innichen

Fresko von *Michael Pacher.* Der relativ dunkle, dreischiffige Innenraum ist von Rundbögen überwölbt, der Chor erhöht, darunter liegt die beidseitig zugängliche Krypta. Hinter der Vierung sieht man eine große romanische Kreuzigungsgruppe aus der Zeit um 1200, das Kuppelfresko entstand um 1280. Die Orgel wurde 1628 von *Andreas Putz* gebaut. (Die Kirche ist tägl. 8–18 Uhr geöffnet.)

Kapitelhaus

Im Kapitelhaus neben der Kirche, einem der ältesten Häuser des Ortes, befindet sich das **Stiftsmuseum.** Der östliche Teil stammt noch aus dem 10. Jh., der westliche wurde um 1385 gebaut und bekam im 16. Jh. das heutige Aussehen. Die Malereien im Inneren stammen aus der Zeit um 1500 von Malern der Brixner Schule. Die ebenerdigen Räume dienten als Speisemagazine, im Obergeschoss befinden sich der Kapitelsaal, das Bibliothekszimmer, der Archivraum, die Stube und der Arbeitsraum des Bibliothekars und Schulmeisters.

Heute beherbergt das Haus neben dem Museum das Archiv und die Bibliothek des Stiftes. Hier wird der **Domschatz** ausgestellt, darüber hinaus zeigt das Museum Exponate zur Geschichte und sakrale Kunstschätze. Eine Nebenstelle befindet sich im Franziskanerkloster.

■ **Stiftsmuseum,** Attostr. 3, Tel. 0474 913278, www.innichen.net, geöffnet Juni bis Mitte Okt. Di bis Sa 14–19 Uhr, im Winter nur auf Anfrage, Eintritt 7 Euro (Kombiticket Stiftsmuseum), 4 Euro nur Stiftsmuseum im Franziskanerkloster, 4 Euro Kinder ab 6 Jahren, Senioren und Studenten, frei für Kinder unter 6 Jahren.

Pfarrkirche

Unweit der Stiftskirche steht die Pfarrkirche **St. Michael.** Sie wurde anstelle des romanischen Vorgängerbaus 1735 als wahres Barockjuwel wieder errichtet – einzig der Rundturm ist im Kern

168st ot

noch alt. Ihre Fassade ist mit Pilastern, Volutengiebeln und Figurennischen reich gegliedert, das Langhaus wird durch geschwungene Fensterformen charakterisiert.

Der aus Schwaz stammende *Christoph Anton Mayr* schuf neben den üppig gemalten Stuckdekorationen auch die Deckengemälde, so etwa im Chor den Engelsturz und die theologischen Tugenden, im Langhaus den Erzengel Michael als Beschützer der Kirche sowie Bilder aus dem Marienleben, Allegorien der Erdteile, der Mäßigkeit und des Überflusses. (Die Kirche ist täglich 8–18 Uhr geöffnet.)

Franziskanerkloster

Folgt man von der Pfarrkirche der Römerstraße nach Westen, gelangt man zum Franziskanerkloster. Die 1697 geweihte Franziskanerkirche zeichnet sich durch schlichte und klare Architektur als klösterliches Gotteshaus aus, so durch Verzicht auf einen hohen Glockenturm, auf komplizierte Wölbungen und Deckengemälde, um dem Armutsideal gerecht zu werden. Dennoch erhielt die Kirche eine barocke Ausstattung, vor allem einen verspielten Hochaltar mit zwei hohen Nebenaltären. Das Hochaltarbild stammt von *Christoph Unterberger* (1764) und zeigt Maria mit dem Jesuskind, vor denen die Heiligen *Leopold* und *Franziskus* knien. Den Kreuzgang malte der Franziskanerbruder *Lukas Plazer* 1707–1709 recht naiv mit Motiven aus dem Leben des heiligen Franziskus aus.

⊡ Blick von Innichen in die Bergwelt

■ **Franziskanerkloster,** geöffnet täglich 7.30–18.30 Uhr (außer Mo vormittags), Kreuzgang nur auf Anfrage, das Tourismusbüro vermittelt Führungen.

Außerkirchl

In Innichen ist mit dem Außerkirchl noch ein weiteres Gotteshaus zu erwähnen. Man erreicht es, indem man der Römerstraße über das Franziskanerkloster hinaus weiter folgt (Besichtigung auf Anfrage beim Tourismusbüro). Die Kirche dokumentiert barocke Volksfrömmigkeit, wobei es sich um drei aneinander gebaute Kapellen handelt, gestiftet vom Innichner Gastwirt *Georg Paprion* nach der Rückkehr von einer Pilgerfahrt nach Jerusalem. Grund- und Aufriss dieser 1653 gebauten Heiliggrabkapelle entsprechen denen der Grabeskapelle auf Golgotha. Schon um 1633 hatte er hier nach dem Muster der Altöttinger Gnadenkirche die Rundkapelle als Altöttinger Kapelle errichten lassen, dazu als dritten Teil das angebaute Kirchenschiff mit Türmchen als Leidenskapelle.

Dolomythos

Eine weitere Attraktion von Innichen ist das Privatmuseum über den **Lebens- und Kulturraum der Dolomiten** in der Villa Wachtler. Zu sehen sind Dioramen und Filme sowie Exponate zur Erdgeschichte, Tiere, Pflanzen und Mineralien. Für Kinder wird eine Schatzsuche geboten, bei der man Bergkristalle, Halbedelsteine, Fossilien und auch Haifischzähne finden kann. Dazu gibt es kindgerechte Informationen. Die Dino-

adobe.stock Foto: ©Flaviu Boerescu

saurierwelt und die alpine Sagenwelt des Museums sind gleichermaßen für Erwachsene und Kinder interessant.

Dolomythos, Rainerstr. 11, Tel. 0474 913462, www.dolomythos.com, geöffnet ganzjährig 8–19 Uhr, im Winter So Ruhetag, Eintritt 10 Euro, Kinder 4–14 Jahre 6 Euro, Familienkarte 25 Euro.

Unterkunft

■ **Hotel Weißes Rössl**⑤, Herzog-Tassilo-Str. 1, Tel. 0474 913135, www.cavallinobianco.info, Spitzenhotel am Ort, großzügige Zimmer und Suiten, Hallenschwimmbad, Wellnessangebote, elegantes Restaurant mit Südtiroler Küche.

■ **Hotel Lindenhof**②, Haunoldweg 11, Tel. 0474 914074, www.lindenhofhotel.it, oberhalb von Innichen am Hang des Haunolds gelegen, große Zimmer mit Balkon, schöner Garten, angeschlossenes Restaurant.

Essen und Trinken

■ **Bärenstube**③, im Hotel Orso Grigio, P. Rainer Str. 2, Tel. 0474 913115, www.orsohotel.it, im verkehrsfreien Ortszentrum, ältester Gasthof in Innichen, geht im Ursprung auf das Jahr 1300 zurück, seit über 250 Jahren im Familienbesitz, hervorragende Menü-Küche.

■ **Bergstube,** Innichberg 5, Tel. 0474 913448, www.glinzhof.com, Jausenstation des Glinzhofs oberhalb von Innichen, bodenständig-zünftige Speisen lecker zubereitet, Mo und Di Ruhetag, im Juli nur Mo, im Aug. kein Ruhetag.

Einkaufen

- **Filzpantoffeln etc.:** Zacher, Burgweg 2, Tel. 0474 913535, www.haunold.info, bietet unter dem Markennamen Haunold auch Hüte, Taschen und Wohnaccessoires, wichtiger Partner der Südtiroler Schafhalter, Verkauf, geöffnet Mo bis Fr 9–12 und 15–18 Uhr, Sa 9–12 Uhr (im Sommer auch nachmittags), So geschlossen.

Aktivitäten

- **Acquafun Erlebnisbad Innichen,** M.-H. Hueberstr. 2, Tel. 0474 916200, www.acquafun.com, Sport- und Planschbecken, Riesenrutsche, Strömungskanal, Whirlpool, Sauna, Restaurant, 3000 m² Sommer-Liegewiese. Das Schwimmbad ist geöffnet Juni bis Sept. 10.30–21 Uhr, Eintritt 9 Euro (2,5 Std.), Studenten, Senioren, Teenager 7 Euro, Kinder bis 14 Jahre 4,50 Euro.

Haunold

Der Haunold erstreckt sich als **Gebirgsgruppe** zwischen dem Sextental und dem Innerfeldtal südlich von Innichen. Seine Hänge haben sich zu einem **kleinen familienfreundlichen Skigebiet** bis auf 1600 Metern Höhe entwickelt. Es stehen fast 10 Kilometer Pisten mit fünf Liften zur Verfügung. Das Gebiet ist auch für den **Sommertourismus** mit Wanderwegen und einer Sommerrodelbahn erschlossen.

An der **Haunoldhütte** bringt ein Zwergendorf aus Baumhäuschen Abwechslung für Kids. Dazu gibt es an zehn Freitagen im Sommer ein Kinderfest.

- **Fun-Bob:** Sommerrodelbahn von der Bergstation der Haunoldbahn über 1700 m Gefälle von über 300 m, Matthias-Schranzhofer-Straße 26. Betriebszeiten Anf. Juni bis Anf. Okt. 9.30–18.30 Uhr, Einzelfahrt Sessellift und Funbob 17,50 Euro, Junioren 12,50 Euro, Berg und Talfahrt 23,50/16,50 Euro (jeweils 1 Euro online Ermäßigung).
- **Haunoldhütte:** Gastronomiebetrieb ohne Übernachtung, Bergstation der Haunold-Seilbahn, Tel. 0474 916582, www.dreizinnen.com.

Seilbahnen

- **Seilbahn Haunold:** Von Innichen zur Haunoldhütte auf 1490 Meter Höhe, Sommerbetrieb Ende Mai bis Ende Sept., Berg- oder Talfahrt 17,50 Euro, Jugendliche 12,50 Euro, Berg- und Talfahrt 23,50/ 16,50 Euro, online jeweils 1 Euro Ermäßigung.

Verkehr

- **Pustertalbahn:** Haltepunkt Innichen.

Vierschach und Winnebach (Versciaco, Prato alla Drava)

Wendet man sich von Innichen nach Osten entlang der oberen Drau, gelangt man über Vierschach nach Winnebach, wo sich die **Grenze zu Osttirol** befindet. Die Orte liegen auf einem mächtigen Schuttkegel.

Die Kirchweihe fand in Vierschach schon 1212 statt. Es handelt sich um einen rechteckigen Saalbau mit einer östlich angesetzten kleinen Apsis. Aus der Zeit um 1300 stammen auch die letzten erhaltenen Reste einer frühgotischen Freskenmalerei, die heilige *Ursula* mit ihren Gefährtinnen darstellend. Um 1470 wurden Langhaus und Apsis erhöht und man zog ein gotisches Rippengewölbe ein. Im Jahre 1910 verlängerte man das Langhaus um ein Gewölbejoch.

Die dem heiligen Nikolaus geweihte Pfarrkirche von Winnebach liegt nicht im Zentrum des Dorfes, sondern auf einem aussichtsreichen Hügel. Urkundlich wurde die Winnebacher Pfarrkirche mit ihrer Weihe 1507 erstmals erwähnt, der vorromanische Saalbau um 1500 in gotischem Stil erweitert. Der elegante Kirchenbau mit Spitzbogenfenstern und -portal hat sein gotisches Äußeres bewahrt.

Unterkunft, Essen und Trinken

■ **Hotel Almhof**②, Winnebach, Jaufenstr. 9, Tel. 0474 966755, www.almhof.it, oberhalb des Ortes gelegen, die geräumigen Zimmer sind im tirolerischen Stil eingerichtet, das stilvolle Restaurant bietet saisonale Küche.

■ **Gasthof Jaufen**①, Winnebach, Jaufenstr. 11, Tel. 0474 966736, www.kathi.it, Garni-Unterkunft am Osthang des Vierschacher Bergs in 1440 m Höhe, sonnige Lage und unmittelbare Waldnähe, Gastzimmervermietung (rustikal mit Balkon), dazu neue Appartements.

■ **Kleinmarerhof**①, Vierschach, Marerstr. 2. Tel. 0474 910001, www.kleinmarer.it, Bergbauernhof abseits des Touristentrubels, die gemütlichen Zimmer verfügen teilweise über einen Balkon, mit Hofschank, bietet Tiroler und Südtiroler Spezialitäten, die Produkte stammen aus der eigenen Landwirtschaft.

Aktivitäten

■ **Skigebiet Helm:** 63 Pistenkilometer und die längste Abfahrt im Hochpustertal zwischen Sexten (1310 m) und dem 2433 m hohen Berg Helm mit 4 Sesselliften, 5 Gondeln, 1 Luftseilbahn und 2 Ski-Laufbändern.

■ **Skikarussell:** Seit Dezember 2014 sind die beiden Pustertaler Skigebiete „Kronplatz" und „Sextner Dolomiten" durch den Bau des Bahnhofs Vierschach zu einem Skikarussell von 200 Pistenkilometern miteinander verbunden. Mit dem **Ski Pustertal Express** geht es in 30 Minuten von der Talstation Ried am Kronplatz zur Talstation Helm (mit Ski-Bus-Verbindung) am Eingang der Sextner Dolomiten – und umgekehrt. Die beiden Bahnhöfe von Ried und Vierschach liegen direkt an den Liftanlagen. In Ried befinden sich diese direkt gegenüber vom Bahngleis, die Talstation Helm ist in Vierschach einfach über eine neue Brücke erreichbar.

■ **Servicezentrum „Punka":** Vierschach Bahnhof, an der Talstation Helm, mit Skipassverkauf, Skischule, Skiverleih, Skidepot, Geschäften und Après-Ski-Zone.

Verkehr

■ **Pustertalbahn:** Bahnhof Vierschach.

225st ot

8

Dolomiten

» Das spektakuläre Felsmassiv der Dolomiten mit seinen vielen Einzelspitzen, angefangen bei den Drei Zinnen über den Rosengarten bis hin zum Latemar, wurde in die Liste des Weltkulturerbes aufgenommen. Der schönste Blick bietet sich bei Sonnenuntergang von den Höhen über Bozen auf den Rosengarten, wenn dessen Spitzen in rosarotem Licht erglühen.

‹ Blick auf den Aferer Geisler

Dolomiten

Alpenpanorama und Welterbe

Die Dolomiten bilden den südöstlichen Teil Südtirols und machen über die Hälfte seiner Fläche aus. Ihre zerklüfteten Felsen, die aus den Almhochebenen herausragen, bilden mit den bizarren Spitzen ein einmalig schönes Alpenpanorama. Der Rosengarten bei Bozen und die Drei Zinnen im Bereich des Hochpustertals erscheinen wie traumhafte Kulissen mit ihren steilen, weißen Kalkfelsen, die im Abendlicht eine rosarote Färbung annehmen, bevor sie am Nachthimmel nur noch schemenhaft wahrzunehmen sind. Nicht umsonst hat der Architekt *Le Corbusier* die Dolomiten als das schönste Bauwerk der Welt bezeichnet.

Im Juni 2009 nahm die **UNESCO** die Dolomiten in die Liste des Welterbes auf. Dies verdanken sie einerseits ihrer spektakulären landschaftlichen Schönheit, andererseits ihrer Entstehungsgeschichte, die einzigartig in den Alpen ist: Vor 250 Millionen Jahren breitete sich am heutigen Standort der Dolomiten ein großes Korallenriff im Urmeer Tethys aus. Dieses Riff wurde im Laufe der Jahr-

millionen durch tektonische Kräfte angehoben. Durch Verwitterungsprozesse entstanden die heutigen schroffen Felstürme der „Bleichen Berge", eingebettet in tiefe Täler und geschwungene Hügel.

Begrenzt werden die Südtiroler Dolomiten durch das Pustertal im Norden, den Eisack und in der Verlängerung die Etsch im Westen sowie im Süden und Osten durch die Provinzgrenzen von Trient und Belluno. Die Dolomiten erschließen sich dem Besucher durch die vielen Täler, die von den Flüssen tief in das Kalkgestein eingeschliffen wurden. Die großen Täler, die von Rienz und Drau südwärts in die Dolomiten führen, sind das **Sextental,** das **Höhlensteintal,** das **Pragser Tal** und das **Gadertal.** Vom Eisack führen ostwärts das **Aferer Tal,** das **Vilnößtal,** das **Grödnertal,** das **Tierser Tal** und das **Eggental** in die Dolomiten. Südlich von Bozen fließen der Etsch nur noch kleinere Zuflüsse aus den Dolomiten zu.

Rosengarten von St. Zyprian aus gesehen

226st ot

Weitental
Pfunderer Bach
351 Terenten
350 Pustertaler Sonnenstraße
354 Kiens (Chienes)
St. Sigmund
352 Issing
353 Pfalzen
Tauferer Tal
SS621
365 Gais
Mühlbach
Naturpark Rieserferner-Ahrn
Dörfl
Antholz-Niedertal
365 St. Georgen
Oberwielenbach
360 Dietenheim
SS49
E66
Rienz
Ehrenburg
355 St. Lorenzen
357 Bruneck (Brunico)
Percha
Antholzerbach
385 Antholzer Tal
Oberrasen
Niederrasen
E66
383 Olang (Valdaora)
361 Reischach
St. Martin
Montal
Saalen
Stefansdorf
Oberolang
Unterpustertal
310 Lüsner Tal
430
Rodenecker Alm
417 Gadertal
Kronplatz 2273
Geiselsberg
Hoch
SS244
418 Enneberg Pfarre
Mischl
Bad Bergfall
St. Veit
Lüsen (Luson)
Eisacktal (Valle Isarco)
Zwischenwasser
Rina
Hof
Rara
Bad Neuprags
416 Naturpark Fanes-Sennes-Prags
418 St. Vigil
Gaderbach
Plose 2504
Untermoi
Picolino
418 Rautal
Pustertal
414 Pragser Wildsee
Würzjoch
419 St. Martin in Thurn (San Martino in Badia)
Palmschoß
Peitlerkofel 2875
Laguschell
422 Wengen
Pederoa
439 Naturpark
Campill
Campilltal
Hochabteital
423 St. Leonhard
Geislerspitzen 3025
Puez-Geisler
424 Pedratsches
422
Salten-Schlern (Salto-Sciliar)
Col da la Pieres 2759
Puez 2918
424 La Villa
447 St. Christina in Gröden
Varda
425 St. Kassian
SP37
Le Tofane 3243
SS242
Grödnertal
Kolfuschg
428 Corvara
448 Wolkenstein in Gröden
SS243
Grödner Joch
SS244
SP24
Plan de Gralba
439
SR48
Langkofel 3181
Piz Sella 2940
Passo di Campolongo
Pian Falzarego
Sellajoch
Cherz
Contrin
Castello
Piz Boè 3151
SS242
SR48
Arabba
Cernadoi
Passo di Pordoi
SP636
Andraz
SR48
Ornella
Livinallongo del Col di Lana
Campitello di Fassa
Canazei
Salesei
SR203
Larzonei
Alba
Posalz
Colle Santa Lucia
Laste di Sopra
Selva di Cadore
Ciamp dello Stanzon
Pezzei
Penia
Rocca Pietore
Caprile
SP251
Pescul

0
5 km
©Reise Know-How
SüdtirK08A 6/23
ÖSTERREICH
ITALIEN
(Val Pusteria)
Pustertal
Obertal
St. Magdalena in Gsies
St. Martin in Gsies
(Valle di Casies)
Preindl
Pichl
Unterplanken
Taisten
Gsieser Bach
Gsieser Tal
Welsberg
(Monguelfo)
Aufkirchen
Wahlen
Silvestertal
Silvesterbach
Silvesterkapelle
Innervillgraten
Walchboden
Außervillgraten
Sillian
Winnebach
Innichen
(San Candido)
Vierschach
(Versciaco)
Niederdorf (Villabassa)
Toblach
(Dobbiaco)
Prags
(Braies)
Rienz
Neu-Toblach
Innerfeldtal
Sexten-bach
Sextental
Sexten
(Sesto)
Helm
2433
Waldheim
Moos
Bad Moos
Pragser Bach
Pragser Tal
Bad Altprags
Altpragser Tal
Toblacher See
Höhlensteintal
Haunold
2943
Naturpark
Drei Zinnen
Ponte Pissandolo
Sextener Rotwand
Elferkofel
3092
Bagni di Valgrande
Hohe Gaisl
3146
Im Gemärk
Schluderbach
Dürrensee
Drei Zinnen
2991
Zwölferkofel
3094
Moie
Rufreddo
Auronzo-Hütte
Padola
Misurina
Lago di Misurina
Cristallo
3221
Giralba
Auronzo
Auronzo di Cadore
Somprade
Cosderuoibe
Palus
San Marco
Cortina
d'Ampezzo
Campo di Sotto
Pian da Lago
Sorapis
3205
Cima Gogna
Vigo di Cadore
Lozzo di Cadore
Lorenzago di Cadore
Domegge di Cadore
Lago di Pieve di Cadore
Monte del Moro
San Vito di Cadore
Resinego
Borca di Cadore
Calalzo di Cadore
Vallesella
Pieve di Cadore
SS49
E66
SS52
SS51
SS48bis
SP49
SR48
SP532
SS51bis
100
111
386
387
389
391
393
394
398
408
409
410
412
413
415

VOM PUSTERTAL IN DIE DOLOMITEN (VAL PUSTERIA, DOLOMITI)

EINE FASZINIERENDE BERGWELT

Vom Pustertal führen mehrere Seitentäler in die Dolomiten, die wohl aufregendste Bergwelt Südtirols.

NICHT VERPASSEN!

- **Drei-Zinnen-Rundweg,** wandern im Angesicht der überwältigenden Felsnadeln | 411
- **Ladinisches Landesmuseum,** Kulturmuseum einer eigenständigen Sprachgruppe | 420
- Auf der Sella Ronda rund um die schöne **Sella-Gruppe** | 429

Diese Tipps erkennt man an der gelben Markierung.

adobe.stock Foto: ©Gunar

Sextental (Val di Sesto)

■ **Info:** Postleitzahl Sexten: **39030.** Tourismusverein Sexten, Dolomitenstr. 45, Tel. 0474 710310, www.sexten.it.

Das zwanzig Kilometer lange Sextental reicht von der Mündung des **Sextener Bachs** in die noch junge Drau bei **Innichen** bis zum 1636 m hohen Kreuzbergpass als Übergang in die italienische Provinz Belluno. Die Begrenzung nach Osttirol erfolgt durch die Karnischen Alpen mit dem 2434 m hohen Helm, dem markanten Hausberg des Ortes Sexten, nach dem das Tal benannt ist. Die Südgrenze wird von den Sextener Dolomiten gebildet. Zwei reizvolle Täler, das Innerfeldtal und das Fischleintal, entwässern von den Sextener Dolomiten in den Sextener Bach.

« Blick auf die Drei Zinnen

Im Verlauf des **Ersten Weltkriegs** waren die Sextener Dolomiten Schauplatz anhaltender Stellungskriege zwischen österreichischen und italienischen **Gebirgsjägern.** Ein Teil der Militärsteige ist zu Wanderwegen ausgebaut worden – der sogenannte Friedensweg führt entlang der gesamten Südfront von den Sextener Dolomiten bis zum Stilfser Joch.

Innerfeldtal

Wenn man von Innichen ins Sextental einbiegt, kommt nach wenigen Kilometern der Abzweig rechts in das Innerfeldtal. Die **Wanderung** durch das reizvolle Tal bis zur **Drei Schuster Hütte** nimmt 2½ Stunden in Anspruch. Belohnt wird man im Talschluss von einem herrlichen Ausblick auf die Spitzen der Sextener Dolomiten.

Sexten

Folgt man der Talstraße aufwärts, gelangt man nach Sexten. Im Hauptort St. Veit erhebt sich die **Pfarrkirche St. Peter und Paul.** Sie hat romanische Ursprünge, wurde 1824/26 mit Altarblättern des venezianischen Malers *C. Dusi* versehen und 1921 nach Beschuss im Ersten Weltkrieg renoviert. Die Deckengemälde und Kreuzwegstationen stammen von *Albert Stolz,* der dem Tal entstammt, und von dessen Bruder *Rudolf Stolz,* der 1924 das **Totentanz-Fresko auf dem Kirchfriedhof** schuf.

Eine private **Krippensammlung** im Hotel Mondschein zeigt eine Sammlung von Panoramakrippen mit klassischorientalischem Charakter und verschiedene Tiroler Krippen.

■ **Krippensammlung Anton Stabinger,** Hotel Mondschein, Dolomitenstraße 5, Tel. 0474 710322, www.hotelmondschein.com, täglich geöffnet (außer Mo), als Eintritt wird eine Spende erbeten.

Moos

Die Wand- und Deckengemälde in der 1717 errichteten Kirche zum heiligen Josef in Moos oberhalb von St. Veit stammen auch von **Rudolf Stolz** (1874–1960). Das ihm gewidmete **Museum** zeigt in zwei Schauräumen Planskizzen und Entwürfe zu Fresken, Studien, Aquarelle und grafische Arbeiten des Südtiroler Künstlers. In Moos zweigt die Straße in das romantische Fischleintal ab.

■ **Rudolf-Stolz-Museum,** Moos, Dolomitenstr. 16, Tel. 0474 710521, www.sudtirol.com/de/museen/rudolf-stolz-museum.htm, geöffnet Sept., Okt., Weihnachten und Ostern Mi und Fr 16–18 Uhr, So 10–12 Uhr, Juli/Aug. Di bis Fr 15–19 und 20–22 Uhr, Sa und So 10–12 und 15–22 Uhr, der Eintritt ist frei.

Praktische Tipps

Unterkunft, Essen und Trinken

Family Resort Rainer④, Sexten, St. Josefstr. 40, Tel. 0474 710366, www.familyresort-rainer.com, ruhige, sonnige Lage am Waldrand, familiäre und kinderfreundliche Atmosphäre, Zimmer verschiedener Kategorien überwiegend mit Balkon/Terrasse, mit neuer Wellnessoase „Dolomit Panorama Spa" auf zwei Etagen mit eigenem Kinderbereich, hervorragende Küche.

■ **Hotel Mondschein**②, Sexten, Dolomitenstr. 5, Tel. 0474 710322, www.hotelmondschein.com, Zimmer mit und ohne Sitzecke, teilweise mit Balkon, das Hotel besitzt eine interessante Krippensammlung (s.o.), angeschlossenes Restaurant, Pizzeria, Bar.

■ **Gasthof Edelweiss**②, Sexten, St. Josefstr. 33, Tel. 0474 710141, www.gasthofedelweiss.com. Vermietet werden Appartements in verschiedenen Größen, jeweils mit Balkon, ganzjährig buchbar, dazu Sauna und Fitnessraum. Der Gasthof verfügt über eine eigene Almhütte.

■ **Pension im Wiesengrund**①, Sexten, Via Höslerweg 7, Tel. 0474 710212, www.im-wiesengrund.com, 2021 zu einem modernen Appartementhaus umgestaltet, angeboten werden Unterkünfte verschiedener Größen, dazu Zirbenstube nicht nur zum Frühstück.

■ **Bad Moos – Dolomites Spa Resort**④, Moos, Fischleintal Str. 27, Tel. 0474 713100, www.badmoos.it, Badebetrieb seit 1765 belegt, die Badequellen sind seit mindestens 1650 bekannt, ab 1800 hölzernes Badhaus. Heute modernes Sport- und Kurhotel mit eigener Schwefelquelle, verfügt über Lizenz (Kuren unter ärztlicher Aufsicht), Zimmer verschiedener Kategorien überwiegend mit Balkon.

■ **Dreischusterhütte,** Tel. 0474 966610, www.drei-schuster-huette.com, Hütte des Alpenvereins Südtirol, Sektion Drei Zinnen, auf 1626 m Höhe im Innerfeldtal unterhalb der Dreischuster-Spitze, 30 Min. Fußweg vom Parkplatz Innerfeldtal. Die Küche bietet typische regionale Gerichte: schmackhafte Knödel mit Gulasch, Kaiserschmarrn mit Preiselbeeren, hausgemachte „Äpfelkiachlan" mit Vanilleeis als Spezialität des Hauses, 56 Schlafplätze. 10 Min. oberhalb befindet sich der **Klettergarten Innerfeldtal** mit verschiedenen Schwierigkeitsgraden.

■ **Talschlusshütte,** Fischleintal, Tel. 0474 710606, www.talschlusshuette.com, im Sommer mit der Kutsche zu erreichen, rustikale Küche, Kinderspielplatz, Streichelzoo, 18 Lagerbetten.

Naturpark Drei Zinnen (Parco Naturale Tre Cime)

Der **Naturpark Sextener Dolomiten,** inzwischen umbenannt in „Naturpark Drei Zinnen", umfasst die 115 km² große Fläche zwischen dem Sextener Bach und dem Höhlensteintal im Osten und Westen sowie Pustertal und Sextener Dolomiten im Norden und Süden mit den markantesten Gipfeln der Dolomiten, allen voran den bis **2991 m hohen Drei Zinnen.** Das Erscheinungsbild der schroffen Sextener Dolomiten wird durch den krassen Gegensatz zwischen den sanft gewellten Almen und den steil herausragenden Gipfeln bestimmt. Von Sexten aus zeigen die Gipfel dieser Dolomitenkette den Sonnenstand wie eine Sonnenuhr an: Neuner, Zehner, Elfer, Zwölfer, Einser.

Die **Sextener Rotwand** (2939 m) ist der „Zehner" der Sextener Sonnenuhr und thront gemeinsam mit seinem nur wenige Meter höheren Nachbarn, dem **Elferkofel** (3092 m), hoch über Sexten. Sie ist ein beliebter Aussichtsgipfel, auf den neben vielen Kletterrouten zahlreiche, teilweise sehr schwierige Klettersteige führen.

Der **Zwölferkofel** (3094 m) zeigt seine Schauseite von Norden. Mit einigen spitzen Nebengipfeln bildet er ein eigenständiges Felsmassiv, das 1878 erstmals bestiegen wurde.

Den Höhepunkt der Sextener Dolomiten bilden die **Drei Zinnen,** die sich aus den schütteren Geröllfeldern erheben. Die Große Zinne (2991 m) steht in der Mitte, umgeben von der Kleinen Zinne (2857 m) und der Westlichen Zinne (2973 m). Sie bilden wie die anderen Sextener Gipfel die Grenze zwischen Südtirol und der Provinz Belluno. Die berühmten **Nordabbrüche,** in denen Alpingeschichte geschrieben worden ist, befinden sich auf Südtiroler Seite. Zum ersten Mal bestiegen wurde die Große Zinne 1869 auf dem sogenannten Normalweg, die erste Nordwanddurchsteigung der Großen Zinne gelang 1933. Die Durchsteigung aller drei Nordwände wurde 2008 in 24 Stunden vollbracht.

Höhlensteintal (Val di Landro)

Der Verlauf der **Rienz** erfolgt von **Toblach** aufwärts nicht weiter nach Osten, sondern südwärts durch das Höhlensteintal bis zu ihrer **Quelle** unterhalb der Drei Zinnen. Das Tal bildet die Grenze zwischen dem östlich gelegenen Naturschutzgebiet Sextener Dolomiten und dem sich westlich erstreckenden Naturpark Fanes-Sennes-Prags, es trennt das deutsche vom ladinischen Sprachgebiet.

Im Höhlensteintal sind zwei Festungsanlagen zu sehen, die Ende des 19. Jh. von der k.u.k.-Monarchie zur Absicherung der österreichisch-italienischen Grenze angelegt wurden. Eine dieser inzwischen weitgehend verfallenen Anlagen befindet sich nahe des Toblacher Sees, die andere findet man unterhalb von Schluderbach.

72st ot

Wanderung auf dem Drei-Zinnen-Rundweg

■ **Gehzeit:** ca. 3 Std., Wegstrecke leicht bis mittelschwer, 410 Höhenmeter.

GPS Die Rundwanderung um die Drei Zinnen gehört zu den überwältigenden Erlebnissen in Südtirol und ist auch für Anfänger leicht zu schaffen. Ausgangspunkt ist die **Auronzo-Hütte** (2320 m) auf der Trentiner Seite, die über das Höhlensteintal und dann über eine mautpflichtige Zufahrt Richtung Misurinasee erreicht werden kann. Zuerst geht es auf Weg 101 Richtung Osten am Südhang der Drei Zinnen zur Lavaredo Hütte, dann weiter Richtung Norden zur Dreizinnenhütte und weiter entlang der besonders schönen Nordflanke an den Drei Zinnen entlang zur Langen Alm. Zuletzt geht es Richtung Süden auf einem etwas schwierigeren Schottersteig bis zum Ausgangspunkt an der Auronzo-Hütte zurück.

■ **Dreizinnenhütte** (2438 m), Tel. 0474 972002, www.dreizinnenhuette.com, Gastronomie, 40 Betten und 100 Lagerbetten, atemberaubende Aussicht auf Paternkofel und Drei Zinnen, geöffnet Ende Juni bis Ende Sept.

■ **Lavaredo Hütte** (2344 m), Tel. 349 6028675, www.rifugiolavaredo.com, 24 Betten, nur im Sommer geöffnet.

■ **Auronzo-Hütte** (2333 m), Tel. Sommer 0435 39002, Tel. Winter 0435 99454, www.rifugioauronzo.it, 104 Betten, Gastronomie, tolles Panorama, nur im Sommer geöffnet.

■ **Mautstraße Misurinasee / Aronzo-Hütte:** befahrbar Ende Mai bis Ende Okt., Pkw 30 Euro, Motorrad 20 Euro, Camper und Fahrzeuge über 2,10 m 45 Euro (Strecke → Höhlensteintal).

Die Auronzo-Hütte, Ausgangspunkt der Drei-Zinnen-Wanderung

Die Dolomitenbahn

Die 65 km lange Bahnstrecke zwischen Toblach und Calalzo in der Provinz Belluno stellte eine Verbindung zwischen der normalspurigen Pustertalbahn und der ebenfalls normalspurigen Bahnstrecke Calalzo – Belluno dar. Der bedeutendste Haltepunkt war Cortina d'Ampezzo, weshalb die Bahnstrecke auch Ampezzer Bahn hieß.

Es war eine Schmalspurbahn von 700 mm Spurweite, im Jahr 1915 zur Versorgung der österreichischen Frontlinie errichtet. Sie führte über die Passhöhe Im Gemärk, ohne den für Passstrecken ansonsten erforderlichen Scheiteltunnel. Hier befanden sich auch ein Bahnhof sowie ein Ausweichgleis der einspurigen Strecke.

Der Bahnhof ist noch erhalten und heute in Privatbesitz. Nach dem Ersten Weltkrieg nahm die italienische Bahn den Personenverkehr auf der Strecke auf. 1929 wurde die Strecke elektrifiziert und im Vorfeld der Olympischen Winterspiele 1956 modernisiert. 1962–64 wurde sie stillgelegt. Die Trasse ist heute weitgehend als Radweg ausgebaut.

Toblacher See

Der Weg durch das Höhlensteintal aufwärts führt von **Neu-Toblach** zunächst am Toblacher See vorbei. Das Seebecken, das von der Rienz be- und entwässert wird, entstand vor langer Zeit durch Felsabstürze, die das Tal aufstauten. Heute führt ein **Naturlehrpfad** um den See herum. Die Straße verläuft dann unterhalb des 2839 m hohen Dürrensteins und des 2307 m hohen Strudelkopfes zum Dürrensee und weiter nach Schluderbach.

Dürrensee

Der über 1400 m hoch gelegene Dürrensee erstreckt sich schon oberhalb der Rienz und hat nur kleine, wasserarme Zuflüsse und keinen richtigen Abfluss, weshalb er für seine Höhenlage relativ warm und dadurch zum **Baden** geeignet ist. Ein Kiesstrand befindet sich am Nordufer.

Zur Auronzo-Hütte

Am Dürrensee vorbei folgt mit **Schluderbach,** unterhalb der Cristallo-Gruppe gelegen, der letzte Ort auf Südtiroler Gebiet. Hier teilt sich die Straße – beide Wege führen um den Monte Cristallo nach **Cortina d'Ampezzo** in der Provinz Belluno (Region Veneto). Biegt man auf der Staatsstraße 51 rechts ab, folgt man dem Weg über die 1530 m hohe Passhöhe Im Gemärk, den auch die Trasse der ehemaligen **Dolomitenbahn** einschlug.

Links abbiegend, gelangt man auf mautpflichtiger Straße am **Misurinasee** vorbei zur Auronzo-Hütte. In vielen Serpentinen geht es bis auf 2320 m hinauf. Von der Auronzo-Hütte lässt sich der Rundweg um die Drei Zinnen begehen (→ Sextental), wobei die 1916 errichtete und 1964 wieder aufgerichtete Capella Alpini der italienischen Frontsoldaten des Ersten Weltkriegs einen ersten Blickpunkt darstellt.

Praktische Tipps

Unterkunft

■ **Hotel Baur am See**②, 39034 Toblach, Toblacher See 2, Tel. 0474 972106, www.hotelbaur.it, denkmalgeschütztes Jugendstilhaus an der Straße oberhalb des Toblacher Sees mit großer Terrasse zum Wasser, Liegewiese und Bootssteg, schöne Zimmer mit Seeblick.

Camping

■ **Camping Toblacher See,** 39034 Toblach, Tel. 0474 972294, www.toblachersee.com, kleiner Platz nahe am See im Waldbereich, bietet auch Chalets, Fahrradverleih, dazu Restaurant-Pizzeria Seeschupfe, bietet regionale Küche, ganzjährig geöffnet.

Pragser Tal (Val di Braies)

■ **Info:** Postleitzahl Pragser Tal: **39030.** Tourismusverein Pragser Tal, 39030 Außerprags 78, Tel. 0474 748660, www.pragsertal.info.

Zwischen Welsberg und Niederdorf im Pustertal zweigt die Straße nach Süden ins Pragser Tal ab. Hier erlebt man die Bergwelt der Pragser Dolomiten inmitten des **Naturparks Fanes-Sennes-Prags,** gesäumt von Bergwiesen mit vielen einzeln stehenden alten Bauernhäusern. Der Name Prags leitet sich wohl vom keltischen *Bracu* (= Morast) ab, was auf die frühe Besiedlung schließen lässt. Eine erste urkundliche Erwähnung fand in den Jahren 965 und 974 statt.

Das Pragser Tal ist der richtige Ferienort sowohl für Ruhe Suchende als auch für sportliche Wanderer – hierfür bietet

☑ Am Toblacher See

173st ot

sich das großartige Gelände des Naturparks an. Insgesamt hat das Tal keine 1000 Einwohner, die in den Fraktionen Außerprags, Innerprags, St. Veit und dem Hauptort Schmieden leben.

Pragser Wildsee

Schon nach knapp drei Kilometern aus dem Pustertal heraus teilt sich die Straße, links geht es in das Altpragser

Das Hotel Pragser Wildsee und seine dramatische Geschichte im Zweiten Weltkrieg

Zwischen 1897 und 1899 wurde am Nordufer des Pragser Wildsees das mondäne Hotel Pragser Wildsee errichtet. Am Ende des Zweiten Weltkriegs schrieb es traurige NS-Geschichte – aber mit gutem Ausgang. Auf Befehl Hitlers wurden im April 1945 durch die SS die 136 prominentesten Häftlinge aus dem Konzentrationslager Dachau als Geiseln nach Niederdorf im Pustertal verbracht. Unter den Häftlingen befanden sich die Familie Stauffenberg, Prinz Philipp von Hessen, Prinz Leopold von Preußen, der ehemalige österreichische Bundeskanzler Dr. Kurt von Schuschnigg, der ehemalige französische Ministerpräsident Léon Blum, Reichstagspräsident Dr. Hjalmar Schacht, der Münchner Weihbischof Johannes Neuhäusler und andere. Die sogenannten Sonderhäftlinge aus 17 europäischen Nationen sollten als Geiseln eingesetzt werden, mit denen sich Himmler eine günstige Verhandlungsposition gegenüber den Alliierten verschaffen wollte.

Die Häftlinge konnten bei Niederdorf durch den mutigen Einsatz eines Wehrmachtsoffiziers befreit und im Hotel Pragser Wildsee untergebracht werden. Obwohl das Hotel geschlossen und unbeheizt war, nahm sich die Großmutter der heutigen Besitzerin der Häftlinge an, versorgte und verköstigte sie. Am 1. Mai 1945 wurden die Gefangenen befreit.

Das denkmalgeschützte Hotel ist heute noch in Betrieb und größtenteils im Originalzustand erhalten. Das „Zeitgeschichts-Archiv Pragser Wildsee" im Haus bietet die Möglichkeit, das dramatische Geschehen am Kriegsende am Originalschauplatz nachzuvollziehen.

174st ot

Tal, rechts zum Pragser Wildsee, dem wohl romantischsten der Südtiroler Alpenseen. Der 1470 m hoch gelegene und 31 ha große See verdankt seine Entstehung einem weit vorgeschichtlichen Murenabgang, der wie eine Staumauer wirkt. In seinem **smaragdgrünen Wasser** spiegelt sich die Felswand des 2810 m hohen Seekofels wider, der auch in der Pragser Sagenwelt eine große Rolle spielt. Demnach konnte man mit einem Boot das unterirdische Reich der Fanes erreichen. Das Tor zur Unterwelt befand sich am Südende des Sees, dort, wo der imposante Seekofel ihn überragt. Von den umliegenden Bergen hat man eine atemberaubende Aussicht auf den See – hier nimmt der **Dolomiten-Höhenweg Nr. 1** seinen Ausgang. Für Spaziergänger bietet sich ein Rundweg um den See am Ufer entlang an.

Altpragser Tal

Nimmt man den Straßenabzweig durch das Altpragser Tal, führt der Weg durch eine typische Südtiroler Idylle. Gesäumt von Höfegruppen geht es aufwärts bis zum Talschluss bei **Brückele.** Von hier geht es weiter auf einer teilweise sehr steilen (bis 18 %), nicht durchgehend asphaltierten Straße zu den **Plätzwiesen** (1993 m), eine der größten Hochweitungen der Dolomiten, auf der sich Reste eines österreichischen Sperrforts befinden. Die weiterführende Strecke hinab nach Schluderbach im Höhlensteintal, eine alte Militärstraße, ist für Pkw nicht geeignet.

Bäder

Die beiden Pragser Täler können auf eine lange Badetradition zurückblicken. **Bad Altprags** erhielt schon 1501 von Kaiser *Maximilian* urkundlich ausgestellte Privilegien zur Nutzung dreier Heilquellen. Der Badebetrieb in **Bad Neuprags** begann um 1690. Im 19. Jh. kamen die meisten Gäste zum „heilsamen Vergnügen“. Doch dann ging es mit dem Badebetrieb mangels moderner Infrastruktur bergab, mit dem Ersten Weltkrieg war Schluss.

Kirchen

Sehenswert sind drei Kirchen im Pragser Gebiet. In der Filialkirche zum leidenden Heiland in **Schmieden,** die 1735 an der Stelle einer aus dem Jahr 1690 stammenden Kapelle erbaut wurde, konnten 1981 bei Restaurierungsarbeiten ältere Fresken freigelegt werden. Die urkundlich belegte Weihe der Pfarrkirche von **St. Veit** weist auf das Jahr 1335. Die Kirche hat ein reich gegliedertes Netzgewölbe, der Hochaltar ist neugotisch. Die **Kapelle am Pragser Wildsee** wurde 1904 *Maria der Schmerzhaften* geweiht.

Unterkunft, Essen und Trinken

■ **Hotel Pragser Wildsee**③, St. Veit 27, Tel. 0474 748602, www.pragserwildsee.com (→ Exkurs: Das Hotel Pragser Wildsee), traumhafte Aussicht auf See und Umgebung, Zimmer verschiedener Kategorien mit Möbeln aus der Gründerzeit.

■ **Hotel Edelweiß**②, Außerprags 65, Tel. 0474 74 8664, www.hoteledelweiss.info, in traumhaft schöner Lage, mit diversen Wellnesseinrichtungen:

Dampfbad, Heubad, Whirlpool, zudem Restaurant mit Kamin- und Jagdstube, Bar und Café.

■ **Gasthof Dolomiten**①, Schmieden 39, Tel. 0474 748677, www.gasthof-dolomiten.com, traditionelles Haus im Hauptort des Pragser Tals, schöne Zimmer mit Dusche/WC, getäfelte Gaststube, Tiroler Küche, Wildspezialitäten, ganzjährig geöffnet.

■ **Tuscherhof**①, Außerprags 72, Tel. 0474 7486 28, www.tuscherhof.it, familiär geführter Gasthof an der Straßengabelung See/Plätzwiese, Zimmer mit Balkon, Restaurant und Café, Tiroler Küche mit Gemüse aus eigenem Garten.

■ **Berggasthof Plätzwiese**①, Außerprags 58, Tel. 0474 748650, www.plaetzwiese.com, herrlich gelegener Gasthof auf nahezu 2000 m inmitten der Pragser Bergwelt, mit Spielplatz, weitläufiger Sonnenterrasse, gemütliche Doppelzimmer mit Dusche/WC. Im Winter finden Besucher hier ein ideales Langlaufgebiet mit sieben Kilometer langer Loipe durch die faszinierende Felsenlandschaft.

Wanderung zu den Hochalpenhütten

■ **Gehzeit:** 3½ Std., teilweise anstrengend.

GPS Vom Westufer des **Pragser Wildsees** rechts abbiegen auf Weg Nr. 19 durch das Grünwaldtal, auch mit Kinderwagen bis zur Grünwaldhütte möglich, danach über die Alte Kaser Hütte, auch Jägerhütte genannt, weiter taleinwärts, später nach rechts aufwärts. Auf dem Almboden angekommen, erreicht man nach wenigen Minuten die Hochalpenhütten (2114 m).

■ **Grünwaldhütte,** 1590 m, keine Übernachtungsmöglichkeit, nur im Sommer geöffnet, Fr Ruhetag.

■ **Hochalpenhütten,** geöffnet Ende Juni bis Anf. Sept., Tiroler Gerichte, keine Übernachtungsmöglichkeit. Info zu den Hütten: www.drei-zinnen.info.

Naturpark Fanes-Sennes-Prags (Parco naturale Fanes-Sennes e Braies)

Der 26.000 ha große Naturpark Fanes-Sennes-Prags zählt zu den meistbesuchten Naturparks Südtirols. Die mächtigen Dolomitenberge umrahmen die Wälder, Hochebenen und Almen und bieten Wanderern und Kletterern immer wieder neue Ausblicke in die bezaubernde Alpenwelt mit dem Pragser Wildsee mittendrin.

Der Naturpark wird im Norden von den gegen das Pustertal gerichteten Berghängen, im Westen von den bewaldeten Hanglagen des Gadertals, im Süden von der Landesgrenze zur Provinz Belluno und im Osten von den Sextener Dolomiten begrenzt. Den Großteil der Waldfläche in Höhenlagen über 1000 m nehmen die **Fichtenwälder** ein. Zur Waldgrenze hin wird der Fichtenwald immer mehr von **Lärchen** und **Zirbelkiefern** durchsetzt, löst sich in immer kleinere Baumgruppen auf, bis neben ausgedehnten Latschenfeldern nur noch Einzelbäume vorkommen. Aufgrund des kalkigen Untergrundes gedeihen Alpendost und Alpenrosen. Im Unterwuchs leben so seltene Vogelarten wie Auer- und Haselwild, ansonsten gibt es Baummarder, Füchse und Rehwild, Gämsen und das wieder eingesetzte Steinwild, Habicht, Sperber und Eichelhäher.

Die geschützten **Almen** werden einmal im Jahr gemäht, manchmal auch nur beweidet, und sind durch eine große Artenvielfalt gekennzeichnet. An trockenen Stellen sind unter anderem Arnika, Enzian, Wiesenknöterich und Gold-Pippau anzutreffen, auf den höher gelegenen Kalkrasen findet man Blaugras, Seggen, Silberwurz, Drachenmaul, die Dolomitenschafgarbe, die Kugelblume und stellenweise das Edelweiß. Die Schuttkare besiedeln der gelb blühende Rhätische Mohn und das Rundblättrige Täschelkraut. Und natürlich sieht man die Eingänge der Murmeltierbauten, an ruhigen Stellen lassen sich Schneehühner beobachten.

Naturparkhaus Fanes-Sennes-Prags: Katharina Lanz Str. 96, 39030 St. Vigil in Enneberg, Tel. 0474 506120, https://naturparks.provinz.bz.it/fanes-sennes-prags/naturparkhaus.asp, mit Kinderwerkstatt (Basteln mit Naturmaterialien, Mikroskopieren, Spielen), geöffnet Di–Sa 9.30–12.30 und 14.30–18 Uhr, Juli/Aug. auch So geöffnet, Kinderwerkstatt Fr 15 Uhr (Anmeldung erforderlich), Eintritt frei.

Gadertal (Val Badia)

Westlich von Bruneck öffnet sich nach Süden hin das Gadertal ins Herz der Dolomiten. Es führt mitten in das **ladinische Sprachgebiet,** in dem sich wegen seiner Jahrhunderte währenden Abgeschiedenheit auch eigenständige Sitten und Gebräuche erhalten haben. Das im oberen Abschnitt **Hochabteital** genannte Tal heißt ladinisch (und italienisch) *Val Badia*, sein oberer Teil *Alta Badia*.

Im Unterlauf ist das Tal des 35 km langen **Gaderbaches,** der unterhalb der Sella-Gruppe entspringt und bei St. Lorenzen in die Rienz mündet, schluchtartig eng und von mächtig emporragenden Bergen umgeben, als Gestein dominiert Quarzphyllit. Im oberen Abschnitt hinter La Villa dominiert Dolomitgestein. Das Tal weitet sich und gibt die Sicht auf so mächtige Dolomitengipfel wie den Heiligkreuzkofel (2908 m), den Lagazuoi (2778 m) und die Sella-Gruppe mit dem Piz Sella (2940 m) und Piz Boè (3152 m) als höchsten Spitzen der Gruppe frei. Das Gadertal ist ein weit verzweigtes Tal. Es gibt Übergänge ins Villnößtal, ins Buchensteintal, nach Cortina d'Ampezzo sowie auch ins Grödnertal.

Die **Straße** durch das Gadertal (SS244) wurde während des Ersten Weltkriegs von russischen Kriegsgefangenen als Nachschublinie der Österreicher für die **Dolomitenfront** gebaut – entsprechend eng sind manche Kurven.

In der jüngeren Vergangenheit hat sich das Gadertal zu einer **kulinarischen Hochburg** Südtirols entwickelt – allein in St. Kassian im Hochabteital gibt es drei Restaurants, die mit Michelin-Sternen ausgezeichnet sind.

Unterer Talabschnitt

Von **St. Lorenzen** kommend, beginnt schon unterhalb von **Saalen** das Engtal. Die Pilgerkirche Maria Saalen, der beliebteste Wallfahrtsort des unteren Pustertals, wurde 1652 erbaut und war einst mit einer Einsiedelei verbunden. Während die große Fahrstraße tief unten im Tal entlangläuft und zwei längere Tunnel passieren muss, steht oberhalb in Pfaffenberg ein Bildstock, das **Pfaffenberger Stöckl.** Hier verläuft die Grenze zwischen dem deutschen und dem ladinischen Sprachgebiet.

St. Vigil und Enneberg (San Vigilio di Marebbe, Mareo)

■ **Info:** Postleitzahl Vigiltal: **39030.** Tourismusverein St. Vigil in Enneberg, St. Vigil, Catarina Lanz Str. 14, Tel. 0474 501037, www.sanvigilio.com.

In **Zwischenwasser** (ladinisch: Longega) teilt sich die Straße durch das Gadertal, links zweigt man ins **Vigiltal** ab. Entwässert wird das längste Seitental des Gadertals vom 23 km langen Vigilbach (lad.: Rü d'Al Plan). Hauptort ist St. Vigil in der Marktgemeinde Enneberg auf 1200 m Höhe. Vor St. Vigil passiert man **Enneberg Pfarre** (lad.: La Pli de Mareo) am Hang des Kronplatzes. Hier stand einst die Urpfarre des Gadertals, bis heute ist die spätgotische und später aufwendig barockisierte Pfarrkirche Unserer lieben Frau zum guten Rat auch Wallfahrtskirche.

St. Vigil (lad.: Al Plan), wo sich auch das Naturparkhaus Fanes-Sennes-Prags befindet, liegt auf der Rückseite des Kronplatzes, entsprechend groß ist das Angebot an Hotels, Pensionen, Ferienwohnungen und Gasthäusern. Ein Schmuckstück des Ortes ist die 1293 erstmals erwähnte **Vigiliuskirche,** die 1781 durch einen Neubau im Stil des Rokoko ersetzt wurde. Das Deckengemälde von *Matthäus Günther* stellt das Martyrium des heiligen *Vigilius* dar. Beachtenswert ist die Ausstattung unter anderem mit schönen Altarplastiken.

Zum Furkelsattel

Von St. Vigil führt eine Straße über den 1789 m hohen Furkelsattel um den Kronplatz herum nach Olang. Vom Sattel ist das **Skigebiet Kronplatz** mit Seilbahnen zu erreichen (→ Unterpustertal).

Rautal

Das Tal des Vigilbaches erstreckt sich weiter südostwärts und geht im oberen Teil in das Rautal über – Talschluss ist an dem **Berggasthaus Pederü** auf 1540 m Höhe. Die Straße dorthin ist im Sommer mautpflichtig. Links geht es von dort die ehemalige und für Pkw gesperrte Militärstraße ins Ampezzotal hinab, rechts führt ein privater Weg über die Faneshütte und das Limojoch (2152 m) zur **Großen Fanesalm.** Im Hochsommer stellt sich diese Hochfläche als Blütenmeer dar, umgeben von den steil aufragenden Felsen der Dolomiten.

■ **Rifugio Pederü**①, 39030 St. Vigil in Enneberg, Str. Val dai Tamersc 16, Tel. 0474 501086, www.pederue.it, Berggasthof im oberen Rautal, Zimmer mit Bad und Balkon, auch Bettenlager, bietet Südtiroler Gerichte, Knödel- und Wildspezialitäten, Sommer und Winter geöffnet.

Unterkunft, Essen und Trinken

■ **Hotel Al Plan**③, St. Vigil, Via Ciasè 11, Tel. 0474 501025, www.alplan.it, großzügiges Hotel im Zentrum, Zimmer verschiedener Kategorien, teilweise mit Balkon, große Sonnenterrasse, vielseitige Wellnessangebote, Gästeprogramm, hervorragende regionale Küche, mit Konditorei und Eisdiele. Dazu das *Museum Al Plan* in verschiedenen Zimmern des Hotels mit Exponaten zu 150 Jahren alltäglicher Lebenswelt mit handgeschnitzten Holzmasken, darunter Teufelsmasken, historische Trachtenhüte, Bergschuhe, Ski und Schlittschuhe sowie allerlei Haushaltsartikel, geöffnet Dez. bis März und Juni bis Sept. täglich 10–19 Uhr, Eintritt 5 Euro.

■ **Osteria Plazores**②, St. Vigil, Plazores 14, Tel. 0474 506168, www.plazores.com, Restaurant in einem bäuerlich-gotischen Herrenhaus, auf das 13. Jh. zurückgehend, gotische Gewölbe, Hauskapelle, Fichtenstube aus dem 18. Jh. Bäuerliche Kost frisch zubereitet, Produkte vom eigenen Bauernhof, Mo geschlossen, vermietet zwei Ferienwohnungen.

■ **La Pli**②, Enneberg Pfarre, Str. La Pli 21, Tel. 0474 501061, www.lapli.com, einfaches Gasthaus, zentral im Ortszentrum gelegen, auch Appartements, ganzjährig geöffnet.

■ **Rifugio Fanes**①, Tel. 0474 501097, www.rifugiofanes.com, Schutzhütte auf der Kleinen Fanesalm (2060 m), einfache Doppel- und Mehrbettzimmer, z.T. eigenes Bad, 3 Schlaflager mit 10 Hochbetten, hervorragende ladinische Bergküche, Anf. Juni bis Mitte Okt. und Mitte Dez. bis Mitte April.

■ **Schutzhütte Lavarella,** Tel. 0474 501079, www.lavarella.it, Jausenstation auf der Kleinen Fanesalm am Kleinen Grünsee auf dem Weg über das Fanesjoch (2466 m) in Richtung Wengen, Ausgangspunkt für Bergbesteigungen und Höhenwanderungen in der Fanes-Gruppe. 26 Betten in kleinen, gemütlichen Zimmern, dazu 20 Lager verschiedener Größe, eigenes Strom- und Wasserkraftwerk. Neben der Hütte steht die 2003 errichtete Kapelle Picia Capela de Fanes, dem heiligen *Pater Ujöp Freinademetz* (1852–1908) geweiht.

Markt

■ **Bauernmarkt:** Am Pavillon in St. Vigil, Ende Juli bis Anf. Sept. 16–19 Uhr.

St. Martin in Thurn (San Martino in Badia)

■ **Info:** Postleitzahl St. Martin: **39030.** Tourismusverein St. Martin in Thurn, St. Martin, Dorf 10, Tel. 0474 501037, www.sanmartin.it.

Die Gemeinde St. Martin in Thurn (lad.: San Martin de Tor) im Gadertal besteht durch Zusammenlegung aus drei Weilern, dem Ort selbst, Untermoi und Campill.

Untermoi

Fährt man das Gadertal von Zwischenwasser aus in Richtung St. Martin aufwärts, zweigt nach vier Kilometern die Straße zum 2006 m hohen **Würzjoch** rechts ab. Auf dem Weg zum kleinen Ort Untermoi (lad.: Antermoia) kommt man am **Heilbad Valdander** vorbei. Das stark mineralische Heilwasser der örtlichen Quelle wurde über Jahrhunderte gegen Rheuma und Gicht eingesetzt. Das eigentliche Badehaus als „Bauernbadl" auf 1443 m Höhe wurde 1820 mit Heizkessel, Kapelle und einem Wohn- und Gästehaus erbaut.

Campill

Unmittelbar zu Beginn der Würzjochstraße zweigt halb links die Straße nach

Campill ins **Campilltal** (lad.: Longiarü) ab. Hier sieht man die ursprüngliche Kulturlandschaft der von den Ladiner Bauern geprägten Weiler mit den typischen **Viles** (→ Exkurs: Viles – Hofanlagen im ladinischen Gadertal), eingebettet in die traditionell landwirtschaftlich genutzte Umgebung. Wegen seiner acht Mühlen heißt das Tal auch Mühlental.

Ladinisches Sprachinstitut

Im Haupttal aufwärts fahrend, durchquert man kurz nach der Abzweigung der Würzjochstraße St. Martin in Thurn. Im Ort befindet sich das **Ladinische Sprachinstitut** (lad.: Micurà de Rü) mit Bibliothek und Ausstellungsraum.

■ **Micurà de Rü,** 39030 St. Martin in Thurn, Str. Stufles 20, Tel. 0474 523110, www.micura.it, Bibliothek geöffnet Mo–Do 10–12 und 15–17 Uhr, Fr 10–12 Uhr.

Ladinisches Landesmuseum

Oberhalb des Ortes erhebt sich **Schloss Thurn,** 1230 von den Brixner Bischöfen als Verwaltungs- und Gerichtssitz für das Gadertal errichtet. Der Palas wurde im 15. Jh. vergrößert und im 16. Jh. erweitert, dazu kommen Umfassungsmauern und zwei Rundtürme. Heute ist hier das Ladinische Landesmuseum (lad.: Museum Ladin Ciastel de Tor) untergebracht. Das im Jahr 2001 eröffnete Mu-

Schloss Thurn in St. Martin beherbergt das Ladinische Landesmuseum

402st ot

176st ot

Viles – Hofanlagen im ladinischen Gadertal

Die typische Bauweise des Gadertals sind die Viles genannten kleinen Wohnsiedlungen. Der ladinische Begriff *les viles* leitet sich vom lateinischen *villa* (Dorf/Stadt) ab. Manche dieser historischen Gehöfte sind noch originalgetreu erhalten und spiegeln die ursprüngliche Lebensweise der Talbewohner wider. So besaß jede Familie zwei voneinander getrennte Gebäude, einerseits die *ciasa* als Wohnung mit Keller, Speisekammer und Werkstatt, andererseits die *majun* als Schuppen. Dinge wie Brunnen, Backöfen und Tranken wurden gemeinschaftlich genutzt – als Ausdrucksform des sozialen Lebens, in dem viele Arbeiten gemeinsam durchgeführt wurden, beispielsweise der Hausbau. So vereinen die Viles zwei verschiedene Lebensweisen miteinander: eine von den Römern übernommene offene und gesellige und eine isoliertere Lebensweise der Räter und Bajuwaren. Typische Beispiele dieser Hofanlagen kann man in Campill sehen.

seum präsentiert multimedial **Sprache, Kultur und Geschichte der ladinischen Bevölkerung** des Dolomitengebietes und zeigt außerdem Exponate zur Archäologie und zur Entstehung der Dolomiten.

Zum Museum Ladin zählt auch die **Conturines Höhle** (lad. *Museum Ladin Ursus ladinicus*) die in den Gadertaler Dolomiten auf 2800 m Meereshöhe gelegen und die höchste bekannte Bärenhöhle der Welt ist. Auch **Fossilien von**

Höhlenlöwen wurden hier gefunden. Das Museum dazu ist in St. Kassian.

■ **Museum Ladin Ciastel de Tor,** St. Martin in Thurn, Schloss Thurn, Torstraße 65, Tel. 0474 5240 62, www.museumladin.it, geöffnet Jan. bis März Do bis Sa 14–18 Uhr, April geschlossen, Mai bis Okt. Di bis Sa 10–17 Uhr (Juli/Aug. bis 18 Uhr), So 14–18 Uhr, Nov./Dez. geschlossen, Dez.-Ferien tägl. 14–18 Uhr, Eintritt 10 Euro (beide Museen), 8 Euro (nur Ciastel de Tor), 6 Euro (nur Ursus ladinicus), Studenten und Senioren 8/6,50/4,50 Euro, Kinder unter 6 Jahren frei.

■ **Museum Ladin Ursus ladinicus,** 39036 St. Kassian, Micurà de Rü Str. 26, Tel. 0474 524062, www.museumladin.it (weitere Angaben wie Landesmuseum).

Wanderung auf dem Mühlenwanderweg Campilltal

■ **Gehzeit:** 2 Std. (5 km), leichter Wanderweg, 207 Höhenmeter.

GPS Zwischen den Weilern Seres und Miscì im Campilltal befindet sich ein Spazierweg, der zu den acht Mühlen des Tals führt. Diese wurden in den letzten Jahren liebevoll restauriert und mit einem Lehrpfad verbunden. Allerdings ist nur die erste Mühle für Besichtigungen geöffnet.

Der Mühlenwanderweg führt mit der Markierung 4 von der **Pfarrkirche Campill** (1398 m) zur Pension Alpi, dort rechts geht es durch Wiesen bis Frëina, dann ins Zentrum von Seres. Vom zentralen Platz im Ort geht es bergauf Richtung Seresbach bis ins Mühlental und nach einer Bachüberquerung zur Häusergruppe Misci. Von hier führt der Rückweg bergab nach Campill über die asphaltierte Straße.

Unterkunft, Essen und Trinken

■ **Fontanella**②, Untermoi 42, Tel. 0474 520042, www.hotel-fontanella.com, Hotel, Appartements und Restaurant unterhalb des 2874 m aufragenden Peitlerkofels, gemütliche Einzel-, Doppel- und Mehrbettzimmer mit Balkon, Terrasse, Wellnessangebote, ladinische Küche, Spezialität Wildgerichte.

■ **Lüch de Vanc**①, St. Martin in Thurn/Campill, Seres 36, Tel. 0474 590108, www.vanc.it, traditionelles, 300 Jahre altes Gasthaus im Campilltal, bietet ladinische Spezialitäten wie *Panicia, Tutres, Gnoch da zigher, Cajinic* und *Crafuns Mori,* dazu gibt es Melissen-, Holunder- und Minzsäfte von der Bäuerin, selbst gekocht.

Hochabteital (Alta Badia)

■ **Tourismusverband Alta Badia,** 39033 Corvara, Str. Col Alt 36, Tel. 0471 83 61 76, www.altabadia.org.

Oberhalb von St. Martin beginnt das Hochabteital (lad.: Alta Badia), der südliche Teil des Gadertals. Fährt man die Gadertalstraße von St. Martin talaufwärts, zweigt in Pederoa (lad.: Pidrô) links die Straße nach Wengen ab.

Wengen (La Valle)

Noch bis in die 1960er Jahre lag Wengen (lad.: La Val) völlig abgeschieden, erst mit dem aufkommenden Tourismus setzte die Entwicklung ein. Oberhalb des Ortes erhebt sich der alte Kirchturm, die ganze Kirche sollte abgerissen werden, aber bäuerlicher Widerstand wusste dies zu verhindern. Sehenswert sind die Friedhofskapelle im alten Ortskern, eines der ältesten Gebäude im Tal, das Widum mit barockem Fresko und die heutige Ortspfarrkirche mit dem barocken Hochaltar der alten Pfarrkirche.

Vom alten Kirchturm steigt man entlang der Straße zur Fraktion **Cians** empor und gelangt zur 1491 geweihten Barbara-Kapelle, einst von Knappen für ihre Schutzheilige errichtet – um diese Zeit wurde hier Silber geschürft.

UNSER TIPP: Heilig-Kreuz-Hospiz

Sagenumwoben sind die Ursprünge des Heilig-Kreuz-Hospizes, wonach ein *Graf Volkold* aus dem Pustertal seine letzten Jahre hier oben als Einsiedler verbracht haben soll, nachdem er seinen Besitz im Pustertal und im Gadertal den Benediktinerinnen von Kloster Sonneburg vermacht hatte. Zunächst wurde an dieser Stelle ein **hölzernes Kreuz,** später eine Kapelle errichtet. Bischof *Konrad von Brixen* weihte 1484 die heutige **Wallfahrtskirche,** die Mitte des 17. Jh. vergrößert wurde. Damals erhielt die Kirche ihren Turm, das 1718 daneben errichtete Haus diente als Pilgerunterkunft.

Im Zuge der Säkularisation durch Kaiser *Josef II.* wurde die Heilig-Kreuz-Kirche 1786 entweiht und diente als Stall. Die Wallfahrten gingen aber weiter, sodass die Kirche durch Privatinitiative 1809 ausgebaut wurde. Seit den 30er Jahren des 19. Jh. wird die Heilig-Kreuz-Statue wieder alljährlich in einer **Prozession** von der Pfarrkirche in St. Leonhard zur Wallfahrtskirche getragen, wo sie bis Mitte Oktober bleibt.

Wanderung von Wengen zum Heilig Kreuz

■ **Gehzeit:** ca. 2 Std., 700 Höhenmeter, Armentara-Rundweg 7A, Aufstieg zur Kirche auch über 15A möglich.

GPS Ausgangspunkt der Wanderung ist der Gasthof Al Bagni im **Wengener Tal** (1350 m). Eine Stunde geht es durch den Wald immer an der Grenze des Naturparks Fanes-Sennes-Prags entlang, bis man die Armentara-Wiesen mit ihrer großartigen sommerlichen Blütenpracht erreicht. Hier ragen die Felsen der Zehnerspitze und der Heiligkreuzkofel-Gruppe bis rund 800 m empor. In einer weiteren Stunde ist das Ziel am Heilig-Kreuz-Hospiz mit der Wallfahrtskirche (2045 m) erreicht. Für den Rückweg zum Ausgangspunkt eignet sich der Wengener Höhenweg, der weite Ausblicke in die Dolomitenlandschaft bietet.

■ **Rifugio San Croce,** Tel. 0471 839632, 39036 Alta Badia, Str. La Müda 3, www.santa-croce.it, 1718 neben der Wallfahrtskirche errichtete Pilgerherberge, heute Schutzhütte, 22 Betten, im Sommer wie im Winter bewirtschaftet. Die Heilig Kreuz Hütte kann man mit den Sesselliften Santa Croce und La Crusc erreichen.

St. Leonhard (San Leonardo)

Der nächste Ort im Tal ist St. Leonhard (lad.: San Linêrt) unterhalb des Heilig-Kreuz-Hospizes auf 1234 m Höhe. Im Ortszentrum erhebt sich die Pfarrkirche, mit deren Bau 1776 begonnen wurde. Ihr mit reichlich Stuck versehenes Inneres schmückte zwei Jahre später *Matthäus Günther* mit Fresken aus.

Unterkunft, Essen und Trinken

■ **Albergo San Leonardo**②, 39036 San Leonardo, Str. S. Linert 23, Tel. 0471 839742, www.albergo-sanleonardo.it, familiär-gastfreundlich, ruhig gelegen nahe den Seilbahnen zu den hervorragenden Pisten des Skikarussels Sella-Ronda, neu eingerichtete Zimmer im rustikalen Stil mit Balkon, Sauna, Infrarotkabine, Dampfbad, Whirlpool, dazu Restaurant-Pizzeria.

Pedratsches und La Villa (Pedraces, La Villa)

Im Mittellauf durchfließt die Gader (lad. *Gran Ega*) eine weite Talsohle, die von Dolomitgestein dominiert wird. In der Talsohle unterhalb von St. Leonhard erstreckt sich Pedratsches (lad. *Perdraces*), ein kleines Dorf, dessen Hänge mit **historischen Bauernhäusern** gesäumt sind. Von Pedratsches führen die Aufstiegsanlagen La Crusc 1+2 über eine Mittelstation mit dem Summer Parc La Crusc zur Heilig Kreuz Kapelle auf über 2000 m Höhe.

Aufstiegsanlagen La Crusc 1+2

■ **Aufstiegsanlage La Crusc 1:** automatisch kuppelbarer Vierer-Sessellift mit Schutzhaube, 1320 m –1850 m
■ **Aufstiegsanlage La Crusc 2:** neue 10-Personen-Gondelbahn, 1850–2050 m; die Anlage führt bis zur Kirche Hl. Kreuz/La Crusc
– **Betriebszeiten:** Sommer Anf Juni bis Anf. Okt., Winter Anf. Dez. bis Anf. April
– **Tarife Sommer:** 1/2/1+2 einfach 8,80/6,60/13,80 Euro, Berg- und Talfahrt 13/10/20,90 Euro, Talfahrt 7,90/6/12,40 Euro, jeweils ca. 1 Euro Ermäßigung für Kinder 6–16 Jahre, Fahrräder, Kinderwagen kostenlos
– **Tarife Winter:** 1/2/1+2 einfach 5,40/4,30/8,70 Euro, Berg- und Talfahrt 9,70/7,70/15,70 Euro, Talfahrt 75,40/4,30/8,70 Euro, Bike 4 Euro (1), 8 Euro (2)

SummerPark La Crusc

An der ersten Station (Mittelstation) des Sessellifts zum Heilig Kreuz Hospiz befindet sich der neu angelegte **SummerPark,** eine Attraktion für Familien und vor allem für die Kinder. Angesichts der Dolomitengipfel auf 1850 Meter Höhe bietet sich ein **Rundweg** mit spannenden und informativen Spielstationen an. Da gibt es ein Drachenquiz mit allerlei Überraschungen, ein Laufspiel am Wasser, einen Mini-Zoo mit Alpakas, Eseln und Kaninchen und eine Holzkugelbahn, bei der man mehrere Hindernisse, wie zum Beispiel Kurven, Glockenspiele oder ein Labyrinth, überwinden muss. Die Kugeln können an einem Münzautomaten erworben und als Erinnerung mit nach Hause genommen werden.

Verweilen kann man auf Tierliegen in Form von Bär, Hase oder Gämse oder einkehren in den **Jausenstationen Lee und Nagler,** die am Rundweg liegen und wo man mit ladinischen Köstlichkeiten verwöhnt wird. Alternativ gibt es eine Kneippanlage oder den 400 Meter langen Themenweg „Auf den Spuren der Wildtiere“.

■ **Jausenstation Lee:** 39036 Badia, Via Lè 4, Santa Croce, Tel. 0347 2383927, www.rifugiolee.it.
■ **Jausenstation Ütia Nagler:** 39036 Badia, Via Lè 4, Santa Croce, Tel.:0335 6932118, www.utianagler.it.

La Villa (La Villa)

Oberhalb von Pedratsches teilt sich in La Villa (lad.: *La Lla*) auf 1387 m Höhe die Straße. Das einstige Bauerndorf hat sich zu einem **Fremdenverkehrsort** mit großem Hotel- und Pensionsangebot entwickelt. Links geht es über St. Kassian zum Passo di Valparona, schon in der Provinz Belluno gelegen, rechts nach Corvara.

Am Hang von La Villa erhebt sich imposant auf einem Dolomitfels das reizvoll gelegene **Kastell Colz** (lad.: *Ciastel Colz*). Der spätgotische Ansitz, von zwei Wehrtürmen umgeben, wurde 1537 erbaut. Die Sage um Kastell Colz ist *Franz Wilchelm Brack*, genannt *Gran Bracùn*, verbunden, einem Raubritter, dem aber gute Manieren nachgesagt wurden. Er soll von einem Mitglied der Familie *Colz* umgebracht worden sein.

Als Attraktion für Familien bietet der Somputhof am Hang zwischen Pedratsches und La Villa ein **Hirschgehege,** das begangen werden kann. Eine Restauration lädt zu Rast und Verköstigung ein, auch für Wanderer und Skifahrer, denn hier beginnen attraktive Wanderwege und Skirouten.

Unterkunft, Essen und Trinken

■ **Maso Runch Hof**③, 39036 Pedraces, Localita Runch 11, Tel. 0471 839796, www.masorunch.it, traditioneller, 200 Jahre alter ladinischer Gasthof, zwei getäfelte Gaststuben, typisch regionale Küche, So Ruhetag, präsentiert Menüs mit Gerichten aus dem Holzofen, Pferdehaltung, bietet Kutschfahrten an, vermietet Ferienwohnungen.

Aktivitäten

■ **Hirschgehege Paraciora:** 39036 La Villa, Str. Sompunt 25, Tel. 0348 1901014, www.paraciora.it, 7 Hektar großes Rothirsch- und Damwildgehege, 20-Min.-Fußweg durch das Gehege, für Trekking-Kinderwagen geeignet, Führungen Juli bis Sept. Di 10 Uhr, Eintritt frei, dazu Jausenstation *Ütia Paraciora*, bietet typische Südtiroler Kost und Grillgerichte.

St. Kassian (San Cassiano)

St. Kassian (lad.: *San Ciascian*) liegt idyllisch auf 1540 m am Fuße der Felswände des La Varella, des Conturines und des Lagazuoi und hat sich ganz dem **Wintersport** verschrieben. Auch hier ist das Unterkunftsangebot vielfältig. Das kleine **Pic Museo Ladin** im Gemeindehaus am Dorfplatz, einem der ältesten Häuser von St. Kassian, beherbergt eine umfangreiche Fossiliensammlung, darunter Knochenreste des *Ursus spelaeus*, einer ausgestorbenen Höhlenbärenart der letzten Eiszeit, dazu volkskundliche Exponate.

Sehenswert ist auch die Kirche **St. Kassian** von 1782, deren Hauptaltar mit einem Gemälde des Künstlers *Carlo Henrici* aus Schlesien versehen ist. Es stellt das Martyrium des heiligen Kassian dar.

In St. Kassian befindet sich mit dem **Museum Ladin Ursus ladinicus** die Zweigstelle des **Museums Ladin Ciastel de Tor** (→ St. Martin in Thurn), welches dem prähistorischen Höhlenbären und der Geologie der Dolomiten gewidmet ist. Eine eigene Abteilung im dreistöckigen Museum informiert über dieses Gebirge und veranschaulicht anhand von eindrucksvollen Fossilien die wichtigsten Etappen ihrer Entstehung.

Unterkunft, Essen und Trinken

■ **St. Hubertus**⑤, 39030 St. Kassian, Str. Micura de Rü 20, Tel. 0471 849500, www.rosalpina.it, kleines, bodenständiges Spitzenrestaurant im *Hotel & Spa Rosa Alpina* mit nur wenigen Tischen. Regionale Küche vom Küchenchef am Tisch empfohlen, ausgezeichnet mit einem Michelin-Stern, geöffnet abends während der Sommer- und Wintersaison, Di Ruhetag, Tischreservierung erforderlich.

■ **Berggasthof Pralongià**①, 39030 St. Kassian, Tel. 0471 836072, www.pralongia.it, auf dem gleichnamigen Hochplateau oberhalb von Corvara und St. Kassian auf 2157 m idyllisch gelegen, seit 1932 Almrestaurant, bietet vielseitige Küche und Wandererkost. Gästezimmer, teilweise mit Balkon, alle mit herrlicher Aussicht, auch Mehrbettzimmer.

■ **Sorí Restaurant**⑤, 39030 St. Kassian, Armentarola in Pre de Vi 31, Tel. 0471 849445, im Hotel *Ciasa Salares,* www.ciasasalares.it. Eigner und

Sommelier *Stefan Wiesner* bietet 1550 Weine, 300 Schnäpse, regionale kreative Küche, Spezialität Jagdmenü mit angepassten Weinen, Vorbestellung erforderlich, täglich geöffnet morgens und abends.

Camping

■ **Camping Sass Dlacia:** 39030 St. Kassian, Str. Sciaré 11, Tel. 0471 849527, www.campingsassdlacia.it, inmitten der Armentarola-Wiesen gelegen, Kletterfreunde finden den nahen Sass Dlacia Klettergarten, Minimarkt, Wäscherei, hervorragende sanitäre Anlagen, Restaurant, dazu Appartements, ganzjährig geöffnet.

Die Sella-Ronda-Straße verbindet als 52 Kilometer langer Rundweg vier Pässe

178st ot

Corvara (Corvara in Badia)

Corvara, dessen deutscher Name **Kurfar** nie von der Bevölkerung angenommen wurde, auf 1580 m Höhe angesichts des 2462 m hohen Felsmassivs des Sassónghers gelegen, bildet zusammen mit dem benachbarten Kolfuschg das **touristische Zentrum des Gadertals.**

Corvara wurde urkundlich bereits 1292 genannt. Sehenswert ist die 1347 erstmals erwähnte und 1489 erneuerte gotische Pfarrkirche St. Katharina mit Wandmalereien aus dem 15., 16. und 17. Jh., die die Marienkrönung, die Gregoriusmesse und Heilige darstellen. Ihr gotischer Schnitzaltar stammt von Meistern der Donauschule. Längst reicht sie dem aufstrebenden Ort nicht mehr und so steht heute die neue Kirche in der von Hotelbauten geprägten Ortsmitte. Der touristische Aufschwung Corvaras als Winter- und Sommerurlaubsziel setzte so richtig nach dem Zweiten Weltkrieg ein. Der Ort ist beliebt bei Wanderern, Kletterern und Mountainbikern, die die Dolomitenwelt zu schätzen wissen. Der erste Skilift wurde 1947 gebaut. Heute sind 130 km Pisten um Corvara für die Wintersportsaison von Dezember bis Ostern ausgebaut.

Kolfuschg

Die Fraktion Kolfuschg (lad.: Calfosch) am Fuße der mächtigen Sella-Türme ist das **höchstgelegene Dorf** im Gadertal. Moderne Hotelbauten prägen das Ortsbild. Hier gibt es aber auch eine wunderschön gelegene gotische Kirche aus dem Jahr 1419 mit spätmittelalterlichen Holz-

adobe.stock Foto: ©Antonio Scarpi

plastiken und viele unter Denkmalschutz stehende alte Bauernhäuser mit Schobern und Scheunen im Baustil des Gadertals. Solche in typischer Holzbauweise errichteten Häuser findet man vor allem im Eingangsbereich des nordwärts führenden Edelweißtals, ein Besipiel ist die Edelweißhütte (→ Unterkunft, Essen und Trinken). In der Freizeitanlage nahe der Dorfmitte gibt es nicht nur zur Freude der Kinder einen kleinen Streichelzoo.

Sella-Gruppe

Die Sella-Gruppe zählt zu den schönsten Dolomitengipfeln. Sie erhebt sich als plateauförmiger Bergstock aus den umgebenden Hochalmen mit dem 3151 m hohen **Piz Boè** und dem 2940 m hohen **Piz Sella** als höchsten Gipfeln. Zwei Haupttäler, das Mezdital und das Lastietal, teilen das Bergmassiv sattelförmig (*Sella* = Sattel). **Kletterer** reizen die Sella-Türme im westlichen Teil des Massivs, die größte Attraktion für **Skifahrer** ist die Sella-Rundpiste, die **Sella Ronda.** Mehrere Schutzhütten bieten Wanderern und Skifahrern Rast und Einkehr in Höhen von 2500 bis 3152 m, die höchste auf dem Gipfel des Piz Boè.

Von Corvara führt die Passstraße nach Süden zum Campolongo-Sattel und weiter nach Arabba (dt.: Buchenstein) in der Provinz Belluno. Von hier kann man weiter der **Sella-Passstraßenrunde** folgen und über den Pordoipass, das Sellajoch und Grödner Joch zurück nach Kolfuschg und Corvara fahren.

◁ Corvara ist bei Touristen ganzjährig beliebt

Maratona dles Dolomites

Die Sella Ronda ist auch Austragungsort der Maratona dles Dolomites, dem großen **Rad-Marathon der Dolomiten,** der über einige der schönsten Dolomitenpässe führt. Start und Ziel liegen in Alta Badia, die Straßen sind dann für den allgemeinen Verkehr gesperrt. Drei Streckenvarianten stehen zur Wahl: die Maratona-Strecke mit 138 km Länge und 4230 Höhenmetern, die mittlere Strecke mit 106 km Länge und 3139 Höhenmetern und die Sella Ronda mit 55 km und 1780 Höhenmetern. Erstmals wurde dieses Rennen im Jahr 1987 mit 166 Radsportlern durchgeführt. Vor zwanzig Jahren waren es 6000. Es bewerben sich seither 30.000 Fahrer. Heute kann man die Zahl nur noch durch ein Verlosungssystem auf 9000 Teilnehmer begrenzen.

■ **Maratona dles Dolomites:** 1. So im Juli, www.maratona.it.

Unterkunft, Essen und Trinken

■ **La Stüa de Michil**⑤, im Hotel **La Perla**⑤, 39033 Corvara, Str. Col Alt 105, Tel. 0471 831000, www.hotel-laperla.it, Feinschmecker-Lokal, ausgezeichnet mit einem Michelin-Stern, dazu Restaurant Les Stües für Hausgäste.

■ **Hotel Alisander**③, 39033 Corvara, Col. 14, Tel. 0471 836055, www.alisander.suedtirol.com, ca. 300 m vom Dorfkern ruhig gelegen, gemütliche Zimmer mit Balkon und Bergblick, Restaurant bietet engagierte Südtiroler und italienische Küche, Grillabende, Spezialität Grillgerichte.

■ **Edelweißhütte,** 39030 Kolfuschg, Via Altonn 18, Tel. 0471 836024, www.rifugioedelweiss.it, oberhalb von Kolfuschg am Talschluss des Edel-

Salten-Schlern (Salto-Sciliar)
Eisacktal (Valle Isarco)
Bozen (Bolzano)
Überetsch-Unterland (Oltradige-Bassa Atesina)
Meran (Merano)
Trento, Verona
Bozen (Bolzano)
Sarnthein (Sarentino)
Klausen (Chiuso)
Kastelruth (Castelrotto)
Klobenstein (Collalbo)
Welschnofen (Nova Levante)
Deutschnofen (Nova Ponente)
Leifers (Laives)
Pfatten (Vadena)
Auer (Ora)
Jenesien
Nals
Terlan
Andrian
Eppan an der Weinstraße
Kaltern an der Weinstraße
Tramin an der Weinstraße
Aldein
Tiers
Völs am Schlern
Seis am Schlern
Waidbruck (Ponte Gardena)
Barbian
Villanders
Lajen
Vöran
Mölten
Gargazon
Hafling
Penser Tal
Sarntal
Tschögglberg
Salten
Ritten
Eggental
Tierser Tal
Regglberg
Latemar
Naturpark Schlern
Jochgrimm
Lavazè Pass
Reiterjoch
Mendelpass
Karersee
Runkelstein
Sigmundskron
Wangen
Maria Weißenstein
Erdpyramiden
Johanniskofel
Stoanerne Mandln
Latzfonser Kreuz
Sternwarte
Planetarium
Prösels
Meran 2000
Hirzer 2781
Ifinger 2781
Jakobsspitze 2742
Kassianspitze 2581
Rittner Horn 2260
Schlern
3842
SS508
SS38
SS42
SS12
SS241
SS48
A22

weißtals gelegene rustikale Hütte, mit Restaurant und Pizzaria, Abendgäste werden im Winter mit der Schneekatze (Raupe) von Kolfuschg zur Hütte und zurück gebracht.

■ **Rifugio Alpina Boè:** Hütte auf 2873 m am Piz Boè, Col Turond, Postanschrift: 38032 Canazei, Tel. 0471 847303, www.rifugioboe.it, 1898 als Bamberger Hütte errichtet, seit 1921 beim Südtiroler Alpenverein, 1992 mit Kläranlage versehen. Küche mit vielen Polenta-Gerichten, Übernachtungsmöglichkeit in Gruppenräumen. Auf drei Wegen unterschiedlichen Schwierigkeitsgrades zu erreichen, am leichtesten von der Seilbahnstation am Pordoipass, geöffnet Ende Juni bis Anf. Okt.

Aktivitäten

■ **Golf Club Alta Badia,** 39033 Corvara, Str. Planac 9, Tel. 0471 836655, www.golfaltabadia.it, 9-Loch-Golfplatz auf 1700 m am Hang des Campolongo-Passes, Höhenunterschied nur 45 m, harmonisch der Landschaft angepasst, Juni bis Sept.

■ **Skigebiet Alta Badia** (1324–2778 m): Pendelbahn, 8 Kabinenbahnen, 28 Sessellifte, 13 Schlepplifte, 130 km Pisten überwiegend leicht bis mittelschwer, ideal auch für Snowboarder, Zugang zu 500 km Pisten im gesamten Sella-Gebiet. Ausgangspunkt für Skitouren wie z.B. Sella Ronda, „Gebirgsjäger Skitour" und zum Marmolada-Gletscher, Info: www.altabadia.org/de/winter/skigebiet/altabadia.html.

Feste und Veranstaltungen

■ **Val Badia Jazz Festival:** Alljährlich seit 1999 im Juli/Aug., verschiedene Konzerte italienischer und internationaler Bands an unterschiedlichen Orten im Gadertal. Information: www.valbadiajazz.com.

VOM EISACKTAL IN DIE DOLOMITEN (VALLE ISARCO, DOLOMITI)

DURCH REIZVOLLE TÄLER ZUM ROSENGARTEN

Die westwärts gerichteten Abflüsse aus den Dolomiten bildeten früher schwer zugängliche Engtäler. Heute weiß man diese landschaftlichen Schätze Südtirols zu genießen. Hier gibt es gleichermaßen stille Gebiete wie auch touristische Hochburgen – für jeden Geschmack etwas!

NICHT VERPASSEN!

- **St. Johann in Ranui,** Barockbau vor malerischer Bergkulisse | 436
- **Naturpark Puez-Geisler,** ein wunderbares Gebiet zum Klettern und Wandern | 439

Diese Tipps erkennt man an der gelben Markierung.

Villnößtal (Valle di Funes)

■ **Info:** Postleitzahl Villnößtal: **39040.** Tourismusverein Villnösser Tal, St. Peter, Peterweg 10, Tel. 0472 840180, www.villnoess.com.

Unmittelbar nördlich von **Klausen** mündet der 24 km lange **Vilnösser Bach** auf 530 m Höhe in den Eisack. Der Zugang zum Vilnößtal erfolgt in einer engen Schlucht durch das Felsgestein. Die Straße windet sich durch die Talenge, bis sich eine weit ausladende Ebene öffnet. Durch den erschwerten Zugang hat sich im Tal die **ladinische Lebensweise und Sprache** erhalten.

Der Villnösser Bach entspringt unterhalb des 3025 m hohen Sass Rigais in der **Geislergruppe,** gespeist von Broglesbach und Flitzerbach. Im Villnösser Tal dominieren Porphyr und Dolomit als geologisch jüngere Gesteinsformationen auf der rechten Talseite, die den Quarzphyllit auf der linken Seite des Villnösser Baches überlagert haben – daraus resultiert der östliche Verlauf des Baches.

Hat man die hohe Talebene erreicht, bietet sich ein grandioser Ausblick in die Dolomiten. In der Ebene breiten sich von Wäldern gesäumte Wiesen aus, dahinter erheben sich die Felsspitzen des Aferer Geislers im Norden und der Geislergruppe im Süden. Die Landschaft ist geprägt von Einzelgehöften, die Siedlun-

[>] Blick auf die Aferer Geisler

gen im Tal haben dörflichen Charakter. Im Talschluss verbindet die Straße über das Kofeljoch (1800 m) und das Würzjoch (2006 m) das Villnößtal mit dem Gadertal.

Der Bau eines Skicirkus, eines als Runde angelegten Wintersportgebietes, wurde durch örtliche Einsprüche verhindert, sodass das Tal weiterhin vom sanften Tourismus geprägt ist.

Das Villnösser Tal ist auch die Heimat des **Villnösser Brillenschafs.** Diese wohl älteste Schafrasse Südtirols hat gute Klettereigenschaften, eignet sich daher bestens für die Beweidung von Steilhängen. Seine dunkle Pigmentierung um die Augen gleichen einer Brille, woher die Tiere ihren Namen haben. Fast wäre die Rasse ausgestorben, doch Züchter und Gastronomen haben für ihren Erhalt gesorgt, allen voran *Oskar Messner* vom Restaurant Pitzock (→ Praktische Tipps). Die alljährlichen Villnösser Lammwochen, an der inzwischen weit über zehn Gastronomen im Tal teilnehmen, helfen, das Brillenschaf weithin bekannt zu machen.

Teis

Der erste Ort im Tal ist Teis auf dem Villnösser Sonnenplateau, abseits von der Talstraße an der nördlichen Talflanke gelegen, von der aus man noch Einblick ins Eisacktal hat. Bis hier oben zieht sich der **Weinbau** aus dem Eisacktal hinauf. Das Ortsbild ist von der Pfarrkirche aus dem 19. Jh. geprägt.

Bekannt ist der Ort für die hier zu findenden **Teiser Kugeln.** Dabei handelt es sich um sogenannte Geoden, bis zu 20 cm messende, innen hohle Gesteinskugeln, deren Innenwände mit Kristall-

232st ot

ansammlungen ausgefüllt sind. Solche wunderschönen Geoden sind im **Mineralienmuseum** von Teis ausgestellt. Die Sammlung des Mineraliensuchers *Paul Fischnaller* beinhaltet neben den berühmten Teiser Kugeln viele Bergkristalle und andere Mineralien aus den alpinen Klüften.

Mineralienmuseum Teis, Vereinshaus Teis, Tel. 0472 844522, www.mineralienmuseum-teis.it, Mitte April bis Anf. Nov. Di–Fr 10–12 und 14–16 Uhr, Sa und So 14–17 Uhr, Eintritt 8 Euro, Kinder von 6 bis 15 Jahren 3,50 Euro, Familienkarte 22 Euro.

Oberhalb breitet sich der Weiler **Nafen** auf 800 m Höhe als Streusiedlung inmitten von Obst- und Weingärten, Kirsch-, Nuss- und Kastanienbäumen zwischen dem Eisack- und Villnösser Tal aus. Im Zentrum steht die 1300 errichtet St. Bartholomäuskirche mit einem kunstvollen gotischen Flügelaltar.

St. Valentin

UNSER TIPP: Die kleine Kirche der Streusiedlung St. Valentin aus dem Jahr 1480 hat noch einen romanischen Turm mit Steinhelm und ein großes Fresko des heiligen *Christophorus*. Ihr Flügelaltar stammt aus der Hand eines Brixner Meisters der Schule *Michael Pachers*.

St. Jakob

Oberalb erstreckt sich St. Jakob, ebenfalls als Streusiedlung auf einer Anhöhe auf 1260 m über dem Tal. Von hier führte ein Übergang zu einem Verbindungsweg zwischen Gadertal und Eisacktal, worauf auch das Christophorusfresko an der Außenseite der Kirche hindeutet, denn St. Christophorus ist der Schutzheilige der Reisenden und Fuhrleute. Besiedelt ist die Anhöhe seit dem 12. Jh., wie aus den schon zu dieser Zeit erwähnten Hofnamen *Pramstrahler, Unterweg, Drocker, Zinne* oder auch *Gutshof zu Puez* hervorgeht. Die Langhausmauern der St. Jakobskirche stammen ebenfalls aus dem 12. Jh., die heutige Kirche ist aus dem 14. Jh. Ihr Flügelaltar wurde von den Brixner Künstlern *Ruprecht Potsch* und *Philipp Diemer* 1517 geschaffen. Interessant ist, dass man an der Ausführung bereits Stilelemente der Renaissance erkennt.

St. Peter

Talaufwärts folgt St. Peter, der **Hauptort** auf 1150 m Höhe, im Zentrum des Villnößtals am Hang gelegen. Überragt wird der Ort von dem 65 m hohen, mit zwiebelförmiger Kuppel bekrönten Turm der Michaelskirche. Die 1801 gebaute, klassizistische Kirche ist den Aposteln *Petrus* und *Paulus* geweiht. Am östlichen Dorfrand steht am Panoramaweg ein schöner Bildstock. In der Fraktion **Pitzack** unten am Bach verbrachte *Reinhold Messner* als Kind die Winter bei seinen Eltern, im Sommer war er im Nachbarort St. Magdalena bei seinen Großeltern oder auf der Alm von Gschmagenhardt. In St. Peter führt eine schmale Straße in Serpentinen hinauf zum **Würzjoch.**

› Ortspfarrkirche von St. Magdalena

St. Magdalena

Folgt man der Straße weiter durchs Villnößtal, gelangt man über St. Magdalena bis zur Zanser Alm. Die Ortskirche von St. Magdalena bildet ein malerisches Ensemble mit dem angrenzenden Mesnerhaus, dem alten Schulhaus und dem Obermesnerhof zu Füßen des Rueffen. Ein Stück talaufwärts gelangt man zum **Ranuihof,** einem der historischen Bauernhöfe des Tals. Nahebei steht die kleine **Ranuikirche** allein auf einer Wiese vor der Kulisse der Geisler-Dolomiten: eines der **beliebtesten Fotomotive** Südtirols. Die bemalte Barockkirche wurde 1744 von der Familie *Michael Jenners* gestiftet.

Ansitz Ranui

Dort, wo die Wiesen auf dem Boden des Villnößtals in die Wälder unterhalb der Geislergruppe übergehen, steht der Ansitz Ranui, einer der **ältesten Bauernhöfe des Tals.** Er wurde erstmals 1370 als *hof ze Rumenuye und wise heizzet Tschuval* im Urbar (Güterverzeichnis) des *Berthold von Gufidaun* erwähnt. Zu dieser Zeit handelte es sich um einen Schwaighof der Herren von Gufidaun – Schwaighöfe waren ganzjährig bewirtschaftete Sennhöfe, die Vieh- und Milchwirtschaft betrieben.

Nach mehreren Besitzerwechseln erwarb der Klausener Gastwirt, Kaufmann und Bergherr *Michael Jenner* (1637–

355st ot

359st ot

1723) den Ranuihof und baute ihn zu einem Ansitz mit angefügtem Turm als **Jagdschloss** um. Jenners Enkelin verkaufte den Ranuihof 1744 an *Anton Runggatscher*, dessen Familie den Hof heute in zehnter Generation als **Gasthaus** betreibt.

Michael Jenner gestaltete auch das Innere des Ranuihofs repräsentativ. So ließ er im Flur des ersten Stockes Fresken mit Jagd- und Küchenszenen anbringen, die 1983 vorbildlich renoviert wurden. Acht Zimmer gehen von diesem Flur aus, in denen Jenner seine Gäste beherbergte und die auch heute als Fremdenzimmer dienen.

Zum Hofbesitz gehört die 1744 von der Enkelin Jenners errichtete Kirche **St. Johann in Ranui**, malerisch vor der Bergkulisse inmitten der Ranuiwiesen gelegen. Der Barockbau mit dreiseitigem Chorschluss trägt ein schindelgedecktes Satteldach. Der Turm mit Zwiebelhaube und aufgesetztem Stern steht an der Nordseite. Die Fassade der Eingangsseite trägt Ziermalereien und ein Bild des Kirchenpatrons.

Die Zanser Alm

St. Johann in Ranui

Praktische Tipps

Unterkunft, Essen und Trinken

- **Pitzock**②, Pizack 30, Tel. 0472 840127, www.pitzock.com, neuartiges Restaurant in einem alten Dorfgasthaus in der Fraktion Pitzock, moderne Innenarchitektur mit klaren Linien, frische Küche mit Produkten aus dem Tal, eigener Kräutergarten, Spezialität Gerichte vom Brillenschaf, Mi Ruhetag. So abends geschlossen, Bar täglich ab 10 Uhr geöffnet.
- **Bauernhofhotel Gsoihof**③, Vollergnadenweg 4, Tel. 0472 840003, www.hotel-gsoihof.com, eines der ältesten Bauernhäuser im Ort, großzügige Zimmer verschiedener Kategorien, eigene Käserei.

■ **Hotel Tyrol**③, St. Magdalena, Tel. 0472 8401 04, www.tyrol-hotel.eu. Modernes, großzügiges Haus am Sonnenhang inmitten von Wiesen, umgeben von Wäldern mit fantastischem Blick auf die Geislerspitzen, Zimmer mit Balkon, großer Garten mit beheiztem Pool, schöner Speiseraum, ideenreiche Küche, Halbpension mit Menüwahl.

■ **Hotel Ranuimüllerhof**③, St. Johann 1, Tel. 0472 840182, www.ranuimuellerhof.com, unmittelbar am Ansitz Ranui gelegen, moderne Zimmer mit Balkon, bietet auch ¾-Pension (mit Kaffee und Kuchen), geführte Kräuterwanderungen.

■ **Ansitz Ranuihof**①, St. Johann 2, Tel. 0472 84 0506, www.ranuihof.com, Zimmer mit Frühstück, Halbpension im gegenüberliegenden *Hotel Ranuimüllerhof.*

■ **Hotel Fines**①, Kirchweg 1, Tel. 0472 674200, www.hotelfines.com, bequeme Gästezimmer großteils mit Balkon, sonnige Gartenterrasse und Liegewiese, Café-Bar und Restaurant, frische Tiroler Küche, auf Wunsch auch biologische Gerichte.

■ **Berggasthof Zanser Alm**①, St. Magdalena-Zans, Tel. 0472 8926257, info@zanseralm.com, am Ende der Straße durch das Villnößtal gelegen, Ausflugsziel am Fuß der Geislergruppe am Knotenpunkt zahlreicher Wanderwege, rustikale Übernachtungsmöglichkeiten, Restaurant mit durchgehend warmer Küche, täglich frischer, hausgemachter Kuchen, Panoramaterrasse.

■ **Geisler Alm**①, Tel. 0472 840506, www.geisleralm.com, ab der Zanser Alm in 1½ Std. zu erreichen, auch über die Standseilbahn bis Rachötz, dann auf Weg 35 über den Broglessattel. Jausenstation angesichts der atemberaubenden Kulisse der Geisler-Spitzen, bietet typische Tiroler Hausmannskost, Streichelzoo, Kinderspielplatz, Zimmer, Taxi-Service, Sommer Ruhetag Mo, Winter Ruhetage Di und Mi.

UNSER TIPP: **Almgasthof Ütia di Börz**②, 39030 St. Martin in Thurn, Str. Börz 26, Tel. 0474 52 0066, www.boerz.it, am Würzjoch auf 2000 Meter Höhe gelegene Jausenstation mit großer Terrasse. Weiter Ausblick auf die umgebende Bergwelt der Dolomiten mit dem Peitlerkofel direkt gegenüber, vielseitige Südtiroler Speisekarte, Übernachtungsmöglichkeiten in renovierten Doppelzimmern,

Familienzimmern und Stockbettzimmern, Anf. Mai bis Anf. Nov. und Weihnachten bis Ende März durchgehend geöffnet 11.30–20 Uhr.

Aktivitäten

■ **Lammwochen:** Vom Villnösser Brillenschaf, 1 Woche Anf. Okt. Die teilnehmenden Betriebe bieten unterschiedlichste Lammgerichte mit Beilagen regionaler Herkunft an, dazu Begleitprogramm wie Lammwanderungen, Filzen aus der Wolle des Brillenschafs etc.

Hochseilgarten Villnöß: Anmeldung bei Skischule Villnöß Fun-Park, St. Magdalena 44, Tel. 0472 840602, www.hochseilgarten-villnoess.it, 12 Parcours in verschiedenen Höhen und Schwierigkeitsgraden bestehend aus Hängebrücken, Schwebebalken, Seilbahnen und weiteren herausfordernden insgesamt 120 Stationen und 10 Seilrutschen für Kinder und Erwachsene, geöffnet von Mitte Juni bis Mitte Sept. 9–18 Uhr, Ostern bis Mitte Juni und Mitte Sept. bis Mitte Okt. nach Wetterlage – bitte vorher informieren.

Eintritt Kinder bis 5 Jahre (Spielpark ohne Ausrüstung) 5 Euro, bis 6 Jahre 11 Euro, 7–12 Jahre 14 Euro, 13–16 Jahre 18 Euro, darüber 22 Euro, Kinder 7–12 Jahre 14 Euro, Jugendliche von 13 bis 16 Jahren 18 Euro, Familienkarte (2+2) 60 Euro, alles inklusive Sicherheitsausrüstung, Kinder unter 140 cm Größe dürfen nur in Begleitung Erwachsener auf das Gelände.

Wanderungen

Adolf-Munkel-Weg

■ **Gehzeit:** 5 Std., leichte Wegstrecke, auch für Kinder geeignet, 400 Höhenmeter.

GPS Ausgangspunkt der Wanderung ist der Parkplatz auf der **Zanser Alm** (1685 m). Man wandert zunächst auf dem Weg Nr. 6 Richtung Tschantschenon bis zur Brücke über den Tschantschenon-Bach. Vor der Brücke rechts ansteigend, führt der Adolf-Munkel-Weg Nr. 35 westwärts oberhalb der Gschnagenhardt-Almen bis zur Broglesalm (2045 m). Hier tritt man den Rückweg über Weg Nr. 28 zurück zum Parkplatz an.

■ **Einkehr:** Abstecher zur Gschnagenhardt-Hütte, Brogleshütte.

Auf den Peitlerkofel (2875 m)

■ **Gehzeit:** 7 Std. aufwärts, 3 Std. abwärts, Wegstrecke für gute Kletterer, 1200 Höhenmeter.

GPS Ausgangspunkt ist die **Zanser Alm.** Man folgt Weg Nr. 32 am Tschantschenon-Bach entlang und nimmt die Abzweigung vom Bach zur Gampenalm (2062 m). Von hier geht es weiter auf Steig Nr. 4 zur Schlüterhütte (2297 m) und zum nahen Kreuzkofeljoch (2310 m). Nun nimmt man den Dolomitenhöhenweg Nr. 4 durch flaches Grasgelände nach Norden über den Kreuzbergsattel weiter zur Peitlerscharte (2357 m). Der Gipfelaufstieg geht über einen steilen Grashang nach Nordosten, weiter durch eine Grasmulde zum breiten Sattel beim Gipfelaufbau (2765 m) und nach Überwindung der gesicherten Felsen auf schotterigem Steig zum breiten Gipfel des Peitlerkofels (2875 m).

■ **Schlüterhütte,** St. Magdalena 22, Tel. 0472 84 03 89, www.schlueterhuette.com, 1898 erbaut für den deutsch-österreichischen Alpenverein auf 2306 m zwischen Geislergruppe und Peitlerkofel am Übergang vom Villnößtal zum Hochabteital. Gutbürgerliche Küche in gemütlicher Gaststube, Übernachtungsmöglichkeiten in rustikalen Gästezimmern mit Etagendusche oder im Hüttenlager, geöffnet Juni bis Okt.

Einkaufen

■ **Naturwoll-Shop,** St. Valentin 22, Tel. 0472 84 0080, www.naturwoll-shop.com, alles Mögliche aus Schafwolle: Decken, Kissen, Pantoffeln, Socken, Teppiche etc., geöffnet Mo–Sa 8–12 Uhr, nachmittags auf Anfrage unter Tel. 0331 7695637.

Feste und Veranstaltungen

■ **Speckfest in Villnöß:** in St. Magdalena, veranstaltet am ersten Oktoberwochenende Sa und So ab 10 Uhr vom Tourismusverein Villnösser Tal, Bauernmarkt mit Musik, Schauöfen zum Brot backen, Wahl der Speckkönigin, Information: www.villnoess.com.

Naturpark Puez-Geisler (Parco naturale Puez-Odle)

Der Naturpark Puez-Geisler ist für Wanderer und Kletterer interessant, die das Gebiet auf dem **Dolomitenhöhenweg Nr. 2** durchstreifen können – und für Mineralogen. Hier findet man alle für die Dolomiten typischen Gesteinsarten, Ablagerungsschichten und Verwitterungsformen, wie beispielsweise Quarzporphyr, Grödner Sandstein, Muschelkalk oder Schlerndolomit. Von besonderer Bedeutung sind die **Teiser Kugeln,** die im Mineralienmuseum von Teis (→ Teis) ausgestellt sind.

Der Naturpark Puez-Geisler wurde bereits im Jahr 1977 eingerichtet und später erweitert, er umfasst heute eine Fläche von über 10.000 ha zwischen Würzjoch im Norden, Grödner Joch im Süden, Gadertal im Osten und Villnößund Grödnertal im Süden. Im Parkgebiet erstreckt sich die **Geislergruppe** mit dem Sass Rigais (3056 m) als höchster Erhebung, die **Peitlerkofelgruppe** mit dem Peitlerkofel (2875 m), die **Puezgruppe** mit den drei Spitzen des Puez (2918 m), dem Puezkofel (2723 m) und dem Sassongher (2665 m) sowie dem Massiv der **Stevia** mit dem Col da la Pieres (2759 m) als höchster Erhebung, deren steile Dolomitwände in Richtung Nordwesten und Südosten zeigen. Inmitten des Massivs breitet sich ein Hochplateau mit Almwiesen und Weiden aus.

Naturparkhaus Puez-Geisler, 39040 Villnöß, St. Magdalena 114/A, Tel. 0472 842523, www.provinz.bz.it/naturparke, geöffnet Ende Dez. bis März und 2. Mai bis Okt. Di–Sa 9.30–12.30 und 14.30–18 Uhr, Juli/Aug. auch So geöffnet, dazu Kinderwerkstatt mit Überraschungen unter dem Motto „Der Natur auf der Spur" für Kinder zwischen 6 und 12 Jahren. Anmeldung erforderlich, Eintritt frei.

Grödnertal (Val Gardena)

Von **Waidbruck** am Eisack führt eine Straße ins Grödnertal (lad.: Gherdëina) und damit tief ins Herz der Dolomiten: zum Sellastock mit dem **Sellajoch** als Übergang ins Fassatal und zum **Grödner Joch** als Übergang ins Hochabteital. Neben dem Gadertal ist dies ein weiteres Südtiroler Tal, in dem sich die ladinische

356st ot

Ausblicke vom Würzjoch

Sprache und Kultur erhalten haben. Das Grödnertal war früher so abgeschieden, dass die bajuwarische Landnahme im frühen Mittelalter ausblieb. Es erfolgte die Rodung des Talbodens erst sehr viel später als in anderen Südtiroler Tälern.

Heute findet sich im oberen Talbereich eines der bedeutendsten **Skigebiete** des Landes, was dem Charakter des Tals, das immer noch durch satte Weiden gekennzeichnet ist, nicht unbedingt zum Vorteil gereicht. Die Hauptorte **St. Ulrich, St. Christina** und **Wolkenstein** haben ein touristisches Erscheinungsbild mit großen Hotelbauten. Die Infrastruktur ist sowohl für den Sommerurlaub als auch für den Winterurlaub umfassend ausgebaut. Es gibt sogar eine **U-Bahn** zwischen St. Ulrich und St. Christina, sodass man, ohne das Auto zu benutzen, pendeln kann. Über 80 Aufstiegsanlagen erschließen die Skigebiete in den Höhen.

Abseits des Tourismusrummels findet der **Wanderer** noch ruhige Wege und idyllische Landschaften im Talbereich. Von den alten Traditionen hat sich vor allem die **Schnitzkunst** erhalten – nicht zuletzt, weil sie auch von großem Wert für den Fremdenverkehr ist. Doch ist dieses Kunsthandwerk schon Jahrhunderte zuvor für viele Bauernfamilien zum Nebenerwerb im Winter geworden, um die Armut ein wenig zu lindern. Mit der 1856 durch das Tal gebauten Fahrstraße änderte sich die Situation allmählich, die ersten Gäste kamen und brachten zunächst bescheidenen Wohlstand. Nach dem Zweiten Weltkrieg boomte der Tourismus und ist längst zur Haupteinnahmequelle geworden.

Entwässert wird das Tal durch den 26 km langen **Grödner Bach,** der unterhalb des 3181 m hohen Langkofel entspringt und auf 470 m bei Waidbruck in den Eisack mündet. Der Bach hat einen tiefen Graben in das umgebende Felsgestein geschnitten, sodass die Formationen aus Dolomit und Grödner Sandstein im hinteren Talbereich und Brixner Quarzphyllit sowie Bozner Quarzporphyr im äußeren Talbereich sichtbar werden.

Im Ersten Weltkrieg legten die Militärs zur Versorgung der österreichischen Truppen an der Dolomitenfront eine Schmalspurbahn von Klausen bis Plan de Gralba unterhalb des Sellajochs an, die erst 1960 stillgelegt wurde (→ Klausen). Die Trasse zwischen St. Ulrich und Wolkenstein ist inzwischen als Promenade zum Wanderweg ausgebaut, der wegen seiner geringen Steigung beliebt und kaum anstrengend ist.

Dem Grödnertal entstammen eine Reihe berühmter Persönlichkeiten, allen voran der in St. Ulrich geborene Schauspieler und Regisseur **Luis Trenker** (→ Exkurs: Luis Trenker, S. 443), des Weiteren *Giorgio Moroder* (Komponist und mehrmaliger Oscar-Preisträger), *Isolde Kostner* (Skifahrerin), *Peter Runggaldier* (Skifahrer) sowie *Carolina Kostner* (Eiskunstläuferin).

354st ot

St. Ulrich in Gröden (Ortisei)

Info: Postleitzahl St. Ulrich: **39046.** Tourismusverein St. Ulrich, Str. Rezia 1, Tel. 0471 777600, www.valgardena.it.

Hauptort des Grödnertals ist St. Ulrich (lad.: Urtijëi) auf 1240 m Höhe mit inzwischen über 5000 Einwohnern. Das **einstige ladinische Dorf** hat städtischen Charakter bekommen. Die Umgehungsstraße hält den Durchgangsverkehr aus dem Ort heraus, das Zentrum mit der Plaza San Antone ist als Fußgängerzone autofrei. Hier laden Cafés und Restaurants zum Verweilen, Geschäfte und Boutiken zum Geld ausgeben ein. Von der Plaza führen **überdachte Rolltreppen** zur Promenade und ein **Tunnel mit Laufbändern** bringt Besucher direkt zur Seceda-Seilbahn – neben dem Raschütz ist der Seceda das größte Skigebiet nördlich von St. Ulrich.

Etwas erhöht vom Hauptplatz erhebt sich die **Pfarrkirche** zum heiligen Ulrich, die 1793–97 erbaut und 1905–1907 um zwei Seitenkapellen ergänzt wurde. Sehenswert sind die schönen Schnitzereien der Kirchenstühle.

Der moderne Bau am Kirchplatz ist der **Kongressbau,** in dem die Gadertaler Holzschnitzereien-Ausstellung untergebracht ist, die einen Einblick in das Können der örtlichen Kunsthandwerker bietet.

Wo die Purgerstraße die Bahnhofstraße in der Nähe des Kirchplatzes kreuzt, steht an der rechten Seite das **Bronzedenkmal** des Altbürgermeisters *Johann Baptist Purger* (1805–72), dem das Tal die erste Grödner Talstraße (1856) von Waidbruck nach St. Ulrich verdankt.

Die kleine, zwischen 1673 und 1676 erbaute **Antoniuskirche** steht auf dem gleichnamigen Platz und gibt mit Schindeldach und Zwiebelturm ein häufig fotografiertes Bild vor dem Hintergrund der Dolomiten ab. Das Tafelbild des Hauptaltars stellt den heiligen *Antonius von Padua* dar, gemalt vom Schweizer Künstler *Melchior Paul von Deschwanden* im Nazarener-Stil. Die Statuen rechts und links, 1682 geschaffen von *Dominikus Vinazer,* zeigen die heiligen Bischöfe *Ulrich* und *Ruprecht.*

Die **St. Anna-Kapelle** am Friedhof ist der älteste Sakralbau von St. Ulrich. Sie wurde Anfang des 15. Jh. erbaut und um 1515 vergrößert. Auf dem Friedhof stehen mehrere schöne alte Grabsteine.

Museum de Ghërdeina

Die Cësa di Ladins in der Reziastraße beherbergt das Museum de Ghërdeina, das **Heimatmuseum.** Die Exponate informieren über die Vor- und Frühgeschichte des Tals, seine Fauna und Flora, dazu gibt es **Mineralien und Fossilien** wie etwa den spektakulären Fund eines Ichtyosaurus von der Seceda, eine Skulpturen- und Kunstgewerbesammlung und das **Luis-Trenker-Zentralarchiv.** Beachtenswert sind auch Rötelzeichnungen auf einer spätmittelalterlichen Täfelung sowie das barocke Fastentuch von St. Jakob.

Museum de Gherdëina, Reziastr. 83, Tel. 0471 797554, www.museumgroeden.it, mit großer Sammlung historischen Grödner Holzspielzeugs und ladinischem Sprachinstitut, geöffnet Mitte Mai bis Mitte Okt. Mo bis Fr 10–12.30 und 14–18 Uhr, Juli/Aug. Mo bis Sa 10–18 Uhr, Mitte Dez. bis Mitte April Di bis Fr 10–18 Uhr, in den Weihnachtsferien täglich 10–12.30 und 14–18 Uhr, 24., 25., 31.12., 01.01. geschlossen, Eintritt 8 Euro, Senioren 6 Euro, Studenten bis 26 Jahre 2,50 Euro, Familienkarte 16 Euro. Kinder und Jugendliche bis 18 Jahre frei.

Burg Stetteneck

Sagenumwoben ist Burg Stetteneck auf dem Pinkanhügel im Annatal oberhalb von St. Ulrich, vermutlich in der ersten Hälfte des 13. Jh. vom Ritter *Gebhard von Stetteneck* errichtet. Die Stettenecker

Luis Trenker

Luis Trenker wurde am 4. Oktober 1892 als Sohn des Holzbildhauers und Malers *Jakob Trenker* und seiner Ehefrau *Karolina* geb. *Demetz* in St. Ulrich geboren. Schon als Schüler verdiente er sich Geld als Bergführer. Ein Architekturstudium musste er kriegsbedingt unterbrechen. Bis 1918 tat er in einer Bergführerkompanie an der Dolomitenfront Dienst. Nach dem Ersten Weltkrieg setzte er sein Studium fort und arbeitete als Architekt in Bozen.

Ersten Kontakt zum Film erhielt Trenker 1921, als er für den Film „Berg des Schicksals" als Bergführer engagiert wurde. Nachdem *Arnold Fanck* feststellen musste, dass der vorgesehene Hauptdarsteller nicht klettern konnte, trug er Trenker die Hauptrolle an. Der Erfolg reichte für weitere Filme. Trenker gab den Architektenberuf auf, betätigte sich fortan als Regisseur und Schauspieler und drehte auch sozialkritische Filme. Doch das Thema Berge ließ ihn nicht los. Sowohl Hitler als auch Mussolini fanden Gefallen an seiner Art, die Heimat- und Bergwelt filmisch darzustellen. Besonders seine Nähe zum Faschismus wurde ihm nach dem Zweiten Weltkrieg vorgeworfen, hatten die Südtiroler doch zwischen den Kriegen stark unter der faschistischen Italienisierungspolitik zu leiden. Auch dass er Ende März 1940 für das Deutsche Reich optierte, wurde ihm übelgenommen, genauso die Tatsache, dass er später in einem NS-Propagandafilm als Schauspieler auftrat.

Nach dem Zweiten Weltkrieg setzte Trenker seine Filmarbeit in München zunächst mit unverfänglichen Kurzfilmen über die Bergwelt und Porträts ihrer Bewohner fort, drehte ab 1955 auch wieder Kinofilme. Nachdrücklich setzte er sich für den Erhalt des landschaftlichen Erscheinungsbildes seiner Heimat ein, was er unter anderem sehr medienwirksam im deutschen Fernsehen tat. Auf diese Weise hat er den Tourismus in Südtirol nachhaltig gefördert, sodass ihm viele seiner Landsleute schließlich wieder wohl gesonnen waren.

Luis Trenker starb am 12. April 1990 im Alter von 97 Jahren und wurde auf dem Friedhof seiner Heimatgemeinde St. Ulrich in Gröden im Familiengrab beigesetz. Ein Luis-Trenker-Denkmal steht auf der gleichnamigen Promenade neben der alten Lokomotive und erinnert an Bera Luis, wie der berühmteste Sohn seines Heimattals genannt wird.

waren Ministeriale des Bischofs von Brixen. Bis heute ist unklar, wieso diese etwa 50 m lange und von einer etwa 60 m langen und 1,80 m breiten Ringmauer umgebene Burg einfach „verschollen" war. Erst Ausgrabungen im Jahr 2000 brachten ihre Fundamente zutage.

St. Jakob

Die spätgotische **St. Jakobskirche** oberhalb der Fraktion St. Jakob (lad.: Dlieja da Sacun), dem heiligen *Jakob* als Beschützer der Wanderer und Pilger geweiht, ist die älteste Kirche des Tals und nur zu Fuß erreichbar. Erstmals wurde sie 1283 in einem Ablassbrief urkundlich erwähnt. Sie liegt inmitten einer Lichtung, von einem runden, ummauerten Friedhof umgeben. Ihr hoher Turm überragt die Bäume der Umgebung. Schön sind die Außenfresken aus dem 15. Jh. und der barocke geschnitzte Hochaltar, dessen Originale im Heimatmuseum untergebracht sind.

Unterkunft

- **Gardena Grödnerhof**⑤, Vidalong Str. 3, Tel. 0471 796315, www.gardena.it, traditionsreiches Hotel der Luxusklasse mit allen erdenklichen Einrichtungen, komplett renoviert, komfortable Zimmer und Suiten, Gourmet-Restaurant Anna Stuben.
- **Adler Spa Resort Dolomiti**④, Str. Rezia 7, Tel. 0471 775000, www.adler-dolomiti.com, Hotel im Zentrum, umgeben von einem großen Park, bietet ganzjährig medizinisch betreutes Indoor-Outdoor-Aktivprogramm, dazu Wasser- und Wellnessanlage mit 32°C-Hallenbad, großem 32°C-Freibad, 35°C-Indoor-Solepool und Freipool, Whirlpool mit Dolomitenblick, Panorama-Sauna.
- **Ansitz Jakoberhof**③, Sacunstr. 107, Tel. 0471 796344, www.jakoberhof.com, oberhalb von St. Ulrich inmitten der Wiesen ruhig gelegen, komfortable Zimmer mit Balkon, Suiten, Familiensuiten, umfangreiche Wellness-Angebote, hochwertige Küche. Der Seniorchef ist Holzbildhauermeister der Grödner Tradition.
- **Albergo Brunello**②, Coi Str., Tel. 0471 796487, www.brunello-it.com, zwischen St. Ulrich und St. Christina gelegen, renoviertes Klima-Haus, energieeffizient und ökologisch in Naturholz gebaut, mit großzügigen, gemütlich eingerichteten Mini-Suiten, alle nach Süden mit Balkon ausgerichtet, angeschlossenes Restaurant bietet frische Südtiroler Küche.
- **Berggasthaus Raschötz**③, Seggiovia Rasciesa, Via Rasciesa, Tel. 0471 798259, www.resciesa.com, auf 2132 m auf der Raschötz-Alm, Zugang über die neue Standseilbahn (siehe unten), ganz in Naturholz eingerichtete Juniorsuiten, Restaurant mit zwei Tiroler Stuben, große Sonnenterrasse, im Sommer und Winter geöffnet.

Essen und Trinken

- **Anna Stuben**④, im Hotel *Gardena Grödnerhof,* Spitzenrestaurant, benannt nach der ersten Besitzerin *Anna Demetz,* bietet ladinische Feinschmeckerküche, geöffnet Anf. Juni bis Mitte Okt. sowie Anf. Dez. bis März.
- **Cascade**②, Promenade 1/1, Tel. 0471 786465, www.gardenahotels.com/de/restaurants/cascade, Restaurant, Pizzeria mit großer Bar, vielfältiges Weinangebot.
- **Concordia**②, Via Roma 41, Tel. 0471 796276, www.restaurantconcordia.com, liebevoll eingerichtetes Restaurant, seit 30 Jahren im Familienbesitz, saisonale Küche für Genießer und Gourmets, geöffnet Anf. Juni bis Mitte Okt. und Anf. Dez. bis Ostern 12–14 und 19–23 Uhr.
- **Baita Daniel Hütte,** Via Grohmann 153 A, Tel. 335 6482660, www.seceda.cc, gemütliche Hütte

auf 2240 m auf der Seceda-Alm, 1971 gegründet vom Holzschnitzer *Daniel Demetz,* Sonnenterrasse, mehrmals wöchentlich Tiroler Live-Musik mit Tanz, rustikales Restaurant-Ambiente, gute Weinkarte, Sommer und Winter offen.

Aktivitäten

■ **Schwimmbad:** Str. Promenade 2, Tel. 0471 79 7131, www.mardolomit.com, Erlebnis- und Familienbad, In- und Outdoor-Sportbecken, Wasser-Erlebnisbereich mit Rutsche und Kinderwhirlpool, Soleaußenheißbecken mit Strömungskanal und Massagedüsen, Whirlpool und Solarium, Restaurant und Pizzeria. Schwimmbad täglich geöffnet 13–20 Uhr, Di und Fr 13–22 Uhr, Sauna Sa, So 14–20 Uhr, Di und Fr 14–22 Uhr. Außerhalb der Saison verkürzte Öffnungszeiten, Eintritt Schwimmbad (2,5 Std.) 11,20 Euro, Jugendliche bis 18 Jahre 7,50 Euro, Kinder bis 14 Jahre 5,60 Euro, Familienkarte 27 Euro, Sauna (3 Std.) 22/17/13/58 Euro.

■ **Tandem-Flüge:** Gleitschirmverein FLY2, Str. Sacun 39, Tel. 335 5716500, www.fly2.info, Tandemflüge mit dem Gleitschirm, Sommer und Winter, Gleitflug, Thermikflug, Akroflug, Streckenflug.

■ **Skigebiet St. Ulrich** (1236–2418 m, gilt für das ganze Grödnertal): Kabinenbahn, 2 Pendelbahnen, 45 Sessellifte, 28 Schlepplifte, 175 km Pisten überwiegend mittelschwer, dazu leichte und einige schwierige Pisten, Info: www.valgardena.it.

Einkaufen

■ **UNIKA,** Typak-Center, Str. Arnaria 9, Runggaditsch, Tel. 0339 4156755, www.unika.org, Kunstgalerie des Zusammenschlusses der Grödener Bildhauer, Präsentation von Unikaten auf 500 m², außerdem tägliche Schnitzvorführungen und Events, geöffnet Mo–Sa 9–18.30 Uhr, So 9–12 und 14–18 Uhr, veranstaltet jährlich die Grödner Kunstmesse Anf. Sept. (→ Veranstaltungen).

■ **Dolfi-Land,** Via Digon 26, Tel. 0471 796239, www.dolfi.com, Holzschnitzerei mit Schauraum, größter ganzjähriger Weihnachtsmarkt der Dolomiten, Krippen, Holzfiguren, Puppen, geöffnet Mo bis Sa 9–18.30 Uhr.

■ **Gherdëina Lat,** Str. Arnaria 10, Tel. 0471 7865 64, www.gardenalat.it, Schaukäserei, zentrale Verkaufsstelle von Milchprodukten von 46 Berghöfen des Grödnertals, dazu Erlebnismuseum, Mo–Sa 8–12 Uhr und 15–19, So 15–19 Uhr, Eintritt 5 Euro, Kinder 3 Euro, Zuschlag mit Käseverkostung und einem Getränk 5 Euro, Geschäft parallel geöffnet.

Feste und Veranstaltungen

■ **Schnitzkurse:** Der Tourismusverein St. Ulrich bietet Tages- und Mehrtages-Schnitzkurse an.

■ **Grödner Musikwochen:** Anf. Juli bis Mitte Sept. klassische Konzerte von internationalen Musikern und Ensembles in St. Ulrich, Wolkenstein und St. Christina.

■ **Gröden in Tracht:** Trachtenumzug jeden 2. So im Aug., 16 Uhr im Dorfzentrum St. Christina, vorgestellt werden die Trachten aus den fünf ladinischen Tälern Grödnertal, Gadertal, Fassatal, Buchenstein und Anpezo.

■ **Blättermarkt „Segra Sacun"** (Marcià de Segra Sacun): alljährlicher Markt am 2. Mo im Okt., der traditionsgemäß am Tag nach dem Kirchweihfest in der Ulricher Fraktion St. Jakob stattfindet, hervorgegangen aus einem alten Brauch, nach dem ein heiratswilliger Mann auf diesem Markt eine Birne kauft, sie mit einer Schleife schmückt und seiner Auserwählten bringt. Diese muss ihm dann im darauf folgenden Jahr verzierte Ostereier schenken, Info: www.valgardena-groeden.com.

■ **Grödner Kunstmesse:** Fassmaler, Bildhauer und Vergolder aus Gröden präsentieren ihre kunsthandwerklichen Erzeugnisse alljährlich am 1. Wochenende im Sept., im Tenniszentrum von St. Ulrich, Information: Tel. 0333 3663040, www.unika.org, tägl. 10–19 Uhr, Eintritt 9 Euro, unter 18 Jahren frei.

233st ot

Seilbahnen

Seilbahn St. Ulrich – Seiseralm: Setil Str. 9, Tel. 0471 796218, www.funiviaortisei.eu, von der Talstation auf die 835 m höher gelegene Seiser Alm, Mitte Mai bis Anf. Sept. 8.30–17 Uhr, im Hochsommer bis 18 Uhr, im Winter ab Anf. Dez. bis Anf. April 8.30–17 bzw. 18 Uhr, Bergfahrt 15.60 Euro, Talfahrt 12.50 Euro, Berg- und Talfahrt 21,90 Euro, Kinder von 8 bis 14 Jahren 10,90/8,80/15.30 Euro, Fahrrad 5 Euro, Hund 3 Euro. Kinder unter 8 Jahren fahren in Begleitung zahlender Eltern kostenlos.

Standseilbahn St. Ulrich – Raschötz: Tel. 338 2471756, www.rasciesa.it, von der Talstation im Zentrum von St. Ulrich anfangs unterirdisch, Bergstation in der Nähe der Schutzhütte Raschötz, verkehrt im Sommer Mitte Mai bis Mitte Okt., im Winter vor Weihnachten bis Saisonende, einfache Fahrt 16 Euro, Berg- und Talfahrt 23 Euro.

Seceda-Seilbahn, Tel. 0471 796531, www.seceda.it, St. Ulrich – Furnes – Seceda (2450 m), Höhenunterschied 773 Meter, Länge 2050 Meter, Talstation von der Plaza San Antone zu erreichen. Berg- und Talfahrt 21 Euro, Einzelfahrt 14,50 Euro, Kinder 13/8,50 Euro.

Blick auf Langkofel und Sellamassiv

St. Christina in Gröden (Santa Cristina Valgardena)

■ **Info:** Postleitzahl St. Christina: **39047.** Tourismusverein St. Christina, Chemunstr. 9, Tel. 0471 77 7800, www.valgardena.it.

St. Christina (lad.: Santa Cristina Gherdëina) liegt in der Grödner Talmitte in sonniger Lage auf über 1400 m Höhe angesichts der sich im Süden steil und gezackt erhebenden **Langkofelgruppe.** Im Sommer wie im Winter ist hier Aktivurlaub angesagt – im Ort befinden sich die Talstationen der Lifte zum Monte Pana, Ciampinoi, Col Raiser, Seceda und auf die Alm Monte Pana. Als Sporteinrichtungen gibt es Eislaufplatz, Fitnesscenter, Leichtathletikbahn, Minigolf, Kletterhalle und Tennisplätze. Die Umfahrungsstraße hält den Ortskern vom Durchgangsverkehr frei. So konnte die Hauptstraße zur Fußgängerzone umgewandelt werden.

Gardena Ronda Express

Der Gardena Ronda Express ist die erste **unterirdische Standseilbahn** Südtirols im Ort. Die Bahn verbindet die Zugänge zu den zwei großen Skigebieten, sie pendelt durch einen 1250 m langen Tunnel zwischen den Talstationen der Bergbahnen: zum Seceda-Col-Raiser-Gebiet (Norden) und zum Ciampinoi-Gebiet (Süden).

Kirche

Die im Ursprung romanische Ortskirche von St. Christina wurde erstmals im Jahre 1342 erwähnt, ihr Glockenturm ist bis zum Dachansatz noch aus dieser Zeit erhalten. Gotisch ist der Chor, die Ausstattung stammt aus dem 19. und 20. Jh., barock erhalten ist der Hochaltaraufsatz. Sehenswert ist auch die Bronzestatue der hl. *Philomena* im Beinhaus.

Monte Pana

Die Pana Alm erstreckt sich im Vorfeld des Langkofel-Bergmassivs als Hochplateau in Höhenlagen von 1600 bis 1800 Metern südlich von St. Christina mit Verbindungen zur Seiser Alm und zur Sellaronda. Hier ist ein großes **Langlaufzentrum** entstanden, das Loipen von 38 Kilometer Länge und zwei kleine Sprungschanzen bietet. Im Sommer bietet die Pana Alm **großartige Wandermöglichkeiten.**

Eine außergewöhnliche Besonderheit stellt auf der Pana Alm die sphärische Äquatorial-Sonnenuhr des *Simon Moroder* mit zwei Metern Durchmesser dar. Sie zeigt für St. Christina und weitere 60 Städte die **wahre Ortszeit** (WOZ) sowie die mitteleuropäische Zeit (MEZ) an.

Castel Gardena

Auf der St. Christina gegenüberliegenden Hangseite steht Castel Gardena am Fuß des Langkofels, eine mittelalterliche Anlage, die 1622–41 von der damaligen Besitzerfamilie *Wolkenstein-Trostburg* in einen eleganten Renaissancewohnsitz umgebaut wurde. Die heute in Privatbesitz befindliche, bestens erhaltene, kompakte Anlage besteht aus zwei Wohntrakten, zwei Höfen, einer Kapelle und fünf Türmen. Sie wird wegen der Fischzucht im Umfeld auch **Fischburg** genannt.

Unterkunft, Essen und Trinken

- **Alpenhotel Plaza**③, Cisles Str. 5, Tel. 0471 79 3463, www.alpenhotelplaza.it, liebevoll eingerichtete Zimmer verschiedener Kategorien, Hallenbad, Sauna, Relax-Zone, Sommerliegewiese, angeschlossenes Restaurant.
- **Residence-Hotel La Tambra**③, Dursan Str. 13/15, Tel. 0471 796196, www.tambra.it, zentral im Ort gelegen, Appartements verschiedener Größen, mit Steakhaus, Tel. 0471 790063.
- **Almhotel Col Raiser**③, am Col Raiser, Tel. 0471 796302, www.colraiser.com, modernes Hotel-Restaurant auf 2100 m, gemütliche Zimmer überwiegend mit Balkon, großzügige Suiten, Sauna, Erlebnisschwimmbad, Ruheraum, Restaurant bietet Südtiroler und italienische Küche, kleine Speisen, große Terrasse.
- **Uridl**②, Str. Chemun 43, Tel. 0471 793215, www.uridl.it, 400 Jahre gastliche Tradition, Restaurant, gemütliche Tiroler Stube mit Täfelungen aus dem 17. Jahrhundert, angeschlossener Hotelbetrieb③ mit Bar, Lift vorhanden.
- **Sochers Ski & Spa**④, Str. Ruacia 30, Tel. 0471 792101, www.sochers.it, schon in Wolkenstein gelegen, an der Bergstation der Seilbahn von Ruacia, mit der Seilbahn zu erreichen, modernes Hotelrestaurant, schöne Zimmer, gediegener Gastraum, traditionelle Küche.
- **Gamsbluthütte,** Via Raiser 55, Tel. 338 86012 44, www.gamsblut.it, unterhalb des Col Raiser auf 1960 m gelegene, urige Jausenstation.

Aktivitäten

- **Skigebiet Grödnertal** insgesamt → St. Ulrich.
- **Skigebiet Seceda-Col Raiser:** 2 Doppelsessellifte, 3 Skilifte, zahlreiche abwechslungsreiche Abfahrten.
- **Skigebiet Ciampinoi:** auch von Wolkenstein aus erreichbar (→ Wolkenstein).
- **Sella-Volksradltag:** 52-km-Strecke rund um das Sella-Massiv über 4 Pässe, auf der 1650 Höhenmeter (nur die Sella-Ronda, ohne Anfahrt) zu bewältigen sind. Am letzten Samstag im Juni ist die Sellarunde von 9 bis 15 Uhr für den Autoverkehr gesperrt, im und gegen den Uhrzeigersinn ist Busverkehr eingerichtet, der auf die Mitnahme von Fahrrädern eingestellt ist. Start in Santa Christina, die Strecke wird im Uhrzeigersinn befahren. Information: www.sellarondabikeday.com.

Seilbahnen

- **Seilbahn Col Raiser** (1450–2100 m): Umlaufbahn von St. Christina zum Col Raiser, Juni bis Okt. und Dez. bis Ostern, Berg- und Talfahrt 23 Euro, Bergfahrt 16 Euro, Kinder 15/11 Euro.

Wolkenstein in Gröden (Selva di Val Gardena)

- **Info:** Postleitzahl Wolkenstein: **39048.** Tourismusverein Wolkenstein, Str. Mëisules 213, Tel. 0471 777900, www.valgardena.it.

Wolkenstein (lad.: Sëlva), ist der höchstgelegene Ort im Grödnertal auf fast 1600 m in Sichtweite des majestätischen Langkofels (3181 m). Auch wegen seiner Nähe zur Sella-Gruppe wird der Ort ganz vom Wintersport bestimmt. Lifte führen in die Höhenlagen des Ciampinoi und des Dantercepies. Fährt man die Talstraße weiter aufwärts, gelangt über die oberhalb von Wolkenstein gelegene **Hotelsiedlung Plan** zur Sella-Ronda-

Straße, die das ganze Sella-Massiv umrundet. Am **Sellajoch** gibt es nochmals eine Reihe von Aufstiegsanlagen in das Skigebiet am Col Rodella.

In Wolkenstein zweigt das Langental in den Naturpark Puez-Geisler ab. Es gilt als eines der landschaftlich reizvollsten Dolomitentäler. Von hier aus starten im Sommer die Kletterer in die Dolomitenfelsen, im Winter führt eine Langlaufloipe durch das Tal.

Am Taleingang erhebt sich die Ruine der **Burg Wolkenstein,** einst Stammsitz der Herren *von Wolkenstein,* deren berühmtester Vertreter der Minnesänger *Oswald von Wolkenstein* ist. Die im 13. Jh. erbaute Burg schützte den Übergang vom Grödnertal ins Gadertal, verfiel aber ab dem 16. Jh. Ein Kleinod im Tal ist die Sylvesterkapelle mit 300 Jahre alten Fresken.

Unterkunft, Essen und Trinken

■ **Boutique Hotel Nives**④, Str. Nives 4, Tel. 0471 773329, www.hotel-nives.com, kleines, exklusives Hotel-Restaurant, Zimmer verschiedener Kategorien mit Balkon, bietet kulinarische Köstlichkeiten in der Tiroler Stube, hausgemachte Torten und Imbisse, mit Weinbar, Eisdiele, Terrasse.

■ **Chalet Gerard**④, Plan de Gralba 37, Tel. 0471 795274, www.chalet-gerard.com, traumhaft gelegen, großzügige Zimmer und Suiten, Sauna, Dampfbad, Fitnessraum, Kinderspielzimmer, Restaurant und Café, direkte Verbindung zu Skipisten.

■ **Hotel Alaska**③, Str. Dantercepies 65, Tel. 0471 795298, www.hotelalaska.it, direkt an der Skipiste des Dantercepies gelegen, geräumige Zimmer mit Balkon, Wellnessangebote, Hot-Whirl-Pool, Dampfbad, finnische Sauna, Bio-Sonnenbank, besonders kinderfreundlich, traditionelle Küche, schmackhaft und modern dargeboten.

■ **Pozzamanigoni**③, La-Selva-Str. 51, Tel. 0471 794138, www.pozzamanigoni.it, an einem Weiher gelegenes Hotel, Restaurant und Reitzentrum, gemütliche Zimmer zweier Kategorien im Tiroler Stil, Sauna, Unterwasser-Massagebecken, gekonnte Hausmannskost in der Grödner Stube *(Stua),* Spezialität Forellen. Angebote: Angeln, Pferdepension, Reitunterricht, Pony-Club, Austragungsort eines nationalen Hürden-Wettbewerbs.

■ **La Bula**③, Str. Mëisules 287, Tel. 0471 795208, www.la-bula.com, zentral gelegenes Restaurant, familiär geführt, drei Gaststuben mit Bar, gekonnte einheimische Küche.

■ **L Mulinè**②, La Selva 104, Tel. 333 8838814, www.l-muline.com, Jausenstation und Skihütte an der Saslong-Piste, 20 Min. von der Fischburg entfernt, große Terrasse, Tiroler Gaststube bietet deftige Südtiroler Gerichte, gekonnt zubereitet.

■ **Sella Joch Hütte,** Passo Sella 2, Tel. 0471 7951 36, www.passo-sella.it, unmittelbar am Sellajoch gelegen, Ausgangspunkt für Wanderungen, Klettertouren und Wintersport, Restaurant, Pizzeria, Bar, Konditorei, Sonnenterrasse, Zimmer mit fließend Warmwasser, Duschen und WC auf der Etage.

Aktivitäten

■ **Skigebiet Ciampinoi** (auch von St. Christina aus erreichbar): 2 Umlaufbahnen, 6 Sessellifte, von hier führt die weltberühmte Saslong-Piste des Alpinski-Weltcups nach St. Christina hinunter.

■ **Skigebiet Dantercepies** (1600–2240 m): Umlaufbahn, 8 Skilifte, 6 Sessellifte, auch vom Grödner Joch mit Aufstiegsanlagen zu erreichen.

■ **Skigebiet Plan de Gralba:** Seilbahn, 9 Sessellifte, 3 Skilifte.

■ **Skigebiet Sellajoch:** 9 Sessellifte, 2 Skilifte.

SCHLERN (MASSICCIO DELLO SCILIAR)

WAHRZEICHEN SÜDTIROLS

Östlich des Eisacktals erhebt sich zwischen dem Grödnertal im Norden und dem Tierser Tal im Süden das Schlerngebiet. Mit seiner markanten Erscheinungsform gibt der Schlern ein äußerst bekanntes Bild ab und gilt als eines der Wahrzeichen Südtirols.

360st ot

NICHT VERPASSEN!

- Die **Seiser Alm,** größtes Hochweidegebiet des Alpenraums | 459
- **Schloss Prösels,** großartige Anlage mit langer Geschichte, heute Ort für kulturelle Veranstaltungen | 463

Diese Tipps erkennt man an der gelben Markierung.

Vom Eisacktal aus ist dem Gebirgsstock des Schlern eine breite Mittelgebirgsterrasse mit Weiden, Wäldern und Bergseen vorgelagert, auf der die Orte Kastelruth, Seis und Völs liegen. Vom eigentlichen Dolomit-Gebirgsstock des Schlernmassivs abgetrennt, ragen im Westen zwei Bergspitzen empor, die Santner- (2413 m) und die Euringerspitze (2394 m). Höchste Erhebung ist die Kuppe des **Petz** (2563 m), ihr Nordrand wird von der Burgstall (2515 m) gebildet. Am Petz wurde 1885 das Schlernhaus (2450 m) als erste Schutzhütte des Alpenvereins in dieser Region eröffnet.

Seit dem Jahr 1974 ist das Schlerngebiet Naturpark, heute Teil des **Naturparks Schlern-Rosengarten.**

Sagenumwoben ist der Schlern, denn nach dem Volksglauben ist er **von Hexen bewohnt.** Hier treiben die gefürchteten **Schlernhexen** ihr Unwesen und werden für die Unwetter am Berg verantwortlich gemacht. Doch konnte der Pfarrer von Völs durch ein ganz bestimmtes Läuten der Kirchenglocken die Gewittergewalt stoppen. Als er sich eines Tages im Wald verirrte und versehentlich den Hexentanzplatz betrat, war es um ihn geschehen ...

Zwischen dem Gebirgsstock des Schlern im Südwesten, der Langkofelgruppe im Südosten und dem Grödnertal im Norden breitet sich die **Seiser Alm** auf knapp 2000 m Höhe aus. Mit einer Fläche von fast 60 km² ist sie die größte Hochalm der Alpen. Die Seiser Alm zählt wegen ihrer landschaftlichen Schönheit und ihrer besonderen Flora zu einem der beliebtesten Urlaubsgebiete Südtirols, das sowohl Skilanglauf-Begeisterte im Winter als auch Wanderer in der schneefreien Zeit anzieht.

Der Schlern

362st ot

Kastelruth (Castelrotto)

■ **Info:** Postleitzahl Kastelruth: **39040.** Tourismusverein Kastelruth: Ansitz Laechler, Krausplatz 2, Tel. 0471 706333, www.kastelruth.com.

Vom Eisacktal führen zwei Straßen ins Schlerngebiet, nördlich von Karneid nach Völs und von Waidbruck nach Kastelruth. Wählt man den Weg nach Kastelruth, kommt man unterhalb der Fraktion **Tisens** vorbei, die eine bemerkenswerte Kirche beherbergt. Die erste Erwähnung erfolgte 1353, sie wurde im 16. Jh. erweitert und erhielt Ende des 20. Jh. einen neuen Turmhelm. Der Hochaltar entstand 1480. Die Kirche birgt Reste spätgotischer Fresken.

Auf knapp über 1000 m Höhe liegt Kastelruth, das mit einem historischen Ortskern aufwarten kann. Auch die reizvolle Umgebung und eine vielfältige Gastronomie machen den Ort bei Urlaubern so beliebt – und natürlich die **Kastelruther Spatzen,** die berühmte, nach ihrem Heimatort benannte Volkmusikgruppe.

Auf dem Kofl, wie der im Norden des Ortskerns von Kastelruth gelegene Schlossberg heute genannt wird, befanden sich einst ein römischer Militärposten und später eine langobardische Burg. Eine erste Erwähnung von Kastelruth als *Castelruptum* (zerstörte Burg) erfolgte im 10. Jh. in einem Dokument, das ein

⌃ Bauernmarkt in Kastelruth

〉 Im Zentrum von Kastelruth steht die Ortspfarrkirche

Handelsabkommen zwischen den Bischöfen von Brixen und Augsburg besiegelte. Zunächst hatten die Herren von Kastelruth das Sagen im Ort, später gelangte er in den Besitz von Graf *Meinhardt II.,* der ihn dem Edlen *Rupert Maulrappen,* dem Besitzer der Feste Wolkenstein in Gröden, überließ. Zu Beginn des 15. Jh. sind Schloss und Landgericht Kastelruth gemeinschaftliches Eigentum der Ritter von Wolkenstein-Trostburg – ihr berühmtester Vertreter ist der Minnesänger **Oswald von Wolkenstein,** dem zu Ehren jedes Jahr der Oswald-von-Wolkenstein-Ritt veranstaltet wird.

Später spielte dann die **Familie Kraus von Sala** eine wichtige Rolle in Kastelruth. Sie war aus Ungarn zugewandert, gelangte durch Einheirat nach Tirol und ließ sich in Kastelruth nieder. Dort gründete sie Stiftungen und errichtete sich Mitte des 16. Jahrhunderts einen mächtigen Ansitz, den Ansitz Krausegg am Dorfplatz, dem Krausplatz. Hier ist heute die Gemeindeverwaltung mit dem Tourismusverein untergebracht. Übrigens wurden unter der Kraus'schen Herrschaft die Reste des Römerkastells auf dem Kofl abgetragen und dort die dem heiligen Antonius geweihte Kapelle mit sieben weiteren kleinen Kapellen errichtet. Das Bauensemble auf dem Kofl gleicht seither einem Kalvarienberg, wo Gläubige Gebete verrichten. Ein Wallfahrtsweg führt an den Kapellen vorbei auf den Berg.

Der **Krausplatz** bildet bis heute den Mittelpunkt von Kastelruth. Neben dem mächtigen Ansitz Krausegg gruppieren sich die historischen Bauten des Ortes darum und setzen sich in den Seitenstraßen fort, vielfach durch farbige Fassadenmalereien gekennzeichnet. Einige verfügen über Täfelungen, Rosettendecken und alte Öfen. Besonders sehenswert ist die alte Stube des Gasthofs zum Turm.

Am Platz steht die den Heiligen *Peter* und *Paul* geweihte **Ortspfarrkirche** mit ihrem imposanten, frei stehenden Turm mit Zwiebeldach. Er wurde 1756–58 erbaut, nachdem der alte gotische Turm beim Dorfbrand 1753 schwer beschädigt worden war. Das Kirchenschiff entstand als klassizistischer Bau Mitte des 19. Jh.

361st ot

Tagusens

Das kleine **Schulmuseum** in Tagusens, einer Kastelruther Fraktion, die man über Tisens erreicht, ist in einer ehemaligen Zwergschule untergebracht, in der die Kinder aller Schulstufen gemeinsam in einem Klassenraum unterrichtet wurden. Das Ensemble aus Zwergschule, der **St. Magdalenakirche** und dem ehemaligen Pfarrhaus liegt idyllisch auf einem Felsvorsprung hoch über dem Eingang zum Grödnertal.

■ **Schulmuseum,** Tagusens 2, Tel. 0334 7423915, www.museum-kastelruth.com, Ostern bis Allerheiligen Mi und Fr 10–16 Uhr, So 10–18 Uhr, Eintritt freiwillige Spende.

St. Oswald

Auf dem Weg nach Waidbruck passiert man die Kastelruther Fraktion St. Oswald auf 750 m Höhe unterhalb des Laranzer Waldes. Das Ortsbild prägt die Kirche mit ihrem Zwiebelturm. *Norbert Rier,* Sänger und Chef der Kastelruther Spatzen, betreibt am **Fuschghof** eine erfolgreiche Haflinger Pferdezucht. Im Ort befindet sich auch der bekannte Bio-Kräuterhof **Pflegerhof** (→ Einkaufen).

Besichtigt werden kann die **Ruine Aichach.** Im Streit verloren die Herren von Aichach ihre Burg an die Herren von Kastelruth, in deren Besitz sie bis ins 18. Jh. blieb. Empfohlen sei auch der Besuch im **Bauernmuseum im Tschötscherhof,** der Alltagsgegenstände und Arbeitsgeräte aus dem Leben der Bergbauern in vergangenen Zeiten ausstellt.

■ **Bauernmuseum,** Kastelruth-St. Oswald, St. Oswald 19, Tel. 0471 706013, www.tschoetscherhof.com, Anf. März bis Anf. Dez. 8–22 Uhr, Mi geschl., Eintritt freiwillige Spende zugunsten des Südtiroler Bäuerlichen Notstandsfonds. Mit Gasthof sowie Appartments (→ Unterkunft, Essen und Trinken).

■ **Fuschghof,** Kastelruth-St. Oswald, St. Oswald 27, Tel. 0471 707660, www.norbert-rier.com, Haflinger-Zucht, prämiierte Deckhengste, vermietet auch eine Ferienwohnung.

Kirche St. Valentin

Ein besonderes Kleinod sakraler Baukunst am Schlern stellt die kleine Kirche St. Valentin in Richtung Seis dar. Sie steht frei inmitten von Wiesen mit der Kulisse des Schlerns im Hintergrund. Sie wurde in der Mitte des 13. Jh. errichtet, deutlich sind noch die Merkmale des romanischen Baustils, so beispielsweise an den gekuppelten Fenstern am Glockenturm, zu erkennen. Ihre heutige Form erhielt sie im 16. Jh. Außen- und Innenfresken entstammen der Zeit zwischen 1360 und 1560, der Altar zeigt Malereien des 16. Jh.

Unterkunft, Essen und Trinken

■ **Schgaguler**③, Dolomitenstr. 2, Tel. 0471 7121 00, www.schgaguler.com, Wellness- und Wanderhotel in herrlicher Lage am Schlern, architektonisch und gärtnerisch interessantes Konzept, hell gestaltete, großzügige Suiten überwiegend mit Balkon und Kochnische, Panorama-Schwimmbad, Restaurant mit mediterraner Küche.

☒ Das Schulmuseum in Tagusens

■ **Abinea**②, Panider Str. 21/1, Tel. 0471 707237, www.abinea.com, nahe am Zentrum, gemütliche Zimmer und Appartements, Hallenbad, Außen-Whirlpool, Sauna.

■ **Hotel Mayr**②, Marinzenweg 5, Tel. 0471 7063 09, www.hotelmayr.com, behagliches Hotel wenige Minuten vom Zentrum, traditionell eingerichtete Zimmer, Sauna, das Restaurant bietet gehobene Südtiroler Küche, großer Weinkeller.

■ **Zum Turm**②, Kofelgasse 8, Tel. 0471 706349, www.zumturm.com, traditionelles Gasthaus in einem der alten Ansitze des Ortes in unmittelbarer Nähe zum Kirchplatz, Zimmer teilweise mit Balkon. Das Restaurant mit wunderschön getäfelter Gaststube bietet gekonnte, gutbürgerliche Tiroler Küche.

■ **Tschötscherhof**②, Kastelruth-St. Oswald, St. Oswald 19, Tel. 0471 706013, www.tschoetscherhof.com, Zimmer mit Balkon, Appartements in angrenzender Dependance, zwei gemütliche Stuben, Sonnenterrasse, Südtiroler Küche, dazu Bauernmuseum (s.o.).

■ **Profillerhof**②, Kastelruth-Tisens, Tisens 18, Tel. 0471 706761, www.profillerhof.it, Ortsrandlage angesichts des Schlern, zwei Ferienwohnungen.

■ **Hotel Pinei**④, St. Michael 37/1, Tel. 0471 700009, www.panidersattel.com. Großzügige Hotelanlage am Pinerder Sattel mit fantastischem Blick auf St. Ulrich und die Dolomiten, Langkofel, Sella, Cir und Seceda, großer Wellnessbereich und Poolanlage, weitläufige Gartenanlage.

363st ot

Aktivitäten

■ **Golfclub Kastelruth Seiser Alm:** St. Vigil 20, Tel. 0471 708708, www.golfstvigilseis.it, 18-Loch-Platz auf 850 m Höhe, März bis Nov. bespielbar.
Tandemflüge: TandemFly Dolomiti, Tel. 0333 2576055, www.tandemfly-dolomiti.com, bietet Gleitflüge, Thermikflüge, Schnupperflüge und Kindertandemflüge, Gurtzeug für Kindertandemflüge sowie Kinderhelm werden gestellt, Mindestgewicht der Kinder 40 kg, Kinder und Jugendliche bis 18 Jahre benötigen eine Einverständniserklärung eines Erziehungsberechtigten und dessen Anwesenheit, Preis 100 Euro.

Einkaufen

■ **Holzschnitzereien:** Fam. Kostner, Vogelweidergasse 4, Tel. 0471 706295, mendelhaus@yahoo.com, nahe dem Kirchplatz in einem wunderschön mit Fresken versehenen Haus, breites Sortiment an Holzfiguren und anderen Holzarbeiten.
■ **Kräuter:** Pflegerhof, St. Oswald 24, Tel. 0471 70 6771, www.pflegerhof.com, biologischer Kräuteranbau auf 18 ha, Hofladen Mo–Sa 10–18 Uhr, Sept. bis März bis 17 Uhr.
■ **Speck und Wurst:** Speckräucherei Kaltenbrunnhof, Kastelruth-Tagusens, Tagusens 17, Tel. 0471 706493, www.kaltenbrunnhof.com, Bauernspeck und Wurstwaren aus eigener Hofproduktion, mit Damwildgehege, eine Ferienwohnung, Verkauf Mo–Fr 9–12 und 14–18 Uhr, Sa 9–12 Uhr.
■ **Bauernmarkt:** Juni bis Ende Okt. 8.30–12 Uhr.

Feste und Veranstaltungen

■ **Oswald-von-Wolkenstein-Ritt:** alljährlich wiederkehrendes Reitsportereignis in Erinnerung an den berühmten Minnesänger *Oswald von Wolkenstein*, erstes Wochenende im Juni. An den vier Austragungsorten in Kastelruth, Seis, Völser Weiher und Prösels werden Turnierspiele durchgeführt: Ringstechen, Labyrinth, Hindernisgalopp und Slalom, Information: www.ovwritt.com, die Zuschauer werden von 8.30–22 Uhr mit Shuttle-Bussen zu den Austragungsorten gebracht.
■ **Kastelruther Bauernhochzeit:** 3. So im Jan., Umzug im Pferdeschlitten von St. Valentin nach Kastelruth, Zeitreise ins 19. Jh. mit Trachtengruppen, kulinarischen Besonderheiten von anno dazumal wie dem Hoazetkuchl.

Seis am Schlern (Siusi allo Sciliar)

■ **Info:** Postleitzahl Seis: **39050.** Informationsbüro Seis am Schlern, Schlernstraße 16, Tel. 0471 70 7024, www.seis.it.

Der kleine Ort Seis inmitten der herrlichen Landschaft um 1000 m Höhe unterhalb des Schlerns, mit weiten Blicken in das Eisacktal, war wegen seiner klimatisch günstigen Voraussetzungen schon früh von Rätern besiedelt. Wallburgen aus der Zeit um 2000 v. Chr. auf dem Laranzer Rücken nördlich von Seis belegen dies. Seis hat sich seit dem späten 19. Jh. zu einem beliebten Ferienort entwickelt.

Burgruine Hauenstein

Mit Blickrichtung auf die Santnerspitze entdeckt man am Fuße des Schlernmassivs zwei Burgruinen. Die Ruine Hauenstein erhebt sich auf 1270 m Höhe. Sie war im Besitz des Minnesängers **Oswald von Wolkenstein.** Erstmals 1186 urkundlich erwähnt, wurde die Burg 1367 von *Eckhard von Villanders* übernommen. Sein Enkel Oswald von Wolkenstein wurde 1427 nach Erbauseinandersetzungen und einem langen Erbfolgestreit ihr alleiniger Besitzer. Er verbrachte viel Zeit auf Hauenstein, hier schrieb er sein **Hauensteinlied.** Ab dem 17. Jh. verfiel die Burg, von der heute nur noch Mauerreste übrig sind, so auch von der Kapelle, in der Freskenreste frei gelegt werden konnten.

Ruine Salegg

Eine knappen Kilometer westlich auf fast gleicher Höhe steht die Ruine Salegg, von den Herren von Kastelruth im 12. Jh. erbaut. Auch sie kam in den Besitz der Wolkensteiner und verfiel gleichermaßen ab dem 17. Jh.

Ortspfarrkirche

Der Altar und die Glocke der frühbarocken Ortspfarrkirche **Maria Hilf,** die 1648 anstelle eines Vorgängerbaus aus dem 14. Jh. errichtet worden war, sollen von Burg Salegg herübergebracht worden sein. Der gotische Turm stammt von der Vorgängerkirche und zeigt noch mittelalterliche Wasserspeier mit Tierfratzen.

Compatsch

Die **Straße** von Seis auf die **Seiser Alm** nach Compatsch ist tagsüber für den allgemeinen Verkehr gesperrt. Dafür fährt eine **Seilbahn** nach Compatsch, die bis zu 4000 Personen pro Stunde hinaufbefördern kann.

Unterkunft

■ **Bad Ratzes**④, Ratzesweg 29, Tel. 0471 7061 31, www.badratzes.it, in der Tradition der Südtiroler Bauernbadehäuser 1724 entstandenes Heilbad mit Gästebewirtung, seither immer in Familienhand, 1938 wurde der Badebetrieb eingestellt. Heutiger Hotelbetrieb auf 1200 m Höhe inmitten einer 22 ha großen Wiese, moderne Architektur, kinderfreundlich, praktische Zimmer verschiedener Größen, Suiten und Familiensuiten mit Balkon.

■ **Schwarzer Adler**③, Laurinstr. 7, Tel. 0471 70 6146, www.hotelschwarzeradler.it, ehemaliger Unterwirt aus dem 16. Jh., traditionelles Haus mit modernem Komfort, getäfelte Tiroler Bauernstube mit Kachelofen, Zimmer verschiedener Größen teilweise mit Balkon, zwei Appartements, Lift, Garten mit Pool, Wellnessbereich, geschlossen Anf. April bis Anf. Mai und Nov.

Essen und Trinken

■ **Ritterhof**③, Schlernstraße 37, Tel. 0471 70 65 22, 707291, www.ritterhof.com, Restaurant mit ausgezeichneter Küche bietet Südtiroler und italienische Spezialitäten, vegetarische Gerichte, Fischspezialitäten. **Hotelbetrieb**④ mit großzügigen Zimmern mit Balkon, großer Wellnessbereich und Beauty-Anwendungen.

■ **Hotel Lamm**③, Dolomitenstraße 19, Tel. 0471 706343, www.lamm-hotel.it, geschichtsträchtiger Gastbetrieb im Zentrum, Ursprung im 17. Jh., 2020 modern hergerichtet mit umfangreichen Wellness-Angeboten und Rooftop Sky Pool (30°C), fantastische Panorama-Dachterrasse, dazu Restaurant *Zum Lampl,* klassische Südtiroler Küche neu interpretiert.

■ **Schlernhex**②, Tiosler Weg 12, Tel. 0471 7064 01, www.schlern-hex.com, rustikale Küche, Mi Ruhetag.

■ **Schlernbödelehütte,** am Aufstieg von Bad Ratzes zum Schlernmassiv auf 1726 m gelegene

Hütte des Südtiroler Alpenvereins, Tel. 0471 7053 45, www.schlernboedelehuette.com, zwei Gaststuben, große Terrasse, 20 Schlafplätze und Sanitärräume, Aufstieg ca. 1–1½ Std, geöffnet Ende Mai bis Anf. Okt.

Seilbahnen

■ **Seiser Alm Umlaufbahn,** Schlernstr. 39, Tel. 0471 704270, www.seiseralmbahn.it, verkehrt 9–18 Uhr, Mitte Juni bis Mitte Sept. bis 19 Uhr, Einzel-

Oswald von Wolkenstein

Oswald von Wolkenstein wurde um 1377 auf Burg Schöneck im Pustertal als zweiter von drei Söhnen und vier Töchtern des *Friedrich von Wolkenstein* und der *Katharina von Villanders* geboren. Als zehnjähriger Knappe verließ er sein Elternhaus und bereiste über mehr als ein Jahrzehnt als Sänger, Dichter und Komponist die damals bekannte Welt. Er erlernte viele Sprachen und kehrte nach dem Tod seines Vaters 1400 mit einem reichen Erfahrungsschatz in seine Heimat zurück.

Aus dem Erbe seines Vaters erhielt er unter anderem ein Drittel der Burg Hauenstein bei Seis am Schlern. Zu den Besitzern der anderen zwei Drittel dieser Ganerbenburg gehörten ein Ritter namens *Martin Jäger* sowie die Tochter des Brixner Schulmeisters *Anna Hausmann.*

Nunmehr begann *Oswald* seine diplomatische Karriere, die ihn im Dienste verschiedener europäischer Herrscher wiederum durch Europa führte. So war er für den Tiroler Grafen und vor allem für *Sigismund I.,* den deutschen König und späteren deutschen Kaiser, tätig. Seine Fähigkeit als Minnesänger war ihm dabei sehr dienlich. 1408 gab er als Vorbereitung auf eine Palästinareise den Gedenkstein am Brixner Dom in Auftrag, der *Oswald* als Kreuzritter mit langem Pilgerbart zeigt.

Zwischenzeitlich spitzte sich der Erbstreit unter den Besitzern der Burg Hauenstein zu. 1421 gelang es seinen Hauensteiner Fehdegegnern, *Oswald* erstmals in Schloss Forst bei Meran einzukerkern, wo er auch gefoltert wurde. Erst 1427 konnte sich *Oswald* als Alleinbesitzer der Burg gegen Abfindung durchsetzen – was ihn nicht davon abgehalten hatte, seine Fehdegegnerin *Anna Hausmann* zwischendurch als Geliebte zu nehmen.

Bei seinem letzten diplomatischen Auftrag, der ihn am Tiroler Landtag in Meran teilnehmen ließ, starb er 1445. Er wurde im Kloster Neustift bei Brixen, wo er sich schon ein Bleiberecht erworben hatte, beigesetzt. 1973 wurde sein Grab wiederentdeckt.

Alle überlieferten Porträts zeigen *Oswald von Wolkenstein* mit verschlossenem rechten Auge. Dabei handelte es sich um keine Fehde-Verletzung, wie gern kolportiert wurde, sondern um einen Geburtsfehler. Dies ergab die Untersuchung seines Schädels aus dem wieder aufgefundenen Grab. Die Untersuchung bestätigte auch die Folterungen, die er im Gefängnis erdulden musste.

Oswald von Wolkensteins Leben und Wirken ist typisch für das Rittertum des ausgehenden Mittelalters. Überliefert sind von ihm an die 130 Dichtungen und Lieder. Die frischen Melodien und die Neuartigkeit seiner Lyrik zeigen aber bereits das Ende des Minnegesangs und den Beginn des Menschenbildes der Renaissance an.

fahrt 13 Euro, Berg- und Talfahrt 19 Euro, Senioren 11/16 Euro, Familienticket 28,50/41 Euro, Junioren 8/11,50 Euro, Kinder unter 8 Jahren frei, Fahrrad 4 Euro. Die Auffahrt dauert fünf Minuten in Kabinen mit neun Sitz- und sechs Stehplätzen.

Seiser Alm (Alpe di Siusi)

Inmitten der zum Welterbe erhobenen Dolomiten erstreckt sich zwischen dem Schlernmassiv im Westen und der Langkofelgruppe im Osten die Seiser Alm als **größtes Hochweidegebiet des Alpenraums.** Die landschaftliche Schönheit dieses durch die Tätigkeit des Menschen geprägten Almgebiets ist von hohem naturkundlichen und landschaftlichen Wert und zieht Urlauber magisch an.

Naturpark Schlern-Rosengarten

Die Seiser Alm wurde 1974 zum Naturpark erhoben und 1992 zusätzlich unter Landschaftsschutz gestellt. 2003 wurde der Naturpark um die Fläche des Rosengartengebiets erweitert und nennt sich seitdem Naturpark Schlern-Rosengarten. Das **Naturparkhaus** am Eingang des Tschamintales in einem wieder in Betrieb genommenen Sägewerk informiert über die Geologie des Schlern, aber auch über die Entstehung der gesamten Dolomiten.

■ **Naturparkhaus Schlern-Rosengarten,** Steger Säge, 39050 Tiers-Weißlahnbad, https://naturparks.provinz.bz.it/schlern-rosengarten/naturparkhaus.asp, geöffnet von Mo bis Fr 8–18 Uhr, Sa 9–17 Uhr, Juli/Aug. auch So, Vorführung der Venezianer Säge bei geöffnetem Naturparkhaus Mi 11, 15 und 16.30 Uhr, Eintritt frei. Infostelle des Naturparks am Völser Weiher mit Informationen über die Flora rund um den Weiher, die Faune des Schilfgürtels und die im Weiher lebenden Fischarten.

Flora und Fauna

Krass wandelt sich das landschaftliche Erscheinungsbild, wenn man vom Eisacktal auf 350 m Höhe über die Mittelgebirgsterrasse unterhalb des Schlern auf die Höhen der Seiser Alm zwischen 1800 und 2300 m gelangt. Das Vegetationsspektrum reicht vom submediterranen Buschwald bis zu den alpinen Rasen der Alm. Mit zunehmender Höhe gehen die Nadelholz-Mischwälder in die Wiesen und Moore der Hochflächen über. In den das Schlerngebiet umgebenden Wäldern findet man Tannen, Eschen und Birken, je höher man hinaufkommt nimmt der Fichten-, Lärchen- und Föhrenhochwald zu. **Blumenreiche Wiesen** kennzeichnen die Hochflächen mit Rotem Steinbrech, Krokus, Anemonen und Soldanellen, die zu den ersten Blütenpflanzen im Frühjahr zählen. Den Sommer über entfalten – um nur einige zu nennen – die Goldprimel, der Sparrige Steinbrech, der Dolomiten-Mannsschild und die Alpengrasnelke ihre Pracht.

Interessant ist, dass die Wände des Schlernmassivs selbst während der stärksten eiszeitlichen Vergletscherung den Firn überragten und deshalb einige voreiszeitliche Pflanzen die Eiszeit überdauern konnten. Dazu zählen beispielsweise die Moreti-Glockenblume und die Schopfige Teufelskralle als sogenannte Endemiten, die nirgendwo sonst vorkommen.

So facettenreich die Flora des Almgebiets ist, so vielfältig ist auch die Fauna, wobei die Vielfalt der Kleintierwelt besonders augenfällig ist. **Murmeltiere, Eichhörnchen** und **Schneehühner** sind hier genauso heimisch wie **Gämsen** und **Rehe.** Zur Vogelwelt zählen neben den Greifvögeln vor allem **Alpendohlen** bis hin zu **Kolkraben** und **Alpenseglern, Spechte** und **Eulen.**

Geschichte der Almwirtschaft

Die dauerhafte Sommerbeweidung der Seiser Alm reicht weit ins **Mittelalter** zurück. Im Zuge der Erschließung der höheren Tallagen für die landwirtschaftliche Bearbeitung, die bis weit ins 19. Jh. hinein den Hafer-, Gerste- und Buchweizenanbau beinhaltete, erschlossen sich die Bauern auch die Almhöhen, um dort im Sommer ihr **Vieh** zu halten, **Milch- und Milchprodukte** zu erzeugen und **Heu** einzufahren. Dabei war genau geregelt, welcher Bauer wie viel Stück Vieh auf die Alm bringen durfte.

Die älteste schriftliche **Weideordnung** für die Seiser Alm stellt der „Castlrutterische Seiser Albm Zetl" dar, ein Regelwerk mit 45 Artikeln, das zwischen 1473 und 1477 vom Landesfürsten Herzog *Sigmund dem Münzreichen* bestätigt wurde. Mit diesem Schriftstück wurde überliefertes Gewohnheitsrecht aufgezeichnet, wie schon aus dem ersten Artikel hervorgeht: „Das seindt die Alben Rechten als das Comaun und die Alten gedenkhen." Das Regelwerk hielt über Jahrhunderte, bis ins 19. Jh. wurden dem *Albm Zetl* weitere Artikel angefügt, was die große wirtschaftliche Bedeutung der Alm belegt. Schon *Marx Sittich von Wolkenstein* vermerkt in seiner um 1600 verfassten „Landsbeschreibung von Südtirol", dass auf der Seiser Alm „im Sommer an die 1500 Kühe und 600 Ochsen weiden, dass große Mengen Heu ins Tal gebracht werden und dass es auf der Alm 400 Heustadel und 100 Schwaigen gibt, die viel Butter und Käse herstellen."

Infrastruktur

Auf die Hochfläche der verkehrsberuhigten Seiser Alm gelangt man mit den **Seilbahnen** von St. Ulrich in Gröden oder von Seis am Schlern. Außer der **Hotelsiedlung Compatsch,** der Bergstation der Seilbahn von Seis, gibt es auf der Alm keine Siedlungen. So ist das Erscheinungsbild dieser almwirtschaftlich geprägten alpinen Kulturlandschaft als fast baumloses, welliges Hochland mit sanften Wiesen erhalten geblieben. Bis zur Sommermitte blühen die Kräuter in leuchtenden Farben – es leuchtet und duftet überall. Das Heu wird bis zum Winter in die **Dillen** (Heuhütten) verbracht, wenn es nicht schon in die Orte unterhalb transportiert worden ist.

Einige **Schwaigen** (Sennhütten) laden im Sommer zur Einkehr ein und bieten Milch und kleine Jausen an. An ihnen führen die **Wanderwege** vorbei, die das ganze Almgebiet durchkreuzen, wobei hier und da Feuchtwiesen und Moore auf schmalen Holzbrücken überquert werden. Wenn im Frühherbst die Wiesen gemäht sind, nimmt die Zahl der Wanderer ab. Dann kommen im Winter die **Skifahrer** und Langläufer, die sich der vielen Bergbahnen und Lifte auf der Alm bedienen.

▷ Viehwirtschaft auf der Seiser Alm

Problematischer Tourismus

Die zunehmende touristische Erschließung der Seiser Alm bereitet mittlerweile nicht nur **Naturschützern** Sorge. Auch wenn die Hochfläche verkehrsberuhigt ist, durchziehen mehr als insg. **100 Straßenkilometer** die Alm, was vor allem den über 50 Gastbetrieben mit ihren weit über 2000 Gästebetten dient, damit auch kein Winkel unerreichbar bleibt. Die touristische Überlastung ist eine der großen Sünden auf der Seiser Alm.

Die **Zufahrt zum Landschaftsschutzgebiet** Seiser Alm ist 9–17 Uhr für den privaten Verkehr gesperrt, davor und danach auch nur bis Compatsch befahrbar. Sonderfahrerlaubnis für Gäste der Unterbringungsbetriebe zur An- und Abreise auf der Alm erteilen der Gastgeber oder der Tourismusverein Seiser Alm.

Unterkunft, Essen und Trinken

■ **Seiser Alm Hotels Compatsch,** Hotelgruppe im Umfeld der Bergstation der Umlaufbahn Seiser Alm, www.seiseralm.com, bestehend aus dem **Seiser Alm Urthaler**⑤, Tel. 0471 727919, ganz in Holzarchitekur errichtet, dem **Alm Plaza**③, Tel. 0471 72 79 73, einem Sporthotel, und dem **Seiser Alm Compatsch**③, Tel. 0471 727970, einem familiären Berghotel.

■ **Gasthof Frommer**①, 39040 Seiser Alm, Compatsch 4, Tel. 0471 727917, www.albergofrommer.com, unmittelbar an der Piste zum Spitzbühel gele-

183st ot

gen, gemütliche Gästezimmer, gutbürgerliche Küche.

■ **Berghaus Zallinger②**, 39040 Seiser Alm, Saltria 74, Tel. 0471 727947, www.zallinger.com, ehemalige Schwaige auf über 2000 m, 1850 unterhalb des Plattkofels mit einer kleinen Hauskapelle errichtet, rustikale Zimmer teilweise mit Balkon, getäfelte Gaststube, große Terrasse, mit Haflinger-Zucht.

■ **Schlernhaus,** 39050 Völs, Tel. 0471 612024, www.schlernhaus.it, älteste Schutzhütte am Schlern (2450 m), rustikal eingerichtet, mit weitem Blick über das Eisacktal hinweg, 120 Schlafplätze, herzhafte Gerichte.

■ **Tierser Alpl,** 39040 Seiser Alm, Plojerweg 17, Tel. 0471 727958, www.tierseralpl.com, Schutzhütte am Tierser Sattel, im Schnittpunkt der Wege zwischen Lang- und Plattkofel, Seiser Alm und Rosengarten und unterhalb der bizarren, 2600 m hohen Rosszähne als Südabschluss der Seiser Alm gelegen, Mehrbettzimmer, ein Waschraum pro Etage, Warmdusche 3 Euro, rustikaler Gastraum, große Terrasse, geöffnet Anf. Juni bis Mitte Okt.

Aktivitäten

■ **Skigebiet Seiser Alm:** 60 km präparierte Pisten, davon 21 Pisten für Anfänger, 35 für Fortgeschrittene und 3 für Profis, familienfreundlich, dazu ein Snowpark für Freestyle, auch Angebote für Kinder, 2 Speedtraps (Geschwindigkeitspisten), 4 Slalompisten, Info: www.seiseralm.it.

[>] Blick über das Eisacktal auf den Schlern

Völs am Schlern (Fiè allo Sciliar)

■ **Info:** Postleitzahl Völs: **39050.** Tourismusinformation Völs, Boznerstr. 4, Tel. 0471 725047, www.voels-am-schlern.com.

Oberhalb der Umgehungsstraße erhebt sich der Ortskern von Völs auf einem Hügel, überragt von der Pfarrkirche. Es ist kein Wunder, dass in den kulturgeschichtlich bedeutsamen Ort Ende des 19. Jh. der Tourismus Einzug hielt. Völs wurde für seine Heubäder bekannt, die vor allem die Haute Volée aus Bozen anzog.

Die Siedlungsspuren reichen bis in die Kupferzeit im 3. Jahrtausend v. Chr. zurück. Auch bronzezeitliche Funde sind häufig. Der heutige Ort wird erstmals als Fellis in einer Urkunde des Königs und späteren deutschen Kaisers *Arnulf von Kärnten* aus dem Jahr 888 erwähnt. 1188 wird Völs dann ein weiteres Mal in einer Schenkungsurkunde des Klosters Benediktbeuern genannt, die ein gewisser *Henricus de Velles* bezeugt. Ein *Thurm zu Vels* wurde im 13. Jh. im Ort erbaut – der heutige Thurnfels, in dem auch das Gemeindeamt untergebracht ist.

Pfarrkirche

Die ursprünglich gotische Pfarrkirche zu Mariä Himmelfahrt steht auf dem höchsten Punkt der Völser Kuppe inmitten des alten, dicht bebauten Ortskerns, in dem manche Häuser noch Fresken aus dem 16. Jh. besitzen. Anstelle eines Vorgängerbaus wurde 1515–20 ein Kirchenneubau errichtet. Der Turm erhielt

254st ot

1703 seine charakteristische Zwiebelhaube. Berühmt ist der reich geschnitzte Flügelaltar aus der Hand des Meisters *Narziß* aus Bozen aus dem Jahr 1489.

Pfarrmuseum

Der Pfarrkirche benachbart ist die **Friedhofskapelle St. Michael.** Sie wurde um 1500 mit einer Gruft errichtet. In der Apsis befinden sich noch mittelalterliche Fresken. Im Obergeschoss der 1978–80 restaurierten, ehemaligen Friedhofskapelle wird spätgotische sakrale Kunst aus den umliegenden Filialkirchen gezeigt, darunter als Prunkstück der Flügelaltar der Kirche St. Peter auf dem Bichl. Im Untergeschoss findet sich eine **archäologische Dauerausstellung** mit vorgeschichtlichen Funden aus dem Schlerngebiet.

■ **Pfarrmuseum Völs,** St. Michaelskapelle, Tel. 0471 725087, www.museen-suedtirol.it, Juni bis Ende Okt. Führungen Do 10.30 Uhr, Eintritt frei.

Schloss Prösels

Berühmtestes Bauwerk von Völs ist Schloss Prösels auf der gegenüberliegenden Talseite des Schlernbaches. Es ist die Stammburg der Herren *von Völs,* Ministeriale der Bischöfe von Brixen, die sie um 1220 errichteten. Die Burg wurde erstmals 1279 in einer Urkunde als *castrum presile* genannt. Unter *Leonhard von Völs,* dem bedeutendsten Vertreter seines Geschlechts, der sogar zum Südtiroler Landeshauptmann avancierte, wurde die vormalige Burg bis 1517 zum repräsentativen wie wehrhaften **Renaissanceschloss** umgebaut, eine Zwingeranlage mit Torturm, Schießscharten, Rondellen, reizvollem Innenhof und großer, kreuzgratgewölbter Halle im Palas sowie einer Burgkapelle. Etwas oberhalb von Schloss Prösels steht der als **Pulverturm** bezeichnete bergfriedartige Wehrturm aus dem 13. Jahrhundert mit hohem Einstieg.

Das später kaum noch veränderte Schloss blieb bis 1804 in Familienhand. Danach wechselten die Besitzer häufig, die großartige Anlage drohte zu verfallen, bis im Jahr 1982 das neu gebildete Kuratorium Schloss Prösels die Anlage zur Ausrichtung kultureller Anlässe übernahm.

Schloss Prösels, Prösels 21, Tel. 0471 601062, www.schloss-proesels.it, Besichtigung nur im Rahmen von Führungen Mai bis Okt., Mai und Okt. 11,14 und 15 Uhr, Juni und Sept. 11,14,15 und 16 Uhr, Juli/Aug. 11–16 Uhr stündl., Eintritt 9 Euro, Kinder von 4 bis 16 Jahren 5 Euro, Familien- und Kinderführungen mit Ritter Friedrich Juli/Aug. Mi 10–12.30 Uhr, Teilnahme (ein Kind über 6 Jahre + ein Erw.) 25 Euro, jedes weitere Kind 10 Euro, Familien- und Kinderführungen mit Hexe Martha Aug. Fr 10–12.30 Uhr, Teilnahme (ein Kind über 6 Jahre + ein Erw.) 25 Euro, weiteres Kind: 10 Euro. Anmeldungen und Informationen: info@schloss-proesels.it.

St. Peter auf dem Bichl

Auf dem Bichl von St. Peter, einem Hügel westlich von Völs, steht eine alte Kirche, deren Langhaus, Apsis und Turmunterteil aus dem 13. Jh. stammen. St. Peter auf dem Bichl wurde 1498 mit einem Netzrippengewölbe versehen. Ihr um 1510 vermutlich anlässlich des Endes dieser Umbauarbeiten gestifteter **Flügelaltar** ist aus Sicherheitsgründen im Pfarrmuseum ausgestellt (s.o.).

St. Konstantin

In der nordöstlich gelegenen Völser Fraktion St. Konstantin steht eine weitere bemerkenswerte Kirche. Sie stammt ebenfalls aus dem 13. Jh. und wurde 1506 spätgotisch erneuert. Reste von Fresken und ein Konstantinbild sind Ausstattungen aus dieser Zeit. Der Altar wurde 1756 gefertigt.

Untervöls

Untervöls schließt sich leicht talwärts auf 870 m Höhe an Völs an. Um die Kirche **Maria Himmelfahrt** mit ihrem hohen Turm gruppieren sich die Häuser des Dorfkerns. Die erstmals im Jahre 1170 erwähnte Kirche wurde zwischen 1515 und 1570 von *Leonhard von Völs* neu errichtet. Zu ihrer Ausstattung zählt ein wertvolles romanisches Kruzifix aus der Zeit um 1200, eines der ältesten seiner Art in ganz Südtirol.

Obervöls

Die **St. Margarethenkirche** der östlich gelegenen Fraktion Obervöls entstand im 15. Jh. auf den Grundmauern des romanischen Vorgängerbaus und erhielt um 1600 ihr Netzgewölbe. Der Flügelaltar stammt wie die Kanzel aus der gleichen Zeit. Freskenreste sind erhalten.

Ums

Kulturgeschichtlich gleichermaßen wertvoll ist die **St. Martinskirche** in der Fraktion Ums südöstlich von Völs. Sie wurde 1326 erstmals erwähnt und erhielt ihre heutige Form nach einem Erdrutsch im ausgehenden 16. Jh. Nur das Spitzbogenportal stammt noch von der alten Kirche. Der heutige Bau hat ein tonnengewölbtes Langhaus und einen später angefügten kreuzgratgewölbten Chor. Das Altarblatt zeigt den Hl. *Martin,* flankiert von Skulpturen des Hl. *Ulrich* und des heiligen *Antonius.*

Völser Weiher

Eine besondere Attraktion stellt der Völser Weiher dar, der 1983 von Naturschützern aus einem verlandeten Fischteich, der von den Völser Herren in maximilianscher Zeit angelegt worden war, rekultiviert wurde.

Unterkunft, Essen und Trinken

■ **Romantikhotel Turm**④, Kirchplatz 9, Tel. 0471 725014, www.hotelturm.it, Anwesen mit drei namengebenden Türmen aus dem 18. Jh., großzügige Zimmer und Suiten, luxuriöses Wellness-Center, preisgekrönte Küche im eleganten Restaurant.

■ **Hotel Heubad**③, Schlernstr. 13, Tel. 0471 7250 20, www.heubad.info, 100-jähriger Betrieb, moderne Zimmer unterschiedlicher Kategorien, überwiegend mit Balkon, Schwimmbad und Sauna, traditionelle Heubäder nach neuesten Erkenntnissen, Bar, Restaurant, im Sommer mittags geöffneter Schankgarten, regionale Küche, außerhalb der Saison Mi Ruhetag.

Schlernhexen

Sagenumwoben ist das bizarre Felsmassiv des Schlern – kein Wunder, dass hier auf der Kuppe des Petz die Hexen ihren Tummelplatz haben. Gemeinsam mit Kobolden und Geistern, Zwergen und Riesen zaubern sie schlimme Unwetter herbei, richten Unfug und Schaden an. Tobt erst einmal der Schlernwind, versetzt er die Menschen in Angst und Schrecken.

Über Generationen erzählten sich die Bewohner des Schlern schaurige Geschichten von Kräuterfrauen, die Kranke auf wundersame Weise zu heilen vermögen, oder von den Salingen, jenen seligen Weiblein, die von König Laurin, dem Herrn über den Rosengarten, in Blumen verzaubert wurden. Es wird auch die Geschichte von der tapferen Bauersfrau überliefert, die sah, wie die Hexen über den Schlernspitzen ein Gewitter zusammenbrauten. Sie lud das Gewehr des Bauern, besprenkelte die Kugel mit Weihwasser, zielte, schoss und traf eine Hexe. Da ertönte ein schreckliches Gekreische, denn die Hexe war gegen das heilige Wasser machtlos: Sie fiel zu Boden. Der herbeigeeilte Bauer jedoch fiel angesichts der Hexe in Ohnmacht. Erst nach Jahren hatte er sich von dem Schrecken erholt. Aber der Hof der Bauernfamilie blieb unversehrt.

Schon im Mittelalter sollen der Ritter Fuchs von Fischberg und der Malefizrichter Lienard Peyssar den Schlern als Tanzplatz der Hexen und des Teufels ausgewiesen haben. Aber keine Bange – heute dienen die auf Besen reitenden Hexen den Tourismusvereinen als Werbezeichen für ihre Region. Vergelt's Gott, mochten die Menschen doch schon immer schaurige Geschichten!

■ **Völser Hof**②, Schlossweg 1, Tel. 0471 725421, www.voelserhof.it, zentral gelegenes, komfortables Haus, Zimmer und Suiten mit Balkon, zudem Lift, Garten, Hallenbad und Freibad, keine Kinder, keine Hunde, das angeschlossene Restaurant bietet frische Küche, Bar.
■ **Hotel Waldsee**②, Weiherstr. 28, Tel. 0471 7250 41, www.hotel-waldsee.com, dicht am Völser Weiher gelegenes Haus, Zimmer großteils mit Balkon, gepflegtes, rustikales Restaurant.
■ **Gasthof zum Schlern**①, St. Konstantin 12, Tel. 0471 706425, www.gasthof-zum-schlern.it, rustikales Haus, familiär geführt, bodenständige Küche, vermietet Gastzimmer.

Camping

■ **Camping Seiser Alm,** St. Konstantin 16, Tel. 0471 706459, www.camping-seiseralm.com, auf 900 m Höhe, traumhafter Ausblick angesichts des Schlernmassivs, behindertengerecht, moderne Sanitäranlagen, für Wintersport geeignet, bietet auch Dolomiten-Lodges, Appartements und das Abendrestaurant *Zur Quelle,* geöffnet Jan. bis Anf. Nov. und 20.–31.12.

Feste und Veranstaltungen

■ **Völser Kuchlkastl:** Aktion der Gastronomen am Schlern alljährlich im Okt. zur besonderen Herausstellung bodenständiger Gerichte, wobei sich die Küchenchefs der Herausforderung stellen, die Gerichte der Zeit anzupassen, Information: www.voelserkuchlkastl.com.

ROSENGARTEN UND LATEMARGRUPPE (CATINACCIO, LATEMAR)

BIZARRE FELSENKLÜFTE

Die Felsnadeln der Rosengartengruppe und der sich südlich anschließenden Latemargruppe gehören zu den beeindruckendsten Gebirgsbildern Südtirols. Die gezackten Bergspitzen sind das Symbol der Dolomiten schlechthin. Das von Bozen aus gut zu sehende Erglühen des Rosengartens im abendlichen Sonnenlicht zählt zu den schönsten Schauspielen, die die Alpen zu bieten haben.

NICHT VERPASSEN!

- **Rosengartenstraße** unterhalb des Rosengartenmassivs, eine der schönsten Fahrstrecken in Südtirol | 470
- Das grüne Wasser des **Karersees** vor der Kulisse des Latemarmassivs | 475

Diese Tipps erkennt man an der gelben Markierung.

Geologisch sind Rosengarten und Latemar von besonderem Interesse. Vor allem am Rosengarten ist die Schichtung des Dolomitengesteins gut sichtbar. Die aufragenden Spitzen bestehen aus Schlerndolomit, die Terrassenstufen darunter werden von der Buchenstein-Formation gebildet, darunter von der Contrin-Formation. Unterhalb senken sich die massiven Schutthänge nach Osten ab. Diese sind es auch, die den Namen Rosengarten sprachgeschichtlich erklären. Demnach stammt die Bezeichnung vom alten Wortstamm *ruza* ab, was so viel wie Geröllhalde bedeutet.

Auch die höchsten Erhebungen der Latemargruppe bestehen aus **Schlerndolomit.** Interessant ist, dass der Unterbau von zahlreichen magmatischen Gängen durchzogen ist, die erdgeschichtlich aus der Zeit der Trias vor gut 200 Millionen Jahren stammen und sich durch ihre dunklere Basaltfärbung deutlich von den Kalksedimenten des Unterbaus abheben. Das weichere magmatische Gestein erodierte im Laufe der Zeit stärker als der Sedimentunterbau, was auf Dauer zur starken Zerklüftung des Latemarmassivs beitrug – und heute den ganzen Reiz dieser Gebirgsgruppe ausmacht.

Tierser Tal (Val di Tires)

Info: 39050 Tiers. Tourismusverein Tiers: St.-Georg-Str. 79, Tel. 0471 642127, www.tiers.it.

Das Tierser Tal wird vom 15,2 Kilometer langen **Breibach** entwässert, der bei Blumau 10 Kilometer östlich von Bozen in den Eisack mündet. Der untere Talabschnitt ist **schluchtartig eng** und kaum bewohnt. Die schmale Straße mit teilweise 20 % Steigung folgt nur mühsam dem sich windenden Lauf des Braibachs.

Steinegg (Collepietra)

Fährt man in Blumau die südlich abzweigende, kurvenreiche Straße aufwärts, gelangt man in den kleinen Ort Steinegg. Der beschauliche Ferienort verfügt über ein weithin bekanntes **Heimatmuseum.** Unterhalb der neu erbauten Pfarrkirche werden regionalspezifische Exponate zur Dorfgeschichte, Trachten, Volkskunst sowie land- und hauswirtschaftliche Geräte gezeigt.

Museum Steinegg, 39050 Karneid, Kirchplatz, Tel. 0471 619560, www.museumsteinegg.com, Führungen Palmsonntag bis Okt. Di–Fr 10 und 11 Uhr, Sa/So und feiertags 17 Uhr auf Voranmeldung, Eintritt 5 Euro, ermäßigt 4 bzw. 3 Euro.

Sternwarte

Folgt man der Straße auf dem Höhenrücken zwischen Tierser Tal und Eggental weiter, stößt man auf die einzige Sternwarte Südtirols mit **Sonnenobservatorium** (ausgeschildert). Dazu gibt es einen **Planetenweg** vom Observatorium, der die Abstände der Planeten im Maßstab 1:1 Milliarde verdeutlicht und Informationen zu den Eigenschaften des jeweiligen Planeten vermittelt. Für den durch Wiesen, Wälder und Biotope führenden Weg mit herrlichen Panoramaausblicken, der besonders für Familien mit Kindern geeignet ist, benötigt man 2–3 Stunden.

■ **Volkssternwarte und Sonnenobservatorium,** Obergummer, Tel. 0471 361314, www.sternwarte.it, Abendführungen 1½ Std. mit kurzer Einführung in die Astronomie jeweils Do 20/21 Uhr, im Sommer 21/22 Uhr, Teilnahme 6 Euro, Schüler und Studenten 3 Euro, Tagesführungen Juni bis Aug. Fr 14.30, Teilnahme 6 Euro, Schüler und Studenten 3 Euro, Anmeldung erforderlich, Vormerkung im Tourismusbüro Steinegg, Tel. 0471 376574.

Folgt man der Straße auf dem Höhenrücken über die Sternwarte hinaus, so gelangt man zum **Planetarium Südtirol** in der Fraktion Gummer. Hier wird wetterunabhängig der Lauf der Gestirne am Sternenhimmel mittels eines „Kosmos Simulator“ dargestellt. Auf bequemen Sesseln in einem Vorführraum fühlt man sich wie in einem Raumschiff ...

■ **Planetarium Südtirol:** 39053 Karneid, Gummer, 13, Tel. 0471 610020, www.planetarium.bz.it. Vorführungen Do 18.30 und 19.30 Uhr, So 10.30 und 16 Uhr, Eintritt 7 Euro, Kinder bis 6 Jahre gratis, Kinder bis 16 Jahre 4 Euro, Studenten 4,50 Euro, Familienkarte 14 Euro.

⊡ Gasthof Jolanda am Rosengarten

Ganz dem „Sternendorf“ verpflichtet fühlt sich der **Oberwirt** in Steinegg, der sein Gasthaus zum Weißen Kreuz dem Weltall gewidmet hat. Ein großes Familienzimmer ist der Mondlandefähre nachgebildet, andere Zimmer sind Neptun, Merkur und Sonne gewidmet.

■ **Hotel Oberwirt**③, Peter-Anich-Weg 5, Tel. 0471 376525, www.gasthofoberwirt.com, mit Tiefgarage, Hallenbad, Wellnessbereich, alte getäfelte Gaststube.

Wanderweg zu den Erdpyramiden

■ **Gehzeit:** ca. 1½ Std. (4,5 km), mittelschwerer Rundwanderweg, auch für Kinder geeignet (nicht für Kinderwagen), 180 Hm.

GPS Die als Erdpyramiden bezeichneten Erdsäulen, die mit einem Stein abgedeckt sind, gibt es nicht nur auf dem Ritten oder in Terenten, sondern auch bei Steinegg. Ein Pyramidenweg, der oberhalb vom Dorf beginnt, führt als teilweise schmaler und etwas steiler Pfad zur Katzenbachschlucht, durch den Lahnenweg, zum Dosser-Kreuz und schließlich weiter zu den Erdsäulen. Für den Rückweg empfiehlt sich der Wanderweg Nr. 2.

Tiers (Tires)

Keine 1000 Einwohner zählt Tiers, das im Tierser Tal unterhalb des Tschafon (1743 m) liegt und lange sehr abgeschieden war. Erst als die Straße in den 1970er Jahren ausgebaut wurde, kam mit dem Tourismus der wirtschaftliche Aufstieg.

188st ot

Die Häuser gruppieren sich auf der zur Sonne exponierten, rechten Talseite. In der Ortsmitte erhebt sich die Pfarrkirche **St. Georg,** die auf das Jahr 1332 zurückgeht. Der untere Teil des Turmes mit den romanischen Rundbogenfenstern ist noch aus dieser Zeit erhalten, der rote Turmhelm mit Zwiebelhaube wurde 1739 aufgesetzt. In der zweiten Hälfte des 19. Jh. erhielt die Kirche ihre neuromanische Einrichtung. Das von *Karl Hernrici* 1772 aufgetragene Deckengemälde stammt noch aus der Barockzeit.

Oberhalb von Tiers steht am Saltner Berg die **St. Sebastiankapelle.** Sie wurde 1635 nach einer Pestepidemie errichtet, die große Teile der Tierser Bevölkerung dahingerafft hatte. Sehenswert sind ihr Altar mit einem Marienbild, verschiedene Statuen und ein Votivbild.

St. Zyprian

Auf der Weiterfahrt von Tiers nach St. Zyprian wird der Blick auf den Rosengarten immer grandioser. An der Straßengabelung vor dem Ortseingang steht eine romanische, den Heiligen *Cyprian* und *Justina von Antiochia* geweihte Kirche. Sie wurde im 13. Jh. mit Rundapsis gebaut und 1583 spätgotisch eingewölbt. Aus dieser Zeit stammt auch der kunsthistorisch wertvolle Altaraufbau, der im Mittelstück die beiden Patrone der Kirche abbildet. Das Fresko an der Außenseite stammt aus dem 17. Jh.

Tschamintal

Von St. Zyprian kommt man nach **Weißlahnbad** mit einer früher genutzten Heilquelle. Das Hotel Weißlahnbad setzt diese Tradition fort. Weiter führt der Weg in das Tschamintal, eines der reizvollsten und abgeschiedensten Täler der Region. Zunächst gelangt man zum **Naturparkhaus Schlern-Rosengarten** (→ Seiser Alm) und dann weiter an den Almhütten Schaferter Leger und Rechter Leger vorbei, immer unterhalb des **Fels-**

abbruchs der Seiser Alm entlang, bis man schließlich zum Aufstieg zum Tierser Alpljoch an den bizarren Rosszähnen kommt.

Unterkunft, Essen und Trinken

■ **Gasthof Laurin**②, St.-Georg-Str. 52, Tel. 0471 642138, www.gasthof-laurin.com, herrlich gelegen, gemütliche Zimmer mit Sitzecke und Balkon, Sauna, Gaststube, Terrasse.
■ **Hotel Vajolet**②, St.-Georg-Str. 42, Tel. 0471 64 2139, www.hotel-vajolet.it, Gasthof mit rustikaler Küche und einfachen Zimmern oberhalb von Tiers, teilweise mit Balkon, kleiner Pool und Liegewiese.
■ **Dolomitenhotel Weisslahnbad**②, Tiers-Weißlahn 21, Tel. 0471 642126, www.weisslahnbad.com, traditionsreiches Haus am Eingang zum Tschamintal, herrlich gelegen inmitten der Dolomiten, Zimmer mit Balkon, großer Wellnessbereich mit Bädern und Massagen.
■ **Cyprianerhof**③, St.-Zyprian-Str. 69, Tel. 0471 642143, www.cyprianerhof.com, typisches Bergsteiger- und Wanderhotel angesichts des Rosengartens, gut ausgestattete Zimmer und Suiten, Wellnessangebote: Pools, Bäder, Saunen, Relaxzonen, dazu Restaurant, Bar und Café.
■ **Tschafon Hütte,** am Tschafon auf 1733 m gelegene Schutzhütte im Naturpark Schlern-Rosengarten, Tel. 0471 642058, www.schutzhaus-tschafon.com, herrliche Aussicht, geöffnet Ende April bis Anf. Nov., 16 Schlafplätze, große Auswahl an eigenen Produkten (Salate, Milchprodukte, Mehlspeisen).
■ **Tierser Alpl,** Schutzhütte (→ Seiser Alm).

Einkaufen

■ **Außerperskolerhof,** 39050 Völs, Unteraicha 3, Tel. 0471 601134, https://ausserperskolerhof.webnode.page/uber-uns-/, von Tiers auf der Landstraße nach Völs zu erreichen, biologischer Beeren-Obstbaubetrieb mit Direktvermarktung: Saft, Sirup, Aufstrich, Essig (vorherige telefonische Anmeldung erforderlich), vermietet auch ein Appartement.

Feste und Veranstaltungen

■ **Bergler Tafel:** 5-Gänge-Menü mit Tierser Gerichten vor der sagenhaften Kulisse des Rosengartens auf der Almwiese Proa, oberhalb von Weißlahnbahn Richtung Wuhnleger/Tschafon, vorletzter Do im Juli, www.tiersertal.com/bergler-tafel, Reservierung unter Tel. 0471 642127, info@tiers.it.

Rosengartenstraße

Eine der schönsten Fahrstrecken in Südtirol führt **unterhalb des Rosengartenmassivs entlang** und verbindet den Nigerpass mit dem Karerpass. Die Rosengartenstraße überwindet kaum 100 m Höhenunterschied und bietet fantastische Ausblicke auf das Gebirgsmassiv, das als Teil der Dolomiten zum Welterbe der UNESCO zählt. Auf einer **Länge von zehn Kilometern** erstreckt sich das schroffe Rosengartenmassiv in nord-südlicher Richtung, setzt sich vom Schlernmassiv fort bis zum Karerpass.

Die Gipfel des Rosengartens

Ganz im Norden des Rosengartenmassivs erheben sich die **Grasleitenspitzen** mit bis zu 2675 m Höhe. Südlich liegt der Grasleitenpass, an dessen Ostseite der **Kesselkogel** als höchste Spitze des Massivs 3004 m erreicht. Diese Spitze wird am besten von der Grasleitenpasshütte erklommen. Ihre Erstbesteigung erfolgte 1873. Sie steht relativ frei und ist einer der schönsten Aussichtsberge der Dolomiten.

Vom Grasleitenpass südwärts öffnet sich das Vajolettal. Südwestlich erheben sich die **Vajoletspitze** (2686 m) und wiederum südlich die **Vajolettürme.** Diese Felsengruppe im Zentrum des Massivs besteht aus sechs bizarren Spitzen, unterteilt in drei nördliche und drei südliche Türme mit jeweils eigenständigen Sockeln.

Südlich der Vajolettürme schließt sich die namengebende **Rosengartenspitze** an. Sie besteht aus dem Nordgipfel (2919 m), dem Hauptgipfel (2981 m) als zweithöchster Spitze des gesamten Massivs und dem Südgipfel (2913 m). Die Erstbesteigung des Hauptgipfels erfolgte 1874. Der Zugang erfolgt von der Gartlhütte bzw. der Santnerpasshütte.

Von der Rosengartenspitze setzt sich das Massiv über den **Baumannkamm** südwärts fort. Es folgen der Baumannpass und das 2630 m hohe Tschagerjoch. Im Zentrum des Südabschnitts des Rosengartenmassivs steht die 2806 m hohe **Rotwand.** Nach Südwesten hin fällt sie als steile, 400 m hohe Felswand ab, eine beliebte Kletterer-Herausforderung. Die Ostwand ist genauso hoch, aber weniger steil. Nach Süden setzt sich der Felskamm des Rosengartenmassivs über eine Scharte zum 2670 m hohen **Fensterlturm** fort. Ein markantes, fensterartiges Loch im Fels ist der Ursprung seines Namens. Den Abschluss des Rosengartenmassivs bildet die 2727 m hohe **Cresta di Majare.**

Vom Nigerpass zum Karerpass

Parallel zum Rosengartenkamm verläuft die Rosengartenstraße in lang gezogenen Windungen, die dem Geländeprofil folgen. Der Einstieg in diese Straße erfolgt, vom **Tierser Tal** kommend, hinter **St. Zyprian** über den 1688 m hohen Nigerpass, auf den starke Steigungen mit vielen Serpentinen führen. Der Pass selbst stellt nur eine Kuppe dar. Die Straße verläuft nun gelegentlich leicht ansteigend durch herrlichen Nadelwald bis zur **Frommer Alm,** wohin eine Seilbahn aus Welschnofen hochfährt und von wo ein Sessellift Passagiere auf die 2334 m hoch gelegene **Rosengartenhütte** (früher Kölner Hütte) bringt.

Weiter geht es auf ebener Strecke durch Nadelwald, oft von Almen durchsetzt, dann leicht abfallend oberhalb vom **Feriendorf Karersee** zur Dolomitenstraße nach Cortina d'Am-pezzo – diese Einmündung liegt unmittelbar unterhalb des 1745 m hohen Karerpasses.

Praktische Tipps

Unterkunft, Essen und Trinken

- **Grasleitenpasshütte,** 2601 m, Tel. 0339 432 7101, www.grasleitenpasshuette.com, renovierte Berghütte, einfache, schmackhafte Speisen, große Terrasse, 25 Betten und Notbetten auf dem Dachboden, geöffnet Ende Mai bis Okt. (ohne Schnee) sowie an Wochenenden im März und April.
- **Gartlhütte,** 2627 m, Tel. 0334 7246698, www.rifugiorealberto.com, am Gartl, eingerahmt von den Laurinswänden, der Rosengartenspitze und den Vajolettürmen, 1929 als Holzhütte gebaut, seit 1933

191st ot

Rifugio Alberto in Erinnerung an den bergbegeisterten belgischen König *Albert,* geöffnet Mitte Juni bis Sept., Zwei- und Mehrbettzimmer.

■ **Santnerpasshütte,** 2734 m, Tel. 0340 656 2228, www.santnerpass.com, 1956 vom Bergführer *Giulio Gabrielli* errichtete Holzhütte am Santnerpass am westlichen Fuß der Rosengartenspitze, Schlafräume mit vier Betten, geöffnet 20.6.–30.9.

■ **Nigerpasshütte,** 39050 Tiers am Rosengarten, Nigerstr. 10, Tel. 0471 612329, Jausenstation am Nigerpass auf 1690 m, 16 Schlafplätze, schmackhafte Tiroler Küche, geöffnet Mitte Juni bis Anf. Okt.

■ **Rosengartenhütte,** 2339 m, früher Kölner Hütte, Tel. 0471 612033, www.rifugiofronza.com, geräumige Hütte am Westhang des Rosengartens, 1900 vom Kölner Alpenverein begründet, seit dem Ersten Weltkrieg im Besitz des Veroneser Alpenvereins, Schlaftrakt mit 4-Bett-Zimmern (Etagenbetten), insgesamt 40 Schlafplätze, im Sommer bis Anf. Okt. geöffnet.

■ **Frommeralm**①, 39056 Welschnofen, Nigerstr. 14, Tel. 0471 612184, www.frommeralm.com, Gasthof auf 1740 m Höhe inmitten herrlicher Bergwiesen am Fuße des Rosengartens an der Talstation des Sessellifts zur Rosengartenhütte, Zimmer mit Balkon, große Terrasse, regionale und italienische Küche, Diät- und Vegetariergerichte.

■ **Jolanda**①, 39056 Welschnofen, Nigerstr. 12, Tel. 0471 612246, www.jolanda.it, etwas oberhalb der Rosengartenstraße gelegener Gasthof mit herrlicher Aussichtsterrasse, mehrere Doppelzimmer, z.T. mit Balkon.

Seilbahnen

■ **Kabinenbahn König Laurin** (1721–2337 m): von der Talstation Frommer Alm zur Bergstation Rosengartenhütte (ehem. Kölner Hütte), neue 10er-Kabinenbahn mit Mittelstation auf 2000 Meter und Endstation in den Berg eingebaut, Info: www.carezza.it; Einzelfahrt 14 Euro, Kinder 8,50 Euro, Hin- und Rückfahrt 20/12 Euro.

Eggental (Val d'Ega)

Das Eggental stellt die Verbindung zwischen dem Eisacktal und dem **Latemarmassiv** her. Entwässert wird das 22 km lange Tal vom Eggentaler Bach, der bei Kardaun wenig oberhalb von Bozen in den Eisack mündet. Seine Quelle liegt auf 2842 m Höhe am Westhang der Latemar-Türme. Die wichtigsten Zuflüsse sind der Welschnofener Bach und der Zanggenbach.

Von Kardaun führt eine Stichstraße in Serpentinen aufwärts zum kleinen Ort **Karneid.** Hier bildet der Karneider Berg die **Ausläufer der Dolomiten** zum Eisacktal hin.

Hauptattraktion des Ortes ist **Burg Karneid.** Imposant erhebt sich die Anlage auf einem von zwei Seiten steil aufragenden Felsen über dem Eggental. Ihre Ursprünge gehen auf das 12. Jh. zurück, als das Geschlecht der Greifensteiner sich hier eine Wehranlage errichtete. Die heutige Anlage entstand im späten 13. Jh. mit Bergfried, Palas, Wohnturm und Kapelle, später kamen ein Zwinger, im 16. Jh. die Tortürme dazu. Im 19. Jh. wurde die Burg originalgetreu von neuen Besitzern restauriert, deren Nachfahren noch heute in ihrem Besitz sind. Die Burg steht für kulturelle Veranstaltungen zur Verfügung und ist zu besichtigen.

Außerdem gibt es im unteren Ortsteil einen **Winzer,** der neben seinen Rebgärten in Hanglage auch Olivenbäume gepflanzt hat. Inzwischen bescheren ihm seine Bäume in diesem **nördlichsten Olivenbaugebiet Italiens,** die er vor 20 Jahren angepflanzt hat, eine Ernte von etwa 2 Tonnen jährlich.

■ **Burg Karneid,** geführte Besichtigungen bei ausreichender Teilnehmerzahl April bis Juni, Sept./Okt. Fr zwischen 15 und 16.30 Uhr, Eintritt 7 Euro, Schüler, Studenten, Senioren 5 Euro, Voranmeldung Tel. 0471 361300, www.gemeinde.karneid.bz.it.

■ **Weingut Erbhof Unterganzner,** *Barbara* und *Josephus Mayr,* Kardaun-Karneid, Kampillerweg 15, Tel. 0471 365582, www.mayr-unterganzner.it, produziert auf 10 ha Rebfläche Weiß-, Rosé- und Rotweine, dazu neben Äpfeln, Feigen, Kastanien vor allem Oliven im Eigenbau, Verkauf geöffnet Mo–Fr 8.30–12.30 und 15.30–19 Uhr, Sa 8.30–12.30 Uhr.

Der untere Abschnitt des Eggentals ist schluchtartig verengt und lässt kaum Platz für die Straße, die ins Tal aufwärts führt. Um einen modernen Verkehrsweg zu schaffen, wurden längere Strecken als Tunnel in den Fels geschlagen. Nach der Hälfte der Talstrecke teilt sich die Straße bei **Birchabruck.** Eine Strecke führt über Welschnofen weiter zum Karersee und Karerpass, eine nach Eggen und Obereggen und die dritte nach Deutschnofen. Immer wieder geben die Wege Blicke auf die Rosengarten- und Latemargruppe frei – es sind die schönsten Bilder, die Südtirol zu bieten hat!

Welschnofen (Nova Levante)

■ **Info:** Postleitzahl Welschnofen: **39056.** Tourismusverein Welschnofen-Karersee, Dolomitenstr. 4, Tel. 0471 619500, www.eggental.com.

Welschnofen erstreckt sich an den Hängen des Taltbühels auf etwa 1200 m Höhe im oberen Bereich des Eggentals, das hier vom Welschnofener Bach, einem Nebenarm des Eggentaler Bachs, gebildet wird.

Die Besiedlung des Gebietes erfolgte ab dem 11. Jh. Erste Erwähnung fand der Ort 1142 unter dem Namen *Nova.* Der Ortsname erklärt sich aus dem romanischen *(terra) nova,* womit eine neue Rodung zum Ausdruck kommt. Der Zusatz *Welsch* deutet darauf, dass hier romanische, also ladinisch sprechende Siedler am Werk waren. Ob der

☒ Am Karerpass

Namensteil *ofen* auf Erzbergbau hindeutet, wie es möglicherweise für Deutschnofen der Fall ist, ist nicht belegt. Der Name Welschnofen wird erstmals 1429 beurkundet.

Über Jahrhunderte war der abgeschiedene Ort landwirtschaftlich geprägt, aber der große Holzreichtum der Region konnte wegen mangelnder Verkehrsanbindung kaum genutzt werden. Dies änderte sich ab 1860, als die Straße durch das Eggental ausgebaut wurde. Ende des 19. Jh. erfolgte der Straßenbau zum Karerpass, und mit dem Bau des Grand Hotels am Karersee kamen zunehmend illustre Gäste in den Ort, darunter Kaiserin *Sissi,* aber auch *Winston Churchill, Arthur Schnitzler* und *Agatha Christie.* Der eigentliche touristische Boom begann aber erst nach dem Zweiten Weltkrieg.

Heute weist Welschnofen mit knapp 2000 Einwohnern **2500 Gästebetten** und mehr Ferienwohnungen als eigene Haushalte auf. Entsprechend touristisch hat sich das Ortszentrum mit der **Pfarrkirche** gewandelt. Diese den Heiligen *Ingenuin* und *Albuin* geweihte Kirche hat ihren Ursprung im späten 13. Jh. Aus dieser Zeit stammt noch der Unterbau des Turms, der 1741 erhöht und mit einer Zwiebelhaube versehen wurde. Das Kirchenschiff wurde 1967 komplett erneuert.

Am oberen Ortsausgang steht an der Dolomitenstraße eine den Heiligen *Rochus* und *Sebastian* geweihte **Kapelle,** die auf ein Pestgelöbnis aus der Zeit um 1635 hervorging. Rundapsis, Tonnengewölbe und Flachbogenfenster kennzeichnen den Bau, der mit barocker Kanzel, Altären, Skulpturen und Gemälden versehen ist.

Unterkunft, Essen und Trinken

■ **Romantik Hotel Post④**, Karerseestr. 30, Tel. 0471 613113, www.romantikhotelpost.com. Der Urgroßvater wurde mit dem Bau der Eggentaler Straße 1860 wegen der Lage seiner Hofstelle als k.u.k. Postmeister eingesetzt. Pferdestall und Gästeherberge waren notwendig, 1875 entstand das Gasthaus Zum Goldenen Rössl, Vorläufer des heutigen Hotels. Gediegen eingerichtete Zimmer und großzügige Suiten, teilweise mit Balkon, hoteleigene Wiesen, große Spa-Wellnessanlage auf 1500 m² mit beheiztem Freibad, Hallenbad, Whirlpool, Saunen, Salzgrotte, Kneipp-Parcours, Infrarotkabine und einer Technogym-Halle, dazu hauseigener Reitstall „Rösslhof".

■ **Rosengarten①**, Rosengartenstraße 43, Tel. 0471 613262, www.hotelrosengarten.it, oberhalb des Orts im Frommer Bachtal nahe der Talstation der Seilbahn zur Frommer Alm gelegen, rustikal eingerichtete Zimmer zweier Kategorien, überwiegend mit Balkon, Saunalandschaft, Fitnessraum, Restaurant bietet Tiroler Küche.

■ **Aktiv Hotel Schönwald①**, Gummerer Str. 52, Tel. 0471 613202, www.hotel-schoenwald.com, westlich vom Ortskern, praktisch und nett eingerichtete Zimmer, überwiegend mit Balkon.

■ **Pension Erna①**, Gummerer Str. 46, Tel. 0471 613152, www.pension-erna.it, einfache Zimmer, herzhafte Küche, Biker willkommen.

Aktivitäten

■ **Alpin-Sport:** Alpinzentrum Rosengarten, Planggenweg 31, Tel. 0471 613487 www.bergeerleben.com, organisiert Gruppenführungen, Wanderungen, Klettertouren, Wunschführungen, Skitouren, Schneeschuhwanderungen, führt Kletterkurse durch, das Büro ist geöffnet Mitte Juni bis Mitte Oktober So–Fr 17–19 Uhr.

■ **Freischwimmbad Welschnofen:** Beheiztes Freischwimmbad mit Blick auf Latemar und Rosengarten, in der Sportzone, Dolomitenstraße 26, Tel. 0471 614109, www.eggental.com, geöffnet Ende Juni bis Anf. Sept., mit Snackbar.

■ **Reitstall:** Zyprianhof, Zischglweg 13, Tel. 0471 613561, www.zyprianhof.com, vermietet Ferienwohnungen, führt Ausritte und Reitprogramme durch, geöffnet Mai bis Nov.

■ **Golf Club Karersee:** Welschnofen-Karersee, Tel. 0471 612200, www.golfandcountry.it, auf 1700 m zwischen den Felsmassiven des Rosengartens und des Latemars angesiedelt, 9-Loch-Anlage, Mai bis Nov. bespielbar.

■ **Skigebiet Karersee** (1200–2337 m): 28 km Pisten überwiegend leicht bis mittelschwer, 30 km Loipen, 15 Aufstiegsanlagen, Rodelbahn, Eislaufplatz, Skischule.

Seilbahnen

■ **Kabinenbahn Welschnofen:** Tel. 0471 61 4139, www.carezza.it. Aufstieg direkt vom Ortszentrum Welschnofen mit der Kabinenbahn zur Frommer Alm, mit weiteren Aufstiegshilfen ins Skigebiet Carezza, einf. Fahrt 9,50 Euro, Hin- und Rückfahrt 13,50 Euro, Senioren 7,50/11,50 Euro, Junioren 6/6,50 Euro, Einzelfahrt mit Bike 10/8/6,50 Euro.

Karersee

Immer wieder faszinierend ist der Blick auf das grüne Wasser des Karersees vor der Kulisse des Latemarmassivs. Er liegt unterhalb des Karerpasses inmitten herrlich dunkler Fichtenwälder in einer Mulde auf 1520 m Höhe. Der See ist 300 m lang und 150 m breit. Gespeist wird der abflusslose See aus unterseeischen Karstquellen, die ihr Wasser aus den Latemarbergen beziehen. So schwankt sein Wasserspiegel erheblich. Am höchsten ist der Wasserstand am Ende der Schneeschmelze – dann entfaltet der See seine ganze Farbenpracht.

Die Dolomitenstraße SS241 führt unmittelbar oberhalb des Sees vorbei. Ein großer Parkplatz (kostenpflichtig) bietet die Möglichkeit, den Pkw abzustellen. Meist warten dort auch schon mehrere Busse. Durch einen Tunnel unter der viel befahrenen Dolomitenstraße gelangt man an den See, um den ein umzäunter **Spazierweg** führt, denn das Seeufer darf aus Naturschutzgründen nicht betreten werden. Auch zu einem **Aussichtspunkt** über dem See gelangt man auf diesem Weg (behindertengerechter Zugang).

Die Faszination, die von diesem See ausgeht, ist auch der Hintergrund für viele **Sagen,** die sich um das Gewässer ranken. Am bekanntesten ist die Geschichte der **Wasserfee,** die der Zauberer Masaré entführen wollte. Um die Fee anzulocken, zauberte er einen Regenbogen vom Rosengarten zum Latemar. Da sich der Zauberer bei seiner Tat aber nicht ausreichend verkleidet hatte und die Fee die Gefahr erkannte, tauchte sie in den See ab und ist seither nie wieder erschienen. Voller Wut über seinen Misserfolg zerbrach der Zauberer seinen Regenbogen in tausend Stücke und warf sie in den See. Deshalb schimmert dieser bis heute in allen Regenbogenfarben und wird von den Ladinern *Lec de ergobando* (Regenbogensee) genannt.

Unterkunft, Essen und Trinken

■ **Grand Hotel Carezza Residence⑤**, 39056 Karersee, Karerseestr. 141, Tel. 0471 612127, www.residencegrandhotelcarezza.it, 1896 eingeweiht, 30 km von Bozen und 7 km von Welschnofen entfernt, auf 1630 m Höhe, der Karersee liegt 100 m tiefer, mit spektakulärem Schwimmbad, Whirlpool, Saunen, Solarium, Schönheits- und Wellness-Center, Taverne und Theatersaal – alles in allem die Pracht vergangener Zeiten.

Eggen (San Nicolo Ega)

Folgt man der Dolomitenstraße von Welschnofen abwärts bis zur Talverzweigung in **Birchabruck,** so führt der Abzweig an der kleinen Ortskapelle talaufwärts nach Eggen. Im alten Ortskern erhebt sich die dem heiligen *Nikolaus* geweihte Pfarrkirche. Der Heilige wurde von Bergknappen verehrt und schützte gegen Wassergefahr, die dem Dorf von den Wildwassern des Sam- und Geroldbaches drohte. Prächtig ist die barocke Ausstattung – so etwas würde man in einer so kleinen Ortschaft nicht vermuten.

Obereggen

Weiter geht die Fahrt talaufwärts nach Obereggen, dem Ausgangspunkt des großen **Wander- und Skigebiets am Latemar,** das auch vom jenseitigen Fleimstal aus erreichbar ist. Ein wunderbares Fotomotiv ist der schindelgedeckte Turm der dem heiligen *Florian* geweihten **Kapelle des Zischghofes** mit der Spitze des Eggentaler Horns im Hintergrund. Erstmalig erwähnt wurde sie im Jahr 1701. Durch Umbau erhielt die Kapelle ihr heutiges neogotisches Erscheinungsbild.

Latemarium

Im **Erlebnisbereich Latemarium** sind die großartigen Sommer- und Wintersportaktivitäten oberhalb von Obereggen zusammengefasst. Das Urlaubsgebiet mit all seinen Angeboten reicht bis zu den Gemeindegebieten von Pompeago und Predazzo jenseits von Südtirol. Verschiedene **Themenwege,** auch besonders familienfreundliche, geben Einblick in die Alpenwelt am Latemar mit kindgerechten Erläuterungen. An den Einzelstationen werden seine Geologie, die Pflanzen- und Tierwelt sowie die Arbeitswelt erlebbar gemacht. Ganz speziell auf Kinder zugeschnitten ist der Angebotsbereich **Latemar Montagnanimata** (Montagnanimata bedeutet „bewegter Berg“). Hier wird der **Wald** zu einem interessanten Ort zum Spielen und Erforschen: Fantasiefiguren, Drachen und Hirten warten, wobei die Informationsangebote nach Altersklassen aufgebaut sind. Im Latemarium darf auch ein Waldhochseilgarten nicht fehlen. Verschiedene Jausenstationen bieten Rast.

Für den Winter zählt das Latemarium zu den **beliebtesten Skigebieten der Dolomiten.** 18 Aufstiegsanlagen bringen die Wintersportler von 1550 Meter bis auf 2500 Meter Höhe und verbinden Obereggen im Eggental durch das Ski Center Latemar mit den Skizentren von Pampeago und Predazzo im Fleimstal. Fast 50 Kilometer präparierte Pisten stehen den Wintersportlern in zwei Snowparks mit zwei Rodelbahnen zur Verfügung. Die meisten der Hütten, die im Sommer Rast bieten, sind auch während der Wintersaison geöffnet.

■ **Latemarium:** Ski Center Latemar, Deutschnofen, Obereggen 16, Tel. 0471 618200, www.latemarium.com, Sommersaison Mai bis Anf. Okt., Wintersaison Dez. bis Mitte April.

Zwischen Eggental und Fleimstal

Von Obereggen führt die Rundstraße an den Weilern Novale und Pievale vorbei zurück nach Birchabruck. Von dieser Straße führen mehrere Pässe über die Gebirgszüge, die das Eggental vom Fleimstal trennen. Der östlichste ist das **Reiterjoch** auf fast 2000 m Höhe. Der südwärts im Tal nach Tèsero verlaufende Straßenabschnitt ist besser ausgebaut als der von Obereggen heraufführende.

Wenig westlich wird das 1808 m hohe **Lavazè-Joch** von der Straße nach Cavalese überquert. Vom Lavazè-Joch führt ein schmaler Abstecher zum 1989 m hohen **Jochgrimm.** Hier gibt es zwischen Weißhorn (2316 m) und Schwarzhorn (2439 m) ein kleines Skigebiet. Die Weiterfahrt auf der Jochgrimmstraße zum Kaltenbrunner Sattel an der Straße nach Auer im Etschtal ist für Personenwagen nicht zugelassen.

Unterkunft, Essen und Trinken

■ **Sporthotel Obereggen**③, 39050 Obereggen, Tel. 0471 615797, www.obereggen.it, direkt an der Liftanlage, großzügige Zimmer, Suiten und Familienzimmer, Hallenbad, große Sauna- und Beautywelt, ausgezeichnete Küche bietet fantasievoll zubereitete Regionalgerichte, italienische und internationale Speisen.

■ **Zischghof**③, 39050 Obereggen, Obereggen 9, Tel. 0471 615761, www.zischghof.it, nach Umbau 2011/12 neue Ausrichtung als „Kräuterhotel" mit Wellnessbereich: Sauna, Kräuterbadl, Spa, Massage. Hübsche Zimmer und Suiten, Speiseräume mit Panoramablick, es werden Kräuterwanderungen angeboten.

■ **Hotel Schwarzhorn**①, Jochgrimm, 39040 Aldein, Tel. 0471 887180, www.jochgrimm-oclini.com, Jugendhotel, malerisch in der Bergwelt von Weiß- und Schwarzhorn gelegen, einfache Doppelzimmer und Gruppenzimmer mit Balkon, Sauna.

Aktivitäten

■ **Skigebiet Jochgrimm:** Tel. 0471 887180, www.jochgrimm.com, klein und familienfreundlich, 5 Skilifte, 7 km Pisten, Loipen von 3,5 und 8 km, alle über 2000 m.

Feste und Veranstaltungen

■ **Eggentaler Schupfenfest:** Kulinarische Angebote der Hütten der Almregionen oberhalb von Obereggen, 1. So im Aug., am besten zu erreichen vom großen Parkplatz in Obereggen mit der 8er-Kabinenbahn Ochsenweide bis zur Laner Alm, von dort aus zu den Hütten. Die Eggentaler Almstraße ist an diesem Tag von 8.30 bis 19.30 Uhr für jeglichen Verkehr gesperrt.

Deutschnofen (Nova Ponente)

■ **Info:** Postleitzahl Deutschnofen: **39050.** Tourismusverein Eggental, Deutschnofen, Dorf 9a, Tel. 0471 619540, www.eggental.com.

Auf der Hochfläche des Regglberges zwischen dem Eggental und dem Eisacktal liegt Deutschnofen auf 1350 m Höhe. Hier haben Menschen wegen des Erzreichtums der Region bereits in vorgeschichtlicher Zeit gesiedelt, entsprechende Funde reichen ins 5. Jahrtausend v. Chr. zurück. Nicht auszuschließen ist, dass bajuwarische, d.h. deutschsprachige Zuwanderer hier in der nachrömischen Besiedlung Erze im „Ofen“ geschmolzen haben – in Welschnofen dagegen romanische Siedler. Tatsächlich spielte am Ausgang des Mittelalters und nochmals im 19. Jh. der **Erzbergbau** eine große Rolle am Regglberg. Der Holzreichtum machte die Verhüttung einfach. Auch die Holzwirtschaft war für Deutschnofen lange Zeit von großer Bedeutung. Allerdings wurde die Verkehrsverbindung durch das Brantental nach Leifers und damit ins Eisacktal nie richtig ausgebaut. Wie für Welschnofen änderte sich die Situation erst 1860 mit dem Ausbau der Eggentalstraße.

Erste Ansätze des Fremdenverkehrs spielten in Deutschnofen schon ab dem 16. Jh. eine Rolle. Hierher kamen die wohlhabenden Bürger aus Bozen zur Sommerfrische, um der stickigen Hitze im Bozner Talkessel zu entgehen.

Heute ist es die **zauberhafte Landschaft des Regglberges,** die so viele Urlauber anzieht und den Tourismus längst zum wichtigsten Wirtschaftszweig gemacht hat. Trotz intensiver Holzwirtschaft sind noch 70 % der Region bewaldet, dazwischen liegen Bauernhöfe und Almen, so die Lahneralm, Schmiederalm, Schönrastalm oder auch die Auerlegeralm. Auf der Hochfläche lassen sich besonders schöne Wanderungen in der von Bergweisen, Äckern und Lärchenwäldern geprägten Region unternehmen, ohne dass alpine Steigungen zu bewältigen wären.

Pfarrkirche

Die Pfarrkirche von Deutschnofen ist den Heiligen *Ulrich* und *Wolfgang* geweiht, den Stadtpatronen von Augsburg, was auch für die bajuwarische Besiedlung des Orts spricht. Von dem ursprünglich romanischen Bau ist nurmehr der untere Teil des Glockenturms erhalten, der 1555 gotisch erhöht wurde. Der Kirchturm wurde 1793 durch Blitzschlag zerstört und erhielt daraufhin den heutigen achteckigen Tambour mit Haube. Wertvoll ist der frühgotische Hochalter der Kirche, der mittlerweile in einem neugotischen Gehäuse untergebracht ist. Seine vier geschnitzten Tafeln sind eine Arbeit des Bildschnitzers *Hans von Judenburg* aus dem ersten Viertel des 15. Jh. Dieser Altar stand früher in der Pfarrkirche von Bozen und kam im Zuge ihrer Barockisierung 1725 nach Deutschnofen.

Schloss Thurn

Mächtig erhebt sich in der Ortsmitte Schloss Thurn als ehemaliger Wohnturm einer Festung aus dem 13. Jh. Dieser romanische Turm ist noch heute gut im Gebäude zu erkennen. Der Raum mit dem quadratischen Grundriss, in dem das **Gebietsmuseum** untergebracht ist, ist der untere Teil der Festung. Der Ansitz war 1341 ein Gerichtssitz. 1911 wurde er von der Gemeinde gekauft und 1985 renoviert. Gezeigt werden religiöse Kunstwerke, so z.B. Altarblätter (16. Jh.), Gemälde und frühbarocke Heiligenstatuen, dazu vorgeschichtliche Funde und Hinweise auf die Besiedlungsgeschichte der Region.

■ **Gebietsmuseum Deutschnofen,** Schloss-Thurn-Str. 1, Tel. 0471 617500, www.deutschnofen.eu, geöffnet Mo bis Fr 8–12.30 Uhr, Sa

14–17.45 Uhr, Juli/Aug. Mo–Fr 9–12 Uhr, Do 14.30–17 Uhr, Eintritt frei.

Kapellen

Zwei kleine Kirchen im Umfeld von Deutschnofen sind auch sehenswert. Die **St. Helenakapelle** östlich des Ortes soll im 12. Jh. an der Stelle einer heidnischen Kultstätte errichtet worden sein. Ihre Fresken sind wertvolle Zeugnisse hochgotischer Wandmalerei aus dem frühen 15. Jh. Die zweite Kapelle ist die 1318 errichtete **St. Annakapelle** nordwestlich des Ortes auf einer bewaldeten Anhöhe hinter dem Unterkoflhof. Der romanische Bau erfuhr gotische Umbauten, wie etwa das Spitzbogenportal mit Heiligenfiguren, und eine Renovierung im 17. Jh. An der Fassade sind noch Reste eines Christophorus-Freskos erhalten.

Unterkunft, Essen und Trinken

■ **Erica**③, Hauptstr. 17, Tel. 0471 616517, www.erica.it, im Zentrum, familiär geführtes Haus, Zimmer verschiedener Kategorien mit und ohne Balkon, großer Wellnessbereich mit Yoga-Angeboten.

■ **Hotel Pfösl**⑤, 39050 Deutschnofen, Schwarzenbach 2, Tel. 0471 616537, www.pfoesl.it, moderne Architektur in Panoramalage mit Blick auf die Dolomiten, Zimmer und Suiten in Naturholz, Innen- und Außenpool, Saunalandschaft, kreative Küche, bietet auch Chalets.

■ **Gasthof Stern**②, Dorf 18, Tel. 0471 616518, www.hotel-stern.it, traditioneller Gasthof direkt am Dorfplatz, fast alle Zimmer mit Balkon, Lift, Hallenbad, Bar, das Restaurant bietet gekonnte Tiroler Küche und italienische Gerichte.

■ **Regglbergerhof**②, Altes Kreuz 5, Tel. 0471 61 6491, www.regglbergerhof.com, familiär geführtes Haus, Zimmer mit Balkon, Hallenbad, Pool, Liegewiese, das Restaurant bietet Südtiroler Küche.

■ **Hotel Schwarzenbach**③, Schwarzenbach 24, Tel. 0471 616460, www.schwarzenbach.it, neu errichtet im gediegenen Tiroler Stil an der Straße nach Obereggen, komfortables Haus, Zimmer und Suiten mit Balkon, großer Garten, Pool, Wellnessbereich, Bar, das Restaurant bietet genussvolle heimische Küche.

■ **Unterkoflhof,** Zelgerviertel 7, Tel. 0471 6164 43, www.unterkoflhof.it, nahe der St. Annakapelle nordöstlich von Deutschnofen (Schlüssel zur Kapelle bei der Bäuerin), Urlaub auf dem Bauernhof mit drei Ferienwohnungen. Vieh- und Milchwirtschaftsbetrieb inmitten von Wiesen und Wäldern. Der erstmals 1332 erwähnte Hof ist wegen seiner altertümlichen Bauform sehenswert. Küche und Kellergeschoss zeigen alte Gewölbe, in die Täfelung der Stube ist die Jahreszahl 1559 eingeschnitzt.

Einkaufen

■ **Lehrnerhof „Learner“,** Lehrnerweg 15, Tel. 0471 616367, www.hofkaeserei.it, Käserei mit Bergkäse, Bauernkäse, Stravecchio etc., Hofladen Mo–Sa 9–11 Uhr oder nach telefonischer Vereinbarung, bietet Führungen an.

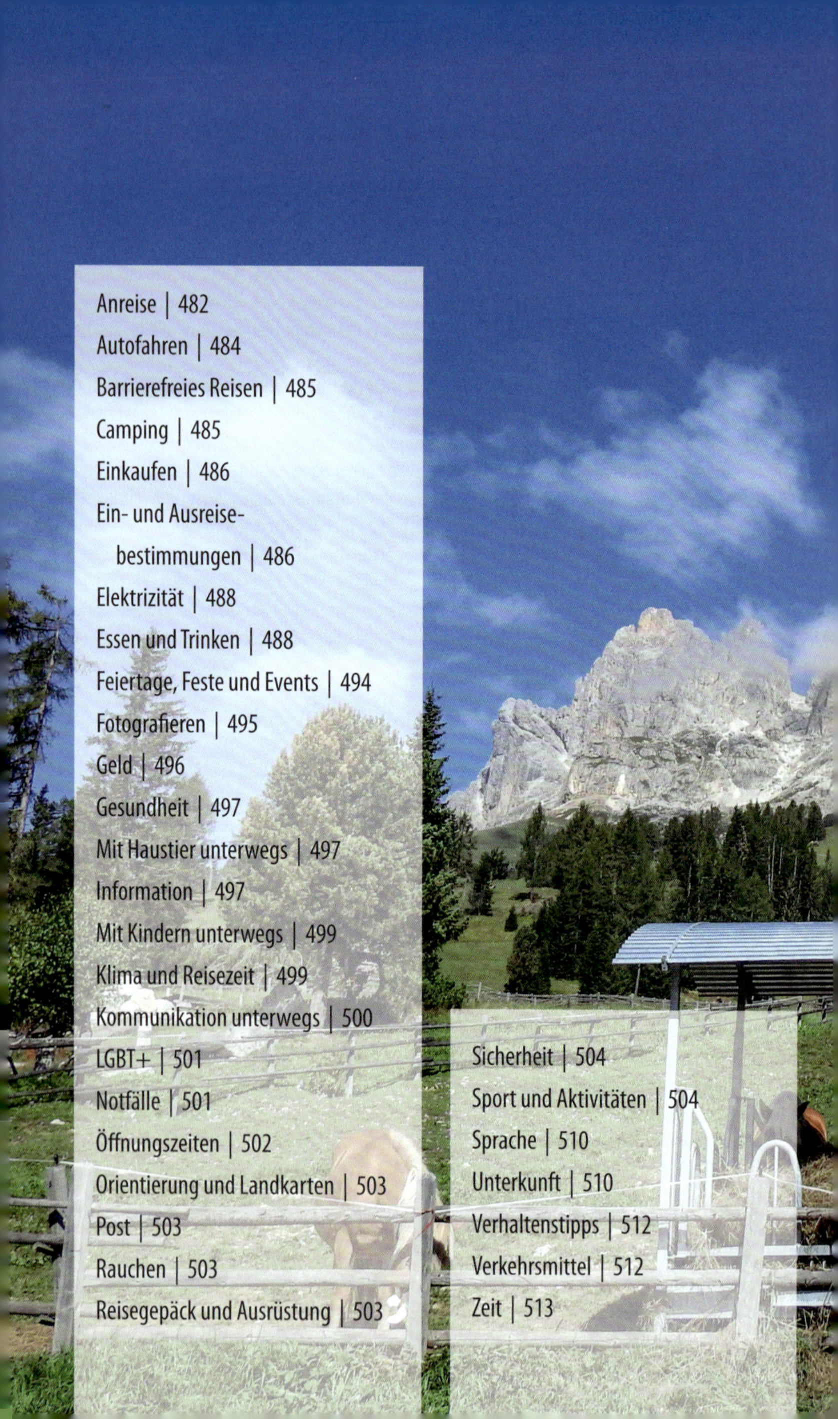

230st ot

9
Praktische Reisetipps von A bis Z

< Rosengarten am Karerpass

Anreise

→ Autofahren
→ Verkehrsmittel

Mit der Überquerung des zentralen Alpenhauptkamms erreicht man Südtirol. Vielen der alten Handelswege folgen die modernen Haupttrassen von Straßen und Eisenbahnlinien.

Mit dem Auto

Es gibt mehrere Möglichkeiten, um mit dem Auto von Mitteleuropa über die Alpen nach Südtirol zu gelangen. Die Hauptverkehrsader wird von der **Brennerautobahn** (E45/A22, in Österreich A13) gebildet, die von Innsbruck zum 1374 m hohen Brennerpass an der Grenze führt und ganz Südtirol als Längsachse durchquert. Dabei werden **Brixen und Bozen** passiert, bis es auf Trentiner Gebiet weitergeht über Trento (Trient) Richtung Gardasee und Verona. Auf dieser meist viel befahrenen Strecke wird die österreichische **Autobahnmaut** fällig, gestaffelt nach Fahrzeugart und Gültigkeitsdauer, dazu die Gebühr für den Brenner und die italienische Autobahnmaut. Reist man vom Bodensee über den Arlberg an und benutzt dort den Tunnel, ist auch die zusätzliche Arlberg-Tunnelgebühr zu entrichten. Mautfreie Anreise bietet die **Brenner-Landstraße,** die parallel zur Autobahn verläuft. Sie ist sehr kurvenreich und führt durch viele Ortschaften, ist aber landschaftlich reizvoll.

Mautfrei ist ebenfalls der 1504 m hohe **Reschenpass,** über den man den **Vinschgau** ganz im Westen Südtirols erreicht. Doch für eine Anreise durch den Arlbergtunnel gilt das oben Gesagte.

Mautfrei ist auch die Fahrt von Osttirol über Lienz ins im Osten Südtirols gelegene **Pustertal,** bis auf den gebührenpflichtigen **Felbertauerntunnel.**

Ist **Meran** das erste Reiseziel, bietet sich aus nordwestlicher Richtung kommend die Möglichkeit an, über das Ötztal und das 2474 m hohe **Timmelsjoch** nach Südtirol einzureisen. Doch hier gilt von Mitte Oktober bis Mitte Juni Wintersperre und von 20 Uhr bis 7 Uhr Nachtsperre, auch ist die Strecke für Wohnwagen gesperrt und es wird auf österreichischer Seite zusätzlich Maut verlangt.

Der Weg von der **Schweiz** führt von Zürich über die mautpflichtige Schweizer Autobahn und weiter über Landquart, durch den Vereinatunnel, in dem die Fahrzeuge mautpflichtig auf Eisenbahnwaggons verladen werden, über den **Ofenpass** nach Taufers in den **Vinschgau.**

Mautgebühren

- **Österreich:** Vignettenpreise Pkw, Gespann und Wohnmobil für 1 Jahr 96,40 Euro, 2 Monate 29 Euro, 10 Tage 9,90 Euro, für Motorrad 38,20, 14,50, 5,80 Euro, zusätzlich für den Brenner 10,50 Euro (für alle Fahrzeugtypen <3,5 t), Arlbergtunnel 11 Euro (für alle Fahrzeugtypen), Felbertauerntunnel 11 Euro (Motorräder 10 Euro). Die Vignette kann auch als digitale Variante erworben werden. Wohnmobile und alle Fahrzeuge über 3,5 t haben eine sogenannte fahrleistungsabhängige Maut pro Kilometer zu entrichten, die sogenannte GO-Maut. Dazu muss vorab eine GO-Box besorgt werden, siehe www.go-maut.at.

- **Schweiz:** für Pkw und Motorräder Jahresvignette 40 sFr, Pkw sowie Anhänger bis 3,5 t zGG benötigen jeweils eine eigene Vignette, gültig ist die Vignette im aufgedruckten Jahr sowie im Dezember des Vorjahres und im Januar des Folgejahres, also insgesamt 14 Monate. Vereinatunnel Autoverladung Sommertarif 34 sFr (Winter 39 sFr), Anhänger 21/22 sFr Anhänger über 0,75 t 34/39 sFr, Motorräder 21/22 sFr.
- **Italien:** Autobahngebühr Brenner–Bozen 5,80 Euro, Wohnwagen 6,60 Euro, Gespanne kosten 8,80 Euro.

Mit der Bahn

Zwei Bahnstrecken führen **von Österreich** nach Südtirol, die eine von Innsbruck über den Brenner nach Bozen und weiter nach Trient, die andere von Lienz durch das Pustertal nach Brixen und weiter auf der Bozner Bahnlinie südwärts. **Ab München** fahren mehrere direkte Eurocity-Züge täglich über den Brenner nach Südtirol.

Eine brauchbare **Nachtverbindung** von Deutschland aus gibt es nicht. Wer aber z.B. aus Hamburg oder aus dem Rheinland anreist, kann von dort aus abends den Nachtzug bis München nehmen und dann am Morgen in einen der Eurocity-Züge umsteigen und weiter bis ans Ziel fahren. Der **Maximalpreis,** den man aber fast nie wirklich bezahlen muss, liegt beispielsweise für die Strecke Frankfurt/M. nach Bozen bei rund 160 Euro. Wer so flexibel ist, Hauptreisetage meiden zu können und frühzeitig bucht, kommt in den Genuss einer der zahlreichen Sondertarife. So ist eine einfache Fahrt von jedem Ort in Deutschland bis Bozen durchaus schon für weniger als 50 Euro erhältlich.

Buchung

Auf den Websites der Bahnen und an deren Schaltern werden jeweils nur die eigenen Sonderpreise, nicht aber die der anderen Bahnen angeboten, wohingegen spezialisierte Bahnagenturen auch für die ausländischen Bahnen Zugriff auf das gesamte Spektrum haben. Eine davon ist z. B. die Freiburger Bahnagentur **Gleisnost** (www.gleisnost.de, Tel. 0761-2055130). Wer sich nicht durch den Dschungel der Bahntarife und Fahrpläne schlagen und trotzdem Geld sparen will, erhält dort kompetente Beratung und auf Wunsch die Tickets an jede gewünschte Adresse in Europa geschickt.

Mit dem Bus

Es gibt eine Reihe von Anbietern, die Busfahrten von Deutschland und der Schweiz nach Südtirol anbieten. **Südtirol Tours** fährt ab Stuttgart und Ulm zu verschiedenen Zielen in Südtirol (einfache Fahrt ab Stuttgart 90 Euro). Der **Meraner Land Express** hat als Abfahrtsort München, ebenfalls mit mehreren Zielen in und um Meran (einfache Fahrt ab 40 Euro). Marktführer ist **Flixbus**, der die Strecke München–Bozen und Stuttgart–Bozen sogar mehrmals am Tag befährt, Fahrpreis ab 23 Euro (einfache Fahrt, ca. 4 Stunden bzw. 6 Stunden ab Stuttgart). Aus der Schweiz kann man über die lokalen Busverbindungen in den Vinschgau und von dort weiter mit der Vinschgaubahn in das zentrale Südtirol reisen.

- **Meraner Land,** www.meranerland.com.
- **Flixbus,** www.flixbus.de, Tel. 030 300137300.

Mit dem Flugzeug

In Südtirol gibt es nur einen Flughafen und zwar in **Bozen.** Bis 2015 wurde er von Fluggesellschaften im Linienverkehr genutzt. Seither diente er nur noch dem privaten Geschäftsverkehr. Neuerdings bietet *SkyAlps* (www.skyalps.com) wieder Linienflüge nach mehreren Destinationen in Deutschland an. Der Flughafen des nahen **Innsbruck** in Österreich wird von mehreren Destinationen angeflogen. Sinnvoll ist die Anreise auf diesem Weg nur, wenn man sich dort einen Mietwagen nimmt.

Autofahren

→ Anreise
→ Camping

Wer mit dem eigenen Fahrzeug unterwegs ist, benötigt neben Führerschein und Fahrzeugschein in Italien die **Grüne Versicherungskarte.**

Straßennetz

Trotz schwierigem Hochgebirgsgelände verfügt Südtirol über ausgezeichnete Verkehrswege. Die **Nord-Süd-Autobahn A22** führt vom Brenner am österreichisch-italienischen Grenzübergang über Sterzing, Brixen und Bozen weiter bis in die Po-Ebene, wobei sie hinter Salurn das Südtiroler Gebiet verlässt. Von Bozen gibt es die vierspurige Schnellstraße **MeBo** nach Meran. Mehrere Staatsstraßen führen durch die Region. Jedes Dorf ist auf einer gut ausgebauten Landstraße zu erreichen. Selbst zu den Einzelhöfen an den Hängen gibt es asphaltierte, allerdings oft nur einspurige Wege, auf denen es schwierig werden kann, wenn sich Fahrzeuge begegnen. Da ist gute Fahrpraxis gefordert.

Verkehrsbestimmungen

In Italien beträgt die **Höchstgeschwindigkeit** auf der Autobahn 130 km/h. Häufig ist sie in höher gelegenen Regionen auf 110 km/h begrenzt. Auf der MeBo gelten ebenfalls 110 km/h, auf Landstraßen 90 km/h. Pkw mit Wohnanhänger und Wohnmobile über 3,5 t sind auf 80 km/h beschränkt. Innerorts gelten 50 km/h.

Die **Promillegrenze** liegt bei 0,5. Auf Autobahnen und Schnellstraßen ist **Abblendlicht** vorgeschrieben. Auf den (ganzjährig geöffneten) Pässen ist über den Winter hinaus vom Herbst bis ins Frühjahr hinein **Winterausrüstung** erforderlich.

Panne und Unfall

Bei Pannen ist der **Automobil-Club d'Italia (ACI)** mit seiner Pannenhilfe unter Tel. 064 99 81 zur Stelle. Hilfe ist z. B. für ADACPlus-Mitglieder oder ÖAMTC-Mitglieder teilweise kostenlos. Man kann sich auch direkt an seinen Automobilclub wenden. Hier die drei größten für Deutschland, Österreich und die Schweiz:

- **ADAC,** Tel. 0049 (89) 222222 oder über die ADAC Pannenhilfe App.

- **ÖAMTC,** Tel. 0043 (1) 2512000 über die ÖAMTC App.
- **TCS,** Tel. 0041 58872220 oder über die TCS-App.

Schutzbrief

Ist man mit einem Fahrzeug unterwegs, ist der **Europaschutzbrief** eines Automobilclubs eine Überlegung wert, eventuell gleich mit der **Zusatzversicherung** für notwendige Krankenrücktransporte (Helikopter, Flugzeug). Wird man erst in der Notsituation Mitglied, gilt diese Mitgliedschaft nur für dieses Land und ist unverhältnismäßig teuer.

Barrierefreies Reisen

Das Südtiroler Landschaftsrelief stellt für Menschen mit eingeschränkter Mobilität ein ernsthaftes Problem dar. Nur in den Tälern finden sich ebene Straßen, alle anderen Orte weisen innerhalb der Bebauung mehr oder weniger starke **Steigungen** auf. Dennoch gibt es auch längere ebene Wege, die für Gehbehinderte geeignet sind. Ideal sind die meisten **Waalwege** entlang der alten Bewässerungskanäle, die vor allem im Vinschgau und im Meraner Land zu finden sind (→ Exkurs: Waalwege im Vinschgau).

In vielen **Unterkünften** gibt man sich große Mühe, Rollstuhlfahrern gerecht zu werden. Die modernen Hotels der gehobenen Klasse verfügen meist über einen Lift, der Behinderten den Aufenthalt leicht macht. Auch ist das Hotelpersonal ausgesprochen freundlich und immer bei der Gepäckbeförderung behilflich. Viele der **Museen und Sehenswürdigkeiten** sind auf Rollstuhlfahrer eingestellt. Entsprechende Vermerke finden sich unter den „Praktischen Tipps" in den Ortsbeschreibungen. Dennoch gibt es Besuchsziele, die beim besten Willen nicht barrierefrei zu gestalten sind, was insbesondere für die attraktiven Südtiroler Burgen gilt.

Parkplatzfinder

Mit dem Südtiroler „Parkplatzfinder" wird es Menschen mit Behinderung, die über einen entsprechenden Parkausweis verfügen, leicht gemacht, einen **Behindertenparkplatz** zu finden. Auf einer Landkarte Südtirols sind alle entsprechenden Parkplätze eingezeichnet. Die entsprechende **App** führt den Benutzer sogar mit dem integrierten Navigationssystem zum ausgewählten Parkplatz. Auch dürfen Behinderte in verkehrsberuhigte Zonen (außer Meran und Bozen) einfahren.

- **Info:** www.altoadigepertutti.it/de/parkplatzfinder, Tel. 0473 010854.

Camping

Wohnmobil- und Campingfreunde kommen nicht zu kurz in Südtirol, wenn das Land auch nicht gerade typisch für diese Urlaubsart ist. Campingplätze sind eher in den niedrigeren Tallagen, aber in den unterschiedlichsten Kategorien und meist in grandiosen Landschaften anzutreffen. Wohnmobile und insbesondere Wohnwagengespanne können nur die größeren Straßen in Südtirol befahren. Die meist kleinen Seitenstraßen in den Tälern und in die höher gelegenen Ortschaften bleiben ihnen weitgehend verschlossen.

Einkaufen

→ Essen und Trinken

Große Geschäfte haben durchgehend offen, kleinere Läden und Fachgeschäfte meist zwischen 12/13 Uhr und 14/15 Uhr geschlossen. Besonders attraktiv sind die **Märkte,** die meist neben Nahrungsmitteln, vor allem Obst und Gemüse, auch Haushaltswaren und Textilien anbieten.

Besondere Südtiroler Souvenirs sind Handwerkserzeugnisse wie **Holzschnitzereien** (vor allem im Grödnertal) und **Loden** (siehe Vintl im Pustertal). Auch **kulinarische Spezialitäten** wie Speck (geschützte geografische Angabe nach EU-Richtlinie), typische Brotsorten wie Vinschgerl und Schüttelbrot, Käse und Pilze, die man auf den Märkten auch getrocknet erhält, bieten sich als Mitbringsel an. Die wichtigsten Anbauprodukte sind **Äpfel,** die man vor allem bei den Bauern und auf den Märkten bekommt, und **Wein.**

Eine große Attraktion stellen die selbstvermarktenden Bauernhöfe in Südtirol dar. Ihre **Hofläden** bieten eigene Produkte wie Obst und Gemüse, Eier und Geflügel, aber auch verarbeitete Lebensmittel wie Mehl, Fruchtsäfte, Marmelade, Brot, Käse, Wurst, Wein und Destillate an. Die Dachmarke für solche hochwertigen, naturnah erzeugten Produkte von Südtiroler Bauernhöfen ist der „Rote Hahn". Strenge Kontrollen wachen über die Einhaltung der vereinbarten Qualitätsrichtlinien. Auf diese Weise sollen den Südtiroler Bauern neue Absatzquellen erschlossen werden, die auch „Urlaub auf dem Bauernhof" und „Bäuerliche Schankbetriebe" umfassen.

- **Südtiroler Bauernbund „Roter Hahn",** 39100 Bozen, K.-M.-Gamperstraße 5, Tel. 0471 99 9325, www.roterhahn.it.

Ein- und Ausreisebestimmungen

→ Autofahren
→ Mit Haustier unterwegs

Dokumente

Besucher aus Deutschland, Österreich und der Schweiz benötigen für einen Aufenthalt von bis zu drei Monaten in Italien nur einen gültigen **Personalausweis oder Reisepass.** Nicht-EU-Staatsbürger müssen unter Umständen bei der zuständigen Botschaft ein Visum beantragen (s.u.).

Diplomatische Vertretungen

Nicht-EU-Bürger benötigen u.U. ein Visum für die Reise nach Italien. Hier kann man sich nach den zuständigen diplomatischen Adressen erkundigen:

- **Deutschland:** www.auswaertiges-amt.de, Tel. (030) 18172000 (auch App „Sicher Reisen" für iOS und Android).
- **Österreich:** www.bmeia.gv.at, Tel. (01) 90115 4411 (auch „Auslandsservice-App" für iOS, Android und BlackBerry).
- **Schweiz:** www.eda.admin.ch, Tel. 0800-24 73 65 oder 058-4653333 (auch „Travel Admin App" für iOS und Android).

Diese sind auch in dringenden Notfällen, z.B. medizinischer oder rechtlicher Art, bei Vermisstensuche, terroristischen Anschlägen, Naturkatastrophen, Hilfe bei Todesfällen o.Ä. bemüht vermittelnd zu helfen.

Zollbestimmungen

Der Warenverkehr für den privaten Gebrauch ist innerhalb der EU frei (gilt nicht für die Schweiz und damit auch nicht bei Transitreisen durch die Schweiz, s.u.). Dennoch muss man insbesondere beim Flugverkehr auf die geltenden Freigrenzen für Genussmittel (z.B. Alkohol, Tabakerzeugnisse, Kaffee), Verbote und Einschränkungen achten, um böse Überraschungen mit dem Zoll zu vermeiden.

Innerhalb der EU-Länder gelten folgende Mengen- und Wertgrenzen pro Person

- Für mind. 17-Jährige: 800 Zigaretten, 400 Zigarillos, 200 Zigarren und 1 kg Tabak (müssen EU-Steuerbanderole haben, sonst vorschriftswidrig!); 10 l Spirituosen bzw. Alkopops, 20 l Zwischenerzeugnisse (Sherry, Portwein, Marsala), 60 l Schaumwein (in D keine Begrenzung von Wein, in Österreich 90 l Wein und davon max. 60 l Schaumwein) und 110 l Bier; Kaffee 10 kg (keine Mengengrenze in Österreich).

Für die Rückkehr in die Schweiz und Transit durch die Schweiz gelten folgende Freimengen pro Person

- Für mind. 17-Jährige: 250 Zigaretten/Zigarren oder andere Tabakprodukte; 1 l Spirituosen über 18 Vol.-% oder 5 l bis max. 18 Vol.-%; ohne Altersbeschränkung: 1 kg Fleisch; 1 kg Butter; 5 kg Öle und andere Pflanzenfette.

Falls die Reisemitbringsel diese Freigrenzen überschreiten, sind Einfuhrabgaben zu entrichten.

Einfuhrverbote und -beschränkungen bestehen z.B. für Tiere, Tierprodukte, Pflanzen (Vorsicht auch bezüglich Saatgut und Artenschutz!), Medikamente, Betäubungsmittel und Drogen, Feuerwerkskörper, Lebensmittel, Fälschungen, Kulturgüter, Waffen und Munition; in Deutschland und Österreich auch für Pornografie und verfassungswidrige Schriften, Rohdiamanten; in der Schweiz auch für Radarwarngerate u.v.m.

Nähere Informationen

- **Deutschland:** www.zoll.de; Zoll und Reise-App
- **Österreich:** www.bmf.gv.at; BMF-App
- **Schweiz:** www.ezv.admin.ch; QuickZoll-App

Die Apps sind gratis für Android und iOS.

Elektrizität

Die Netzspannung beträgt 125 oder 220 Volt Wechselstrom. Die heimischen Stecker passen nicht in alle Steckdosen. Man sollte die nötigen **Adapter** von zu Hause mitbringen.

Jausenstation im oberen Schnalstal

023st ot

Essen und Trinken

→ Kleine Sprachhilfe im Anhang

Wollte man die Südtiroler Küche charakterisieren, so könnte man sie am besten mit „auf hohem Niveau vielseitig" umschreiben. Hier kommen Gourmets auf ihre Kosten, es gibt **Deftiges, Herzhaftes und Leichtes** zu allen Gelegenheiten. Hier trifft die bodenständige alpenländische Küche auf mediterrane Kochkunst und internationale Köstlichkeiten, alles zusammen mit einem Hauch Wiener Küchencharme versehen. Die Kombinationen sind höchst schmackhaft. So feiern Speckknödel und Spaghetti gleichermaßen kulinarische Feste, man findet feine italienische Restaurants neben gemütlichen Tiroler Gasthäusern. Doch ist es in erster Linie die Jahrhunderte alte **Gasthauskultur** des Landes, aus der sich das heutige hohe Niveau der Südtiroler Gastronomie entwickelt hat. Man darf dazu getrost feststellen, dass diese Vereinigung von Tradition und Innovation kein Privileg der Spitzenküche ist, sondern die Südtiroler Küche schlechthin bestimmt!

Gastronomie

So vielseitig Essen und Trinken in Südtirol sind, so unterschiedlich ist auch die breite Palette der Restaurants. Eine Besonderheit sind die **Dorfgasthäuser,** die meist Jahrhunderte alt und seit vielen Generationen in der Hand derselben Familie sind. Hier wird heimische Kost mit mediterranem Flair geboten. Einzelne dieser Gasthöfe haben sich zu wahren

Gourmet-Tempeln entwickelt. Einfach dagegen sind viele **Jausenstationen,** die in den Bergen den Wanderern zur Einkehr schmackhafte bodenständige Speisen servieren. Interessant ist es zu beobachten, wie sich Südtiroler Gastronomen dem Essenstrend von **vegetarischer** und **veganer** Ernährung anpassen. **Fleisch** war eigentlich immer der wertbestimmende Teil eines Hauptgerichts. Längst gibt es eigentlich auf allen Speisekarten neben Kinder- und Seniorenangeboten auch vegetarische Gerichte. Vegane Gerichte ziehen nach!

Die meisten **Gasthäuser und Pensionen** bieten Halbpension an, wobei dort keineswegs nur Alltagskost auf den Tisch kommt. Angesichts der Konkurrenz der vielen guten **Restaurants** ist auch hier längst die gehobene Küche eingezogen. Und natürlich gibt es eine ganze Reihe von **Spitzenrestaurants,** die mit internationalen Auszeichnungen versehen sind. Eine besondere Spezialität der Südtiroler Gastronomie sind die **Buschenschänken,** die eine lange Tradition haben. Winzer öffnen zu bestimmten Zeiten ihre Keller für die Gäste zum **Törggelen,** zum Verkosten des Weines – dazu werden typische bäuerliche Gerichte gereicht. Beliebt wie andernorts auch sind die **Straßencafés** in den Städten, wo angesichts der intensiven Sonneneinstrahlung die Gäste unter Schirmen ihre Getränke und Speisen einnehmen. Und da in Südtirol die Sonne so oft scheint, findet man sie eigentlich überall!

396st ot

Ein „heiliges" Mitbringsel aus Maria Trens

Preisniveau

Das Preisniveau der Südtiroler Gastronomie entspricht heute fast dem in Deutschland oder Österreich – es ist nicht mehr so preiswert wie früher, dafür ist das Preis-Leistungs-Verhältnis aber außerordentlich gut.

Öffnungszeiten und Trinkgeld

Die Mahlzeiten werden in den Jausenstationen und vielen Gasthäusern ganztägig angeboten. Restaurants der geho-

Preiskategorien Gastronomie

①	=	Einzelgericht bis 10 Euro
②	=	Einzelgericht bis 15 Euro
③	=	Einzelgericht bis 20 Euro, Menü bis 25 Euro
④	=	Einzelgericht bis 25 Euro, Menü bis 40 Euro
⑤	=	weit darüber

Praktische Reisetipps von A bis Z

Typische Rebsorten in Südtirol

Vernatsch ist die rote Hauptrebsorte Südtirols, sie nimmt über ein Fünftel der Anbaufläche ein. Typisch ist der ausgeprägte Fruchtcharakter mit der Mandelnuance. Vom größten Anbaugebiet im Überetsch kommt der Vernatsch als *Kalterersee* in die Flaschen, die Lagen um Bozen mit einem kleinen Anteil Lagrein nennen sich *St. Magdalener.*

Lagrein, hauptsächlich um Bozen angebaut, ergibt kräftige Rotweine von dunkler Farbe, die nach Veilchen, Kirschen und Brombeeren duften und im Abgang eine Note von Bitterschokolade aufweisen. Als Roséwein gekeltert, wird er *Lagrein Kretzer* genannt.

Gewürztraminer ist eine weiße Rebsorte mit leicht rötlichen Beeren, deren Namensgebung auf den Südtiroler Weinort Tramin zurückgeht. Er ergibt säurearme Weine, duftet nach Rosen und schmeckt nach reifen Früchten, nach Lychee und Gewürznelken. Da die Rebsorte hohe Mostgewichte erreicht, sind die Weine sehr intensiv. Trocken ausgebaut, ergibt der Gewürztraminer Spitzenweine.

Zu den heute ebenfalls in Südtirol angebauten Weißweinsorten zählen **Weiß- und Grauburgunder, Chardonnay** und **Sauvignon Blanc,** zu den roten Rebsorten **Merlot, Cabernet Sauvignon** und **Blauburgunder.**

Gerade der **Blauburgunder** hat sich zu einer besonderen Südtiroler Weinspezialität entwickelt. Er gedeiht am besten in Höhenlagen um 500 Meter und hat seine Anbauschwerpunkte im Bereich um Neumarkt. Aus dieser Rebsorte entstehen rubin- bis granatrote Weine von intensiv anhaltendem Geschmack mit einem Bouquet von Kirschen und Waldbeeren.

benen Küche bieten nur mittags zwischen 12 und 14 Uhr und abends ab 18 Uhr bis etwa 21 Uhr warme Küche, Spitzenbetriebe nur mit Reservierung. In Anpassung an italienische Tischgewohnheiten nimmt das Angebot an Menüs zu. Trinkgelder werden in Höhe von bis zu **zehn Prozent** der Rechnung erwartet.

Wein

Parallel zum hohen Niveau der Südtiroler Gastronomie kann das Land eine breite Palette hochwertiger Weine vorweisen. Längst werden über die regionaltypischen Rebsorten hinaus auch die international gebräuchlichen weißen und roten Sorten angebaut, sodass man zum köstlichen Essen auch erstklassige Weine bekommen kann.

Südtirol ist ein **altes Weinland.** Rebkulturen lassen sich bis in vorrömische Zeiten zurückverfolgen. Die Römer wussten den „Rätischen Wein" wohl zu schätzen. Von den Rätern haben sie auch den Weintransport in Fässern übernommen. Im Mittelalter führten die Klöster den Weinbau in Südtirol zu neuer Blüte. Die Abtrennung von Österreich im Jahr 1919 brachte den Weinbau in eine schwere Krise, war doch der traditionelle Absatzmarkt der k.u.k. Monarchie verloren gegangen. Nun waren es vor allem die preiswerten Massenweine, die vorrangig Absatz fanden. Auch nach dem Zweiten Weltkrieg wurden zunächst überwiegend Billigweine produziert, die, in Zwei-Liter-Flaschen abgefüllt, vor allem in der BRD verkauft wurden.

Seit den 80er Jahren des vorigen Jahrhunderts hat sich die Orientierung der

014st ot

015st ot

Südtiroler Weinbauern völlig verändert. Billigweine gibt es kaum noch – die neue Devise heißt **Klasse statt Masse.** Damit haben die Südtiroler Winzer außerordentliche Erfolge erzielt, ihre qualitativ hochwertigen Weine sind heute international gefragt, und dies nicht nur in Insider-Kreisen.

Derzeit werden in Südtirol auf 5000 Hektar Rebfläche jährlich an die 320.000 Hektoliter Wein erzeugt. Der überwiegende Teil der Trauben wird in den 16 Kellereien verarbeitet. Dazu gibt es 35 große private Weingüter und etwa 100 kleinere. Die autochthonen Rebsorten sind der Vernatsch, der Lagrein und

Vernatsch und Gewürztraminer: die am meisten angebauten Rebsorten

Die Südtiroler Weinstraße

Die Südtiroler Weinstraße streift auf parallelen, entsprechend ausgeschilderten Wegen die wichtigsten Südtiroler Weinorte. Sie führt von **Terlan** im Nordwesten und **Brixen** im Nordosten bis in das Unterland nach **Salurn.** Die 1964 gegründete Weinstraße deckt mit ihrem Verlauf den größten Teil der Südtiroler Rebflächen mit dem Überetsch als Zentrum und größtem Einzel-Weinbaugebiet des Landes ab. Sie widmet sich neben dem Wein im engeren Sinn auch den Themen Gastronomie, Sehenswürdigkeiten, Tourismus und Sport. Wichtigstes Ziel der Betreiber ist es, die enorme Qualitätssteigerung der Südtiroler Weine zu dokumentieren (Information: www.suedtiroler-weinstrasse.it).

016st ot

Kleines Südtiroler Küchenlexikon

Die Wörterliste enthält sowohl Begriffe aus der österreichischen als auch aus der italienischen Küche.

al dente: Nudeln oder Gemüse mit „Biss" gar gekocht
Antipasti: kleine, meist kalte italienische Vorspeisen
Apflküchl: Apfelscheiben im Backteig frittiert und in Zimt und Zucker gewälzt
Bauernbratl: Schweinebraten und Schweinerippchen mit Kartoffeln
Beuschel: Lunge
Bozner Soße: Soße zu Spargelgerichten aus hart gekochtem Ei, Kräutern und Gewürzen
Brennsuppe: braune Mehlschwitze („Einbrenn"), mit Wasser gekocht
Brotklee: Bezeichnung für eine Gruppe von Kräutern
Buchteln: auch Wuchteln genannt, Hefegebäck
Erdäpfel: Kartoffeln
Erdäpfelplatteln: in Fett ausgebackene Rechtecke aus Kartoffelteig
Fettuccine: Bandnudeln
Fastnknödel: Semmelknödel ohne Speck, stattdessen mit Zwiebeln
Fisolen: Grüne Bohnen
Frittaten: fein geschnittene Eierpfannkuchen als Suppeneinlage
Gelbe Rüben: Mohrrüben
Germ: Hefe
Geselchtes, Selchfleisch: geräuchertes Schweinefleisch
Gnocchi: Nockerln aus Kartoffeln oder Grieß
Granten: Preiselbeeren
Graukas: pikanter, intensiv riechender Almkäse
Gröstl: Bratkartoffeln mit Schweine- oder Rindfleisch
Grüne Zaache: in Fett gebackene Kartoffelteigblätter mit Spinatfüllung
Hexenschlucker: Teigtaschen mit Pilzfüllung
Kaiserschmarrn: gebackener, zerkleinerter Pfannkuchen
Kalbsstelze: Kalbshaxe
Karfiol: Blumenkohl
Kaminwurzen: kleine, geräucherte, luftgetrocknete Würste
Kapuzinerfleisch: Kalbsnierenbratenscheiben mit Nieren, Speck und Bohnen, in Wein geschmort
Kleatzn: bei wenig Hitze getrocknete Birnen
Keschtn: Esskastanien
Kniekiechl: in Fett gebackenes, rundes Germgebäck
Kren: Meerrettich
Kaldaunen: gereinigter, gekochter Rindermagen (Kutteln)
Marillen: Aprikosen
Mascarpone: italienischer Rahmfrischkäse, Dessertgrundlage
Mozzarella: kugelförmiger Frischkäse aus Büffelmilch
Niggilan: kleine Hefekrapfen ohne Füllung
Palatschinken: dünne Pfannkuchen
Paradeiser: Tomaten
Plenten: Polenta, Maisbrei
Peperoni: Paprikaschoten
Pesto: Soße aus Basilikum, Knoblauch, Olivenöl, Pinienkernen und Parmesankäse
Polenta: aus Maisgrieß hergestellter Brei
Ribisl: Johannisbeeren

Rohnen: Rote Beete, Rote Rüben
Saltimbocca: kleine Kalbsschnitzelchen mit Schinken und Salbei
Saure Suppe: Brennsuppe mit Kutteln, Kaldaunen
Scheiterhaufen: süßer Auflauf aus gerösteten Weißbrotscheiben, Apfelscheiben, Eiern, Rosinen, Zimt
Schlutzkrapfen: Teigtaschen, meist mit Spinat und Topfen gefüllt und mit brauner Butter, Parmesan und Schnittlauch serviert
Schöberln: Einlage für klare Suppen
Schöpsenfleisch: Hammelfleisch (Schöps ist das männliche kastrierte Tier)
Schupfnudeln: kleine, handgedrehte Nudeln aus Kartoffelteig, in Salzwasser gekocht und mit brauner Butter serviert
Schüttelbrot: lange haltbare, sehr harte, flache Fladen aus Roggenmehl
Strauben: Mehlspeise, mit Preiselbeeren und Puderzucker serviert
Staubzucker: Puderzucker
Schwammerl: Pilze
Schwarzplentenmehl: Buchweizenmehl
Sugo: stark eingekochte Soße (Tomaten) für Nudelgerichte
Surfleisch: gepökeltes Schweinefleisch
Tagliatelle: Bandnudeln
Topfen: Quark
Tirtlen: in Fett gebackene, meist mit Kraut und Topfen gefüllte Teigblätter
Topfen: Quark
Vinschger: Vinschgauer Roggen-/Weizen-Fladen, gewürzt mit Koriander, Fenchel, Kümmel und Schabzigerklee
Zelten: Früchtebrot mit sehr wenig Teig, Bozner Spezialität
Ziegerkas: kleiner, kegelförmiger, pikanter Almkäse (Ziegenkäse)
Zucchini: Gemüsekürbis

der Gewürztraminer. Daneben wurden im Zuge der Qualitätssteigerung die Anbauflächen internationaler Rebsorten ausgeweitet. Doch inzwischen besinnt man sich wieder stärker auf die heimischen Sorten, die hier nicht ohne Grund so prächtig gedeihen.

Insbesondere dem Lagrein widmen sich heute nicht nur die Spitzenwinzer der Region wie *Alois Lageder* (→ Margreid) oder *Elena Walch* (→ St. Josef am See: Essen und Trinken), sondern auch die Klosterkellerei Muri-Gries (→ Bozen: Praktische Tipps, Wein) und Genossenschaften wie Schreckbichl (→ Schreckbichl) und St. Pauls (→ St. Pauls). Seit 2014 können übrigens besonderes hochwertige Lagenweine die Zusatzbezeichnung „Vigna" tragen.

Äpfel

Südtirol zählt zu den **bedeutendsten Apfelregionen Europas.** Hier werden auf fast 20.000 Hektar Fläche von 1700 Bauern jährlich **1 Million Tonnen Äpfel** erzeugt – das entspricht etwa 10 Prozent der gesamten europäischen Ernte. Im Mittelalter waren es vor allem die Klöster, die in Südtirol Apfelbäume pflegten. Die Bauern nutzten ihre Bäume zur Selbstversorgung. Der Bau der **Brennereisenbahn** bot den Südtirolern völlig neue Absatzgebiete nördlich der Alpen. Zur Ernteerfassung wurde Ende des 19. Jahrhunderts im Burggrafenamt die erst **Obstgenossenschaft** gegründet. Schon bald zogen technische Neuerungen wie Traktoren, Sprüh- und Mulchgeräte in den Apfelanbau ein. Und neue marktgängige Sorten kamen zum Einsatz, vor allem der **Golden Delicious.** Die heute üblichen Großkisten von 320 Kilo sind Standard beim Transport. Lagerung in Kühlzellen mit kontrollierter Atmosphäre machen die Äpfel über Monate erntefrisch haltbar.

In Südtirol findet der **biologische Apfelanbau** zunehmend Anwendung. Der größte Teil wird im sogenannten „integrierten Anbau" erzeugt. Hier gelten weit strengere Bestimmungen als die gesetzlichen Mindeststandards, vor allem hinsichtlich der Rückstandsregelungen. Anstelle dessen wird auf natürliche Pflege-maßnahmen und schonende Arbeitsweise gesetzt. Schon 10 % wird unter rein biologischen Bedingungen erzeugt, vor allem durch **Verzicht auf chemisch synthetische Pflanzenschutzmittel.**

Zu den wichtigsten Apfelsorten zählen *Golden Delicious* (saftig-süß, aromatisch), *Gala* (knackig-fest, wenig Säure), *Fuji* (knackig-fest, süß), *Granny Smith* (fest, säuerlich-saftig), *Red Delicious* (fest, saftig-süß, aromatisch), *Idared* (saftig, fein-säuerlich), *Jonagold* (saftig, aroma- tisch, süßsäuerlich), *Elstar* (saftig, sehr aromatisch, süßsäuerlich) und *Pink Lady* (aromatisch, saftig).

Feiertage, Feste und Events

→ **Zu jeder Zeit**

Große Bedeutung im Tiroler Alltagsleben haben die vielen Feste und Veranstaltungen, die in der Regel auf **bäuerliche und religiöse Traditionen** zurückgehen. In der katholisch geprägten Region nehmen **Prozessionen** zu kirchlichen Feiertagen und Brauchtümer wie **Erntedankfeste** eine wichtige Rolle ein (→ Land und Leute: Traditionen und religiöses Brauchtum). Zahlreiche Orte feiern ihre **gastronomischen Künste** im Rahmen spezieller Veranstaltungen, auf Messen und Märkten, ein Beispiel dafür sind alljährlich die Spargelwochen in Terlan.

Törggelen

Das Törggelen, die Probe des frischen Weins im Herbst, ist ein Südtiroler Brauch. Für viele der Weinbauern bietet die Zeit des Törggelen eine zusätzliche Einnahmequelle. Dann öffnen die Buschenschänken ihre Stuben und bieten dem Gast hausgemachte Köstlichkeiten zum eigenen Wein an. Als Wiege der Törggelen-Kultur gilt der **Buchnerhof in Ried** unterhalb von Lajen mit seiner holzgetäfelten Stube aus dem 17. Jh. (→ Eisacktal: Lajen).

Almabtrieb

Der Almabtrieb hat für die Südtiroler Bevölkerung immer noch einen großen Stellenwert, wurde doch das heutige Landschaftsbild durch die bäuerliche Kultur stark geprägt. **Rein in Taufers** im Pustertal ist für seinen Almabtrieb, den sogenannten **Kiekemma,** bekannt. Wenn die Bauern ihr geschmücktes Vieh von den Almen der Umgebung ins Tal zurücktreiben, ist dies Anlass für ein ausgiebiges Fest. In Rein in Taufers wird es in der Zeit vom Rosenkranzsamstag (erster Samstag im Oktober) bis Allerheiligen begangen.

Oswald-von-Wolkenstein-Ritt

Der Oswald-von-Wolkenstein-Ritt ist ein alljährlich stattfindendes **Reitsportereignis,** das an den berühmten Minnesänger *Oswald von Wolkenstein* erinnert. An den vier Austragungsorten Waidbruck, Kastelruth, Seis und Völs werden am ersten Wochenende im Juni Turnierspiele durchgeführt: Ringstechen, Labyrinth, Hindernisgalopp und Slalom (Informationen unter www.ovwritt.com).

Weihnachtsmärkte

Romantischer Adventszauber angesichts der schneebedeckten Alpenkulisse die Weihnachtsmärkte in Südtirol werden immer attraktiver. Den Besucher erwarten Lichterglanz und ein großes Angebot Südtiroler Naschereien, Getränke und Handwerkskunst. Die schönsten Weihnachtsmärkte findet man in Bozen, Meran, Brixen, Bruneck und Sterzing.

Kulturelle Veranstaltungen

Etabliert haben sich auch die vielen kulturellen Veranstaltungen wie Theater- und Jazzfestivals, Musikwochen und Kunstevents, die sich nicht nur bei Touristen großer Beliebtheit erfreuen, beispielsweise das **Val Badia Jazz Festival,** zu dem an unterschiedlichen Orten im Gadertal in den Dolomiten Konzerte italienischer und internationaler Bands stattfinden (www.valbadiajazz.com). Internationales Renommée genießen auch die **Gustav-Mahler-Musikwochen** in Toblach im Juli/August und die **Grödner Musikwochen** mit klassischen Konzerten internationaler Musiker und Ensembles Anfang Juli bis Mitte September im Grödnertal.

Staatliche Feiertage

- 1. Januar — Neujahr
- 6. Januar — Dreikönigstag
- März/April — Ostersonntag und Ostermontag
- 25. April — Tag der Befreiung vom Faschismus
- 1. Mai — Tag der Arbeit
- Mai/Juni — Pfingstsonntag und Pfingstmontag
- 2. Juni — Tag der Republik
- 15. August — Mariä Himmelfahrt
- 1. November — Allerheiligen
- 8. Dezember — Mariä Empfängnis
- 25./26. Dezember — Weihnachten

Fotografieren

→ **Zu jeder Zeit**

Fotografieren und Filmen bereitet angesichts der Alpenkulisse große Freude. Motive gibt es genug, Burgen, Schlösser, Kirchen, schneebedeckte Berge etc. Zu beachten sind die **Lichtverhältnisse in großen Höhenlagen.** Hier sind **Licht und Schatten** viel intensiver. Ansonsten erstrahlt die Landschaft in vielfältigsten Farben, angefangen mit der Obstblüte über die Sommerblumen bis hin zu den

Herbstfarben der Bäume. Und im Winter bedeckt der Schnee alles mit seiner weißen Decke.

Dass man auch im Urlaub Menschen in ihrem Alltag **nicht ungefragt fotografieren** sollte, ist selbstverständlich. Das gilt aber nicht für „anonyme" Menschenansammlungen wie zum Beispiel in einer Einkaufsstraße. Ob **fotografieren in Museen** zulässig ist, muss im Einzelfall geprüft werden. Fotomaterialien wie etwa Speicherkarten sind leicht erhältlich, aber teurer als in Deutschland.

Geld

→ Notfälle

Wer mit seiner Bankkarte (statt einer Kreditkarte) im Ausland zahlt, nutzte dafür bisher meist den **Maestro-** oder **VPAY-Standard** (zu erkennen am entsprechenden Zeichen auf der Karte). Diese von den Kreditkartenfirmen *Mastercard* und *Visa* angebotenen Systeme laufen aus und werden durch die neuen Standards **Mastercard debit** und **Visa debit** ersetzt. Bankkunden bekommen eine entsprechende neue Karte ausgestellt. Ob die neuen Karten dann schon überall funktionieren, lässt sich zurzeit noch nicht sagen. Im Zweifel erkundigen Sie sich vor der Reise bei Ihrer Bank.

An **Geldautomaten** kann man sich rund um die Uhr mit Bargeld versorgen. Wie hoch die **Kosten für die Barabhebung** sind, ist abhängig von der kartenausstellenden Bank und von der Bank, bei der die Abhebung erfolgt. Man sollte sich daher vor der Reise bei seiner Hausbank informieren, mit welcher italienischen Bank sie zusammenarbeitet und auch bei **geld-abheben-im-ausland.de** die Konditionen für die Kreditkarten vergleichen, mit denen man im Ausland gebührenfrei Bargeld abheben kann.

Schweizer sollten beachten, dass sie am Geldautomaten den Betrag immer in Euro abbuchen lassen und nicht in Schweizer Franken. Bei Letzterem wird die **Dynamic Currency Conversion** zugrunde gelegt, die erhebliche Kosten verursachen kann, bei Abbuchung in Euro wird hingegen der günstigere, offizielle Devisenkurs der eigenen Bank zugrunde gelegt.

Grundsätzlich vorteilhafter als eine Barabhebung ist das **bargeldlose Bezahlen** im Geschäft mit der Bank- oder Kreditkarte. Dafür darf die Hausbank innerhalb der Euro-Länder keine Gebühr für den Auslandseinsatz veranschlagen (für Schweizer wird ein Entgelt von 1–2 % des Umsatzes berechnet).

Reisekosten

Das Preisniveau in Südtirol entspricht weitgehend dem in Deutschland oder Österreich. Benzin und Diesel sind kaum noch teurer. Die Preise für Lebensmittel und Getränke sind in den Supermärkten fast identisch. In den kleinen Dorfläden, die es ansonsten kaum noch gibt, sind sie noch etwas höher – dafür spart man sich aber oftmals weite Einkaufswege. Auch das Preisniveau in der Hotellerie und in den Restaurants ist inzwischen annähernd gleich, wobei es gilt, das hohe Qualitätsniveau in Südtirol zu berücksichtigen.

Gesundheit

Südtirol hat eine hervorragende **medizinische Versorgung.** Es gibt ausreichend Krankenhäuser und Ärzte. Apotheken sind zu den normalen Geschäftszeiten geöffnet, Sonntagsdienste in den größeren Orten werden angezeigt.

Besondere Achtsamkeit ist im Hochgebirge geboten, sowohl was die **intensive Sonneneinstrahlung** angeht als auch die Verletzungsgefahr. Man sollte immer ein Mobiltelefon dabei haben, um sich in der Not melden zu können (Notruf-Telefonnummern → Notfälle).

Aktuelle Informationen zu reisemedizinischen Themen können unter www.auswaertiges-amt.de oder www.crm.de (Centrum für Reisemedizin) eingeholt werden.

Mit Haustier unterwegs

→ Ein- und Ausreisebestimmungen

Südtirol **eignet sich grundsätzlich sehr gut,** wenn auch der Hund mit auf die Reise soll. Weiträumige Grünflächen und Wälder ohne störenden Verkehr bieten sich zu ausgedehnten Spaziergängen und Wanderungen an.

Wer mit einem Hund oder einer Katze einreist, braucht den **EU-Heimtierausweis** mit eingetragener **Tollwutimpfung.** Der Zeitpunkt der Impfung muss mindestens 21 Tage und höchstens 12 Monate vor der Einreise liegen. Der EU-Heimtierausweis (Pet Passport) gilt in allen EU-Staaten und im Nicht-EU-Land Schweiz. Darüber hinaus muss das Tier mit einem **Microchip** gekennzeichnet sein (für Tiere, die vor dem 3. Juli 2011 registriert wurden, reicht eine bestehende Tätowierung aus, wenn sie gut lesbar ist). Die Nebenkosten (Chip, Tollwutimpfung etc.) können gut 100 Euro betragen. Weitere Informationen gibt es beim Tierarzt.

Es herrscht **Leinenpflicht für Hunde** sowie eine erweiterte Maulkorbpflicht. Letzteres meint, dass Hunde beim Spaziergang nicht immer einen **Maulkorb** tragen müssen, Hundehalter jedoch einen griffbereit haben sollten. Auch muss Hundekot beseitigt werden.

Bei Wanderungen in Südtirol, wie überhaupt in gebirgigen Gegenden, wird man immer wieder **Viehweiden** queren. Dort sollten Hunde auf jeden Fall vom Weidevieh ferngehalten werden, also angeleint bleiben. Auch die Beachtung von **Ruhezonen für Wild** im Tal wie auch nahe dem Bergwald ist wichtig.

Information

Alle größeren und touristisch interessanten Orte verfügen über lokale **Informationsbüros.**

Südtiroler Fremdenverkehrsamt

- **Südtirol Information,** Pfarrplatz 11, 39100 Bozen, Tel. 0471 094000, www.suedtirol.info.

Italienisches Fremdenverkehrsamt

Es gibt sie noch, die **Italienische Zentrale für Tourismus.** Sie nennt sich **ENIT,** hat aber mit dem wenig nachhaltigen Versenden von Prospekten aufgehört und sich auf die Informationsbereitstellung über ihre Website **www.enit.de** (deutsche Fassung, auch mit deutschsprachigen PDFs zum Herunterladen) und über Social Media (italienisch) verlegt.

Internet

Neben der Homepage des Südtiroler Fremdenverkehrsamts gibt es zahlreiche weitere Informationsanbieter. Darüber hinaus verfügen alle Orte in Südtirol über hervorragende eigene Websites. Auch auf den Homepages vieler Hotels findet man allgemeine Informationen über die Region.

Allgemeine Infos

- www.suedtirol.info
- www.urlaub-suedtirol.it
- www.suedtirolerland.it
- www.suedtirol.de
- www.sudtirol.com
- www.provinz.bz.it

Spezielle Themen

- **Wandern:** www.suedtirol.info, www.alpenverein.it
- **Skifahren:** www.bergfex.it/suedtirol
- **Radfahren:** www.suedtirol-rad.com
- **Reiten:** www.suedtirol.com/andere-sportarten-suedtirol/reiten
- **Golf:** www.golfinsuedtirol.it
- **Museen:** www.provinz.bz.it/museen, www.museen-suedtirol.it
- **Naturparks:** www.provinz.bz.it/naturparke
- **Wein:** www.suedtirolwein.com
- **Kinder:** www.suedtirol-mit-kindern.com

Fernsehen und Radio

In Südtiroler Hotels kann man über Kabel oder Satellitenanschluss **alle großen Fernsehsender** Deutschlands, Österreichs und der Schweiz empfangen. Das italienische Fernsehen RAI sendet über Radio Bozen abends deutschsprachige Nachrichten. „Südtirol heute" ist eine Fernsehsendung des Österreichischen Rundfunks, die in Nord- und Südtirol ausgestrahlt wird. Die Rundfunk-Anstalt Südtirol (RAS) ist eine Einrichtung des Landes Südtirol, die sowohl Fernseh- als auch Radioprogramme anbietet, auch in ladinischer Sprache. „Radio 2000" ist ein privater Rundfunksender in Bozen, der auch Osttirol und Nordtirol erreicht. „Radio Holiday" mit Sitz in Bruneck ist speziell auf Südtirol ausgerichtet.

Zeitungen

Deutschsprachige Tageszeitungen und Magazine sind morgens **schon relativ früh** an den Kiosken und anderen Zeitungsverkaufsstellen zu erhalten. Unter den lokalen Tageszeitungen dominiert das eher konservative Blatt „Dolomiten". Es gibt als linksliberale Alternative die „Neue Südtiroler Tageszeitung".

☒ Spaß für Kinder in der sonnigen Idylle

Mit Kindern unterwegs

→ Kinder-Piktogramm, S. 11

Für Kinder ist Südtirol ein wahres **Urlaubsparadies.** Das ganze Land ist kinderfreundlich. Viele Pensionen und Hotels haben sich auf Kinder eingestellt, große Unterkünfte bieten entsprechende Programme an. Fast alle Schwimmbäder, ob in der Halle oder draußen, haben flache Bereiche. Urlaub auf dem Bauernhof ist vielerorts möglich und natürlich gut geeignet für Familien. Aber auch die Museen sind sehr um Kinder bemüht und veranstalten Sonderprogramme.

234st ot

Sogar wandern kann spannend sein, wenn man die Route entsprechend wählt und beispielsweise einen Wasserfall, eine Alm mit Streichelzoo oder eine Jausenstation mit Eisverkauf einplant. Info: www.suedtirol-mit-kindern.com.

Klima und Reisezeit

→ Reisegepäck und Ausrüstung

Südtirol ist die **nördlichste Provinz Italiens,** die sich im Gebiet der Ostalpen angrenzend an die Schweiz und Österreich erstreckt. Das Gebiet ist nach Norden durch Gebirgsketten vor den Einflüssen der atlantischen Klimazonen geschützt. Hier sind es die Ötztaler und Zillertaler Alpen, die wie eine Blockade wirken. Die vom Mittelmeerraum eindringenden warm-feuchten Luftmassen werden von den Dolomiten abgehalten, was die Niederschlagsmengen genauso reduziert. Dadurch erhält das Klima in den Südtiroler Tälern eine **mediterrane Prägung,** die sich über Bozen und das Eisacktal nach Norden hin reduziert. So nehmen auch die Regentage in Richtung Norden zu, während im Süden, vor allem im Vinschgau, **anhaltende Trockenperioden** mit Schönwetterlagen von über zwei Monaten auftreten. Im Sommer nehmen dann die Niederschläge wieder zu, die nicht selten auch als Gewitter auftreten.

In Südtirol ist fast das ganze Jahr über Saison. Entsprechend hoch ist die Auslastungsquote der Unterkünfte. Die **Skisaison** beginnt **vor Weihnachten** und reicht in der Regel bis Ostern, zunehmende Schneesicherheit gibt es durch Beschneiungsanlagen. Einige der hoch gelegenen Gletscherlagen bieten auch Sommerski, so am Ortler und im Schnalstal.

Ostern beginnt die Frühjahrssaison im Tal, dann blüht nicht nur Meran. Frühjahr und Frühsommer sind **Hauptwanderzeiten.** Je weiter der Sommer voranschreitet, umso höher gehen die Kletterer ins Gebirge. Der **Hochsommer** ist höchste Belegungszeit, dann haben die Ferien sowohl in den Besucherländern als auch in Italien selbst begonnen – und immer mehr Italiener wissen inzwischen das Urlaubsgebiet Südtirol zu schätzen. Die einstigen Sprach- und Kulturgegensätze sind längst vergessen. Allerdings ist es dann in den Tälern sehr heiß, sodass es angeraten ist, sich in eine Unterkunft in Orten am Berg zu suchen.

Nach den Sommerferien beginnt die vielleicht schönste Zeit in Südtirol, wenn **Apfelernte und Weinlese** begonnen haben. Dann ist das Törggelen angesagt, der junge Wein wird zu einer Brotzeit probiert, die Buschenschänken öffnen und in den Probierstuben der Winzer herrscht reger Betrieb. Dies geht bis in den November hinein. Die einzige Zeit, in der in Südtirol nicht Saison ist, sind die vier Wochen zwischen Mitte November und Mitte Dezember.

Kommunikation unterwegs

Telefonieren

Die Vorwahl für Italien lautet 0039. Die Ortsvorwahl ist in Italien **Bestandteil der Telefonnummer** und muss bei allen Gesprächen mitgewählt werden, so auch die **0 der Ortsvorwahl,** wenn man vom Ausland in Italien anruft.

Die Vorwahl von Südtirol aus nach Deutschland lautet 0049, für Österreich 0043 und für die Schweiz 0041. Bei Gesprächen ins Ausland entfällt die 0 der Ortsvorwahl.

Mobilfunk

Der **Handyempfang** ist in Südtirol ausgezeichnet. Seit dem 15. Juni 2017 gibt es innerhalb der EU **keine Roaming-Gebühren** mehr. Wer in Südtirol oder in einem der übrigen EU-Länder mit dem Handy telefonieren möchte, kann dies anbieterübergreifend zu den Konditionen seines normalen Inlandstarifs tun.

Bei Internetnutzung ist jedoch anzuraten, **kostenlose WLAN-Verbindungen** zum Schreiben von E-Mails (vor allem mit Foto/Video-Anhängen), (Video-)Telefonieren über Skype, Facetime, WhatsApp oder auch Teilen von Fotos/Dateien etc. über WhatsApp, SnapChat und andere kostenlose Bericht-Apps zur Vermeidung von bösen Überraschungen auf der Rechnung zu verwenden.

Internet/WLAN

Internet ist heute in Südtirol **allerorten** verfügbar. Fast alle Gastronomiebetriebe bieten freies WLAN. Aber auch auf immer mehr öffentlichen Plätzen sowie in öffentlichen Einrichtungen, wie Schulen oder Bibliotheken, werden WLAN-Hotspots installiert um Einheimischen wie Besuchern den freien Zugang zum Internet zu ermöglichen. Größter Anbieter ist *SuedtirolSpot.* Auf der Internetseite der Firma befindet sich eine interaktive Karte, auf der alle WLAN-Hot-Spots verzeichnet sind: www.suedtirolspot.net/hotspot-karte.html.

Wenn man jedoch kostenlose WLAN-Netze auf seinem Tablet, Smartphone oder Laptop nutzt, sollte man sich bewusst sein, dass diese in der Regel **nicht geschützt** sind und man darüber z.B. keine sensitiven Anmeldedaten (Bank-Login u.Ä.) eingeben sollte, wenn man sich nicht durch einen zusätzlichen Dienst wie etwa einen **VPN Anbieter** (Virtual Private Network) wie z.B. www.nordvpn.com absichert.

LGBT+

Queere Lebensweisen spielen im öffentlichen Raum keine große Rolle in Südtirol. Im ländlichen Raum treten sie fast gar nicht in Erscheinung, in den Städten auch nur begrenzt. Es wird nicht viel Aufhebens darum gemacht. Insofern gibt es auch keine Probleme bei den Unterkünften.

In Südtirol setzt sich die offizielle Vereinigung und Vertretung **Centaurus** unabhängig, überparteilich, überkonfessionell, antirassistisch und interethnisch für die Rechte und das Wohlergehen von Lesben, Schwulen etc. ein.

- **Centaurus,** 39100 Bozen, Galileistraße 4/a, Tel. 0471 976342, www.centaurus.org. Centaurus unterhält auch einen speziellen Beratungsdienst für junge Leute und bietet u.a. donnerstags 18 Uhr, am Pfarrplatz Nr. 21 in Bozen innerhalb des „Raum WE", persönliche Beratungen an.

Notfälle

→ Autofahren (bei Autopanne und Unfall)

Verlust von Geldkarten

Bei Verlust oder Diebstahl der Kredit- oder Debitkarte sollte man diese **umgehend sperren lassen** und zudem den Verlust oder Diebstahl bei der Polizei **zur Anzeige bringen,** damit man auch bei Lastschriftverfahren mittels Unterschrift eventuelle Ansprüche zurückweisen kann.

Notfall-Telefonnummern

- **Allgemeiner Notruf:** 113
- **Rettungsdienst, Bergrettung:** 118
- **Feuerwehr:** 115
- **Polizei/Gendarmerie/Carabinieri:** 112

Tipp: Die Notrufnummer mit IBAN bzw. Kreditkartennummer u.a. im Mobiltelefon speichern.

- **Deutscher Sperr-Notruf für alle Debit- und Kreditkarten,** Tel. 0049 116116, aus dem Ausland Tel. 0049 30 40 50 40 50. Der Sperr-Notruf bietet auch eine kostenlose SperrApp für iOS und Android an.
- **Österreichischer Sperr-Notruf für Bankomat-Karten,** Tel. 0043 12048800.
- **Schweizerischer Kartensperrservice des TCS,** Tel. 0041 844888111.

Ansonsten gelten für österreichische und schweizerische MasterCard, VISA, American Express und Diners Club, dass man sich vor der Reise die **Rufnummer** der Karte ausstellenden Bank notiert haben sollte.

Geldnot

Wer dringend eine größere Summe **Bargeld** in Südtirol benötigt, kann dies über **www.westernunion.com** regeln und das Geld bei der entsprechenden Vertretung von Western Union am Urlaubsort in Südtirol auszahlen lassen. Egal ob z.B. 1000 Euro oder 5000 Euro, eine solche Bargeldauszahlung in Südtirol kostet 4,90 € Gebühr, wenn man das Geld per Sofort-Überweisung von seinem deutschen Konto anweisen lässt. Solche Überweisungen kann man per App von Western Union avisieren, über Online-Banking von seiner eigenen Bank oder durch eine dritte Person von z.B. Deutschland aus.

Ausweisverlust, dringender Notfall

Wird der Reisepass oder Personalausweis im Ausland gestohlen, muss man dies bei der örtlichen Polizei melden. Darüber hinaus sollte man sich an die nächste diplomatische Auslandsvertretung seines Landes wenden, damit man einen Ersatz-Reiseausweis zur Rückkehr ausgestellt bekommt (ohne kommt man nicht an Bord eines Flugzeugs!).

Auch in dringenden Notfällen, beispielsweise medizinischer oder rechtlicher Art, Vermisstensuche, Hilfe bei Todesfällen, Häftlingsbetreuung oder Ähnlichem sind die **diplomatischen Vertretungen** bemüht, vermittelnd zu helfen:

- **Deutsches Honorarkonsulat,** Bozen, Dr.-Streiter-Gasse 12, Tel. 0471 972118, bozen@hk-diplo.de.
- **Österreichisches Honoralkonsulat,** Verona, Via Sottoriva 42 E, Tel. 045 8010292, puntigam@puntigam.it.
- **Schweizer Generalkonsulat,** Mailand, Via Palestro 2, Tel. 027 779161, milano@eda.admin.ch.

Öffnungszeiten

Viele **Supermärkte** haben am Samstagnachmittag, manche sogar am Sonntagmorgen geöffnet. Zahlreiche Geschäfte sind während der **Mittagszeit** zwischen 13 und 15 Uhr geschlossen. Auch abends ist der Geschäftsschluss nicht einheitlich geregelt. Viele Läden sind vor allem im Sommer **bis 22 Uhr** geöffnet.

Orientierung und Landkarten

Die Orientierung in Südtirol ist unproblematisch. Die Straßen der Region sind perfekt ausgeschildert, ebenso die Wanderwege. Landkarten von Südtirol werden im Buchhandel und im Internet (z.B. unter www.italien.com) angeboten. Detailkarten, die man für Ausflugsfahrten oder Wanderungen braucht, sind auch im Südtiroler Buchhandel (Marktführer: *Atesia*), an Kiosken und bei den örtlichen Touristinformationen erhältlich.

Kompass hat **Wanderkarten** im Maßstab 1:50.000 und 1:25.000 von der gesamten Region im Programm (nicht selten auch mit einem kleinen Begleitheft über die Sehenswürdigkeiten). Weniger hilfreich sind die Panoramakarten der örtlichen Touristinformationen, die nicht maßstabsgerecht sind und lediglich den Wegeverlauf veranschaulichen. Im Reise Know-How Verlag ist die Landkarte Italien, Nord (1:400.000) erschienen.

Post

Postämter sind in allen größeren Orten in Südtirol zu finden. Die Öffnungszeiten sind in der Regel Montag bis Freitag von 8.15 bis 13 Uhr. Nur die zentralen Postämter in den größeren Städten bieten zusätzliche Öffnungszeiten am Nachmittag sowie am Samstagvormittag an.

Rauchen

Seit einigen Jahren herrscht in allen Restaurants, Bars und Almhütten **striktes Rauchverbot,** einige Betriebe haben spezielle Raucherräume eingerichtet, ansonsten müssen Raucher vor die Tür. **Tabakwaren** gibt es nur in eigens gekennzeichneten Tabakläden und an den wenigen Zigarettenautomaten.

Reisegepäck und Ausrüstung

→ Elektrizität
→ Gesundheit
→ Klima und Reisezeit
→ Orientierung und Landkarten

Was man an Gepäck und Ausrüstungsstücken für einen Urlaub nach Südtirol mitnehmen sollte hängt davon ab, was man dort unternehmen möchte. Die Vorstellungen wechseln von Wellnessurlaub über Wanderurlaub bis hin zu Hochgebirgsklettern und Trendsportarten. Genauso wie die Wintersportarten benötigen diese Urlaubsbeschäftigungen jeweils eine spezielle Ausrüstung. Generell kann man aber sagen, dass das mildkontinentale Klima in Südtirol je nach Saison und Höhenlage **eher luftige Kleidung** erfordert, die aber um **Pullover und Regenjacken** für kühle Abende und das Hochgebirge ergänzt werden sollten. In den Tallagen kann es dagegen im Sommer sehr heiß werden, sodass man dafür **Shorts** und **kurzärmelige Hemden** mit einpacken sollte – und nicht die **Badehose** vergessen, denn die meisten Unterkünfte verfügen über Pools, außerdem gibt es in den meisten Orten Schwimmbäder.

Sicherheit

Auch Südtirol ist nicht frei von Kriminalität. Raubüberfälle, Vergewaltigungsversuche, Messerstechereien, Prügeleien und sonstige Gewalttaten wie auch Sachbeschädigungen sind Probleme, mit denen vor allem die Städte **Bozen** und **Meran** zu tun haben. Drogenhandel an sogenannten Hotspots, so im Bahnhofspark von Bozen, hat zugenommen. Doch wer solche kritischen Zonen, vor allem auch am Abend, meidet, wird von all dem wenig mitbekommen. Insofern kann sich der Urlauber in Südtirol sicher fühlen, auch in den Städten. In den ländlichen Regionen als Haupturlaubszielen ist ohnehin wenig oder gar nichts von Kriminalität zu spüren.

Sport und Aktivitäten

Für viele Südtirolurlauber stehen Fitness, Freizeitsport und Wellness an erster Stelle. Neben den klassischen Sportarten Wandern, Klettern und Skifahren sind auch Trendsportarten in Südtirol eingezogen.

235st ot

Abenteuersport

Rafting, Canyoning und **Paragliding** zählen zu den Abenteuersportarten, für die Südtirol an vielen Orten hervorragende Voraussetzungen bietet. Etablierte Anbieter sind in den Ortsbeschreibungen aufgeführt.

Angeln

Viele der Südtiroler Gewässer sind zum Angeln freigegeben. Die Wildbäche sind wahre Fischparadiese. Auch Flüsse, Seen und Teiche sind fischreich, bis zu 35 Arten sind dort vertreten. Nach den **Angelscheinen** („Fischerlizenz“) erkundigt man sich am besten in den örtlichen Touristinformationen. Einige Hotels haben sich auch speziell auf Angelgäste eingestellt.

Baden und Wellness

Baden und Schwimmen sind in der Südtiroler Bergwelt weitaus besser möglich, als man annehmen könnte. Es gibt eine ganze Reihe von **Badeseen,** die jeweils in den Ortsbeschreibungen erwähnt werden. Jeder Ort hat heute ein **Freibad,** viele haben auch ein **Hallenbad** und die Zahl der **Spaßbäder** nimmt zu.

Fast jede **Pension** und so gut wie alle **Hotels** besitzen einen Swimmingpool bzw. ein Hallenbad. Wellness-Angebote ergänzen die Entspannung, die das Wasser bietet. In außergewöhnlicher, moderner Architektur präsentiert sich die **Therme Meran,** ein Wellness-Tempel, der über das Badevergnügen hinaus therapeutisch wirksam ist. Hier gibt es **Heilanwendungen** wie Wasserphysiotherapie, Fango und Lymphdrainage, außerdem Fitnessangebote, Kosmetikbehandlungen oder auch Wellness-Trainer.

Fahrradfahren

Wo Pässe sind, sind auch Radfahrer. Das Straßennetz der Südtiroler Alpenregion bietet schöne Strecken, die an Radfahrer ganz unterschiedliche Anforderungen stellen, aber immer herrliche Aussichten bieten. Ausgeschilderte **Radwege** gibt es in den flacheren Regionen, so in den Tälern oder im Überetsch.

In den **Städten** haben es Radfahrer schwer. Die Straßen sind wegen der historischen Bebauung oft schmal und die Rücksicht der Autofahrer oft gering.

Anders sieht es im Gebirge aus, wo es spezielle Strecken zum **Mountainbiking** gibt. Das sind echte Herausforderungen für die Fahrer. Viele Hotels haben sich ganz den Radfahrern verschrieben. Angeboten werden **geführte Touren** als Genussfahrten, wilde Ritte und Entdeckungstouren.

Informationen zum Radfahren, über Hotels, die auf Radfahrer eingestellt sind, über Fahrradverleihstationen und Mietkosten finden sich unter **www.suedtirol-rad.com.**

Leihfahrrad und öffentliche Verkehrsmittel

Neu ist das hervorragende Angebot der **Bikemobil Card** (www.mobilcard.info), das die kombinierte Benutzung von Bus, Bahn und Leihfahrrad erlaubt. Diese Magnetstreifenkarte kann für die Dauer von einem, zwei oder sieben Tagen erworben werden und ist mit der Nutzung eines Leihrades verbunden, wobei das Rad an jedem beliebigen Bahnhof mit Fahrradverleih zurückgegeben werden kann (Kennzeichnung „Südtirol Rad"). Man darf es allerdings nicht in Bahn oder Bus mitnehmen.

Die Kosten betragen für einen Tag 24 Euro, für zwei Tage 30 Euro und für sieben Tage 34 Euro, Ermäßigung gibt es für Kinder bis 14 Jahre, Aufpreis Elektrofahrrad 6 Euro.

[<] Paraglider über St. Ulrich

017st ot

Der **Verleih von E-Bikes** wird auch in Südtirol immer üblicher. Nicht nur die Verleihstationen, sondern vor allem die Hotels bieten ihren Gästen neben den normalen Fahrrädern auch E-Bikes und Mountainbikes.

Buchtipp
Inzwischen gibt es speziell zum **Mountainbiking** umfangreiche Literatur mit entsprechenden Tourenvorschlägen, so zum Beispiel: *Alexander Resch:* **Mountainbike Brixen und Umgebung** – Die schönsten MTB-Trails rund um Brixen, Klausen, Villnöß, Gitschberg-Jochtal, bestehend aus dem Buch, einem E-Book, 3D-Maps, GPS-Tracks und Höhenprofilen für 50 Touren, Athesia Verlag, Bozen 2016.

Golf

Obwohl das Südtiroler Berggelände nicht gerade ideale Voraussetzungen bietet, werden auch hier immer mehr Golfplätze angelegt. Einige großartige Golfhotels verfügen über eigene Plätze. Die Kulisse, vor der man spielt, ist oft atemberaubend. Informationen unter www.golfinsuedtirol.it.

Jagen

Im Gegensatz zu mancherorts am Mittelmeer anzutreffenden Jagdgewohnheiten gelten in Südtirol strenge Jagdregeln.

Am Kalterer See

Auch das ist ein Grund, warum so viele Jäger die Region als Revier schätzen. Der Hauptgrund besteht natürlich im hervorragend gehegten Wildbestand der Südtiroler Bergwelt. Der Jagdverband erteilt die entsprechenden Auskünfte: www.jagd.it.

Reiten

Die Pferdehaltung hat in Südtirol eine lange Tradition, war doch die Landwirtschaft in den Bergen in früheren Zeiten ohne Arbeitstiere nicht denkbar. Bis heute können Maschinen in schwierigem Gelände nicht alles leisten. So hat sich das **Haflinger Pferd** in Südtirol zu einer eigenständigen Rasse entwickelt. Das Angebot an Reiterferien konzentriert sich auf die Heimat der Haflinger am Tschögglberg und in den angrenzenden Regionen (Informationen rund ums Thema Reiten in Südtirol unter www.suedtirol.com/andere-sportarten-suedtirol/reiten)

Surfen

Auch Surfen kann man in Südtirol. Der **Reschensee** gilt wegen seiner speziellen Windverhältnisse als ausgesprochen anspruchsvolles Revier.

Wandern

Die klassische Beschäftigung von Südtirolurlaubern ist das Wandern. Das ganze Land ist durchzogen von bestens ausgeschilderten Wanderwegen **unterschiedlicher Schwierigkeitsgrade.** Sie

Wanderungen

Für einen schnellen Überblick über die für Sie interessanten Wandertouren finden Sie im Anhang eine **Auflistung der Wanderungen.** Aufgelistet sind der Ausgangspunkt der Wanderung, Schwierigkeitsgrad und die Gehzeit.

sind nicht alle bergig, sondern teilweise auch weitgehend eben wie beispielsweise die Waalwege. Besonders reizvoll ist das Wandern in Südtirol durch die **Jausenstationen und Almhütten,** die unter-

Wegweiser an der Fahnealm

236st ot

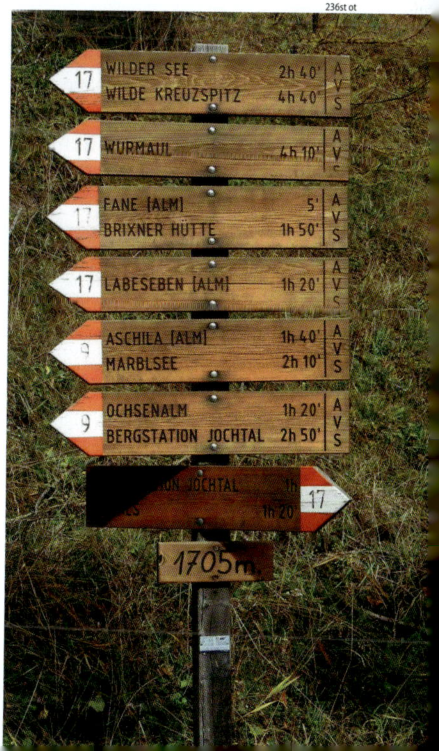

Waalwege im Vinschgau – Wandern entlang der alten Kanäle

Weil im Vinschgau die Niederschlagsmengen schon immer sehr gering waren, entstand dort eines der ausgedehntesten Bewässerungssysteme der Alpen. Das Gebiet wurde über Jahrhunderte von einem ausgedehnten System von kleinen Kanälen durchzogen. So konnte man die Äcker und Weiden auf dem Talboden flächendeckend mit Wasser aus höheren Lagen versorgen.

Das Wasser wurde von den Höhen, meist aus Bächen, abgeleitet und in die Kanäle – die Waale – eingespeist. Von den Hauptleitungen, den Tragwaalen, wurde es mittels Holzschiebern, die wie Wehre funktionierten, in immer schmalere Nebenkanäle weitergeleitet, die es schließlich an die zu bewässernden Flächen abgaben.

Die Anlage der ersten Waale im Vinschgau geht auf das 12. Jh. zurück. Diese Arbeit war nicht von einzelnen Bauern zu leisten, sondern musste gemeinschaftlich betrieben werden. Hierzu waren Vereinbarungen erforderlich, die die Wasserverteilung und Pflege der Waale regelten. Wasser war im Vinschgau so wertvoll, dass es im Laufe der Jahrhunderte viele Streitereien um das kostbare Nass gegeben hat. Andererseits war der Waaler, der von der Gemeinschaft für den Erhalt der Bewässerungskanäle eingesetzt wurde, ein viel geachteter Mann.

Die einfachste Form eines Waals ist ein Graben. In Hanglagen wurden Boden und Seiten des Kanals befestigt, in Steillagen der Graben in den Fels geschlagen, eventuell auch durch den Fels geführt. Hindernisse hat man durch Holzrinnen, Kandeln genannt, überwunden. Die längste Rinne stellte der Laaser Kandel mit einer Länge von 600 m dar, der die Etsch als fast 30 m hohes Aquädukt überquerte. Nach einem Brand im Jahr 1907 sind nur noch Teile davon erhalten.

Heute haben die Waale ihre ursprüngliche Funktion durch Pumpen und Plastikrohre eingebüßt. Viele von ihnen verfielen, weil sie nicht mehr gewartet wurden. Man bemüht sich jedoch, die alten Waale als Kulturgut des Vinschgau zu erhalten. Dabei haben sie eine neue Funktion erhalten: Die am Rande der Kanäle angelegten Wege, früher nur für das Wartungspersonal gedacht, lassen sich heute als relativ bequeme und sichere Wanderwege ohne große Steigungen benutzen. Die Waalwege wurden restauriert und, wo nötig, mit Geländern versehen und mauserten sich so zur viel genutzten touristischen Attraktion.

380st ot

wegs Erfrischung und Rast mit Speck, Brot und Wein bieten. Ein dichtes Netz von **Schutzhütten** erlaubt die Übernachtung in den Bergen. Mehrtägige Höhenwanderungen von Hütte zu Hütte werden immer beliebter, so beispielsweise auf dem Meraner Höhenweg oder von der Rosengartengruppe zum Latemar. Viele Hotels bieten **geführte Touren** an. Höchste Anforderungen stellen die Gipfelbesteigungen und **Klettersteige,** aber am Ziel angekommen, wird man mit herrlichen Einblicken in die Südtiroler Bergwelt belohnt.

Wanderkarten und -führer gibt es überall in Geschäften und in den Touristinformationen. Umfangreiche Informationen bieten auch die **Naturparkhäuser,** auf die in den Ortsbeschreibungen hingewiesen wird.

Die **Wandersaison** dauert vom Frühjahr bis in den Herbst, die Klettersaison von Juni/Juli bis September. Die Berghütten sind nur in dieser Zeit geöffnet, viele machen aber für die Wintersaison wieder auf. Eine große Zahl von **Aufstiegshilfen** erleichtert den An- und/oder Abstieg, sodass man seine Kräfte ganz auf die Höhe konzentrieren kann.

Der Meraner Arzt *Franz Tappeiner* hatte im 19. Jh. erkannt, wie wichtig die Bewegung für die Gesundheit des Menschen ist. So legte er aus eigenen Mitteln den **Tappeinerweg** am Hang des Küchelbergs 100 m oberhalb von Meran an, der bis heute auch wegen seines mediterranen Bewuchses und der schönen Ausblicke auf das Burggrafenamt der schönste Spazierweg Südtirols ist.

■ **Informationen:** www.suedtirol.info, für Übernachtungen auf den Schutzhütten www.alpenverein.it.

Kulturelle Aktivitäten

Museen

Südtirol weist ein breites Spektrum von Museen auf. Die vielfältigen Themen reichen von sakraler Kunst über Natur, Landwirtschaft und Handwerk bis zu Geschichte. Im Internetportal **www.museen-suedtirol.it** sind unterschiedliche Museen umfassend beschrieben. Neben den Landesmuseen, die sich eingehend mit der Kultur und Geschichte Südtirols befassen, gibt es zahlreiche Kunstsammlungen, Bildungsinstitutionen und besondere museale Orte wie Burgen und Schlösser, Archeoparks und Gedenkstätten, dazu Naturpark- und Nationalparkhäuser und Erlebniswelten.

Alle Südtiroler Museen präsentieren sich immer wieder durch spezielle Angebote. Besonderes Augenmerk gilt Programmen für **Kinder,** die man auf diese Weise an die Museumskultur heranführen will – dies gilt für einheimische Kinder genauso wie für Feriengäste.

Auch **Barrierefreiheit** ist ein Ziel, das groß geschrieben wird. Es gibt aber dennoch Ausstellungsorte, wo dies nicht vollständig herbeizuführen ist, so etwa auf manchen Burgen.

Vergünstigungen erhält man durch die **Museumobil Card** (www.mobilcard.info). Sie erlaubt zum einen die unbegrenzte Fahrt mit fast allen öffentlichen Verkehrsmitteln an drei bzw. sieben aufeinander folgenden Tagen, zum anderen jeweils einen Eintritt zu einem der an dieser Aktion teilnehmenden rund 90 Museen und Sammlungen in ganz Südtirol. Der Preis beträgt 30 bzw. 34 Euro (3 bzw. 7 Tage; Kinder 6–13 Jahre 15/17 Euro).

Sprache

→ Kleine Sprachhilfe im Anhang

Südtirol ist durch seinen Autonomiestatus innerhalb Italiens zweisprachig, in den ladinischen Tälern sogar dreisprachig. **Deutsch** wird überall gesprochen. Zwei Drittel der Bevölkerung gehören zur deutschen, ein Viertel zur italienischen und etwa vier Prozent zur ladinischen Sprachgruppe.

Die **ladinische Sprache** ist eine romanische Sprache und mit dem Italienischen verwandt. Sie wird ausschließlich im Norden Italiens gesprochen: in der Provinz Bozen-Südtirol im **Grödnertal** (ladinisch: Gherdëina) und **Gadertal** (ladinisch: Badia), in der Provinz Trient im **Fassatal** (ladinisch: Fascia) und darüber hinaus in einigen Tälern der Provinz Belluno in Venetien. Mit etwa 30.000 Muttersprachlern gehört das Ladinische zu den kleinsten Sprachen Europas. Die Ladiner sind von der Europäischen Union als sprachliche Minderheit anerkannt.

Unterkunft

→ Camping

Ganze 4500 Gastgewerbebetriebe gibt es in Südtirol, eine beachtliche Menge für das Gebiet. Im Angebot sind Privatzimmer, einfache und gehobene Gasthöfe, Pensionen, Hotels bis hin zu Luxusherbergen, Ferienwohnungen, einige Jugendherbergen (nicht dem internationalen Verband angeschlossen) und als Besonderheit die Unterkünfte der Schutzhütten. Auch Urlaub auf dem Bauernhof ist vielerorts möglich, etliche Campingplätze sind ebenfalls vorhanden. Die zentrale Internetadresse für die Unterkunftssuche ist **www.suedtirol.com.**

Die Beherbergungsbetriebe sind durch ausgesprochene Freundlichkeit und Hilfsbereitschaft ihrer Inhaber und Mitarbeiter gekennzeichnet – meist sind es **Familienbetriebe,** in denen die Chefin mit weiteren Familienmitgliedern den Service macht und der Familienvater in der Küche steht. Viele dieser Betriebe haben historische Wurzeln und bestehen seit Generationen. Sie sind alle im Laufe der Zeit renoviert und modernisiert worden und wissen ihr historisches Mobiliar geschickt zu dekorieren. Insbesondere die **holzgetäfelten Gaststuben** mancher dieser Häuser sind sehenswert.

Die Bauweise und Einrichtung hat sich lange am sogenannten **Tiroler Stil** orientiert, dem typischen Erscheinungsbild der alten Bauernhäuser in angepasster Form. Doch längst hat auch die moderne Architektur Einzug gehalten. Es wird aber weiterhin viel Holz in den Bau und die Einrichtung einbezogen und die

Überblick Buchungsportale

Als Ergänzung zu den sorgfältig zusammengetragenen Unterkunftsempfehlungen in diesem Buch können Buchungsportale wie Booking.com, hrs.de, Agoda.com oder AirBnB.de dazu genutzt werden, aktuelle Preise und die Bewertungen anderer Reisender einzusehen sowie Unterkünfte direkt zu buchen.

Die Plattformen arbeiten mit Unterkünften aller Art zusammen und machen diese für Reisende leicht auffindbar. Bewertungen, Fotos und Filtermöglichkeiten nach zahlreichen Details helfen bei der Auswahl. Auch der Kontakt zwischen Vermietenden und Unterkunftssuchenden sowie die Bezahlung können über die Plattformen abgewickelt werden.

Eine gewisse Vorsicht ist bei der Benutzung dennoch geboten. Wann immer möglich, sollten die Angaben mit zusätzlichen Quellen überprüft werden. Sind die Bewertungen wirklich auf allen Plattformen und Suchmaschinen so gut? Sind sie so zahlreich, dass ein Missbrauch unwahrscheinlich ist? Weshalb genau fanden die Bewertenden die Unterkunft gut und stimmt das mit meinen Interessen überein? Häufig hilft die jeweils eigene Internetseite der Unterkunft, Google Street View oder ein Anruf, um genauere Informationen zu bekommen.

Wem einzelne Aspekte besonders wichtig sind, der sollte auf jeden Fall genau prüfen – z.B. ob der versprochene „geschlossene Parkplatz" wirklich so beschaffen ist, dass man das vollgepackte Auto dort stehenlassen möchte. Auch der angepriesene „Bestpreis" und die durch die Plattformen suggerierte knappe Verfügbarkeit lösen sich bei einem Anruf vielleicht in Luft auf, weil die Vermietenden einen eigenen günstigen Preis bieten, um sich die teure Vermittlungsprovision an die Plattform zu sparen.

Während die Plattformen also eine praktische Hilfe bei der Reiseplanung sein können, empfiehlt sich doch häufig ein kritischer zweiter Blick!

Blumenpracht an den modernen Häusern ist geblieben.

Die meisten Beherbergungsbetriebe bieten **Halbpension** an und verfügen über eine entsprechende Küche. Es ist erstaunlich, welche Speisenvielfalt und Qualität auch in einfacheren Pensionen geboten wird.

Nicht nur die gehobenen Hotels haben sich in letzter Zeit in wahre Wellness-Oasen verwandelt. Ein mit Blumen bepflanzter **Garten** mit Liegewiese, Sonnenterrasse und **Pool** sind fast überall anzutreffen, nicht selten gehört auch ein Hallenbad dazu. **Sauna** ist Pflicht, Massagen, Fango, Solebäder, Kosmetik-, Peeling- und weitere **Beauty-Anwendungen** runden das Angebot ab. Die hohe Qualität der Südtiroler Gastbetriebe hat ihren Preis, aber das Preis-Leistungs-Verhältnis ist aber auch auf hohem Niveau noch sehr gut.

Preiskategorien Unterkunft

(Übernachtung für 2 Personen im DZ mit Frühstück in der Hauptsaison)

①	=	unter 50 Euro
②	=	50–75 Euro
③	=	75–100 Euro
④	=	100–125 Euro
⑤	=	Luxuskategorie

1400 Bergbauernhöfe laden zu **Urlaub auf dem Bauernhof** ein, nicht nur für Kinder eine attraktive Art, den Urlaub zu gestalten. Die meisten dieser Bergbauern bieten ihren Gästen auch hofeigene Produkte an, wodurch der Urlaub durch ein zusätzliches Gaumenerlebnis bereichert wird.

Und zu guter Letzt sind da auch noch die **Jugendherbergen** zu nennen, die insbesondere für Familien praktisch und preisgünstig sein können. Nicht alle sind dem internationalen Jugendherbergsverband angeschlossen, sodass die Mitgliedschaft nicht unbedingt Vorteile bringt.

Verhaltenstipps

→ Autofahren
→ Essen und Trinken
→ Fotografieren
→ Sicherheit
→ Land und Leute

Verkehrsmittel

→ Anreise
→ Autofahren
→ Sport und Aktivitäten/Wandern/Radfahren/Reiten

Bahn

In Südtirol verkehren vier Bahnlinien. Vom Brenner verläuft die Hauptroute über Bozen südwärts nach Modena, auf Südtiroler Gebiet verkehrt die **Brennerbahn.** In Franzensfeste zweigt die **Pustertalbahn** nach Innichen und weiter nach Osttirol ab. In Bozen zweigt die Strecke nach Meran ab, hier verkehrt die **Meraner Linie.** Von Meran fährt die **Vinschgerbahn** durch den Vinschgau bis Mals.

Fahrkarten gibt es auf großen Bahnhöfen am Schalter, ansonsten an Fahrkartenautomaten. Die Fahrkarte ist vor Antritt der Reise zu entwerten, ansonsten gibt es Bußgelder. Empfehlenswert ist das Reisen mit der **Mobilcard,** einer Sammelkarte für alle Verkehrsmittel, die es für drei bzw. sieben aufeinander folgende Tage gibt (www.mobilcard.info). Die Kosten betragen für 1 Tag 15 Euro (Kinder 6–14 Jahre 7,50 Euro), für 3 Tage 23/11,50 Euro, für 7 Tage 28/14 Euro.

Seilbahnen und Lifte

Von besonderer Bedeutung sind in Tirol die Seilbahnen und Lifte, Letztere oft für den Winterbetrieb. In den vergangenen Jahrzehnten sind viele Seilbahnen modernisiert worden, oft hat man sie zu

Umlaufbahnen mit großer Fahrgastkapazität umgebaut. Die Fahrpreise sind entsprechend der zurückgelegten Strecke recht unterschiedlich und können bis zu 15 Euro für eine Fahrt betragen. Es lohnt also, sich nach Sondertarifen, Sammelkarten etc. zu erkundigen.

Busse

Die Südtiroler Busgesellschaft SAD verbindet alle wichtigen Orte. Oft werden auch Ausgangspunkte für Wandertouren angefahren, so ist man nicht auf Rundwegwanderungen angewiesen. Außerhalb der Saison und sonntags sind die Fahrpläne allerdings ausgedünnt. Die örtlichen Fahrpläne gibt es in den Touristinformationen, auch die Hotels und Pensionen haben die aktuellen Fahrpläne parat. **Informationen** unter www.sii.bz.it.

Zeit

Die Umstellung auf die Sommerzeit wird auch in Italien vorgenommen. Die Zeit ist also **in Italien und Deutschland gleich.**

Die alte Schmalspurbahn auf dem Ritten verkehrt heute noch zwischen Oberbozen und Klobenstein

024st ot

237st ot

10 Land und Leute

Wegekreuz Schreckbichl

„Land im Gepirg“

„Land im Gepirg“ – so wird die faszinierende Alpenlandschaft Südtirols seit Jahrhunderten genannt. Südlich des Alpenhauptkamms in den Zentralalpen erstreckt sich im heutigen Italien ein Landesteil, der bis 1919 über Jahrhunderte zum Habsburgerreich gehörte, aber immer schon als Transitland Kultureinflüsse aus dem mediterranen Süden mit der nordalpinen Kultur zu verschmelzen wusste.

Längst haben sich die Südtiroler ihren Autonomiestatus in Italien erkämpft und fühlen sich in erster Linie als Europäer. An der Sonnenseite der Alpen haben sie die Klimagunst genutzt, um ihr Land zu einem Urlaubsparadies zu machen. Aber auch handwerklicher und industrieller Fleiß haben den heutigen Wohlstand der Südtiroler herbeigeführt.

Blick vom Villnößtal auf die Geislergruppe

353st ot

Geografie

Große Teile Südtirols liegen in Höhenlagen über 1500 m. Zwischen 800 und 1800 m Höhe erstrecken sich die ausgedehnten Weideflächen des Landes. In den Tälern entwickelten sich große Städte, viele Dörfer liegen in Höhenlagen bis 1200 m.

Der **zentrale Alpenhauptkamm,** der die Nordgrenze zu Österreich bildet, schirmt Südtirol klimatisch gegen die Atlantikströmungen ab und beschert dem Land mediterrane Wetterverhältnisse. Ganz im Westen sind es die **Ötztaler Alpen,** die vom Reschenpass aufsteigen und im Osten durch den Gurgler Kamm abschließen. Ihre höchste Erhebung ist die Wildspitze (3770 m) am Talschluss des Langtauferer Tals. An seiner Ostflanke bildet das nur im Sommer für den Straßenverkehr geöffnete Timmelsjoch den Übergang zu den **Stubaier Alpen.** Diese wiederum, mit dem Zuckerhut (3507 m) am Talschluss des Ridnauntals, reichen bis zum Brenner. Hier setzen die **Zillertaler Alpen** den Hauptkamm ostwärts bis zum Talschluss des

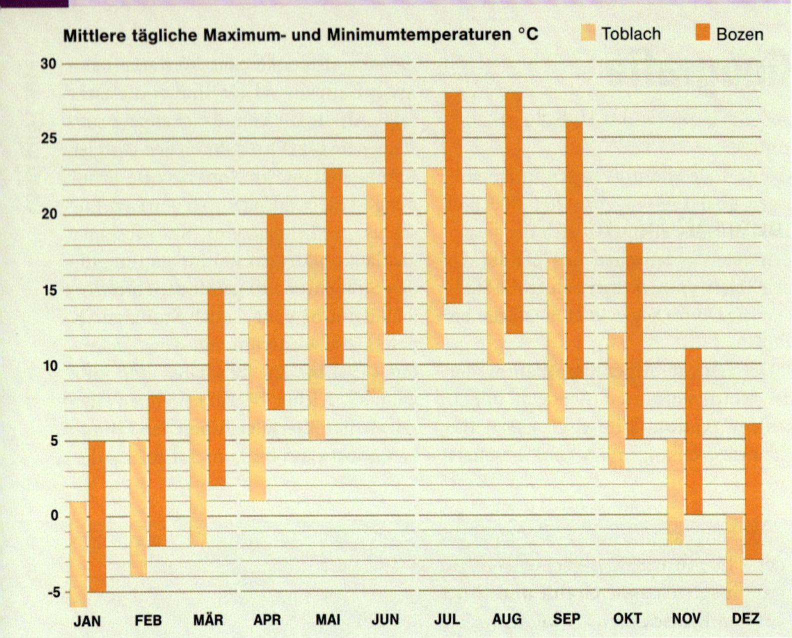

Ahrntals fort. In ihrer Mitte bildet der Hochfeller (3510 m) die höchste Erhebung.

Geografische Gliederung

Die geografische Gliederung Südtirols ist durch die **zentralen Achsen** des nord-/südwärts verlaufenden Eisack-/Etschtals, des west-/ostwärts verlaufenden Etschtals durch den Vinschgau und des ost-/westwärts verlaufenden Pustertals vorgegeben.

Der gesamte Westen Südtirols wird vom **Vinschgau** eingenommen. Das **Etschtal** entwässert hier die nordwärts abgrenzenden Ötztaler Alpen sowie die südwärts abgrenzenden Ortleralpen. Die Ostgrenze bildet das **Ultental,** dessen Südostflanke schon in das Brentamassiv übergeht. Das Zentrum Südtirols bilden die **Sarntaler Alpen,** begrenzt vom **Passeiertal** im Westen und vom **Eisacktal** im Osten mit dem von der Talfer entwässerten **Sarntal** als zentralem Abfluss, die in Bozen in den aus Etsch und Eisack gebildeten Talboden einmündet. Den Osten des Landes teilt das von der Rienz gebildete **Pustertal** in zwei Teile. Zwischen den Zillertaler Alpen und der Rienz ist das alpine Gebiet durch südwärts verlaufende Abflüsse strukturiert. Die wichtigsten sind das Völser Tal, das Tauferer Tal mit seinen Nebentälern, das Antholzer Tal mit einem einspurigen Übergang nach Osttirol und das Gsieser Tal. Südlich des Pustertals erstreckt sich das grandiose Gebirgsmassiv der **Dolomiten.** Ganz im Süden sind dann noch die Weinlandschaft des **Überetsch** zwischen Mendelkamm und dem Unterlauf der Etsch sowie das **Unterland** zu erwähnen.

Geologische Gliederung

Hochinteressant ist die geologische Gliederung Südtirols – weil sie ganz entscheidend zum heutigen landschaftlichen Erscheinungsbild beigetragen hat. Erdgeschichtlich gesehen gehören die Alpen zu den jungen Gebirgen. Ihre **Auffaltung** aus dem damals bestehenden Penninischen Ozean begann im Zeitalter des Eozän vor etwa 50 Millionen Jahren. Auf diese Weise traten bei der Alpenauffaltung verschiedene Untergrundgesteine wie **Granit und Gneis** aus den Kalksedimenten wieder an die Oberfläche. So findet man in Südtirol sowohl die dunklen Gesteine des Alpenhauptkamms und die des Ortlermassivs als auch die hellen und steil aufragenden Gesteine der Dolomiten sowie die rötlichen Gesteine der Sarntaler Alpen, alte vulkanische Gesteine, die als Bozner Quarzporphyr bezeichnet werden.

Entscheidenden Einfluss auf die weitere Oberflächengestaltung Südtirols hatte dann die **Erosion** durch die Gletscher der Eiszeiten, die die Täler ausschürften, durch die Flüsse, die sich in die Täler eingruben, durch Wind und Niederschlag, Kälte und Hitze, die dem Gestein zusetzten.

Blick von Tschötas, einer Fraktion von Lajen, über das Villnößtal

343stot

Besonders die **Dolomiten,** benannt nach dem französischen Mineralogen *Deodat de Dolomieu,* der 1788 nach Südtirol kam, zeigen die Spuren dieses Gestaltungsprozesses. Letztlich bestehen die Dolomiten aus aufgefalteten **Korallenriffen und Kalksedimenten** mit Meeresfossilien. Ihr Gehalt an Magnesium ist für ihre besondere Farbgebung verantwortlich: Wenn abends die Sonne auf das Gestein scheint und den Rosengarten in dunkles Rot taucht, erlebt man eines der schönsten Naturschauspiele Südtirols. Das Kalkgestein ist gleichzeitig sehr brüchig, sodass die Felsformationen aus den Riffen schroff in den Himmel ragen. So kann man am Rosengarten die Schichtung des Gesteins deutlich erkennen, die durch die verschiedenen Sedimentationsphasen entstand: Hebungen und Senkungen des Gesteins mit entsprechenden Überflutungen und Aufbrechen des Gesteins durch Magmagänge. Die abfallenden Schuttmassen als Ergebnis der Erosion bilden heute nicht nur im Bereich der Dolomiten die Grundlagen der schönen **Almen** des Landes.

Klima

Südtirol ist durch die hohe Kette der Zentralalpen vor den kalten nordwestlichen Atlantikwinden geschützt. Dagegen sorgt der Mittelmeerraum mit seinen Feuchtluftmassen für Niederschläge, die aber im Süden von den Dolomiten und vom Ortlermassiv teilweise abgeblockt werden. Einzig das niedrige Etschtal, das die Hauptrichtung der Gebirgskämme quert, gewährt dieser Feuchtluft Durchlass. Die Längstäler des Vinschgau und des Pustertals liegen dagegen schon wieder im Windschatten.

So sind die **Niederschlagsmengen** in den größten Teilen Südtirols weitaus **niedriger** als in Mitteleuropa, die Sonnenscheindauer ist entsprechend höher. Dabei sind die Unterschiede zwischen den zur Sonne gelegenen Talseiten und den Schattenseiten beträchtlich. Die **Schattenseiten der Täler** sind dünn besiedelt, dennoch gibt es einige Orte, die im Winter über längere Zeit keine direkte Sonneneinstrahlung haben. Dazu zählen beispielsweise St. Jakob in Pfitsch und Platt im Passeiertal.

Insgesamt finden wir also in Südtirol inmitten der Alpen ein markantes **Kontinentalklima** mit starken jahreszeitlichen und täglichen Schwankungen vor. So hat Bozen im Sommer bei bis zu 29 °C Durchschnittstemperatur eine tägliche mittlere Temperaturschwankung von über 12 °C, im Winter liegt sie bei 8 °C – nachts kühlt es also stark ab. Die höchste Sonnenscheindauer (bei niedrigstem Niederschlag) weist der Vinschgau auf, das Eisacktal und das Pustertal sind dagegen etwas rauer. Zwangsläufig ist es in den Höhen kühler, wobei die Intensität der Sonne größer ist. In den Felsregionen herrscht Hochgebirgsklima.

Im Jahreszeitenverlauf beginnt der **Frühling** in den Südtiroler Tälern viel früher als in Mitteleuropa. Allerdings

☐ Links: Alpenenzian
Rechts: Alpenwundklee

fällt in den alpinen Skigebieten weiter Schnee, während sich unten ab Ende März bereits alles auf die Obstblüte vorbereitet. Schon im **Frühsommer** beginnt es auf der Talsohle heiß zu werden, im **Hochsommer** kann die Temperatur durchaus auf 35 °C steigen. Doch in der Höhe ist die Luft weniger warm und in der Nacht kühlt es erfrischend ab.

Der **Herbst** ist die goldene Zeit Südtirols. Bei angenehmen Temperaturen kommt nun die schönste Wanderzeit, die auch zum Törggelen einlädt. Der **Winter** hält im Tal aufgrund der geringen Niederschläge nur kurzzeitig Einzug, der wenige Schnee bleibt nicht lange liegen. Je höher die Lage, umso stärker ist auch der Schneefall. In den Skigebieten über 2000 m Höhe bleibt der Schnee über Monate liegen. Aber auch dort oben ändert sich die Situation im Zuge des Klimawandels – Schneekanonen halten das Wintersportvergnügen aufrecht.

Flora und Fauna

Pflanzenwelt

Das relativ milde Klima beeinflusst die Vegetation in Südtirol. In den niedrigen Talbereichen der Etsch bis Meran und in den unteren, zur Sonne gelegenen Tallagen findet man viele Pflanzen des mediterranen Typus. Im Vinschgau gedeiht der Wein bis Schlanders und Kortsch auf 800 m Höhe, Obstbäume wachsen sogar bis auf 950 Höhenmeter. Früher, als die Bauern noch in größerem Maße Ackerfrüchte wie Weizen anbauten, ging dies bis auf 1200 m, Buchweizen, Roggen, Gerste, Hafer und Kartoffeln gediehen bis 1500 m Höhe.

Faszinierend ist die Vielfalt der in Südtirol anzutreffenden Pflanzenwelt. Sie reicht von mediterran bis hochalpin, da-

026st ot

027st ot

zu kommen die typischen Pflanzen der Trockenvegetation, etwa an den Südhängen des Vinschgau, sowie Pflanzen der Feuchtvegetation, wie man sie in den verbliebenen Sümpfen und Mooren findet. So trifft man im Meraner und Bozener Talkessel, im Unterland und im Überetsch auf **Palmen, Oleander und Zitronenbäume, Zypressen** erinnern an die Toskana. Überall findet man **Esskastanien,** die auch für die Südtiroler Küche von Bedeutung sind.

Die Mittelgebirge sind neben den großen Weiden von Mischwäldern bedeckt, wobei im Norden eher **Fichten** und **Tannen** dominieren, während im Süden darüber hinaus **Birken, Buchen, Föhren** und **Flaumeichen** verbreitet sind. In den höheren Lagen prägen **Latschen, Lärchen** und **Zirbelkiefern** den Wald, der mit zunehmender Höhe immer lichter wird.

Die hohen Gebirgsregionen sind mit üppigen Bergwiesen bedeckt, einzelne hohe Lärchen verzaubern das Landschaftsbild. Hier blühen **Anemonen, Türkenbund, Edelweiß, Enzian** und weitere geschützte Alpenblumen. **Pilze** gibt es reichlich in vielen Sorten, die allerdings nicht einfach gesammelt werden dürfen. Die Zirbelbestände sind stark ausgeholzt, war es doch von jeher für die Bauern wichtig, ihre Stuben mit Zirbelholz zu täfeln.

Im Übergang zur baumlosen Zone findet man **Krüppelkiefern** und andere Zwergsträucher. Hier in der hochalpinen Stufe ist der Boden mit verschiedenen Rasengesellschaften bedeckt, noch höher sind es **Moose und Flechten.** Aber auch hier blühen noch **Gletscherhahnenfuß** und **Steinbrech.** In den Dolomiten findet sich auf dem kalkigen Untergrund eine besondere Gesellschaft kalkliebender Pflanzen, vertreten durch **Gelben Enzian, Dolomiten-Akelei** oder beispielsweise die **Teufelskralle.**

▷ Silberdistel

▽ Gemeine Kuhblume

383st ot

028st ot

Tierwelt

Zu den für die höheren Alpenlagen typischen Tieren zählen die **Gämse,** der **Alpensteinbock,** das **Murmeltier** und der **Schneehase.** Unter den Vögeln sind es die Alpendohle, der Kolkrabe, die Ringdrossel, der Schneefink, der Steinadler, der Tannenhäher und das Alpenschneehuhn. Der **Alpensalamander** ist als Besonderheit unter den Amphibien zu erwähnen. Im Verborgenen tummeln sich **Giftschlangen,** so die Kreuzotter, die Aspisviper und die Hornviper, auch **Skorpione** kommen vor. In den größten Höhen sind Springschwänze und Gletscherflinkläufer anzutreffen.

In den mittleren Lagen haben sich **Rot- und Rehwild, Hasen- und Fuchsbestände** erhalten, die Zahl der **Wildschweine** nimmt zu, weil die Jäger der scheuer gewordenen Tiere nicht mehr Herr werden. Und ihren Hauptfeind, den Wolf, gibt es schon lange nicht mehr. Der letzte **Braunbär** wurde 1930 erlegt, allerdings kommen gelegentlich Braunbären aus dem Trentino, wo sie wieder angesiedelt wurden, „zu Besuch".

Naturschutz

Den Südtirolern ist bewusst, in welch hohem Maß die Naturlandschaft ihr Kapital ist. Es wurden acht Schutzgebiete eingerichtet. Sie sind von größtem Wert für die Erhaltung eines intakten Landschaftsbildes und bieten weitgehend ungestörten Lebensraum für die heimische Flora und Fauna, insbesondere für die vielen vom Aussterben **bedrohten Arten.** Mit vielfältigen Informations- und Forschungsprogrammen will man nicht nur den Erhalt einer natürlichen Umwelt gewährleisten, sondern auch **Erholungsräume** für die Menschen schaffen. In Südtirol wurden neben dem **Nationalpark Stilfser Joch** die folgenden **Naturparks** eingerichtet, die teilweise auch in die Nachbarregionen übergreifen:

- Naturpark Texelgruppe
- Naturpark Rieserferner-Ahrn
- Naturpark Fanes-Sennes-Prags
- Naturpark Drei Zinnen
- Naturpark Puez-Geisler
- Naturpark Trudner Horn
- Naturpark Schlern-Rosengarten

255st ot

Geschichte

Die eigentliche Geschichte Südtirols beginnt erst mit dem Ende des Ersten Weltkriegs, als Südtirol 1919 im Frieden von Saint-Germain von Tirol abgetrennt und Italien zugeschlagen wurde. Bis dahin teilte Südtirol das historische Geschick der gesamten Region.

Antike und frühes Mittelalter

Frühe Besiedlung

Die frühesten Siedlungsspuren reichen weit in die vorgeschichtliche Zeit zurück. Jäger und Sammler wurden um 4000 v. Chr. sesshaft und begannen mit **Ackerbau und Viehzucht.** Früh begann auch der **Bergbau,** der zu regem Handel zwischen Nord- und Südeuropa führte. Der Fund des Gletschermanns „Ötzi" (→ Exkurs: Ötzi – der berühmteste Mensch der Steinzeit), der vor 5300 Jahren die Alpen am Hauslabjoch überquerte, ist ein Beweis für diesen regen Austausch.

Römerzeit

Mitte des letzten Jahrtausends v. Chr. wurden die bisherigen alpenländischen Bewohner von **Kelten** verdrängt, die unter anderem schon über ein eigenes Alphabet und über Weinfässer verfügten, die später von den Römern übernommen wurden – diese hatten 15 v. Chr. das Gebiet erobert. Ihre Bewohner bezeichneten die Römer als **Räten.**

Während der Römerzeit erlebte der Alpenraum eine Blüte, Wirtschaft und **Handel** florierten. Befestigte Straßen durchzogen das Gebiet, die wichtigste darunter war die **Via Claudia Augusta.** Ihre Trasse verlief durch das Etschtal nordwärts, am heutigen Bozen vorbei nach Meran, durch den Vinschgau und über den Reschen weiter nach Süddeutschland.

Völkerwanderungen

Im Zuge des Verfalls des Römischen Reichs kam Tirol ab 476 n. Chr. unter **ostgotische Herrschaft,** aber schon 534 n. Chr. hatten die einwandernden **Bajuwaren** die Herrschaft über das Gebiet vom Vinschgau bis zur Passer übernommen. Von Osten drangen die **Slawen** vor, von Süden die **Langobarden,** die ihren Herrschaftsbereich bis Bozen ausdehnten. Die **Christianisierung** Südtirols wurde von den Bischöfen von Trient und Brixen betrieben.

Hochmittelalter und frühe Neuzeit

Grafen von Tirol

Inzwischen hatte sich das bayerische Adelsgeschlecht der Grafen von Tirol im Vinschgau etabliert und seine Burg Te-

[<] Raisermoos – eiszeitliches Moor

riolis oberhalb von Meran errichtet. Als **Vögte der Bischöfe von Brixen und Trient** konnten sie im 12. Jh. ihren Herrschaftsbereich verfestigen, sich gegen angrenzende Territorialherren wie etwa die Grafen von Eppan durchsetzen und sich sogar Landrechte der Bischöfe aneignen.

Als *Heinrich der Löwe,* bayerischer Herrscher, 1180 vom Kaiser abgesetzt wurde, erkannten die Tiroler Grafen ihre Chance und lösten sich von der bayerischen Vorherrschaft. 1286 wurde **Graf Meinhard II.,** der wohl bedeutendste unter den Tiroler Herrschern, von König *Rudolf von Habsburg* in Augsburg als Landesfürst bestätigt und erhielt zusätzlich das Herzogtum Kärnten zu Lehen. Er stammte aus der Linie der *Meinhardiner,* Grafen von Görz, und hatte von seinem Vater durch Erbteilung die Grafschaft Tirol geerbt. Meinhard II. konnte durch Schaffung einer effektiven Verwaltung seinen Herrschaftsbereich für damalige Verhältnisse straff organisieren. Er war es, der sich am nachhaltigsten gegen die Trentiner Bischöfe zur Wehr setzte, von den Bischöfen *Egno* und *Heinrich* sogar mit dem Bann belegt wurde. Ungeachtet dessen brachte er die Stadt Bozen, die bis dahin von den Bischöfen beherrscht wurde, in seine Gewalt.

Meinhard II. starb 1295. Ihm folgte sein zweitgeborener Sohn *Otto,* weil der erstgeborene bereits verstorben war. Ottos Bruder *Heinrich* bestieg 1310 nach dessen Tod den Thron. Er verstarb 1335 und hinterließ Tochter **Margarete,** die unter dem **Beinamen „Maultasch"** Geschichte machte (→ Exkurs: Margarete Maultasch). Heinrich hatte durch einen Vertrag mit dem Kaiser die weibliche Erbfolge geregelt. In der Folge wurde Margarete noch als Kind mit *Johann Heinrich von Böhmen* vermählt. Die Ehe blieb kinderlos, Margarete trennte sich von ihrem Mann zehn Jahre später und heiratete erneut, diesmal den Sohn des Kaisers, *Ludwig I. von Bayern-Brandenburg.* Der Papst erkannte diese Ehe aus kirchenrechtlichen Gründen nicht an, aber ihre Untertanen begrüßten sie, hatte der zukünftige Ehemann im Einvernehmen mit seiner zukünftigen Frau den Adeligen im sogenannten „Tiroler Freiheitsbrief" doch viele Vorrechte bestätigt, die allerdings auf Dauer nicht eingehalten wurden.

Machtübernahme der Habsburger

Nachdem Margaretes Mann Ludwig wie auch ihr Sohn *Meinhard III.* vor ihr gestorben waren, überschrieb sie Tirol ihrem nächsten Verwandten, dem Habsburger Herrscher **Rudolph IV.,** und übergab diesem 1363 die Regierungsgewalt. Margarete starb 1369 in Wien. Natürlich hatten die Wittelsbacher versucht, sich Tirol zu erhalten, aber ihr Bemühen scheiterte militärisch. So anerkannten sie ebenfalls im Jahr 1369 die Habsburgerherrschaft über Tirol.

Im Zentrum der Handelswege

Tirol war aufgrund seiner Lage in den Zentralalpen von allergrößter strategischer Bedeutung, war es doch die Nahtstelle im europäischen **Nord-Süd-Handel.** So konzentrierte sich das Interesse der erstarkten Großmächte der Luxemburger, Wittelsbacher und Habsburger

Margarete Maultasch

Es ist bis heute nicht geklärt, wieso die Tiroler Gräfin *Margarete* den Beinamen *Maultasch* trug. Zur damaligen Zeit beschrieb man damit ein „liederliches Weib". Später deutete man den Beinamen dergestalt, dass man sie sich mit einem missgestalteten Mund vorstellte. Dies muss aber stark bezweifelt werden, denn Zeitgenossen beschreiben sie als schöne Frau. Auch in den wenigen Abbildungen ist kein solcher Mund zu erkennen.

Ein weiterer Erklärungsversuch bezieht sich auf ihren Lieblingsaufenthaltsort Burg Neuhaus bei Terlan, der im Volksmund „Schloss Maultasch" genannt wird, abgeleitet von der unterhalb gelegenen Zollstation *mala tasca* (Mausefalle). Denkbar ist auch die Version, dass der Beiname „Maultasch" von ihrem ersten Ehemann *Johann Heinrich* in die Welt gesetzt wurde, der üble Gerüchte über sie verbreitete.

Die 1827 in Innsbruck erschienene Tiroler Chronik „Die gefürstete Grafschaft Tirol" hat noch eine weitere Erklärung parat: „Kaiser Ludwig IV., genannt der Baier, wollte Tirol wieder an sein Haus bringen, deßwegen verheirathete er seinen ältesten Sohn, den Markgrafen Ludwig von Brandenburg, an Margarethen, und befriedigte den König von Böhmen, der wegen der ersten Ehe seines Sohnes noch einige Ansprüche auf Tirol machte, mit andern Entschädigungen, theils an Geld, theils an Ländern. Auch leistete Margaretha in ihrem Ehekontrakt zu Gunsten des baierischen Hofes Verzicht auf Tirol. Aber später im Jahre 1359 stellte sie wieder einen Revers aus, worin sie ihren Vettern, den Herzogen Rudolph, Albert und Leopold von Oesterreich, auf den Fall, daß ihr Sohn Meinhard ohne männlichen Erben mit Tode abgehen sollte, Tirol zusicherte. Zu diesem Schritte soll sie eine Maulschelle bewogen haben, welche sie im genannten Jahre am Hofe zu München von einem ihrer Schwager mit dem Pantoffel erhalten hatte."

auf dieses Nadelöhr, denn wer in seinen Besitz kam, beherrschte den lukrativen Handel zwischen Oberitalien und Süddeutschland. Die Grafschaft Tirol war zwar ein in sich gefestigtes Territorium, aber insgesamt zu schwach, um sich gegen diese **Großmächte** zu wehren. Und als Margarete Maultasch glaubte, durch ihre Eheschließung im europäischen Machtgefüge mitmischen zu können, war sie selbst zum Spielball dieser Mächte geworden.

Als Sieger gingen die Habsburger aus diesem Machtkampf hervor, die nunmehr fünfeinhalb Jahrhunderte über Tirol herrschen sollten. Sie hatten damit aber nicht nur ihr Territorium erheblich erweitert, sondern sich auch eine direkte Verbindung zwischen ihren angestammten Besitztümern im Osten des Kaiserreichs und denen in dessen Westen geschaffen. Rein formal war die Grafschaft Tirol jedoch nicht dem **Herzogtum Österreich** einverleibt worden, sondern seither waren die Herzöge von Österreich, die damals bereits auch Herzöge der Steiermark und von Kärnten waren, auch **Grafen von Tirol.** Die Integration

Tirols in den Staat Österreich erfolgte erst im Zuge der Errichtung des Kaisertums Österreich im Jahr 1804.

Florierender Warenaustausch

Am Ende des Mittelalters gewann der **Bergbau** in Tirol immer größere Bedeutung. Inzwischen hatten sich die großen Handelshäuser von Sterzing über Brixen bis Bozen und Meran etabliert, der Warenaustausch florierte, gewerbliche Erzeugnisse fanden Absatz in Nord und Süd. Der Südtiroler **Weinbau** fand neue Abnehmer in den habsburgischen Landen. Dazu befanden sich die für die Habsburger Lande wichtigsten **Alpenpässe** auf Tiroler Gebiet.

Doch zunächst konnten die Habsburger nicht so recht froh über ihren neuen Besitz sein. Herzog *Albrecht II.* (1289–1358) hatte in seinem Vermächtnis verfügt, dass nach seinem Tod alle Habsburger Länder von seinen Söhnen gleichberechtigt geführt werden. *Rudolph IV.*, genannt der *Stifter,* übernahm aber die alleinige Regierung, weil seine drei jüngeren Brüder noch minderjährig waren. Er verfügte in der sogenannten Rudolphinischen Hausordnung, dass die habsburgischen Lande gemeinsamer Besitz der Brüder sind.

Widerstand des Adels

Rudolf starb allerdings schon 26-jährig, sodass sich die Brüder *Albrecht* und *Leopold* zunächst die Regierungsgeschäfte teilten, wegen Zwistigkeiten aber dennoch den Besitz aufteilten. So wurde **Leopold III.** unter anderem zum Regenten von Tirol. Aber auch im Außenbereich kam es zu Problemen. In der Schweiz erhob sich Widerstand gegen den Tiroler Herrscher. Es kam zu Gefechten im oberen Vinschgau, bei denen Leopold im Jahr 1386 den Tod fand.

Als Leopolds Sohn *Friedrich IV.*, später genannt „Friedel mit der leeren Tasche", im Jahr 1406 endgültig auch als Graf von Tirol etabliert wurde, machten die **Landstände,** zu denen in Tirol auch die Großbauern gehörten, deutlich, dass sie Mitspracherechte hatten. Er brauchte lange Jahre, um sich gegen Widerstände durchzusetzen, einerseits ausgelöst von den **Schweizern** und den **Trentinern,** andererseits vom **Adel** in Tirol selbst. Sicherlich hat ihn dies auch finanziell stark gefordert. Aber der immer ergiebigere Erzbergbau, vor allem die Gewinnung von **Silbererz** in Nordtirol, daneben in Gossensass und im Ahrntal, stärkte auch seine Position im Land. So verlegte er 1420 seine Residenz von Meran nach Innsbruck. Dadurch gewann auch die **Handelsstadt Bozen** gegenüber Meran an Bedeutung.

Sigmund der Münzreiche

Friedrich starb 1439 als reicher Mann – seine Taschen waren wieder gefüllt. Sein ihm in Tirol nachfolgender Sohn *Sigmund* wurde sogar „der Münzreiche" genannt. Dieser verlegte 1484 die Tiroler Münze von Meran nach Hall in Nordtirol, wodurch Meran in eine Jahrhunderte währende Bedeutungslosigkeit verfiel. Als Landesfürst eines Passlandes erkannte er auch, dass man hier zwar hervorragend Zölle erheben konnte, aber man auch einiges unternehmen musste, um den Verkehr fließen zu lassen. So verfügte Sigmund um 1483/84 den Ausbau des **Kuntersweges durch die Eisackschlucht** oberhalb von Bozen, wodurch bis Ende des 15. Jh. die östliche Zufahrt nach Innsbruck ausgebaut war.

In Sigmunds Regentschaft fällt die **Auseinandersetzung mit Nikolaus von Kues,** dem Bischof von Brixen, der aus einer kirchenrechtlichen Position heraus Gehorsam nicht nur im geistlichen Bereich, sondern auch im Lehensbereich und gegenüber den Klöstern verlangte. Damit kam er in Konflikt mit den Adeligen, mit den Äbten und Äbtissinnen – als besonders widerspenstig erwies sich die Äbtissin *Verena von Stuben* des Klosters Sonneburg – und dem Landesherren. Auf Dauer unterlag der Bischof, der Papst zog ihn nach Rom ab. 1477 wurde Sigmund von Kaiser *Friedrich* gemeinsam mit den anderen Habsburgerherzögen zum Erzherzog erhoben.

Maximilian I.

Sigmund blieb ohne männliche Nachkommen. So verzichtete er 1490 auf massiven Druck der Landstände auf alle Regentschaftsrechte zugunsten von Erzherzog *Maximilian,* den späteren **Kaiser des Heiligen Römischen Reiches** *Maximilian I.* Mit Sigmund, der noch im gleichen Jahr starb, endete die Tiroler Nebenlinie der habsburgischen Leopoldiner.

Maximilian schrieb Weltgeschichte. Durch Verheiratung seiner Kinder Erzherzog *Philipp* und Erzherzogin *Margarete* mit den Kindern der **spanischen Könige Ferdinand und Isabella** im Jahr 1496 schuf er die Grundlagen für ein Reich, von dem sein Enkel Kaiser *Karl V.* sagen konnte, dass in ihm „die Sonne nicht untergeht". Als seine Residenzstadt wählte Maximilian Innsbruck.

Auch wenn unter seiner Regie die habsburgischen Lande wieder vereinigt worden waren, blieben ihm innere und äußere Konflikte nicht erspart. In Tirol selbst brachen **religiöse Kämpfe** vor allem im oberen Vinschgau aus, ansonsten führte er aufwendige Kriege in Italien und gegen Frankreich. Die Schulden, die er dadurch seinen Nachfahren hinterließ, waren enorm.

Den Tirolern aber hinterließ er das **Landlibell.** In dieser Urkunde aus dem Jahr 1511 wurde im Einvernehmen mit den Tiroler Landständen festgelegt, dass die Stände zur Verteidigung des Landes **Kriegsdienste** zu leisten hatten. Dafür gab es das sogenannte Aufgebot, ein quasi stehendes Heer, das in einer Größenordnung von bis zu 20.000 Mann im Ernstfall bereitgestellt werden musste, sowie den Landsturm als Reserve aus der Bevölkerung, für den bei einem plötzlichen Verteidigungsfall alle Wehrfähigen vom 18. bis zum 60. Lebensjahr aufzubieten waren. Für diese zu erbringenden Kriegsdienste brauchten Aufgebot und Landsturm nur innerhalb des Landes Tirol tätig werden, die Waffen dafür waren von Aufgebot und Landsturm zu beschaffen. Des Weiteren sagte das Landlibell aus, dass ohne Bewilligung der Landstände kein Krieg, Tirol betreffend, begonnen werden sollte. So durfte jeder Tiroler Waffen tragen, was als Ursprung des **Tiroler Schützenwesens** gilt und zum außerordentlichen Selbstbewusstsein der Tiroler beigetragen hat.

Bauernaufstände

Von den weiteren Religionskriegen, die Europa in der Folgezeit erschüttern sollten, blieb Tirol weitgehend verschont, nicht aber von den Bauernaufständen der Jahre 1525/26. Der Tiroler Anführer *Jakob Gaismair* wurde allerdings 1532 ermordet. Einzig die **Hutterer,** so benannt nach dem im Pustertal geborenen Reformator *Jakob Hutter* (1500–35) fanden Anhänger, aber nach seiner Hinrichtung in Innsbruck verlor sich das Problem für die Habsburger.

Machtverlust

Das 16. Jh. brachte Tirol aus seiner zentralen geostrategischen Lage in eine **weltpolitische Randlage.** Seit der Entdeckung Amerikas verlagerten sich die Welthandelswege immer mehr nach Westeuropa. Der Bergbau in Tirol ging wegen billigerer Edelmetalle aus den spanischen Überseebesitzungen zurück. Zunehmende Probleme bereitete die **Pest** – diese Seuche ließ sich einfach nicht ausrotten.

Zur Wiederherstellung habsburgischer Ordnungsvorstellungen hatte der auch über Tirol herrschende Kaiser *Ferdinand I.* (1503–64) im Zuge der **Gegenreformation** die katholischen Kräfte im Land gestärkt. Da sein Sohn *Ferdinand II.* in nicht-ebenbürtiger morganatischer Ehe mit *Philippine Welser* verheiratet war, herrschten zunächst nach dessen Tod Statthalter der Habsburger über Südtirol, von denen dann *Leopold V.* zum Regenten erhoben wurde. Doch starb diese Linie schon mit seinem Sohn wieder aus.

Nach Leopolds Tod richtete seine Witwe Erzherzogin *Claudia de' Medici* 1633/35 das Merkantilmagistrat in Bozen ein, das sich zu einem Handelsgericht von überregionaler Bedeutung entwickelte. Zu dieser Zeit herrschte der Dreißigjährige Krieg, der ganze Landstriche in Europa verwüstete, aber Südtirol verschonte. 1665 starb Leopolds Sohn *Sigismund Franz.* Nunmehr übernahm Kaiser *Leopold I.* die unmittelbare Regentschaft über Tirol, das fortan von **Wien** aus direkt regiert wurde.

Erstarkender Katholizismus

Die politische Herrschaft war fern, und die katholische Kirche nutzte dieses Vakuum, um sich im Land mehr Geltung zu verschaffen. Während sich andernorts ab dem 18. Jh. Gedanken der Aufklärung durchsetzten, blieb Tirol dem konservativen Katholizismus verhaftet. Und so stießen auch viele der Reformbestrebungen des erstgeborenen Sohns der Kaiserin *Maria Theresia* und späteren Kaisers *Joseph II.* im „Heilig Land Tirol" auf Unverständnis. Dazu gehörte die Zurückdrängung des Einflusses des Klerus, Religionstoleranz, die Schließung von kontemplativen Klöstern und nicht zuletzt das Verbot von Passionsspielen und Feiertagen, die er für abergläubisch hielt.

Zeit der Aufklärung

Koalitionskriege gegen Frankreich

Mit der Französischen Revolution des Jahres 1789 begann für Europa eine neue Epoche, die sich für Südtirol besonders schicksalhaft auswirken sollte. In fünf Koalitionskriegen der europäischen Mächte gegen die Französischen Revolutionstruppen bzw. gegen die **napoleonischen Truppen** ging es letztlich um die Vorherrschaft in Europa. Schon im ersten dieser Kriege griffen die Franzosen Tirol in kleineren Scharmützeln an, wurden aber vom Landsturm aufgehalten. Als Folge des für Frankreich siegreichen zweiten Krieges wurden im Zuge der daraus folgenden **Säkularisierung** im Jahr 1803 die Bistümer Brixen und Trient, die eigentlich schon unter österreichischer Oberhoheit standen, dem Land angegliedert. Als Ergebnis des für die Franzosen wieder siegreichen Dritten Koalitionskrieges wurde Tirol im Frieden von Pressburg 1805 an **Bayern** abgetreten.

Bayerische Herrschaft

Unter bayerischer Besetzung erlebte Tirol eine deprimierende Zeit. Zwar hatte der bayerische König den Tirolern zunächst Zugeständnisse gemacht, um sich ihres Wohlwollens zu versichern, auch, in dem er das Landlibell anerkannte, aber sein „Regierungschef", der leitende Minister Graf *Montgelas,* wollte keine Rücksicht auf die für Bayern dazugewonnenen Ländereien nehmen. So regierten die Bayern schon bald mit **harter Hand** in Tirol, widersetzten sich der Kirche und erhöhten die Steuern, zumal sich auch die wirtschaftlichen Verhältnisse im Zuge der von *Napoleon* verhängten Kontinentalsperre im Land verschlechterten – sie behandelten Tirol als Kriegsbeute. Dies traf die Tiroler in doppelter Hinsicht ins Mark, empfanden sie sich doch seit dem Landlibell als ein selbstbestimmtes Volk im „Heilig Land".

Als die Bayern, deren Königreich ja gerade erst geschaffen worden war, im Zuge einer neuen Staatsverfassung gar noch das Land Tirol auflösten und in mehrere Verwaltungseinheiten unterteilten, begann sich erster **Widerstand** im Land zu regen. Denn auf der Grundlage dieser neuen Staatsverfassung konnten die bayerischen Behörden Tiroler zum Militärdienst einberufen, was den zunächst auch vom bayerischen König noch verbrieften Landesfreiheiten widersprach. Erste Rekrutierungen wollten die Bayern im März 1809 in Axams vornehmen, doch waren die betroffenen Männer zuvor bereits geflohen. Andere Tiroler entwaffneten die bayerischen Soldaten und schickten sie nach Innsbruck zurück.

Tiroler Freiheitskämpfe

Inzwischen hatten sich längst die gesamteuropäischen Rahmenbedingungen geändert. Napoleon wirkte darauf hin, das Heilige Römische Reich Deutscher Nation aufzulösen, was ihm dann auch faktisch gelang, als unter seiner Protektion mehrere deutsche Staaten den Rheinbund gründeten und aus dem Reich austraten. In der Folge legte der amtierende Kaiser *Franz II.* 1806 die deutsche Krone nieder, nachdem er sich bereits zwei Jahre zuvor als österreichischer Kaiser *Franz I.* inthronisiert hatte. Franz glaubte im Jahr 1809, als Frankreichs Kräfte durch einen Volksaufstand in Spanien gebunden waren, im Fünften Koalitionskrieg die Vorherrschaft Frankreichs in Europa zu brechen. Vor diesem Hintergrund unterstützten

adobe.stock Foto: ©iralex

die Österreicher die **Aufstandsbewegungen** in Tirol mit dem Versprechen, nach einem Sieg über Frankreich Tirol wieder an Österreich anzugliedern.

Am 25. Mai 1809 gelang es einem Tiroler **Bauernheer** erstmals am Berg Isel bei Innsbruck, ein französisches Truppenkontingent zu schlagen. Doch nach der verlorenen Schlacht bei Wagram mussten die Österreicher am 12. Juli in einen erneuten Waffenstillstand mit den Franzosen einwilligen. Nun rückten die Franzosen siegreich gegen die Aufständischen in Tirol vor, nur in **Südtirol** gab es noch nachhaltigen Widerstand unter dem **Gastwirt Andreas Hofer** aus dem Passeiertal. Nach mehreren für die Franzosen verlustreichen Scharmützeln kam es bei der Verfolgung der Truppen über den Brenner zur zweiten **Schlacht am Berg Isel** am 12./13. August, die wiederum einen französischen Rückzug zur Folge hatte.

Nach dieser zweiten Niederlage der Franzosen zog Hofer als Landesverwalter in Innsbruck ein. Er ließ sogar eigene Münzen prägen und bemühte sich, die strategisch wichtigen Landespunkte mit Posten zu versehen. Doch am 14. Oktober schloss Österreich erneut **Frieden mit Frankreich** – in diesem Diktatfrieden wurde Tirol endgültig **Bayern** zugeschlagen. Damit war auch das Ende der österreichischen Unterstützung des Tiroler Aufstands gekommen. In einer letzten Schlacht am Berg Isel unterlag Hofer mit seinem Landsturm der Übermacht.

Gedenktafel für Andreas Hofer

19. Jahrhundert und Erster Weltkrieg

Südtirol im Österreichischen Kaiserreich

Nach der endgültigen Niederlage Napoleons ordneten die Siegermächte gemeinsam mit Frankreich Europa 1815 auf dem Wiener Kongress neu. Als Ergebnis dieser Friedensverhandlungen wurde Tirol ins österreichische Kaiserreich einverleibt. Nun begann auch für Tirol ein Zeitalter des Umbruchs. Im Laufe des 19. Jh. wurden die **Verkehrswege** verbessert. Dies war zunächst nicht von Vorteil insbesondere für Südtirol: Über Jahrhunderte hatte man hier Getreide angebaut – Roggen, Gerste und Buchweizen – und musste dies nun aufgegeben, denn spätestens mit der 1867

Andreas Hofer – Held der Südtiroler Freiheitsbewegung

Andreas Hofer wurde 1767 südlich von St. Leonhard im Passeiertal im elterlichen Gasthaus Sandwirt geboren. Er war Landwirt, Wirt, Viehhändler und Schützenleutnant. Viel unterwegs, hatte er gute Kontakte zur österreichischen Hoheit.

1809 trat Hofer an die Spitze der Tiroler Freiheitsbewegung, die gegen die im Pressburger Frieden 1805 mit französischer Unterstützung erfolgte Herrschaft Bayerns über Tirol aufbegehrte. Nach siegreichen Kämpfen gegen die bayerischen Truppen am Berg Isel (12. April sowie 25./29. Mai 1809) zwang er die Bayern zunächst zum Rückzug. Von Wien ermutigt, führte Hofer den Kampf trotz des österreichisch-französischen Waffenstillstands von Znaim fort. Es gelang ihm sogar, die Franzosen erneut zu schlagen, woraufhin er vom Hause Habsburg zum Regenten über Tirol ernannt wurde. Nach dem Verzicht Österreichs auf Tirol im Frieden von Schönbrunn kämpfte Hofer weiter, doch die breite Unterstützung blieb aus. Hofers Landsturm unterlag letztendlich am 1. November bayerischen und französischen Truppen.

Er floh auf die Pfandleralm oberhalb von St. Martin im Passeier. Sein Aufenthalt dort wurde verraten, sodass die Franzosen ihn gefangen nehmen konnten. Hofer wurde nach Mantua gebracht und am 20. Februar 1810 standrechtlich erschossen.

Bis heute gilt Andreas Hofer als der große Freiheitsheld Tirols, wozu seine Hinrichtung sicherlich beigetragen hat. Dreizehn Jahre nach seinem Tod wurde seine Leiche von österreichischen Patrioten exhumiert, nach Innsbruck überführt und in der Hofkirche bestattet. Ob die historische Figur ganz genau mit dem übereinstimmt, was Geschichte und Legende aus ihr gemacht haben, kann dahingestellt bleiben. Erzkonservativ sei er gewesen, habe nur die alte Ordnung wieder herstellen und die Position der Kirche stärken wollen, die ja schon in vornapoleonischer Zeit durch die Österreicher eingeschränkt worden war. Der Mythos bröckelt, sicher auch im Zeichen eines geeinten Europa, in dem sich die Völker immer näher kommen.

Zum Museum Passeier bzw. Sandwirt → St. Leonhard in Passeier.

eingeweihten **Brenner-Eisenbahn** kam billigeres Getreide ins Land. Die Bauern stellten in ganz Südtirol auf die **Milchviehhaltung** um, was eine Intensivierung und bessere Zugänglichkeit der Almen zur Folge hatte.

Mit der Verkehrserschließung kamen die **Touristen,** die jetzt nicht nur das Klima der Täler reizte, sondern die auch die Schönheit der Berge zum Wandern und Klettern entdeckten. Am Ende des 19. Jh. zeichnete sich ab, dass sich der Fremdenverkehr zur wichtigsten Einnahmequelle entwickeln würde.

Österreichisch-italienische Front

Doch wurde die Entwicklung jäh durch den Ausbruch des Ersten Weltkriegs unterbrochen. Zwar war Italien im sogenannten Dreibund noch vertraglich mit dem Deutschen Reich und der k.u.k. Monarchie verbunden, wechselte aber 1915 die Seite und schloss sich den Alliierten an. So entstand quer durch die Alpen eine österreichisch-italienische Front. Erbitterte Kämpfe fanden vor allem an der **Dolomitenfront** statt, an der mehr Menschen an Kälte und Steinschlag als durch Kampfhandlungen starben. Obwohl die Österreicher die Dolomitenfront bis zum Ende des Krieges stabilisieren konnten, hatte dies keinen Einfluss mehr auf die Friedensverhandlungen nach dem insgesamt für die Mittelmächte verlorenen Ersten Weltkrieg. Heute weiß man, dass der Seitenwechsel Italiens unter anderem auch deswegen herbeigeführt wurde, weil die Alliierten Italien Trient und Südtirol als Kriegsbeute, die Österreicher aber nur Trient angeboten hatten.

221st ot

Italienische Provinz

Am 3. November 1918 schloss die k.u.k. Monarchie mit Italien einen Waffenstillstand. Sofort besetzten italienische Truppen Südtirol bis zum Brenner. Aufgrund des **Friedensvertrages von St. Germain** annektierte Italien am 10. Oktober 1920 auch formell Südtirol. Zu diesem Zeitpunkt waren 90 % der knapp 200.000 in Südtirol lebenden Menschen Deutsche und es gab noch mehr Ladiner als Italiener im Land. Das einstige, über Jahrhunderte bestehende Tirol war damit zerschlagen. Nordtirol und Osttirol blieben bei Österreich, das Trentino als südlichster Teil Tirols zu k.u.k. Zeiten wie auch Südtirol als **Alto Adige** wurden italienische Provinzen.

Südtirol unter dem Faschismus

Italienisierung

Entscheidend für die weitere Entwicklung war die Machtübernahme durch **Benito Mussolini** 1922, der sich als selbst ernannter *Duce* an die Spitze des italienischen Staates stellte. Zuvor konnten aber noch vier Südtiroler Abgeordnete in der demokratischen Wahl des Jahres 1921 ins italienische Parlament einziehen. Doch ihre Bemühungen um Autonomie scheiterten an der sich rasch ändernden politischen Großwetterlage in Italien.

Schon 1921 übten faschistische Schlägertrupps massive **Repression** in Südtirol aus, attackierten am 24. April 1921 den Bozner Trachtenumzug, am 2. Oktober 1922 besetzten Faschisten das Bozner Rathaus. Unter Mussolini setzte dann die Italienisierung ein, die auch die **Ladiner** betraf, deren Sprache sie als italienischen Dialekt einstuften. Die ladinischsprachigen Gemeinden Buchenstein und Ampezzo wurden der Provinz Belluno zugeschlagen. Aber am nachhaltigsten waren die Assimilierungsansätze von **Ettore Tolomei,** einem Trientiner Welschtiroler, der 1905 den Thalerhof in Glen (einem Ortsteil von Montan im Unterland) erworben hatte, ihn mit Beginn des Ersten Weltkriegs wieder verließ und sich in Rom niederließ, um von dort aus die Annexion der Gebiete bis zum Brenner mit vorzubereiten. Dazu hatte er 1916 halboffiziell eine Liste ins Italiensche übersetzter deutscher und ladinischer Ortsnamen (*Prontuario dei nomi locali dell'Alto Adige* = Nachschlagewerk der Ortsnamen Oberetschs, kurz *Prontuario* genannt) erarbeitet, die der italienische König 1923 als königliches Dekret verfügte. Die **deutschen Ortsnamen** kamen erst nach dem Zweiten Weltkrieg wieder zur Geltung, haben aber rechtlich nicht die gleiche Stellung, formell gültig sind die italienischen Namen. 1923 wurde auch der **Unterricht in Deutsch** an den Südtiroler Schulen verboten. Als Reaktion entstanden heimliche deutsche Notschulen, viele ihrer Initiatoren und Lehrer erhielten dafür lange Haftstrafen. Ab 1925 war **Italienisch alleinige Amtssprache** in Südtirol.

Ansiedlung von Italienern in Bozen

Doch all diese Maßnahmen führten nicht zu dem von der italienischen Regierung angestrebten Ziel, die deutsche Sprache in Südtirol auszumerzen. So beschloss man 1928, in Bozen ein großes **Industriezentrum** anzulegen, wozu Firmen Steuerprivilegien und Subventionen erhielten und als Arbeitskräfte vor allem **Süditaliener** mit günstigen Arbeitskonditionen ansiedelten. Das damalige Bozen hatte 30.000 Einwohner, die Zahl vervielfachte sich seither, sodass sich heute mehr Bewohner der italienischen als der deutschen Sprachgruppe zurechnen. Diese Bedrängungspolitik schürte die Antipathie der Deutschen gegen die Italiener weiter, heute dagegen trägt die Bevölkerungsvielfalt zum internationalen Flair von Bozen bei. Im Zuge

◁ Die Rinderhaltung spielt eine große Rolle in Südtirol

der faschistischen Politik entstand jenseits der Talfer eine italienische Neustadt in **faschistischer Herrschaftsarchitektur** mit Siegerdenkmal, Gerichtsplatz und faschistischem Jugendgebäude.

„Heim ins Reich"

Als Hitler 1938 den **Anschluss Österreichs an das Deutsche Reich** vollzog, keimte in Südtirol die Hoffnung an einen Anschluss an das inzwischen deutsche Österreich auf. Doch Hitler hatte längst andere Ziele, er hatte Mussolini die Brenner-Grenze garantiert. In einem Abkommen zwischen Mussolini und Hitler einigte man sich 1939 auf die **Aussiedlung der Deutschen** aus Südtirol. Die Südtiroler konnten entscheiden, ob sie als Italiener in Italien verbleiben oder dem Ruf „Heim ins Reich" folgen wollten. Dazu sollten sie ihre angestammte Heimat verlassen, erhielten dafür aber die Reichsbürgerschaft. Am 31. Dezember 1939 war die Optionsfrist abgelaufen. Von **246.036 Optionsberechtigten** hatten sich 211.799 für die deutsche Staatsbürgerschaft entschieden – weit mehr als die deutsche und auch die italienische Seite erwartet hatten.

Das Optionsverfahren riss eine tiefe Kluft in die Südtiroler Bevölkerung und führte auch zu schweren innerfamiliären Belastungen, weil sich unversöhnliche Gräben zwischen der Auswanderungsoption und dem Verbleib in der Heimat eröffneten. Die Minderheit der sogenannten Nichtoptanten, der Dableiber, war Anfeindungen und Übergriffen von Seiten der Optantenmehrheit ausgesetzt.

Tatsächlich kam das Optionsprogramm durch den bald beginnenden **Zweiten Weltkrieg** nie richtig zur Ausführung. 75.000 Südtiroler zogen ins Deutsche Reich, nach dem Krieg kamen 50.000 von ihnen zurück. Dieser menschenunwürdige Umgang mit den Südtirolern in der faschistischen Zeit stellte noch lange eine schwere Belastung des Verhältnisses der Südtiroler zu den Italienern dar.

Nazi-Herrschaft

Nach dem Sturz Mussolinis beherrschten die Nationalsozialisten von **1943 bis Anfang 1945** Südtirol. Sie setzten das Programm „Heim ins Reich" aus, sodass keine Optanten mehr auswanderten, und genauso wurde die weitere Einwanderung von Süditalienern gestoppt. Dafür dienten Südtiroler Soldaten in der **Wehrmacht,** wo viele von ihnen an der Ostfront fielen. Die Südtiroler waren wieder einmal Opfer der Weltpolitik geworden. Es gab Nazi-Sympathisanten, aber es regte sich auch **Widerstand** gegen die faschistischen Deutschen. Aus diesen Regime-Gegnern bildete sich die **Südtiroler Volkspartei,** die am 8. Mai 1945 formell gegründet wurde und bis heute die wichtigste politische Gruppierung in Südtirol ist. Schon bald nach ihrer Gründung wurde sie von den alliierten Siegermächten als legitime Interessenvertretung der Südtiroler anerkannt.

Autonomie im italienischen Staat

Als der Zweite Weltkrieg beendet war, keimte erneute Hoffnung in Südtirol auf einen **Anschluss an Österreich** auf. Doch Österreich war zu diesem Zeitpunkt ein von den Alliierten verwaltetes Staatsgebilde, das noch keine internationalen Verhandlungsmöglichkeiten hatte. So fand am 4. September 1945 eine Großkundgebung in Innsbruck mit 30.000 Teilnehmern zur Wiedereingliederung Südtirols statt. Anlässlich einer weiteren Großkundgebung in Innsbruck am 22. April 1946 wurden dem österreichischen Bundeskanzler *Leopold Figl* 155.000 Unterschriften übergeben, die in Südtirol und Österreich unter den Südtirol-Optanten gesammelt worden waren. Doch die Alliierten blieben in der Grenzfrage hart, Italien wurde die Brenner-Grenze garantiert.

Aber die verschiedensten Petitionen zeigten Wirkung bei den Alliierten. Am 11. Juli 1945 wurden in einer italienischen Regierungserklärung den Südtirolern die **Gleichstellung der deutschen Sprache** sowie eine deutschsprachige Schule zugesichert und am 27. Oktober genehmigte Italien per Gesetzesdekret **deutsche Schulen** in Südtirol. Am 30. Juni 1945 fanden landesweit in Nord- und Südtirol Herz-Jesu-Prozessionen statt, bei denen für das Selbstbestimmungsrecht Südtirols demonstriert wurde. In der zweiten Hälfte des Jahres 1946 begannen dann die entscheidenden Verhandlungen, die nach jahrelangem Ringen endgültig Südtirols Autonomie im italienischen Staat herbeiführen sollten.

Am 29. Juli 1946 begann in Paris die bis zum 15. Oktober währende permanente Tagung der Friedenskonferenz der Siegermächte. Diese Konferenz arbeitete die Friedensverträge mit Italien, Finnland, Bulgarien, Rumänien und Ungarn aus und befasste sich auch mit der Südtirol-Frage. Nach der Überzeugung der Siegermächte sollte der Konflikt um die deutschsprachige Minderheit in Italien nicht durch eine Grenzverschiebung, sondern durch das Instrument einer Autonomie gelöst werden. So kam es am 5. September zum **Pariser Abkommen,** das hierfür die Grundlage schuf und als Artikel 10 Bestandteil des italienischen Friedensvertrags wurde.

Nachkriegszeit

Verwaltungseinheit mit dem Trentino

Es sollte noch ein langer Weg sein, bis die Südtiroler für sich in Anspruch nehmen konnten, was ihnen das Pariser Abkommen versprach. In Italien dachte man gar nicht daran, die Vereinbarungen zügig umzusetzen. Als 1948 das erste Autonomiestatut in Kraft trat, wurden die Autonomierechte nicht Südtirol, sondern der neu geschaffenen **Region Trentino – Alto Adige** gewährt. Den Südtirolern blieb damit eine **echte Selbstverwaltung verwehrt,** denn in dieser Gesamtregion war die italienische Sprachgruppe deutlich in der Mehrzahl, alle wichtigen Entscheidungen wurden in Trient getroffen.

Als dann noch mit einem neuen Wohnungsbauprogramm die weitere Ansiedlung von 5000 italienischen Zuwanderern nach Südtirol bezweckt wurde, nahm der Unmut gegenüber der italienischen Vorgehensweise zu. Der Südtiroler Volkspartei wurde vorgeworfen, bislang einen zu weichen Kurs gegenüber Italien gefahren zu haben. Es kam zur Umbildung der Regierung, *Silvius Magnago* wurde neuer Landeshauptmann, der 1957 unter dem Motto „Los von Trient" zur bisher größten Kundgebung in der Geschichte Südtirols auf Schloss Sigmundskron aufrief – 35.000 Südtiroler nahmen daran teil.

Nun kam Bewegung in die **Verhandlungen** mit der italienischen Regierung, an denen Österreich als Südtiroler Schutzmacht teilnahm. Österreich brachte die Problematik auf die Tagesordnung der **UN-Vollversammlung,** die 1960 in einer Resolution feststellte, dass der Pariser Vertrag bindend sei. An der italienischen Politik änderte das kaum etwas. In der Folge kam es zu **Bomben-**

Das Pariser Abkommen von 1946

1. Die deutschsprachigen Bewohner der Provinz Bozen und der benachbarten zweisprachigen Gemeinden der Provinz Trient genießen die volle Gleichberechtigung mit den italienischsprachigen Einwohnern im Rahmen besonderer Maßnahmen zum Schutze der völkischen Eigenart und der kulturellen und wirtschaftlichen Entwicklung der deutschen Sprachgruppe. In Übereinstimmung mit den bereits erlassenen oder zu erlassenden gesetzlichen Maßnahmen wird den Staatsbürgern deutscher Zunge im Besonderen gewährt:
– Volks- und Mittelschulunterricht in ihrer Muttersprache;
– Gleichberechtigung im Gebrauch der deutschen und italienischen Sprache in öffentlichen Ämtern und amtlichen Urkunden wie auch in der zweisprachigen Ortsnamengebung;
– das Recht, die deutschen Familiennamen wiederzuerwerben, die im Laufe der vergangenen Jahre italienisiert wurden;
– Gleichberechtigung bei Zulassung zu öffentlichen Ämtern, zum Zwecke, eine angemessenere Verteilung der Beamtenstellen zwischen den beiden Volksgruppen zu verwirklichen.

2. Der Bevölkerung obengenannter Gebiete wird die Ausübung einer autonomen Gesetzgebungs- und Vollzugsgewalt für den Bereich ihrer Gebiete zuerkannt. Der Rahmen, in welchem die besagte Autonomie Anwendung findet, wird noch bestimmt, wobei auch örtliche Vertreter der deutschsprachigen Bevölkerung zu Rate gezogen werden.

3. Die italienische Regierung verpflichtet sich, zum Zwecke der Herstellung gutnachbarlicher Beziehungen zwischen Österreich und Italien, nach Beratung mit der österreichischen Regierung und innerhalb eines Jahres nach Unterzeichnung vorliegenden Vertrags:
– im Geiste der Billigkeit und Weitherzigkeit die Frage der Staatsbürgerschaftsoptionen, welche sich aus dem Abkommen Hitler-Mussolini vom Jahre 1939 ergibt, neu zu regeln;
– eine Vereinbarung über die gegenseitige Anerkennung der Gültigkeit gewisser Studientitel und Hochschuldiplome zu treffen;
– ein Abkommen über den freien Personen- und Güterverkehr zwischen Nordtirol und Osttirol auf dem Schienenwege und in möglichst weitgehendem Umfange auch auf dem Straßenwege zu treffen;
– Sonderabmachungen zur Erleichterung eines erweiterten Grenzverkehrs und örtlichen Austausches bestimmter Mengen heimischer Erzeugnisse und Güter zwischen Österreich und Italien zu treffen.

anschlägen vornehmlich auf Strommasten, die das italienische Industriegebiet von Bozen versorgten, und ihren Höhepunkt in der Herz-Jesu-Nacht vom 11. auf den 12.7.1961 fanden. In den nächsten Jahren folgte eine zweite Anschlagsserie, die erheblich gewalttätiger war.

Abschluss der Verhandlungen

Zwischenzeitlich wurden mittels einer erneuten UN-Resolution endlich ernsthafte Selbstverwaltungsverhandlungen mit Italien geführt, die 1964 zum Abschluss des Zweiten Autonomiestatuts führten, das heute allgemein als **Südtirol-Paket** bezeichnet wird. Im Jahre 1972 wurde das Paket schließlich endgültig ratifiziert. Mit der Zustimmung der Landesversammlung der Südtiroler Volkspartei zum Südtirol-Paket am 30. Mai 1992 und mit der Abgabe der **Streitbeilegungserklärung Österreichs** vor der UNO am **11. Juni 1992** fanden die Südtirolverhandlungen ihren formellen Abschluss.

Formal ist die Selbstverwaltung Südtirols innerhalb des italienischen Staats dreigeteilt. In den **primären** Zuständigkeitsbereichen kann Südtirol Gesetze unabhängig von staatlich-italienischen Regelungen erlassen – natürlich nur innerhalb der Grundsätze der italienischen Verfassung und der Grundregeln der Europäischen Union. Bei den **sekundären** Zuständigkeiten muss sich Südtirol an die Grundsätze des italienischen Staates halten, kann aber eigenständig die Details regeln. **Staatliche Zuständigkeiten** wie etwa Verteidigung oder auch Außenpolitik bleiben außen vor. Bisher hat diese Zuständigkeitsverteilung gut funktioniert, die Selbstverwaltung Südtirols im italienischen Staat verläuft seither problemlos.

Südtirol heute

Selbstverwaltung als Provinz

Das Südtirol-Paket ist die Grundlage für die heutige Selbstverwaltung der **Autonomen Provinz Bozen – Südtirol** (ital.: Provincia Autonoma di Bolzano – Alto Adige), wobei die Region Trentino-Südtirol (ital.: Trentino – Alto Adige) zwar noch weiter besteht, aber politisch an Bedeutung verloren hat. Wichtigster Punkt ist die **Gleichstellung der deutschen und der ladinischen Sprache** mit der italienischen. Staatsbedienstete müssen Deutsch und Italienisch beherrschen. Der Südtiroler Landtag verfügt

381st ot

[>] Der Tourismus ist ein wichtiger Wirtschaftszweig in Südtirol: im Bild der Tschötscherhof – Bauernmuseum, Hotel und Restaurant in einem

Südtirols Bevölkerung und Wirtschaft in Zahlen

- **Fläche:** 7400 km² (2,5 % Anteil an der Fläche Italiens); 50 % Landwirtschaftsfläche, 42 % Waldanteil, 60 % über 1600 m Höhe
- **Einwohner:** 531.000 (69,6 % deutsch, 25,8 % italienisch, 4,5 % ladinisch), davon 103.000 Einwohner in Bozen, 37.000 in Meran und 21.000 in Brixen
- **Werktätige:** 253.000
- **Wirtschaftsstruktur** → S. 10
- **Bruttoinlandsprodukt:** 24,4 Mrd. Euro, pro Kopf 45,900 Euro
- **Arbeitslosenquote:** 2,9 %
- **Landeshaushalt:** 6,25 Mrd. Euro
- **Autonomiestatut:** Primäre Zuständigkeit Südtirols: Kultur, Berufsbildung, Kindergärten, Soziales, Straßen, Wohnungsbau, ÖPNV, Tourismus, Handwerk, Handel, Industrie, Landwirtschaft, Zivilschutz, Naturschutz; sekundäre Zuständigkeit Südtirols: Schulen, Gesundheit, Sport; staatliche Zuständigkeit (Italien): Verteidigung, Justiz, Polizei, Einwanderung, Finanzen.
- **Tourismus:** 10.100 Gastbetriebe, 222.700 Gästebetten, 32,4 Mio. Übernachtungen
- **Flächenverteilung:** Landwirtschaft 36 %, Wald 40 %, Brache 2 %, unproduktiv (Gebirge etc.) 22 %
- **Weinbau:** 5100 ha Rebfläche, 250.000 Hektoliter Weinertrag, 98 % DOC-klassifiziert, 55 % rote Rebsorten, 45 % weiße Rebsorten
- **Obstbau:** 18.000 ha Anbaufläche für Obst, 980.000 t jährlich
- **Milchwirtschaft:** 80.000 Milchkühe, 400.000 t Milch, im Sommer 85.000 Rinder auf den Almen
- **Landwirtschaftliche Produktion:** 9,5 Mio. Äpfel, 40.000 t Trauben, 106.000 t Kartoffeln, 30.000 t Blumenkohl

über eine weitgehende **Gesetzesautonomie** über Landesangelegenheiten, siehe oben. Um dies alles bewerkstelligen zu können, erhielt Südtirol auch **finanzielle Autonomie:** 90 % aller Steuern, die im Landesgebiet eingetrieben werden, gibt der italienische Staat direkt an die Landeskassen weiter. So umfasst der Gesamthaushalt Südtirols eine Summe von über sechs Milliarden Euro jährlich.

Südtiroler Volkspartei

Die Südtiroler Volkspartei (SVP) versteht sich als Sammelpartei der deutsch- und ladinischsprachigen Bevölkerungsgruppen sowie auch als Vertreter aller gesellschaftlichen Gruppen in Südtirol. Sie ist seit ihrer Gründung am 8. Mai 1945 die beherrschende politische Kraft im Land. Unter Ihrem Landeshauptmann *Silvius Magnago* gelang es, die Autonomierechte Südtirols in Italien und international durchzusetzen. Sein Nachfolger und früherer Obmann für Landwirtschaft, *Luis Duernwalder,* führte die Partei und das Land bis 2014. Dessen Nachfolger wurde auch im Sinn eines Generationswechsels *Arno Kompatscher* (geb. 19.3.1971).

Zwar hat die SVP bei den Wahlen 2018 die absolute Mehrheit im Südtiroler Landtag verloren, regiert aber unter *Arno Kompatscher* in einer Koalitionsregierung weiter.

Musterland innerhalb Italiens

Seit die Autonomie real geworden ist, haben Südtirol und seine Bewohner an **Selbstbewusstsein** gewonnen. Die politischen Wirren gehören der Vergangenheit an, das Land ist ein viel besuchtes Touristenziel, die **Wirtschaft prosperiert,** die öffentliche Ordnung funktioniert. Südtirol hat die **niedrigste Arbeitslosigkeit** von ganz Italien, das Bruttoinlandsprodukt hat einen Spitzenwert im landesweiten Vergleich. Nach der Lombardei ist Südtirol die reichste Region Italiens.

100 Jahre Südtirol

Seit dem 10. September 2019 ist Südtirol schon 100 Jahre Teil des italienischen Staatsgebietes. Diese Jahre waren ein **schwerer Weg** für die Menschen in Südtirol, angesichts der neuen territorialen Machtverhältnisse eigenständige Lebensumstände zu entwickeln war nicht immer einfach. Richtig gelungen ist ihnen das nach schweren Zeiten erst am Ende des vorigen Jahrhunderts, seit der **europäische Gedanke** übergeordnete Bedeutung erlangt hat. In diesem Kontext haben die Südtiroler ihren eigenen Platz im Alpenraum gefunden, in dem Nationalitäten eine abnehmende Rolle spielen, aber der Ausgleich zwischen den Menschen nördlich und südlich des Alpenraums zunehmend an Bedeutung gewinnt.

Sichtbares Zeichen dieser Entwicklung ist die als Landesuniversität gegründete **Freie Universität Bozen,** die inzwischen fünf Fakultäten bietet und an der es ganz selbstverständlich ist, dass die Lehrveranstaltungen ihrer Studiengänge auf Deutsch, Englisch und Italienisch gehalten werden. Im nationalen und internationalen Ranking belegt die Uni regelmäßig Spitzenpositionen.

80.000 Milchkühe gibt es in Südtirol

238st ot

Traditionen und religiöses Brauchtum

Die Tiroler im Allgemeinen und die Südtiroler im Besonderen sind eine eingeschworene Gemeinschaft, deren Traditionen jahrhundertealte Ursprünge haben, die tief in der katholischen Religion, im bäuerlichen Alltag und im Lauf der Jahreszeiten verwurzelt sind. Vieles versteht sich aus der Geschichte des Landes heraus, genossen die Bauern hier doch außergewöhnliche Freiheitsrechte, die ihnen schon 1369 vom Habsburger Herzog *Rudolf IV.* bei der Übernahme Tirols von Gräfin *Margarete Maultasch* (→ Geschichte) bestätigt worden waren.

Besonders auffällig im jahreszeitlichen Ablauf des religiösen Brauchtums sind die **Bittgänge und Prozessionen** zu kirchlichen Feiertagen, wenn der Pfarrer unter einem Baldachin den Gläubigen vorangeht, gefolgt von Ministranten, die Heiligenfiguren tragen und denen wiederum Musikkapellen, Schützen und Gläubige folgen.

Sehr intensiv wird auch die **Adventszeit** begangen. Wundervolle Märkte in den Städten lohnen den Besuch, der größte von allen ist in Bozen.

Die tiefe Verwurzelung des Glaubens in der Südtiroler Bevölkerung zeigen auf eindrückliche Weise die **Herz-Jesu-Feuer,** die alljährlich zur Sonnenwende am 24. Juni auf den Bergen entzündet werden. Mit diesen Feuern rief man früher den Landsturm zusammen. In der Franzosenzeit, als 1796 das Land von fremden Truppen überrannt wurde, wollte man mit dem Herz-Jesu-Schwur um göttlichen Beistand für den Widerstand bitten. Dieser Schwur als einigendes Band für ganz Tirol brachte dem Landsturm so großen Zulauf, dass *Andreas Hofer* als Hauptmann der Landsturm-Truppe sogar die Franzosen zweimal schlagen konnte. Die Tradition des Herz-Jesu-Bundes wird heute mit Feuern in Form von Kreuzen oder den Zeichen Christi „INRI“ oder „IHS“ gepflegt.

Der **Almabtrieb** ist für die gesamte Südtiroler Bevölkerung immer noch von großer Bedeutung, hat doch die bäuerliche Kultur das heutige Landschaftsbild Südtirols geprägt. In diesen Zusammenhang gehören auch die **Erntedankfeste,** die immer mit einem Gottesdienst beginnen. In der Kirche werden Körbe mit Erntegaben aufgestellt und vom Pfarrer gesegnet. Anschließend gibt es in vielen Orten eine Erntedankprozession. Das **Törggelen,** die Probe des frischen Weins im Herbst, hat da schon deutlich weltlichere Züge (→ Praktische Reisetipps von A bis Z: Feiertage, Feste und Events).

Kunst und Kultur

Südtirol wird nicht nur wegen seiner landschaftlichen Schönheit und der klimatischen Vorzüge so gern besucht, sondern auch, weil die Region unglaublich viele Kunstschätze aus allen europäischen Epochen beherbergt – und das in einer außerordentlichen Vielfalt und Dichte.

Frühgeschichte

Die eindrucksvollste Sammlung vorgeschichtlicher Kult-, Kunst- und Kulturgegenstände aus Südtirol findet man im Archäologischen Museum von Bozen. Die Funde reichen bis zu **Steinwerkzeugen** von mittelsteinzeitlichen Rastplätzen des 9. bis 7. Jahrtausends v. Chr. zurück. Die Entdeckung von **Ötzi,** der 5300 Jahre alten Gletschermumie vom Hauslabjoch, zeigt die verbindende Funktion Südtirols als Kulturmittler zwischen Nord- und Südeuropa, die sich wie ein roter Faden durch die gesamte Kunstgeschichte Südtirols bis heute zieht. Die von den Römern später als Räter bezeichneten Bewohner der Zentralalpen bauten die Handelsbeziehungen in alle Himmelsrichtungen aus und übernahmen von den Etruskern die Kunst der **Eisenverarbeitung.** Auf Stelen des 1. Jahrtausends v. Chr. findet man **Inschriften** in einem vom Etruskischen abgeleiteten Alphabet.

Römerzeit

Aus der römischen Zeit selbst sind im Südtiroler Raum vor allem technische bzw. bauhistorische Denkmäler, allen voran Reste der bis 50 n. Chr. erbauten **Via Claudia Augusta,** der Militärstraße von Rom nach Südgermanien, erhalten.

Frühchristliche Epoche

Das eigentliche Südtiroler Kunstschaffen beginnt mit dem Einzug des Christentums in das Land, das später einmal als „Heilig Land“ bezeichnet werden sollte. Bereits gegen Ende des 5. Jh. bildeten sich **kirchliche Strukturen** heraus. So gehört seit dieser Zeit der Vinschgau zum Bistum Chur, das Pustertal zum Bistum Aguntum, der Bozner Kessel zum Bistum Trient, das Eisacktal unterstand dem Bischof von Augsburg und in der Folge dem Bistum Säben, das im 9. Jh. nach Brixen verlegt wurde.

Spätantike Kirchenbauten

In der unruhigen nachrömischen Epoche begann der Kirchenbau erst zögerlich, zu den bedeutendsten Kunstschätzen des Landes zählen die ausgemalten frühchristlichen Kirchen. Erhalten sind noch Grundmauern der spätantiken Kirchen **St. Peter in Gratsch** bei Dorf Tirol, **St. Valentin** bei Meran und **St. Peter in Altenburg** bei Kaltern. Letztere wurde im 6. Jh. schon zur dreischiffigen Basilika ausgebaut. Erhalten aus dieser Zeit ist auch ein im Meraner Stadtmuseum ausgestelltes, in Stein gehauenes Relief, das einen archaischen Männer- und einen Löwenkopf sowie Mond, Sonne und den verschlungenen Jahreslauf darstellt.

Vorkarolingische und karolingische Kunst

Zwischen 630 und 650 entstand die **St. Prokuluskirche in Naturns,** die in der Folge mit den berühmtesten **Fresken** Südtirols ausgemalt wurde. Das Motiv des „schaukelnden Bischofs“ genießt Weltruhm. Gleichermaßen bedeutend ist die **St. Benediktkirche in Mals** aus dem 8. Jh., deren Fresken aus der Zeit *Karls des Großen* stammen. In den Kulturkreis des Vinschgau in jener Zeit fällt auch die Kirche des von Karl dem Großen in Müstair, heute in der Schweiz, gegründeten **Benediktinerklosters St. Johann.** Im Gegensatz zu den noch naiven Darstellungen in St. Prokulus zeigen die Malereien in den beiden anderen Kirchen deutlich die karolingische Hofkunst.

Romanik

Ottonische Zeit

Der Niedergang des karolingischen Reichs beendete zunächst auch das künstlerische Schaffen in Südtirol. Die Situation änderte sich in Ottonischer Zeit, als die Zentralalpen als Verbindung nach Rom wieder an strategischer Bedeutung gewannen. Überall im Land entstanden romanische **Kirchenbauten,** zur Erschließung des Zentralalpenraums wurden auch in Südtirol **Klöster** errichtet. Die um 1020 entstandenen Malereien in der Krypta des **Klosters Sonneburg** sind ein Beispiel dieser Epoche.

Lombardische Malerei und Bauplastik

In der Folgezeit sind die deutlichen Spuren langobardischer Baumeister zu erkennen, die spätbyzantinische und später auch venezianische Elemente der Architektur und Malerei übernahmen. Ein Beispiel aus dieser Zeit ist die Ausmalung der Krypta des **Klosters Marienberg.** Aber auch in kleineren Kirchen sind großartige Kunstwerke jener Zeit erhalten, so die Ausmalung der **Kirche**

031st ot

St. Jakob in Kastelaz oberhalb von Tramin. Die Fresken in der **Burgkapelle von Hocheppan** gehören ohnehin zu den schönsten Südtirols. Es gibt aber auch Beispiele von Wandmalereien, bei denen einheimische Künstler ihre Spuren hinterließen, so bei der Ausmalung der **St. Jakobkirche in Grissian,** in der erste Bergdarstellungen erhalten sind – vielleicht sogar die ersten Dolomitenbilder.

Beim bauplastischen Schmuck vieler romanischer Kirchen hat man es wiederum überwiegend mit lombardischen Künstlern, so etwa beim Kapellenportal von **Schloss Tirol,** zu tun. Ein Beispiel der Holzschnitzkunst der romanischen Epoche stellt die um 1250 gefertigte monumentale Kreuzigungsgruppe in der **Stiftskirche von Innichen** dar, ein weiteres die Madonnenfigur in der **Kapelle der Churburg.**

Erste profane Malereien finden sich in **Burg Rodeneck** mit der um 1220 entstandenen Darstellung von Szenen aus dem Iwein-Epos, dem kurz zuvor von *Hartmann von Aue* verfassten Artus-Roman.

Hochromanik

In die Epoche der Hochromanik fallen der **Brixner Dom** und die Kirche des **Klosters Neustift.** Wenn diese Bauten heute auch ein barockes Erscheinungsbild haben, ist ihr romanischer Architekturkern doch erhalten geblieben.

Die karolingische St. Benediktkirche in Mals beherbergt Fresken eines lombardischen Malers

Gotik

Wenn auch die Epoche der Gotik in Südtirol erst hundert Jahre später als in Frankreich einsetzte, so bildet sie doch einen der **Höhepunkte künstlerischen Schaffens** im Land. Die politischen und wirtschaftlichen Rahmenbedingungen waren günstig. Die Grafen von Tirol hatten ihre Macht gefestigt, und als Tirol an die Habsburger kam, gab es zwar Auseinandersetzungen mit dem Adel, aber das Bürgertum war hiervon weitgehend unberührt und durch den alpinen Handel wohlhabend geworden. Die Bausubstanz der Städte bringt dies am besten zum Ausdruck, wie die **Lauben,** die charakteristischen offenen Arkadengänge der Handelshäuser, in Bozen und Meran zeigen.

Insgesamt kann man feststellen, dass Südtirol mit der Bozner, Pustertaler und Brixner Schule im Zeitalter der Gotik ganz eigenständige Kunstentwicklungen hervorgebracht hat, die weit über die Grenzen des Landes hinaus allgemeine Anerkennung gefunden haben.

Frühgotische Sakralarchitektur

Für die weitere Entwicklung der Sakralarchitektur in Südtirol ist die Tatsache von großer Bedeutung, dass die lombardischen Bauhütten durch deutsche abgelöst wurden. Jetzt tauchen auch die ersten Namen von **Baumeistern** auf. Der früheste große gotische Bau ist die als dreischiffige Hallenkirche errichtete **Dompfarrkirche von Bozen.** *Hans von Schussenried* hat mit ihrem Turmhelm und der Kanzel Meisterwerke der Steinmetzkunst geschaffen. Weitere für Süd-

389st ot

tirol frühe gotische Bauten sind die Vorhalle der **Meraner Pfarrkirche St. Nikolaus** und die Hallenkirche **Unserer Lieben Frau in Neumarkt.** Im Gefolge des neuen Architekturstils errichteten auch lokale Meister im Auftrag reicher Gemeinden und Sponsoren spätgotische Kirchen von großem künstlerischen Wert.

Bozner Malschule

War die Kirchenmalerei in Tirol bis um 1300 immer noch an romanischen Vorbildern verhaftet, so setzt mit der Malerei des Italieners *Giotto di Bondone* auch für Italien eine neue Kunstepoche ein. Er war nicht mehr den Normen des ikonografisch-byzantinischen Stils verhaftet, sondern überwand dessen Zweidimensionalität und stellte plastisch modellierte Individuen in einem perspektivischen Raum dar.

Daraus entwickelte sich in Südtirol die Bozner Malschule, deren erstes Beispiel die **Dorotheafigur** an der Langhauswand der Dompfarrkirche ist. Weitere Zeugnisse kann man in **St. Cyprian in Sarntheim** oder etwa in der **Pfarrkirche von Terlan** sehen – hier tritt als Maler der Bozner **Hans Stockinger** hervor.

„Weicher Stil"

Als neue Stilrichtung der spätgotischen Malerei und Plastik drang ab etwa 1400 aus Prag über Wien der neue Höfische Stil, auch Weicher Stil genannt, nach Südtirol vor. Kaiser *Karl IV.* (1346–1378) hatte Prag zum künstlerischen Zentrum Mitteleuropas gemacht. Von hier aus setzte das letzte Kapitel der Geschichte mittelalterlicher Malerei und Plastik ein, das insbesondere durch die Madonnenplastiken charakterisiert ist, die auch **Schöne Madonnen** genannt werden. Sie kennzeichnen bereits den Übergang von der Spätgotik zur Renaissance und zeigen eine deutliche Beeinflussung durch die italienische Kunst.

Pustertaler Malschule

Dem Meister **Hans von Bruneck** (1390–1440 tätig) ist es gelungen, die traditionellen böhmischen Kunstansätze mit den neuen italienischen zur sogenannten Pustertaler Malschule zu verknüp-

⌃ Freskenmalerei in den Lauben von Brixen

fen. Zu seinen Hauptwerken zählen **Fresken im Brixner Dom,** im Kreuzgang des **Klosters Neustift** sowie im Hauptschiff der **Spitalkirche in Sterzing.**

Der Spätphase des Weichen Stils wird **Hans von Judenburg** zugerechnet, als dessen Hauptwerk der ehemalige Hochaltar der Pfarrkirche in Bozen (1421–23) gilt, dessen Skulpturen sich heute in Museen in München, Nürnberg, Köln und Agram befinden.

Doch kein Kunststil besteht auf Dauer. **Michael Pacher** (1435–98), ebenfalls in Bruneck gebürtig, leistete seine Lehrjahre in der Pustertaler Malschule ab, arbeitete aber schon bald Elemente der italienischen Frührenaissance in seine Werke ein, die – in bislang nicht gekannter Perspektive – eine völlig neue Altarkunst hervorbrachten. Ab 1460 betrieb Pacher eine eigene Werkstatt in Bruneck. Seine letzten Lebensjahre verbrachte er in Salzburg.

Schnitzaltäre

Überhaupt beschert die gotische Kulturepoche Südtirol eine große Zahl von prächtigen Schnitzaltären aus lokaler Produktion von höchstem künstlerischen Wert. Marktbeherrschend – so würde man heute sagen – war dabei die Werkstatt von Michael Pacher, der auch Aufträge außerhalb Südtirols ausführte. Sein besterhaltener Schnitzaltar steht in der **St. Wolfgangkirche** im Salzkammergut, an dem seine Werkstatt über zehn Jahre gearbeitet hat. Sein wichtigstes Werk ist der Flügelaltar in der **Pfarrkirche von Gries** bei Bozen. Zu seinen talentierten Nachfolgern zählte unter anderem **Hans Klocker,** dessen berühmtestes Werk der Traminer Altar mit dem Motiv der Anbetung des Kindes ist, heute im Nationalmuseum München zu bewundern. Sein letztes nachgewiesenes Werk ist das Retabel der ehemaligen **Franziskanerkirche in Bozen** aus dem Jahr 1500.

Brixner Schule

Aber auch Pachers Stil wurde weiterentwickelt: Die Figuren werden körperlicher, geradezu naturalistischer. Die Lieblichkeit des Weichen Stils macht in der Malerei expressiver Gestik Platz. Meister **Leonhard von Brixen** ist der Vertreter dieser nunmehr Brixner Schule genannten Malweise, die auch Altäre hervorgebracht hat. Ihr verdanken wir die Ausmalung des **Kreuzgangs des Brixner Doms,** aber auch vieler Dorfkirchen der Umgebung, die der Dompfarre unterstanden, so beispielsweise St. Leonhard in Klerant.

Spätgotische Schnitzkunst

Einen letzten Höhepunkt erreicht die spätgotische Schnitzkunst zu Beginn des 16. Jh. mit realistischen Figurendarstellungen, die man fast schon der Renaissance zurechnen könnte. Das Hauptwerk dieser Epoche steht in der Pfarrkirche **Maria Himmelfahrt in Niederlana.** Es ist mit 14,10 m Höhe der größte Schnitzaltar Tirols, ein prächtiges Kunstwerk von beeindruckenden Dimensionen. An diesem Werk haben **Hans Schnatterpeck** und die Schnitzer seiner Werkstatt 1503–1511 gearbeitet.

Profane Malerei

Der Übergang vom Weichen Stil zu den folgenden, stärker naturalistischen Malweisen zeigt auch den gesellschaftlichen Wandel in Südtirol an. Der Adel hatte immer weniger zu sagen, die wohlhabenden Bürger dafür umso mehr. Ihr neues Selbstbewusstsein drückt sich auch in der Malerei aus. Die Figuren werden „bürgerlicher", es gibt auch zunehmend profane Malerei im Land.

Das beste Beispiel hierfür bietet **Schloss Runkelstein** bei Bozen. Dieses Schloss wurde 1385 von den Bozner Kaufleuten *Vintl* erworben. Sie waren als Financiers des Tiroler Landesfürsten Herzog *Leopold III.* reich geworden und konnten nun mit dem Lebensstil des Adels konkurrieren, weshalb sie die Burg um 1400 mit den bis heute erhaltenen profanen Fresken ausschmücken ließen. Diese Malereien stellen den größten erhaltenen **profanen Freskenzyklus** des Mittelalters dar. In der romanischen Kapelle handelt es sich noch um religiöse Motive, im ersten Obergeschoss findet man höfische Szenen und im Stockwerk darüber Szenen mit ritterlichen Spielen sowie die Badestube mit einer sehr gut erhaltenen Ausmalung.

Minnesang

Die Gotik ist auch die Zeit der Liedermacher und Minnesänger. Der um 1170 geborene **Walther von der Vogelweide** stellt einen der bedeutendsten Vertreter dieser Kunstgattung dar – er soll auf den Vogelweiderhöfen unterhalb von Lajen geboren worden sein, was aber umstritten ist. Unbestritten ist dagegen, dass **Oswald von Wolkenstein,** 1377 auf Burg Schöneck im Pustertal geboren, diese Kunstgattung zu einem ihrer letzten Höhepunkte führte. Er trug seine Kunst an den großen Höfen Europas vor und war dabei auch als Diplomat erfolgreich tätig, so etwa für den deutschen Kaiser *Sigismund I.*

Renaissance

Die oftmals vorgetragene Behauptung, an Südtirol sei die Renaissance vorbeigegangen, kann nicht unwidersprochen bleiben. Sie stellt sich nur in einer für die Region typischen Weise dar. In der Malerei und der Bildhauerei, vor allem der Altarschnitzkunst waren die Renaissance-Elemente schon so weit vorweggenommen worden, dass es auf diesem Gebiet einen unmittelbaren Übergang von der Gotik zum Barock gegeben hat. Anders verhält es sich mit der Architektur, die in Südtirol auf **italienische Vorbilder** zurückgreift.

Burgen und Schlösser

In der Zeit der Renaissance sind eine Reihe außergewöhnlicher Bauten in Südtirol errichtet worden. Einer der bedeutendsten ist sicherlich **Schloss Velthurns,** 1577–87 vom Brixner Bischof als Sommersitz auf der Mittelgebirgster-

[>] Die Churburg im Vinschgau

rasse des Eisacktals errichtet. Berühmt sind die Vertäfelungen, Einlegearbeiten, geschnitzten Portale und Holzdecken im Inneren. Eindrucksvoll ist auch die **Schlandersburg,** die um 1600 zu einem Renaissance-Edelsitz ausgebaut wurde. Ihr besonderes Markenzeichen ist der zweistöckige Loggienhof. Sehenswert ist der reich verzierte Arkadengang, den die **Churburg** in der Renaissancezeit erhielt, an dem ein großes Fresko mit dem Stammbaum der beiden Besitzerfamilien angebracht ist. Auch die mehrstöckigen Arkadenhöfe der **Brixner Hofburg** und von **Schloss Maretsch** in Meran sind reizvoll. Aus der Renaissancezeit stammt ebenfalls der Rundarkadenhof von **Schloss Ehrenburg.**

Ansitze

Eine besondere Ausprägung der Renaissance-Bauweise stellt der **Überetscher Baustil** dar. Zwischen Eppan und Kaltern hatten sich wohlhabende Adelige ihre Ansitze von venezianischen und toskanischen Bauleitern errichten lassen. Den typischen Architekturelementen der Renaissance verleiht das italienische

adobe.stock Foto: ©Ulrich Wagner

Flair einen ganz besonderen Charme. Dazu zählen die Sandsteinumrahmungen von Fenstern und Türen, die Doppelbogenfenster mit ihren schlanken Mittelsäulen, Treppen aus Stein, Erker in allen Größen und Loggien. Im Inneren dieser Ansitze und Schlösser findet man den großen Mittelraum, von dem die Zimmer abzweigen. Manche der für Südtirol so typischen Ansitze dienen heute als **Gastronomiebetriebe.** Beispielhaft seien der **Ansitz Fonteklaus** oberhalb von Klausen oder der **Stroblhof** in St. Michael genannt.

Barock

Die zweite große Periode künstlerischen Schaffens stellt in Südtirol das Zeitalter des Barock dar. Nach der Reformation und den Wirren des Dreißigjährigen Krieges vollzog sich im Rahmen der Gegenreformation eine Erneuerung der katholischen Kirche, die nun mit außerordentlichem Prunk auftrat und so ihr neues Selbstverständnis demonstrierte. Wenn Südtirol auch nicht unmittelbar von den Kriegshandlungen betroffen war, so hatten die kriegerischen Ereignisse in Mitteleuropa doch zu einer erheblichen Wohlstandsminderung geführt und damit die Handelsaktivitäten der Südtiroler Kaufleute erheblich beeinträchtigt. Insofern entfaltete sich in Südtirol der Barockstil erst nach dem Ende des Dreißigjährigen Krieges.

386st ot

Barockisierung gotischer Kirchen

Zwischen 1700 und 1770 entwickelte sich in Südtirol eine rege Bautätigkeit, was sowohl die Barockisierung der vorhandenen, überwiegend gotischen Kirchen als auch Neubauten betraf. Viele der vorhandenen Gotteshäuser erhielten **Barockaltäre,** wobei leider der eine oder andere nicht mehr „zeitgemäße" gotische Flügelaltar verloren ging. Des Weiteren wurden diese Kirchen **ausgemalt** und mit **Stuck** versehen. So verloren die „alten" Kirchen ihre gotische Raumwirkung, erhielten aber durch die Barockisierung ein neues, ganzheitliches künstlerisches Erscheinungsbild. Zweifelsohne ist der Verlust an historischem Kunstmaterial durch diese Komplettrenovierung enorm, aber was Südtirol

Malerischer Barockbau: St. Johann in Ranui

heute an barocker Sakralkunst zu bieten hat, ist unübertroffen. Die hervorragendsten Beispiele solcher ganzheitlichen Umgestaltungen sind die Stiftskirche des **Klosters Neustift,** des **Brixner Doms** oder die Kirche des **Klosters Marienberg.**

Einer der großen Meister barocker Umgestaltung von Kirchenbauten und der Ausstattung von Neubauten war der aus Wien stammende Maler **Josef Adam Mölk,** ein Meister der Illusionsmalerei, der mit unglaublicher Geschwindigkeit die Ausmalungen vorgab, die seine Gesellen dann ausführten. Für die Innenausstattung sorgten Bildhauer, Stuckateure und Maler von Tafelbildern. So hinterließ er großartige Fresken, wie etwa in der **Klosterkirche von Weißenstein.** Auch die großflächigen Deckenfresken in der Pfarrkirche **Maria Himmelfahrt in Schlanders** stammen von ihm.

Andere Werkstätten gingen nach dem gleichen Prinzip wie *Mölk* vor. Sie beschäftigten viele Südtiroler Maler und Handwerker, die dadurch hervorragende Plätze in der Kunstgeschichte einnehmen. Einer von ihnen ist der Naturnser Maler **Simon Ybertracher** (1694–1792). Am berühmtesten wurde **Paul Troger** (1698–1762) aus Welsberg. Seine Vorbilder waren italienische Meister wie *Tintoretto* und *Raffael.* Licht und Farbe gewannen bei ihm völlig neue Dimensionen. Das künstlerische Gesamtbild der von ihm ausgestatteten Kirchen kommt durch die Plastizität seiner Deckenfresken erst richtig zur Geltung. Sein letztes Hauptwerk sind die **Deckenfresken im Brixner Dom.** In der **Pfarrkirche von Dorf Tirol** findet man zwei ihm zugeschriebene Bilder, des Weiteren Altarbilder in der **Pfarrkirche von Welsberg.**

Trogers Schüler **Martin Knoller** suchte ebenfalls Vorbilder in Italien und war bereits vom Klassizismus beeindruckt. Er malte die **Pfarrkirche von Meran** und die **Stiftskirche in Gries** bei Bozen aus. Bilder von ihm hängen in den Ortspfarrkirchen von Tramin, Niederdorf und in der Georgskirche des Bozner Ortsteils Weggenstein.

Barocke Kirchenneubauten

Zu den barocken Neubauten in Südtirol, von denen schon die **Klosterkirche Weißenstein** erwähnt wurde, zählen außerdem die **Stiftskirche in Gries** sowie die Pfarrkirchen in Gossensass, Toblach, Taisten und St. Vigil in Enneberg. Als Architekten trat vor allem die Bozner Baumeisterfamilie *Delai* auf. **Joseph Delai** war maßgeblich am Umbau des Brixner Doms und der Stiftskirche Neustift beteiligt. Von ihm stammen des Weiteren die Kuppel der Kirche von Moritzing bei Gries, die Heiligkreuzkirche in Kaltern und die Klosterkirche Säben. Architekt der Kirchen von Toblach, Enneberg und der Stiftskirche Gries war der Nordtiroler **Franz de Paula Penz** (1707–72).

Profanarchitektur und -malerei

Wenn auch in der Südtiroler Barockszene die sakralen Kunstwerke im Vordergrund stehen, so hat in dieser Epoche auch die profane Kunst bemerkenswerte Objekte hervorgebracht. Wie in der Sakralarchitektur wurden viele der Schlösser und Ansitze barockisiert. So weist

385st ot

der Barockbau von **Schloss Ehrenburg** aus dem Jahr 1700 Bemerkenswertes an Fresken, Bildschmuck und Mobiliar auf. **Schloss Wolfsthurn** oberhalb Mareit in Ridnaun ist Südtirols einziges als solches errichtetes Barockschloss. Sein kostbares Originalinventar ist bis heute erhalten und gewährt Einblick in die Lebensweise des Adels jener Epoche.

Als barocker Porträtmaler hat sich beispielsweise **Johann Evangelist Holzer** einen Namen gemacht. Der am 24. Dezember 1709 in Burgeis geborene Künstler starb schon 1740. Der in Brixen geborene Maler **Johann Georg Grasmair** (1691–1751) schuf neben sakralen Werken weniger bekannte Landschaftsbilder und Darstellungen allegorischer und mythologischer Natur für adelige Auftraggeber.

Barock umgestaltet: der Brixner Dom

Klassizismus

Die bayerisch-napoleonische Zeit stellt eine einschneidende Zäsur in der kulturellen Entwicklung Südtirols dar. Die Barockära war zu Ende gegangen, der Klassizismus mit seiner Rückkehr zu geradlinigen, klaren Formen und einer stärkeren Anlehnung an klassisch-antike Vorbilder begann sich durchzusetzen. Seit den 90er Jahren des 18. Jh. galt der Klassizismus allerdings als der „Stil der Revolution". Und so ist es nur allzu verständlich, dass dieser neue Stil im Zeitalter der Restauration, mit der vornapoleonische Zustände wieder hergestellt werden sollten, in Südtirol nur bedingten Anklang fand. Es folgten die Kulturepochen der Neoklassik, Neoromanik und Neogotik. Bis dahin wurde noch nicht viel Bemerkenswertes geschaffen, obwohl einige Einzelobjekte durchaus erwähnenswert sind. Dazu gehört der neugotische Kirchenbau **St. Johann in Schenna,** der Erzherzog *Johann* und seiner Familie als Mausoleum dient.

20. Jahrhundert

Jugendstil

Als das Industriezeitalter auch in Südtirol einzog, kamen die Fremden, die Besucher und Feriengäste mit der Eisenbahn. In **Meran** wurde ein ganzer Stadtteil im Jugendstil errichtet. Das **Kurhaus** ist ein Prachtbau aus dieser Epoche. Bis heute stehen noch einige der **Luxus-Hotels,** die damals für den beginnenden Tourismus der wohlhabenden k.u.k. Gesellschaft in Meran, am Karerpass oder etwa auch am Pragser See errichtet wurden. Doch der Erste Weltkrieg unterbrach diese Entwicklung.

Faschistischer Monumentalstil

Mit der Eingliederung Südtirols in den italienischen Staat versiegte das künstlerische Schaffen in Südtirol, Deutsch-Südtirol erstarrte angesichts der faschistischen Repression. Die Italiener vollzogen mit ihrem monumentalen Baustil gravierende Eingriffe im Erscheinungsbild von **Bozen,** errichteten jenseits der Talfer eine **neue Vorstadt** mit axialen Straßen und großen Plätzen. An deren Zugang erstellte der dem Faschismus ergebene Architekt *Marcello Piacentini* 1928 das **Siegesdenkmal,** das bis heute ein Stein des Anstoßes ist und zu dem man erst im Jahr 2011 eine Einigung mit der italienischen Regierung hinsichtlich einer Sanierung erzielte. Geblieben ist auch das **GIL-Gebäude** für die faschistische Jugend, das Elemente der **Bauhausarchitektur** aufweist und heute eine Europäische Akademie beherbergt.

Tiroler Stil

Mit dem Ende des Zweiten Weltkriegs war auch das Ende der faschistischen Architektur gekommen. Die Südtiroler kämpften um ihre Selbstverwaltung, was auch ein neues Selbstbewusstsein mit sich brachte. So kam insbesondere bei den für den aufkommenden Tourismus erforderlichen **Hotelneubauten** die **traditionelle Bauweise** zum Tragen, der sogenannte Tiroler Stil, der bis heute den Erkerstil der Ansitze nachahmt.

Gegenwart

Tirol ist heute Teil Europas im italienischen Staat, man gibt sich weltoffen, bemüht sich um eine modernere Selbstdarstellung jenseits von Törggelen-Romantik, Tradition und knorriger Brauchtumspflege – doch ganz ohne die Tradition möchte man auch nicht leben.

Alois Johann Welzenbacher (geboren 1889 in München, gestorben 1955 in Absam, Tirol) kann als Vorreiter der neuen Architektur in Südtirol bezeichnet werden. Zwischen dem Ersten und dem Zweiten Weltkrieg vertrat er die **alpine Variante der klassischen Moderne.** Seine Architektur zeichnet sich durch eine moderne, an die Landschaft angepasste Formensprache aus. International repräsentierte er Österreich 1932 anlässlich einer Ausstellung zur Moderne im Museum of Modern Art in New York. Sein bekanntestes Südtiroler Bauwerk ist das 1922/23 gebaute **Haus Settari** in Bad Dreikirchen.

Doch kein anderer als der in Bozen geborene Designer und Architekt **Matteo Thun** (1952 geboren als *Matthäus Antonius Maria Graf von Thun und Hohenstein*) verkörpert heute das neue Lebensgefühl in Südtirol mit klaren Linien und offener Bauweise. Richtungweisend gerade im Hotelbau ist das von ihm entworfene **Hotel-Projekt Vigilius Mountain Resort** oberhalb von Lana bei Meran. Hier wurden die traditionellen Materialien Holz, Lehm und Leinen in neuer Natürlichkeit verarbeitet. In gleicher Weise realisierte er das **Hotel Pergola Residence** oberhalb des Marlinger Waalweges inmitten von Weinbergen – auch hier als Symbiose aus Landschaft und Architektur.

Viele weitere Bauten verkörpern das zukunftsorientierte Südtirol – so die neue **Therme Meran,** ebenfalls entworfen von *Matteo Thun.* Mit moderner Glasfassade präsentiert sich das **Museion,** das Museum für Zeitgenössische Kunst in Bozen, 2008 durch die Berliner Architekten *KSV Krüger Schubert Vandreike* errichtet. Dieses nicht nur architektonisch neu konzipierte Museum versteht sich als internationale Kunstwerkstatt mit interdisziplinärer Ausrichtung und macht mit vielen Ausstellungen deutlich, wie sehr sich die Südtiroler Maler, Bildhauer und Designer in den internationalen Kunstbetrieb eingeklinkt haben.

Weitere Beispiele der von **Matteo Thun** geprägten modernen Südtiroler Architektur sind die Aussichtskanzel im Park von Schloss Trauttmannsdorf, das Weincenter in Kaltern, das Hotel Greif in Bozen, das Hotel Gartner in Dorf Tirol, der Degustationspavillon des Weinguts Manicor in Kaltern und nicht zuletzt auch der Erweiterungsbau der Kirche von Leifers.

Tiroler Bergbauernhöfe

Die traditionellen Tiroler Bergbauernhöfe haben ein in Bruchstein errichtetes und verputztes Erdgeschoss und darüber ein oder zwei in Holzbauweise errichtete Geschosse unter dem weit vorkragenden Dach. Balkone zieren die Holzfassaden, üppiger Geranienschmuck ist im Sommer das Wahrzeichen dieser ansehnlichen Bauten.

Für die landwirtschaftliche Erschließung der Höhenlagen der Alpen, so auch in Südtirol, warben die Grundherren Bauernsöhne aus den übervölkerten Teilen Europas mit dem Versprechen der Grundfreiheit an. Daraus entwickelte sich in Tirol der freie Bauernstand, der sich entsprechende Bauernhöfe errichtete, die diesem Selbstbewusstsein entsprachen. Die Großbauern im Passeiertal bauten ihre Schildhöfe schon im Stil von Ansitzen. Spezielle Bauformen gab es in den Höhenlagen des Schnals- und Ultentals, wo Vollholzhöfe errichtet wurden.

10.000 Bergbauern leben heute auf ihren Höfen in extremen Steillagen, wo sie überwiegend Viehwirtschaft betreiben. 65 % der Höfe liegen auf über 1500 m Höhe. Zu jedem Anwesen gehört ein Gemüsegarten zur Selbstversorgung, der auch üppig mit Blütenpflanzen versehen ist. Viele Höfe bieten heute „Urlaub auf dem Bauernhof" an. Ohne die Schwerarbeit der Bergbauern gäbe es keine Kulturlandschaft in diesen Höhenlagen – dies ist das wahre Kapital Südtirols.

390st ot

11 Anhang

Blick vom Tschögglberg auf die Dolomiten

Literaturtipps

- *Wilhelm Baum:* **Margarete Maultasch,** Verlag Styria, Graz, Wien und Köln 1994. Die Geschichte vom Werden und Untergang der freien Grafschaft Tirol – auch die Geschichte einer selbstbewussten Frau, die sich aber letztlich dem Willen der Großmächte des ausgehenden Mittelalters unterwerfen muss.
- *Ursula Bauer* und *Jürg Frischknecht:* **Schüttelbrot und Wasserwosser,** Rotpunkt Verlag, Zürich 2011. Wandern im Vinschgau zwischen Ortler und Meran – 31 Tourenvorschläge mit viel Geschichte, Kultur und Geschichten.
- *Erwin Brunner (Hrsg.):* **Die Entdeckung der Dolomiten,** Edition Raetia, Bozen 2018. Neuauflage des amüsanten Berichts von *Josiah Gilbert* und *George W. Churchills* Reise durch Südtirol 1857 mit britischer Attitüde.

229st ot

- *Christoph Gufler:* **Weinland Südtirol – Geschichten, Lagen, Sorten,** Edition Raetia, Bozen 2019. Der Autor macht Südtirols Weingeschichte erlebbar, dazu gibt es über 30 ausführlich beschriebene Wanderungen durch Südtirols Weinbaugebiete.
- *Karl Hohenlohe (Hrsg.):* **Gault Millau Südtirol,** Athesia Verlag, Bozen, jeweils neueste Ausgabe. Präsentation und Testergebnisse von über 100 Südtiroler Restaurants, davon über die Hälfte Hauben-Lokale, dazu Hotels und Weingüter.
- *Martina Meuth und Bernd Neuner-Duttenhofer:* **Südtirol – Küche, Gastlichkeit und Lebensfreude,** Collection Rolf Heyne, München 2005. Eine kulinarische Reise durch Südtirol durch alle vier Jahreszeiten, dazu viel Hintergrundwissen über die regionalen Produkte und Rezepte.
- *Oswald Stimpfl:* **Südtirols schönste Almwirtschaften,** Folio Verlag, Wien und Bozen 2014. Der Südtiroler Autor und Fotograf beschreibt die schönsten Gasthäuser, Buschenschänken und Almwirtschaften in Südtirol – eine gelungene Auswahl. Jeder beschriebene Gasthof ist Ausgangspunkt oder Ziel von Wanderungen, bietet eine schöne Aussicht, eine gute Küche oder ein besonderes Ambiente.
- **Südtirol – Großer Wanderführer,** Kompass Verlag, Innsbruck 2018, Beschreibung von 120 Wandertouren unterschiedlicher Schwierigkeitsgrade mit ausführlichen Hinweisen und Kartenmaterial.
- *Maddalena Fingerle:* **Muttersprache,** Folio-Verlag, Wien 2022, 191 Seiten. Die Geschichte eines jungen Mannes aus Bozen, der mit der Mehrsprachigkeit Südtirols nicht zurechtkommt – es geht um kulturelle Vielfalt einerseits und die (identitäts-)politische Instrumentalisierung von Heimat und Sprache andererseits.
- *B. Mazohl und Rolf Steinger:* **Geschichte Südtirols,** München 2020, Geschichtsbetrachtung einer uralten Kulturlandschaft zwischen germanischem Norden und romanischem Süden.

‹ Das Rosengartenmassiv

Kleine Sprachhilfe Italienisch

Ausspracheregeln

ie, ai, eu werden getrennt ausgesprochen, z.B. *chi-esa*
c vor a, o und u klingt wie **k,** z.B. *camera* (kamera)
c vor e und i klingt wie **tsch,** z.B. *cielo* (tschelo)
ch wird wie **k** gesprochen, z.B. *chiesa* (kjesa)
g vor a, o und u wie **g,** z.B. *pagare* (pagare)
g vor e und i wie **dsch,** z.B. *leggero* (led-dschero)
gh wie **g,** z.B. *laghi* (lagi)
gli wie **lj,** z.B. *maglia* (mal-lja)
gn wie **nj,** z.B. *sogno* (ßon-njo)
h bleibt stumm, z.B. *hanno* (an-no)
r wird gerollt, z.B. *rapido* (rrapido)
s klingt zwischen Vokalen wie in Rose, z.B. *rosa* (rrosa)
s am Wortanfang klingt wie in Straße, z.B. *sole* (ßole)
sp klingt wie **ßp,** z.B. *specchio* (ßpek-kjo)
st klingt wie **ßt,** z.B. *strano* (ßtrano)
v klingt wie **w,** z.B. *vado* (wado)
z klingt je nach Zusammenhang wie **tß** oder **ds,** etwa *zio* (tßio) oder *zero* (dsero)

Zahlen

0	*zero*
1	*uno*
2	*due*
3	*tre*
4	*quattro*
5	*cinque*
6	*sei*
7	*sette*
8	*otto*
9	*nove*
10	*dieci*
11	*undici*
12	*dodici*
13	*tredici*
14	*quattordici*
15	*quindici*
16	*sedici*
17	*diciassette*
18	*diciotto*
19	*diciannove*
20	*venti*
21	*ventuno*
22	*ventidue*
23	*ventitré*
30	*trenta*
40	*quaranta*
50	*cinquanta*
60	*sessanta*
70	*settanta*
80	*ottanta*
90	*novanta*
100	*cento*
200	*duecento*
1000	*mille*
2000	*duemila*
100.000	*centomila*
1.000.000	*un milione*

Wichtige Fragen und Floskeln

ja	*sì*
nein	*no*
bitte (um etwas bitten)	*per favore*
Bitte schön! (etwas anbieten)	*Prego!*
Danke.	*Grazie.*
Guten Tag!	*Buongiorno!*
Guten Abend!	*Buona sera!*
Auf Wiedersehen!	*Arrivederci!*
Hallo!/Tschüß!	*Ciao!*
Herzlich willkommen!	*Benvenuto!*
Einverstanden.	*Va bene.*

Entschuldige.	*Scusa.*
Entschuldigen Sie.	*Scusi.*
Tut mir leid.	*Mi dispiace.*
Ich heiße ...	*Mi chiamo ...*
Ich komme aus ...	*Sono di ...*
... Deutschland.	*... Germania.*
... Österreich.	*... Austria.*
... der Schweiz.	*... Svizzera.*
Sprechen Sie Deutsch/ Englisch?	*Parla tedesco/inglese?*
Ich habe nicht verstanden.	*Non ho capito!*
Wiederholen Sie bitte.	*Ripeta, per favore?*
Sprechen Sie bitte langsamer.	*Può parlare più lentamente, per favore?*
Haben Sie ...?	*Ha ...?*
Wann?	*Quando?*
Wo ist ...?	*Dove è ...?*
Wie?	*Come?*
Wie bitte?	*Prego, come?*
Wie viel kostet ...?	*Quanto costa ...?*
Ich suche ...	*Cerco ...*

Wochentage und Zeitangaben

Montag	*lunedì*
Dienstag	*martedì*
Mittwoch	*mercoledì*
Donnerstag	*giovedì*
Freitag	*venerdì*
Samstag	*sabato*
Sonntag	*domencia*
Feiertag	*il giorno festivo*
Minute	*minuto*
Stunde	*ora*
gestern	*ieri*
heute	*oggi*
morgen	*domani*
morgens	*di mattina*
mittags	*a mezzogiorno*
nachmittags	*di pomeriggio*
abends	*di sera*
nachts	*di notte*
jetzt	*adesso*
täglich	*giornalmente*
früher	*più presto*
später	*più tardi*

Unterwegs

Straße	*via*
Kreuzung	*incrocio*
Platz	*piazza*
Fluss	*fiume*
Brücke	*ponte*
Marktplatz	*piazza del mercato*
Altstadt	*città vecchia*
Kathedrale	*cattedrale*
Kirche	*chiesa*
Museum	*museo*
Rathaus	*municipio*
Taxi	*taxi*
Bus	*autobus*
Straßenbahn	*tram*
Haltestelle	*fermata*
Ampel	*semaforo*
nah	*vicino*
weit/fern	*lontano*
geradeaus	*diritto*
gegenüber	*di fronte*
(nach) rechts	*(a) destra*
(nach) links	*(a) sinistra*
nebenan	*accanto*
zurück	*indietro*
Parkplatz	*parcheggio*
(un)bewachter Parkplatz	*parcheggio (in)custodito*
Tankstelle	*stazione di servizio*
Flughafen	*aeroporto*
Bahnhof	*stazione*
Zug	*treno*
Fähre	*traghetto*
Boot	*barca*

Hafen	*porto*
Fahrkarte	*biglietto*
Fahrplan	*orario*
Toilette	*gabinetto*
besetzt	*occupato*

Einkaufen

Lebensmittelgeschäft	*negozio di alimentari*
Kaufhaus	*grande magazzino/ emporio*
Bäckerei	*panetteria/panificio*
Konditorei	*pasticceria*
Markt	*mercato*
Supermarkt	*supermercato*
Postamt	*posta/ufficio postale*
Tabakladen	*tabaccaio*
Briefmarke	*francobollo*
Briefkasten	*cassetta delle lettere*
Telefon	*telefono*
Kreditkarte	*carta di credito*
Geldautomat	*bancomat*
offen	*aperto*
geschlossen	*chiuso*
Angebot	*offerta*
zahlen	*pagare*
fester Preis	*prezzo fisso*
Rabatt	*sconto*
zu viel	*troppo*
weniger	*meno*

Essen

Restaurant	*ristorante*
Gaststätte	*trattoria/osteria*
Stehcafé	*bar*
Frühstück	*colazione*
Mittagessen	*pranzo*
Abendessen	*cena*
Suppe	*zuppa/minestra*
Fisch	*pesce*
Thunfisch	*tonno*
Lachs	*salmone*
Garnelen	*gamberi*
Muscheln	*vongole*
Fleisch	*carne*
Lamm	*agnello*
Schwein	*maiale*
Rind	*manzo*
Huhn	*pollo*
Kalb	*vitello*
Gemüse	*verdura*
Karotten	*carote*
Zwiebel	*cipolla*
Pilze	*funghi*
Kartoffeln	*patate*
Tomaten	*pomodori*
Spinat	*spinaci*
Auberginen	*malanzane*
Zucchini	*zucchini*
Obst	*frutta*
Aprikose	*albicocca*
Orangen	*arancia*
Erdbeeren	*fragole*
Himbeeren	*lamponi*
Melone	*melone*
Apfel	*mela*
Pfirsich	*pesca*
Vorspeise	*antipasto*
Erster Gang	*primo (piatto)*
Zweiter Gang	*secondo (piatto)*
Nachtisch	*dessert*
Nudeln	*pasta*
Reis	*riso*
Getränke	*bibita/bevanda*
Saft	*succo/sugo*
Kaffee	*caffè*
Bier	*birra*
Wein	*vino*
Brot	*pane*
Brötchen	*panino*
Käse	*formaggio*
Marmelade	*marmellata*
Schinken	*prosciutto*

roh/gekocht	*crudo/cotto*
Salami	*salame*
Eis	*gelato*
stilles Wasser	*acqua naturale*
Wasser mit Kohlensäure	*acqua minerale*
Zucker	*zucchero*
Pfeffer	*pepe*
Salz	*sale*
Knoblauch	*aglio*
Basilikum	*basilico*
Senf	*senape*
vegan	*vegano*
vegetarisch	*vegetariano*
heiß/kalt	*caldo/freddo*
Speisekarte	*menu/lista*
Die Rechnung bitte!	*Il conto, per favore!*
Guten Appetit!	*Buon appetito!*
Zum Wohl! Prost!	*Salute!/Cincin!*
Danke, das reicht.	*Basta, grazie.*

Unterkunft

Hotel	*hotel/albergo*
Pension	*pensione*
Jugendherberge	*ostello della gioventù*
Einzelzimmer	*camera singola*
Doppelzimmer	*camera doppia*
Schlüssel	*chiave*
Bad	*bagno*
Dusche	*doccia*
frei	*libero*
Vollpension	*pensione completa*
zu vermieten	*affittasi*
Zimmervermietung	*affittacamere*

Notfall

Hilfe!	*Aiuto!*
Polizei	*polizia*
Arzt	*medico/dottore*
Zahnarzt	*dentista*
Krankenwagen/ Ambulanz	*ambulanza*
Krankenhaus	*ospedale/clinica*
Apotheke	*farmacia*
Schmerzen	*dolori*

■ Ausführlichere Informationen und viele praktische Beispiele für den Reisealltag enthält der Kauderwelsch-Sprachführer **„Italienisch – Wort für Wort"** aus dem Reise Know-How Verlag. Begleitend ist zu diesem Buch ein AusspracheTrainer auf Audio-CD oder als mp3-Download erhältlich.

■ Wer tiefer in die Sprache einsteigen möchte, findet weitere Vokabeln in **„Italienisch Slang – das andere Italienisch"** (Band 97) – ebenfalls aus dem Reise Know-How Verlag. Der Kauderwelsch-Jubiläumsband **„Italienisch 3 in 1"** enthält alle diese zwei Titel sowie **„Italienisch kulinarisch – Wort für Wort"** in einem Buch.

Übersicht Wanderungen

GPS Für zahlreiche der im Buch vorgestellten Wanderungen stehen auf www.reise-know-how.de **GPS-Tracks** im Format gpx zum kostenlosen Download bereit. Sie finden die Daten auf der Produktseite dieses Titels.

Vorspann

Rundwanderweg „Erlebnis Plimaschlucht", S. 20
Reiserouten, Ausgangspunkt: Wanderparkplatz Hintermartell, Schwierigkeitsgrad: leicht, Gehzeit: 3 Std.

Kapitel 1

Dreiburgenwanderung rund um Hocheppan, Boymont und Korb, S. 59
Überetsch, Ausgangspunkt: Schloss Korb, Schwierigkeitsgrad: mittelschwer, Gehzeit: 2–3 Std.

Wanderung durch das Frühlingstal bei Montiggl, S. 65
Überetsch, Ausgangspunkt: Parkplatz am Großen Montiggler See, Schwierigkeitsgrad: leicht, Gehzeit: 3½ Std.

200st ot

203st ot

Wanderung zu den Erdpyramiden, S. 94
Ritten, Ausgangspunkt: Oberbozen, Seilbahnstation, Schwierigkeitsgrad: leicht, Gehzeit: ca. 1½ Std.

Kapitel 2

Tappeinerweg, S. 116
Reiserouten, Ausgangspunkt: Meran, Gilfpromenade, Schwierigkeitsgrad: leicht, Gehzeit: 1 Std.

Wanderungen im Tall-Hirzer Wandergebiet, S. 127
Meraner Umland, Ausgangspunkt: Bergstation der Verdinser Seilbahn, Schwierigkeitsgrade: verschieden, Gehzeit: 40–90 Min.

Blick auf die doppeltürmige Gleifkirche in St. Michael

Blick auf Eppan St. Pauls

Wanderung zum Knottnkino, S. 130
Meraner Umland, Ausgangspunkt: Vöran, Parkplatz hinter dem Gasthof Grüner Baum, Schwierigkeitsgrad: leicht, Gehzeit: ca. 2 Std.

Spronser Seenrunde, S. 132
Meraner Umland, Ausgangspunkt: Leiteralm, Schwierigkeitsgrad: anspruchsvoll, Gehzeit: 5–6 Std.

Mehrtagestour Meraner Höhenweg, S. 144
Reiserouten, Ausgangspunkt: Dorf Tirol, Schwierigkeitsgrad: schwer, Gehzeit: 7 Etappen, insg. 37 Std.

Skulpturenwanderweg, S. 157
Von Meran nach Süden, Ausgangspunkt: Niederlana, Schwierigkeitsgrad: leicht, Gehzeit: 2½ Std.

Brandiswaalweg, S. 157
Von Meran nach Süden, Ausgangspunkt: Lana, Schwierigkeitsgrad: leicht, Gehzeit: 45 Min.

Internationaler Filzkunstwanderweg, S. 166
Von Meran nach Süden, Ausgangspunkt: Tisens, Pfarrkirche, Schwierigkeitsgrad: leicht, Gehzeit: 1 Std.

Saurierlehrpfad Triassic Park, S. 170
Von Meran nach Süden, Ausgangspunkt: Deutschnonsberg, Wallfahrtskirche Unsere Liebe Frau im Walde, Schwierigkeitsgrad: leicht, Gehzeit: 1½ Std.

Kapitel 3

Weinlehrpfad Saltner Pratze, S. 180
Rechts der Etsch, Ausgangspunkt: Kurtatsch, Ortszentrum, Schwierigkeitsgrad: leicht, Gehzeit: 3–4 Std. (mit Weinprobe)

Geopark Bletterbachschlucht, S. 187
Links der Etsch, Ausgangspunkt: Aldein, Besucherzentrum Geoparc Bletterbach, Schwierigkeitsgrad: mittelschwer, Helmpflicht, Gehzeit: 3½ Std.

Wanderung auf dem Dürerweg, S. 190
Links der Etsch, Ausgangspunkt: Laag, Klösterle in St. Florian, Schwierigkeitsgrad: mehrere Etappen unterschiedlicher Schwierigkeitsgrade, Gehzeit: 8–9 Std.

Kapitel 4

Rundwanderung auf dem Gschwell – Melager Höhenweg, S. 206
Vinschgauer Oberland und Obervinschgau, Ausgangspunkt: Gschwell, Schwierigkeitsgrad: mittelschwer, Gehzeit: ca. 2½ Std.

Wanderung zum Malser Sonnensteig, S. 211
Vinschgauer Oberland und Obervinschgau, Ausgangspunkt: Mals, Ortsmitte, Schwierigkeitsgrad: leicht, Gehzeit: 3½ Std.

Rundweg Münstertal, S. 213
Vinschgauer Oberland und Obervinschgau, Ausgangspunkt: Blasiuskirche in Taufers, Schwierigkeitsgrad: leicht, Gehzeit: 3½ Std.

Wanderung am Obervinschgauer Sonnenberg, S. 219
Vinschgauer Oberland und Obervinschgau, Ausgangspunkt: Pension Ortlerblick am Sonnenberg, Schwierigkeitsgrad: mittelschwer, Gehzeit: 3–4 Std.

Wanderung auf den Chavalatsch, S. 223
Ortlergebiet, Ausgangspunkt: Platztal, Hof Fragges, Schwierigkeitsgrad: mittelschwer, Gehzeit: ca. 7 Std.

Zur Hinteren Schöntaufspitze, S. 229
Ortlergebiet, Ausgangspunkt: Bergstation der Sulden-Seilbahn an der Schaubachhütte, Schwierigkeitsgrad: mittelschwer, Gehzeit: 3½ Std.

Klettersteig Tschenglser Hochwand, S. 229
Ortlergebiet, Ausgangspunkt: Düsseldorfer Hütte, Schwierigkeitsgrad: für Kletterer, Gehzeit: ca. 3½ Std.

adobe.stock Foto: ©Christian

■ **Ortler Höhenweg, S. 229**
Ortlergebiet, Ausgangspunkt: Stilfserjochpass, Schwierigkeitsgrad: für geübte Bergwanderer, empfohlen, Gehzeit: sieben Etappen á 6–8 Std., insg. 119,5 km

■ **Wanderung zur Marteller Hütte, S. 245**
Mittelvinschgau, Ausgangspunkt: Enzianhütte, Schwierigkeitsgrad: mittelschwer, Gehzeit: 4½ Std.

■ **Plima-Schluchtenweg, S. 245**
Mittelvinschgau, Ausgangspunkt: Parkplatz am Talschluss von Martell, Schwierigkeitsgrad: leicht, Gehzeit: 2 Std.

■ **Auf Waalwegen nach Schloss Juval, S. 249**
Untervinschgau, Ausgangspunkt: Tschars, Schwierigkeitsgrad: leicht, Gehzeit: 2½ Std.

■ **Von Unterstell bis Giggelberg, S. 264**
Kap. 4: Untervinschgau, Ausgangspunkt: Endstation der Naturnser Unterstell-Seilbahn, Schwierigkeitsgrad: mittelschwer, Gehzeit: ca. 3½ Std.

■ **Sonnenberger Panoramaweg (Naturns – Rabland), S. 264**
Untervinschgau, Ausgangspunkt: Ortszentrum Naturns, Schwierigkeitsgrad: leicht, Gehzeit: 4½ Std.

■ **Meraner Höhenweg, S. 269**
Untervinschgau, Ausgangspunkte: Haupteinstiegspunkte Katharinaberg im Schnalstal und Ulfas in der Gemeinde Moos im Passeier, Schwierigkeitsgrad: mittelschwer bis schwer, Gehzeit: 6–8 Tage, 100 km

Kapitel 5

■ **Wanderung auf den Kraxentrager (2998 m), S. 293**
Wipptal, Ausgangspunkt: Weiler Platz im Innerpfitsch, Schwierigkeitsgrad: mittelschwer, Gehzeit: Aufstieg zur Hütte 3 Std., auf die Spitze 1 Std., Abstieg zur Hütte 45 Min., Abstieg zum Ausgangspunkt 2½ Std.

Kapitel 6

■ **Latzfonser Kreuz, S. 317**
Eisacktal, Ausgangspunkt: Parkplatz am Kühhof, Schwierigkeitsgrad: mittelschwer, Gehzeit: 3 Std.

■ **Latschenweg, S. 327**
Eisacktal, Ausgangspunkt: Parkplatz Saltnerstein an der Gasserhütte oberhalb von Villanders, Schwierigkeitsgrad: leicht, Gehzeit: 4½ Std. (mit Einkehr)

■ **Wanderung auf dem Keschtnweg, S. 331**
Eisacktal, Ausgangspunkt: Vahrner See bei Brixen, Schwierigkeitsgrad: leicht, Gehzeit: 6 Abschnitte, jeweils 4–5 Std.

Kapitel 7

■ **Wanderung auf dem Pfunderer Höhenweg, S. 349**
Unterpustertal, Ausgangspunkt: Sterzing, Schwierigkeitsgrad: anspruchsvoll, Gehzeit: 4–6 Tage, insg. 70 km

■ **Almwanderung Durra Alm – Weiße Wand – Knutten-Alm, S. 372**
Tauferer Ahrntal, Ausgangspunkt: Parkplatz Knuttental in Rein in Taufers, Schwierigkeitsgrad: mittelschwer, Gehzeit: 5–6 Std.

■ **Von Kasern zur Jausenstation Trinkstein, S. 382**
Tauferer Ahrntal, Ausgangspunkt: Parkplatz in Kasern, Schwierigkeitsgrad: teilweise mittelschwer, Gehstrecke: je 3 km hin und zurück

■ **Zur Kehreralm, S. 382**
Tauferer Ahrntal, Ausgangspunkt: Parkplatz in Kasern, Schwierigkeitsgrad: leicht, Gehzeit: 4 Std.

■ **Lausitzer Höhenweg, S. 382**
Tauferer Ahrntal, Ausgangspunkt: Parkplatz in Kasern, Schwierigkeitsgrad: mittelschwer, Gehzeit: 6 Std.

■ **Wanderung auf dem Gsieser Almweg 2000, S. 388**
Hochpustertal, Ausgangspunkt: Talschlusshütte in St. Magdalena, Schwierigkeitsgrad: leicht, Gehzeit: 5 Std.

■ **Wanderung durch das Silvestertal, S. 393**
Hochpustertal, Ausgangspunkt: Toblach, Schwierigkeitsgrad: leicht, Gehzeit: 2½ Std.

◁ Wegkreuz beim Aufstieg auf den Chavalatsch

Kapitel 8

- **Wanderung auf dem Drei-Zinnen-Rundweg, S. 411**
Dolomiten: vom Pustertal, Ausgangspunkt: Auronzo-Hütte, Schwierigkeitsgrad: leicht bis mittelschwer, Gehzeit: ca. 3 Std.
- **Wanderung zu den Hochalpenhütten, S. 416**
Dolomiten: vom Pustertal, Ausgangspunkt: Westufer des Pragser Wildsees, Schwierigkeitsgrad: teilweise anstrengend, Gehzeit: 3½ Std.
- **Wanderung auf dem Mühlenwanderweg Campilltal, S. 422**
Dolomiten: vom Pustertal, Ausgangspunkt: Pfarrkirche Campill, Schwierigkeitsgrad: leicht, Gehzeit: 2 Std.
- **Wanderung von Wengen zum Heilig Kreuz, S. 423**
Dolomiten: vom Pustertal, Ausgangspunkt: Gasthof Al Bagni im Wengener Tal, Schwierigkeitsgrad: mittelschwer, Gehzeit: 2 Std.
- **Adolf-Munkel-Weg, S. 438**
Dolomiten: vom Eisacktal, Ausgangspunkt: Parkplatz der Zanser Alm, Schwierigkeitsgrad: leicht, Gehzeit: 5 Std.
- **Auf den Peitlerkofel (2875 m), S. 438**
Dolomiten: vom Eisacktal, Ausgangspunkt: Zanser Alm, Schwierigkeitsgrad: Wegstrecke für gute Kletterer, Gehzeit: 7 Std. aufwärts, 3 Std. abwärts
- **Wanderweg zu den Erdpyramiden, S. 468**
Dolomiten: Rosengarten, Ausgangspunkt: oberhalb von Steinegg, Schwierigkeitsgrad: mittelschwer, Gehzeit: ca. 1½ Std.

Blick von der Seiser Alm auf den Langkofel, dem Hauptgipfel der Grödner Dolomiten

wikimedia Foto: © H. Zell

Zugspitze, Foto: Aneta Niemitz

Franzensfeste
Fortezza
Entdecke die
Franzensfeste!
Als unüberwindbare Talsperre
vor 200 Jahren geplant, als Festung
so groß wie ein Dorf erbaut und
heute Ausstellungsort für Kunst,
Architektur und Kulturgeschichte.
Festung Franzensfeste
Brennerstraße, I-39045 Franzenfeste
T +39 0472 057218
www.franzensfeste.info

FELBER
TAUERN
STRASSE
... der beste Weg
in den Süden
MÜNCHEN
Salzburg
Kufstein
Innsbruck
Kitzbühel
FELBERTAUERN
Lienz
SÜDTIROL
KÄRNTEN
ADRIA
NEU
Vignettenfrei
erreichbar
über
Kufstein Süd!
Infos zu Wetter und Verkehr,
Ausflugszielen und mehr ...
www.felbertauernstrasse.at

Register

Die Autoren

Barbara und Hans Otzen – ihr gemeinsames Leben ist von Anbeginn an durch seine Reiselust geprägt worden. Es hat ihn an den Amazonas, in die Anden und nach Ostafrika gezogen. Aus all diesen Reisen sind Reiseführer entstanden, die in renommierten Verlagen erschienen.

Inzwischen konzentrieren sich beider Interessen auf die europäischen Länder und Kulturen. Geschichte und Kunst wie gleichermaßen Essen und Trinken spielen dabei in den Reiseführern über Österreich, Deutschland, Italien, Frankreich, die Niederlande und in mehreren Kochbüchern sowie Wein-Reiseführern eine zentrale Rolle.

Im Reise Know-How Verlag sind von Barbara und Hans Otzen die Reiseführer „Normandie“, „Holland – Die Westküste“, „Eifel“ und „Münsterland“ erschienen.

222st ot